2014
华侨大学年鉴

THE YEARBOOK OF HUAQIAO UNIVERSITY

《华侨大学年鉴》编辑部 ◎ 编

社会科学文献出版社
SOCIAL SCIENCES ACADEMIC PRESS (CHINA)

2月1日，全国政协副主席、华侨大学名誉董事长何厚铧在澳门会见了华侨大学校长贾益民一行。

3月27日，十届全国人大常委会副委员长顾秀莲视察华侨大学。

6月21日,国侨办主任裘援平、副主任马儒沛视察华侨大学。

5月10日,国侨办副主任何亚非做客"华大讲堂"第三十六讲,解读战略格局变化对中国的挑战。

6月5~6日，中纪委驻国务院侨办纪检组组长、国务院侨办党组成员王杰等一行4人莅临华侨大学，就落实中央八项规定、侨捐资金管理使用和廉政风险防控等问题展开调研。

9月8日，中国侨联主席林军、副主席王永乐莅临华侨大学厦门校区视察。

5月9日，福建省委常委、教育工委书记陈桦莅临华侨大学厦门校区视察。

6月22日，中国共产党华侨大学第五次代表大会在陈嘉庚纪念堂科学厅隆重开幕。

6月23日，华侨大学第五届党委第一次全体会议召开，新任党委书记关一凡发表重要讲话。

7月18日，中共华侨大学委员会在陈嘉庚纪念堂科学厅召开党的群众路线教育实践活动动员大会。

10月22日，华侨大学华文学院举行60周年庆典大会。

10月18日，以"中国与东盟共创和平与繁荣：中国东盟合作框架下的中泰关系"为主题的第二届中泰战略研讨会在华侨大学厦门校区开幕。

8月23日,以"加强侨务理论研究,助力实现'中国梦'"为主题的第三届"中国侨务论坛"在华侨大学厦门校区开幕。

1月19日,第二届两岸华文教育协同创新研讨会在华侨大学厦门校区举行。

7月12日,泰王国上议院议长尼空率领泰国上议院代表团访问华侨大学。

12月26日，由国务院侨办主办、华侨大学承办的第二届海外华裔青少年中华文化大赛总决赛在厦门广电集团演播厅上演。国务院侨办副主任马儒沛莅临大赛现场并为状元缅甸队颁奖。

10月22日，国务院侨办、国家体育总局、厦门市人民政府合办的第四届"文化中国•2013全球华人中华才艺（龙舟）大赛"在华侨大学"中华才艺（龙舟）基地"举行，有来自马来西亚、印尼、缅甸等13个国家及港澳台地区的16支队伍参与角逐。

7月7日,华侨大学在陈嘉庚纪念堂科学厅召开繁荣发展哲学社会科学大会。

12月27日,华侨大学在厦门校区王源兴国际会议中心召开科技创新能力提升计划动员大会。

10月8日,2013年华侨大学国际化战略专题研讨会在陈嘉庚纪念堂科学厅召开。

7月18日,华侨大学在陈嘉庚纪念堂科学厅举行中层领导班子任期目标责任书签订仪式。

6月13日,第十五届CUBA中国大学生篮球联赛男子决赛在厦门市嘉庚体育馆举行。华侨大学经过加时赛以79:74艰难战胜北京大学,第八次获得CUBA全国总冠军。周鲁男得到华大最高的20分,荣膺总决赛MVP。

3月25日,华侨大学校长贾益民教授在香港大学饶宗颐学术馆为饶宗颐先生颁授华侨大学名誉教授聘书。

3月25日,华文教育专家、华侨大学校长贾益民教授做客香港凤凰卫视资讯台,就"全球化背景之下的华文教育"接受了《新闻今日谈》栏目主持人黄橙子的专访。

(宣传部供稿)

编辑说明

《华侨大学年鉴（2014）》是资料性综合汇编，旨在反映华侨大学年度教育教学、学科建设、科学研究、对外交流、社会服务等方面的发展进程和最新成就，供全校各单位及海内外社会各界了解和研究学校现状与发展情况时参考使用，同时也是华侨大学发展概况的历史记载。

《华侨大学年鉴（2014）》是华侨大学组织编撰的第二部综合性年鉴。本卷年鉴采用分类编辑法，主体内容设栏目、类目、条目三个结构层次，以文章和条目为基本体裁，以条目为主。

《华侨大学年鉴（2014）》主要设置22个栏目，分别是特载，专文，重要文件，华侨大学概况，机构与干部，学院、研究院概况，教育教学，科学研究，港澳台工作，为侨服务，社会服务，国际交流与合作，学生工作，行政管理与服务，党建与思想政治工作，董事会工作，人物，表彰与奖励，2013届毕业生，统计资料，2013年大事记，附录等。另外，年鉴在卷首还设有彩色图片专辑，生动展示学校年度重要事件和工作。

2013年是华侨大学发展极不平凡的一年。本年度，由中国海外交流协会主办、华侨大学和台湾世界华语文教育学会联合承办的"第二届两岸华文教育协同创新研讨会"顺利举办，召开由泰国国家研究理事会、泰中文化经济协会、华侨大学联合举办的"第二届中泰战略研讨会"，中共华侨大学第五次代表大会胜利召开，开展党的群众路线教育实践活动等。本卷年鉴设置特载一栏，收录了与这些大事相关的材料。

《华侨大学年鉴（2014）》主要收录了各单位2013年1月1日至2013年12月31日期间发生的重要事件和活动，部分内容依据实际情况在时限上略有延伸。因教育统计的特殊性，"统计资料"栏目中的数据截止时间为2013年12月。本卷年鉴所刊内容由学校各单位负责提供，并经单位负责人审定，各条目全部署供稿单位的名称。

《华侨大学年鉴（2014）》由《华侨大学年鉴》编辑部组织编写，在编写过程中，得到了学校各单位的大力支持，在此谨表深深的谢意。

《华侨大学年鉴》编辑部

2014 年 12 月

目录 Contents

特　载
中共华侨大学第五次代表大会……………………………………………………… 3
第八届外国政府官员中文学习班毕业典礼暨华侨大学名誉教授敦聘仪式………… 30
第二届两岸华文教育协同创新研讨会暨第五届世界华语文教学研究生论坛……… 33
华侨大学党的群众路线教育实践活动……………………………………………… 40

专　文
华侨大学校长贾益民在庆祝第29个教师节大会上的讲话………………………… 59
共筑梦想　成就未来
　　——华侨大学校长贾益民在2013届毕业典礼暨学位授予仪式上的讲话……… 61
为学之道
　　——华侨大学校长贾益民在华侨大学2013年新生开学典礼上的讲话………… 65
华侨大学校长贾益民在华侨大学繁荣哲学社会科学大会上的讲话………………… 68
全面提升科技创新能力　为实现高水平大学建设目标而努力奋斗
　　——华侨大学校长贾益民在华侨大学科技创新能力提升计划动员
　　　暨全校科技工作年度总结与下年度工作部署大会的讲话…………………… 71

重要文件
关于转发《中共国务院侨办党组关于同意中共华侨大学第五次代表大会
　　选举结果的批复》的通知………………………………………………………… 77

关于印发《华侨大学哲学社会科学繁荣计划（2012—2020）》的通知 …………………… 78

关于印发《华侨大学科技创新能力提升计划》的通知 ……………………………………… 84

关于印发《华侨大学大力推进国际化战略实施意见》的通知 ……………………………… 89

华侨大学概况

机构与干部

华侨大学校级领导干部名单 ………………………………………………………………… 103

中共华侨大学第五届委员会委员、常委、书记、副书记名单 …………………………… 103

中共华侨大学新一届纪律检查委员会委员、常委、书记、副书记名单 ………………… 103

华侨大学第九届学术委员会名单 …………………………………………………………… 104

华侨大学第九届学位评定委员会名单 ……………………………………………………… 105

学校行政机构负责人名单 …………………………………………………………………… 106

学校党群机构负责人名单 …………………………………………………………………… 108

学校教学科研单位负责人名单 ……………………………………………………………… 109

学校直属单位负责人名单 …………………………………………………………………… 114

2013年学校机构设立和调整情况 …………………………………………………………… 114

华侨大学院属教学机构设置情况 …………………………………………………………… 115

学院、研究院概况

学院 …………………………………………………………………………………………… 121

研究院 ………………………………………………………………………………………… 168

教育教学

本科生教育 …………………………………………………………………………………… 179

研究生教育 …………………………………………………………………………………… 197

专科教育 ……………………………………………………………………………………… 213

预科教育 ……………………………………………………………………………………… 215

继续教育 ……………………………………………………………………………………… 217

科学研究
理工科科研 ·· 223
文科科研 ·· 264

港澳台工作

为侨服务
华文教育及汉语国际教育 ································ 291
涉侨研究 ·· 299

社会服务
深化校地合作 ·· 307
发挥智库优势 ·· 311
推动项目对接 ·· 312

国际交流与合作
交流合作 ·· 323
海外引智 ·· 326

学生工作
学生教育管理工作 ·· 333
文化校园建设 ·· 335
港澳台侨学生与留学生管理 ···························· 341
学生资助管理 ·· 345
学生就业工作 ·· 350
心理健康教育 ·· 353
学生社区教育管理服务 ·································· 356

学生组织 …………………………………………………………………………………… 363

校级社团 …………………………………………………………………………………… 366

行政管理与服务

校长办公室、党委办公室工作 …………………………………………………………… 379

驻外机构工作 ……………………………………………………………………………… 381

校友工作 …………………………………………………………………………………… 384

发展规划工作 ……………………………………………………………………………… 387

人事工作 …………………………………………………………………………………… 391

财务工作 …………………………………………………………………………………… 394

招生工作 …………………………………………………………………………………… 397

实验室与设备管理工作 …………………………………………………………………… 405

信息化校园建设工作 ……………………………………………………………………… 408

后勤与资产管理工作 ……………………………………………………………………… 410

基建工作 …………………………………………………………………………………… 417

安全保卫工作 ……………………………………………………………………………… 420

审计工作 …………………………………………………………………………………… 425

离退休工作 ………………………………………………………………………………… 427

图书工作 …………………………………………………………………………………… 430

档案工作 …………………………………………………………………………………… 434

学报编辑工作 ……………………………………………………………………………… 439

资产经营工作 ……………………………………………………………………………… 440

建筑设计院工作 …………………………………………………………………………… 446

校医院工作 ………………………………………………………………………………… 449

附属中学 …………………………………………………………………………………… 450

党建与思想政治工作

组织及干部工作 …………………………………………………………………………… 457

宣传思想工作 …… 466

统一战线工作 …… 473

党风廉政与反腐败工作 …… 476

机关党委工作 …… 479

教育工会工作 …… 482

共青团工作 …… 486

董事会工作

董事会工作 …… 499

华侨大学第六届董事会成员 …… 504

人物

华侨大学历任领导名录 …… 507

新增双聘院士 …… 509

"千人计划"高层次外国专家项目入选教师 …… 510

国务院政府特殊津贴专家 …… 510

国务院侨务办公室第四届专家咨询委员会委员 …… 512

教育部"新世纪优秀人才支持计划"入选教师 …… 512

国家百千万人才工程入选者 …… 512

教育部优秀青年教师资助计划入选者 …… 513

福建省高校领军人才入选者 …… 513

福建省"闽江学者" …… 513

福建省百千万人才工程入选者 …… 514

福建省新世纪优秀人才支持计划入选者 …… 514

福建省高校杰出青年科研人才培育计划入选者 …… 516

福建省海西产业人才高地创新团队领军人才入选者 …… 516

福建省杰出科技人才入选者 …… 517

福建省引进高层次创业创新人才百人计划/创新团队 …… 517

福建省优秀专家 ………………………………………………………………………… 517

厦门市第三批引进高层次人才双百计划入选者 ……………………………………… 517

泉州市事业单位人才高地 ……………………………………………………………… 517

泉州市"桐江学者" ……………………………………………………………………… 518

泉州市哲学社会科学领军人才入选者 ………………………………………………… 518

泉州市科技创新领军人才入选者 ……………………………………………………… 518

泉州市引进高层次创业创新人才 ……………………………………………………… 519

博士后科研流动站 ……………………………………………………………………… 519

2013年博士后进站人员 ………………………………………………………………… 519

2013年博士后出站人员 ………………………………………………………………… 519

2013年博士后科学基金面上资助入选者 ……………………………………………… 520

2013年新聘名誉教授 …………………………………………………………………… 520

2013年新聘客座教授 …………………………………………………………………… 520

2013年新聘兼职教授 …………………………………………………………………… 520

2012~2013学年正高职称人员 ………………………………………………………… 522

现任各级人大代表 ……………………………………………………………………… 525

现任各级政协委员 ……………………………………………………………………… 525

现任民主党派中央委员及省、市负责人 ……………………………………………… 526

现任民主党派和群众团体负责人 ……………………………………………………… 527

2013年逝世人员 ………………………………………………………………………… 527

表彰与奖励

2012~2013学年学校受各级政府表彰的集体和个人（教师） ……………………… 531

2013年学校表彰的集体和个人（教师） ……………………………………………… 536

2013年获奖学生及各类奖学金获奖学生 ……………………………………………… 540

2013届毕业生

2013届本科毕业生 ……………………………………………………………………… 577

2013届本科留学生毕业生 …… 598

2013届研究生毕业生 …… 600

2013届专科毕业生 …… 606

2013届专科留学生毕业生 …… 608

2013届继续教育学院春季毕（结）业生 …… 608

2013届继续教育学院秋季毕（结）业生 …… 613

统计资料

2013年在职教职工基本情况统计表 …… 617

2013年在校本科生统计表 …… 619

2013年在校研究生统计表 …… 622

2013年在校专科生统计表 …… 623

2013年继续教育学院在校生统计表 …… 624

2013年继续教育学院全日制自考（北大青鸟）在校生统计表 …… 625

各界人士捐赠华侨大学芳名榜（2013年） …… 625

2013年大事记

附录

华侨大学2013年度十大新闻 …… 661

后记 …… 663

华侨大学年鉴 2014

特 载

中共华侨大学第五次代表大会

【综述】中国共产党华侨大学第五次代表大会，6月22日上午在纪念堂科学厅隆重开幕。国务院侨办党组书记、主任裘援平，国侨办党组成员、副主任马儒沛，福建省委常委、教育工委书记陈桦，国侨办文化司司长雷振刚、人事司司长许玉明，省委教育工委常务副书记、教育厅党组书记、厅长鞠维强，省侨办主任杨辉，泉州市委常委、教育工委书记陈庆宗，国侨办文化司副巡视员梁智卫等出席会议开幕式。国务院侨办主任裘援平在大会上做题为《凝心聚力 创新发展以华侨高等教育新成就共筑中国梦》的重要讲话。福建省委常委、教育工委书记陈桦也做了重要讲话。华大八个民主党派组织的主要负责人，校侨联、台联、留学生同学会和无党派高级知识分子联谊会的主要负责人应邀参加大会开幕式。民革华大总支部主委、文学院副院长徐华教授代表八个民主党派致贺词，祝贺大会胜利召开。党委书记李冀闽代表中共华侨大学第四届委员会向大会做题为《以党的十八大精神为指导努力建设基础雄厚特色鲜明海内外著名的高水平大学》的报告。与会代表分组审议了工作报告。

23日上午，中国共产党华侨大学第五次代表大会闭幕，大会选举产生了学校新一届党委、纪委。经过与会代表无记名投票，选举产生了由王士斌、王丽霞、王秀勇、毕明强、朱琦环、刘斌、关一凡、江开勇、李辉、李庭志、吴季怀、何纯正、张云波、张向前、张禹东、陈卫峰、陈明森、郑黎鸽、胡日东、贾益民、徐西鹏、郭子雄、彭霈、曾路、曾志兴25人组成的华侨大学第五届党委，以及由毕明强、朱琦环、庄志辉、衣长军、陈荣美、武玉洁、钟伟丽、洪若霞、骆景川、黄青山、黄锦辉11人组成的华侨大学第五届纪律检查委员会（均按姓氏笔画为序）。大会还通过了《中共华侨大学第五次代表大会关于中共华侨大学第五届委员会工作报告的决议》和《中共华侨大学第五次代表大会关于中共华侨大学纪律检查委员会工作报告的决议》。

【讲话】

凝心聚力 创新发展 以华侨高等教育新成就共筑中国梦
——国务院侨办党组书记、国务院侨办主任裘援平在中国共产党
华侨大学第五次代表大会开幕式上的讲话
（2013年6月21日）

尊敬的陈桦书记，

各位代表、各位老师和同学们：

在全党和全国人民去那么深入贯彻落实党的十八大和全国两会精神之际，中国共产党华侨大学第五次代表大会今天隆重开幕了。这是华侨大学政治生活和发展历程中的一件大事。对这次大会的召开，国务院侨办党组十分关心、高度重视。在此，我代表国务院侨办党组对大会的召开表示热烈的祝贺！向出席会议的各位代表，向华侨大学全体党员和师生员工致以亲切的问候！

华侨大学建校53年来，从创办、停办到复办，一路风风雨雨、砥砺前行。在各级政府和历届领导关怀下，一代又一代华大人始终坚持"面向海外、面向港澳台"的办学方针，秉承"为侨服务，传播中华文化"的办学宗旨，为海内外培养了大批优秀人才，在为侨胞服务、为国家和地方服务等方面都做出了积极贡献，在高等教育发展史和国家侨务工作格局中，奠定了华大的独特地位。

改革开放以来，特别是中共华侨大学第四次代表大会以来，学校党委高举中国特色社会主义伟大旗帜，以邓小平理论和"三个代表"重要思想为指导，深入贯彻落实科学发展观，坚持贯彻党的教育方针和国家侨务政策，充分发挥党委的政治核心作用，党政领导精诚团结、密切配合，抓大局、谋发展，带领广大党员和师生员工，奋发进取，锐意改革，开拓创新，坚定不移地走内涵发展、特色兴校、人才强校之路，党建和思想政治工作取得了显著成绩，有力地推动了学校各项事业的发展，厦门校区建设启用，一校两区平稳发展，办学条件不断改善；学校进入本科一批招生序列，研究生院顺利挂牌，生源质量大幅提升，办学规模不断扩大；学校不断深化教育教学改革，办学质量明显提高，人才培养成果丰硕；学科建设不断强化，学科门类不断健全，办学层次稳步提升；科学研究显著进步，科研成果屡有突破；人才战略深入实施，师资队伍建设卓有成效；华文教育纵深发展，为侨服务能力不断增强；对外合作全面推进，服务社会作用日益突显。学校综合实力迅速增强，在海内外影响和知名度不断提升，各项事业发展站在了新的历史起点上，开辟了更加广阔的未来空间，为建设"基础雄厚、特色鲜明、海内外著名"的高水平大学，迈出了坚实的步伐。这些成绩的取得，是学校党政领导班子带领全校师生员工共同奋斗的结果，凝结着每个人的心血和汗水。借此机会，我代表国务院侨办党组向华大各级党组织、全体党员和广大师生员工表示热烈的祝贺，向为华侨大学改革、发展、稳定做出贡献的历届老领导和离退休老同志致以亲切的问候！向始终关心和支持华侨大学建设发展的福建省各级党委和政府表示衷心的感谢！

当前及今后一个时期，是我国全面建成小康社会的关键时期，也是实现中华民族复兴中国梦的关键时期。党的十八大提出，"教育是民族振兴和社会进步的基石"，凸显了教育在全面建成小康社会中的重要地位；提出"推动高等教育内涵式发展"，确立了新的历史时期高等教育科学发展的方向。面对新形势，站在新起点，开好这次党代会，全面总结过去的工作，认真分析前进道路上面临的机遇和挑战，努力抓住新机遇，妥善应对新挑战，科学谋划未来奋斗目标和工作重点，对于学校加快发展，提高办学水平，为实现中国梦做出新贡献具有十分重要的意义。

华侨高等教育是国家侨务工作的重要组成部分，也是我国高等教育的重要组成部分。办好华侨大学，推动华侨高等教育事业繁荣发展，是党和国家以及广大华侨华人共同的期望，也是华侨大学师生员工的共同梦想。长期以来，党中央、国务院对华侨大学的发展高度重视，周恩来亲自批复华侨大学的建校，李先念、胡锦涛、贾庆林、李长春等党和国家领导人先后到华侨大学进行视察或做出重要批示，廖承志、叶飞更是先后亲自担任华侨大学校长。为了办好华侨大学，党中央、国务院还下发了《关于进一步办好暨南大学和华侨大学的意见》（中发〔1983〕24号），以这种形式和名义专门为两所大学的办学问题颁发文件，这在我国高等教育史上是绝无仅有的。特别值得一提的是，现任中共中央总书记习近平同志于1999年也曾专程到华侨大学进行调研考察，对华侨大学的发展做出了重要指示。希望校领导班子认真组织学校各级党组织、各部门、各学院、广大师生员工，重温习近平总书记对华侨大学办学的期望和要求，牢记使命，不忘重托，凝心聚力，创新发展，以建设发展新成就圆华侨大学强校之梦，以建设发展新成就圆中华民族伟大复兴的强国之梦。同志们，"责任重于泰山，事业任重道远"。我代表国务院侨办党组向即将产生的华侨大学新一届党委、向全体师生员工提几点希望。

一 认真学习贯彻落实党的十八大精神和全国侨务工作会议精神，为党和国家华侨高等教育事业做出新贡献

党的十八大是在我国进入全面建成小康社会决定性阶段召开的一次十分重要的大会，是一次高举旗帜、继往开来、团结奋进的大会，对凝聚党心军心民心，推动党和国家事业发展具有十分重大的意义。十八大报告勾画了在新的历史条件下全面建成小康社会、加快推进社会主义现代化、夺取中国特色社会主义新胜利的宏伟蓝图，是我们党团结带领全国各族人民沿着中国特色社会主义道路继续前进、为全面建成小康社会而奋斗的政治宣言和行动纲领。报告把教育放在改善民生和加强社会建设之首，提出了下一阶段教育事业科学发展的战略性目标和任务：一是指明发展道路，就是坚持教育优先发展，坚持教育为社会主义现代化建设服务、为人民服务；二是明确奋斗目标，就是全民受教育程度和创新人才培养水平明显提高，进入人才强国和人才资源强国行列；三是提出总体要求，就是着力提高教育质量，大力促进教育公平，办好人民满意的教育；四是阐明根本任务，就是立德树人，实施素质教育，培养德智体美全面发展的社会主义建设者和接班人，让每个孩子都成为有用之人；五是提出根本方式，就是合理配置资源，促进各级各类教育协调发展；六是点出发展动力，就是深化教育领域综合改革，不断完善促进教育事业科学发展的体制机制；七是强调工作重点，就是加强教师队伍建设，增强教师教书育人的荣誉感和责任感。十八大报告体现了党中

央对教育事业的高度重视和优先发展教育的坚定决心,为我国教育改革发展指明了方向。认真学习和贯彻落实党的十八大精神,是华侨大学各级党组织今后一个时期的首要政治任务,要切实把学习贯彻十八大精神不断引向深入,把思想和行动统一到十八大精神上来,把智慧和力量凝聚到实现十八大确定的各项任务上来,以提高党建设科学化水平推进华侨高等教育事业科学发展。

2011年底召开的全国侨务工作会议和国务院印发的《国家侨务工作发展纲要(2011—2015年)》以及党的十八大报告和全国两会文件中关于侨务工作的论述精神,对做好新时期的侨务工作具有重要指导意义。从加强侨胞联谊引导、维护侨胞合法权益、服务经济社会发展、维护促进祖国统一、弘扬中华优秀文化、拓展海外华文教育、开展侨务公共外交、营造良好舆论环境八个方面,对新时期侨务工作做了全面部署,并要求以改革精神不断开创侨务工作新局面,团结海内外中华儿女共圆中国梦。华侨大学是国家侨务工作的重要阵地,侨校特色是华侨大学的生命线和立校之本,在为侨服务、为国家内外发展战略服务方面有独特作用。希望学校党委认真学习好、全面贯彻好上述会议和纲要文件精神,结合华侨大学的办学实际,从人才培养、学科建设、科学研究、服务社会、传播知识、引领文化等方面,提出切实可行的具体措施,使学校在服务新时期侨务工作大局、助推"中国梦"中有新作为、有大作为。

二 坚持抢抓机遇,科学谋划未来,推动学校科学发展跨越发展

新的历史时期,国家进一步实施科教兴国、人才强国战略,加大了对教育支持力度,先后制定了一系列强有力的措施和政策,颁布了教育、科技、人才三个中长期规划纲要以及《关于全面提高高等教育质量的若干意见》和《关于实施高等学校创新能力提升计划的意见》,为我国高等教育事业发展提供了强大动力和重要保障。全国侨务工作会议和《国家侨务工作发展纲要(2011—2015年)》,也提出"十二五"期间要进一步加大对华侨高等教育事业的政策支持和资金的投入。此外,华侨大学地处我国第二大侨务大省福建省,海西经济区的建设发展,先行先试的政策优势,海峡西岸的地理优势,对外交流的侨务优势,加上福建省、厦门市、泉州市分别和国务院侨办签署了新一轮共建协议,加大对华侨大学办学的支持力度,近年来学校厦门校区建设启用,一校两区平稳发展,学科建设突飞猛进,学校综合实力不断提升,在海内外的影响不断扩大,这些都给学校发展创造了良好机遇。

站在新的起点,学校能否把握好这一千载难逢的大机遇,续写新辉煌,这是关键所在。当前,高等教育的发展面临着激烈的国际国内竞争,各高校正处在转型、改革、提升的关键时期,正处在新一轮大发展、大洗牌的机遇期。学校的发展如逆水行舟,不进则退,少进也是退,领先一步,步步领先,落后一步,步步受制。挑战前所未有,竞争无处不在。希望全校各级领导班子、广大党员干部以党代会召开为契机,以科学发展、改革创新的精神,注意总结办学经验和规律,潜心研究学校发展的大问题，认真梳理学校发展面临的新变化新情况，深挖影响学校全面协调可持续发展的障碍因素，立足世情、国情、侨情、校情，找准学校发展的着力点和切入点，加强谋篇布局和整体筹划，搞好顶层设计和基本建设，进一步明确发展战略和奋斗目标，制定强有力的措施，全面提高教育教学质量，全面提高协同创新能力，实现学校科学发展、长远发展、跨越发展。"有梦想、有机会、有奋斗，一切美好东西都能创造出来。"

三 坚持质量立校，推进内涵发展，为建设海内外著名的高水平大学奠定坚实基础

提高质量是高等教育的生命线，是国家中长期教育改革和发展规划纲要确定的重要方针。党的十八大明确指出要更加坚定地走中国特色高等教育发展道路，以提高质量为核心，推动高等教育内涵式发展。当前，国内各大高校都把提升质量、内涵发展作为办学重点。坚持走内涵式发展道路，要求高等学校切实转变发展观念，树立科学的质量观，把人才培养作为根本任务和首要职责，把人才队伍作为持续发展的第一资源，把质量特色作为竞争取胜的发展主线，把国家战略需求和区域发展需要作为创新发展的动力源泉，把学科交叉融合作为品质提升的战略选择，把产学研结合作为服务社会的必然要求。希望学校各级党组织带领本单位师生员工，真正按照科学发展观要求，着眼于学校长远大计，心无旁骛，潜心治学，着力提升人才培养质量，着力打造前沿领先学科，着力提升教学科研水平，着力增强服务社会和地方的能力。要牢固树立科学的质量观，努力实现学校规模、学科结构、教学质量和内外声誉的有机统一，坚持有所为有所不为、有所重为有所轻为、有所先为有所后为，逐步将发展方式转变到质量优先的内涵发展上来。要始终将人才培养质量作为办学质量最重要的体现，着力形成人才培养的品牌和特色。要大力提升学科建设和科学研究质量，瞄准国际前沿和国家急需，力争在若干领域取得一批国内领先、国际知名的创新成果。要大力提升队伍建设质量，始终将培养和汇聚一流人才作为一项基础性、全局性和战略性任务，抓紧抓实抓好。要积极提高开放办学质量，大力提升国际交流合作的层次和水平。要建立健全质量导向的体制机制，努力提高决策质量、学术评价质量、管理质量和服务质量，充分激发各方面的创新活力。要坚持为侨服务的办学方针，进一步强化学校办学特色，积极拓展海外华裔优质生源，提高境外生培养质量，加大华文教育工作力度，深化涉侨领域课题系统化研究。要大力推进文化传承创新，弘扬"一元主导、多元交融"的文化氛围，以大学精神凝聚奋斗力量，以文化之魂唤醒民族之根，连接复兴之梦，对内增强文化育人的软实力，对外提升学校的社会影响力。

四 坚持为侨服务、凝聚力量，为共筑"中国梦"做出新贡献

华侨大学缘"侨"而立，以"侨"而兴。"侨"是华侨大学的生命之源，没有为侨服务，华侨大学存在的价值就大大降低。全校师生员工务必对此有深刻的认识。习近平总书记在参观《复兴之路》展览时指出实现中华民族伟大复兴，是中华民族近代以来最伟大的梦想。实现中华民族伟大复兴的"中国梦",也是广大华人华侨共同的"梦"。凝聚侨心侨力,共筑"中国梦"这就是新形势下为侨服务的新要求。

一是要积极涵养侨务资源。充分发挥侨校优势,蓄水养鱼,深入做好联系海外侨胞知名人士和培养华裔新生代骨干力量的工作,增进他们对中华民族的认同感和对祖(籍)国的深厚感情,培育对中国友好的力量。优化为海外、为校董和校友服务的水平,坚持联谊、服务、引导相结合,在联谊工作中加深了解、增进情谊,在服务工作中维护侨益、凝聚侨心,在引导工作中增进共识、促进团结,努力把为内外大局服务和为侨服务有机结合起来,有效拓展侨务公共外交空间。

二是要大力推进华文教育大发展。华文教育对于海外侨胞保持中华民族特性、增强民族自豪感和自信心具有基础性作用,对于在世界各地广泛持久地传播中华文化具有独特作用。华侨大学作为国家华文教育的重点建设基地,应该在华文教育体系建设、华裔学生教育和师资培养、华侨华人研究、侨务政策法规与侨务工作理论研究、侨务干部教育培训等具有侨校特色的项目上,取得更高水平成果,编写更高水平教材,打造更高水平师资,培养更高水平人才。要坚持以"根、魂、梦"为指引,发展华文教育、培养华裔青少年、弘扬中华文化,增强中华儿女的凝聚力和向心力。

三是要深入探索侨务工作新规律。"侨务战线要按照十八大精神,大兴调查研究之风,针对新形势新要求加强筹划,找准在党和国家工作全局中的位置,找到上新台阶的抓手和增长点,推动工作科学化发展。"国务院侨办侨务理论研究福建基地已经挂牌成立,学校要充分发挥福建作为侨务大省和对台工作先行区的优势,整合福建省和国内外的相关领域人才资源,形成汇集效应,加强协同创新,搭好台,唱好戏,推动华侨华人和侨务理论政策研究工作,促进国家和地方侨务工作的理论和实践创新。

五 坚持立足福建、服务社会,为推进区域经济社会发展做出新贡献

服务地方发展、依托地方力量,在贡献中求发展是华侨大学的优良传统。多年来,华侨大学积极服务海峡西岸经济建设和社会发展,探索出了一条富有特色的社会服务新路子,得到了社会各界的广泛认可。同时,长期以来,福建省委省政府对华侨大学的建设给予高度重视,通过与国务院侨办签署共建协议方式,从政策、资金、项目等各方面为学校的发展提供了有力支持。希望学校不辜负福建省委省政府和父老乡亲的期望,进一步提升办学水平和服务地方的能力,围绕解决福建省经济社会发展中的重大问题,加强科研创新和产学研结合,培养造就更多高素质人才,早日建成基础雄厚、特色鲜明、海内外著名的高水平大学。

当前,福建省正处于全面实施党中央、国务院《关于支持福建省加快建设海峡西岸经济区的若干意见》和《海峡西岸经济区发展规划》的关键时期。福建省第九次党代会描绘了福建省未来几年的发展蓝图,提出加快福建科学发展跨越发展的战略思

路,指明了未来一个时期推动福建科学发展的工作方向,也为华侨大学如何更好地服务地方经济建设提供了重要指导。长期以来,福建省委省政府坚决贯彻中央对台工作方针政策,牢牢把握两岸关系和平发展主题,发挥"五缘"优势,加快建设两岸经贸合作的紧密区域、文化交流的重要基地和直接往来的综合枢纽。希望学校坚持主动立足福建、服务海西的方向,继续扎根福建创业创新的丰沃土壤,继续发挥对台工作的独特优势,主动适应当前海西经济社会发展的新趋势新变化,加快调整学科专业结构,推动科研创新成果转化,促进产学研紧密融合,加强高层次创新人才和团队建设,继续改善引才环境,搭建引才平台,优化引才服务,吸引更多国内外高层次人才走进华大、服务海西,使华侨大学成为福建省的国家级创新人才高地、人才培养高地、科技孵化高地、华文教育高地、文化引领高地,为促进福建改革发展,为促进两岸关系和平发展做出新的更大贡献。

六 坚持加强和改进党的建设,为学校事业科学发展提供坚强保证

高校党政领导班子是学校事业发展的领导核心,对于学校的改革与发展起着关键作用。希望新一届党委按照社会主义政治家和教育家的要求,切实加强思想政治建设和办学治校能力建设,努力成为政治坚定、作风优良、团结进取、务实高效、勤政廉洁的坚强领导集体。

一是要以抓好理论武装、提高办学治校能力为重点,切实加强领导班子建设。坚持不懈抓好政治理论学习,用马克思主义中国化最新成果武装头脑、教育师生、指导工作。要深入开展学习型党组织建设,注重学习,引领学习,切实掌握履行岗位职责所需要的各类知识,深入思考解决学校改革发展中的重点难点问题,努力增强把握方向、谋划发展的战略思维能力。坚持贯彻民主集中制,各级领导干部特别是党政"一把手",要带头遵守民主集中制的各项规定,充分尊重党员主体地位,创新机制落实好党员的知情权、参与权、选举与被选举权、监督权等各项民主权利不断完善科学决策机制。坚持团结和谐,妥善处理好党委领导与校长负责制的关系,相互补台,才能好戏连台。华侨大学作为外向型办学的特殊性质的高校,经中央组织部、教育部党组批复同意,实行"校长负责制"的特殊领导体制。要注意处理好党委领导与校长负责制的关系,不断完善党委领导与校长负责制的运作机制。一方面,校长负责制要求校长对学校的发展全面负责,尤其是教学、科研、学科建设、人才培养、校园建设、后勤保障、体制机制建设等学校各项业务工作,要以校长为主导,党委要全面支持校长行使职权;另一方面,校长负责制不能排斥、不能削弱、不能放弃党委领导,党委领导要在学校发展中发挥政治核心作用,按照参与决策、推动发展、监督保障的要求,会同行政领导班子把好学校办学方向,参与涉及本单位改革发展稳定和事关职工群众切身利益的"三重一大"事项的决策。因此,校长负责制要求党委领导水平更高、方式更优、活动形式更好、组织作用更强。希望学校与时俱进、不断创新,在实践中进一步完善校长负责制运作机制，增强学校党政领导班子的团结力、凝聚力、战斗力。需要强调的是：团结是处理好党委领导与校长负责制的关键所在！团结是严格遵守党的政治纪律的必然要求，在一个团结融洽的班子里，大家才能彼此相互补台，再大的矛盾也能解决；在一个不团结的班子里，大家互相拆台，再小的问题也能演变成大矛盾。因此维护团结、珍惜团结、促进团结，要作为学校党委的重要工作内容，作为学校党建工作的重要目标。无论是学校党政领导班子成员还是一般党员干部都要坚持大事讲原则、小事讲风格，以促进和维护团结为己任，发扬华侨大学"宽容为本"的校园精神，推进学校各项事业平稳、和谐、健康发展。

二是要以增强凝聚力、转变作风为重点，切实加强基层党组织工作。要始终坚持抓基层、打基础，加强基层党组织工作，加强党员教育管理与保障服务，充分发挥党委的政治核心作用、党支部的战斗堡垒作用和党员的先锋模范作用，不断深化"创先争优"活动，着力研究学校基层党组织建设的新情况新问题，不断扩大基层党组织工作的覆盖面，不断激发学校基层党组织和党员的生机活力，不断增强党组织在教学、科研、管理、后勤服务等各项工作中的凝聚力和战斗力。要牢固为民、务实、清廉的理念，把事关师生群众切身利益的好事办实，实事办好。要大兴求真务实之风，勤俭办学之风，心无旁骛，履职尽责，定下来的事情要一抓到底，没有完成的任务要抓紧完成。要精简会议文件，摆脱文山会海，力戒形式主义和表面文章。要弘扬科学道德和良好的学风，营造风清气正心齐的环境氛围。下一步还要按照中央部署，适时组织开展党的群众路线教育实践活动。

三是要以弘扬中国精神为重点，切实提升大学生思想政治教育质量。十八大报告提出立德树人是教育的根本任务。要坚持把促进学生成长成才作为学校一切工作的出发点和落脚点，自觉把德育放在首位，以德促才，源源不断地培养出德才兼备的优秀人才。要加强和改进大学生思想政治教育工作，以弘扬中国精神为重点，提升大学生思想政治教育质量。习近平同志指出，"实现中国梦必须弘扬中国精神，这就是以爱国主义为核心的民族精神，以改革创新为核心的时代精神。这种精神是凝心聚力的兴国之魂、强国之魂"。我们要在学生中大力弘扬中国精神，引导学生形成正确的世界观、人生观、价值观，坚定对中国共产党领导、社会主义制度的信念和信心，自觉将个人的价值实现融入实现中华民族伟大复兴的"中国梦"，坚定不移地走中国特色社会主义道路。要结合侨校特色，分类细化大学生思想政治教育培养目标：教导境内学生爱党爱国，引领侨校多元文化健康发展；引导台湾学生深入了解大陆发展模式、发展道路，认可大陆的社会经济发展路径，坚持"一个中国"立场，维护和促进两岸和平统一；把港澳学生培养成为拥护祖国统一、坚持"一国两制"、维护港澳稳定、促进港澳繁荣的重要力量；做好华侨学生文化认同和情感归属工作，把他们培养成为促进和维护祖国统一、支持祖国经济社会发展，与祖国保持密切联系的海外友好力量；

把外籍华人、外国留学生培养成为住在国人民同中国人民交往的友好使者，为中华文化发扬光大和世界文明共同进步发挥积极作用。

四是要贯彻落实党的十八大精神和中央关于反腐倡廉建设的决策部署，切实加强党风廉政建设。党风廉政建设和反腐败斗争，是党的建设的重大任务。习近平总书记在中纪委二次全会指出，反腐倡廉必须常抓不懈，以"常""长"二字为关键，一个是要经常抓，一个是要长期抓。李克强总理在国务院第一次廉政会议上指出，廉洁是公信力的基石，要以建设廉洁政府为目标，坚定不移地把反腐倡廉推向深入，坚持用制度管权、管钱、管人，给权力涂上防腐剂、带上"紧箍咒"，真正形成不能贪、不敢贪的反腐机制。华侨大学党政领导班子一直高度重视党风廉政建设和反腐败工作，并取得了一些成绩。但高校也不是净土，反腐工作马虎不得、疏忽不得。我们必须牢牢坚持标本兼治、综合治理、惩防并举、注重预防的方针，进一步强化源头治理，进一步加强纪律监督，进一步完善制度建设，进一步推进阳光治校，确保学校各项事业健康发展。一要严明政治纪律。学校工作任何时候都要在思想上政治上行动上与以习近平同志为总书记的党中央保持高度一致，决不允许在贯彻执行中央决策部署上打折扣、做选择、搞变通。学术无禁区，但讲坛有纪律。高校是育人的阵地，教师不能图一时口舌之快，在课堂发表有损国家利益、社会稳定、民族团结的言论。各级党组织要自觉担负起执行和维护党的政治纪律的责任，加强对党员、教师政治纪律教育，决不允许错误思想、政治谣言、反动言论在校园传播。二要改进工作作风。严格遵守中央"八项规定"精神，厉行勤俭节约，制止奢侈浪费。健全学校经费管理制度，加强经费预算核算。加大校务公开、党务公开力度，推行"阳光治校"理念。广开言路，肯纳谏言，加大教师员工参与民主决策、民主管理、民主监督的力度。各级干部要严格遵守《高校党员领导干部廉洁自律"十不准"》的规定，严于律己，做出表率。教师队伍更要加强师德师风建设、学术诚信建设，为人师表，立德树人。三要深入推进惩防体系建设。学校要认真总结惩防体系建设成果，制订好符合校情的新一轮惩防体系建设五年工作规划。加强反腐倡廉教育和廉政文化建设，推进廉洁教育进教材、进课堂、进头脑。关口前移，拓展从源头防治腐败的工作领域，结合建立现代大学制度、人事制度改革、考试招生制度改革、办学体制改革、管理体制改革，建立健全廉政风险防控体系，更加注重治本、更加注重预防、更加注重制度建设。要严格执行党风廉政责任制、领导干部问责、"三重一大"等一系列规章制度，坚持守土有责、守土尽责。加强案件查办工作。坚持有案必查、有腐必惩，有举报必核查，有信访必办理、要反馈。

各位代表、同志们，党员华侨大学党代会的召开是学校政治生活中的一件大事，是学校党员干部参加学校民主管理、民主决策、民主监督的一种重要形式。希望大家认真履行代表的责任和使命，以党代会为契机，认真讨论、参与研究学校发展的重大问题，明确今后一段时期学校发展的指导思想、目标任务、政策举措，为把华侨大学建设成为基础雄厚、特色鲜明、海内外著名的高水平大学而努力。通过党代会，要选出一个好的党委班子，形成带领学校发展的坚强有力的领导核心；要做出一个好的党代会报告，系统总结第四次党代会以来学校取得的成绩及经验教训，正确提出新时期学校工作思路，以好的报告激励人、动员人、鼓舞人，以正确的方向凝聚人心、汇聚力量、推动发展；要形成一个好的风气，代表们要自觉增强党的意识，以高度的责任感、使命感和主人翁精神，认真审议和讨论学校党委的工作报告，提出意见和建议，为学校的发展贡献智慧。

同志们，把华侨大学建设成基础雄厚、特色鲜明、海内外著名的高水平大学不仅是学校的"梦"，也是国务院侨办党组对学校发展的殷切期盼和要求。国务院侨办将进一步加大力度，关心支持华侨大学的改革和发展，为推动华侨大学实现奋斗目标创造更好的条件和环境。第五次党代会的胜利召开，标志着华侨大学的发展翻开了新的一页。"百战争先弓未冷，而今跃马踏新征。"希望学校广大党员和师生员工，在学校新一届党委的带领下，紧密团结在以习近平同志为总书记的党中央周围，以高度的政治责任感和历史使命感，团结进取，扎实工作，改革创新，奋勇争先，会通中外，并育德才，在新征途上开好头、起好步，开创华侨大学更加灿烂美好的明天！

最后，预祝华侨大学第五次党代会圆满成功！

福建省委常委、教育工委书记陈桦在中国共产党华侨大学第五次代表大会开幕式上的讲话

（2013年6月22日）

尊敬的裘援平主任、马儒沛副主任，
各位代表，老师、同学们：

今天，中国共产党华侨大学第五次代表大会今天隆重开幕了。这是华侨大学政治生活和发展历程中的一件大事。我谨代表中共福建省委，向大会的召开表示热烈的祝贺！向各位代表和全校党员、师生员工致以亲切的问候！

华侨大学第四次党代会以来，学校党委深入贯彻落实科学发展观，坚持社会主义办学方向，全面加强党的建设，秉承"为侨服务、传播中华文化"的办学宗旨、"会通中外、并育德才"的办学理念，团结带领全校党员干部和师生员工，坚定走内涵发展、特色兴校、人才强校之路，深入实施人才培养卓越计划，扎实推进学科体系建设，着力提升科研创新能力，不断深化教育教学改革，积极拓展华文教育和国际合作办学，各项工作取得了显著成效。8年来，学校办学条件不断改善，办学水平稳步提升，办学特色更加鲜明，办学实力明显增强，为新时期学校更好更快发展奠定了坚实基础，为我国华侨高等教育事业发展发挥了引领作用，为推动福建经济社会建设、促

进两岸关系和平发展做出了积极贡献。

当前，全省上下正在深入贯彻党的十八大和省委九届六次全会精神，努力开创科学发展新局面，为全面建成小康社会而努力奋斗。实现这一目标，关键靠人才，基础在教育。高等教育作为科技第一生产力和人才第一资源的重要结合点，在经济社会发展中具有十分重要的地位和作用。希望华侨大学牢牢把握发展机遇，努力适应经济社会发展新要求，在新的起点上实现更大发展。一要坚持质量立校、内涵发展，在推进高水平大学建设上迈出新步伐。以重点学科建设为基础，以体制机制改革为重点，以创新能力提高为突破，切实把提升质量作为核心任务，贯穿于人才培养、科学研究、社会服务、文化传承创新各项工作中，努力实现学校规模、结构、质量的有机统一，把华侨大学建设成为知识创新的策源地、教育改革的试验田、扩大开放的桥头堡。二要坚持育人为本、德育为先，在培养德才兼备的优秀人才上取得新成效。进一步创新人才培养模式，用社会主义核心价值体系武装青年学生头脑，引导青年学生自觉地将个人价值实现融入共圆"中国梦"的伟大实践中去，努力培养学生的爱国主义精神和强烈的社会责任感。深化教育教学改革，增强学生独立思考、自由探索、勇于创新、善于实践的品质和能力，不断提高人才培养质量。三要坚持立足福建、服务社会，为推动区域经济社会发展做出新贡献。紧紧围绕科学发展的主题和转变经济发展方式的主线，充分发挥人才和智力优势，加快调整学科专业结构，推动科研创新成果转化，促进产学研紧密融合，着力提高服务社会能力，把学校建设成为人才培养高地、科技孵化高地、华文教育高地、文化引领高地。四要坚持为侨服务、面向国际，为两岸关系和平发展展示新作为。坚持不懈提升华文教育层次，拓展国际合作办学，巩固和发展"一校两生、因材施教"的教学特色，引导境外学生感受中华文化的独特魅力，不断增进对中国的了解、对中华民族的认同和对祖（籍）国的感情，凝聚侨心，汇聚侨力，服务祖国和平统一大业。五要坚持把握方向、谋划全局，在提高领导班子办学治校能力上树立新形象。本次党代会将产生新一届学校领导班子。希望新一届党委全面加强思想建设、组织建设、作风建设和反腐倡廉建设，深入开展党的群众路线教育实践活动，努力把领导班子建设成为政治坚定、作风优良、团结进取、务实高效、勤政廉洁的坚强领导集体，全面提高党建科学化水平，为华侨大学的改革发展提供有力的政治和组织保证。

各位代表、同志们，发展好、建设好华侨大学，不仅是学校全体师生员工的奋斗目标，也是省委、省政府和福建人民的殷切期盼和共同心愿。省委省政府将一如既往地支持华侨大学各项工作，继续加强与国务院侨办的密切配合，积极协助解决学校发展中遇到的难题，努力为华侨大学科学发展创造良好的环境和条件。

希望华侨大学广大党员和师生员工在学校新一届党委带领下，团结进取，扎实工作，在加快建设基础雄厚、特色鲜明、海内外著名的高水平大学进程中取得新的更大成就。

最后，预祝华侨大学第五次党代会圆满成功！

以党的十八大精神为指导
努力建设基础雄厚　特色鲜明　海内外著名的高水平大学
——校党委书记李冀闽在中国共产党华侨大学第五次代表大会上的报告

（2013年6月22日）

各位代表、同志们：

现在，我代表中国共产党华侨大学第四届委员会向大会做报告，请审议。

大会的主题是：高举中国特色社会主义伟大旗帜，以邓小平理论、"三个代表"重要思想、科学发展观为指导，认真学习贯彻党的十八大精神，总结学校第四次党代会以来的工作，谋划学校新一轮发展大计，团结带领全校共产党员和师生员工，解放思想，改革创新，锐意进取，凝心聚力，推进内涵建设，全面提高教育教学质量，全面提高协同创新能力，推进学校科学发展、跨越发展，为建设"基础雄厚、特色鲜明、海内外著名的高水平大学"而努力奋斗。

一　工作回顾

第四次党代会以来，在国务院侨办党组、福建省委正确领导下，学校党委深入贯彻党的十六大、十七大、十八大精神，深入学习实践科学发展观，充分发挥学校党委的政治核心作用、基层党组织的战斗堡垒作用和党员的先锋模范作用，团结带领广大师生员工，求真务实，开拓创新，办学水平稳步提升，办学特色更加鲜明，整体实力不断增强，各项事业都取得了显著成就，为新时期学校更好更快发展奠定了坚实基础。

（一）发挥党的政治核心作用，抓大局、谋发展、促成效

与时俱进，科学规划发展蓝图。根据学校发展面临的新形势、新任务，及时总结工作经验，提炼办学思路，调整发展战略，研究制订了华侨大学"十一五"和"十二五"发展规划和中长期发展规划纲要，进一步明确了学校发展方向、发展思路和工作重点，提出了建设基础雄厚、特色鲜明、海内外著名的高水平大学的奋斗目标，坚定不移地走内涵发展之路、特色兴校之路、人才强校之路，推进各项事业快速、健康发展。

深化改革，保障学校健康快速发展。学校党委以办学治校能力建设为重点，调整机构设置，推进教育教学、人才培养、科学研究、岗位设置、财务制度和后勤管理等方面改革。以学习实践科学发展观为契机，进一步规范内部管理，梳理原有规章制度，共废止10余份，修订、新订272份。加强群团统战及校友会、董事会

工作，密切与社会各界联系，推进校地合作共建，整合资源形成合力。加强校园文化建设，优化服务，改善民生，维护稳定，为学校建设发展提供了团结、进取、和谐、稳定的良好环境和氛围。2011年学校被评为"全国高校后勤十年社会化改革先进院校"。

（二）围绕中心抓党建，党的建设全面加强

思想政治建设富有成效。深入开展保持共产党员先进性教育、学习实践科学发展观和创先争优等活动。健全组织生活、完善学习制度，加强中心组学习、民主生活会、理论研讨会等传统学习形式，创新华大讲堂、干部在线学习等新型学习形式，多形式、多举措开展对党员领导干部的教育。深入探索富有侨校特色的"一校两生"党建与思想政治工作体系。坚持用马克思主义中国化最新理论成果武装广大党员干部，为推动学校各项工作有效开展提供了强有力的思想保证。李长春等中央领导对我校思想政治教育工作给予了充分的肯定。学校连续三届被福建省委授予"福建省党建和思想政治工作先进高等学校"称号。

组织建设扎实推进。及时调整优化基层党组织，激发活力，学校现设有27个基层党委、327个党支部。围绕创先争优，开展基层组织建设年活动，着力解决基层党组织建设中的突出问题，不断增强基层党组织的创造力、凝聚力和战斗力。加强党校建设，成立了7个分党校，强化党员教育培训。推进学生社区党建工作，积极开展网上党建，拓展党建工作阵地。认真做好党员发展工作，共发展党员10127名，其中学生党员10019名。学校有17个基层党组织被评为省级先进基层党组织、3名党员被评为国侨办机关优秀党员、34名党员被评为省级优秀党员或党务工作者。

作风建设深入开展。坚持走群众路线，全面推进党务公开、校务公开。健全校级领导联系基层制度、接待日制度和工作通报制度，广泛听取师生群众意见和建议，主动接受批评、监督。积极推进机关作风和效能建设，开展"管理服务年""创先争优"等活动，促进管理和服务水平提升，使学校的凝聚力、向心力不断增强。2007年学校被授予"全国政务公开工作先进单位"（全国仅有两所高校入选），2011年被授予福建省"文明学校"称号。

干部队伍建设不断加强。坚持党管干部，健全干部选拔和培养机制。坚持德才兼备、以德为先，民主、公开、竞争、择优选拔干部，优化了干部队伍结构。重视干部培训工作，定期组织中层干部对外交流学习，举办中青年干部专题培训班。完善领导干部届中、届满考核机制，增强干部队伍活力。第四次党代会以来，共提任副处级领导干部118人次，提任正处级领导干部61人次。

反腐倡廉建设全方位推进。坚持把党风廉政建设融入学校中心工作，认真落实领导班子成员党风廉政建设岗位职责，明确分工，强化责任。深入推进惩治和预防腐败体系建设，积极开展反腐倡廉宣传教育，大力推进廉洁文化进校园，认真开展专项治理工作和廉政风险防控机制建设,强化监督检查和纠风治乱,严肃查办违纪违法案件。反腐倡廉工作取得了新的成效,为学校发展提供了坚强保障。

(三)抓好党建促发展,办学水平不断提升

教育教学改革深入推进,人才培养成绩喜人。坚持把人才培养作为根本任务,不断深化教育教学改革,实施系列人才培养卓越计划,加强课程体系建设和人才培养机制改革,持续开展"教学质量年"活动,大力推进素质教育,人才培养质量不断提高,毕业生就业率稳步提升。推进研究生教育和管理体制改革,完善研究生教育体系,多举措培养创新型拔尖人才。第四次党代会以来,新增国家级特色专业6个,国家级实验教学示范中心1个,新增一批省级特色专业、精品课程、教学团队、专业综合改革试点项目、人才培养模式创新实验区项目等。在校学生获省部级以上各类学科竞赛奖项400多项,3篇博士论文获评"全国优秀博士学位论文提名论文",2006年学校被教育部评为国家大学生文化素质教育基地,2011年、2012年连续获全国高校校园文化建设优秀成果一等奖,实现了福建省在此项目上的零突破。

办学规模稳步扩大,学科建设富有成效。构建了规模合理、结构优化、类型多样的教育教学框架。全面深化招生改革,基本实现全国本科一批招生,同时经国侨办和教育部批复同意成立研究生院,生源数量和质量明显提高,各类在校生由2005年的2.2万余人增长到3.3万余人,硕士、博士研究生和境外生人数大幅增加,特别是全日制研究生人数翻了一番。继续强化工科优势特色,繁荣哲学社会科学,初步形成了理工结合、文理渗透、工管相济、协调发展的学科体系。新增一级学科博士学位授权点3个,一级学科硕士学位授权点14个,硕士专业学位类别6个,工程硕士专业学位中工程领域相关专业硕士学位5个,本科专业17个,省级优势学科创新平台1个,省级优势学科创新平台培育项目1个,省级特色重点学科6个,省级重点学科建设项目22个,国家重点学科实现零突破。

华文教育纵深发展,侨校特色更加鲜明。出台了《华文教育拓展与提升计划》,提升华文教育办学层次,推进华文教育基地建设,举办外国政府官员中文学习班,加快海外华文学校建设,在泰国、印度尼西亚、日本、马来西亚等国开设兼读制研究生课程班。组建相关研究机构,提升华文教育科研水平,推进华侨华人社团普查与调研工作,开展华文教学资源中心和海外华文媒体数据库建设,举办"泰中战略研讨会"高端学术会议。加强侨务工作研究,从2011年开始编发华侨华人蓝皮书《华侨华人研究报告》。拓展华文教育办学空间,开拓欧洲、北美、南美等国家和地区的华文教育阵地,设立10个海外招生基地,增加外招生源。推进华文教育品牌建设,加强中华才艺(龙舟、音乐·舞蹈)培训基地、孔子学院、孔子课堂和"中华文化大乐园"夏(冬)令营、"根在中国"境外生冬(夏)令营等,传播和推广中华传统文化。加强华文教育协同创新,牵头组建了海外华文教育与中华文化传播协同创新中心,推进海外华文教育和中华文化传播科学研究纵深发展。

人才战略步伐加快，师资力量明显增强。围绕人才强校战略，建立人才工作组织协调机制，通过明确的政策导向，大量的资金投入，引进与培养并重的措施，初步建成一支结构合理、实力雄厚的师资队伍。目前，学校拥有双聘院士、国家杰出青年基金获得者、国家"新世纪百千万人才工程"入选者、国家青年"千人计划"入选者、"长江学者"和创新团队发展计划入选者等国家级高层次人才16人次，入选省级各类高层次人才项目91人次。专任教师数量从2005年的888人增加到1284人，其中具有高级职称者566人，占专任教师的44.1%；具有博士学位教师从145人增加到547人，占专任教师的42.6%；45岁以下教师占专任教师的77.2%。教师队伍进一步年轻化，高学历教师比例增速明显，一批中青年教师成为后起之秀并逐步担当起教学和科研工作的重任。

科研创新能力不断增强，服务社会水平持续提升。完善科研申报和管理制度，加大科研经费投入，科研成果质量明显提升。新增教育部工程研究中心3个，博士后科研流动站5个，在国家自然科学基金、国家社科基金重点项目和教育部人文社科重大课题、国家"十二五"科技支撑计划项目、博士后科学基金及国家级创新团队建设上均有历史性突破。国家级、省部级各类科研项目的立项数大幅增长，第四次党代会以来承担各类研究课题1351项，其中国家级课题133项，发表科研论文9000多篇，被SCI、EI收录的论文数，论文被国际刊物引用次数，排名连年位居全国高校前100名。加强产学研协作平台建设，促进科技成果转化，积极服务地方经济建设和社会发展，构建了多层面、全方位服务海西发展的联动机制。

国际化办学扎实推进，海外合作不断拓展。加强组织领导和机构建设，成立国际化战略委员会和国际学院，加快国际化战略实施步伐。拓展境外合作办学和联合培养项目，推进教师互派、学生互换、学分互认和学位互授、联授工作。引进国际先进课程、教材及教学模式，提高教师学生国际交流能力和跨文化学习研究能力。积极探索开展双语、全英课程建设，吸引境外生源来校就读。在澳门、泰国、印度尼西亚、菲律宾等地已有办学的基础上，不断扩大海外办学规模和层次，学校目前已与境外90多所高等院校和教育机构签订了双边协议或建立了学术交流合作关系，深入拓展在学生培养、人才引进、科学研究等方面的国际合作。

一校两区协调发展，办学条件日益改善。2006年10月厦门校区正式启用至今，已建成投入使用建筑面积42.3万平方米，大大缓解了学校办学空间的不足，明显改善了教学、科研和生活等硬件设施。全校师生员工在新校区建设过程中表现出的顾全大局、顽强拼搏、众志成城、攻坚克难的精神，成为学校发展的宝贵精神财富。进一步完善泉州校区基础设施，新建人才公寓，修缮学生宿舍，改造水电设施，加强图书馆、实验室、网络信息化等项目建设，办学基础设施不断完善，校园环境焕然一新，综合办学实力显著提高。

各位代表，通过多年的努力，第四次党代会提出的建设华文教育强校、建设厦门校区、建设教学研究型大学三大任务以及各项事业取得了新的成效。回顾过去的工作，我们有以下几点认识：

——必须坚持党委的政治核心作用。要全面贯彻党的教育方针，坚持和完善校长负责制，充分发挥学校党委的政治核心和监督保障作用，加强党的执政能力建设、先进性建设和纯洁性建设，抓大事、谋长远、保稳定、促和谐，推动学校事业全面发展。

——必须坚持内涵式发展。要树立科学的质量观，把促进人的全面发展、适应社会需要作为衡量教育质量的根本标准。全面推动内涵式发展，建立以提高教育教学质量为导向的管理制度和工作机制，加强教师队伍建设，把教育资源和工作重点集中到强化教学环节、提高教育质量上来。

——必须坚持办学特色。要秉承"为侨服务、传播中华文化"的办学宗旨，突出侨校特色，做大做强华文教育，强化工科优势，拓展海外合作办学，提高国际化办学水平。

——必须坚持改革创新。要注重探索教育规律，更新教育观念，以学科发展观为指导，健全领导体制和决策机制，深化教育教学改革，优化内部管理，注重协同创新，激发办学活力，提高综合实力。

——必须坚持服务社会。要积极融入社会、引领社会，充分发挥学校在人才培养、科学研究、社会服务、文化传承创新方面的作用，主动对接国家侨务工作、地方经济建设和社会发展，以有为谋有位，以服务促建设，以贡献求发展。

——必须坚持优良作风。要密切联系群众，紧紧依靠全校师生员工，发扬勤俭节约、团结协作、顽强拼搏的精神，求真务实，真抓实干，不断实现学校的科学发展。

同志们，发展历程令人难忘，成绩进步来之不易。这些成绩和进步是在上级党组织正确领导下，在各级政府大力支持下，在社会各界鼎力帮助下，学校历届党政领导和全体师生共同努力的结果。在此，我谨代表本届党委向所有关心和支持华侨大学发展的上级领导、学校董事、各界朋友和广大校友，向学校的各位老领导、老同志，向全校共产党员、各民主党派和党外人士，向广大师生员工表示崇高的敬意和衷心的感谢！

过去的成就令人鼓舞，但我们也必须清醒地认识到学校发展中存在的问题和不足，主要表现在：实际工作中，危机意识、发展的紧迫感不足，思想不够解放，创新意识有待增强；学校达到国内一流水平的学科不多，学科资源有待进一步调整优化；科研工作在广度和深度上都有待拓展，有重大影响的标志性科研成果不多；教师数量缺口仍然较大，具有国际一流水平的拔尖人才严重匮乏，学术骨干的数量和质量还不能适应学校发展的需要；办学治校能力有待进一步加强，管理体制和运行机制仍需要不断创新完善，一校两区管理模式有待进一步整合优化；基层党组织创造力、凝聚力、战斗力需要进一步增强，党员的先锋模范作用、党性观念仍需强化；校园基础设施仍需完善，师生教学、生活用房和配套设施还有待进一步改善。我们必须正视这些困难和问题，努力破解发展中的难题。

二 学校发展面临的形势和奋斗目标

站在新的历史起点，我们必须高瞻远瞩，审时度势，充分认识学校发展所面临的机遇和挑战，科学谋划学校发展蓝图，以明晰的发展方向、发展思路和奋斗目标，引领全体师生员工，齐心协力推进学校科学发展，以新成就共圆"中国梦"。

（一）面临的形势

党的十八大已经确立了2020年实现全面建成小康社会的宏伟目标，明确指出要坚持教育优先发展，努力办好人民满意的教育。为了加快从教育大国向教育强国转变，深入实施科教兴国战略、人才强国战略，国家先后颁布了教育、科技、人才三个中长期规划纲要以及《关于全面提高高等教育质量的若干意见》和《关于实施高等学校创新能力提升计划的意见》，加大了对高等教育的支持和投入力度。福建省也出台了《关于进一步支持高校加快发展的若干意见》，提出要进一步加大科教兴省、创新驱动、扶持教育的工作力度。全国侨务工作会议和《国家侨务工作发展纲要（2011—2015年）》对新时期侨务工作的部署，国侨办与福建省、泉州市、厦门市共建华侨大学的深入推进，一校两区办学格局初具规模等，都为我校向更广领域、更高层次迈进，提供了更大的发展机遇、更好的发展条件、更广阔的发展平台和更强有力的发展保障。

同时也要看到，学校发展正面临着巨大挑战。我国经济发展方式的转变、产业结构的调整以及侨情侨务的新变化，对高校人才培养质量和为侨服务都提出了更新更高的要求，我校面临着要更好地承担人才培养、科学研究、社会服务、文化传承创新任务的新考验。国家在教育资源配置过程中引入竞争机制，各级财政对高校的支持更多地体现为项目化形式，这对我校的竞争实力、管理水平等也提出了新的挑战。高校之间的竞争日趋激烈，以"985""211"高校为代表的重点高校凭借自身优势，进一步争抢领先地位，与我们同层次的高校发展在不断提速，我校发展面临"前有标兵、后有追兵"而且"标兵很远、追兵很近"的巨大压力。同时，国内高校国际化办学步伐不断加快，特别是在国家逐步放开境外招生权后，对境外生源的竞争加大，我校保持华文教育优势的难度越来越大，境外招生形势日趋严峻。此外，"十二五"期间，学校还面临着厦门校区进一步投资建设和泉州校区不断更新改造任务等新挑战。这些问题如果不能有效地解决，必将严重影响到学校全面、协调、可持续发展。

同志们，当前学校发展正处在转型、改革、提升的关键时期。我们必须进一步增强责任感和使命感，增强忧患意识、竞争意识、创新意识和改革意识，解放思想，团结一致，攻坚克难，我们完全有条件、有能力、有信心在学校未来建设发展中取得新的更大的成就。

（二）指导思想和奋斗目标

学校办学总的指导思想：高举中国特色社会主义伟大旗帜，以邓小平理论、"三个代表"重要思想、科学发展观为指导，深入学习宣传贯彻落实党的十八大精神和重大战略部署，坚持"为侨服务、传播中华文化"的办学宗旨，坚持"面向海外、面向港澳台"的办学方针，坚持"会通中外、并育德才"的办学理念，立足国家和侨务发展大局，遵循办学规律科学谋划未来，进一步解放思想，改革创新，锐意进取，凝心聚力，坚定不移地走内涵式发展、质量立校、特色兴校、人才强校之路，全面提高教育教学质量，全面提高协同创新能力，更加执着地加快推进学校科学发展、跨越发展。

总体战略目标：建设基础雄厚、特色鲜明、海内外著名的高水平大学。力争通过10~15年努力，学校文理工科协调发展各具实力，侨校特色更加鲜明，工科优势更加凸显，哲学社会科学更加繁荣，人才培养质量显著提升，若干学科与研究领域达到或接近国内先进水平，为侨服务和为国家经济社会发展服务能力显著增强，体现办学水平的基本指标大幅度提升，为建设基础雄厚、特色鲜明、海内外著名的高水平大学奠定坚实基础。到建校100周年之际，将华侨大学建成享誉海内外的著名高等学府。

三 今后五年主要任务

根据上述发展思路，以及学校"十二五发展规划""中长期发展规划纲要"，今后五年乃至更长时期，我们要紧紧围绕"建设基础雄厚、特色鲜明、海内外著名的高水平大学"的总目标，推进协同创新，全面提高教育教学质量，努力彰显侨校特色，以"三大支撑体系"建设为根本着力点，重点推进"七大工程"建设。

（一）着力推进"三大支撑体系"建设，为建设高水平大学提供坚实保障

一是深化体制机制改革，激发办学活力。以现代大学制度建设为抓手，面向未来，凝练特色，科学设计，依法制定《华侨大学章程》，完善治理结构。在民主管理和科学决策的基础上，推进管理体制机制改革，进一步理顺校院两级关系，逐步理顺行政权力和学术权力的关系，探索教授治学的有效途径，为加快实现学校科学发展提供强有力的制度支撑。

二是汇聚人才资源，提高核心竞争实力。继续大力引进海内外学术领军人才、拔尖创新人才，加强培养和扶持本土本校人才，努力建设一支师德高尚、业务精湛、结构合理、充满活力的高素质教师队伍和管理干部队伍，造就一批教学名师和学科领军人才，为加快实现学校跨越式发展提供强有力的人才支撑。

三是夯实办学基础，增强办学保障能力。多渠道筹措办学资金，不断完善办学基础设施和生活保障设施，增强资源汲取整合能力，提高资源利用效益，为加快实现学校跨越式发展提供充足的资源保障和物质支撑。

（二）重点抓好"七大工程"，全面加快高水平大学建设步伐

1. 深入实施教育质量工程，提高人才培养质量

全面落实教育部"高教30条"，坚持人才培养在学校工作中的中心地位，把立德树人作为教育的根本任务，在资源配置、经费安排等方面优先考虑人才培养。

着力提高本科人才培养质量。进一步深化本科招生改革，稳定招生规模，优化生源结构，提高生源质量。加大教学投入，提高课堂教学质量。重点培育一批福建省教学名师和教学团队，出版一批优秀教材，建设一批特色专业和人才培养创新试验区、实验教学示范中心。推进教学管理体制改革，完善教学质量评估体系，健全教学工作考核评价和激励机制。创新人才培养模式，积极实施教育教学卓越计划，深入开展专业综合改革试点、"卓越计划"专业建设，推动理论教学、实践教学及素质拓展体系有机融合，加强学生创新精神、实践能力和科学精神、人文素养的培养，探索全面发展与个性发展相结合的学生培养机制。整合教育资源，深入开展跨学院、跨学科、跨专业交叉培养和联合培养、订单式培养，建立多层次、全方位凸显侨校特色的人才培养体系。

加快推动研究生教育改革。推进研究生入学考试制度和招生选拔机制改革，优化考核评价体系。扩大研究生规模，大力拓展境外研究生教育，积极发展硕士专业学位教育，加强学术型研究生教育。启动校内研究生培养质量保证体系建设，提高研究生培养质量。推进以突出科研创新能力为特征、寓教于研的学术型研究生培养模式改革，探索以突出职业导向为特征、注重实践的专业学位研究生培养模式，鼓励探索跨学科联合培养模式和国际合作培养模式，努力实现研究生发展方式从注重规模向规模和质量并重转变，培养类型结构以学术学位为主向学术学位与专业学位协调发展转变，培养模式从注重知识学习向知识学习与能力培养并重转变，人才质量评价方式从注重在学培养质量向在学培养质量与职业发展并重转变。

2. 深入实施人才汇聚工程，提高学校核心竞争力

推进高端人才队伍建设。依托"千人计划"、"万人计划"、"长江学者"、福建省"闽江学者"、"引进海外高层次创业创新人才计划"等人才项目和省部级重点学科、重点实验室、工程中心、创新基地等重要平台，全力拓宽人才集聚渠道，追踪国际学术前沿，面向海外引进一批国家级高层次人才，培育和造就一批高端领军人才，支持和发展一批学科和学术带头人。

强化师资队伍力量。引进和培养并重，实施海外著名大学优秀博士招聘计划、中青年学术骨干海外研修计划、全英文授课教师出国研修计划、大学英语教师海外研修计划。关心和爱护青年人才的成长，注重青年人才全面素质的提高，给予青年人才政策和资源倾斜，充分发挥中青年教师的科研活力与创新思维，选拔和重点培养一批具有创新能力和发展潜力的中青年学术骨干。

完善人才分类管理。实施实验技术高层次人才培养计划，有步骤地选派实验技术骨干赴国内外研修。实施党政管理队伍专业化计划，逐步建立职员制度，通过轮岗锻炼、学位提升和海外研修，全面提高干部队伍的理论水平和业务能力。完善教学科研辅助人员的岗位聘任制度，推进后勤服务人员队伍的专业化建设。使各类人才在学校事业发展中都能发挥各自的作用，都有自我发展的空间。

深化人事制度改革。优化人才激励与约束机制，建立和完善聘任制度，建立竞争激励机制，改革收入分配制度，积极鼓励产出高水平成果，为高层次人才的创造性工作和优秀拔尖人才的脱颖而出提供广阔的空间和良好的制度保障。

3.深入实施协同创新工程，推进学科建设和科研创新能力的提升

深入实施"2011计划"，形成协同创新合力。根据国家《高等学校创新能力提升计划》，在国侨办统一领导下，紧紧围绕"国家急需、世界一流"的要求，进一步凝练专题研究方向和"中心"建设的核心内涵，加强"全球华侨华人与中华民族复兴协同创新中心"申报组织工作。探索建立健全协同创新的科学管理体系与运行机制，建立科技创新多元投入的长效机制，汇聚校内外优势资源，促进各类创新要素有机融合，提升学校在人才培养、学科建设和科学研究等方面的创新能力。鼓励和引导更多单位积极参与，构建以我校为主导的多层次"科技创新协同体系"，按照国家级、省级和校级三个层次进行培育和建设，力争创建1~2个国家和福建省协同创新中心。

以协同创新为驱动，推进学科建设。进一步加大学科建设力度，坚持"分类建设、重点突破"的学科建设基本思路，突出重点，强化特色，促进交叉，加快学科布局和结构优化、调整与重组，形成重点学科辐射和牵引机制。以"福建省高校优势学科创新平台项目""福建省高校优势学科创新平台培育项目""福建省特色重点学科""福建省重点学科"立项建设为带动，整合学术团队，大力推进一级学科博士学位授权点申报和建设工作，力争在国家级重点学科建设上有新突破，在国家级标志性成果上有新收获。进一步夯实基础学科，集中力量建设好一批应用型学科，大力扶持发展一批新兴学科，努力建成一批具有鲜明特色、在国内或省内有较强竞争力的优势学科和特色学科。进一步强化工科优势，积极推动传统优势学科发展，推进工科科研平台建设，增强服务社会能力。大力繁荣和发展哲学社会科学，加强哲学社会科学学科和人文社科研究基地建设，提升哲学社会科学研究水平和层次，推进哲学社会科学成果的转化和应用。

以协同创新为驱动，提高科研工作水平。加强科技创新平台建设，创建若干个在国内外有较大影响、在省内有领先地位的优势、特色科技创新平台，争取新增若干个省部级工程研究中心、重点实验室、研究创新基地和人文社科研究基地，力争在国家级层面取得突破。强化科技创新团队建设，把国家自然科学基金委创新研究群体和教

育部"长江学者和创新团队发展计划"作为突破目标,培育一批科技创新团队,努力建成若干个在国内外本学科领域有重大影响的科技创新团队。完善体制建设和绩效评价激励机制,加强科研项目申报与管理工作,拓宽项目申报领域,特别要瞄准国家级科研项目、省部级重大科技专项,力争在国家"973""863""国家科技支撑计划"以及国家自然科学基金重大重点项目、国家社科基金项目等取得新的突破,科研成果的层次和数量明显提高,科技创新能力明显增强。继续深化与地方的合作,加强产学研基地建设,建立多层次、多渠道、多形式的合作模式与合作关系,推动科研成果转化和应用。

4. 深入实施侨校特色工程,提升为侨服务水平

坚持"为侨服务、传播中华文化"的办学宗旨,站在国家侨务工作大局,进一步树立华文教育、国际交流、汉语国际推广三位一体的大华文教育理念,整合华文教育资源,拓展"大华文教育"新架构,提升为侨服务、传播中华文化的能力。

以创建"海外华文教育与中华文化传播协同创新中心"为契机,建立起多层次、宽领域、全方位的大华文教育平台,加强华文教育与中华文化传播的研究和教学。进一步提升华文教育层次,大力发展研究生教育,调整专业设置,加强华文教育重点学科建设,形成从预科、本科向研究生发展的较为完整的华文教育体系。

加强华侨华人研究和华文教育研究,开展海外华文教育普查工作,建立世界华文教育资源库、华侨华人人物数据库和国家侨情、侨务政策智库,建设海外华文教育、华商管理、华文媒体、华侨华人社团和社会、侨乡社会与中国现代化等一批在海内外有影响力的学术研究平台,打造国家级华侨华人和华文教育理论研究中心、咨询服务中心、资源研发中心和文化教育推广中心等。

全面实施"请进来""走出去"战略,加强海外办学机构、办事处和招生点建设,多渠道多举措提高境外生的数量和质量。加强华文教育海外办学基地建设,在泰国孔子学院、普吉泰华国际学校的基础上,探索拓展在南美、北美和欧洲地区的华文教育境外办学工作。

巩固并拓展华文教育品牌项目,加强华文教育基地、中华才艺(龙舟、音乐·舞蹈)培训基地建设,进一步做大做强"海外华裔青少年中华文化大赛""外国政府官员中文学习班""海外华文媒体高级研修班""华侨华人社团中青年负责人研修班"等品牌项目,形成品牌集聚效应。

创新境外生培养模式,健全境外董事联系学院制度。积极实施境外生教学的分类指导,巩固和发展"一校两生、因材施教"的教学特色。开展"根在中国""中国寻根之旅""中国文化之旅"等境外生特色社会实践,营造"一元主导、多元交融"的特色校园文化。树立多样化人才观念和人人成才观念,促进境外生的健康成长和全面发展。

5. 深入实施国际化办学工程，提升国际交流与合作水平

坚持开放式、国际化办学思路，把提高国际化办学水平作为新形势下全面推进教育教学质量建设的重要抓手和新的增长点。

大力实施引智工程和派遣教师到境外进修、学术交流，通过引进和培养，造就一支具有国际化视野的高素质教师队伍和管理队伍。创新完善人才培养的国际交流合作方式，探索双语教学和全英文人才培养模式，积极引进国际先进课程、教材及教学模式，加强全英文课程和双语课程建设，以及全英专业课程图书资源库建设等工作。

全力推进各项对外交流与合作项目，创新和推进"3+1"、"2+2"、境内办班、境外办班、联合培养、单方培养等多种办学模式，稳步增加国际交流项目和国际交换生数量，争取在5~8年内在校生参与国际交流的比例达到10%。建立常态化的学生交换机制，将"引学生进来"与"送学生出去"相结合，扩大华侨华人学生及其他留学生的规模，努力均衡双向交流学生的数量和质量。巩固与港澳台教育机构的合作办学，推进教师互访、干部培训、学生交换、学术交流、科研合作等项目，扩大规模，提高层次，提升交流合作的广度和深度。

6. 深入实施管理体制优化工程，提升治校能力和办学活力

推进现代大学制度建设。依法制定《华侨大学章程》，完善内部法人治理结构。进一步坚持和完善校长负责制，健全议事规则和决策程序，推进科学决策、民主管理、依法治校和依法办学。

健全和完善校院两级管理体制，推进管理重心下移。实行领导干部任期目标责任制，落实责权利相统一原则，强化学院在人才培养、学科建设和队伍管理中的主体地位，充分调动学院办学的积极性和主动性。

深入推进人事、分配制度改革。进一步优化机构设置，全面实行聘用制度和岗位管理制度。建立多劳多得、优劳优酬的校内分配机制，逐步提高教职员工的工资待遇。深化后勤服务社会化改革，完善后勤服务体系，切实提高服务师生、保障发展的能力。健全和完善一校两区运行模式，提高管理效率，减少运行成本，促进两校区协调发展。

积极探索教授治学的有效途径，充分发挥学术委员会在学科建设、学术评价、学术发展中的重要作用，充分发挥教授在教学、学术研究和学校管理中的作用。推进基层学术组织改革，调整和优化学科和学院结构，初步构建以学科为基础、以研究功能为主导、以学术带头人为核心的新型教学科研基层学术组织。

7. 深入实施美丽华园工程，改善办学条件和育人环境

全面加强两校区建设，促进两校区均衡发展，积极构建文化校园、生态校园、和谐校园三位一体的品位高雅、环境优美、特色鲜明、功能齐全的美丽校园。

加强基础设施建设。积极争取、多方筹措办学资金，着力推进教学、科研、办公用房建设，以及体育、文化活动场所的建设。推进泉州校区、华文学院石结构房屋的抗震加固改造，着力通过各种举措改善师生住房紧张问题。加大实验室、图书馆、档案馆以及校园信息化工程建设力度，建立健全与我校教育教学、科学研究和学科建设发展相适应的实验室新体系、文献资源保障系统和读者服务保障系统。完善信息化网络基础设施，改造升级现有校园网络平台，建设覆盖全校园的无线网络、新一代云数据中心、数字校园基础支撑平台和教学资源库，提升现代教育技术服务水平。强化校园治安综合治理，加强校园交通管理和消防安全管理，为师生员工创造安全的校园环境。

着力推进文化校园建设。大力推进文化传承创新，进一步凝练和弘扬校园精神，积极引领时代新风，提升校园文化整体格调。重视校园文化设施建设，保护修缮历史文化建筑，规划建设文化广场、文化长廊、学生活动中心，营造高尚健康的人文景观。开展高品位校园文化活动，继续开展二十四节令鼓、东南亚文化展等富有侨校特色的校园文化品牌活动，打造大学生社会实践、志愿服务、学术科技活动新品牌，提升师生文明礼仪和文化修养，增强侨校特色文化氛围。

着力推进生态校园建设。依托现有的自然环境和条件，建设一批富有文化内涵的生态文明教育设施，开展丰富多彩的生态文明教育活动，传播和树立生态文明观念，加强节能减排改造，实施校园节能监管平台建设，推进校园低碳生活，打造别具特色的园林化与生态化校园，达到人与自然、建筑与自然的和谐交融。

着力推进和谐校园建设。积极营造民主公平、团结友爱、充满活力、安定有序的环境和氛围。坚持以人为本，尊重教师，善待学生，改进服务。不断提高教职员工福利待遇，关注并改善民生，为师生员工解难事、办实事，解决好师生群众最关心、最直接、最现实的利益问题，使发展成果更多更公平地惠及全体师生员工，进一步形成全校上下各尽其能、各得其所而又和谐相处的局面。

四 全面提高党的建设科学化水平，为学校发展提供坚强保证

党的建设是学校发展的重要保证。面对新形势，要以加强党的执政能力建设、先进性和纯洁性建设为主线，按照党要管党、从严治党的方针，认真落实党建工作责任制，扎实推进思想建设、组织建设、作风建设、反腐倡廉建设和制度建设，全面提高党的建设科学化水平。

（一）深入学习宣传贯彻党的十八大精神

深入学习宣传贯彻党的十八大精神，是我们当前和今后一个时期的首要政治任务。各级党组织要统一思想、高度重视，切实加强组织领导，有计划、有重点、分层次全面推进十八大精神的学习宣传贯彻。要通过各级党委中心组学习，举办宣讲报告、讲座和培训班，开设专题专栏和网络宣传等多种形式，组织师生员工认真学习、深刻领会和全面把握党的十八大精神。要抓好党的十八大精神进教材、进课堂、进学生头脑的工作，把学习党的十八大精神作为学校思想政治教育和课堂教学的重要内容。要紧密联系学校工作实际，把广大党员、师生员工的思想和行动统一到中央和国侨办党组的决策部署上来，统一到学校科学发展的目标上来，用党的十八大精神统一思想、凝聚力量。要坚持学以致用、用以促学，把党的十八大精神落实到解放思想、改革创新、攻坚克难，着力破解制约学校科学发展的思想观念、体制机制方面存在的障碍和问题，全面提高教育质量，全面提升协同创新能力，推动学校各项事业科学发展上来。

（二）进一步加强思想建设和立德树人工作

推进学习型党组织建设，抓好思想理论建设这个根本。加强理论研究，鼓励和支持相关学术机构和专家学者开展理论研究。进一步健全校、院两级党委中心组学习制度，推进中心组学习的规范化、制度化，提高学习的实效性。继续办好华大讲堂、集美讲堂，通过中心组学习、民主生活会、理论研讨会、华大讲堂、干部在线学习等多渠道、多形式开展理论学习。进一步健全述学、评学、考学机制，创新学习方法，拓展学习领域，更新办学理念，不断提高领导干部理论素养，增强解决实际问题的能力。深入开展社会主义核心价值体系的学习教育活动，用马克思主义中国化最新成果武装师生，用中国特色社会主义共同理想凝聚师生，用民族精神和时代精神鼓舞师生，进一步坚定中国特色社会主义的道路自信、理论自信和制度自信。

以"学为人师、行为世范"为准则，积极推进师德师风建设。开展优秀教师评选表彰活动，增强教师教书育人的荣誉感和责任感，引导全校教师以高尚师德、人格魅力和学识风范教育感染学生，做学生健康成长的指导者和引路人。完善教师考核制度，重点加强对教师师德水平、教学态度、育人效果的考核，继续实施师德"一票否决制"。进一步加强学术诚信建设，引导师生增强学术自律意识、恪守学术规范、提升学术道德，建立健全对学术不端行为的惩处机制。

进一步加强和改进学生思想政治教育工作。不断健全和完善"党委统一领导、党政齐抓共管、专兼职队伍相结合、全校紧密配合、学生自我教育"的领导体制和工作机制，构建全员育人、全方位育人、全过程育人的学生思想政治教育工作格局。加强思想政治理论课建设，依托马克思主义学院和通识教育学院，做好思想政治理论课程和境外生通识课程的整合和规划，进一步提升课程的教学质量，强化对学生的社会主义核心价值观教育，推进中国特色社会主义理论体系进教材、进课堂、进学生头脑。坚持思想政治教育与解决学生实际困难相结合，深化阳光资助工程、圆梦就业工程和心韵辅导工程建设，切实做好家庭经济困难学生资助、毕业生就业和学生心理健康教育工作。进一步加强辅导员队伍专业化、职业化建设，重视对他们的选拔培养，建设一支热爱学生、具有较强责任心和奉献精神、具备一定专业素养的高素质辅导员队伍。根据"一校两生"实际，思想政治教育方面对两类学生采用不同的培养目标取向。对境内学生，要把他们培养成为中国特色社会主义事业的建设者和接班人。对境外学生，要加强教育和引导，使他们逐步认知和感受中华文化的独特魅力，不断增进对中国的了解，增进对中华民族的认同感和对祖（籍）国的深厚感情，成为认同"一个中国"原则、支持中国统一、对中国友好的力量，成为中外交流的友好使者。

（三）进一步加强领导班子和干部队伍能力建设

充分发挥学校党委的政治核心作用，进一步完善校长负责制，不断健全民主集中制，健全集体领导和个人分工负责相结合的制度，党政领导班子加强团结，密切合作，和谐共事，形成合力。健全领导班子议事规则、决策程序，切实落实"三重一大"制度。健全民主管理和监督体系，大力推进党务公开，健全党内情况通报制度、信息沟通制度和情况反映制度，重视和支持教职工代表大会和学生代表大会工作，切实保障广大党员、师生员工的知情权、参与权、选择权和监督权。

坚持党管干部、党管人才。深化干部人事制度改革，坚持五湖四海、任人唯贤，坚持德才兼备、以德为先，坚持注重实绩、群众公认。拓宽干部选拔培养渠道，坚持民主、公开、竞争、择优的方针，创新干部选拔培养机制，加强干部交流轮岗。完善领导干部任期目标责任制和考核评价制度，建立领导干部问责制，加强党政管理干部的执行力建设。加强干部培训和分类管理，继续开展中层干部高层次培训，选派青年干部挂职锻炼，加强后备干部队伍培养。优化干部队伍结构，为拔尖创新人才脱颖而出、健康成长提供良好环境，开创人人皆可成才、人人尽展其才的生动局面。

（四）进一步夯实基层组织建设

推进创新型党组织建设，切实推动基层党建工作有效开展。不断扩大党组织和党的工作覆盖面，探索建立学科党支部、课题组党支部、流动党支部，加强学生社区党建、网络党建平台建设。按照"控制总量，优化结构，提高质量、发挥作用"的总要求，不断提高党员发展和管理工作科学化水平。根据"坚持标准、保证质量、改善结构、慎重发展"的方针，完善入党积极分子培养教育制度和预备党员教育考察制度，不断提升发展党员质量。实施基层组织学习力、创新力、执行力和服务力"四力"提升工程，实施基层党建创新计划，创新党内组织生活，构建多层次、多渠道的党员经常性教育培训体系，推进基层党建工作示范基地创建工作。严格党内组织生活，健全党员党性定期分析、民主评议等制度，改进对流动党员的教育、管理、服务。推进"领头雁"工程建设，加强以"学院党委书记、基层党支部书记"为主体，以"组织员、党建督导员、党委秘书和辅导员"为辅助的党建工作队伍体系建设。继续深化创先争优活动,以增强党性、提高素质为重点,着重培育基层典型。

(五)进一步加强作风建设和反腐倡廉建设

推进服务型党组织建设,进一步改进工作作风,以党风带校风促教风正学风。严格落实中央八项规定,厉行勤俭节约,加强调查研究,密切联系群众。围绕保持党的先进性和纯洁性,深入开展以为民、务实、清廉为主要内容的党的群众路线教育实践活动,牢牢把握正面教育为主、批评和自我批评、讲求实效、分类指导和领导带头的原则,及早谋划、周密筹备,着力解决人民群众反映强烈的突出问题,集中解决形式主义、官僚主义、享乐主义和奢靡之风这"四风"问题,切实收到"照镜子、正衣冠、洗洗澡、治治病"的效果。

认真落实党风廉政建设责任制,继续推进惩治和预防腐败体系建设。开展廉政文化进校园活动,每年定期举办"党风廉政教育月"活动,以党员领导干部为重点,面向全体党员开展党性党风党纪教育和反腐倡廉教育,增强党员干部廉洁自律意识。进一步加强反腐倡廉制度建设,深入推进廉政风险防范管理工作。健全党内监督与群众监督相结合的监督制约机制,严格执行领导干部任前廉政谈话和诫勉谈话制度,落实主要领导干部经济责任审计制度。

(六)进一步增强凝心聚力工作

坚持以人为本,凝心聚力,积极引导广大师生员工以学校大局为重、以事业发展为重,自觉成为推进学校改革创新、和谐稳定的积极参与者、实践者和推动者。

巩固党的侨务统战工作。积极探索侨校特色的统战工作新模式,发挥统战工作优势,完善统战工作制度。切实落实向民主党派、无党派人士通报情况制度、联系党外代表人士制度,做好党外干部学习培训,支持民主党派加强自身建设,鼓励支持党外代表人士多渠道参政议政,发挥民主党派和无党派人士在学校建设发展中的重要作用。积极涵养侨务资源,强化侨务工作优势,坚持为侨服务,传播中华文化,凝聚侨心,促进统战。

加强党的群众工作。鼓励和支持工会、共青团、学生会等群众团体依照国家法律和各自的章程独立自主开展工作,充分发挥联系学校和群众的桥梁纽带作用。鼓励和支持学生团体健康发展,不断提升学生自我教育、自我管理和自我服务水平。认真执行党和政府有关离退休人员的政策,对离退休老同志政治上尊重、思想上关心、生活上照顾、精神上关怀,鼓励和支持他们为学校发展出主意、做贡献,让老有所养、老有所乐、老有所为落到实处。切实做好校董和校友工作,密切同校董和校友的联系,不断提升服务水平,不断增进校董、校友对学校的感情,引导他们关心学校,从各个方面支持学校的发展。

同志们,学校未来发展前途光明,任务艰巨。让我们更加紧密地团结在以习近平同志为总书记的党中央周围,高举中国特色社会主义伟大旗帜,全面贯彻落实党的十八大精神，以更加广阔的视野、更加开放的姿态、更加昂扬的斗志，为把我校建设成为基础雄厚、特色鲜明、海内外著名的高水平大学而努力奋斗！

新当选校党委书记关一凡在中国共产党华侨大学第五届委员会第一次全体会议上的讲话

（2013年6月23日）

各位委员、同志们：

在国务院侨办党组、省委的关心和指导下，在全体代表和同志们的共同努力下，华侨大学第五次党代会圆满完成了各项议程。刚刚举行的第五届党委第一次全体会议、纪委第一次全体会议分别选举产生了新一届党委常委会、纪委常委会。

第五届党委第一次会议选举我担任党委书记，对我来说这既是一份荣誉和鼓励，更是一份沉甸甸的使命和责任。我衷心感谢组织的关心和培养，感谢同志们的信任和支持，有决心也有信心不辱使命，不负重托，在侨办党组和省委的领导下，和全体委员一道，认真履行职责，全心全意为学校中心工作服务，为广大党员服务，为师生员工服务，推动学校各项事业不断向前发展。

此时此刻，请允许我代表第五届党委对在第四届党委任期内为学校改革和发展倾注大量心血，做出重要贡献的吴承业同志、丘进同志、李冀闽同志，向第四届全体党委委员、纪委委员表示诚挚的感谢和崇高的敬意！

同志们，本次党代会认真总结了学校第四次党代会以来的工作，明确了今后一个时期学校工作的指导思想、奋斗目标和主要任务。国务院侨办裘援平主任在大会开幕式上做了重要讲话，就学校事业发展和党的建设工作，对新一届学校党委提出了明确的要求和殷切的期望。我们深感责任重大、使命光荣。借此机会，我就党委班子建设，谈几点意见，与各位委员共勉。

一要明确职责定位，为学校事业全面发展提供坚强保证。我校实行校长负责制，根据党章第32条第4款的规定，党委发挥政治核心作用。本届党委要认真履行党章和有关规定明确的职责任务，围绕服务学校中心工作，促进学校科学发展这一主题，按照参与决策、推动发展、监督保障的要求，全面支持校长充分行使职权，有效开展工作，把党建工作的成效体现到推动发展、服务群众、凝聚人心、促进和谐上。坚持党要管党、从严治党，坚持民主集中制和党管干部原则，加强和改进教师学生的思想政治教育工作，保证学校的社会主义办学方向，维护学校和谐稳定。

二要加强学习，提高自身素质。党的十八大提出建设学习型、服务型、创新型党组织，把学习型放在了第一位。这是因为学习是服务和创新的前提，学习好才能服务好，学习好才有可能进行创新。我们要有加强学习的紧迫感，既要认真学习党的路线方针政策和国家法律法规，也要有针对性地学习掌握做好领导工作、履行岗位职责所必备的各方面知识，既要向书本学习，也要向实践学习，努力做到学以致用、用以促学、学用相长，不断提高自身素质，不断增强工作本领，不断提高领导水平和治校能力。

三要精诚团结、齐心协力。团结就是力量，团结是一切事业成功的基础。我们要时刻以事业为重、以大局为重，倍加珍惜团结，精心维护团结，齐心协力干事业促发展。党政之间、上下之间、同志之间都要不断强化全局观念和团队意识，多一些宽容和理解，多一些商量和沟通，大事讲原则，小事讲风格；既各司其职，各负其责，又相互支持、主动配合；既勇于担当、唱好主角，又注意协同、当好配角。

四要洁身自好、廉洁自律。为政清廉才能取信于民，秉公用权才能赢得人心。我们要自觉遵守党章，严格执行廉政准则，严格要求自己，规范权力行使，主动接受监督，带头约束自己的行为，不断增强反腐倡廉和拒腐防变的自觉性，清清白白做人，干干净净做事。

各位委员，让我们携手并肩，共同努力，把学校党委班子建设成为政治坚定、作风优良、团结进取、务实高效、勤政廉洁的坚强领导集体，在华侨大学营造一个风清气正的环境，一个干事创业的氛围，为完成本次党代会提出的工作目标和任务而努力奋斗！

谢谢各位！

第八届外国政府官员中文学习班毕业典礼暨华侨大学名誉教授敦聘仪式

【综述】 泰国上议院议长尼空博士7月12日在厦门获聘华侨大学名誉教授。中国国务院侨办主任裘援平出席敦聘仪式，并会见尼空一行。华侨大学名誉教授敦聘仪式暨第八届外国政府官员中文学习班毕业典礼当天在华大厦门校区举办。

多年来，华侨大学与泰国的合作交流涉及与泰国皇室的交流，与泰国中央、地方政府和相关组织合作开展教育、经济、文化等高层次多领域的交流，与泰国中央政府智囊机构、重要华人社团等联合开展第一届泰中战略研讨会等。

泰国诗琳通公主曾于2006年、2010年两次访问华侨大学，并欣然受聘为华侨大学名誉教授。中国国务院侨办和海外交流协会2005年策划推出"外国政府官员中文学习班"项目，该项目2011年起拓展为"外国政府官员中文培训班"，学员国别拓展至泰国、菲律宾、印度尼西亚三个国家，目前已为泰国政府培养了300余名汉语人才。

华侨大学还于2005年在泰国设立驻泰国代表处，成为中国首家在海外设立办事处的高等院校。目前，华侨大学已与泰国农业大学合作建设孔子学院，开展不同层次的汉语教学和中华文化推广活动。开设的"泰国华文教师暑期培训班"已培训泰国本土华文教师近1000名。

当天，来自泰国和印度尼西亚的80余位第八届外国政府官员中文学习班的学员获颁结业证书。国务院侨办主任裘援平、泰国上议院议长尼空、印度尼西亚国会议员马逊、泰中文化经济协会副会长威七将军和华大领导等嘉宾，为学员颁发了结业证书。

毕业典礼上，华侨大学还举办了名誉教授敦聘仪式，敦聘泰国上议院议长尼空博士为该校名誉教授。

【讲话】

国务院侨办主任裘援平在第八届外国政府官员中文学习班毕业典礼暨华侨大学名誉教授敦聘仪式上的讲话

（2013年7月12日）

尊敬的泰国上议院议长尼空先生及夫人，
尊敬的印度尼西亚国会议员马逊先生，
尊敬的泰中文化经济协会副会长威七将军，
第八届外国政府官员中文学习班的学员们，
女士们、先生们、朋友们：

大家下午好！

今天，我们在这里隆重举行第八届外国政府官员中文学习班毕业典礼暨华侨大学名誉教授敦聘仪式。首先，我谨代表中国国务院侨务办公室和中国海外交流协会，对尼空议长受聘为华侨大学名誉教授以及第八届外国政府官员中文学习班全体学员圆满完成学业表示热烈祝贺！向组织承办第八届外国政府官员中文学习班的华侨大学表示衷心感谢！对尼空议长、马逊议员、威七副会长等泰国和印度尼西亚的朋友们专程前来参加本次活动表示热烈的欢迎并致以诚挚的谢意。

随着中国成为世界第二大经济体，中文成为仅次于英文的第二大国际通用语言，掌握中文成为一种新优势，泰国和印度尼西亚等国兴起学习中文的热潮。中国国务院侨办和海外交流协会于2005年策划推出"外国政府官员中文学习班"项目，已为泰国、印度尼西亚政府培养了300余名优秀中文人才。学员们不但个人事业有很大发展，还在推动中国与泰国、印度尼西亚交流合作中发挥了重要作用。

一年前你们刚来中国，踏进华大校园时，面对陌生的环境，或许犹豫过。但是今天，我看到诸位的脸上都洋溢着灿烂的笑容。你们的笑容告诉我，这是收获的喜悦，是成功的喜悦。一年来，你们刻苦学习，在华大校园洒下了辛勤汗水，不但中文听说读写能力有很大提高，而且对中华文化也有了更深层次的理解。一年中，你们广交朋友，彼此之间、与华大师生和中国各界广泛接触，充分感受到中国人民的友善和热情，同他们结下了深情厚谊。一年里，你们不但"读万卷书"，还"行万里路"，深入考察中国经济社会发展情况，对中国国情有了更客观的了解。

今天，你们即将毕业，满载而归，回到各自工作岗位上。你们是泰国和印度尼西亚各级政府部门的骨干力量，希望你们能利用这一年的学习成果，充分发挥熟悉中文、了解中国的独特优势，努力为增进中泰、中印（尼）友好合作做出更大贡献。今后，我们将继续关注外国政府官员学习中文的需求，有针对性地举办相关培训班，为他们学习中文、了解中国提供更多支持与帮助，为促进中外友好合作关系做出更大努力。

希望在座的诸位，特别是本期毕业的学员，能继续学习中国语言文化，多说、多听、多看，在工作中发挥出你们的优势，也真诚欢迎学员们常回母校看看，这里永远是你们的家！

最后，祝各位来宾和全体学员工作顺利、事业有成、身体健康、家庭幸福！

谢谢大家！

华侨大学校长贾益民在华侨大学名誉教授敦聘仪式和第八届外国政府官员中文学习班结业典礼上的致辞

（2013年7月12日）

尊敬的裘援平主任，

尊敬的尼空议长，

各位领导、各位来宾，

外国政府官员中文学习班的学员们：

大家好！

今天，我们在此隆重举行华侨大学名誉教授敦聘仪式和第八届外国政府官员中文学习班结业典礼。首先，我谨代表华侨大学，向各位领导、各位贵宾的到来表示热烈的欢迎和诚挚的感谢！向圆满完成学业的第八届外国政府官员中文学习班全体学员表示热烈的祝贺！

泰国上议院议长尼空博士，是中国人民的好朋友，对华侨大学发展与泰国各界的教育、文化交流一直给予热情的帮助与支持。尼空博士学识渊博，儒雅博爱，广受泰国人民的爱戴。聘任尼空博士任华侨大学名誉教授，是华侨大学的光荣和骄傲，这对于进一步加强华侨大学与泰国各界的联系与合作，巩固和深化华侨大学面向泰国的文化交流、教育合作成果，提高学校在泰国的社会知名度和社会影响力，具有重要的意义。从今天起，华侨大学将站在新的起点上，在尼空议长、教授的指导与支持下，进一步积极扩大与泰国在文化、教育等各个领域的交流合作，为中泰友谊发展做出新的更大贡献。

每年7月，是外国政府官员中文学习班全体学员收获喜悦与成果的季节。各位学员出自对中华文化的浓厚兴趣，对中国人民的深厚感情，对华侨大学的深挚信任，肩负着中泰、中印（尼）两国政府和人民的期望来到了中国华侨大学。经过一年紧张、多彩、丰富的生活，学员们圆满完成了学业。各位学员为了促进东南亚文化交流融合而付出的心血，为了服务东南亚人民友好往来而投入的热情，将载入华侨大学的校史，成为永恒的珍贵记忆。

在此，我衷心希望各位学员回国后继续加强学习，发挥自身的华文学识优势，为促进中泰、中印（尼）两国的友谊，以及经济、文化等各个领域的交流多做有益的工作。希望各位学员继续关心和支持华侨大学的发展建设，宣传华侨大学，努力促成东南亚社会各界，尤其是各位所在国家的教育界与华侨大学的交流合作。希望你们记住中国人民的牵挂和祝福，有机会常回到中国，常回到母校华侨大学走走、看看！

最后，祝各位领导、贵宾身体健康，事业顺利！祝第八届外国政府官员中文学习班全体学员前程似锦，万事如意！

第二届两岸华文教育协同创新研讨会暨第五届世界华语文教学研究生论坛

【综述】第五届世界华语文教学研究生论坛，2013年1月19日上午在华侨大学厦门校区开幕。来自韩国、泰国、日本及中国大陆、台湾、澳门等40多所高校的专家学者共150多人出席，围绕"全球化时代的世界华语文教学与中华文化传播"主题进行探讨交流。论坛由华侨大学和台湾世界华语文教育学会联合主办。中国海外交流协会副会长、华侨大学董事会副董事长马儒沛，中国海外交流协会副会长赵阳，台湾海华文教基金会副董事长任弘，台湾中研院院士暨台湾联合大学系统校长曾志朗，台湾世界华语文教育学会理事长程万里，世界华语文教育学会秘书长董鹏程，台北教育大学校长张新仁，台湾暨南国际大学校长苏玉龙，台中教育大学校长杨思伟，中国海外交流协会文教部副部长汤翠英，北京语言大学校务委员会主席李宇明，韩山师范学院院长林伦伦，华侨大学校长贾益民、校务委员会主席李冀闽等出席论坛开幕式。开幕式由华侨大学副校长张禹东主持。马儒沛在开幕式致辞中代表中国海外交流协会和李海峰常务副会长对论坛的举办表示热烈祝贺。程万里、曾志朗、任弘均在致辞中肯定世界华语文教学研究生论坛在推动世界华语文教育教学方面所起的重要作用，并就如何加强华语文在世界的传播提出自己的看法或建议。

第二届两岸华文教育协同创新研讨会于1月19日下午在我校厦门校区举行。正值第五届世界华语文教学研究生论坛召开期间，本届研讨会吸引了来自海峡两岸40

所高校和相关领域的高端专家和学者参会。中国海外交流协会副会长、华侨大学董事会副董事长马儒沛，台湾海华基金会副董事长任弘先后致辞。华侨大学副校长张禹东主持研讨会。赵阳、马儒沛、董鹏程先后做总结发言，共同表达希望海峡两岸加强精诚合作，进一步务实推进海外华文教育事业发展的美好愿望。

【讲话】

中国海外交流协会副会长马儒沛在第二届两岸华文教育协同创新研讨会上的致辞

（2013年1月19日）

尊敬的各位专家、各位嘉宾、朋友们：

大家下午好！

今天，第二届两岸华文教育协同创新研讨会在这里隆重举行，我谨代表中国海外文化交流协会及李海峰会长对研讨会的召开表示衷心的祝贺！向来自海峡两岸的专家、学者、嘉宾和朋友表示热烈的欢迎！

华文教育工作是面向海外5000万华侨华人，尤其是华裔青少年这一庞大而特殊的群体开展的民族语言教育和中华文化传承的工作，是培养海外华族中华文化气质、涵养海外华族民族特色、维系海外侨心侨情的伟大工程，因此，华文教育也被海外华侨华人形象地称之为"留根工程""希望工程""逐梦工程"。做好华文教育工作，对加快中华文化走向世界，提升中华文化国际影响力，加深海外华侨华人、华裔青少年对祖国或祖籍国的感情等都具有十分重要而又深远的意义。

华文教育内容博大精深，体系宏阔复杂，涉及师资、学生、教材、教学、管理等各种要素，要面对多元文化背景和各具特色的接受群体，新世纪以来，海外华侨华人社会也发生了重大的变化，东南亚华人社会出现了文化认同的代际危机，主要由新移民组成的欧美新型华人社会也存在文化融合与文化传承的纠结，面对复杂的、动态的、多元的现实，两岸乃至全球华文教育学界协同起来，汇聚资源和人才，创新开展华文教育工作的新机制和新模式，既是势所必然，也是理性选择。

长期以来，海峡两岸的有关部门和专家学者为推动海外华文教育发展不遗余力。大陆方面成立了由多个中央部门组成的"国家海外华文教育工作联席会议"，中央财政和地方财政对华文教育的经费投入也在逐年增长。近年来，为提高华文教育的社会化程度，汇聚华文教育人才优势和资源优势，大陆先后建立了40余个国家级华文教育基地，这些基地建设为进一步推动华文教育发展做出了积极的贡献。

与此同时，在海峡东岸的台湾同胞同样在为传承中华文化、推广海外华文教育做着不懈的努力。几十年来，从未间断，筚路蓝缕，勤奋耕耘，造就了一支优秀的队伍，建立了完善的学术和管理机构，积累了丰富的实践经验，取得了丰硕的科研成果，形成了自己的风格和特色，有许多优势值得大陆学界及同仁学习和借鉴。

去年3月份，首届华文教育协同创新研讨会在华侨大学成功举办。研讨会举办一年以来，两岸高校、学者不断加强交流与合作，丰富合作形式，拓宽合作领域，深化合作层次和内涵，为打造华文教育协同创新平台奠定了坚实的基础。今天，我们再次在此举行两岸华文教育协同创新研讨会，真诚希望各位专家、各位嘉宾继续抓住契机，畅所欲言，积极发表真知灼见，继续加强合作平台建设，策划更多合作项目，细化合作程序，探索更为合理的合作机制，进一步优化华文教育学科体系，为实现创新资源在系统内的无障碍流动，实现华文教育学科知识的有效增值，实现两岸华文教育工作真正的协同、真正的创新而贡献智慧，群策群力。

最后祝两岸华文教育协同创新研讨会圆满成功！祝各位代表身体健康！

谢谢大家！

华侨大学校长贾益民在第二届两岸华文教育协同创新研讨会上的致辞

（2013年1月19日）

尊敬的马儒沛副会长、赵阳副会长，

尊敬的任弘先生、程万里先生、董鹏程先生，

尊敬的各位专家、各位嘉宾、朋友们：

大家好！

今天，第二届两岸华文教育协同创新研讨会在华侨大学隆重召开，这是进一步凝聚两岸智慧和共识、推动两岸华文教育协同创新、深化两岸高校交流合作的又一次盛会，在此，我谨代表华侨大学对会议的召开表示热烈的祝贺，对各位与会嘉宾的到来表示诚挚的欢迎！

作为中国政府开展海外华文教育的重要基地，华侨大学发挥独特优势，大力开展海外华文教育。刚刚过去的2012年，学校出台了《华侨大学华文教育拓展和提升计划》，成立华文教育研究院，推进海外华文学校普查与调研工作及华文教育与中华文化传播资源中心建设，推进海外华文媒体数据库建设及海外华侨华人社团普查与调研工作，启动《世界华文教育年鉴》编撰工作，继续推进"走出去""引进来"等华文教育品牌建设，加强华文教育基地建设，拓宽华文教育途径，搭建高水平、高层次的华文教育研究平台，华文教育水平得到不断提升和发展。

近年来，在两岸华文教育领域的专家和学者共同努力下，两岸华文教育协同创新

已经迈出了坚实的步伐。2012年3月，华侨大学主办了首届两岸华文教育协同创新研讨会，来自海峡两岸近60位高校和研究院所的负责人参加了会议，大家畅所欲言，各抒己见，总结经验，表达观点，使与会人员受益匪浅。随后，两岸华文教育界进一步紧密合作，丰富合作形式，拓宽合作领域，深化合作层次和内涵，两岸间的合作与交流成果丰硕、影响深远。同年9月，由华侨大学牵头，协同中国社会科学院文化研究中心、台湾世界华语文教育学会、凤凰卫视集团、中国华文教育基金会、社会科学文献出版社等6家单位成立了"海外华文教育与中华文化传播协同创新中心"。中心的成立汇聚了两岸华文教育与文化传播的顶尖人才，为实现华文教育研究和中华文化传播研究、文化传播研究和文化传播实践的融合与创新，共谋华文教育事业的大发展奠定了坚实的基础。

今天，华侨大学再次主办两岸华文教育协同创新研讨会，有幸邀请到台湾海华文教基金会、世界华语文教育学会、中研院以及"中央大学"、高雄师范大学等7所高等学府和大陆北京语言大学、华中师范大学、暨南大学、华东师范大学等10所高等学府的近30位知名专家学者出席会议，大家齐聚一堂，围绕两岸华文教育的国际视野与多元创新等论题，发表宏论，分享智慧。相信各位的真知灼见、思想碰撞必将使我们收获良多，也希望今天的论坛成为具有前瞻性和开创性，充满思想和智慧的学术盛宴！

最后，预祝两岸华文教育协同创新研讨会圆满成功！祝各位来宾身体健康、阖家幸福！

谢谢大家！

中国海外交流协会副会长马儒沛在第五届世界华语文教学研究生论坛上的致辞

（2013年1月19日）

尊敬的任弘先生、程万里先生、董鹏程先生、赵阳副会长，
尊敬的各位专家，老师们、同学们：

大家上午好！

由华侨大学和世界华语文教育学会联合主办的第五届世界华语文教学研究生论坛今天在这里隆重开幕了。来自世界各地的华语文教学领域的专家学者及研究生将在此欢聚一堂，共同探讨当前世界华语文教学研究的现状，交流研究成果。在此，我代表中国海外交流协会和李海峰会长对论坛的召开表示热烈的祝贺！对远道而来的各位专家学者以及研究生表示热烈的欢迎！

语言是维系社会的最基本的纽带，是国家和民族文化的代表与象征。华文就是海内外中华儿女的共同语言，是中华民族的代表和象征，是中华文化传承的重要载体。

华语文教育是海内外中华儿女学习民族语言、传承民族文化、保持民族特性的根本手段，是维系中华儿女情感的心灵依托和精神纽带。中国政府历来重视华文教育，重视海外华文教育，重视中华文化的传承。中国国家主席习近平在2010年"中国寻根之旅夏令营"开营式上指出：团结统一的中华民族是海内外中华儿女共同的"根"；博大精深的中华文化是海内外中华儿女共同的"魂"；实现中华民族伟大复兴是海内外中华儿女共同的"梦"。为做好华文教育，传播中华文化，我们的国家和政府不遗余力，成立了由多个中央部门组成的"国家海外华文教育工作联席会议"，中央财政和地方财政对华文教育经费的投入也逐年增长。作为专司海外华文教育的协会，中国海外交流协会近年来在华文教育领域的投入也在不断加大。这些都为华文教育的长足发展提供了有力保障。

长期以来，世界华语文教学方面的专家、学者刻苦钻研，科学严谨，改革创新，对华语文教学进行了深入的研究和探讨，形成了一套行之有效的理论研究成果，积累了丰富的华语文教学经验，对指导华语文教学的开展具有深远的意义。与此同时，为加强不同国家、地区间的学术交流，提高华语文教学、研究的整体水平，世界华语文教育学会和大陆的一些华语文教学研究领域的专家共同发起了"世界华语文教学研究生论坛"，论坛已成功举办四届，各位专家学者、研究生就华语文教学研究的现状和未来进行了思想碰撞，成果分享，收集了大量的学术论文，为进一步拓展华语文教学领域的研究奠定了深厚的基础，也为中华文化的传承提供了强有力的保障。相信本届论坛对指导和推动世界各地华语文教学领域的研究同样具有深远的意义。

本届论坛的主题是"全球化时代的世界华语文教学与中华文化传播"，真诚希望各位专家学者、研究生以此次论坛为契机，进一步加强交流与合作，协同创新，携手与共，为推动世界华语文教学研究不断向纵深方向发展，为传播中华文化，增进海内外炎黄子孙的民族向心力、凝聚力，提高中华文化软实力做出新的更大贡献。

最后，预祝第五届世界华语文教学研究生论坛圆满成功，祝各位专家学者、研究生万事如意、阖家幸福！

谢谢大家！

中国海外交流协会副会长赵阳在第五届世界华语文教学研究生论坛上的致辞
（2013年1月19日）

尊敬的任弘先生、程万里先生、董鹏程先生、马儒沛副会长，
尊敬的各位专家，老师们、同学们：

大家上午好！

今天，由华侨大学及台湾世界华语文教育学会共同主办的第五届世界华语文教

学研究生论坛在此隆重举办，我谨代表中国海外交流协会向论坛的举办表示热烈的祝贺，向莅临本次论坛的海内外华文教育专家和研究生们表示最诚挚的欢迎！

在世界"汉语热"的背景下，海外华侨华人学习汉语和中华文化的热情也空前高涨，需求日益迫切。华语文研究生是华文教育的新生力量，华语文研究生的培养是推动华文教育事业的重要工程。为此，两岸乃至世界各地的华语文教学研究生需要加强交流与合作，汇集力量共同探讨研究生教育教学的理论和实践问题。"世界华语文教学研究生论坛"也因此应运而生，并已分别在广州、高雄、上海和台北成功举办了四届，取得了令人瞩目的成果。今天在这里召开第五届世界华语文教学研究生论坛，标志着海峡两岸华语文研究生的合作与交流又向前迈出了一步，标志着世界各地华语文研究生的空前大团结。

世界范围内尤其是中国大陆和台湾的华语文研究生肩负着向世界各国开展汉语教育，向广大的华侨华人社会开展华语文教育和传播中华文化的重任，你们热爱华文教育教学，视野开阔，知识完备，能接受新生事物，有很好的创新能力。不久的将来你们也许将成为一名神圣的华文教师，将成为向世界传递中华语言文化、推动中外文化友好交流的使者。中国大陆和台湾的研究生在同样的中华文化背景下成长，两岸的年轻人对中华语言文化有着同样深厚的感情和自豪感。另外，中国大陆和台湾的教育体制也有所差别，两岸的华语文教学无论在学术上，还是在教学方式、实践方式上，都各擅其美、各有千秋。通过今天这样的研究生论坛，两岸乃至世界各地的华语文教学研究生一起共享学术经验，交流学习心得，沟通彼此感情，互相交朋友，大家相互学习、相互借鉴，取长补短，共同提高。

同学们，朋友们，第五届世界华语文教学研究生论坛对于推进海峡两岸共同的华文教育事业有着重要影响。希望各位青年才俊通过本届论坛，分享教学经验，开阔眼界，增进交流，加强合作，共谋两岸华语文教学与研究的美好愿景。

最后，预祝第五届世界华语文教学研究生论坛圆满成功，祝各位代表身体健康、生活愉快。

谢谢大家。

华侨大学校长贾益民在第五届世界华语文教学研究生论坛开幕式上的致辞
（2013年1月19日）

尊敬的马儒沛副会长、赵阳副会长，尊敬的任弘先生、程万里先生、董鹏程先生，尊敬的各位专家、各位嘉宾，老师们、同学们：

大家上午好！

今天，由华侨大学与台湾世界华语文教育学会共同主办的第五届世界华语文教学研究论坛在这里隆重开幕。首先，我谨代表华侨大学对论坛的召开表示热烈的祝贺！向参加本届世界华语文教学研究生论坛的各位领导、嘉宾、老师、同学们表示诚挚的欢迎！

华侨大学作为中国政府开展海外华文教育的重要基地，建校52年来，始终秉承"为侨服务、传播中华文化"的办学宗旨，立足于海外华侨华人学习民族语言文化的现实需求，以培养汉语技能、传授中华文化为学科特色，大力开展海外华文教育，为增进海外华侨华人对中国传统文化的认知和了解，推动中国传统文化的传承和推广，深化中外文化的交流互鉴做出了重要的贡献，成为中国华文教育发展格局中的一股重要力量。

2007年6月，台湾世界华语文教育学会在台北举办"跨疆越域的追寻：世界华文文学与华语文教育国际学术研讨会"，在那次会上我与台湾世界华语文教育学会秘书长董鹏程先生、新加坡南洋理工学院的周清海教授、现任北京华文学院院长的郭熙教授等人共同研商发起兴办"世界华语文教学研究生论坛"，希望借此建立起一个以华语文教育学系博、硕士研究生为主体的学术研讨会及交流平台。这一理念受到了华语文教学界的热烈支持。2008年1月，首届世界华语文教学研究生论坛在广州成功举行，有来自海峡两岸及世界各地的100多位博、硕士研究生参加了这一论坛，邀请了多位国际知名的专家学者做华语文教学理论与实践的专题演讲。经过世界各地华文教育领域专家和学者的共同努力，世界华语文教学研究生论坛已成功举办四届，积累了丰富的经验，也收获了大量的集体智慧，在海内外产生了重大的影响。

世界华语文教学研究生论坛的举办是一项不断提升华语文师资的创举，更是一项推动世界华语文教学不可缺少的重要工作。今天，在华侨大学召开的世界华语文教学研究生论坛已是第五届了，相信借由本届论坛的举办，可以让来自世界各地的华语文师资人才相互交流、互相切磋，不断提升教学理论与实践的质量。

本届论坛的主题为"全球化时代的世界华语文教学与中华文化传播"，共有来自中国大陆、台湾地区、日本、韩国等地33所高校的100多位博、硕士研究生参加，大会共提交论文94篇，其中遴选出20篇优秀论文在大会中发表，74篇论文在分组座谈中研讨。台湾中研院院士暨台湾联合大学系统校长曾志朗院士、北京语言大学李宇明教授、台北教育大学张新仁校长、北京大学李晓琪教授、福建师范大学沙平教授、台湾联合大学舒兆民助理教授将在会上进行专题演讲，在此，我谨代表大会主办方向各位演讲嘉宾致以最诚挚的谢意！

目前，海内外华文教育蓬勃发展，全球学习汉语的人数与日俱增，海外华文教育的办学规模不断扩大，教学形式不断丰富，教学质量不断提高，海外华文教育呈现出一片欣欣向荣的局面。各位在座的博、硕士研究生们，你们都是未来华语文教学师资的主要储备人才，肩负着向世界传播中华文化的崇高使命，希望你们通过自己的学习和研究切实提高自己的理论水平与实践才能，真正学有所成，学有所获；同时，希望你们能将所学知识应用到华语文教学工作中，全身心地投入到华文教育事业中来，为推动华文教育的发展、推进中华文化的传播做出你们的贡献！

最后，预祝第五届世界华语文教学研究生论坛圆满成功！祝各位领导、嘉宾在新的一年里生活愉快，身体健康！祝各位研究生同学学习进步，万事如意！

谢谢大家！

华侨大学党的群众路线教育实践活动

【综述】 2013年7~12月，根据中央和国侨办党组的安排部署，我校参加第一批党的群众路线教育实践活动。7月18日下午，我校在纪念堂科学厅召开党的群众路线教育实践活动动员大会。会议传达学习贯彻中央、国务院侨办党组和福建省委关于开展党的群众路线教育实践活动的重要精神，对我校深入开展党的群众路线教育实践活动进行动员和部署。国务院侨办党组代表、国务院侨办直属机关党委副书记、纪委书记张东浩，全体校领导出席会议。校长助理，学校老领导，全体中层干部，各民主党派、群众团体负责人，无党派人士代表，各级人大代表、政协委员参加会议。校长贾益民主持动员大会。会上，与会人员对学校领导班子及成员作风建设进行了民主评议。动员大会后，学校还组织与会同志听取三场关于党的群众路线教育实践活动的专题辅导报告。

7月20日~10月底，学校各分党委纷纷召开动员大会，对活动开展进行动员，对班子成员进行评议。

经国务院侨办教育实践活动领导小组办公室批准，我校领导班子于11月20日召开了专题民主生活会。侨办督导组派出人事司许玉明司长、文化司梁智卫副巡视员等专门到会指导。华侨大学全体领导班子成员参加，校长助理、校教育实践办有关人员列席。会议由教育实践活动领导小组组长、校党委关一凡书记主持。关一凡同志首先代表班子介绍了民主生活会的前期筹备情况。会上，贾益民、关一凡带头发言，深入剖析自身存在的问题并提出批评意见；每个常委开门见山，直入主题，就自身存在的"四风"问题等进行自我剖析。许玉明司长做了讲话。最后，贾益民同志代表全体班子成员做了总结。

12月，各基层党委在学校党委的统一领导下，召开专题民主生活会。

2014年2月27日，华侨大学在厦门校区王源兴国际会议中心G201室召开教育实践活动总结大会。国务院侨办副主任马儒沛、人事司司长刘继坤出席会议，华侨大学全体校领导、校长助理，老领导，全体中层干部，各民主党派、群众团体负责人，无党派人士代表，各级人大代表、政协委员等参加会议。

会议由校长贾益民主持，党委书记关一凡代表学校党委作教育实践活动的总结。

关一凡从教育实践活动的基本情况和主要做法、主要成效、主要特点和今后努力方向等方面全面总结了华侨大学开展教育实践活动的工作。

会上，马儒沛发表了重要讲话。他表示，开展教育实践活动是新时代条件下，弘扬党的光荣传统和优良作风，贯彻党的群众路线的一个生动实践。通过这项活动，为加强和改进党的建设积累了宝贵的经验，为党进行具有许多新的历史特点的伟大斗争，做了思想上、组织上、作风上的重要准备。

马儒沛充分肯定了华侨大学在开展教育实践活动中所取得的成绩。马儒沛认为，华侨大学教育实践活动的开展，有五个特点值得认真总结：一是积极贯彻中央以及国侨办党组的指示精神，把握正确的方向；二是坚持领导带头，做到率先垂范；三是突出实践特色，着力解决干部职工反映强烈的突出问题；四是充分发扬民主，坚持开门搞活动，自始至终请群众参与；五是坚持统筹兼顾，教育实践活动和业务开展"两不误、两促进"。

马儒沛表示，第一批教育实践活动集中开展的阶段已进入尾声，"但收尾，不是收场"，践行教育实践活动进入了新阶段。为此，马儒沛希望华侨大学：第一，学习、提高必须做到始终不渝，要进一步深化学习，注重党的群众路线的思想理论、观点的再学习、再认识、再提高。第二，对待问题的整改，必须"一抓到底"，要以问题为导向。第三，要按照现在整改方案的要求，进一步落实整改工作。要做好学校的建章立制工作，以利于学校持续、健康的发展，以利于学校更加规范化的管理。对于作风的养成要坚持不懈，要经常抓、长期抓。第四，制度的落实必须做到持之以恒，要坚持于法周延、于事简便的原则，建立务实、管用的长效机制。

贾益民要求，全校要认真学习、深刻领会马儒沛副主任重要讲话的精神，并在今后的工作中加以贯彻和落实。

贾益民表示，全面贯彻落实党的群众路线是一项长期的工作，希望学校、各级党委和广大党员干部要按照习近平总书记"群众路线没有休止符，作风建设永远在路上"的指示，按照中央和国务院侨办党组的要求，认真做好整改工作，在今后的工作实践中不断地巩固和扩大实践教育活动的成果，以更高的政治热情、更加振奋的精神状态、更加扎实的工作举措，为学校各项事业再谋新发展、再上新台阶做出新的更大的贡献。

为切实转变作风，华侨大学领导班子2013年度考核暨"一报告两评议"大会也在此间举行。会议由党委书记关一凡主持，校长贾益民代表学校领导班子作2013年度工作总结及干部选拔任用工作报告。

国务院侨办人事司司长刘继坤就华侨大学的干部人事工作提出三点建议：一是要着力解决党的群众路线教育实践活动中涉及的干部和人事工作；二要认真学习和贯彻新修订的《党政干部选拔任用工作条例》；三是对领导班子的评议要认真对待，给出公平、客观的评价。

会上下发了华侨大学领导班子年度考核测评表、领导干部年度考核测评表（正职）、领导干部年度考核测评表（班子其他成员）、干部选拔任用工作民主评议表和新选拔任用干部民主测评表，参会人员分别根据5类测评表，对学校领导班子年度工作及干部选拔任用工作进行全面测评。测评表将交由国侨办人事司汇总分析，根据统计结果写出综合考评报告，并适时反馈评议结果。

【讲话】

党委书记关一凡在华侨大学党的群众路线教育实践活动动员大会上的讲话

（2013年7月18日）

同志们：

下午好！

根据中央和侨办党组的安排部署，我校参加第一批党的群众路线教育实践活动，时间从7月开始到10月底。今天，在这里召开我校开展党的群众路线教育实践活动动员大会，会议的主要内容是传达学习中央、侨办党组有关开展党的群众路线教育实践活动的重要精神，动员和部署我校党的群众路线教育实践活动。

侨办党组对我校的教育实践活动高度重视，专门派出了侨办直属机关党委副书记、纪委书记张东浩等同志莅会指导，一会儿张东浩同志还将代表侨办教育实践活动督导组做重要讲话。让我们以热烈的掌声对侨办督导组的同志们表示欢迎和感谢！

下面我代表校党委，就我校开展党的群众路线教育实践活动谈三点意见。

一　提高认识，把思想和认识统一到中央的重大决策和部署上来，增强参与教育实践活动的自觉性

党的十八大报告指出，面对世情、国情、党情的深刻变化，"精神懈怠的危险、能力不足的危险、脱离群众的危险、消极腐败的危险"更加尖锐地摆在全党面前。党的作风建设问题关乎人心向背，关乎党的生死存亡，关乎国家兴衰成败。在全党深入开展党的群众路线教育实践活动，对于教育引导党员、干部牢固树立宗旨意识和马克思主义群众观点，贯彻党的群众路线，切实改进工作作风，始终赢得人民群众的信任和拥护，夯实党的执政基础，巩固党的执政地位，使党更好地经受住"执政考验、改革开放考验、市场经济考验、外部环境考验"，凝聚和率领广大人民群众实现中华民族伟大复兴的中国梦，具有十分重大而深远的意义。

第一，开展教育实践活动是实现党的十八大确定的奋斗目标的必然要求。

党的十八大提出了"两个一百年"的奋斗目标，党中央进而提出了要实现中华

民族伟大复兴的中国梦。实现如此宏伟的奋斗目标和理想，关键取决于我们党。而党的力量只能从植根群众、联系群众中来，从优良传统、优良作风中来。党的根基在人民、血脉在人民、力量在人民。只有充分发挥党密切联系群众的独特优势，把全党全军全国各族人民凝聚起来，才能同心同德，攻坚克难，以作风建设的新成效汇聚起实现中国梦的强大力量。开展党的群众路线教育实践活动，就是要使全党同志牢记并恪守全心全意为人民服务的根本宗旨，以优良作风把人民紧紧凝聚在一起，为实现党的十八大确定的目标任务而努力奋斗。

第二，开展教育实践活动是保持党的先进性和纯洁性、巩固党的执政基础和执政地位的必然要求。

我们党的最大政治优势是密切联系群众，执政后的最大风险是脱离群众。如果党脱离群众，就会失去群众的支持，从根本上失去先进性，最终会失去执政资格。我们应该清醒地看到，党的先进性和党的执政地位不是一劳永逸、一成不变的，过去先进不等于现在先进，现在先进不等于永远先进。面对世情、国情、党情的深刻变化，面对"四大考验"和"四大危险"，要保持党的先进性和纯洁性、巩固党的执政基础和执政地位，最重要的就是要坚持党的群众路线、密切联系群众。党只有始终与人民心连心、同呼吸、共命运，才能做到安如泰山、坚如磐石。

在全党深入开展党的群众路线教育实践活动，是新形势下坚持党要管党、从严治党的重大决策，是加强学习型、服务型、创新型马克思主义执政党建设的重大部署，是推进中国特色社会主义伟大事业的重大举措。通过开展党的群众路线教育实践活动，把为民务实清廉的价值追求深深植根于全党同志的思想和行动中，夯实党的执政基础，巩固党的执政地位，增强党的创造力、凝聚力、战斗力，使保持党的先进性和纯洁性、巩固党的执政基础和执政地位具有广泛、深厚、可靠的群众基础。

第三，开展教育实践活动是解决群众反映强烈的突出问题的必然要求。

总的来讲，当前我们的党员、干部队伍总体是好的，在贯彻落实群众路线、服务人民群众方面做了大量富有成效的工作，但也存在着不符合为民务实清廉要求的问题。中央特别指出，有的领导机关、领导班子和一些领导干部形式主义、官僚主义、享乐主义突出，奢靡之风严重，主要表现在理想信念动摇，宗旨意识淡薄，精神懈怠；贪图名利，弄虚作假，不务实效；脱离群众，脱离实际，不负责任；铺张浪费，奢靡享乐，甚至以权谋私、腐化堕落。中央指出的这些问题，在我校党员、干部队伍中也同样不同程度地存在。主要表现在：有的危机意识、发展的紧迫感不足，不思进取，安于现状，得过且过，存在"庸、懒、散"现象；有的责任心不强，遇到困难，消极应付、推诿扯皮；有的服务师生的意识不强，教书育人、立德树人的理念还有待加强；有的工作作风不够扎实，深入基层调研少，联系师生群众少，对基层实际情况和诉求了解不够，等等。这些问题的存在严重损害党在人民群众中的形象，严重损害党群干群关系,直接破坏了党的先进性和纯洁性,引起了广大师生群众的强烈不满,必须认真加以解决。

开展教育实践活动,就是要坚持党要管党、从严治党,对作风之弊、行为之垢,来一次大排查、大检修、大扫除,切实解决人民群众反映强烈的突出问题。要通过开展教育实践活动,教育引导党员、干部坚持一切为了群众、一切依靠群众,从群众中来、到群众中去,真正做到思想上尊重群众、感情上贴近群众、行动上密切联系群众,真心实意为群众办实事、解难事、做好事,赢得人民群众的真心拥护和支持。

第四,开展教育实践活动也是华侨大学实现内涵发展、全面提升教育质量和整体实力的必然要求。

深入开展党的群众路线教育实践活动,对华侨大学来讲,具有很强的现实必要性和紧迫性。当前,高等教育的发展面临着激烈的国际国内竞争,各高校正处在转型、改革、提升机遇期,正处在新一轮大发展、大洗牌的关键时期。我校的发展既面临着难得的历史机遇,也面临着巨大的压力和挑战。在前不久召开的华侨大学第五次党代会上,我们进一步明确了建设"基础雄厚、特色鲜明、海内外著名的高水平大学"的总目标。要全面提高教育教学质量,全面提高协同创新能力,实现第五次党代会描绘的发展蓝图,引领中国华侨高等教育,在中国高等教育中占有一席之地,需要我们有更大的勇气、付出更艰辛的努力,关键取决于各级党组织的坚强有力、取决于党员干部的优良作风、取决于全体师生员工的团结拼搏。为此,必须加强党员干部作风建设,进一步发挥密切联系群众的优势,把全校干部群众紧密地凝聚起来,提振精气神,拧成一股劲,形成健康向上、积极进取的浓厚氛围。

我校广大党员、干部要深刻认识开展教育实践活动的重大意义,自觉把思想和行动统一到中央和侨办党组的部署要求上来。通过教育实践活动,力争实现党员干部受到深刻教育,为民务实清廉形象明显提升,突出问题得到切实解决,作风转变取得明显成效,制度建设取得新的成果,群众工作得到进一步加强,以作风建设的新成效凝聚起推动学校内涵发展、全面提升教育质量和整体实力的强大力量。

二 紧紧抓住主要内容和关键环节,扎实推进我校教育实践活动深入开展

根据中央《关于在全党深入开展党的群众路线教育实践活动的意见》,教育实践活动的指导思想是:高举中国特色社会主义伟大旗帜,坚持以马克思列宁主义、毛泽东思想、邓小平理论、"三个代表"重要思想、科学发展观为指导,紧紧围绕保持党的先进性和纯洁性,以为民、务实、清廉为主要内容,以县处级以上领导机关、领导班子和领导干部为重点,切实加强全体党员马克思主义群众观点和党的群众路线教育,把贯彻落实中央八项规定精神作为切入点,进一步突出作风建设,坚决反对形式主义、官僚主义、享乐主义和奢靡之风,着力解决人民群众反映强烈的突出问题,提高做好新形势下群众工作的能力,保持党同人民群众的血肉联系,发挥党密切联系群

众的优势，为推动经济持续健康发展，全面建成小康社会，实现中华民族伟大复兴的中国梦提供坚强保证。

根据中央有关教育实践活动的要求，在侨办党组的指导下，校教育实践活动领导小组制定了《华侨大学开展党的群众路线教育实践活动实施方案》，对教育实践活动提出了明确要求。扎实有效开展教育实践活动的关键可以概括为，围绕一个总要求、抓好两项内容、紧扣三个环节、解决"四风"问题、坚持五项原则。

第一，要准确把握教育实践活动的总要求，即"照镜子、正衣冠、洗洗澡、治治病"。

"照镜子"，主要是学习和对照党章，对照廉政准则，对照改进作风要求，对照群众期盼，对照先进典型，查找宗旨意识、工作作风、廉洁自律等方面存在的差距。"正衣冠"，主要是按照为民、务实、清廉的要求，严明党的纪律特别是政治纪律，敢于触及思想，正视矛盾和问题，从自己做起，从现在改起，端正行为，改正缺点，维护良好的形象。"洗洗澡"，主要是以整风精神开展批评和自我批评，深入分析出现形式主义、官僚主义、享乐主义和奢靡之风的原因，坚持自我净化、自我完善、自我革新、自我提高，既要解决实际问题，更要解决思想问题。"治治病"，主要是坚持惩前毖后、治病救人方针，区别情况，对症下药，对作风方面存在问题的党员、干部进行提醒，对问题严重的进行查处，对与民争利、损害群众利益的不正之风和突出问题进行专项治理。我们一定要深刻理解、准确把握总要求，将总要求贯彻落实到我校教育实践活动的整个过程、每个环节、各个方面，确保教育实践活动取得实效。

第二，要紧紧围绕教育实践活动的主要内容，即为民、务实、清廉。

为民，就是要坚持人民创造历史、人民是真正英雄，坚持以人为本、人民至上，坚持立党为公、执政为民，坚持一切为了群众、一切依靠群众，从群众中来、到群众中去。务实，就是要坚持求真务实、真抓实干，发扬理论联系实际之风；坚持问政于民、问需于民、问计于民，发扬密切联系群众之风；谦虚谨慎、戒骄戒躁，厉行勤俭节约、反对铺张浪费，发扬艰苦奋斗之风。清廉，就是要自觉遵守党章，严格执行廉政准则，主动接受监督，自觉净化朋友圈、社交圈，带头约束自己的行为，增强防腐倡廉和拒腐防变自觉性，严格规范权力行使，把权力关进制度的笼子，坚决反对一切消极腐败现象，做到干部清正、政府清廉、政治清明。

因此，我校教育实践活动要联系学校工作实际，坚持"三个紧密结合"。一是紧密结合学习党的十八大精神、习近平总书记一系列重要讲话以及裘援平主任在校第五次党代会上重要讲话精神，进一步增强贯彻落实的自觉性，努力把提高学校工作科学化水平的各项要求落到实处；二是紧密结合单位实际，妥善安排各个环节的工作，进一步转变工作作风，增强工作的有效性，把为民务实清廉的各项要求落到实处；三是紧密结合广大师生员工的根本利益和实际需求，在解决问题上下功夫。今年3月份以来，我校集中启动为民办实事18个项目，目前已有3个项目基本完成，其余大部分项目正在稳步推进之中。日前，学校将各个项目进展情况向全校通报，目的就是希望各相关单位把为民办实事项目与教育实践活动紧密结合起来，继续抓紧推进，把实事办实、把实事办成、把实事办好，让师生满意。

第三，要着力抓好教育实践活动的三个环节。一是学习教育、听取意见，二是查摆问题、开展批评，三是整改落实、建章立制。

学习教育、听取意见环节。重点是召开动员大会并开展民主评议，搞好学习宣传和思想教育，深入开展调查研究，广泛听取师生员工意见。时间安排为7月15日至9月8日。

要采取集中学习讨论、专题培训、专题辅导、干部在线学习等多种形式进行学习教育，主要安排在7月15日至7月20日、8月26日至8月30日两个时间段进行，其余时间结合暑期安排进行个人自学。在此环节，各级党组织要组织党员、干部认真学习中国特色社会主义理论体系，学习党章和党的十八大报告，学习习近平总书记一系列重要讲话精神，开展理想信念、党性党风党纪和道德品行教育，开展马克思主义群众观点和党的群众路线教育。深入群众开展调查研究，充分征求意见，为对照检查、开展批评和自我批评打好基础。

查摆问题、开展批评环节。时间安排为9月9日至9月30日。重点是围绕为民务实清廉要求，以整风的精神开展批评和自我批评。通过群众提、自己找、上级点、互相帮，认真查摆形式主义、官僚主义、享乐主义和奢靡之风方面的问题，我校各级党组织都要组织召开一次高质量的专题民主生活会，对存在的突出问题进行认真梳理，开展党性分析和自我剖析、开展批评和自我批评。会后在规定范围内通报民主生活会的情况，并进行民主评议。侨办督导组将全程参与校领导班子的专题民主生活会。

整改落实、建章立制环节。时间安排为10月1日至10月23日。重点是针对作风方面存在的问题，提出解决对策，制定和落实整改方案；对师生反映比较集中和强烈的突出问题进行集中治理。要抓住重点问题，制定整改任务书、时间表。要从强化正风肃纪、提高群众工作能力和建立长效机制三个方面入手，注重从体制机制上解决问题，使贯彻党的群众路线成为党员、干部长期自觉的行动。

第四，教育实践活动要聚焦作风建设，集中解决"四风"问题。

"四风"指的是形式主义、官僚主义、享乐主义和奢靡之风。教育实践活动突出作风建设，集中解决"四风"问题，是因为"四风"严重违背党的性质和根本宗旨，是当前群众深恶痛绝、反映最强烈的问题，也是损害党群关系、干群关系的重要根源。解决"四风"问题要紧密结合我校实际进行。坚决反对形式主义，要教育和引导广大党员尤其是领导干部端正学风，改进文风、会风，在大是大非面前敢于担当、敢于坚持原则，真正把心思用在干事业上，把功夫下到察实情、出实招、办实事、求实效上；坚决反对官僚主义，就是要教育引导党员尤其是领导干部深入实际、深入基层、深入师生，接地气、通下情，坚持民主集中制，改进调查研究，虚心向群众学习，真心向群众负责，热心为群众服务，诚心接受群众监督；坚决反对享乐主义，就是要教育引导党员尤其是领导干部牢记"两个务必"，克己奉公，勤政廉政，保持昂扬向上、奋发有为的精神状态；坚决反对奢靡之风，就是要教育引导党员尤其是领导干部坚守节约光荣、浪费可耻的思想观念，狠刹挥霍享乐和骄奢淫逸的不良风气，做到艰苦朴素、精打细算、勤俭办事。

第五，教育实践活动要牢牢把握五项基本原则，即五个坚持：一是坚持正面教育为主，二是坚持批评和自我批评，三是坚持讲求实效，四是坚持分类指导，五是坚持领导带头。

坚持正面教育为主，就是要加强马克思主义群众观点和党的群众路线教育，加强党性党风党纪教育和道德品行教育，引导党员、干部坚定理想信念，增强公仆意识，讲党性、重品行、做表率，模范践行社会主义核心价值观，坚守共产党人的精神追求。

坚持批评和自我批评，就是要以整风的精神开展批评和自我批评，开展积极健康的思想斗争，敢于揭短亮丑，崇尚真理、改正缺点、修正错误，真正让党员、干部思想受到教育，作风得到改进，行为更加规范。绝不能用"批评"抵制批评，搞无原则的纷争。

坚持讲求实效。我们的工作哪些地方有问题，广大师生看得最清楚、最有发言权。问题有没有得到解决，师生感受最真切、评价最客观。讲求实效就是要坚持开门搞活动，请师生参与，让师生评判，受师生监督，努力在解决作风不实、行为不廉上取得实效，在提高群众工作能力、密切党群干群关系上取得实效，真正使教育实践活动的成效经受师生检验、得到师生认可、赢得师生满意。

坚持分类指导，就是要针对校部机关、教学科研、后勤产业等单位的不同情况，找准各自需要解决的突出问题，提出适合各自特点的目标要求和办法措施。既要坚持教育实践基本环节不能少、不变通，把"规定动作"做到位；又要结合各自实际，在解决问题上下功夫，使"自选动作"有特色。

坚持领导带头，就是要在教育实践活动中做到主要领导带班子成员、学校领导带中层领导，一级抓一级，层层抓落实。

同志们，学校开展教育实践活动的具体工作安排和要求，在学校教育实践活动的实施方案中已经做了说明，这里就不再赘述。要着重强调的是，全校党员、干部一定要按照中央和侨办党组的要求，结合我校实际，积极主动地参与教育实践活动，深入扎实地推进教育实践活动。在教育实践活动过程中，一定要坚持把学习教育、理论武装贯彻始终，坚持把落实为民务实清廉的要求贯彻始终，坚持把解决"四风"方面的突出问题贯彻始终，坚持把以整风精神开展批评和自我批评贯穿始终，坚持把领导带头、以身作则贯穿始终,以认真的态度、良好的作风和务实的精神确保教育实践活动取得实效。要通过教育实践活动,教育引导党员、干部树立群众观点,弘扬优良作风,解决突出问题,保持清廉本色,使党员、干部思想进一步提高,作风进一步转变,党群干群关系进一步密切,为民务实清廉形象进一步树立。

三 加强组织领导,确保我校教育实践活动取得实效

教育实践活动是中央的重大决策和部署,我校各级党组织、党员、干部要切实增强责任感和紧迫感,把开展好教育实践活动作为一项重大政治任务抓紧抓好抓实。要加强组织领导、结合工作实际、抓好整改落实、做好宣传引导、强化督导工作,确保我校教育实践活动不虚不空不偏。

第一,加强组织领导,突出领导带头。学校已经成立了教育实践活动领导小组,下设办公室和督导组。我校各基层党委是本单位教育实践活动的责任主体,党委书记是第一责任人,党员主要行政领导要和党委书记一道负起责任,共同确保教育实践活动扎实推进、取得实效。各级领导班子和党员领导干部要发挥表率作用,带头深入学习,带头调查研究,带头分析检查,带头整改落实,带头参加领导班子和所在支部的活动。每个领导干部都要以普通党员的身份把自己摆进去,高标准、严要求,力争认识高一层、学习深一步、实践先一着、剖析解决突出问题好一等。

第二,结合工作实际,体现侨校特色。要把组织开展教育实践活动与认真做好各项工作和党员、干部履职结合起来,做到两手抓、两不误、两促进。通过教育实践活动,大兴求真务实之风,推动科学决策、民主管理和依法治校,加强作风建设,以作风建设的成效从源头上化解矛盾、解决问题,密切党群关系和干群关系,打造和谐校园,推动学校事业发展。

第三,抓好整改落实,务求取得实效。各相关部门要按照要求,明确职责,密切配合,扎实推进我校教育实践活动的开展。处级以上领导班子、领导干部既是教育实践活动的组织者、推进者,更是活动的重点参与对象,要充分发挥示范表率作用。各级党员领导干部要认真查摆问题、深入自我剖析、积极解决问题,特别是对于师生员工反映强烈的突出问题,要制定切实有效的整改方案,落实整改任务书和时间表,实行一把手负责制,并在一定范围内公示,务求教育实践活动取得实实在在的成效。

第四,做好宣传引导,注重群众参与。要通过创新宣传形式和载体,重视发挥校园网络、微博、校报、广播台等途径,加强正面宣传和舆论引导,要确保将中央精神和要求传达到每一个党员、干部,要让每个党员理解中央精神,自觉参加教育实践活动。及时反映教育实践活动的进展和成效,生动展现本单位党员、干部参与教育实践活动的饱满热情和崭新风貌,努力营造开展教育实践活动的良好氛围。

第五,强化督导工作,确保活动落实。督导工作是推进教育实践活动落到实处的重要手段,也是以往有效开展党员、干部教育活动的成功经验。本次教育实践活动,

侨办党组派遣督导组到校进行督促和指导。我们要自觉接受督导组的督促检查，认真听取督导组意见，如实反映问题和情况，根据督导组的意见认真做好落实整改工作。同时，学校也成立了督导组，负责督导学校各二级党委的教育实践活动，各单位一定要认真配合督导组的工作，支持督导组履职。

同志们，搞好党的群众路线教育实践活动意义重大、影响深远。让我们更加紧密地团结在以习近平同志为总书记的党中央周围，以高度的政治责任感、良好的作风和务实的精神，把教育实践活动组织好、开展好，为贯彻落实党的十八大精神，为加快建设基础雄厚、特色鲜明、海内外著名的高水平大学提供坚强保证。

华侨大学党委书记关一凡关于华侨大学党的群众路线教育实践活动工作报告
（2014年2月27日）

尊敬的马儒沛副主任、刘继坤司长，同志们：

根据《中共中央关于在全党深入开展党的群众路线教育实践活动的意见》（中发〔2013〕4号）精神，以及国务院侨办党组的要求和部署，我校参加第一批党的群众路线教育实践活动，从2013年7月18日召开动员大会开始，到目前基本结束。半年多来，在国侨办党组正确领导和督导组悉心指导下，在大家共同努力下，活动紧紧围绕保持党的先进性和纯洁性，紧扣为民务实清廉的主题，着力解决"四风"方面存在的问题及师生反映的突出问题，取得了积极成效，达到了预期效果。按照国侨办的安排和要求，2月24~25日学校组织开展党的群众路线教育实践活动民主评议，共发放民主评议票230张，收回223张，其中空白票2张。民主评议对学校领导班子总体评价：在221张票中，认为好的和较好的占98.19%；其中好的189票，较好的28票，一般的4票，较差的0票。学习教育情况，认为好的和较好的占98.19%；专题民主生活会情况，认为好的和较好的占97.29%；整改落实情况，认为好的和较好的占95.93%。

下面，我代表学校党委对教育实践活动进行总结。

一 教育实践活动基本情况和主要做法

学习实践活动开展以来，学校按照三个环节的要求，开展了扎实有效的工作，主要做法是：

（一）精心组织部署，活动开展有序

学校党委高度重视党的群众路线教育实践活动，坚持高标准、严要求，认真组织、积极部署，确保了活动扎实有序地开展。

一是加强组织领导。党的十八大召开后不久，学校党委即成立筹备工作小组，着手做好前期准备工作。2013年7月9日学校党委召开了党委常委（扩大）会议，对教育实践活动做出工作安排，并成立了领导小组及其办公室和督导组，明确分工，落实责任，为活动有效开展提供领导保障和组织保障。

二是认真制定方案。根据中央和侨办党组的统一部署和总体要求，结合学校实际认真制定了《华侨大学开展党的群众路线教育实践活动实施方案》和每个环节的具体工作方案，全校28个基层党委也相应制定了本单位的具体实施方案，确保各项工作周密安排、环环相扣、有序推进。

三是层层开展动员。2013年7月18日学校党委召开党的群众路线教育实践活动动员大会，对我校深入开展党的群众路线教育实践活动进行动员和部署。会后各基层党委、各支部分别召开了本单位的动员大会，形成了一级抓一级，层层促落实的工作局面。

（二）抓好学习教育，提高思想认识

提高思想认识是搞好教育实践活动的前提。学校党委坚持把学习教育贯穿活动始终，特别是在学习教育、听取意见环节，通过狠抓学习教育，不断提高党员领导干部对教育实践活动重要性和必要性的认识，增强参与教育实践活动的主动性和自觉性。

一是丰富教育学习内容。学校党委统一发放《论群众路线——重要论述摘编》《党的群众路线教育实践活动学习文件选编》《厉行节约、反对浪费——重要论述摘编》三本学习材料供大家学习。在教育实践活动专题网站上设立了"上级精神""工作动态""专家解读""媒体视点""师生感言""他山之石""学习辅导""资料汇编""意见反映"等板块，同时进一步丰富了干部在线学习系统中的相关学习内容，方便党员干部学习交流。

二是开展多形式的学习教育。学校党委坚持"两手抓、两不误"的原则，充分利用假期和工余时间，采取集中学习、专题培训、专题辅导、干部在线学习和个人自学相结合，通过组织开展专家讲座、形势报告、观看视频录像、中心组学习、召开支部生活会等多种形式，组织党员干部认真开展学习活动。此外，还要求在干部在线学习系统中处级要完成40小时、科级完成24小时的学习任务。

三是注重学习的针对性。学校党委要求广大党员干部坚持把学习教育与当前学校中心工作紧密结合，要聚焦作风建设，围绕树立宗旨意识和群众观点，带着问题学，扎扎实实学，深入学习新党章和党的十八大、十八届三中全会精神，以及习近平总书记一系列重要讲话精神。通过学习，党员领导干部进一步增强了马克思主义群众观点和宗旨意识，坚定了理想信念，自觉把思想和行动统一到中央部署上来，统一到学校建设发展事业上来，坚持边学边查边改，切实转变作风，为推动学校内涵发展凝聚力量。

（三）虚心听取意见，积极开门纳谏

充分听取师生群众的真实想法和意见是搞好教育实践活动的基础。意见听取得越充分，查摆问题才会越深刻、越准确。学校党委坚持将征求意见贯穿到整个教育实践活动过程中，多渠道、多层次找问题、查不足，征集到的意见共有7个方面253条。

一是畅通纳谏渠道。坚持开门搞活动，紧扣作风建设，围绕反对"四风"，校领导带头纳谏，通过校长信箱、校长接待日、校长见面会、座谈听、上门访、个别谈，新浪微博"微访谈"、"教代会"、"季谈会"，以及在两校区设立专门的意见信箱、电子邮箱等形式，广泛听取师生群众的意见。同时，在侨办督导组指导下，认真组织了对校领导班子及其成员的民主测评。

二是开展调查研究。学校领导班子成员带头走访所联系的教学科研单位，积极开展调查研究，共召开了22场座谈会，听取基层单位和一线教师、管理人员、离退休老同志、民主党派、无党派人士和学生等不同群体对学校领导班子、职能部门和领导个人的意见和建议。

三是开展谈心交心。学校主要领导带头开展谈心交心，班子成员之间、班子成员与分管部门、联系单位的主要负责人也开展了谈心交心活动，相互之间既谈工作上的问题，又谈个人之间的意见，既谈个人"四风"方面存在的问题，又诚恳地向对方提出意见建议，进一步增进了了解，加强了团结，找准了问题。

（四）认真查摆问题，严格对照检查

查摆问题、开展批评是党的群众路线教育实践活动承上启下的关键环节。剖析检查透不透，问题找得准不准，直接影响到整改落实的效果。学校各级党组织、党员干部把查找问题、剖析问题、解决问题作为出发点和落脚点，深入查找存在的突出问题，分析思想根源，实事求是研究制定改进措施，认真撰写对照检查材料。

一是坚持聚焦"四风"。教育实践活动领导小组办公室把前期征集到的253条意见，原汁原味反馈给学校领导班子和成员个人以及相关部门。通过群众提、自己找、互相帮等多种形式，各级领导班子和领导个人全面检查了在遵守党的政治纪律、贯彻落实中央八项规定精神及转变作风方面的情况，特别是对应干部群众所提"四风"问题，最终整理归纳出了学校领导班子在"四风"方面存在的问题共24条，其中在形式主义方面9条、官僚主义方面7条、享乐主义方面4条、奢靡之风方面4条，提出整改措施31条。

二是坚持领导带头示范。学校党政主要负责同志和其他班子成员坚持亲力亲为，认真撰写对照检查材料，紧密联系理想信念、党性修养、工作作风和工作实际，从遵守党的政治纪律和贯彻中央八项规定、转变作风方面以及在形式主义、官僚主义、享乐主义、奢靡之风等方面进行自我剖析，深入分析存在问题的实质、根源，明确努力方向和改进措施要求，敢于直截了当地触及问题，不回避矛盾，不避重就轻，做到了亮出问题不怕丑，剖析自己不怕严，触及灵魂不怕痛，为其他党员干部做出了榜样。

全校161名处级及以上党员领导干部都认真进行了对照检查，为整改落实奠定扎实基础。

三是坚持严格审核把关。学校党委本着实事求是、精益求精的原则，对各级领导班子和领导干部的对照剖析材料严格把关。如学校领导班子对照检查材料，为了达到"像、深、准、诚"的标准，党政一把手全程主持，其他成员全程参与，相关部门全程配合，教育实践领导小组和办公室严格审核，党委常委会和教育实践办公室召开了4次专题会议研究，同时广泛征求意见并在一定范围内公示，前后共修改了10余次。领导班子成员个人的对照检查材料也不同程度地进行了多次修改，最终与班子对照检查材料一同报请国侨办党组审定。

四是认真开好专题民主生活会。2013年11月20日召开了学校领导班子专题民主生活会，班子成员逐一进行对照检查，以整风精神认真开展批评与自我批评。班子成员本着对党和学校高度负责的态度，坚持与人为善，从团结的愿望出发，从关心和爱护同志的角度出发，纷纷敞开心扉畅所欲言，对每一位同志都提出了具体意见和建议。所有意见和建议，既紧扣"四风"方面存在的问题，又紧密结合实际工作，开门见山，实事求是，针对性强，既不含糊，也不夸大。会议民主氛围浓厚，会风务实高效，达到了预期效果和帮助同志、增进团结、促进工作的目的。会后按照要求，在一定范围内就校领导班子专题民主生活会情况进行了通报。在第二环节中，全校各基层党委、机关各支部先后共召开了47场不同层面的专题民主生活会，广大党员领导干部接受了一次深刻的群众观教育，做到了"红红脸、出出汗、排排毒"，达到了"洗澡""治病"的预期效果。

（五）切实转变作风，认真整改落实

树立为民务实清廉的形象，保持党的先进性和纯洁性是教育实践活动的根本落脚点和出发点。针对师生群众提出的问题和对照检查出来的"四风"方面存在的问题，学校实事求是地加以整改。

实事求是制定整改方案。学校党委认真制定了《华侨大学领导班子党的群众路线教育实践活动整改工作方案》和《任务分解表》。为使整改方案紧密结合学校实际，紧密结合广大师生的根本利益和实际需求，学校党委常委会多次研究修改，并提交党委全委扩大会议讨论，在一定范围内进行了公示，最终确定了整改项目27项，提出具体的整改思路、整改目标、整改内容和整改措施，明确了牵头领导、责任单位和完成时限。

坚持边学边改、边查边改、立行立改。自开展党的群众路线教育实践活动以来，学校坚持边学边查边改，教育实践领导小组办公室及时把征求到的意见及时反馈给相关部门，能够解决的马上整改，一时不能解决的做好解释工作并做好计划。如针对干部请假问题，学校在去年暑假期间制定了《关于进一步规范处级领导干部外出请假制度的通知》，并着手开发网上请假系统；针对会风问题，学校进一步完善了视频会议系统，并尽量采用视频形式开会，减少参会人员两地奔波，同时进一步完善了《华侨大学会议室使用管理办法》《华侨大学会议管理办法》，尽量减少会议次数，提倡开短会，能够合并的会议尽可能合并召开。坚持边学边查边改，以转作风、促校风、改教风、创学风为着力点，用实际行动让师生员工看到活动带来的新变化和取得的新成效。

积极改进作风。一是严格贯彻落实中央八项规定。结合学校实际制定《华侨大学关于进一步改进工作作风密切联系群众的若干规定》，认真贯彻落实关于改进工作作风、密切联系群众的八项规定，转变工作作风。二是加强调查研究。健全领导班子成员深入基层调查研究制度，制定了《华侨大学校领导调查研究工作制度》，改进调研方式方法，增强调研的目的性和针对性。三是认真贯彻落实群众路线。进一步完善密切联系群众的各项规章制度，坚持和完善校领导班子成员联系学院、联系民主党派和群众团体制度，制定了《中共华侨大学党委常委对口联系各民主党派群众团体制度》；进一步健全校领导听课制度，规定校领导班子成员每学期至少深入课堂听2次课；创新沟通渠道，举办校长新浪微博"微访谈"；完善校情通报制度，加强"校长信箱""校长接待日""校长见面会""教代会""党外人士代表季谈会""老同志座谈会"等平台建设。四是加强机关作风建设。重新修订印发了《华侨大学加强和改进机关作风与效能建设的暂行规定》，机关作风与效能建设领导小组，统一制作并在每间办公室门口悬挂"去向牌"，狠抓作风建设，提高办事效率和服务质量。五是推进节约型校园建设。加强财务管理，重新修订了《华侨大学财务管理制度》《华侨大学预算管理办法》《华侨大学重大投资项目评估委员会章程》等；加强招投标工作，2013年在基建（修缮）工程、仪器设备和大宗物资（服务）采购等通过招投标节约资金3722余万元；加强学校公用房使用管理，修订了《华侨大学公用房管理暂行办法》；加强国有资产管理，优化校园物业管理，加强节能减排改造，实施校园节能监管平台建设，制定了《华侨大学公共机构能源资源消费统计制度实施方案》《华侨大学国有资产管理暂行办法》；加强公务接待、公车管理和因公出访管理，着手修订公务接待管理办法、公车使用管理办法，重新修订印发《华侨大学教职工因公出国（境）管理规定》，严格执行出访报告制度和公示制度；倡导节俭之风，深入推进师生用餐"光盘行动"，减少餐桌浪费。六是积极为民办实事。2013年确定了奖助学金、教学设施、医疗卫生、宿舍改造、无线网络、工资待遇、餐饮等18件为民办实事项目，除个别项目外均已基本完成，如教职工工作午餐、泉州校区超滤制水工艺项目、校医院老年保健科建设、学生事务办事大厅、实施华侨大学教职工大病医疗互助项目、为全校在职教职工办理加入泉州市职工医疗互助活动事宜等。此外，利用暑假及国庆假期对泉州校区的教师休息室进行整修，并配备了全新的家具和电器。投入达680万元改造泉州校区进强楼一、二层学生餐厅。同时，启动了2014年为民办实事相关工作，争取集中解决一批事关师生切身利益的重点难点问题，为师生员工办一批看得见、摸得着的实事好事。

加强领导班子和基层党组织建设。认真贯彻执行"三重一大"制度，健全领导班子议事规则、决策程序，重新修订了《华侨大学校长办公会议议事规则》《中共华侨大学委员会常委会议议事规则》。进一步健全理论学习制度，修订了《中共华侨大学委员会关于进一步加强和改进中心组学习的意见》《中共华侨大学委员会关于推进学习型党组织建设的实施意见》。进一步加强党风廉政建设，修订了《华侨大学领导班子成员党风廉政建设岗位职责》《华侨大学经济责任审计规定》，开展党风廉政建设宣传教育月活动。积极推进基层党组织建设，制定《关于进一步加强基层党组织建设的实施意见》，进一步夯实组织基础。

稳步推进内涵建设。进一步深化教育教学改革，加强学科建设和科研工作，实施"2011计划""哲学社会科学繁荣计划""科技创新能力提升计划"；推进国际化办学，制定了《华侨大学大力推进国际化战略实施意见》；加强人才队伍建设，引进和培养并重，积极落实师资补充计划和高层次人才引进计划，加大师资培养力度，继续实施青年教师能力提升计划、中青年学术骨干海外研修计划等；进一步提升为侨服务水平，加强涉侨理论研究，制定了《关于全面推进华侨华人研究的若干意见》。

抓好建章立制工作。学校专题研究了规章制度清理修订工作，明确"责任人""时间表"，明晰责任和进度，加快推进规章制度清理修订工作，着力破解在改革发展中存在的制度障碍，规范和加强学校管理。截至目前，共废止各项管理规章制度83个、修改128个、新订64个，进一步形成内容丰富、程序严密、有效管用的制度体系，逐步建立健全落实群众路线相关规章制度。同时，大力推进制度建设与制度执行情况检查工作，不断提高制度执行力。通过建章立制，形成党的群众路线教育实践活动的长效机制，为推进学校科学发展、跨越发展提供坚强的保障。

二 教育实践活动的主要成效

在国侨办党组的坚强领导下，取得了积极的成效。

一是进一步提高了党员领导干部的思想觉悟和群众观点。广大党员干部受到了一次深刻的党性党风党纪教育，思想认识进一步提高，世界观、人生观、价值观进一步净化，增强了党性修养，坚定了理想信念，强化了宗旨意识和群众观点，全心全意为人民服务的意识不断增强并转化为自觉行动。

二是进一步认清存在问题和不足，明确了努力方向。学校各级领导班子和广大党员干部通过群众提、自己找、上级点、互相帮等多种形式，认真开展批评和自我批评，全面检查了在遵守党的政治纪律、贯彻落实中央八项规定精神及转变作风方面的情况，特别是"四风"方面存在的突出问题，提出了明确的整改落实努力的方向。

三是密切联系群众作风得到发扬光大。广大党员领导干部在教育实践活动中，积极主动深入基层，深入师生教学、科研一线，在制定政策和工作决策上增强了深入基层调查研究、听取师生员工意见的意识，增强了科学决策、民主管理的自觉性，展现了新的作风和形象，党群干群关系进一步密切。

四是工作作风明显好转，党组织凝聚力不断增强。学校党委坚持开门搞活动，自觉接受群众监督，坚持边学边查边改，及时纠正问题，"四风"问题得到了有效遏制，党员干部党的意识、责任意识、服务意识不断增强，为民办实事好事力度不断加大，工作效率和服务水平不断提高，为民务实清廉的良好形象进一步树立，党组织和党员领导干部在师生群众中的凝聚力、号召力和感染力不断增强。

五是制度建设进一步完善，为学校建设发展提供有力保障。针对体制机制存在的不足，学校认真开展规章制度清理工作，克服了在改革发展中存在的制度障碍，形成了一批符合学校实际、科学有效的管理制度，促进教育实践活动有效措施制度化、作风建设常态化，进一步凝聚了共识，激发了改革创新、加快发展的动力。

三 教育实践活动主要特点

我校教育实践活动坚持把为民务实清廉贯穿始终，既认真做好"规定动作"，又结合学校实际积极开展自选动作，具有以下特点：

一是坚持领导带头以身作则。自活动开展以来，学校党政主要负责同志及其他班子成员，始终坚持带头学习、广泛听取各种意见，实事求是开展了剖析检查，诚恳接受批评和自我批评，认真开展整改落实，为各级党员领导干部树立了榜样，消除了顾忌。

二是坚持聚焦作风建设。学校党委坚持把着力解决"四风"方面的突出问题和师生群众反映强烈的问题贯穿始终，作为教育实践活动的出发点和落脚点，针对对照检查出来的各种问题，坚持用好批评和自我批评的思想武器，深刻剖析根源，积极开展整改，确保解决"四风"问题取得实实在在的效果，促进了机关和党员领导干部改进作风。

三是坚持督促检查。学校领导班子成员亲抓亲管，根据分工，积极参加分管单位和联系单位的相关活动；学校督导组定期不定期派相关同志到各单位，针对学校机关、教学科研单位不同情况加强分类指导，加强督促检查，做到规定动作不走样，自选动作有特色，确保了教育实践活动有效开展。

四是坚持开门搞活动。通过专题网站、专栏、新媒体、活动简报以及20多场师生学习座谈会、情况通报会等，及时传达学习中央和上级组织有关教育实践活动的精神，加强舆论引导和新闻报道，让师生充分了解活动开展情况，同时进一步加强"教代会"等密切联系群众的平台建设，加强相关工作情况的公示，畅通交流沟通渠道，充分调动党员干部和师生群众两个积极性，确保了教育实践活动有序有效推进。

五是坚持建立长效机制。自开展活动以来，学校对在教育实践活动过程中形成的好的经验、好的做法及时进行总结，并以制度形式加以巩固，努力形成长效机制，促进工作作风不断好转，为学校在新时期建设发展创造为民务实清廉的良好环境和氛围。

四　今后的努力方向

目前，我校党的群众路线教育实践活动即将告一段落，但并不意味着教育实践活动就画上了句号。整改落实的工作还没有结束，把查找出来的突出问题解决好，把相关的制度机制建设好，还要不断努力。下一步，我们要继续做好以下几个方面的工作：

一是要认真做好总结。坚持开门搞总结，通过全面总结，进一步巩固教育实践活动成果，进一步查找不足、不断查缺补漏，继续落实教育实践活动的后续工作，一以贯之、善始善终、善做善成。

二是要深化整改落实。进一步抓好整改落实方案各项任务的落实，对正在整改的，要完善整改措施，加强督促检查，尽快抓出成效；对涉及面比较广、需要较长时间解决的深层次问题，进一步细化工作方案，有步骤、分阶段加以实施。

三是要进一步抓好制度建设。及时将整改过程中形成的新经验、新成果制度化，努力形成一套科学规范的制度体系，不断巩固和扩大教育实践活动的成果，对于在教育实践活动中形成完善的机制制度，认真贯彻落实以推动工作、扩大成效。

四是要持之以恒使作风建设常态化。贯彻党的群众路线、党员干部作风建设是一项长期的工作，不可能一劳永逸、一蹴而就。要继续保持和发扬业已形成的良好势头，不断开展学习教育，不断深化作风建设，形成经常抓、反复抓的工作机制，持之以恒，常抓不懈。

当前，我校正处在建设发展的关键时期。我们要紧密团结在以习近平为总书记的党中央周围，严格遵守党的政治纪律和中央八项规定，树牢党的宗旨意识、群众观念，切实转变作风，在中央和侨办党组的正确领导下，进一步解放思想，凝心聚力，改革创新，锐意进取，为把我校建设成为基础雄厚、特色鲜明、海内外著名的高水平大学而努力奋斗！

华侨大学年鉴
2014

专　　文

华侨大学校长贾益民在庆祝第29个教师节大会上的讲话

（2013年9月10日）

各位老师、同学们：

今天是我国第29个教师节。我们在这里隆重举行庆祝大会，欢度节日，表彰先进，总结工作，展望未来。在此，我代表学校，向辛勤耕耘在教学、科研、管理和实验技术、后勤服务岗位上的全体教师及广大干部职工，表示诚挚的节日问候！向一年来受到各级各类表彰的教师以及全体老师们多年来取得的优异成绩，表示衷心祝贺！向长期以来为学校建设与发展做出贡献的老教师、老领导、老同志表示崇高的敬意！

一年来，在广大教职员工的共同努力下，学校在人才培养、科学研究和社会服务等各个方面，取得了有目共睹的成绩。老师们的精心培育，为国家培养出了一批优秀的拔尖创新人才，学生在全国大学生工业设计大赛等竞赛中连夺佳绩；老师们的辛勤奉献，为社会创造了一个又一个卓越的科研学术成果，科研项目立项数和经费较去年都有明显增长；老师们的传承、坚守和创新，延续了华侨大学特有的文化传统和大学精神。如果没有我们广大教师的辛勤付出，就没有华侨大学今天良好的发展局面。可以自豪地说，广大教师是学校的骄傲，更是学校的财富，你们的贡献将永远载入华侨大学的光荣史册！

百年大计，教育为本；教育大计，教师为本。化学家门捷列夫说过："教育是人类最崇高、最神圣的事业，上帝也要低下至尊的头，向她致敬！"教师是继承和传递人类文明的使者。人类发展的历史进程证明，教师肩负着传承与创新文明的崇高使命。自古以来，人们总是用"春蚕到死丝方尽，蜡炬成灰泪始干""辛勤园丁""甘为人梯"等优美的诗句、词语来赞誉教师，以表达对教师的感激和崇敬之情。正是广大教师辛勤的耕耘，无私的奉献，用勤劳的智慧、爱心和汗水浇灌着教育这片热土，推动着人类文明的不断前行。

因此，作为一个大学老师，就应该把当好老师作为最神圣的事业，而不仅仅是一份职业。如果我们仅仅把老师当作一份职业选择或一种谋生手段，那就只能成为"教书匠"；我们只有把教师工作当作太阳底下最光辉的事业，去热爱、去珍惜、去投入，才可能真正成为一个好老师。我们历代华大教师，就是用这种对教育事业的认识，以及对教育事业的忠诚和责任，实现了自己的人生价值，赢得了社会的尊重。"福建省杰出人民教师"王永初教授，执教近30年，兢兢业业，刻苦钻研，先后获国家级教学成果优秀奖1次、福建省教学成果一等奖2次，培养了一大批优秀的人才。荣获"福建省师德标兵"称号的心理咨询中心赵冰洁教授，在10多年的心理咨询工作中，帮助许多学生克服心理障碍，陪伴他们一起走出情绪低谷，被学生亲切称为"爱的使者"。还比如在今天的大会上刚刚宣读的获得各类表彰的老师们，等等，不一而足。尽管他们闻道有先后，术业有专攻，资历、学识各不同，身份、岗位因人而异，但都表现出了华大教师特有的品质和精神风貌。

老师们、同志们，当前我国高等教育正处于重要改革时期，为服务于建设创新型国家的宏观战略需求，《国家中长期教育改革和发展纲要》提出了建设一批不同层次类型的高水平大学的规划。我校如何抓住新一轮教育改革发展的难得机遇，立足自身特色优势，实现向高水平大学的转型，是当前学校面临的一项重大而又紧迫的任务。同时，今年是学校实现"十二五"事业发展规划目标，推进基础雄厚、特色鲜明、海内外著名的高水平大学的重要一年。当前，学校发展面临许多重大机遇与挑战：一是国务院侨办裘援平主任在学校第五次党代会上的报告为学校今后发展指明了方向和道路；二是国家把全面提高教育质量放在高等教育发展的首要位置，高等学校本科教学质量与教学改革工程不断深化，学校发展进入全面提高质量的深水区，难度更大，任务更艰巨；三是国家和我省都在全力推动协同创新工作，相关协同创新中心的申报正在进行，必将深化学校对外合作，促进学校发展方式的转变；四是紧紧依托学校"科技创新能力提升计划""哲学社会科学繁荣计划""华文教育拓展和提升计划"的开展，推进学科建设水平的提升。

面对机遇，我们深知如果没有一流的教师，就难以形成一流的育人环境，就不可能有一流的教育教学质量，不可能有一流的学科与成果，更不可能建成特色鲜明的高水平大学。因而，进入学校发展新阶段，全面提高学校教育质量，广大教师责任更大，任务更重，使命更艰巨。为此，我代表学校向全体教职员工提几点希望和要求，并以此与大家共勉。

希望全体老师严谨笃学，刻苦钻研。我们常说："学为人师，行为世范。"当今时代知识更新换代的周期越来越短，每个人都需要不断学习才能适应工作要求。教师是知识的传播者和创造者，更要不断地用新的知识充实自己。要想给学生一杯水，自己必须先有一桶水。教师只有"学而不厌"，才能做到"诲人不倦"。我们广大教师一定要树立终身学习的观念，孜孜以求，学而不厌，不断增强自身的理论知识水平和教学科研能力，积极进取，勇于创新，不断提高教书育人的本领。希望全体教师始终遵循"育人为本，学术优先"的原则，以培养人才为天职。希望广大教师要强化教学意识，精心备课、精心上课、精心辅导学生，多在教学内容、教学方法、教学质量上下功夫，多在学生的需求、困惑、疑难上动脑筋，多在家长期待、学校发展、社会需求上花心思。同时，学术是大学的精髓与气质所在。在高水平大学里，教学本身也是一种学术性工作，有人称之为"教学的学术"，因此，教学和研究是密不可分的，我们的所有工作，以及华侨大学的未来发展，都可以归结于教师的学术水平和学术贡献。

希望老师把科研优势和最新成果转化为优质教学资源，以科研促进教学，以科学研究的进步促进教学水平的提高，以教学内容的更新推动科研领域的延伸。我希望我们的教师把学术当作第二生命，热爱本职，潜心育人，严谨治学，争做一名优秀的人民教师。既是一名专业素质高、团队意识强的优秀人才，又是一名热爱教育、乐于奉献、深受学生喜爱的优秀教师，还是一名执着追求学术的模范研究者，与华侨大学一道共同成长，共同发展。

希望广大老师关爱学生。著名的教育家陶行知先生曾对教师说过一句名言："从你的教鞭下有瓦特，你的冷眼里有牛顿，你的讥笑中有爱迪生。"当一名教师，首先要是一个充满爱心的人，把追求理想、塑造心灵、传承知识当成人生的最大追求。大学生正处在人生观、世界观和价值观形成的关键时期，最需要的是关爱和尊重。只有内心对学生有一份真诚，我们才能够更好地帮助他们成长成才。我们要秉持自由、平等、博爱的理念，善待学生，循循善诱，因材施教。而且师生要彼此尊重，平等相待，各尽所能，教学相长。我们要记住，教师的尊严一定是来自其广博学识，来自其道德文章，来自其人格魅力，更来自其发自内心对学生的关爱。唯有如此，教师才能赢得学生真正的尊重和信任。

老师们，同志们，你们身上不仅承载着华大跨越发展的成就，更担当着续写华大辉煌的重任。希望我们每位老师，都能以更加执着的事业追求，做忠诚教育事业的楷模；以更加专注的精力投入，做献身教书育人的榜样；以更加博大的爱心情感，做关爱学生成长的模范，用自己的实际行动，为推进学校各项事业科学发展做出更大贡献！

最后，祝全体教职员工教师节快乐！身体健康！阖家幸福！预祝全校师生员工中秋节快乐！

谢谢大家！

共筑梦想　成就未来
——华侨大学校长贾益民在2013届毕业典礼暨学位授予仪式上的讲话

（2013年6月29日）

亲爱的毕业生同学们，各位尊敬的毕业生家长、各位老师、各位朋友：

大家好！

今天是一个值得庆祝的日子，有5742名毕业生就要离开美丽的华园。你们将告别熟悉的老师和同学，怀着新的人生梦想，奔赴祖国四面八方，飞向世界五洲四海，踏上新的人生征程。在此，我代表华侨大学全体师生员工向所有毕业和荣获学位的同学，并通过你们向支持你们完成学业的家人和亲友表示热烈的祝贺！向你们在学习期间对学校工作的支持以及为学校发展做出的贡献表示衷心的感谢!

光阴似箭,岁月如梭。当年你们怀着大学梦走进华园的大门似乎就在昨天,转瞬间你们的大学生活今天就要结束了。回首在华园的每一个日日夜夜,你们用梦想和激情点亮青春,演绎了人生中最重要的一幕;你们从中学习、收获、创造、奉献、成长,从中共筑梦想、创新梦想、成就梦想,每一个人都在圆着属于自己的梦。

在华园里,你们透过六十周年国庆大典见证了中华民族的独立富强梦;你们透过党的十八大见证了中华民族的伟大复兴梦;你们亲历了华侨大学五十华诞,分享了华大人代代相传的强校梦;你们亲历了华侨大学加冕CUBA八冠王的光辉时刻,分享了当代华园青年共同拥有的拼搏梦……你们将自己的梦想融入其中,铸就了无悔的青春。学校为你们感到骄傲,感到自豪!

看着你们,我想起了很多很多的人。他们曾经和你们一样正值青春,满怀梦想;他们和你们一样有着一个响亮的名字:中华青年!

他们曾经为了成就梦想而前赴后继,上下求索,只为拥有你们今天的幸福生活。1919年,他们怀着政治救国梦发起了五四运动,使纷乱迷茫的中国认识了民主与科学;1937年,他们怀着保家卫国梦在卢沟桥发出了中华民族抵御日寇的呐喊;1949年新中国成立后,他们怀着现代化的建国梦在一穷二白的大地上挥洒汗水,书写着新中国建设的崭新篇章与不朽的青春之歌;1978年以来,他们又怀着经济富国梦奋斗在祖国各地,在青春的画板上用汗水泼墨了一幅改革开放的恢宏画卷。苍苍青史间,他们怀着独立富强的中国梦在战火和贫苦中毅然挺起了中华民族的脊梁!

在华大,也有很多这样的青年。1960年,他们满腔热血,怀着强烈的侨校梦,从全国各地和世界各国来到清源山下,播撒"为侨服务,传播中华文化"的种子;1978年,他们怀着对海内外华侨华人的挚爱在海西温岭又重建华园;现在他们正和你们一起为了华大美好的明天,为了你们幸福的未来,默默耕耘,无私奉献。悠悠岁月里,他们怀着为侨服务的侨教梦,在艰难坎坷中毅然挺起了华侨大学的脊梁!

从中国的脊梁到华大的脊梁,他们将个人的命运与国家民族的命运紧紧联系在一起,把个人梦想与中国梦想紧紧联系在一起,把个人梦想融入国家梦想,这是因为,他们深知自己赖以站立、赖以生存、赖以成长并走向成功的那个地方,正是我们的祖国。青年的梦想怎么样,中国的梦想便是怎么样。青年有光明,中国便不黑暗!青年的梦想能实现,中国梦就一定能实现!

如今,硝烟不再,往事渐远。面对政治改革和经济发展营造的追梦时机,面对创新时代、全球平台、社会转型等交织的筑梦空间,你们应该接棒中华青年的梦想,以青春之我,造青春之中国,创青春之世界!

人,都有梦想。大学毕业生,更有梦想。有梦想,就有希望,就能成功。"世界上所有伟大的成就都始于渴望已久的梦想。"什么是梦想?梦想的真谛是对生命意义的追求，是让一个更高的目标去指引生命。有梦想，即有追求。爱默生说："有追求既是人生的最高奖赏，也是一个人的无上财富。"高尔基说："一个人追求的目标越高，他的才力就发展得越快。"弗兰克说："人类最大的原动力，来自对生命意义的追求。"所以说，梦想、追求、成功，是青年大学生的希望所在。

可是，在筑梦、追梦、圆梦的过程中，在实现成功梦想的道路上，却往往并非一帆风顺。你们走向社会之后，在生活和工作中必然遇到种种困难甚至挫折，或许遇到种种不公甚至刁难，或许遇到种种挑战甚至不幸……此时此刻，你将怎么办？你将怎样实现你的成功梦想？历史告诉我们，历代成功的人士告诉我们，实现成功梦想最大的秘诀是：坚持，坚持，再坚持！正如俗语所说："坚持就是胜利！"

坚持，是一种巨大的人格力量；坚持，是一种崇高的精神追求；坚持，是一种坚强的意志力；坚持，是战胜困难的有力法宝；坚持，是成功梦想的不竭动力！人类正是凭借不懈的坚持，凭借不可征服的意志力，才在高山峻岭之上修建了万里长城，在埃及的平原上建造了巍峨的金字塔，在太空中的月球上留下了地球人类的足迹……一次又一次地鉴证着人类生命的伟大意义，实现着人类伟大而崇高的梦想！

人类是这样，每个个人也是这样。一个人，无论他才华多么出众，学识多么渊博，能力多么突出，但最终决定他能否成功梦想的因素却只有一个，那就是坚持不懈的意志力。一个具有坚强意志力的人，一个敢于坚持的人，是不会被困难所吓倒的，也是不会被别人击倒的。他会将阻碍自己前行的绊脚石变成铺路石，用它铺成一条通向成功梦想的平坦大道。所以说，困难并不可怕，可怕的是你自己没有意志力，不能坚持。史密斯曾经说过："一个人最大的荣耀不是没有跌倒过，而是每次跌倒了都能爬起来继续前进。"这使我想起了第二次世界大战中的英国首相丘吉尔，他是一个非常著名的政治家，也是一个非常著名的演说家。他生命中的最后一次演讲是在一所大学的毕业典礼上。他演讲的全过程大约持续了20分钟，但全程他只讲了两句话，而且都是相同的，那就是"坚持到底，永不放弃！"该演讲成为世界演讲史上的经典之作，鼓舞了一代代英国青年。请同学们记住这句话：坚持到底，永不放弃，就能成功！

同学们：

在这即将离别的时刻，我作为校长、作为一名老师和学校广大教职员工一起，衷心地希望你们在走出大学校门之后，坚持不懈，追求梦想，成就未来。

希望你们坚持宁静，用宁静营造梦想。"心惟静则不外驰，心惟静则和，心惟静则清。"宁静致远。希望你们不要让尘世的浮躁迷障了自己内在的沉静，以宁静淡泊的心志在纷扰的社会中保持生命的充盈，处变不惊，物物而不物于物，营造出专属于自己的梦想。做一个坚持宁静的人，你们的梦想将会更加高远。

希望你们坚持信仰，用信仰守望梦想。没有信仰引导的人生是晦暗的，没有信仰守望的梦想是虚空的。大学期间你们用无人售水摊守住了对诚信的信仰，用支教积石山守住了对仁爱的信仰，用祈福雅安守住了对善良的信仰……我为你们感到骄傲！同时我也希望同学们步入社会后继续用信仰去守望梦想，不要丧失对公平、正义、善良和诚信的信仰，怀着信仰追逐梦想。做一个坚持信仰的人，你们的梦想将会更加富有生命的价值。

希望你们坚持担当，用担当承载梦想。没有担当的臂膀，就无法承载厚重的梦想。有担当，就有奉献；有奉献，就能实现梦想。希望同学们在实现"中国梦"的伟大历程中勇于担当使命，在社会转型的动荡中勇于担当道德，在知识经济的大潮中勇于担当创新，在家庭和社会中勇于担当责任……做一个坚持担当的人，你们的梦想将会更加焕发出生命的光辉。

希望你们坚持实干，用实干成就梦想。"空谈误国，实干兴邦。"空谈误己，实干才能成就梦想、成就未来。实干，就需要脚踏实地，从小事做起，从现在做起。把小事做成、做好，才有可能去做大事，才可能把大事做成、做好；从现在做起，才能成就未来；从今天做起，才能成就明天。只有这样，当你白头回首往事时才不会嗟叹一生光阴虚度。实干需要吃苦，需要拼搏，需要不断地学习，不断地提升自己。做一个坚持实干的人，你们的梦想将一定会实现。

希望你们坚持卓越，用卓越创新梦想。梦想需要卓越，卓越引领梦想、创新梦想。卓越需要创意、创造、创新。你们当中的许多人，已经或者正在这样做。在全球建筑毕业设计大赛、全国"挑战杯"大赛、全国结构设计大赛、全国大学生数学建模大赛等多项重大赛事上，你们都有堪称卓越的表现。希望同学们毕业后继续保持一颗卓越的心，怀有一个卓越的梦，做成一些卓越的事。做一个坚持卓越的人，你们的梦想将会不断创新，从而引领社会，引领世界。

希望你们坚持感恩，用感恩升华梦想。人，需要常怀感恩之心。成就梦想，更需要有感恩之心。一个人，从呱呱落地的婴儿，成长为一名具有高等专业知识和能力的人，以及未来在社会中的进步与发展，无论你成就有多大、地位有多高、经济多富有，都离不开社会、家庭、他人乃至自然的帮助、关爱与支持。所以，我们要学会感恩，坚持感恩，感恩社会，感恩家庭，感恩他人，感恩自然。做一个坚持感恩的人，你们的梦想将会使生命得到无限升华。

亲爱的同学们：

梦想不是炫耀的资本，不是自欺的童话，不是风行的时尚，它是每个人心中最渴望的未来。我相信，只要你们安于宁静，坚守信仰，勇于担当，乐于实干，志于卓越，善于感恩，坚持坚持再坚持，你们的梦想就一定会实现！让我们共筑梦想，成就未来，去创造属于你们也是属于国家和民族的更加美好的明天！

谢谢大家！

为学之道

——华侨大学校长贾益民在华侨大学 2013 年新生开学典礼上的讲话

（2013 年 9 月 9 日）

各位老师、各位新生家长、各位新同学以及新闻媒体的各位朋友：

大家好！

今天，我们在此隆重举行 2013 级新生开学典礼。首先，我代表华侨大学全体师生员工，向以优异成绩考入华侨大学的各位新同学表示诚挚祝贺和热烈欢迎！对出席开学典礼的新生家长及各界朋友致以崇高敬意和衷心感谢！

同学们，华侨大学是一所具有特殊历史使命的大学，自诞生之日起就承载着国家赋予的"为侨服务，传播中华文化"的特殊办学使命。建校 53 年来，华侨大学形成了优良的办学传统，创造了华侨高等教育一个又一个不朽业绩；在"会通中外，并育德才"的办学理念指导下，无数华园学子在大学的学习和生活中实现着自身价值，为华大创造了一个又一个荣誉。一元主导、多元交融、和而不同的校园文化，点亮了华园学子绚丽的青春。2013 级全体新同学的加入，更为华园增添了蓬勃朝气。正是一届届像你们一样的莘莘学子的青春活力和对美好未来的执着追求，才使得华大更加充满生机，永葆青春。华大为你们的到来而骄傲和自豪！

同学们，当前你们正处在社会大发展大变革的时期。世界多元化、经济全球化以及科技革命的突飞猛进，使得知识更新不断加快，世界经济格局、政治格局、地缘格局正在发生急剧变化，可持续发展已经成为世界各国共同面临的挑战。未来几十年中，你们将在中国全面建成小康社会、建设社会主义现代化国家、实现中华民族伟大复兴的梦想中成就自己，贡献社会，实现人生价值与精彩！

就在今天，当同学们步入大学校门之际，时代就给予你们一个重要的成长机遇，同时也要求你们承担起时代所赋予的历史使命和责任。一位著名的社会学家（金耀基）曾说过："当一个青年进入到大学以后，他就被赋予了一种责任，即他应该以充实的学问为责任，他应该沉浸在理性的精神当中，于图书馆、实验室、教室里与教师一起，在知识的海洋中做创造性的航程。"今天，你们的航程已经起航。我们希望每一个有理想、有抱负、有担当的华侨大学新生，在华园知识的海洋里克己尽责，潜心为学。何以潜心为学？欲潜心为学，必先明为学之道；明为学之道，必先明为何而学、为谁而学。

我想，这不需要讲太多的大道理，因为你们都十分清楚，读大学首先是为你自己而读、为自己而学习的。在现在这样一个知识爆炸、竞争激烈的时代，你不学习必被时代所抛弃。年轻人都充满幻想与梦想，希望成就事业，希望过上更幸福美好的生活,希望自己的梦想都能实现,这也是你们家长所期望的,也是社会所期望的,更是大学所期望的;但是,任何幻想与梦想的实现,都需要具备做人的基本素养和道德规范,都需要一定或相当的理论知识与实践能力的储备,这就是大学所要给予你们的,也是你们在大学所要学习的。

当你们步入大学的第一天开始,你们肯定都在思索这样一个最基本的问题,即在大学学什么?怎么学?这实际是思考读大学的"为学之道"。对此,我谈一点儿个人的看法供同学们参考。

第一,为学必先学做人。

孔子给予学生四教:"文,行,忠,信。""文"即文化知识;"行、忠、信"指的是品德修养、忠诚笃厚、坚守信约,都是教学生如何做人。古典精粹《大学》中有一段话,被朱熹称为经章,说:"大学之道,在明明德,在亲民,在止于至善。"又讲修身、正心、诚意、格物致知,然后方能齐家、治国、平天下,指出"自天子以至于庶人,皆以修身为本"。这些都是讲明德至善、修身正心的重要性。所以,大学期间,学会怎么样做人,是至关重要的。要做什么样的人?按古人的说法,就是要做"君子",而"君子必慎其独也",即要"慎思、慎言、慎行","止于至善";按现在的说法,就是要学会做一个有道德修养的人,有文化素养的人,有志向有抱负的人,有知识有能力的人,有性格有品位的人,有爱心有善心的人,总之要做一个好人,做一个能人。学会做人,这是铸就梦想、成就未来的先决条件和重要前提,否则你的未来将困难重重,一事无成,终生遗憾!

第二,为学必先立志。

"百学须先立志。"立志乃为学之本,志存高远才能学冠群贤。孔子以"修己以敬、修己以安人、修己以安百姓"为志,所以他的学问可以"修身、齐家、治国、平天下";屈原以"路漫漫其修远兮,吾将上下而求索"为志,所以他的《离骚》独有一份坚韧和执着;司马迁以"究天人之际、通古今之变、成一家之言"为志,让《史记》成为"史家之绝唱,无韵之离骚"。大学生要想学有所成,必先立志,正如王国维所说学习第一境界乃为"独上高楼,望尽天涯路"。立志,就必须认真思考、规划自己的人生目标。目标就是方向,方向明则精神振,干劲足;立志,就必须忘"小我"而想"大我"。所谓"忘小我"即抛弃一私之念,不谋一己之利;所谓"想大我"即心向他人,心向社会,心向国家;立志,就必须有坚韧不拔、持之以恒、永不放弃的意志和信念,同时还要学会在困难甚至挫折中锻炼成长,唯有如此,才能真正做到志存高远,成就未来。

第三,为学必得法。

古人云,学无定法,而贵在得法。得法首先取决于学习态度。要想学好,必要"好学",而且要有"学而不厌"的精神,要有勇于吃苦的准备。"书山有路勤为径,学海无涯苦作舟。"为学好学多艰苦，但只要善于苦中作乐，把学习当作一件快乐的事，当作一件有趣味的事，善于在快乐中学习，在趣味中学习，你就会觉得它并不艰苦，而且是一种精神愉悦和享受，正如孔子所说："知之者不如好之者，好之者不如乐之者。"学会享受学习、快乐学习，你才会"衣带渐宽终不悔"。在终身学习的时代，人生无时不学习，人生无处不学习。一生为学路漫长，只有废寝忘食，好学不厌，乐学不停，孜孜以求，才能以有限之生命成就无限之学业。要学会向"碎片"要时间，向"碎片"要知识。只有这样，才能达到"众里寻她千百度，蓦然回首，那人却在灯火阑珊处"的境界。这是当代大学生应有的精神追求和品格。尤其是在教育技术急剧变革的时代，现代学习技术与方法层出不穷，比如 MOOC（Massive Open Online Course）学习模式即大规模网络公开课程的风行，以及"混合教育""混合学习"模式的出现，已经或正在改变人们的学习理念与方式，从而使大学的教与学都面临严重挑战。对此，无论是教师还是学生，都应该有足够的准备，主动适应教育新技术新方法的要求，以提高学生的学习质量，为今后的继续学习乃至终身学习奠定基础。

第四，为学贵在求是。

求是，就是探索规律，追求真理。亚里士多德正是因为秉承"我爱我师，但我更爱真理"的信条，才成为伟大的哲学家。学知识必须不唯师，不唯书，不唯上，不唯权，要有为追求真理而奋斗甚至牺牲的精神，正如孔子所言："士志于道""朝闻道，夕死可矣"。要大胆探索，敢于对一切现有的知识提出质疑甚至批判，并在此基础上逐步形成自己的创新性观点和理论。这就需要学会融通所学知识，善于把已学知识化为自己的思考。古人云："学而不化，非学也。"为学，重要的不是死记硬背那些支离破碎的知识，而是要掌握并形成科学、完整的理论体系、价值观念和思维方式。学习要"师古圣贤人"，但要"师其意"而"不师其辞"，从而"抒意立言，自成一家新语"，正所谓"温故而知新"。对于西方文明成果，同样也不能盲从，要学会批判性思考，取其精华，善于借鉴，力求"苟日新，日日新，又日新"。同时，为学务要求实。"知之为知之，不知为不知"，要坦承不足，切忌投机取巧，弄虚作假，自觉养成好的学习习惯与优良学风，你将终身受益无穷。

第五，为学重在力行。

"学者贵于行之，而不贵于知之；贵于有用，而不贵于无用。"一切学问如果不落脚在实践，都将失去其存在的意义和价值。实践是认识事物、改造世界的最基本方式，也是检验真理的唯一标准。孔子讲"学而时习之""学以致用"，指的就是学习要与实践相结合，而重在实践。实践本身就是学习的重要环节。所以，在注重课堂学习的同时，一定要重视实验、实践学习，重视课外学习，即向社会学习，到社会实践中去学习、锻炼，增长社会知识和才干，增强专业实践能力，提高就业核心竞争力，从而为今后走向社会、奉献社会奠定坚实的基础。

亲爱的同学们,强国之要在兴教,兴教之要在树人,树人之要在立德,立德树人之要在为学。希望你们认清使命,担当责任,坚守为学之道,不辜负自己多年的奋斗,不辜负家长、亲友、老师、社会的殷切期望,立志成才,成就梦想!

最后,祝愿各位老师、家长和同学以及新闻媒体的朋友,事业兴旺,学业进步,工作顺利,健康快乐,大展宏图!

谢谢大家!

华侨大学校长贾益民
在华侨大学繁荣哲学社会科学大会上的讲话

（2013年7月7日）

尊敬的省社科联领导,老师们,广大科研工作者们:

大家好!

今天,我们在这里隆重召开华侨大学繁荣发展哲学社会科学大会,这是我校哲学社会科学发展事业中的一件盛事,对于我校未来的发展意义深远而重大。刚才我们听取了张禹东副校长所做的报告以及陈鸿儒教授等5位教师代表的发言,我很高兴,很受鼓舞和启发。从大家的发言和介绍中可以看出,我校哲学社会科学研究近年来在主要科研项目立项方面取得了长足的进步,在重要科研奖项上也取得了重大突破,整个哲学社会科学发展势头强劲,成绩喜人,这与我校广大文科科研工作者的辛勤努力是分不开的,也同时得益于我校科研管理部门的细致服务。

在看到成绩的同时,我们也必须正视我校哲学社会科学发展过程中存在着的问题和不足,从校内情况来看:高层次领军人才匮乏,高水平科研成果难产,优势学科不突出,学术交流机制不健全,学术平台建设滞后,一些重大科研项目和重要科研成果奖还未出现大格局的突破。从与省内兄弟院校的对比来看,我们在国家级的科研项目、成果获奖、基地建设等方面还与厦大、福师大存在较为明显的差距,这些都是我们今后必须快马加鞭去努力和奋斗的目标。

为了贯彻落实党的十八大精神和国家关于进一步繁荣发展哲学社会科学的号召,强化我校哲学社会科学研究的竞争意识、目标意识、精品意识,努力提升我校哲学社会科学的整体水平,我们制订了《华侨大学哲学社会科学繁荣计划（2012—2020）》。该计划是未来8年我校哲学社会科学发展的纲领性文件,我希望各文科学院、研究院的领导和老师们,各相关职能部门要认真研读并着手分解目标,按部就班地贯彻施行。

下一阶段华侨大学哲学社会科学的发展要着重突出以下三个方面:

一是要加强协同创新,全面推进文科发展。创新是哲学社会科学的本质要求,是哲学社会科学发展的不竭动力,也是哲学社会科学具有活力的根本所在。我们要以建设"海外华文教育与中华文化传播协同创新中心"为契机，整合资源，创新机制，以提升研究能力为目标，全面加强学科、人才队伍和科学研究建设，打造"华侨大学哲学社会科学创新体系"。通过协同创新平台锤炼领军人物、首席学者、学科带头人和创新团队，解决传统科研模式"小而散""科研孤岛"的顽症以凝练"大方向"，解决人类社会所面临的永恒难题和国家急需的现实难题，推进我校哲学社会科学基础理论研究和现实对策研究的全面进步，切实提高创新能力和长线性基础研究的能力。

二是要突出侨校特色，提升为侨服务能力。华侨大学因侨而立，以侨而兴。因此，我们必须面向国家战略、社会需求和海外华侨华人，自觉担负起侨务研究的重任，突出"侨校"特色。目前我校在侨务研究方面已经有了良好的基础，平台建设日渐完善，《华侨华人蓝皮书》已连续出版两年，初具影响。然而，在涉侨研究领域，我们还有很大不足：近五年来，我校省部级以上涉侨课题仅有21项，三类以上论文不足10篇，这与华侨大学的立校宗旨和发展目标严重不匹配，亟待改变。在下一阶段，我们需要依托协同创新中心建设，整合现有研究资源，凝练研究方向，重点加强华侨华人问题研究、泰国和东南亚研究、侨务外交工作研究，加大力度支持"泰国研究所""侨务公共外交研究所"等涉侨的科研机构，加快建设华侨华人研究院和华文教育研究院，以凸显侨校特色，并努力增强"为侨服务"的能力和水平。

三是要增强学科优势，树立华大文科形象。一流大学是以一流的学科作为支撑的。目前我校哲学社会科学领域具有较强学术影响力和号召力的优势学科还很少，而且很零散，下一步我们要加强优势学科培育，以现有重点学科为依托，形成以哲学、应用经济学、法学、政治学、中国语言文学、管理科学工程和工商管理等学科为主干的优势学科群。学校将以建设校级研究基地和省部级研究基地为契机，再梳理和遴选出一批特色鲜明、优势明显的学科予以重点支持，重点加强对新型学科、交叉学科的培育和支持。力争到2020年，形成相关学术领域的"华大学派"，促使华大成为东南学术重镇，树立鲜明的华侨大学文科形象。

各位领导、各位老师，华侨大学哲学社会科学要实现既定的发展目标，还要更加注重在以下三个方面的工作：

一是要更加注重人才涵养和团队建设。人才是高校发展的第一资源，团队是现代学术生产的最优选择。目前，我校哲学社会科学研究队伍整体实力还比较薄弱，这主要体现在资深学者寥若晨星、领军人才捉襟见肘、高层次人才明显不足、团队建设严重滞后。下一步，我们既要在"选才""聚才""育才"上下功夫，也要在创新团队、交叉团队和青年团队上做文章。一边要在全球范围内物色、吸引领军人才，另一边还要立足学校现有资源，充分挖掘潜能，着重做好对现有人才的培养、资助和推介工作。一方面要积极营造民主、自由、开放、包容的学术环境，让学者们潜心学术、自由钻研；另一方面还要鼓励教师们组建形式多样的科研团队，并予以重点扶持。未来几年，学校将继续实施"三大学术工程"，涵育哲学社会科学长远发展的学术中坚和优势团队；加大对首席学者的支持力度，形成对首席学者学术引领能力建设的长效机制；加大青年教师出国访学和交流的力度，培育学者的国际视野。我希望，到2020年，学校的每个学科都拥有1至2个具有学术前瞻性和学术擘画能力的学科带头人，3至5个拥有完善的学术讨论机制和论文生产机制的优秀科研团队，以及一大批科研能力强、学术水平高的高层次人才队伍。

二是要更加注重基地和平台建设。实践表明，科研基地和平台在学校的科研活动中正发挥着越来越重要的作用，已成为推动高校科研事业跨越式发展的重要力量，是学校提高学术影响力和办学层次的重要条件和手段。特别是在社会需求急剧增长和高校竞争日趋激烈的今天，科研基地的规模和层次在一定程度上也决定了学校的创新能力和办学实力。从国家战略层面来讲，加强高校科研基地建设既是创新型国家建设的题中之意，也是国家繁荣发展哲学社会科学的战略需要。遗憾的是，我们在哲学社会科学科研基地建设上欠账太多，导致我校哲学社会科学的科研基地呈现出"数量少、层次低、成效差"的局面。我校到目前为止仅有两个省教育厅的科研基地，教育部科研基地至今尚未能取得突破，科研基地作为涵育高层次人才、攻关重量级项目、探索研究体制创新和整合校内研究资源的效果还未能充分发挥。

因此，在未来数年中，紧抓国家建设协同创新中心建设，提升高校创新能力的历史机遇，加大协同创新中心的建设力度，推动学校哲学社会科学学科的协同发展和科研创新工作。同时，加强我校科研基地建设，从校级科研基地建设着手，加大投入，精心培育，为争取省级科研基地和教育部科研基地积蓄力量、做好准备。我们还必须充分认识科研基地的职能内涵与功能拓展，要充分发挥其在科学研究、学科建设、人才培养、团队建设及协同创新中的主导作用。我们建设科研基地的最终目标是形成项目、基地、人才三位一体、相互支撑协调发展的战略格局。

三是要更加注重服务社会。高校哲学社会科学服务社会经济发展，既是哲学社会科学的重要功能，也是高校的重要任务。党的十七届六中全会明确提出要"坚持以重大现实问题为主攻方向，加强对全局性、战略性、前瞻性问题研究，加快哲学社会科学成果转化，更好服务经济社会发展"。因此，未来我校哲学社会科学研究的方向要着眼于满足国家重大战略需求，引领未来；着眼于地方经济社会发展，推动当地科学发展。我们既要紧跟国家重大战略需求，主动发挥"智囊团"和"思想库"的作用，又要立足于泉厦两地和福建本省，以多种形式服务本地，成为本地经济社会发展的重要推手。我们的哲学社会科学研究唯有向社会经济发展提供更多更好的智力支持，我们才能够获取来自社会的更多的资金支持。综观世界一流名校，之所以能够得到社会资本的庞大支持，与其社会服务功能的充分发挥是分不开的。因此，我们务必要更加重视服务社会，进一步扩大学校的办学实力和社会影响力。

各位领导,各位老师,华侨大学哲学社会科学已经进入新的发展阶段,我们必须紧紧抓住国家进一步繁荣发展哲学社会科学的战略机遇,以"2011计划"为中心,正视问题、明确目标、凝聚优势、突出特色、整合资源、搭建平台、盘活体制机制、强调协同配合,力促我校哲学社会科学研究跨越式发展早日实现。

谢谢大家!

全面提升科技创新能力 为实现高水平大学建设目标而努力奋斗
——华侨大学校长贾益民在华侨大学科技创新能力提升计划动员
暨全校科技工作年度总结与下年度工作部署大会的讲话
(2013年12月27日)

各位老师、同志们:

刚才,福建省科技厅杜民副厅长发表了重要讲话,对华侨大学科技工作提出了殷切希望,讲话言简意赅、高屋建瓴、理论联系实际,具有很强的针对性和可操作性,这对华侨大学今后的改革发展,特别是科技工作具有重要的指导意义。

徐西鹏副校长回顾了学校2013年的科技工作,对明年的科技工作进行了部署,并详细讲解了学校即将公布实施的《华侨大学科技创新能力提升计划》及一系列实施方案。

3位教师代表结合自己科研经历和对科技创新能力提升的体会做了发言。

下面,我就贯彻落实大会精神,加强华侨大学科技工作,全面提升科技创新能力,加快推进高水平大学建设,提几点希望和意见。

一 把握机遇,科学发展,全面提升科技创新能力

高等教育面临着前所未有的机遇与挑战。科技创新工作对高校的整体发展具有全局性影响,对提高高校综合实力和发展后劲具有关键性作用,是增强高校核心竞争力和社会影响力的根本性推动力。

我校多年来致力于加强科学研究,不断推进学科建设,着力提升学校核心竞争力和整体办学水平。当前我校各项工作正处在关键的历史时期,既迎来了难得的机遇,又面临着前所未有的挑战。学校下一阶段要取得更大发展,不断提高学科水平和人才培养质量,建设海内外著名的高水平大学,不管是外部机遇,还是内在需求,都需要整合现有资源、发挥学科优势、全面提升科技创新能力。

今年经过前一阶段的酝酿、调研、论证,学校已经出台了《华侨大学哲学社会科学繁荣计划》,研究制订了《华侨大学科技创新能力提升计划》,并将出台一揽子学科建设项目,加大对学科建设和科学研究的投入,切实把科技创新工作摆到加快推进高水平大学建设的战略位置上来。

即将公布实施的《华侨大学科技创新能力提升计划》，在凝练科技创新方向、汇聚科技创新队伍、构建科技创新平台、激发科技创新动力等方面出台了更有针对性的政策，是学校在新形势下适应国家和学校发展需要做出的重要战略决策，是学校提升科技创新能力、加强学科建设的重要举措，是学校科技工作今后一段时期的重要主线和纲领性文件。

二 扎实推进，突出重点，全面提升科技创新能力

1. 以内涵、重点、特色为核心，不断提高学校核心竞争力

当前，在学校朝着建设高水平大学的目标推进、办学结构和办学规模都更趋稳定的情况下，学校的办学思想和建设思路将更加坚定的放在注重内涵发展、提升质量和水平上。

（1）学校将坚持紧紧抓住"内涵建设"这个大学发展规划的根本和主旋律，主动适应国家科技创新和产业发展、福建区域经济和社会发展以及学校高水平大学建设的需要，紧跟国际科技研究前沿，通过重点扶持，力争在国家重大研究项目、标志性成果等方面实现更大突破。

（2）学校将实施一揽子学科重点建设项目，依托现有学科基础，整合资源，优化配置，加强对重点优势学科、特色发展学科和新型培育学科的支持力度，对创新平台、创新团队和高层次人才进行重点资助。

（3）学校将引导各学院（研究院）合理定位、鼓励各学科特色发展，在不同层次、不同领域办出水平，打造特色，争创一流，为学校提高办学质量，增强学校核心竞争力提供有力支撑。

2. 以人才、团队、平台为抓手，全面提升学校科技创新能力

对于快速发展的华侨大学来说，无论从内在的全面协调可持续发展看，或者从外部的环境和机遇看，还是"加快高水平大学建设进程"的思路和目标看，汇聚一批优秀科技创新人才、培育多支活跃在学科前沿的创新团队、建设若干高水平创新平台，并将其摆在更突出、优先的位置来安排，这些已成为全校上下的共识。

而人才、团队、平台三要素在提升自主创新能力过程中的作用，如同一个稳定的正三角形的三条边线，互相支撑、互相作用、缺一不可。

为此，学校针对《华侨大学科技创新能力提升计划》制订了中青年教师科技创新资助计划、科技创新团队和领军人才支持计划、科技创新平台建设计划3个配套的实施方案。其中，

（1）实施中青年教师科技创新资助计划，鼓励优秀中青年科技人才脱颖而出，培养协作意识，倡导团队精神，凝练科研方向，提升科研水平，提高承担高级别科研项目和高层次人才资助计划的能力，促进优秀科技创新人才不断涌现。

（2）实施科技创新团队和领军人才支持计划，充分发挥高层次人才和创新团队对

科技强校的支撑作用，遴选和打造由领军人才、核心成员和骨干人员组成的高水平科技创新团队。以领军人才培育为核心，推动创新团队建设；以创新团队建设为载体，汇聚、培养优秀科技人才。

（3）实施科技创新平台建设计划，依托我校优势平台，进一步整合资源，加大对各类各级重点实验室、工程技术研究中心等科技创新平台建设的支持力度，促进人才、项目、资源的有效聚集，打造优势明显、特色鲜明、实力雄厚的科研基地，为学校的可持续发展提供有力支撑。

学校将围绕整体发展利益和发展战略，从资源优化配置、建设经费支持、政策制度保证方面，选择好主攻方向、集中好优势资源、制订好建设规划，集中力量建设这些人才、团队、平台以及相应背景的学科，力争在如下方面取得标志性突破。

（1）实现以国家百千万人才、教育部新世纪优秀人才、福建省百千万人才、福建省新世纪优秀人才为代表的中青年优秀人才的不断增加，加快培育院士、国家"杰青"、长江学者等杰出领军人才。

（2）实现省级创新团队数量明显增加，教育部"长江学者和创新团队发展计划"入选团队有新的突破，并朝着冲击"国家自然科学基金创新研究群体"的目标迈进。

（3）实现省级重点实验室、工程技术研究中心等创新平台的数量和质量有较大提升，新增若干教育部工程技术研究中心，力争在教育部重点实验室或国家工程技术研究中心、国家重点实验室立项建设方面取得突破。

同时，在国家重点重大项目、国家和省部级科技奖励、国际顶级高水平论文、科技开发与成果转化等方面取得新的进展。

3. 以改革、创新、协同为突破，着力构建学校科技工作新体系

通过深化体制机制改革，加强协同创新建设，使相关的政策导向、评价标准、管理效益都能与学校科技创新工作的发展相适应、相配套。

首先，以实施科技创新团队和领军人才支持计划为契机，探索建立"学术特区"，深化科技创新体制机制改革，在创新团队的经费支持、聘任考核、专项津贴、职称晋升、人员聘用等方面给予更大的自主权。并积极倡导团队意识，形成团队合力，加强团队建设，培育领军人才，营造优秀科技人才成长的良好环境。

其次，经过多次调研、论证，学校将出台实施《华侨大学科学技术研究项目和成果认定办法》，为更加客观的评价科研工作提供依据，调动全校科技人才从事科技创新的积极性，不断提高学校科研项目和成果的质量和水平，进一步规范科研管理和学术研究，争取学校出好成果、多出成果，提升学校整体科技水平。

再次，加强协同创新建设。以"2011协同创新中心"建设为契机，坚持走政产学研用结合之路，不断探索协同创新模式，以解决国家和福建重大需求为出发点，立足

学校学科特色与科技优势，整合资源，创新机制，全面提升人才、学科、科研三位一体的创新能力，着力构建学校科技工作的新体系。

三 统一思想，切实保障，全面提升科技创新能力

1. 统一思想，集思广益

我们应该认识到，实施《华侨大学科技创新能力提升计划》，促进科技创新能力提升，推进学校人才培养、教育教学、学科建设和体制机制改革，符合学校可持续发展的需要，也符合广大教职员工的利益。

关于《华侨大学科技创新能力提升计划》及实施方案的制订，学校校长办公会已经经过多次集中审议，并通过多种形式、多种渠道，广泛征求广大教师和学校学术委员会的意见。

今天，学校召开大会，对推进科技创新工作做全面动员和部署，同时把《华侨大学科技创新能力提升计划》及4个实施方案的征求意见稿印发给大家。各单位、各部门和广大教师要认真学习、积极讨论、主动参与。

2. 加强领导，加大投入

学校将成立"科技创新能力提升计划领导小组"，整体规划科技创新工作的开展，做好顶层设计，统筹调配各方面的力量，加强指导和协调，研究决定"提升计划"及实施方案的重大事项。

同时，学校将多方筹措资金，设立"华侨大学科技创新能力提升计划"专项资金，逐年增加经费投入，保持计划的连续性和政策的延续性，确保"华侨大学科技创新能力提升计划"落实到位。

3. 整体推进，重在落实

《华侨大学科技创新能力提升计划》及实施方案，为加强学校科技创新能力建设提供了思路、举措和目标，各单位、各部门必须高度重视、协同配合、形成合力，在人、财、物、机制体制创新等方面提供坚强保障，整体推进，重在落实，确保华侨大学科技创新能力提升计划的顺利实施，努力推动学校各项事业又好又快发展。

老师们、同志们：

回顾过去，我们倍感自豪；展望未来，我们充满信心。在深入贯彻落实党的十八大和十八届三中全会精神、实施创新驱动发展战略的形势下，召开此次大会，必将对我校的科技工作起到极大的推动作用。让我们与时俱进，乘势聚力，在新的起点上开创新局面，实现新跨越，铸造新辉煌，全面提升学校科技创新能力，为建设基础雄厚、特色鲜明、海内外著名的高水平大学而努力奋斗！

华侨大学年鉴
2014

重要文件

关于转发《中共国务院侨办党组关于同意中共华侨大学第五次代表大会选举结果的批复》的通知

华大委〔2013〕22号

学校各单位：

现将《中共国务院侨办党组关于同意中共华侨大学第五次代表大会选举结果的批复》（国侨党发〔2013〕18号）转发给你们。

特此通知。

中共华侨大学委员会

2013年7月16日

附件：中共国务院侨办党组关于同意中共华侨大学第五次代表大会选举结果的批复

中共国务院侨办党组关于同意中共华侨大学第五次代表大会选举结果的批复

国侨党发〔2013〕18号

中共华侨大学委员会：

经中共国务院侨办党组研究，同意中共华侨大学第五届委员会委员、常委、书记、副书记和中共华侨大学纪律检查委员会委员、常委、书记、副书记选举结果如下：

一　党委委员（25名，按姓氏笔画排序）：

王士斌　王丽霞　王秀勇　毕明强　朱琦环　刘斌　关一凡　江开勇　李辉　李庭志　吴季怀　何纯正　张云波　张向前　张禹东　陈卫峰　陈明森　郑黎鸰　胡日东　贾益民　徐西鹏　郭子雄　彭霈　曾路　曾志兴

二　党委常委（7名，按姓氏笔画排序）：

朱琦环　刘斌　关一凡　吴季怀　张禹东　贾益民　徐西鹏

三　党委书记、副书记：

党委书记：关一凡

党委副书记：贾益民　朱琦环

四　纪委委员（11名，按姓氏笔画排序）：

毕明强　朱琦环　庄志辉　衣长军　陈荣美　武玉洁　钟伟丽　洪若霞　骆景川　黄青山　黄锦辉

五　纪委常委（5名，按姓氏笔画排序）：

毕明强　朱琦环　钟伟丽　骆景川　黄青山

六　纪委书记、副书记：

纪委书记：朱琦环（兼）

纪委副书记：毕明强

此复。

关于印发《华侨大学哲学社会科学繁荣计划（2012—2020）》的通知

华大科〔2013〕10号

学校各单位：

为贯彻党的十八大精神，深入推进我校哲学社会科学的繁荣发展，经校长办公会议讨论决定，现将《华侨大学哲学社会科学繁荣计划（2012—2020）》印发给你们，请遵照执行。

华侨大学

2013年7月6日

华侨大学哲学社会科学繁荣计划

（2012—2020）

为贯彻落实党的十八大精神，深入推进华侨大学哲学社会科学的繁荣发展，根据《中共中央关于进一步繁荣发展哲学社会科学的意见》、《中共中央办公厅、国务院办公厅转发〈教育部关于深入推进高等学校哲学社会科学繁荣发展的意见〉的通知》（中办发〔2011〕31号）、《教育部财政部关于印发〈高等学校哲学社会科学繁荣计划（2011—2020年）〉的通知》（教社科〔2011〕3号）、《教育部财政部关于实施高等学校创新能力提升计划的意见》（教技〔2012〕6号）和《国家侨务工作发展纲要（2011—2015年）》（国发〔2011〕27号）等文件精神，结合《华侨大学中长期发展规划纲要（2011—2020）》和《华侨大学"十二五"发展规划》，制订本计划。

一　指导思想

（一）坚持正确导向培养优秀人才

哲学社会科学的繁荣发展必须坚持以邓小平理论、"三个代表"重要思想、科学发展观为指导，坚持"为人民服务、为社会主义服务"方向和"百花齐放、百家争鸣"方针，立足中国特色社会主义伟大实践，准确把握中国特色社会主义理论体系的内涵，运用马克思主义中国化的最新理论成果，巩固和强化马克思主义理论学科建设，推进哲学社会科学学科建设、队伍建设和信息化建设；坚持哲学社会科学的育人导向，发挥哲学社会科学在践行办学宗旨、营造人文氛围、提高综合素质中的主渠道作用；把握正确方向，坚持科学发展，全面提升哲学社会科学在人才培养、科学研究、社会服务、文化传承创新等方面的能力和水平。

（二）突出侨校特色服务国家战略

华侨大学是国家侨务工作的重要阵地，侨校特色是华侨大学的生命线和立足之本；为国家经济社会发展、国家侨务工作和海峡西岸经济区建设服务是华侨大学的价值旨归。为此，必须紧紧围绕"建设基础雄厚、特色鲜明、海内外著名的高水平大学"这一奋斗目标，按照"突出特色、强化优势、注重质量、协调发展"的原则，依托已有学科优势、侨务资源和区域资源，主动适应创新型国家建设的需要，努力承担大项目、建设大团队、带动大协作、建设大平台，创造优质成果，培育杰出人才，充分发挥哲学社会科学在为侨服务、为国家战略服务中的重要作用。

（三）推进协同创新加快繁荣发展

全面实施"2011计划"，以"国家急需，国际一流"为导向，整合校内外资源，推进协同创新中心建设；营造自由开放、鼓励创新、宽容失败的学术氛围，倡导拼搏进取、敬业奉献、求真务实、团结合作的精神风尚，形成有利于协同创新的文化环境；以学科建设为核心，以人才队伍建设为根本，以平台和条件建设为支撑，以评价体系改进为抓手，以体制机制创新为突破口，打造具有侨校特色的哲学社会科学创新体系，加快华侨大学哲学社会科学的繁荣发展。

二 战略目标

紧抓国家繁荣发展哲学社会科学的战略机遇，遵循哲学社会科学的发展规律，发挥综合大学和侨校优势，通过若干年努力，使华侨大学哲学社会科学学科方向更加凝练，优势更加突出，特色更加鲜明，平台更加坚实，形成结构合理、素质优良、具有国际竞争力的高水平学术队伍；研究创新能力显著增强，服务国家侨务工作能力明显提升，服务经济社会发展的水平不断提高，适应文化建设新要求、推进文化传承创新的作用更加凸显；对外学术交流与合作的领域不断拓展，国际文化对话与传播能力进一步增强。

到2020年，力争使华侨大学成为国内外著名、福建省一流的文化传承与知识创新高地，国家侨务工作的核心智库和提供社会服务、解决重大理论和现实问题的重要阵地。

三 重点任务

（一）学科培育与发展计划

1.通过学科发展规划、项目带动、优秀人才引进和培育等措施推进华侨大学哲学社会科学学科重点建设与有序发展。在计划期内，一级学科博士点、国家重点学科有重大突破，一级学科硕士点有较多增加；福建省特色重点学科和重点学科的数量和质量有较大提升。

2. 按照分层建设、重点突破、全面提升的原则，把传统优势学科、特色明显学科、对长远发展有价值的学科和社会急需的学科作为优先和重点发展的对象。为此，确定以哲学、应用经济学、政治学、工商管理、中国语言文学和马克思主义理论等为优先发展学科；以法学、外国语言文学、中国史、统计学、管理科学与工程和公共管理等为重点发展学科；以理论经济学、社会学、教育学、心理学、体育学、新闻传播学、音乐与舞蹈学、美术学和设计学等为培育发展学科，形成优势突出、特色明显、结构合理的哲学社会科学学科格局。

3. 加强学科整合，建立资源共享平台，加大力度建设与涉侨研究密切相关的学科，建立具有侨校特色的优势学科群，努力提升学校哲学社会科学的核心竞争力和社会影响力。

（二）人才队伍和团队建设计划

1. 实施"高端领军人才造就计划"。依托国家"千人计划"、福建省高层次人才引进计划，拓宽引进渠道，加大海外高层次人才引进力度；实施"学科带头人发展计划"，面向海内外公开遴选和招聘能带领本学科跟踪国际科学前沿并取得标志性成果的学科带头人；培养与引进长江学者。

2. 加大高端人才的培育力度。加强对"百千万人才工程"国家级人选、教育部"新世纪优秀人才支持计划"获得者和福建省"百千万人才工程"、福建省"高校新世纪优秀人才支持计划"入选者、福建省闽江学者等各类高端人才的培育，形成一支有规模、有层次的学科带头人队伍。

3. 实施"哲学社会科学学术创新团队培育计划"。以重点学科、创新基地为平台，以重大科研项目为依托，以领军人才或学科带头人为核心，实施"华侨大学哲学社会科学青年学者成长工程"和"华侨大学哲学社会科学著名学者培育工程"，培育跨学院、跨学科的创新团队，打造具有学术原创力、在福建省乃至国内有持续影响力的学术共同体，形成层次分明、结构合理的人才队伍和学术梯队。

4. 实施"青年骨干教师培养计划"。对具有发展潜力的优秀青年教师进行重点培养和跟踪支持，使其尽快成长为重要的学术骨干。继续实施青年教师在职学位提升项目、出国研修项目、国内访学和博士后研修项目，不断提高教师中具有博士学位、海外留学和访学研修经历的比例。

（三）基地和平台建设计划

1. 制订并实施《华侨大学人文社会科学研究基地培育与发展计划》，着力建设省部级研究基地，大力培育与创建校级人文社会科学研究基地；按照教育部人文社会科学重点研究基地的要求进行建设，每年提供配套经费支持，推动基地凝练研究方向、凸显学术特色、打造学术团队，冲击教育部人文社会科学重点研究基地，形成教育部、福建省、学校三级基地平台体系。争取到2020年，华侨大学的省部级人文社会科学研究基地的数量位居全省前列。

2. 整合内外资源，构建协同创新中心。紧抓实施"2011计划"的重要机遇，按照"国家急需、世界一流"的要求，以重大问题为导向、以协同创新为目标，通过与其他高校、科研院所、政府部门、行业产业以及国际学术机构的强强联合，积极培育协同创新中心。加强"海外华文教育与中华文化传播协同创新中心"和"闽籍华商发展协同创新中心"的建设，在计划期内，积极申报面向文化传承创新的教育部和福建省"协同创新中心"，力争取得突破。

3. 制定并实施《华侨大学社会科学研究机构管理办法》，重点支持有潜力科研机构的发展，并在相关政策上给予支持，充分发挥研究机构的学术凝聚力和创发力。

4. 加大文科类实验室建设力度。结合我校哲学社会科学专业特色，以国家级示范中心标准建一批较高水平的科研实验中心，为学科建设与发展、创新人才培养、哲学社会科学研究、科研成果产业化服务，使之成为实践创新、科研创新、科研成果转化的基地。

5. 抓住学术期刊转型机遇，加强和完善校办学术期刊学术规范与投稿评审制度，刊发高端创新学术成果，提升《华侨大学学报》（哲学社会科学版）等刊物在学术期刊界的地位，推广华侨大学哲学社会科学的优秀学术成果。

（四）科学研究水平提升计划

1. 要跟踪学术前沿，着眼重大理论与现实问题，着力加强前瞻性、战略性、综合性研究，努力产出标志性学术创新成果。在计划期内，发表、出版一批具有学术原创性、在国内具有显著影响的学术论文、论著；进一步提高国家基金项目、教育部人文社会科学研究项目、国侨办科研项目和福建省基金项目的立项数，要整合力量，在重大和重点项目上有新的进展；高等学校科学研究优秀成果奖（人文社会科学）取得大的进展，福建省社会科学优秀成果奖的奖项和获奖等级稳步提升。

2. 加强对重大基础理论研究的支持，适应建设中国特色社会主义经济、政治、文化的需要，注重基础理论研究的时代性、针对性、创新性。坚持服务国家目标与鼓励自由探索相结合，鼓励教师潜心钻研、自主创新，实现基础理论研究能力和水平的全面提升。

3. 深化马克思主义基础理论研究，重点支持马克思主义经典文本研究，支持马克思主义中国化、时代化、大众化研究和中国特色社会主义道路、理论体系、制度研究，在服务中国特色社会主义建设的实践中推动马克思主义理论创新。

4. 加强涉侨研究等应用对策研究。充分发挥华侨大学海外华文教育、华侨华人研究的优势，继续强化涉侨研究，大力开展侨务公共外交、海外华社、华商及华文传媒、华文文学等研究，积极推进华侨华人信息中心建设，主动服务国家内外发展战略需求；支持区域研究、行业研究，培育区域、行业发展研究报告；鼓励教师积极面向经济、社会、文化发展实际需求，开展应用研究，通过校内外合作平台，积极争取重大横向科研项目，进一步增加横向项目在科研考核和业绩奖励中的比重。

5.实施"华侨大学人文社会科学经典文库计划"和"华侨大学人文社会科学学科高水平论文、著作专项资助计划"，激发各学科学者的学术创造力，创造出更多高水平的学术成果，夯实哲学社会科学学科基础。

6.鼓励教师申报《国家哲学社会科学成果文库》、教育部《高校社科文库》等出版资助项目；鼓励教师向国家社科基金《成果要报》、教育部《成果摘报》及《专家建议》、国务院侨办《侨务专报》、福建省社科基金《成果要报》等报送成果，对申报成功的科研成果，在成果等级认定、奖励和资助等方面给予政策倾斜；继续实行对省部级奖等重要奖项的配套奖励。

（五）科研评价体系改进计划

1.制定并实施《华侨大学人文社会科学科研成果认定办法》。以激发研究活力为根本，以提升研究质量为导向，以推进学科体系、学术观点、科研方法创新为重点，以改革体制机制为动力，构建不同形式、不同标准、不同指向的学术评价制度，完善评价标准，规范评价方法，构建分类指导、科学合理的评价体系。

2.严格遵循评价的质量标准，确立质量第一的评价导向。按照国内通行的学术评价标准和原则，尊重公认的学术标准，修订《华侨大学期刊分类目录（人文社会科学）》，确立具有学术公共性、稳定性的评价和奖励体系，以规范化的评价尺度和标准，尊重学者的学术研究。

3.完善以同行专家评价为主的评价机制，突出专家与同行在科研评价中的主导作用，充分尊重学术委员会在学术评价中的独立地位。大力加强学术道德和学风建设，营造鼓励创新、宽容失败、尊重差异、包容多样的学术环境，以科学评价促进学术道德和学风建设。

（六）社会服务能力提高计划

1.打造国家侨务"智库"，着力服务国家安全和国家发展战略。加大力度支持华侨华人研究院、华文教育研究院、泰国研究所、侨务公共外交研究所、华侨华人信息中心等涉侨科研机构的建设，加强华侨华人、泰国和东南亚、侨务公共外交和侨务政策法规与侨务理论等领域的研究；强化服务意识，鼓励教师积极向国侨办的《侨情》《专报信息》《侨务专报》等提供政策咨询和研究报告，提高为侨服务水平，打造国家侨务工作重要智库。

2.打造区域发展思想库，服务地方经济社会发展。积极面向国民经济和社会发展,尤其是海峡西岸经济区建设中的重大理论和现实问题,主动开展前瞻性、对策性研究;鼓励教师面向社会,推动优秀科研成果的普及和推广;办好"理论进基层示范点",鼓励教师参与"高校理论名家社会行",名师上电视、上报刊等活动,加大科研成果向文化产业、决策咨询、公众普及、教育教学的转化,提高科研成果的应用水平;继续办好"华大讲堂",打造校地合作的重要平台;积极谋求政府部门和企事业单位的支持与合作,整合校内资源,政产学研紧密结合,提高华侨大学哲学社会科学的为社会服务功能和水平。

(七)人才素质培养提高计划

1. 加强哲学社会科学教育教学改革,提高哲学社会科学的教育教学质量,发挥哲学社会科学在人文素质教育课程体系、通识教育课程体系建设以及侨校特色学生思想教育体系构建中的重要作用。

2. 各学院通过各种方式积极引导、支持高年级本科生参与科研活动,以达到锻炼学生科研能力、提高学生创新能力的目的,形成寓教于研的人才培养模式;积极引导学生有序、高效地参与"挑战杯"全国大学生课外学术科技作品竞赛、创业计划竞赛和其他国家级大学生课外学术科技竞赛,努力在竞赛成绩中取得新的突破。

3. 实施多层次、多形式的研究生创新培养计划,充分调动研究生的科研潜能,加大对哲学社会科学优秀研究生论文工作的支持力度。加大对博士后研究人员工作的支持力度。引导推动相关学院加强研究生科研和创新能力培养,力争突破全国优秀博士学位论文,提升福建省优秀博士学位论文的获奖级别与数量。

(八)国际合作与交流推进计划

1. 实施"哲学社会科学走出去"战略。加大对学术交流的政策支持和经费投入力度,重点促进高水平国际学术交流与合作研究,谋求和策划高水准国际战略合作,提高国际对话能力;积极参加国侨办"文化中国·名家讲坛"等活动,有步骤、有层次的推进哲学社会科学走向世界,推动中华文化"走出去",服务国家软实力提升战略。

2. 全面实施"华侨大学华文教育拓展和提升计划"。加快建设海外华文教育基地和孔子学院,设立华文教育理论研究中心、华文教育普查与研究中心、华文教育资源研发中心和华文教师发展研究中心,承担国务院侨办华文教育调研及研发项目,完成国家汉办及各级政府侨办、社会团体以及海外华侨华人社团、华文教育机构委托的各项华文教育、汉语国际教育的调研及研发项目。

3. 搭建国际学术交流平台。与国外和港澳台著名高校或研究机构进行实质性交流合作,共建研究平台,合作开展讲学、研究和人才培养工作;设立"哲学社会科学学者论坛"等学术交流平台,邀请国际知名学者到校讲学;支持各学院、研究院举办高水平国际学术会议,扩大华侨大学哲学社会科学学者对外学术交流。

4. 加强学术成果的国际发表和出版。推动华侨大学教师按照国际学术规范和标准从事科学研究,鼓励教师在高水平和有重大学术影响力的国外刊物上发表学术论文。对在外文学术期刊上发表的高水平学术论文,纳入成果评价体系,给予合理的评价。

四 实施保障

1.建立组织机构,完善管理体制。学校设立"华侨大学繁荣发展哲学社会科学工作领导小组",负责学校哲学社会科学工作的统筹、协调和领导工作,研究并决定"繁荣计划"实施中的重大事项。领导小组下设办公室,挂靠社会科学研究处,负责"繁荣计划"年度工作计划的制订、预算建议的编制、工作进展考核等具体事项和日常管理工作。

2.加大经费投入,设立专项基金。学校多方筹措资金,设立"繁荣计划"专项经费,计划期内每年增加投入3000万元,重点支持哲学社会科学繁荣发展,保证随着教育事业经费的逐年增加而相应增长。

3.加强基础支撑和信息化建设。进一步加快丰富专业图书馆馆藏,加强新兴交叉学科图书资料建设,加强涉侨研究资料建设,推动哲学社会科学研究信息资源的共建共享;提高哲学社会科学研究信息化、数字化建设水平,购买国际国内权威哲学社会科学研究数据库的使用权,为实现科研的规范化、精确化和国际化水平提供条件支撑;建设若干个社会调查、统计分析、基础文献、案例集成等专题数据库,把部分数据库建设成为在国内外有重要影响的高水平数据和信息中心。

4.加强科研管理信息化和队伍建设,提高哲学社会科学管理工作的水平。实现与相关职能部门和学院(研究院)的资源共享,提高管理效率;加强科研档案管理工作,推动电子档案建设,提高档案管理水平,为哲学社会科学研究提供坚实的条件保障。

5.成立"华侨大学社会科学界联合会",加强与省(市)委宣传部、省(市)社科联的沟通和联系;组织协调各学科之间、社会科学界与自然科学界之间,以及理论研究部门与实际工作部门之间的联系与协作;宣传、普及社会科学知识,广泛开展咨询服务活动,促进社会科学研究成果的转化,编辑、出版会刊和学术资料,兴办智力开发事业;沟通社会科学研究与地方政府之间的联系,反映社会科学工作者的愿望和要求,维护其合法权益;调动各方积极因素,协力推进华侨大学哲学社会科学的繁荣发展。

关于印发《华侨大学科技创新能力提升计划》的通知

华大科〔2014〕1号

学校各单位:

为贯彻落实党的十八大精神,全面提升华侨大学科技创新能力,经校长办公会议讨论通过，现将《华侨大学科技创新能力提升计划》印发给你们，请遵照执行。

华侨大学

2014 年 1 月 14 日

华侨大学科技创新能力提升计划

为贯彻落实党的十八大精神，全面提升华侨大学科技创新能力，根据《国家中长期教育改革和发展规划纲要（2010—2020 年）》、《教育部 财政部关于实施高等学校创新能力提升计划的意见》（教技〔2012〕6 号）和《福建省中长期教育改革和发展规划纲要（2010—2020 年）》等文件精神，结合《华侨大学中长期发展规划纲要（2011—2020）》和《华侨大学"十二五"发展规划》，制订本计划。

一 背景与意义

（一）学校科技工作呈现持续提升态势

近五年来，学校深入贯彻落实科学发展观，全面提升科技创新能力，主动服务国家和福建区域经济建设，在提升科技发展层次、丰富科技发展内涵、提高科技发展质量、完善科技管理体系、激发科技创新热情等方面开展了一系列富有成效的工作。学校科技创新能力进一步增强，投入力度进一步加大，发展环境进一步优化，对外交流合作日益广泛，服务社会能力不断加强，实现了科技工作的较快发展，为高水平大学建设做出了重要贡献。

学校各类科技项目立项数、资助经费逐年递增。2008~2012 年，学校共承担国家科技支撑计划项目、国家高技术研究发展计划（863 项目）、国家自然科学基金重点项目等国家级科技项目 161 项，省部级 429 项，市厅级 131 项，横向课题 500 余项，项目总经费达 15989 万元；获省部级以上科技奖励 13 项（第一完成单位 11 项），其中，教育部高等学校科学技术一等奖 1 项、二等奖 1 项，福建省科学技术奖 11 项；公开发表科技论文 5000 多篇，被 SCIE、EI、CPCI-S 检索 1630 篇；获国家授权专利 245 项。

创新平台和团队建设也取得了一定的进展。现有省部级创新平台 10 个，其中教育部工程研究中心 3 个。"脆性材料加工技术与装备"团队入选教育部 2010 年"长江学者和创新团队发展计划"创新团队，实现了学校教育部创新团队零的突破。"高效精密加工及快速制造技术重点实验室"获评"福建省高校自然科学类优秀科研创新平台"。

学校科技工作稳步推进。2013 年度，获各级各类纵向科技项目 182 项、总经费 3928.3 万元，横向课题到款 1503.2 万元，获国家授权专利 98 项，新增福建省重点实验室 3 个。

（二）学校科技工作仍存在一些薄弱环节

学校科技工作的现状与建设海内外著名高水平大学的要求还不相匹配，与相关兄弟院校仍存在较大差距，学校在重大科技项目和经费、高层次人才和创新团队、创新平台和科研条件建设、标志性成果、政产学研用和协同创新等方面有待提升和突破。

探究问题背后，存在如下深层原因：优秀科技人才尤其是高层次领军人才缺乏，创新团队数量较少、协作不强、层次不高；创新平台和条件建设投入不足，整合力度不够，缺乏承担重大项目的条件与实力，协同创新和服务社会能力有待提升；缺乏针对优秀中青年教师、高层次领军人才与创新团队建设的特殊支持政策，激励机制和管理体制需要进一步创新。

（三）学校实施科技创新能力提升计划势在必行

科教兴国和人才强国战略的深入实施，赋予大学自主创新的崇高使命。在机遇与挑战并存的态势中，学校需要不懈探索自主创新的科技强校之路，在凝练科技创新方向、汇聚科技创新队伍、构建科技创新平台等方面出台超常规措施，利用现有资源，发挥学科优势，提升科技创新能力。

二　指导思想和原则

（一）指导思想

深入贯彻落实党的十八大精神和创新驱动发展战略，以全球视野谋划和推动创新，提高原始创新、集成创新和引进消化吸收再创新能力，更加注重协同创新，以国家和福建区域经济和社会发展重大需求为导向，全面提升华侨大学科技创新能力，探索有利于科技创新的管理体制和运行机制，整合资源，突出重点，注重交叉，体现特色，增强学校核心竞争力，全面推进基础雄厚、特色鲜明、海内外著名的高水平大学建设进程。

（二）实施原则

1. 内涵发展，科技强校

坚持科技强校方针，坚持内涵发展道路，主动适应国家和地方科技创新、经济社会发展和学校高水平大学建设的需要，紧跟国际科技研究前沿，通过重点扶持，力争在国家重大研究项目、标志性成果等方面实现更大突破。

2. 突出重点，特色兴校

配合学校学科重点建设，依托既有学科基础，对创新平台、创新团队进行重点资助，支持学科特色发展，在不同层次、不同领域争创一流，全面推进科学技术领域的学科建设、团队建设和创新平台建设，为全面提升科技创新能力提供有力支撑。

3. 以人为本，人才强校

以创新团队建设为主线，加大中青年教师和高层次人才的支持力度，激发科技人才的创新活力，建设一批由高水平领军人才和中青年骨干力量组成的科技创新团队。

加强学校层面的战略性规划、组织和引导，进一步激发各学院与研究院科技创新的主动性、激发各科研平台与团队科技创新的凝聚力、激发全校科技创新的积极性，形成科技创新的良好氛围。

4. 政产学研用，协同创新

以"2011协同创新中心"建设为契机，坚持走政产学研用结合之路，不断探索协同创新模式，立足学校学科特色与优势，以解决国家和地方重大需求为出发点，整合资源，全面提升人才、学科、科研三位一体的创新能力。

5. 深化体制改革，创新管理机制

完善评价体系，提供制度保障，深化体制改革，创新管理机制。探索建立"学术特区"，对创新团队领军人才及核心成员的经费支持、聘任考核、专项津贴、职称晋升、人员聘用等进行积极探索。

三 发展目标

通过实施"华侨大学科技创新能力提升计划"，促进优秀中青年教师脱颖而出，造就引领学科发展的旗帜性领军人才，显著提升学校的学术影响力。凝练学术方向、增强团队意识，打造一批研究方向明确、特色鲜明、发展潜力大的优秀科研创新团队，促进科研创新团队建设再上新台阶。打造跟踪科学前沿、紧密结合行业产业关键共性技术需求、开展科研探索和技术攻关的科技创新平台。全面实施"2011计划"，整合校内外资源，推进协同创新中心建设，提升协同创新能力，实现国家级协同创新中心的突破。

四 重点任务

（一）科技创新团队和领军人才支持计划

以学术队伍水平大幅度提高为目标，以前沿性创新课题为导向，以体制机制创新为保障，以杰出科技人才的造就为重点，培育一批由学科领军人才领衔、核心学术人才和青年骨干人才组成的高水平科技创新团队。倡导团队精神，鼓励大胆探索，跟踪学科前沿，瞄准国家和地方科技发展的战略目标、重大科技需求，增强组织科技攻关、联合申报重大科技项目的能力，形成团队效应，提升学校的创新能力和竞争实力。

通过实施"科技创新团队和领军人才支持计划"，探索建立"学术特区"，培育高层次领军人才，造就优势创新团队。争取培育"两院"院士（或正式候选人）1~2名，国家杰出青年科学基金获得者、"国家高层次人才特殊支持计划"人选、"长江学者"等具有重要影响的杰出领军人才5名左右；实现省级创新团队数量明显增加，教育部"长江学者和创新团队发展计划"入选团队有新的突破，并朝着冲击"国家自然科学基金创新研究群体"的目标迈进。

（二）科技创新平台建设计划

依托我校优势学科创新平台，进一步整合资源，加大对各类各级重点实验室、工程技术研究中心等科技创新平台建设的支持力度，促进人才、项目、资源的有效聚集，打造优势明显、特色鲜明、实力雄厚的科研基地，提升承担高层次科研课题、联合攻关的能力和水平，为冲击更高层次的科技创新平台打下坚实的基础，为学校的可持续发展提供有力支撑。

通过实施"科技创新平台建设计划"，实现全校省级重点实验室、工程技术研究中心等科技创新平台的数量和质量有较大提升，新增若干教育部工程技术研究中心，力争在教育部重点实验室或国家工程技术研究中心、国家重点实验室立项建设方面取得突破。

（三）中青年教师科技创新资助计划

依托各类各级重点学科和重点实验室、工程中心等创新平台，在所在学科（学术方向）带头人的引领和具体指导下，帮助40周岁以下有发展潜力的中青年骨干教师，融入同领域研究团队中，获得锻炼与提升的空间，助力其脱颖而出，使其成长为重要的学术骨干。

通过实施"中青年教师科技创新资助计划"，实现我校入选国家百千万人才、教育部新世纪优秀人才、福建省百千万人才、福建省新世纪优秀人才等计划的数量明显提升。

（四）高水平研究成果支持计划

加强科技项目申报组织引导，加大科技项目和成果的奖励力度，重视科技成果推广应用。制定《华侨大学科学技术研究项目和成果认定办法》，激励科技人才多出成果、出好成果。改进年度科研优秀奖评奖办法，开展华侨大学科技成果奖评选活动，为申报各级科技成果奖做好储备。实施知识产权战略，健全和完善学校知识产权管理、保护和中介服务工作体系，提高学校知识产权管理、实施和保护能力，积极开展成果转化和技术转移等工作。

通过实施"高水平研究成果支持计划"，使学校百名教师拥有授权专利的比例明显提高，科技奖获奖等级与数量不断提升，激励科技人员为冲击国家级科技奖而不懈努力。

（五）深化学术交流与合作

支持高水平学术交流与合作，鼓励学术骨干参加各类学术活动，每年重点支持主办3~5个国际学术会议，邀请海内外知名专家来校开展学术交流。设立"重点实验室（工程中心）开放课题"专项资金，支持重点实验室（工程中心）开展各类科技合作，积极承揽国际合作项目，积极利用科技部、国家自然基金委、地方政府等国际合作经费开展联合研究和人才培养。

五 保障措施

（一）学校各级部门必须高度重视、协同配合、形成合力，在人、财、物、机制体制创新等方面提供坚强保障，把全面提升华侨大学科技创新能力作为共同的奋斗目标。

（二）建立组织机构，统筹计划实施。学校设立"华侨大学科技创新能力提升计划领导小组"，统筹并决定"提升计划"实施中的重大事项。领导小组下设办公室，挂靠科学技术研究处，负责"提升计划"实施方案的组织与落实、年度预算建议、工作进展考核等具体事项和日常管理工作。

（三）加大经费投入，设立专项资金。由学校多方筹措资金，设立"华侨大学科技创新能力提升计划"专项基金，逐年增加经费投入，保持计划的连续性和政策的延续性，确保"华侨大学科技创新能力提升计划"落实到位。

（四）加强制度建设，建立健全科研管理规章制度，不断完善科研业绩考核、成果认定和奖励办法等，充分调动科技人才的积极性。加强科研机构审批与管理，真正发挥科研机构在项目申报、交流合作的重要作用，优化资源配置。

（五）努力改善实验条件，优化团队工作环境，搭建科技人员之间、交叉学科之间的交流互动平台。按照教学研究型大学科学研究与创新性人才培养深度融合的需要，实现专业实验室与科研实验室共用，建立健全大型仪器设备共享制度和运行机制。

（六）增强服务意识，提高服务效率。加强队伍建设，提高管理水平和服务质量。重视科学技术研究处门户网站建设，及时更新网上信息资料，为科技人员提供及时便捷的服务。建立和完善科研信息管理系统，提高信息化应用水平，实现科技信息开放共享。

关于印发《华侨大学大力推进国际化战略实施意见》的通知

华大综〔2013〕119号

学校各单位：

现将《华侨大学大力推进国际化战略实施意见》印发给你们，请认真贯彻执行。

华侨大学
2013年11月28日

华侨大学大力推进国际化战略实施意见

为进一步落实2013年10月华侨大学国际化战略专题研讨会取得的重要成果，适应高等教育国际化发展的新趋势，推进我校国际化战略进入全方位、多层次、重实效发展新阶段，加速建设成为基础雄厚、特色鲜明、海内外著名的高水平大学，经学校研究决定，特制定以下实施意见。

一 大力推进国际化战略的必要性和急迫性

国际化是高等教育发展的必然趋势，是建设高水平大学的有效途径，是提升学校整体实力的重要驱动力量，也是我校的办学宗旨、定位和目标所在，更是彰显办学特色的重要举措。当前，世界多极化、经济全球化深入发展，科技进步日新月异，知识经济方兴未艾，科技与人力资源在全球范围内进行整合和配置，对高等教育的发展产生了重要而深刻的影响。根据2011年颁布的《华侨大学中长期发展规划纲要（2011—2020）》，为尽快实现在2020年初步建成基础雄厚、特色鲜明、海内外著名的高水平大学的发展目标，今后5~8年将是学校建设和发展的关键时期。为了更好地培养具有国际视野、创新型、重实践、有担当的高素质人才，通过更高层次、更广范围、更具实效的国际合作与交流，进一步借助国际化办学推进教育教学改革，提升教师队伍的水平，增强科学研究的实力，是提高我校人才培养质量和办学水平的重要战略选择。

目前我校国际化建设工作与学校发展目标还存在着很大的差异。国际化办学理念和认识有待提升，学生特别是留学生的国际化结构不太合理，缺乏适应学校国际化发展需要的高水平师资，教学过程国际化程度较低，科研国际化还处于起步阶段。

因此，从国际化视野进一步规划和推动全校的各项工作势在必行。

二 国际化战略的指导思想和工作思路

（一）指导思想

高举中国特色社会主义伟大旗帜，坚持以邓小平理论和"三个代表"重要思想为指导，深入贯彻落实科学发展观，贯彻落实党的教育方针，坚持社会主义办学方向，以培养具有国际视野、创新型、重实践、有担当的高素质人才为根本目标，以深化工作体制机制改革为动力，紧密配合"人才强校"战略实施，通过国际化战略促进学校各项事业的跨越式发展。

（二）工作思路

以理念开放为先导，创新具有活力的体制机制；以学生交流为重点，提高人才培养的国际化水平；以教师发展为关键，提升师资队伍的国际化能力；以跨文化交流为平台，提高教育教学的国际化水平；以协同创新为抓手，推动科学研究国际化；以条件建设为支撑，改善国际化办学环境；以实施国际化战略促改革促发展，提升国际化水平，建设更加开放、更具特色的华侨大学。

1.牢固树立国际化是学校实现新跨越的必然选择和必由之路的意识。华侨大学只有坚持开放办学，积极开发和利用国际优质教育资源，吸收世界先进大学的办学理念、教学方法和管理经验，才能培养出具有创新意识与能力、具有国际竞争力的高层次人才，才能不断提高自身的办学水平和层次。全校上下，特别是领导干部一定要进一步提高这方面的认识，强化国际化意识，增强参与国际化建设的主动性和积极性。

2. 坚持开放办学的理念。必须解放思想、改革开放。要以改革开放的理念，以全球视野、国际通行标准来规范和推动各项工作，创新具有活力适应发展的体制机制。

3. 充分认识到学校的国际化战略是一项系统工程。各学院和职能部门均是这一系统中的重要组成部分，在实施国际化战略过程中，各单位各部门要牢记"两个必须"。（1）必须树立全局观念。学校需要做好全局性、系统化布局和规划，提出工作部署与工作要求和指导性意见；各学院和职能部门是国际化战略实施和执行落实的主体，既要准确执行学校国际化战略的部署和要求，又要在实施过程中努力发挥各自的优势和特长，更要把握好定位，树立全局意识，处理好纵、横向关系，默契配合，有效参与到学校总体战略目标的实现中来。（2）必须树立协同意识。在学校国际化战略实施过程中，任何一个学院和职能部门，都无法仅凭自身有限的资源和能力来实现自己的目标，都需要与其他相关单位默契配合，进行专业化分工与合作，以达到优势互补、共同提高。

学校各级领导干部自身的国际化理念、视野和能力决定了所在单位的国际化水平。要充分认识到国际化对学科建设、人才培养、科学研究、学校整体水平全面提升的作用，自觉、积极、主动地将国际化提到议事日程和融入各项工作中。要善于充分利用国际化平台、渠道和资源，有效地为学科建设和学院发展服务，将国际化作为提升自身竞争力和整体实力的重要手段和方法。

三 大力推进国际化战略的实施目标

根据《华侨大学中长期发展规划纲要（2011—2020）》和"建设基础雄厚、特色鲜明、海内外著名的高水平大学"的发展目标，学校决定在5~8年内努力实现以下四个阶段性目标：

1. 继续推动实施以学生交流为重点，提高人才培养的国际化。一是要通过建立海外招生联络处、积极扩大海外招生宣传、大力开展各种合作等方式，拓展海外生源，争取实现在校生中20%来自海外的发展目标。二是要进一步提高境外合作高校的层次，增加境外合作高校的数量。在积极保持台湾地区合作高校稳定增长的同时，更要拓展与欧美等国家高校合作，要努力为学生创造更多地赴境外学习机会，尽快实现"10%的在校生具有海外学习或实习的经历"阶段性目标。

2. 继续强化以教师发展为关键，提升师资队伍的国际化能力。（1）学校要进一步加大青年教师出国进修或合作科研的选派力度。努力在今后5~8年内，实现所有中青年教师都具有境外研修交流经历。努力在五年后实现45岁以下高级职称晋升都有半年以上在外学习科研的经历。（2）学校要更加注重海外人才的引进，加大优秀人才引进力度,创新引进形式,为他们创造良好的环境和平台。(3)学校要进一步加强管理干部的海外培训,着力增强管理人员的国际化意识和管理能力。努力在今后5~8年内,实现国际化师资占师资总量的30%的发展目标。

3.继续强化以跨文化交流为平台,提高教育教学的国际化水平。一方面要借鉴国外先进高校的教育理念、评价方式、教学管理模式和教学经验及方法,推动教育教学改革。要推进与国外大学多种形式的合作,支持联合培养、学生互换、学分互认和学位互授联授。要在课程设计中,注重学生国际交流能力的培养,注重多元文化环境适应能力的培养,引导学生树立"世界公民"的意识,提升教育教学的国际化水平。另一方面要继续积极筹建全英专业、全英课程模块、全英课程。在今后5~8年内,要努力实现全英课程和双语课程占课程总量的20%的发展目标,以更好地吸引欧美留学生。同时要紧跟形势进行变革,要根据国际生的不同情况,因材施教、因人施教,努力培养符合要求的创新型人才和实用型人才。

4.以协同创新为抓手,推动科学研究国际化。进一步加强科学研究,促进内涵建设,提升科学研究水平。学校将大力支持相关学科举办国际会议,加大对在高水平国际期刊发表成果和申请国际专利的支持力度,争取形成一批具有国际影响力的科研成果,整体提升科学研究的国际化水平。

四 大力推进国际化战略的各部门分工

推进国际化战略,除了必须树立和强化正确的国际化理念外,还应统筹明确各职能部门和各学院的职能与任务,只有这样,我校的国际化战略才能全方位、系统化、分层次、分阶段地有序地实施推进。

(一)各职能部门在国际化战略中的角色与任务

学校各职能部门在国际化战略中主要扮演管理与服务的角色,主要功能和任务是政策支持与保障,协调关系,创造条件,提供专业化服务和配合。各职能部门应该不断提高国际化服务水平,对各部门和学院的工作做到互通信息,积极支持,主动配合,密切合作,责任共担,齐心协力完成学校国际化目标。

1.华侨大学国际化战略委员会作为我校国际化战略实施的领导机构,负责做好全局性、系统化布局和规划,提出建设目标、工作要求和指导性意见,统筹全校的国际化战略实施。

2.国际交流合作处作为国际化战略委员会的具体执行机构,在国际化战略委员会的领导下,负责规划、部署、指导、协调、督促全校各学院、各职能部门的国际化战略的实施工作。

3.华文教育处负责有关华文教育方面的国际化战略实施。

4.经学校国际化战略委员会授权,国际学院负责全校学生国际交流项目的统筹、协调、指导、规划、监督、服务的实施。同时国际学院还是以全英文专业为依托的教学单位，是一个具有管理和教学双重职能的特殊单位，是学校国际化教育的一个主要平台和窗口。

5. 招生处负责拓展扩充国际生源工作。

6. 学生处负责国际生在校生活和课余相关活动的管理和服务，如国际生的住宿、签证居留服务，国际生的社团活动、奖助学金的评审，学生非专业性国际交流管理等。

7. 人事处负责师资队伍的国际化建设的管理和服务，如国际化师资队伍的引进和培养，教师出国进修访学，全英文师资认证，教职员工因私出境，外专外教日常管理等。

8. 教务处负责本专科生国际化教育教学管理和服务，如国际交流生学分认定、课程认定，全英专业、全英课程和双语的认定等。

9. 研究生院负责研究生国际化教育教学管理和服务，如国际交流生学分认定、课程认定，全英专业、全英课程和双语的认定等。

10. 科技处和社科处负责科学研究方面的国际化建设，如国际学术交流活动、国际合作研究课题、国际学术会议的审批认定等。

11. 保卫处负责在校学习和工作的外国人安全管理，港澳及侨生居留证件办理等。

12. 后勤处负责在校工作的外国人生活设施保障管理等。

除上述具体涉及部门外，学校其他部门或机构应为学校的国际化战略的推进实施提供尽可能的便利和服务。

（二）各学院在国际化战略中的角色与任务

各学院作为学校国际化战略执行和落实的主体和主角，主要负责本单位国际化建设的实施，包括理念国际化、学生国际化、教师国际化、教学国际化、科研国际化等方面的内容。

学院的学生和教师是学校的国际化的最直接的受益者。而只有学院实现了国际化，学校才真正实现了国际化。必须明确的是，国际化建设与学院的常规工作并不矛盾，只不过创新了理念，提供了更强劲的驱动力，可以更好地提高学院的整体水平和实力。因此，各学院应积极、主动地开展国际化建设。学院的具体工作如下：

1. 学院领导班子应树立正确的国际化理念，明确目标、任务，加强领导，积极组织，切实在学院国际化战略实施中起到引领作用。加强调研，提炼和定位本院的国际化特色和优势，并努力培养和发挥。学院国际化分管领导必须亲自组织、指导和设计。

2. 做好国际化的基本建设工作。各学院应于2014年底前完成国际化战略规划及行动方案，完成英文网站建设（主要用于介绍和发布教学、专业、课程、师资、科研等信息），完成各专业各门课程的英文描述并公布于网站，完成出版中英文学院介绍宣传册、教师双语名片等。分管领导、国际交流秘书和参与国际化建设的主要人员应具备国际交流和沟通的基本能力，熟悉国际交流的基本准则和尺度，规范开展国际交流活动。

3. 学生国际化。各学院要积极参与学校层面的项目，积极主动地接受国际生，主动参与学校的学生交流交换项目。同时围绕本学院的学科专业建设及学生需求积极开拓院级国际交流项目（学生、教师、教学、科研、文化等），争取每年建立1项服务于学院的院—院对口国际交流项目（注意：非营利、无中介），让更多学生获得海外学习研究经历，扩大本院学生参与国际交流的规模，提高接收国际交流生的能力。

4. 教师国际化。各学院要按照学校的总体要求，加强师资队伍的国际化建设，支持青年教师出国进修或合作科研，注重海外优秀人才的引进，为他们创造良好的环境和平台。积极聘任长短期外专外教，让每年3~5位外专外教成为常态。安排和关心他们的生活和工作，将外专外教作为学院师资队伍的一部分来管理、关心和服务。注重培养教师的国际视野、国际交流能力和跨文化教学科研能力。

5. 教育教学国际化。各学院要树立全局观念大局意识，积极配合与支持学校的全英专业和课程的建设，鼓励和积极安排全英师资参与学校的国际化教育教学工作，并努力为此创造有利条件。加快全英及双语课程建设，平均每学年每专业新增并开出全英或双语课程1~2门，条件允许时开设全英专业。加强教学改革，针对国际生的特点，因材施教、因人施教，努力提高学生国际视野、国际交流能力和跨文化学习研究能力。创造条件，积极承接学校各类国际交流项目中的留学生教育教学工作，并以此带动学院教育教学国际化。

6. 科学研究国际化。各学院要加强科学研究，提高科研水平，在国际刊物上发表论文，积极争取海外合作研究项目，鼓励师生参加国际交流活动。争取每年参加国际学术会议人次超过本院教师数的10%，争取每两年举办一次国际学术会议，每年邀请2~5位国际专家来学院讲学，拥有自己专有的中外合作交流项目和对口交流院系。

华侨大学年鉴
2014

华侨大学概况

华侨大学是中国著名高等学府，创办于1960年，校区分别坐落于中国著名侨乡福建省厦门市和泉州市，学校直属国务院侨务办公室领导。

华侨大学是国家重点建设的综合性大学。在50多年的办学历程中，周恩来、李先念、习近平、胡锦涛、俞正声、邓颖超、贾庆林、李长春等党和国家领导人先后为学校建设与发展做出重要指示。

华侨大学坚持"面向海外、面向港澳台"的办学方针，秉承"为侨服务，传播中华文化"的办学宗旨，贯彻"会通中外，并育德才"的办学理念。学校实行校长负责制，国家领导人廖承志、叶飞亲自担任首任、次任校长。现任校长为海内外著名华文教育学家、博士生导师贾益民教授。

华侨大学是新中国最早实行董事会制度的大学。学校董事会由海外华侨、港澳同胞、归侨等各界著名人士、专家、领导组成，庄希泉、胡平、贾庆林、陈明义、宋德福等先后任华侨大学董事会董事长。现任董事长为原中央政治局委员、中央书记处书记、中央办公厅主任、全国政协副主席王刚，名誉董事长为全国政协副主席、原澳门特别行政区行政长官何厚铧。

华侨大学设有研究生院，29个学院，137个研究院、所、中心；有20个博士学位授权点；111个硕士学位授权点，20个硕士专业学位授权点；84个本科专业。学校拥有哲学、经济学、法学、教育学、文学、历史学、理学、工学、农学、医学、管理学、艺术学12个学科门类，形成了文理渗透、理工结合、工管相济、协调发展的学科体系。学校现有1个国家重点学科，40个省部级重点学科，2个福建省"2011协同创新中心（含培育）"，3个教育部工程中心，5个博士后流动站，1个国家级实验教学示范中心，3个省级重点实验室，14个省级实验教学示范中心，3个省高校重点实验室，11个省研究生教育创新基地。学校总占地面积226.8万平方米，建筑面积97.6万平方米，现有各类图书资料共370余万册。

华侨大学师资力量雄厚，现有教职工2452名，其中专任教师1371名，高级职称人员653名，占专任教师总数的47.63%；具有博士学位教师676名，占专任教师总数的49.31%；历年来享受国务院政府特殊津贴专家50名。现有双聘院士4名，国家"外专千人计划"入选者1名，国家"青年千人计划"入选者1名，"国家杰出青年科学基金"获得者1名，国家"新世纪百千万人才工程"入选2名，教育部"优秀青年教师资助计划"入选者1名，教育部"新世纪优秀人才支持计划"入选者13名，科技部"创新人才推进计划"入选者1名；福建省高校百名领军人才2名，福建省海西产业人才高地创新团队领军人才1名，福建省引进高层次创业创新人才（百人计划）3名、创新团队1个，福建省"百千万人才工程"人选者17名，福建省"闽江学者"22名，福建省优秀专家2名，福建省杰出科技人才1名，福建省"高校新世纪优秀人才支持计划"入选者42名，福建省"高校杰出青年科研人才培育计划"入选者27名。

近年来,学校教师多次获国家科学技术进步奖、高校科学研究优秀成果奖等重要奖项。学校聘请了麦克·法登(Daniel L.Mc Fadden)、戴维·格罗斯(David J.Gross)、罗宾·沃伦(J.Robin Warren)、厄温·内尔(Erwin Neher)、杨振宁等诺贝尔奖得主以及饶宗颐、卢秉恒、金庸、李君如、李景源、蔡昉、李培林、席酉民、龙永图等大批国内外著名专家学者担任名誉教授、客座教授、讲座教授或兼职教授。

华侨大学现有博士生、硕士生4796名,全日制普通本科生22761名,其他成教学生9903名,其中有来自40多个国家和地区的华侨华人、港澳台和外国学生4140名,是全国拥有境外学生最多的大学之一。建校以来,学校共培养海内外各类人才约17万人,毕业生深受海内外欢迎。2003年,华侨大学以优秀的成绩通过教育部首轮本科教学水平评估。

华侨大学始终坚持以学生为本,为学生成长成才创造良好环境和条件,致力于全面提高教育教学质量。学校是国家大学生文化素质教育基地。学校以中华优秀文化为主导,博采世界各种进步文明之长,借鉴各国优秀文化,全面推进素质教育,形成了"一元主导,多元融合,和而不同"的校园文化,着力培养具有国际视野、创新型、重实践、有担当的高素质人才。近年来,华侨大学学生在国内外各类比赛中成绩骄人。在国际奥林匹克运动会、全球建筑毕业设计大赛、模拟联合国大会、美国(国际)大学生数学建模竞赛、全国大学生创业设计大赛、全国大学生电子设计大赛、全国大学生数学建模大赛、全国软件专业人才设计与创业大赛、全国大学生结构设计大赛、全国大学生工业设计大赛、全国大学生英语竞赛等国内外各学科大赛中,华侨大学屡获大奖;学生男子篮球队在中国大学生篮球联赛(CUBA)十五届赛事中获得八次总冠军;学校连续两年获全国高校校园文化建设优秀成果一等奖。

华侨大学致力于服务社会,协同海内外力量,促进经济社会发展。学校设立了厦门工程技术研究院、厦门城市建设与经济发展研究院、制造工程研究院、泉州科学技术与社会发展研究院、软件园产学研基地、世界冠军创业项目中心等组织,全方位开展产学研合作,取得了显著成效。学校设立海上丝绸之路研究院、华侨华人研究院、国际关系研究院、华文教育研究院、侨务公共外交研究所等研究院所,着力培养和打造高水平智库队伍,全面开展国家侨务战略、外交战略、重大科技战略、面向行业产业及区域发展战略等系列研究,打造特色型国家级智库。

华侨大学是国家面向海外开展华文教育的重要基地。学校积极开展全方位的华文教育,在全球五大洲均设有办事或招生机构,在海外打造华文教育优势品牌,取得了深远影响。泰国诗琳通公主、上议院议长、下议院议长等外国政要多次访问华侨大学。

华侨大学致力于国际化办学,设有国际学院。学校全方位拓展渠道为学生创造赴境外高校学习的机会。学校已有本科"1+2+1""3+1""2+2""2+1+1"、硕士

"1+1+1""0.5+1""2+1"、博士"1+X""0.5+X"等国际交流项目，与美、欧、澳、日及中国台湾、香港、澳门等国家和地区的100多所高校签订交换生及联合培养等项目。学校致力于建设特色鲜明的全英文专业体系，已开设国际经济与贸易、国际商务、旅游管理、软件工程、药学等多个全英文专业。学校已全面形成本科、硕士、博士多层次、多学科、双向互动的境内外联合人才培养模式。

华侨大学将坚定不移地走内涵发展之路、特色兴校之路、人才强校之路，全面提升人才培养质量和整体办学水平，致力于建设基础雄厚、特色鲜明、海内外著名的高水平大学。

华侨大学年鉴
2014

机构与干部

华侨大学校级领导干部名单

校领导

贾益民　校长

关一凡　党委书记

朱琦环　党委副书记　纪委书记

吴季怀　副校长

徐西鹏　副校长

刘　塨　副校长

张禹东　副校长

刘　斌　副校长

校长助理

彭　霈

张云波

曾　路

中共华侨大学第五届委员会委员、常委、书记、副书记名单

（2013年6月23日第五届委员会第一次全体会议选举产生）

党委委员（25名，按姓氏笔画排序）：

王士斌　王丽霞　王秀勇　毕明强　朱琦环　刘　斌　关一凡　江开勇　李　辉
李庭志　吴季怀　何纯正　张云波　张向前　张禹东　陈卫峰　陈明森　郑黎鸽
胡日东　贾益民　徐西鹏　郭子雄　彭　霈　曾　路　曾志兴

党委常委（7名，按姓氏笔画为序）：

朱琦环　刘　斌　关一凡　吴季怀　张禹东　贾益民　徐西鹏

党委书记、副书记：

党委书记：关一凡

党委副书记：贾益民　朱琦环

中共华侨大学新一届纪律检查委员会常委、书记、副书记名单

（2013年6月23日新一届纪律检查委员会第一次全体会议选举产生）

纪委书记：朱琦环（兼）

纪委副书记：毕明强

纪委常委：毕明强　朱琦环　钟伟丽　骆景川　黄青山

纪委委员：毕明强　朱琦环　庄志辉　衣长军　陈荣美　武玉洁　钟伟丽　洪若霞　骆景川　黄青山　黄锦辉

华侨大学第九届学术委员会名单

主任委员：贾益民

副主任委员：徐西鹏　张禹东

委　员：（以姓氏笔画为序）

王士斌　王四达　龙　元　许斗斗　许少波　许瑞安　孙　锐　孙汝建　孙道进
庄国土　江开勇　杜志卿　杨　楹　吴季怀　张认成　张向前　陈国华　陈旋波
陈锻生　宋振镇　苑宝玲　林志勇　郑向敏　郑锦扬　赵昕东　胡日东　郭子雄
黄心中　董毓利　傅心家　童　昕　蒲继雄

华侨大学第九届学术委员会下设理工科分委员会、文科分委员会和学术道德委员会，组成如下：

理工科分委员会

主任委员：徐西鹏

副主任委员：江开勇　郭子雄

委　员：（以姓氏笔画为序）

王士斌　龙　元　许瑞安　吴季怀　张认成　陈国华　陈锻生　苑宝玲　林志勇
黄心中　董毓利　傅心家　童　昕　蒲继雄

文科分委员会

主任委员：张禹东

副主任委员：杨　楹　胡日东

委　员：（以姓氏笔画为序）

王四达　许斗斗　许少波　孙　锐　孙汝建　孙道进　庄国土　杜志卿　张向前
陈旋波　宋振镇　郑向敏　郑锦扬　赵昕东　贾益民

学术道德委员会

主任委员：吴季怀

委　员：（以姓氏笔画为序）

王士斌　许少波　孙道进　赵昕东　董毓利　蒲继雄

华侨大学第九届学位评定委员会名单

主　席：贾益民

副主席：吴季怀、徐西鹏

委　员（25人，按姓氏笔画排列）：

王士斌　王加贤　王丽霞　王建设　龙　元　许少波　刘　斌　刘　塨　池　进
江开勇　孙德明　吴季怀　郭子雄　张禹东　陈金龙　陈维斌　林志勇　郑向敏
杨　楹　胡日东　贾益民　徐西鹏　高轩能　黄心中　童　昕

各学位评定分委员会组成名单

哲学、法学、历史学分委员会

主　席：张禹东

副主席：庄国土、许少波

委　员（9人，按姓氏笔画排列）：

王四达　庄国土　许斗斗　许少波　张禹东　杨　楹　骆克任　黄海德　蔡振翔

经济学分委员会

主　席：胡日东

副主席：赵昕东

委　员（5人，按姓氏笔画排列）：

李拉亚　林俊国　胡日东　赵昕东　郭东强

文学、艺术学、教育学分委员会

主　席：贾益民

副主席：王建设

委　员（9人，按姓氏笔画排列）：

王建设　许　总　孙汝建　孙德明　陈旋波　陈道明　郑锦扬　宋振镇　贾益民

理学分委员会

主　席：吴季怀

副主席：刘　斌　许瑞安

委　员（7人，按姓氏笔画排列）：

刘　斌　许瑞安　吴季怀　林碧洲　黄心中　蒲继雄　戴劲草

工学、农学分委员会

主　席：徐西鹏

副主席：刘　塨、江开勇、王士斌

委　员（15人，按姓氏笔画排列）：

王士斌　王加贤　龙　元　刘　塨　江开勇　郭子雄　张云波　张认成　陈维斌　林志勇　徐西鹏　高轩能　翁连进　童　昕　蔡灿辉

管理学分委员会

主　席：郑向敏

副主席：王丽霞、陈金龙

委　员（9人，按姓氏笔画排列）：

王丽霞　刘向晖　池　进　孙　锐　陈金龙　林怀艺　郑向敏　黄远水　曾　路

（研究生院供稿）

学校行政机构负责人名单

1. 校长办公室 / 党委办公室

主　任：彭　霈（兼）

常务副主任：卓高鸿

副主任：陈世卿　钟炎生

信访办公室主任：郑　莉

北京办事处主任：卓高鸿（兼）

董事会香港办事处主任：林晖平

澳门联络处主任：陈　中

2. 董事会办公室 / 校友工作办公室

主　任：项士敏

副主任：王强（2013年12月25日任）

3. 国际交流合作处 / 港澳台侨事务办公室

处长 / 主　任：曾路（兼）

处长 / 副主任：赵新城（兼，2013年11月6日任）

　　　　　　　谢友福（兼，2013年11月6日免）

　　　　　　　曾珊妮（2013年12月25日任）

4. 发展规划处

处　长：张向前

副处长：薛秀军　缑　锦

5. 人事处

处　长：王秀勇

副处长：侯丽京　孙辉轩

6. 财务处
处　　长：黄种杰

副处长：苏菁菁　王志红　詹儒章

7. 研究生院
院　　长：徐西鹏（兼）

常务副院长：童　昕（2013年7月10日免）

　　　　　　王丽霞（2013年7月10日任）

副院长：林诗锋（2013年4月任龙岩市经济贸易委员会科技副主任）

　　　　李勇泉

　　　　黄富贵（2013年11月6日任）

8. 教务处
处　　长：曾志兴

副处长：黄永琴　翁文旋　吴荣

9. 华文教育处/汉语国际教育办公室
处　长/主　任：赵明光

10. 学生处/学生工作部
处　长/部　长：陈国柱

副部长：李庭志（兼）

副处长/副部长：黄建烽　高炳亮　李振跃　王　晶

11. 招生处
处　　长：吴春安

副处长：洪雪辉

12. 科学技术研究处
处　　长：江开勇

副处长：高轩能（2013年10月任莆田学院土木工程学院院长）

　　　　林继志（2013年12月25日任）

13. 社会科学研究处
处　　长：杨　楹

副处长：侯志强　陈巧玲

14. 实验室与设备管理处
处　　长：伍扬

副处长：李斯怡　何哲青

15. 信息化建设与管理处

处　　长：王　锋

副处长：陈　勇　陈　江

16. 后勤与资产管理处

处　　长：何纯正

后勤党委书记兼副处长：许国玺

调研员：谢焕枢

副处长：魏立新　岑永光　刘志雄

17. 基建处

处　　长：何碰成

副处长：林赞生

　　　　　詹朝曦（2013年4月免去华安县科技副县长职务）

　　　　　项剑平

18. 保卫处 / 政治保卫部

处　长 / 部　长：骆景川

副处长 / 副部长：谢俊荣　王顺添

副调研员：林伯新

19. 审计处

处　　长：林丽雪

副处长：陈秋金

20. 离退休工作处

处　　长：林朝晖

离退休工作处党委书记兼副处长：黄青山

副处长：龚永寿

学校党群机构负责人名单

1. 党委组织部 / 机关党委

机关党委书记：关一凡（兼）

组织部部长：陈明森

组织部副部长 / 机关党委常务副书记：武玉洁

调研员：林士明

2. 党委宣传部 / 新闻中心

部　　长：李　辉

副部长兼新闻中心主任：赵小波

副部长：张　彬

3. 党委统战部

部　　长：杨存泉

副部长：杨建云

4. 纪检监察办公室

纪委副书记、主任：毕明强

纪检监察员：张芬芳　黄建进

5. 教育工会

主　　席：朱琦环（兼）

常务副主席：张　旭

副主席：马丽芳

6. 共青团华侨大学委员会

书　　记：李庭志

副书记：叶荔辉

学校教学科研单位负责人名单

1. 国际学院

院　　长：曾　路（兼）

执行院长：池　进

副院长：刘向晖

2. 哲学与社会发展学院

院　　长：李景源

常务副院长：周世兴

副院长：罗建平　王福民

党委副书记：张　灯

3. 经济与金融学院

院　　长：胡日东

党委书记：钟伟丽

副院长：林俊国　许培源

4. 法学院

院　　长：许少波

党委书记：曾佳扬

副院长：戴仲川　张国安　白晓东

5. 马克思主义学院/通识教育学院

院　　长：张禹东（兼，2013年7月10日免）

院长/党委书记：许斗斗（2013年7月10日任）

副院长：罗建平（2013年7月10日免）
　　　　林怀艺（2013年12月25日免）
　　　　王　辉（2013年12月25日任）

6. 文学院

院　　长：孙汝建

副院长：徐　华　王　琰

党委副书记：陈英文

7. 华文学院

院　　长：陈旋波

党委书记、副院长：纪秀生

副院长：李晓洁　胡培安　李善邦

党委副书记：王　坚

8. 外国语学院

院　　长：黄小萍

党委书记：谢友福

副院长：潘锡清　黄文溥

党委副书记：林庆祥

9. 美术学院

院　　长：孙德明

党委书记：吕少蓬

副院长：陈　清

10. 音乐舞蹈学院

名誉院长：杨洪基（2013年6月18日任）

党委书记：陈雪琴

副院长：马海生　余幸平

11. 数学科学学院

院　　长：张金顺

党委书记：黄锦辉

副院长：陈铭新　黄建新

党委副书记：陈天年

12. 机电及自动化学院

院　　长：张认成

党委书记：洪若霞

副院长：沈剑云

　　　　　黄富贵（2013年12月25日免）

　　　　　刘　斌（2013年12月25日任）

13. 材料科学与工程学院

院　　长：林志勇

党委书记：季　娜

副院长：林金清　王森林

14. 信息科学与工程学院

院　　长：蒲继雄

党委书记：陈荣美

副院长：冯　桂　凌朝东

15. 计算机科学与技术学院

院　　长：陈维斌

党委书记：陈卫峰

副院长：陈锻生　潘孝铭

16. 建筑学院

院　　长：龙　元

党委书记兼副院长：彭晋媛

副院长：陈志宏　费迎庆

党委副书记：侯艳茹

17. 土木工程学院

院　　长：郭子雄

党委书记：陈　捷

副院长：周克民　秦　旋

18. 化工学院

院　　长：王士斌

党委书记：杨　进

副院长：许绿丝　翁连进

19. 生物医学学院/分子药物研究院

院　　长：许瑞安

党委书记兼副院长：刁　勇

副院长：崔秀灵　林俊生

党委副书记：李永松

20. 工学院

院　　长：郑力新

党委书记：郑黎鸽

副院长：庄铭杰

21. 工商管理学院

院　　长：孙　锐

党委书记：姚培生

副院长：陈金龙　衣长军

22. 旅游学院/高尔夫学院

院　　长：黄远水

党委书记：邱志荣

副院长：陈金华　谢朝武

23. 公共管理学院

院　　长：王丽霞（2013年10月24日免）

党委书记：庄志辉

副院长：林怀艺［2013年10月24日任副院长（主持工作）］

　　　　蔡振翔

　　　　连朝毅

党委副书记：李璐岚

24. 体育学院

院　　长：程一辉

副院长：王　振　吴桂宁

党委副书记：赖志淮

25. 泛华学院/厦航学院

名誉院长：林昌华

院　　长：陈庆俊

副院长：武　毅

26. 继续教育学院

院　　长：庄培章

党委书记兼副院长：王维德

副院长：刘以榕

27. 美国中文学院

院　　长：赵新城

28. 华侨华人研究院

名誉院长：丘　进

院　　长：张禹东（兼，2013年9月12日任）

　　　　　骆克任（2013年9月12日免）

副院长：庄国土（2013年9月12日任）

　　　　李　勇

行政副院长：陈巧贞

29. 华文教育研究院

院　　长：贾益民（兼）

副院长：胡培安

　　　　胡建刚（2013年12月25日任）

30. 数量经济研究院

名誉院长：吴承业

副院长：赵昕东

31. 城市建设与经济发展研究院

院　　长：丁国炎

常务副院长：黄安民

副院长：王唯山　徐祥清

32. 厦门工程技术研究院

院　　长：张云波（兼）

常务副院长：李钟慎

副院长：侯志强（兼）

33. 泉州科学技术与社会发展研究院

院　　长：张云波（兼）

副院长：侯祥朝　侯志强（兼）

34. 华侨华人信息中心

主　　任：骆克任（2013年5月7日任）

35. 华侨大学厦门工学院（独立学院）

院　　长：方　亮

党委书记：吴季怀（兼）

党委常务副书记：陈克明

副院长：田晓皋

学校直属单位负责人名单

1. 图书馆

馆　　长：顾立志

副馆长：黄自强　蔡　聪

2. 档案馆

馆　　长：卫　红

3. 学报编辑部

副主编：黄仲一　龚桂明

4. 建筑设计院

院　　长：龙　元（兼）

常务副院长：苏世灼

副院长：孙永青

5. 资产经营有限公司

总经理：涂　伟

6. 校医院

院　　长：陈庆煌

7. 附属中学

校　　长：颜乃新

2013年学校机构设立和调整情况

2013年4月，经校长办公会议研究决定，学校成立华侨华人信息中心。

2013年4月26日，经校长办公会研究决定，确认华文学院机构设置情况。其中教学机构设汉语国际教育系、华文教育系、汉语言系、预科部、培训部；党政管理机构设学院办公室、教学科研办公室、学生工作办公室、后勤办公室、招生办公室、财务办公室。

2013年8月，原来由经济与金融学院管理的"物流管理"本科专业和"物流工程"工程硕士领域学位点调整至工商管理学院管理。原属经济与金融学院电子商务系物流管理教研室的所有教师成建制转入工商管理学院。

2013年6月，学校出台《华侨大学院属教学机构设置暂行办法》（华大人〔2013〕15号）。经各学院申报、相关职能部门论证、校长办公会研究决定，学校于2013年9月公布院属教学机构设置情况（华大人〔2013〕31号）。

华侨大学院属教学机构设置情况

一　哲学与社会发展学院
1. 哲学系
2. 社会学系

二　经济与金融学院
1. 经济学系
2. 金融学系
3. 国际经济与贸易系
4. 电子商务系

三　法学院
法律硕士教育中心

四　文学院
1. 中国语言文学系
2. 新闻与传播学系
3. 大学语文教学部

五　华文学院
1. 汉语国际教育系
2. 华文教育系
3. 汉语言系
4. 预科部
5. 培训部

六　外国语学院
1. 英语系
2. 日语系
3. 大学英语教学部

七　美术学院
1. 绘画系
2. 设计系

八　音乐舞蹈学院
1. 音乐系
2. 舞蹈系

九　数学科学学院
1. 数学与应用数学系

2. 信息与计算科学系

3. 公共数学教学部

十　机电及自动化学院

1. 机械制造工程系

2. 测控技术与仪器系

3. 机械电子工程系

4. 车辆工程系

5. 工业设计系

6. 工程图学基础教学部

十一　材料科学与工程学院

1. 材料科学与工程系

2. 高分子科学与工程系

3. 应用化学系

十二　信息科学与工程学院

1. 通信工程系

2. 电气工程系

3. 电子工程系

4. 自动化系

5. 电子科学与技术系

6. 大学物理教学部

7. 电工电子教学部

十三　计算机科学与技术学院

1. 计算机科学与技术系

2. 软件工程系

3. 网络工程系

4. 数字媒体系

5. 公共计算机教学部

十四　建筑学院

1. 建筑系

2. 城乡规划系

3. 风景园林系

十五　土木工程学院

1. 土木工程系

2. 工程管理系

3. 市政工程系

4. 土木工程实验教学中心

十六　化工学院

1. 化工与制药工程系

2. 生物工程与技术系

3. 环境科学与工程系

4. 园艺系

十七　工学院

1. 信息科学系

2. 物联网工程系

十八　工商管理学院

1. 工商管理系

2. 会计系

3. 人力资源管理系

4. 市场营销系

5. 信息管理系

6. 物流管理系

7. 工商管理专业学位中心/MBA 教育中心

十九　旅游学院/高尔夫学院

1. 旅游管理系

2. 人文地理与城乡规划系

3. 酒店管理系

4. 旅游管理硕士教育中心

5. 旅游实验教学中心

二十　公共管理学院

1. 行政管理系

2. 公共事业管理系

3. 土地资源与城市管理系

4. 公共管理硕士教育中心

二十一　继续教育学院

1. 办公室

2. 教学部

3. 教育培训部

4. 学务部

国际学院，马克思主义学院/通识教育学院，生物医学学院，体育学院，泛华学院五个学院此次暂不设置院属教学机构。

（人事处供稿）

华侨大学年鉴 2014

学院、研究院概况

学　院

国际学院

国际学院的前身是国际交流学院。为促进学校国际交流与合作，学校于2010年6月9日正式成立国际交流学院，负责协调学校相关部门开展国际交流与合作、承担除华文教育之外的国际合作办学和教育教学交流任务，包括为学生创造出国出境留学的机会、为教师拓展出国进修的渠道、提高学校的国际化办学水平等。为了进一步提升学校的国际化办学水平，2012年5月学校将国际交流学院更名为国际学院，列为学校教学科研单位。自此国际学院的工作主要围绕以下两个方面来开展：一是全英文国际课程和全英文教学专业建设；二是对外交流合作项目拓展。

在全英文国际课程和全英文教学专业建设方面，学院于2011年10月开始深入工商管理学院、经济与金融学院、外国语学院、生物医学学院、建筑学院、音乐舞蹈学院、哲学与社会发展学院、法学院等学院开展全英文教学师资调研，组织师资力量加入学校全英文国际课程体系建设项目，并多次召开论证会、座谈会，集思广益，同时做好全英文国际课程设置、全英文国际课程标准制定和全英文国际课程体系建设项目分阶段工作方案等准备工作。

2013年2月25日，华侨大学与台湾淡江大学正式签署合作协议。淡江大学由此成为继辅仁大学、东海大学、台南大学、台北教育大学、台湾艺术大学、中原大学、义守大学、台中教育大学、屏东教育大学、中国文化大学、大同大学、金门大学、元培科技大学、明新科技大学、中华大学之后第16所与华侨大学建立交换生项目的台湾高校。学校赴台湾高校交流学生累计已达300余人次。

2013年9月7日，国际学院正式招收的第一届73名本科新生到校报到，其中国际商务专业（英文教学）32人，1+2+1中美联合培养国际班41人。

2013年10月8日，学校举办2013年国际化战略专题研讨会，会上，专门对公开选拔的全英文授课教师颁发"华侨大学全英文授课资质认证证书"。

2013年10月30日，华侨大学因在2013年度"中美人才培养计划"学生赴美派出和管理工作中成绩显著，为促进中美人文交流做出了积极贡献，被中教国际教育交流中心授予"2013年度特别贡献奖"。

在对外交流合作项目拓展方面，学院的主要任务是维护好、发展好两大核心国际交流项目、台湾地区高校交换生项目以及日本高校交流合作项目。两大核心国际交流项目是指"1+2+1中美人才培养计划"双学位项目和英国名校硕士预备项目（全称：Master Preparation Programme，简称MPP）。

"1+2+1中美人才培养计划"双学位项目的基本模式：选拔本科一年级学生到参

加该项目的美方大学学习第二、三年课程，然后返回学校学习第四年课程，学生可在4年内同时获得中美两所大学的本科毕业证书和学士学位。同时也可以选拔硕士研究生一年级学生到参加该项目的美方大学学习2~3个学期课程，然后返回学校完成毕业论文，学生可在3年内同时获得中美两所大学的硕士研究生毕业证书和硕士学位。项目框架下还包括以下子项目：本科生交流项目（1+2+1本科生项目）、研究生交流项目（1+1+1研究生项目）、短期交流项目（YES项目）、美国学生来华留学项目、访问学者项目、高校管理人员培训项目以及美中高等教育领导与创新中心等。

英国名校硕士预备项目（MPP）是由英国教育中心（UKEC）携手世界名校巴斯大学、格拉斯哥大学、埃塞克斯大学等28所英国名校与华侨大学强强联合，为有志远赴英伦攻读硕士学位的莘莘学子量身打造的国际硕士预备课程。该项目涵盖了法律、经济管理、人文社科、理工等诸多学科，是为解决中英教育、学术及授课模式等差异导致中国赴英学子普遍遇到的学习困难，而针对应届、往届本科毕业生设计的一套行之有效的解决方案，项目提供强化综合英语培训，开设英国文化课程、专业核心课程，并提供雅思绿色通道、签证绿色通道、留学全程指导及奖学金等，为学生顺利进入世界知名的英国大学攻读硕士学位做好充分准备。

此外，学院还不遗余力地开拓新的多国家校际交流合作项目，这些合作项目包括了美国德保罗大学合作项目、美国关岛大学合作项目、美国爱纳大学合作项目、英国威斯敏斯特大学合作项目、英国埃塞克斯大学合作项目、英国格拉斯哥大学合作项目、澳大利亚迪肯大学合作项目、荷兰温德斯海姆应用科学大学合作项目、马来西亚马来亚大学合作项目、马来西亚拉曼大学合作项目等。

在国际学院的推动下，华侨大学学生赴境外交流项目类型日益多样，包括1+2+1、2+2、3+1本科双学位项目，本硕连读项目，0.5+1硕士直升项目，研究生1+1+1双学位项目，半年期、一年期非学位海外交流项目，暑期游学项目等，合作院校地区分布在英、美、日、澳大利亚、荷兰等国家以及台湾地区，包括世界名校，部分合作院校学科优势突出，这都为学生创造了丰富国际交流经验以及开拓国际视野的良好机会。同时，学生从境外大学交流期满后返回学校，与同学们分享境外的学习感受，使学生对外交流学习的成果发挥出良好的辐射作用。同时，学院也努力吸引境外合作院校选派生来校交流学习，这都将大大有利于营造学校良好的国际化办学氛围，推动学校国际化办学不断迈上新台阶。

（国际学院供稿）

哲学与社会发展学院

哲学与社会发展学院成立于2009年9月，前身是1993年成立的社会科学研究所、

2005年成立的马克思主义哲学研究所、2007年成立的哲学研究所。学院设有哲学系、社会学系、生活哲学研究中心、海外华人宗教研究中心、闽台宗教文化研究中心、社会问题调查研究中心、宗教文化研究所等教研机构。2012年学校决定成立马克思主义学院，部分教师分流到马克思主义学院。截至2013年12月，全院专业教师28人，其中，教授6人，副教授12人，讲师10人；具有博士学位教师23人，占学院全体教师的82%。

目前学院拥有哲学一级学科博士后流动站、马克思主义哲学博士点、哲学一级学科硕士点，以及社会学、哲学2个本科专业。哲学一级学科被列为国务院侨办重点学科、福建省特色重点学科；拥有享受国务院政府特殊津贴者1人，入选教育部"新世纪优秀人才支持计划"1人，福建省教学名师1人，福建省优秀教师1人，福建省优秀中青年社会科学工作者1人，福建省"四个一批"（理论人才）1人，入选福建省"新世纪百千万人才工程"2人，入选福建省"高等学校新世纪优秀人才计划"3人。

学院倡导学术研究的生活、实践立场，遵循改造世界的价值观念，以研究当代国人在世界总体性变迁过程中的生存境遇、物质文化困境、基本价值诉求为目标，立足在哲学层面探究当代中国社会生活中的重大矛盾与根本问题。哲学学科科学研究围绕"生活哲学与现代性批判"主题从三个方向展开，分别是："生活哲学基础理论研究""生活哲学与现代性研究""生活哲学与文化信仰研究"。近年来，学院教师承担各类课题100多项，其中，国家社科基金项目12项，教育部社科项目8项，省部级重大、重点课题12项，省部级一般项目多项，获得经费100多万元；出版学术著作27部，在《哲学研究》《哲学动态》《马克思主义研究》《世界宗教研究》《自然辩证法研究》等国内权威、核心学术期刊上发表论文300多篇，其中被《新华文摘》《中国社会科学文摘》《复印报刊资料》全文转载70多篇；获得各类奖50多项，其中获福建省人民政府颁发的社科优秀成果一等奖1项、二等奖11项、三等奖10余项；获华侨大学科研优秀特别奖15人次，获华侨大学教学优秀特别奖3人次。

学院坚持走国际化办学之路，博士、硕士、学士都面向港澳台招生，不断拓宽海外生源，加大"请进来、走出去"力度，扩展与海外名校、社会团体合作办学路径。目前，学院与德国慕尼黑大学、海德堡大学，美国西北大学和加拿大高校等都有合作，建立了定期学术交流机制；已有10余位同学前往美国亚利桑那大学和台湾东海大学、辅仁大学、台中教育大学等进行为期一年或半年的交流学习。近年来，学院举办国际、国内学术会议10余次，邀请国外专家来校讲学20余人（次）。

学院坚定不移地走"学术立院、科研强院"之路，大力倡导高端学术交流活动，坚持和完善"鹭岛哲谭""哲学沙龙""博士教授讲坛""周末读书沙龙"等品牌学术活动项目。

2013年，学院新增华侨大学人文社会科学研究基地"生活哲学研究中心"和

"海外华人宗教与闽台宗教研究中心" 2 个；新增"福建省新世纪优秀人才" 1 名；新增专业教师 1 名。

2013 年，学院招收本科生 48 人，其中，社会学专业 32 人，哲学专业 16 人；研究生 27 人，其中，博士生 5 人，硕士生 22 人。截至 2013 年底，在校本科生 150 名，其中港澳台侨学生 23 人；在校研究生 105 人，其中博士生 26 人，硕士生 79 人，其中港澳台侨学生 6 人。

2013 年，学院教师获准承担国家社科基金项目 3 项（周世兴、杨少涵、魏燕侠）、教育部课题 1 项（花威）、福建省项目 1 项（林壮青），发表三类以上学术论文 20 余篇，出版专著 2 部。

2013 年，学院承办了"宗教与中华文化软实力"高层论坛暨 2013 年中国宗教学会年会、"鹭岛哲谭·哲学与方法"学术研讨会等国际、国内学术会议，德国海德堡大学 Anton F. Koch 教授在学院做为期两周的学术访问，邀请美国西北大学杨克勤教授、中国社会科学院李培林研究员等国内外知名学者来学院讲学 10 余人（次）。

（哲学与社会发展学院供稿）

经济与金融学院

2000 年 6 月，学校在工商管理系、旅游系、国际经济系、管理信息科学系基础上组建经济管理学院。2004 年 10 月，经济管理学院分设商学院、工商管理学院和旅游学院。2009 年 10 月，商学院更名为经济与金融学院，设有国际经济与贸易系、金融学系、经济学系、电子商务系 4 个系。2013 年 5 月，经济与金融学院的物流管理本科专业和物流工程专业硕士学位点调整至工商管理学院。截至 2013 年底，学院有教职工 76 人，专职教师 62 人。教师中有教授 12 人，副教授 13 人，其中具有博士学位者 39 人，博士生导师 2 人。

学院积极引进人才的同时认真制订年师资培养和补充计划，积极培养优秀中青年教师，并取得较大成效，2013 年学院新增教育部"新世纪优秀人才支持计划"人选 1 人、新增福建省"高校新世纪优秀人才支持计划"人选 1 人、福建省"高校杰出青年科研人才培育计划"人选 1 人，新增泉州市桐江学者特聘教授 1 人，新增华侨大学哲学社会科学"优秀学者百人计划"第一层次人选 2 人、第二层次人选 2 人等。

2013 年，学院本科专业有国际经济与贸易、金融学、电子商务、经济学；学术型硕士点有数量经济学、金融学、区域经济学、国际贸易学、产业经济学、信息经济学；专业学位硕士点有金融学；博士点有数量经济学；博士后流动站有应用经济学。

2013 年，学院参加了教育部应用经济学一级学科评估工作；承办福建省经济学学会 2013 年年会；组建应用经济学的科研团队：数量经济学、金融学、国际贸易学、产业经济学、区域经济学,并确定了各研究方向学术带头人,他们分别为李拉亚、胡日东、许培源、肖曙光、赵昕东等,并初步确立了研究团队成员及研究目标和任务。2013年2月学院成功获批福建省高校人文社科优秀基地华侨大学数量经济研究中心。

学院教学工作的重点是稳定教学秩序,在此基础上进行一些教学改革。学院积极筹办投资学新专业,做好开办新专业的准备工作,并向相关主管部门提出将电子商务专业授予经济学学士学位的申请。

2013年,学院积极动员教师申报学校教学质量工程项目和教学成果奖。全院获批校教学质量重点项目1项和一般项目3项。有4项教学成果获得华侨大学教学成果奖,其中一等奖2项,二等奖2项。

学院积极加强与企业合作,为学生提供更多的实习基地,为教师教学和科研提供合作对象,先后与顺丰速递公司、东北证券公司晋江营业部等单位签订了合作协议。学院配合成教学院、澳门业余进修中心完成金融学专业学士学位课程2013级澳门学历班的申请工作。

2013年,学院以现有的金融学系、国际经贸系和经济学系为单元,深入调研各单元中每个教师的研究方向和主题,围绕学院申报应用经济学一级学科博士点的4个方向(金融学、国际贸易学、数量经济学、产业经济学),组建科研团队,通过专题研讨、课题申报等形式凝练研究方向,形成研究特色。

学院举办青年经济学者论坛16次,使论坛逐渐成为青年学者学术研讨、争鸣和提升的重要平台;组织金融系青年教师开展金融研究方法系列讲座,通过前沿方法提升学术研究水平。学院邀请陈建伟(圣地亚哥大学,讲座教授)等国外知名学者来校讲学,拓展学院教师和研究生的研究视野、跟踪学术动态、把握研究焦点和热点。

2013年,学院进一步建立健全党政联席会制度,深入实施院务公开制度,不定期召开全院教职工代表大会,切实维护好、发展好、实现好全院师生员工的切身利益,并加强学生党建工作,做好党员培养教育,加强学生思想政治教育,不断推动学院各项事业顺利开展。截至2013年底,学院共有学生2232人,其中境外生392人,硕士研究生、博士研究生共170余人。学院有学生党支部12个,学生党员344人,其中本科生党员236人,研究生党员108人。2013年12月,2010级经济学班被福建省教育工委、福建省教育厅、共青团福建省委评为"福建省优秀班级"。

(经济与金融学院供稿)

法学院

2003年9月,学校在法律系的基础上成立法学院。2012年6月,特聘教授许少波博士任学院院长。

学院现有在职教职工54人,其中教学科研人员44人。教学科研人员中,获得博士学位者28人,在读博士6人,获得硕士学位者10人;学院有硕士生导师19人;正高职称2人,副教授27人,中级职称15人,具有海外学术背景的教师12人;"双师型"(律师、仲裁员)教师37人,"双语型"教师10人;专职党政管理人员10人。2013年,副院长戴仲川当选为第十二届全国人大代表,这是戴仲川副院长继当选第十届、第十一届全国人大代表后,第三次当选为全国人大代表;刘超副教授入选泉州市优秀人才培养专项资助计划和华侨大学哲学社会科学百名优秀学者培育计划。

2013年,学院招收本科生205人,学术型硕士研究生27人,全日制法律硕士研究生24人,在职法律硕士研究生115人。学院现有在校学生总数1052人,其中校本部本科生856人。

2013年,学院教师承担省部级以上的科研课题7项,具体为:刘超副教授的《页岩气开发法律问题研究》获国家社科课题青年项目立项,王方玉副教授的《人权视野下的经济权利研究》获国家社科基金后期资助项目立项,钟付和副教授的《国际经济秩序中的观念》和兰仁迅副教授的《私法与伦理:交融与距离——以私人自治为中心》获2013年教育部人文社科研究一般项目立项,黄奇中副教授的《海峡两岸刑法解释制度比较研究》等3人申报的科研项目获2013年省社科规划项目立项。

2013年,学院教师在《法律科学》《法学评论》《现代法学》等刊物发表高水平学术论文27篇,出版学术专著6部。多项科研成果获得奖励,其中,张国安教授撰写的专著《列宁法治思想研究》和刘超副教授撰写的专著《问题与逻辑:环境侵权救济机制的实证研究》获得泉州市第五届社会科学优秀成果一等奖;张骏副教授撰写的《美国纵向限制研究》等2项成果获得泉州市第五届社会科学优秀成果二等奖;许少波教授撰写的论文《民事诉讼证据交换制度的立法探讨》等2项成果获得泉州市第五届社会科学优秀成果三等奖;张国安教授撰写的论文《论明朝监察官员的选任制度及其现代借鉴》等3项成果获得泉州市第五届社会科学优秀成果佳作奖。法学院近5年来共出版专著23部,获得国务院侨办优秀论文三等奖1人次,获得福建省社会科学优秀成果奖三等奖共7人次,获得泉州市社会科学优秀成果奖共14人次,获得华侨大学社会科学优秀成果奖2人次。

2013年,法学院在教育教学改革方面迈出重大步伐,在人才培养上效果明显,优秀教学成果不断涌现。翁文旋副教授主持的"华侨大学澳门高等教育法学系列教材"获福建省第七届高等教育教学成果奖二等奖。学院在法学教育教学中始终坚持"理论与实践相结合,基础学科与应用学科相结合"的教育理念,将法学实践教育作为培养"复合型、高素质法律职业人才"的重要环节。2013年,学院联合泉州市人民检察院、福建天衡（泉州）律师事务所组织福建省研究生教育创新基地申报工作，"法学研究生教育创新基地"正式获批。

2013年，学院在国际学术合作交流层面取得了重大突破：华侨大学与日本桐荫横滨大学合作的"东亚法律文化研究中心"在陈嘉庚纪念堂科学厅揭牌成立，仪式上签署了《中国华侨大学与日本桐荫横滨大学合作协议书》和《中国华侨大学法学院与日本桐荫横滨大学法学部合作共建"东亚法律文化研究中心"协议书》，并以此为契机，举办了一场高规格的国际学术会议。

2013年10月25日，由学院主办的中国环境法高端论坛暨"环境法上的权利类型研究"学术研讨会在学院举行，北京大学法学院汪劲教授等8位学者入会研讨。12月5～6日，由学院协办的"福建省第五届检察理论研究年会"在华侨大学成功召开，这是福建省检察系统首次走进高校，探索检校合作共同举办年会的一次全新尝试。

2013年，学院共举办13场"法学论坛"讲座，邀请日本学者铃木满教授和林秀弥副教授，国内学者潘剑锋教授、范忠信教授、谢晖教授、陈瑞华教授、汪劲教授、葛洪义教授及知名律师举办讲座。

2013年，学院学生工作坚持立德树人、全面育人的理念，注重思想引领，加强理想信念教育，开展形势与政策、主题团日、两会精神学习等教育活动70余次。学院依托专业优势，创建机制平台，重视学生学术科技创新与实践，力促优良学风形成，共有34名学生得到社会实践立项资助，6支团队获校级暑期社会实践优秀团队称号。在校"挑战杯"学术创新竞赛中，8项获校级奖励。学院立足学科特色，引导学生兴趣，助力学生专业素养与技能提升，开展"班班有辩论""独角兽杯"辩论赛、法律知识竞赛等富有专业特色的第二课堂活动。2013年，学院获"军训先进连""体育道德风尚奖"等校级集体荣誉。特别是在学科竞赛方面也取得了重大进展，学院组队分别参加了在北京与上海举办的"贸仲杯"商事辩论赛，这是学院学生首次参加并在国家级专业竞赛取得佳绩。同时，学院遵循学生特点，抓住培养重心，以"一线两翼三突出"为思路，即"以提高研究生学术素养与培养质量为主线，以学术研究与法律实践为两翼，突出内涵、突出品牌、突出特色"的工作思路，构建研究生校园文化活动体系，举办"纵横论案"3期、"东南法学社"活动6期、法律辩论赛20余场等，并编印研究生刊物《东南论法》4期，全面提升研究生学术素养与综合素质。

（法学院供稿）

马克思主义学院/通识教育学院

2012年7月，为贯彻落实中央关于加强和改进思想政治理论课教学的有关精神，进一步推进马克思主义学科建设，探索具有侨校特色的通识教育体系，学校决定在思想政治理论课教研部的基础上，独立建制成立马克思主义学院和通识教育学院，其前身为1962年正式成立的政治系。学院是学校思想政治理论课的教学部门之一，是马克思主义理论研究机构，是马克思主义理论学科点的依托单位，负责全校思想政治理论教学、科研、社会服务与管理，负责马克思主义理论学科建设、人才培养和教学科研梯队建设等工作。

学院下设六个教学研究机构：马克思主义基本原理概论教研部、马克思主义中国化教研部、中国近现代史教研部、思想道德修养与法律基础教研部、通识教育教学教研部、研究生教学与学科发展教研部；设有两个校级研究机构：马克思主义与当代中国发展研究中心和当代国外马克思主义研究中心；一个省级基地：马克思主义理论（马克思主义理论与侨乡社会建设）研究生教育创新基地。

学院拥有一支老中青相结合，职称、年龄、学历结构较为合理的专业师资队伍。学院现有教职员工29人，其中专任教师27人，教授6人，副教授14人，讲师7人；教师中具有博士学位的12人（含博士后1人），硕士学位的4人；教师中博士生导师1人，硕士生导师11人，入选全国高校思想政治理论课教师2013年度影响力人物1人，入选福建省"百千万人才工程"1人，入选福建省"新世纪优秀人才支持计划"2人，入选福建省"高校杰出青年科研人才培育计划"1人，入选福建省高校思想政治理论课学科带头人1人。

2013年9月，学院基本完成了在泉州和厦门校区办公室的建设。11月，学院配合学校党委组织部完成了学院副院长在全校公开竞聘的工作，学院党政领导班子基本配备齐全。12月，学院在泉州和厦门两个校区分别组建了教工党支部和研究生党支部，配合学校完成了学校的岗位聘任工作以及学院内部教研部、研究中心等机构负责人的选定工作，并制定了学院二级管理的相关制度。

学院拥有马克思主义基本原理和思想政治教育2个二级学科硕士学位授予权。2013年9月学院招收硕士研究生11名，截至年底，在校硕士研究生25人。为进一步提高研究生的培养质量，加强了学位点的建设，学院确定了2个学位点研究生培养方案，对研究生的培养从导师资格要求、学生论文（含毕业论文）的要求、培养计划和课程设置上做了进一步规范，建立和完善了研究生管理各项规章制度。此外，学院联合厦门市委党校、集美区委宣传部申报并获批2013~2015年福建省研究生教育创新基地建设项目"马克思主义理论（马克思主义理论与侨乡社会建设）研究生教育创新基地"，启动了研究生教学教育实践基地的建设工作；成立了马克思主义与当代中国发展研究中心、当代国外马克思主义研究中心。

2013年，学院大力推进科研工作，学院教师获得教育部哲学社会科学研究后期资助项目1项，福建省社会科学规划办项目1项，福建省教育厅项目1项；获得福建省第十届社会科学优秀成果奖三等奖2项，获得厦门市第九次社会科学优秀成果奖4项（二等奖1项，三等奖3项），获得泉州市第五届社会科学优秀成果奖2项（一等奖1项，二等奖1项）；获得福建省优秀博士学位论文二等奖1项；出版学术专著2部；发表学术论文20多篇，其中发表在《马克思主义研究》等权威核心期刊3篇。学院还积极组织动员全院教师参加省委教育工委开展的"党的十八大精神进高校思想政治理论课'四个一百'评选活动"，学院有多名教师参加该活动，并取得了好成绩，获得福建省党的十八大精神进高校思想政治理论课"四个一百""精彩一课"项目一等奖1项，三等奖1项；获得福建省党的十八大精神进高校思想政治理论课"四个一百""优秀教案"项目二等奖1项，三等奖1项；获得福建省党的十八大精神进高校思想政治理论课"四个一百""优秀课件"项目二等奖2项，三等奖1项；获得福建省党的十八大精神进高校思想政治理论课"四个一百""优秀论文"项目二等奖1项，三等奖1项；积极组织动员全院教师参加省市和学校的教学研讨和教学竞赛活动，2013年获得福建省高校思想政治理论教学研究会论文比赛一等奖1项，福建省高等学校思想政治教育研究会优秀论文一等奖1项，获得福建省委教育工委、福建省教育厅组织的"学习宣传贯彻党的十八大精神"研究论文三等奖2项、优秀奖1项，获得福建省教科文卫体工会第八届优秀调研报告和论文三等奖1项，获得第二届泉州市高校思想政治理论课教学比赛一等奖1项、二等奖1项，获得学校优秀教学成果一等奖1项、二等奖2项，获得学校教改课题立项资助2项。

为了提高学院的师资教学、科研水平，扩大学术视野，学院采取"请进来"和"走出去"的策略，分别聘请福建师范大学马克思主义学院郑又贤教授、《学术研究》编辑部何蔚荣研究员、福建江夏学院郭健彪教授等到学院讲学；学院也有10多人次参加了国际、国内和省内等各种类型学术会议，1人被学校选派到浙江大学做访问学者，1人被福建省选派到美国开展为期一年的访问学者项目。2013年11月，学院与福建省社会建设研究会共同承办了福建省社科联学术年会（分论坛）：社会建设与社会公平。学院还积极联络"三地四校"（厦门、泉州、漳州三地，华侨大学、厦门大学、集美大学、闽南师范大学）马克思主义理论学位点负责人，积极筹备"闽南马克思主义论坛"。

（马克思主义学院／通识教育学院供稿）

文学院

华侨大学中文系创办于1960年，是学校最早成立的院系之一。2004年10月，在中国语言文学系的基础上成立文学院。学院下设中国语言文学系、新闻与传播学系（含新闻影像实验中心）、大学语文教学部3个系级教学科研单位，其中新闻影像实验中心为福建省省级示范实验中心。

2013年，学院成立中国语言文学一级学科研究生培养委员会，孙汝建教授任主任；在原有语言学及应用语言学、汉语言文字学、中国古代文学、中国现当代文学、文艺学、中国古典文献学、华语与华文教育、媒介文化与传播8个二级硕士点的基础上，对中国语言文学一级学科硕士点进行调整，确定中国语言文学一级学科博士建设点学科带头人为贾益民教授，中国语言文学一级学科硕士点学科带头人为孙汝建教授，下设5个方向：语言文字理论与应用（方向带头人孙汝建教授）、中国现代文学及文艺学（方向带头人刘文辉教授）、中国古代文学及文献学（方向带头人马华祥教授）、华文教育与跨文化传播（方向带头人贾益民教授）、海外华文文学理论与批评（方向带头人庄伟杰教授）。中国语言文学一级学科硕士点覆盖文学院、华文学院、华文教育研究院、外国语学院、莆田学院的研究生导师共46人，在读的境内外研究生179人。

增设的新闻学本科专业于2013年招生。学院调整了各系、部、室主任、副主任设置，为推进学院的学科发展注入新的力量。

2013年度，经学校批准，学院设立"华侨大学闽南非物质文化遗产研究与保护工程中心""华侨大学海外华文媒体研究中心""华侨大学中国传统文化研究所""华侨大学中国语言文字研究所""海外华人文学暨台湾文学研究所""华侨大学海峡传媒研究中心""华侨大学文化创意研究中心""暨南大学汉语方言研究中心华侨大学工作站"8个研究机构。

学院拥有一支学术水平较高，年龄结构和职称结构较合理的师资队伍。现有教职工71人，其中专任教师57人，实验室教师5人，行政人员9人；专任教师中教授9人，副教授13人，讲师34人、助教1人；具有博士学位的34人，在读博士8人，硕士9人，在读硕士1人；全院具有硕士（含）以上学历的专任教师48人，为总人数的84.2%。学院拥有福建省教学名师、五一劳动奖章获得者、福建省优秀教师、福建省师德之星、侨务系统优秀教师等。2013年度，有2名教师在美国做访问学者，2名教师在澳门和内地攻读博士学位。1位教师成功申报教授职称，7位教师成功申报副教授职称。

2013年度，学院获得省部级课题9项，在学校开展的哲学社会科学青年学者成长工程项目中获得团队课题2项，另有19本专著、12篇论文获得学校资助；有在研国家社科基金课题4项、省部级课题7项、校级课题16项；马华祥教授获得福建省社会科学优秀成果二等奖，王建设教授获得福建省社会科学优秀成果三等奖，孙汝建教授获得泉州市社会科学优秀成果二等奖，马华祥教授获得泉州市社会科学优秀成果三等奖；郭艳梅副教授主持的"新媒体背景下新闻专业实践教学的创新"立项为2013年校本科教育教学改革重点项目，马华祥教授主持的"大学语文"获得校级精品视频课程立项，胡萍副教授主持的"古代汉语课程教学改革"获得校级教学改革一般项目立项，郭艳梅副教授主持的"卓越新闻传播人才教育实践平台的建设"获得第七届高等教育教学校级教学成果奖校一等奖,并获得福建省第七届高等教育教学成果二等奖,马华祥教授主持的"'大学语文'精品课程建设理论研究与实践应用"获得华侨大学第七届高等教育教学成果二等奖;有19部学术著作、12篇论文与学校签约,作为高层次学术成果获得学校出版和发表资助,同时学院教师还积极承担为地方服务的工作,院长孙汝建教授有3个讲题入选2013年福建省百场社科讲座,3个讲题入选厦门市"鹭江讲坛"。

学院是国家大学生素质教育的基地之一,针对"一院两生"的学生组成,思想教育工作"一元为主,多元兼容",特色鲜明,卓有成效,先后荣获"全国五四红旗团委"、福建省"校学生工作先进院系"、"福建省五四红旗团总支"、"福建省高校先进基层党组织"等称号。学生先后获得第九届全国新概念作文大赛一等奖、第二届中国影视"学院奖"一等奖、中国广播电视学会城市电视新闻节目一等奖、中国新闻奖电视消息类三等奖等。

在合作办学与交流方面,学院继续与泰国崇圣大学、印度尼西亚智民学院合作,在泰国、印度尼西亚分别举办中国语言文学硕士研究生班;邀请四川大学文学院院长曹顺庆教授、吉林大学文学院院长张福贵教授、美国纽约州立大学洪浚浩教授、澳门大学中文系主任朱寿桐教授、澳门科技大学新闻学院执行院长张志庆教授、奥运冠军李珊珊、校董何中东先生、凤凰卫视中文台副台长程鹤麟等知名学者、文化名人到学院讲学。

在重大活动方面,学院在泉州—厦门两地成功主办"第二届两岸四地现代汉语对比研究学术研讨会";与香港大学、饶宗颐学术馆等单位联合举办第二届"饶宗颐与华学国际学术研讨会";承办"第十期海外华文媒体高级研修班";经学校批准成立华侨大学海外华文媒体研究中心,该中心与凤凰卫视合办,为学院开展海外华文媒体研究提供了运行平台;与华侨大学招生处合作开设了新闻影像作品实训班,培养学生的动手能力。

学院学生在实践创新方面取得了喜人的进步。郭艳梅、王琰指导的2项大学生创新创业训练计划项目获国家级立项推荐,王建设、肖景川、徐华、陈辉兴、郭艳梅指导的4项大学生创新创业训练计划项目获省级立项。此外,学院本科毕业生初次就业率达到99%,考研率达到2.7%,均创历年最高。

(文学院供稿)

华文学院

华文学院的前身是集美华侨学生补习学校,是经国务院批准,并委托著名爱国华侨领袖陈嘉庚于1953年主持创办,专门招华侨学生、华裔青年以及来华学习汉语文化知识的外籍学生的特色学校。1997年,国务院侨办决定将集美侨校成建制并入华侨大学,成立华侨大学(集美)华文教育中心,归华侨大学领导。1999年,华侨大学(集美)华文教育中心升格为华侨大学集美华文学院。2002年,其更名为华侨大学华文学院。华文学院现任院长陈旋波,书记纪秀生。

华文学院设汉语国际教育系、华文教育系、汉语言系、预科部和培训部5个教学机构,有华语与华文教育硕士点和汉语国际教育(原对外汉语专业)、华文教育和汉语言3个本科专业,同时开设非学历汉语言、汉语言专科、大学预备教育、短期华文师资培训、海外学生冬(夏)令营,形成了多层次、多形式的办学体系。学院现有教职工121人,其中专任教师66人,正高职称9人,副高职称24人,具有博士学位15人、硕士学位24人。学院现有在校生1400余人,来自印度尼西亚、泰国、菲律宾、老挝等40多个国家和地区。

2013年10月22日,华文学院(集美华侨学生补习学校)在学院南门广场隆重举行建校60周年庆典大会,来自海内外1400余名嘉宾、校友和师生参加庆祝大会。国务院侨务办公室副主任何亚非,宣传司司长郭锦玲,华文教育发展中心副主任邱立国,中国华文教育基金会副秘书长卢海斌,福建海外交流协会副会长闵蕙君,厦门市侨办副主任黄新英,菲律宾驻厦门领事馆副领事苏安富出席庆祝大会,海内外兄弟院校、海内外友好合作单位及泰国、印度尼西亚、缅甸等各地校友会组团参加庆典大会。为办好60周年校庆,学院开通60周年院庆专题网站、制作华文学院宣传片、华文学院(集美华侨学生补习学校)60周年庆典专刊、举办老照片展、开展系列学术讲座等。庆典期间,福建省人民政府侨务办公室、厦门市人民政府侨务办公室、兄弟院校、海外合作华教机构等单位发来贺信贺电,学校及学院的各地校友会、校友为学院发展建设捐资。

学院华语与华文教育硕士班海外办学实现新的突破。2013年4月14日,继日华语与华文教育专业硕士研究生班之后,由华文学院承担教学培养任务的华侨大学2013级昆明境外硕士研究生班在昆明教学部开班,24名学员均为当地华校教师,他们分别来自缅甸和越南。12月19日,华文学院首届华语与华文教育专业菲律宾研究生班在菲律宾马尼拉开班,18名学员均为当地华校一线教师。中国华文教育基金会和完美(中国)有限公司为该班提供了奖学金,菲律宾华侨陈永栽先生提供了教学场所、教学设施和部分生活便利。

海外本科自考方面,2013年3月11日,泰国华文教育本科学历班在泰国曼谷海南会馆开班。该班由中国华文教育基金会主办,华侨大学、泰国华文教师公会承办,旨在提升泰国本土华文教师学历层次和教学水平。华文学院每年选派专业教师分寒暑两季赴泰授课,现有学员37人。

学院还组织留学生参加中国汉语水平考试(HSK),2013年举办9次25场考试,累计413人参加考试。10月,学院成功申报中国汉语水平考试(HSK)网考考点,并于11月举办首场网考考试。

2013年，学院科研项目取得新的成绩，林祁教授获2013年国家社科基金项目立项资助，智红霞博士获教育部2013年度人文社科青年基金项目立项资助。13位老师获得华侨大学人文社会科学学科高水平论文著作资助；2个团队获得2013年度华侨大学哲学社会科学青年学者成长工程团队项目立项；1位教师获得2013年度哲学社会科学青年学者成长工程个人项目立项。

在学术交流方面，学院邀请厦门大学中文系苏新春教授，华东师范大学胡范铸教授，厦门大学李无未教授、北京大学陆俭明教授、马真教授、浙江大学刘海涛等专家学者开设有关华文教育的讲座。此外，学院还举办了高校职业规划教学TTT（Training the Trainer）认证培训、"系统思维与高效执行力"培训班。

1月19~20日，学院承办"第五届世界华语文教学研究生论坛"，论坛由华侨大学和台湾世界华语文教育学会联合主办。来自韩国、泰国、日本及中国大陆、台湾、澳门等40多所高校的专家学者共150多人出席。8月25~30日，学院承办"第三届两岸华文教师论坛"，论坛由华侨大学和台湾世界华语文教育学会共同主办。本届论坛共收到论文报告58篇，教学观摩7篇，教案2篇，有来自大陆、台湾和泰国34所学校的90多位华文教育专家围绕"华文教学实践研究"主题，以分组论文发表、教案点评、专题演讲和教学示范观摩等形式进行了广泛的学术交流。

2013年，学院积极扩大对外交流合作，先后接待澳大利亚新南威尔士州教育官员及校长访华团、泰国泰南华文民校联谊会代表团、菲律宾宿务亚典耀圣心学校华文教育考察团、泰国民众学院代表团、国侨办"走基层·侨乡行"媒体团、美国怀俄明大学、美国德保罗大学、泰国东北四府政府和高校代表团、泰国曼谷皇家理工大学国际学院、日本文培学院代表团、马来西亚华校教师短期师资专题培训班、印度尼西亚锡江哈山努丁大学、泰国民教委校长考察团培训班13个团组共计200余人到校访问，在合作办学、夏令营培训、师资培训等方面达成合作共识。

2013年，学院先后承担第十三届菲律宾华裔学生学中文夏令营、泰国素叻他尼中学学生学中文夏令营、泰国清迈德拉中学学中文夏令营、泰国农业大学孔子学院基教委教师团短期进修班、澳门大专学生丰盛暑假系列活动之"拥'普'福建—语言文化课程"、2013年海外华裔青少年"中国寻根之旅"冬令营福建营等团组近500人的培训任务。其中，澳门大专学生丰盛暑假系列活动之"拥'普'福建—语言文化课程"活动由澳门高等教育辅助办公室主办，39名来自澳门大学、香港中文大学、北京师范大学、武汉大学等高校的澳门籍学生来院学习。12月21日，2013年海外华裔青少年"中国寻根之旅"冬令营福建营开营，华文学院承担印度尼西亚和智利两个国家106人的培训任务。

2013年，学院组织开展泼水节、水灯节暨水灯小姐大赛、"印尼夜市"暨印度尼西亚文化节、"一帮一"金牌挑战赛、第七届华文之星书画大赛、十佳歌手大赛等，活跃了学生文化生活。12月7日，华文学院选送具有异域风情的菲律宾舞蹈《竹竿舞》、印度尼西亚舞蹈《莎蔓》以及泰国民间舞蹈三个节目参加第十六届在厦侨港澳台学生中华才艺展示活动，获得了到场观众一致的好评。

（华文学院供稿）

外国语学院

外国语学院前身为成立于1964年的华侨大学外语系。2000年6月，学校成立外国语学院。学院下设英语系、日语系、大学英语部3个教学单位。学院拥有英语语言文学硕士点和英语、日语2个本科专业，并承担全校公共外语教学。设有英国剑桥商务英语证书（BEC）考试中心和外语教育中心。同时建有外国语言学与应用语言学研究所、日本研究所、外国文学研究中心和翻译研究中心。学院现有教职工126人，其中教学科研人员113人，拥有博士学位教师9人，在读博士4人，具有硕士学位者85人；教授6人，副教授31人，讲师71人，助教5人，行政管理及教辅人员13人；另有15位来自英、美、日等国的外籍教师。学院现有本科生745人，研究生29人，其中境外学生97人。学院现拥有12套进口语言实验室设备；英、日语资料室共有藏书25000多册。

学院加大人才引进和培养力度。2013年，学院引进来自四川外国语大学的陈历明教授、博士和毕业于英国约克大学的万婉博士；黎林副教授全年在美国哈佛大学访学；曾阳萍、林惠珍老师入选"2013年国家留学基金委青年骨干教师出国研修项目"。

学院科研工作取得良好的进展。杜志卿教授获2013年国家社科基金项目立项，杜志卿、黄小萍、陈荔获福建省社会科学规划项目立项。李志君、李飞鹏、刘技峰分获华侨大学哲学社会科学青年学者成长工程个人项目立项。黄文溥教授的专著《现代日语从句时态的研究》和孙飞凤副教授的专著《语用学视域下汉语语码转换研究》荣获泉州市第五届社会科学优秀成果三等奖。胡连成博士的译著《清末中琉日关系史研究》在凤凰卫视《开卷八分钟》栏目连续三期由著名学者梁文道先生进行解读，获得社会好评。2013年，学院邀请校外专家成功举办15场系列学术讲座，学院教师讲座9场。

学院积极开展国际交流与合作。2013年，有1名日语专业学生参加日本长崎县立大学硕士研究生项目；2名日语专业学生参加日本岐阜大学交换生项目；5名学生到伦敦大学学院、伦敦大学国王学院、爱丁堡大学、纽卡斯尔大学等英国名校攻读硕士；5名学生参加台湾高校交换生项目；3名学生参加英国巴斯暑期学术夏令营活动。

学院狠抓教学质量，教学成果丰硕。2013年，2009级英语专业学生在全国英语专业八级统考中通过率为77.57%，高出全国平均值（40.08%）近38个百分点，高出综合性大学平均值（52.57%）25个百分点；2011级全国英语专业四级统考通过率88.18%，高出综合性大学平均值（63.23%）近25个百分点；2009级日语专业学生在全国日语专业八级统考中通过率高出全国均线近30个百分点；2011级全国日语专业四级统考通过率为89.16%，远远高出全国高校平均值；2010级日语A班罗润钰在国际日语能力考试N1等级中获得满分。

外语第二课堂活动方兴未艾，成绩骄人。2013年5月，学院共有9位选手参加了"2013年全国大学生英语竞赛福建赛区决赛"的角逐，取得了2个全国特等奖、7个全国一等奖的好成绩；2013年11月，学院承办2013"外研社杯"全国英语演讲大赛福建赛区决赛和首届"外研社杯"全国英语写作大赛福建赛区决赛，学生王坤荣获演讲赛全省特等奖，英语专业学生董楠楠获写作大赛特等奖。2013年11月7日，英语专业学生吴晓荣获中国翻译协会举办的第三届全国口译大赛（英语）福建赛区三等奖，于鑫和李莹莹获得优秀奖；2013年11月7~11日，学院带领华侨大学模联参加第十届中国模拟联合国大会，获得"立场文件杰出团队奖"；2013年12月13日，学院获第七届高等教育校级教学成果奖校一等奖1项、二等奖1项。另外，2010级日语专业学生张妍获第8届"中国人日语作文大赛"三等奖；2011级日语专业学生李佳南、彭畅分获第9届"中国人日语作文大赛"一等奖和三等奖；2011级马骁获2013年度福建省高校暨"卡西欧杯"日语演讲·朗读比赛演讲赛二等奖；2012级李阳子和林煜川分获朗读比赛的二等奖和三等奖。

学院进一步加强实习实践基地建设和硬件建设。2013年，学院与7家企业签订翻译硕士实习基地协议并挂牌，为翻译硕士研究生提供良好的教学实习与实践平台。

此外，学院党建和学生工作取得较好成绩。2013年，孙飞凤、黄佳丽、刘碧秋三位同志荣获"校优秀共产党员"称号；学院党委荣获学校"建党92周年先进基层党委"；李莹老师获得"泉州市优秀辅导员"称号；孙娜老师赢得"泉州市优秀班主任"荣誉；2010级日语A班蒲维同学获"福建省优秀学生干部"称号；2010级英语A班董楠楠同学荣获"福建省三好学生"荣誉；2010级英语A班张琳同学荣获"泉州市优秀大学生"称号；学院荣获全校2011~2013年学生工作"特色与创新"大PK"金质文化工程单项奖"；学院太鼓队应邀赴日本冲绳县参加"世界太鼓大会"。

（外国语学院供稿）

美术学院

美术学院的前身是学校复办后创办的艺术系。2006年，学校在艺术系的基础上成立美术学院。学院现有省级实验教学示范中心（艺术设计实验中心）1个，下设三创实验室、视觉传达设计实验室、数码动画与数字化产品设计实验室3个；有美术学、视觉传达设计（含动画专业方向）、环境设计、产品设计4个本科专业，在读本科生946人，其中境外生245人；有艺术和工业设计2个硕士点；有艺术设计（动漫专业）业余专科学历班1个。

学院拥有在职教职工59人，其中专业教师50人，专业教师中具有高级职称者9人，中级职称31人，多数毕业于鲁迅美术学院、四川美术学院、广州美术学院等国内各大知名美术院校，多名教师在国内外书法、绘画、设计等领域具有较高学术影响力。

在艺术展览方面，学院承办了"擎天艺术——福建·台湾水墨画"艺术联展，并在泉州市府文庙惠风堂举行了开幕式；与泉州市美术家协会、石狮日报社联合主办了"华侨大学美术学院2013届绘画系国画·油画毕业创作作品展"；鼓励师生积极参加国内外大型艺术展，并创造条件帮助有能力的师生举办自己的个展或者联展。

2013年，学院将提高办学层次作为首要工作来抓，积极申报艺术硕士专业学位授权点并顺利获批。艺术硕士点以中华传统文化艺术及其社会需要为研究内容体系，涵盖艺术设计、美术、音乐、舞蹈4个专业领域；采取与文化艺术机构及企业联合培养人才的办学模式，课程设置强调社会实践功能，注重集合多种专业人才共同组建师资队伍，注重以社会需求为导向，以艺术实践能力培养为重点，有针对性地培养社会所需要的高层次应用型艺术人才。

2013年，学院继续加大师资建设力度，把师资队伍建设作为学院的重点工程来抓，师资队伍结构不断优化，整体素质进一步提高。一方面，学院积极引进相关专业旗帜性人才，打造成熟的教学科研梯队，带动学院教学科研进一步提高，本年度学院接收教学科研人员4人，其中博士1人，硕士3人，皆毕业于美院名校；另一方面，学院积极鼓励青年教师在职攻读博士学位，同时创造条件推动教师到境内外著名高校访学，本年度，学院派遣2位老师赴泰国及菲律宾参加中华文化大乐园项目活动。

学院通过打造和利用更多平台，引导学生广泛参加各类课外作品竞赛，鼓励教师对学生的作品进行指导，同时结合专业特色，从2000年开始每年举办学院艺术节。2013年，学生作品获得国家级奖项4项，省级7项。通过班级导师制和企业导师制的推行，为学生的专业学习提供有力支持，为学生的就业提供更多保障；通过打造"相逢绘梦"境外生"1+1"互助式快乐学习工程，全方位地为境外学生的学习和生活服务，促进境内外学生的和谐共处，共同进步。

（美术学院供稿）

音乐舞蹈学院

音乐舞蹈学院的前身是1962年的北京归国华侨学生中等补习学校歌舞班。2007年，学校决定成立音乐舞蹈学院。

学院现设音乐学（海外教育）、舞蹈学（海外教育）、音乐表演、舞蹈表演4个本科专业；艺术硕士专业学位点1个，下设音乐表演和音乐教育（海外华文教育）2个研究方向。毕业生分布在中国、泰国、菲律宾等国家和港、澳地区。

学院以海外艺术教育专业建设为龙头，重视国际化办学，注重艺术实践和学生能力培养，通过形式多样的实践教学活动，提升学生的专业水平和综合素质。2013年，学院合唱团在第十二届中国合唱节中荣获银奖；"中华才艺（音乐·舞蹈）培训基地"承办了"中华文化大乐园—优秀才艺学生交流团"赴泰国、马来西亚、菲律宾及印度尼西亚举行演出和交流，受到当地华侨学生的热烈欢迎。

学院现有专任教师34人，其中教授5人，副教授4人，多数教师具有博士或硕士学位；专任教师中，海外学成归来的教师约占1/3。著名歌唱艺术家杨洪基和香港华侨华人总会会长李碧葱女士任名誉院长、享誉海内外的著名女中音歌唱家梁宁任学院院长，国家一级舞蹈演员黄豆豆，国家一级歌唱家郑咏、刘燕燕，二胡演奏家杨积强，作曲家郭祖荣等任学院兼职教授。

2013年，学院的学科建设处于铺桥建路阶段。学院获批国务院侨办"中华才艺音乐舞蹈培训基地"；取得了国务院侨办"闽南传统乐舞传承与创新系列活动"的立项；成功聘请杨洪基担任名誉院长和兼职教授，聘请刘燕燕为学院的兼职教授，提升了学院的学科层次。

按照学校文件规定，学院任命了中层领导干部；对院属教学机构进行了调整，设立了音乐系和舞蹈系，完成教研室负责人的换届；制定了《音乐舞蹈学院教师服务任务考核办法（暂行规定）》，院领导和每位教师签署岗位聘用合同，并和学校领导签了《音乐舞蹈学院目标责任书》。

学院承办"中华文化大乐园——优秀才艺学生访演团"赴泰国普吉、菲律宾马尼拉及宿务、马来西亚吉隆坡共3个国家4个城市进行了5场正式演出和多次交流活动；承办学校委派演出任务，坚持每月一场的艺术实践汇报演出——"华园艺苑"；承办了"2013全球华人中华才艺（龙舟）大赛闭幕式暨颁奖晚会"，"华章异彩"第三届海峡两岸高校文化与创意论坛闭幕式暨颁奖晚会，"相约鹭岛·携手未来"境外生联谊活动开幕式、闭幕式文艺晚会，新年音乐会等。

2013年，学院应厦门市政府之邀，参加集美龙舟赛开幕、闭幕文艺演出。此外，20名舞蹈学生应邀赴香港参加"香港华侨华人总会成立20周年庆典文艺晚会"。

学院重点建设民乐团、舞蹈团和合唱团，规范"三团"管理制度，出台《关于课程艺术实践（常态化）指导教师工作量的计算及认定方案》，使艺术实践管理真正形成制度化。合唱团积极参与全国、省、市的各项专业赛事。在"第九届泉州合唱节"中，一举夺得一等奖的优异成绩；在"第十二届中国（温州）合唱节"中，从全国的69支强队中脱颖而出，获得了银奖的历史最好成绩。舞蹈团通过日常排练的积累，积累了如《旋·旋·旋》闽南乐舞，《春之韵》《鸿雁》等一大批精彩节目。

在国际化办学与交流方面，学院邀请了香港、加拿大、英国、美国等国家和地区的专家到学院开设大师班，现场讲座、授课、交流，涉及键盘、弦乐、声乐等专业；借外访演出及带学生实习的机会，与相关国家（如泰国、马来西亚、菲律宾等）的有关学校初步达成了在教学、招生、实习、艺术实践等领域的合作；赴台湾参加周大文文教基金会活动；与英国伯明翰音乐学院签订了合作协议。此外，美国伯克利音乐学院一行8人还来学院进行工作访问，双方就今后的进一步合作交流互相交换了意见。

加强理想信念教育；以"党旗飘扬、乐舞青春"为主题举办校园文化艺术节系列活动；举办"海外教育"专业技能培训，"乐舞侨情"系列讲座；以"青春共话十八大"为主题举办团日活动；以"坚定信念、永远跟党走"为开展主题系列活动，形成了特色鲜明的学生工作体系，学院选送的作品《"华园艺苑"——用专业品格引领青春节拍》获得学校校园文化建设"优秀成果奖"，学院获得两年一届的学生工作"金质文化单项奖"。

倡导志愿服务，积极引导社会实践。学院"乐舞进校园、留守不孤单"艺术支教团队成为全校唯一代表进入全国优秀社会实践团队选拔，进入前20名，获全国社会实践团队优秀奖。

坚持为侨服务，凸显海外教育专业特色。学院支持学生参加各类专业竞赛和文化交流活动，2名学生获得福建省古筝青年铜奖，舞蹈专业学生代表学校参加全国大学生运动会啦啦操竞赛获得花球组冠军和爵士组亚军。

（音乐舞蹈学院供稿）

数学科学学院

数学科学学院的前身是1961年创办的数学系。2007年6月，学校成立数学科学学院。学院修订了信息与计算科学专业的培养计划，确立了以移动互联网为方向的办学特点；加大人才引进力度，成功引进3位高层次人才。

2013年度，学院教师共发表论文73篇，其中被SCI、EI收录的有40篇；出版专著1部，承担科研课题12项，其中国家课题6项（包括1项国家青年基金，5项国家天元基金），1项省基金面上项目，2项校青年创新培育计划项目，3项校教改课题；在校长助理彭需老师和研究生院院长王丽霞老师的主持下，学院与公共管理学院共同开展了关于"社区安全管理和突发事件应急机制"课题的前期研究。

学院坚持多年来的良好教学传统，继续进行公共数学周末答疑活动，公共数学教学部完成了境外生《经济数学》教材编写初稿；举办了学院第二届"青年教师精彩一堂课"的教学比赛，共有8位青年教师参加，评选出院特等奖1名，一等奖1名，二等奖4名，并选送特等奖获得者和一等奖获得者参加学校的"精彩一堂课"比赛。

为加强学院的学术交流活动，遵循"请进来、走出去"的原则，学院从北京理工大学、上海财经大学、日本筑波大学、中国科学院、厦门大学等各大名校邀请了20多位知名教授举办学术交流活动；派送8位青年教师进行访学并深造；与暨南大学、汕头大学、宁波大学等4所侨校积极联系，建立了合作交流研讨机制，并于2013年10月在厦门校区成功主办了"第二届侨生数学教学论坛"。

为提高学生的实践能力，加强学生与社会接轨，学院与厦门市亿唐科技公司建立了长久的合作机制，明确了联合培养学生的方案，并建立了软件开发实习基地。除了派遣学院本科生到亿唐科技参加工作实习，亿唐科技公司先后派出8人次的工作人员给信息与计算科学专业学生开展讲座，为学生拓展视野，提供宣贯的机会。

基于学院近两年科研立项的良好势头，2013年，研究生院分配给学院18个研究生的指标，这是学院成立以来研究生指标最多的一年；2013届研究生学位论文送审情况较好，学生主动要求盲审，论文送审优秀率在85%以上，论文答辩优秀率42%；2013届研究生的就业和学术发展也很可喜，就业率达100%，考博率达25%。

2013年度，学院学生在全国数学建模比赛、挑战杯、创新创业计划训练等课外科技学术活动中也取得了很好的成绩。其中在全国数学建模比赛中，学院本科生有2队获得全国二等奖，4队获得省二等奖，研究生有1队获得全国三等奖；在全国大学生数学竞赛中，1队本科生获得省三等奖；在课外学术科技作品竞赛中，2队获得国家创新创业计划训练立项，1队获得校二等奖，1队获得校三等奖；此外，学院2011级3名同学获2012~2013学年华侨大学华商研究生助学金一等奖和二等奖，研究生获得2013年华侨大学第九届"华研杯"篮球联赛女子组冠军。

（数学科学学院供稿）

机电及自动化学院

2001年5月，学校在机电工程系基础上成立机电及自动化学院，进入了一个全新的发展时期。

2013年，学院对教学机构设置进行调整，将原有的制造工程系、机电工程系、设计工程系、检测与控制工程系、工业设计系、工程图学基础部五系一部名称调整为机械制造工程系、机械电子工程系、车辆工程系、测控技术与仪器系、工业设计系、工程图学基础教学部；对院级学术机构进行了调整，将学院原有的学术委员会及学位委员会合并为教授委员会，新成立学术型硕士（机械工程学科、仪器科学与技术学科）及专业硕士（机械工程学科）研究生培养指导委员会；同时，对原有的本科教学工作委员会、实验室工作委员会等的组成人员进行调整。

2013年，学院有5个本科专业，即机械工程及自动化、测控技术及仪器、工业设计、材料成型与控制工程及车辆工程;"机械工程"和"仪器科学与技术"2个一级学科硕士学位授予权,覆盖机械制造及其自动化、机械电子工程、机械设计及理论(含工业设计)、车辆工程、测试计量技术及仪器、精密仪器及机械6个二级学科硕士点;检测技术与自动化装置、材料加工工程2个二级学科硕士学位授予权以及"机械工程"领域工程硕士学位授予权;"机械工程"一级学科博士学位授予权,覆盖机械制造及其自动化、机械电子工程、机械设计及理论、车辆工程4个二级学科博士点;"机械工程"一级学科博士后流动站。在"硬脆材料加工""光电材料加工""数字化制造技术""快速成型技术""电磁流变技术""精密加工技术""机械系统动力特性分析""机电系统状态监测技术及仪器"等领域形成富有特色的研究方向。

2013年,学院拥有"机械工程"国务院侨办和福建省重点学科、"仪器科学与技术"福建省重点学科;拥有"脆性材料加工技术"教育部工程研究中心、"高端装备制造"福建省高校优势学科创新平台、"石材产业加工技术与装备"福建省2011协同创新中心、"脆性材料加工"福建省海西产业人才高地、"石材加工研究"福建省高校重点(开放)实验室、"高效精密加工及快速制造与装备"福建省高校重点实验室、"机械基础"福建省实验教学示范中心、"数字化视觉测量"厦门市重点实验室以及模具技术研究中心等研究机构。2013年5月,"测试技术实验中心"获批福建省实验教学示范中心。2013年11月,华侨大学牵头的"石材产业加工技术与装备"福建省2011协同创新中心获批,这是学校第一个认定的福建省2011协同创新中心。

2013年,学院有教职员工123人,其中专任教师94人。专任教师中有教授20人、副教授31人、讲师41人;获得博士学位者54人、硕士学位者30人;有博士生导师6人,硕士生导师46人(其中10人为其他院校教师)。教师中有中国工程院双聘院士1人,"国家杰出青年基金"获得者1人,"新世纪百千万人才工程"国家级人选1人,教育部"优秀青年教师资助计划"入选者1人,教育部"新世纪优秀人才支持计划"入选者4人,"海西产业领军人才"1人,"闽江学者"2人,"桐江学者"1人,以及"脆性材料加工技术与装备"教育部创新团队。2013年,学院新引进特聘教授6人,分别为台湾中原大学章明教授,台湾实践大学官政能教授,"桐江学者"燕山大学王艳辉教授,加拿大的机电控制科研团队、国家"千人计划"入选者苏春翌教授、苏比哈什·如凯迦教授及杨帆教授。

2013年,学院教师在个人荣誉、科研获奖、人才项目等方面收获颇丰。刘斌、黄辉两位老师获2011~2012学年华侨大学科研优秀奖;江开勇老师入选中共泉州市委、泉州市人民政府评选的第五批泉州市优秀人才名单;杨建红、吴明忠、余桦3位老师被评为华侨大学优秀党员,教工第一支部被评为华侨大学优秀党支部;3名教师入选福建省教育厅授予的省级人才项目名单,黄辉老师获评2013年"福建省百千万人才工程"省级人选,杨建红老师入选2013年度"福建省高等学校新世纪优秀人才支持计划",陆静老师入选2013年度"福建省高校杰出青年科研人才培育计划";黄辉、杨建红两位老师获得福建省第十八届运盛青年科技奖;李远老师入选华侨大学中青年教师资助计划（优秀科技创新人才），姜峰、黄国钦、黄常标三位老师入选华侨大学中青年教师科技创新资助计划（培育型科技创新人才）；徐西鹏获得由国家自然科学基金委评选的2013年度国家自然科学基金"促进海峡两岸科技合作联合基金"重点项目资助，资助经费300万元，这是学校截至目前第2位教师获此殊荣；2位教师入选由福建省教育厅评选的2013年度"闽江学者奖励计划"人选名单，杨帆老师入选"闽江学者"特聘教授，陈炤彰老师入选"闽江学者"讲座教授。

2013年，学院在研的省部级及以上科研项目共37项，其中，国家自然科学基金项目18项，福建省科技重大项目4项，福建省科技重点项目3项，福建省自然科学基金项目12项。2013年，学院新获国家自然科学基金项目6项（重点1项、面目1项、青年4项），科研经费计440万元；福建省科学基金重点项目2项，福建省自然科学基金项目3项，科研经费计254万元。2013年，学院申报发明和实用新型专利52项，授权发明专利7项，实用新型专利22项；发表论文157篇，SCI/EI收录39篇。

2013年，学院有博士生22人，硕士生211人，本科生2058人，其中境外生33人。2013年，学院还荣获福建省高校青年志愿者优秀组织奖、福建省大学生工程训练综合能力竞赛优秀组织奖、福建省大学生机械创新设计大赛优秀组织奖等。

2013年，学院在福建省第七届大学生机械创新竞赛中，共获得一等奖4项、二等奖3项、三等奖6项；在福建省第二届大学生工程训练综合能力竞赛中，共获得二等奖2项、三等奖6项；在第十三届"挑战杯"福建省大学生课外学术科技作品竞赛中，获三等奖1项；在2013年海峡两岸高校大学生文化与创意设计大赛中，共获得银奖1项、铜奖1项和全场唯一一项最佳商业价值奖；在第二十一届"挑战杯"华侨大学学生课外学术科技作品竞赛中，学院获特等奖1项、一等奖1项、二等奖1项、三等奖1项的优异成绩。此外，学院工业设计主题展还亮相第六届海峡两岸（厦门）文博会；华侨大学承志车队在第四届全国大学生方程式汽车大赛获总成绩排名第12名、燃油经济性排名第3名，并有一项创新项目入选第六届大学生创新创业年会。

2013年，学院邀请国内外著名专家、学者到校开展学术交流、讲座近30场，其中包括浙江大学教授、博士生导师冯培恩，东北大学原校长、教授、博士生导师王宛山，台湾大同大学教授、院长吴志富，台湾中原大学教授、博士生导师章明，台湾大学终身特聘教授范光照，台湾实践大学副校长、设计学院教授官政能，亚洲大学创意设计学院副院长林盛宏，澳大利亚詹姆斯库克大学殷玲，加拿大康考迪亚大学Waizuddin Ahmed，英国兰卡斯特大学Dongpu Cao（曹东浦）等。

2013年，学院共有4名教师在海外著名高等学府进修、访学，有1名教师开设双语专业课程，1名教师开设全英文专业课程，出境参加国际学术会议7人次。2013年，学院共派出 20 多名优秀学生到西安交通大学，台湾大同大学、辅仁大学、东海大学等知名高校进行交流学习。

（机电及自动化学院供稿）

材料科学与工程学院

材料科学与工程学院的前身为 1961 年创办的化学系，在几代材料人的努力下，经过几次学科整合和开拓进取，目前学院已形成具有专业特色的、高层次和多层次办学条件的新局面。学院现有 3 个系：材料科学与工程系、应用化学系、高分子科学与工程系。学院拥有"材料科学与工程"福建省高校优势学科创新平台培育项目和福建省特色重点学科建设项目，材料科学与工程、化学 2 个福建省重点学科建设项目，材料学国务院侨办重点学科，材料科学与工程一级学科博士点，材料科学与工程、化学 2 个一级学科硕士点，材料学、材料物理与化学、材料加工、高分子化学与物理、无机化学、有机化学、物理化学、分析化学和应用化学 9 个二级学科硕士点，材料工程硕士领域，拥有"环境友好材料"教育部工程研究中心，"功能材料"福建省重点实验室，"高分子与电子功能材料"厦门市重点实验室，"基础化学化工实验中心"和"材料学专业实验教学中心"入选为福建省高等学校省级实验教学示范中心，"材料科学与工程学科"入选为福建省研究生创新建设基地。设有应用化学、材料科学与工程、高分子材料与工程、功能材料、材料化学 5 个本科专业。现有本科生 976 人，硕士生 181 人，博士生 12 人。

2013 年，学院教职工 71 人，其中专任教师 50 人，实验室管理人员 13 人，行政管理人员 8 人。在专任教师中，教授 21 人，副教授 21 人，具有博士学位 42 人，占专任教师的 84%；硕士生导师 35 人，博士生导师 11 人，形成了一支实力雄厚、结构合理、教学科研经验丰富的师资队伍。学院注重师资队伍建设，2013 年 7 月聘请中国科学院院士姚建年、洪茂椿为双聘院士，2013 年 5 月聘请谭力博士为福建省"闽江学者"讲座教授。2013 年，陈国华获"福建省劳动模范"荣誉称号、戴劲草入选厦门市第七批拔尖人才、兰章入选福建省高校"新世纪优秀人才支持计划"、骆耿耿入选福建省高校"杰出青年科研人才培育计划"、杨卫华通过评审晋升为教授、骆耿耿和陈亦琳通过评审晋升为副教授。

学院进一步明确学科方向与布局，细化学科具体发展目标。2013 年，学科建设工作围绕材料科学与工程一级博士点建设，明确了学院一级博士点建设的学科方向，明确了相应的学术建设方向。加强学科实验室建设：立项投资学科 780 万，购买场发射 SEM 等大型仪器 10 台，配套仪器 10 台。全面按学科方向进行建设，为一级博士点建出水平打好坚实基础。

学院坚持科研与教学并重，不断提高科研水平。2013 年，吴季怀、林建明、兰章等的《超吸水材料和凝胶电解质的结构性能研究》荣获教育部自然科学二等奖；2013年，学院获批各类科技项目21项，批准科研经费604.5万元。其中国家自然科学基金项目3项（陈国华获得国家自然科学基金面上项目，范乐庆和魏月琳二人获得国家自然科学基金青年项目），省部级项目9项（省自然科学基金项目5项，福建省高校产学合作重大项目1项，福建省科技计划项目1项，高校博士学科点专项科研基金1项，教育部留学回国基金1项），地厅级项目4项，校级5项（兰章和熊兴泉二人获得校优秀型青年科技创新人才项目资助，范乐庆、赵青华和骆耿耿三人获得校培育型青年科技创新人才项目资助）。横向开发项目10项，到款金额157万元。授权发明专利6项。教师在 $Adv.\ Mater.$、$J.\ Am.\ Chem.\ Soc.$、$Adv.\ Fucnt.\ Mater.$、$J.\ Mater.\ Chem.$ 等国内外学术刊物上发表学术论文150多篇，被SCI和EI收录70多篇。

学院以"育人"为导向，坚持"打造特色团建，服务青年发展"，不断创新学生工作载体，加强学生素质教育平台建设，把大学生思想政治教育工作"做深、做实"，在学生组织建设、社会实践、志愿服务等方面收获了累累硕果。2013年，获得"厦门市五四红旗团委"、华侨大学学生工作"立德树人"先进学院等。

为提升学院党建工作水平，学院发展党员坚持推行"质量工程"，以党员教育为抓手，发挥党员先锋模范作用，积极探索党员教育载体创新，建设起一支有组织、有纪律、有战斗力的师生党员队伍。2013年，3名同志获得华侨大学"优秀共产党员"荣誉称号,2名同志分获华侨大学"优秀党务工作者"和"优秀思想政治工作者"荣誉称号。

2013年，材料化学本科专业重新招生。

2013年，"功能材料实验室"入选福建省重点实验室，"材料类专业实验教学中心"入选福建省实验教学示范中心。

2013年5月，承办了国家自然科学基金重大研究计划项目年度进展交流会，与会院士10人，"杰青""长江学者"50人，其中2人于2014年被评选为新院士，利用这一次会议机会引进双聘院士2人。在2位院士的指引下，学院将更加明确学科方向，并将围绕更高定位目标：教育部重点实验室、国家工程中心，引进高级领军人才，引进更高水平的学科带头人、学术带头人等高层次人才，实现跨越性发展。

（材料科学与工程学院供稿）

信息科学与工程学院

信息科学与工程学院于2000年5月成立，其前身是电子工程系、电气工程系和计算机系。学院现有教职工147名，其中专任教师109名，教授16名，副教授29名，高级职称教师占43.4%；具有博士学位的教师58名，占专任教师比例50%以上。现有福建省"百千万人才工程"人选2名，福建省"新世纪优秀人才支持计划"人选4

名,"桐江学者计划"特聘教授2名。2013年,蒲继雄教授入选中共泉州市委、泉州市人民政府公布的第五批泉州市优秀人才队伍,王可教授入选"闽江学者"特聘教授。

学院现有全日制本科生2200多名,全日制研究生200多名,工程硕士研究生50多名。学院设有电子信息工程、通信工程、电子科学与技术、电气工程及其自动化、自动化、集成电路设计与集成系统和应用物理学7个本科专业;有信息与通信工程、电子科学与技术、光学工程3个硕士一级学科,有物理电子学、电路与系统、微电子学与固体电子学、电磁场与微波技术、光学、光学工程、通信与信息系统、信号与信息处理、电工理论与新技术、模式识别与智能系统10个硕士学位专业;有电子与通信、电气工程2个工程硕士。其中,物理电子学是国务院侨办和福建省重点学科。2013年,蒲继雄教授领衔的"光传输与变换重点实验室"获批省级重点实验室。

在教学改革和人才培养上,2013年学院先后出台《信息科学与工程学院教授委员会章程》《信息学院关于鼓励各系部开展教学科研活动的相关规定》《信息学院关于规范邀请校外专家来院讲学的相关规定》《信息学院关于本科生课程缓考申请的实施细则》《关于修订信息学院重新学习相关规定的通知》《应用物理学专业院内转专业实施方案》《信息学院关于2013~2014年上学期专业选修课网上选课的通知》,修订了《华侨大学信息学院关于本科生缓考申请的实施细则》《信息学院关于重修的相关通知》《信息学院关于本科生重新学习课程认定的实施细则》等教学管理制度,充分发挥"教授委员会"的作用,协助学院领导班子管理学院、指导教师全程教学;精心组织了学院第二届青年教师"精彩一堂课"竞赛活动,遴选张海和晏来成2位老师参加学校青年教师"精彩一堂课"复赛,张海老师获得了校理工科组二等奖,学院获得华侨大学第二届青年教师"精彩一堂课"竞赛优秀组织奖。与此同时,积极安排和组织本科教学工程的申报,落实各系、部本科教育教学改革立项项目申报的准备工作。其中,"电子信息学科大学生创新实践能力培养体系的研究与实践"和"数字信号处理教学与教材改革"分别荣获第七届华侨大学高等教育教学成果一、二等奖。学院继续与厦门、泉州10多家企业联合建立产学研基地,在厦门软件园建立嵌入式技术实验室,试行新的人才培养模式,为研究生和本科生提供实践平台。

学院始终坚持以国际化办学的视野,以培养创新型人才为目标,通过"教授委员会""导师制"助阵学院治学治教,并取得了显著成绩。2013年,学院科研总经费为781.42万元,新增科研项目77项,其中国家自然科学基金3项,省科技重大项目1项,福建省科技重点项目4项,省自然科学基金项目12项,厦门市科研项目4项,泉州市科研项目12项,企业技术开发与服务项目16项。学院获得2项国家发明专利授权,申请3项国家发明专利。

为加强学术交流与对外合作,学院与金门大学联合举办了第十二届离岛资讯技术与应用研讨会;与中国激光杂志社共同承办了光学前沿——第五届全国信息光学与光子学学术会议；与中国通信学会青年工作委员会承办、北京科技大学、北京邮电大学、清华大学协办了"第十八届全国青年通信学术年会"暨"2013年电子信息类专业建设及人才培养研讨会"，加强了学院与国内高水平大学的交流，提升了学院的影响力。

良好的教育平台，极大增强了学院学生的综合素质，学院学生多次在全国、福建省电子设计竞赛等各类科技竞赛中屡获大奖，表现出了良好的创新、创造能力。在2013年全国大学生电子设计竞赛中，学院学子又获得全国一等奖1个，全国二等奖3个，还获得福建省一等奖5个、二等奖5个、三等奖8个。至此，学院自参加全国大学生电子设计竞赛以来共获得全国一等奖3个、二等奖16个、三等奖1个，福建省一等奖63个、二等奖75个、三等奖106个。在2013年第十三届全国"挑战杯"中，学院学子获得了2个项目的全国三等奖，实现了数量上和级别上的双重突破，学院也荣获2011~2013学年华侨大学学生工作"科技创新"奖。

除了专业教育外，学院还加强学生的思想政治教育工作，坚持以党建和团建为抓手，以提高学业水平和道德素质为目标，认真做好党建和学生工作。通过十八大精神、群众路线实践教育和社会主义核心价值观等活动来教育引导学生。2013年，学院共发展师生党员150余人，党员比例逐年提高。此外，学院党委获得"校优秀基层党委"称号，吕蓬、林其伟、周宏伟3位教师获得"校优秀共产党员"称号，何霄霄、强建龙2位学生获得"校优秀共产党员"称号。

良好的专业技能和良好的道德素质，极大增强了学院学生在就业中的竞争力，使得学院近年来的就业率年年攀升，2013年学院就业率达到92%以上，位居学校各教学单位前列，其中签约率达到76%，位居全校第一。

（信息科学与工程学院供稿）

计算机科学与技术学院

华侨大学计算机专业创办于1980年，是福建省最早创办的计算机专业之一。1982年成立计算机系，2008年成立计算机科学与技术学院。1994年获得福建省首个计算机应用技术硕士学位授权，同年被确定为国务院侨办重点学科。学院现有计算机科学与技术、软件工程、网络工程、数字媒体技术4个本科专业，计算机科学与技术和软件工程两个一级学科硕士点，以及一个模式识别与智能系统二级硕士点和一个计算机技术领域工程硕士点。计算机科学与技术和软件工程两个一级学科均被评为福建省重点学科。经过近30年的建设与发展，形成了计算机视觉与模式识别、智能数据管理及应用、软件工程与计算机集成制造系统、网络与多媒体技术4个学科方向。

在科研平台方面，学院目前拥有"计算机视觉与模式识别"厦门市重点实验室、"企业互操作与商务智能"厦门市工程技术研究中心以及图像处理与模式识别国侨办重点实验室，同时还是福建省"绿色通信及其智能信息服务"工程技术研究中心建设单位。作为科技服务窗口，学院在厦门软件园建立了产学研基地、软件技术研发中心，以及厦门市嵌入式技术开放实验室。2013年，投入250万新建"网络安全与无线通讯"实验室。

在教学平台方面，学院拥有福建省计算机综合实验教学示范中心，福建省网络工程人才培养模式创新实验区；拥有3门省级精品课程，分别是《编译原理》《面向对象程序设计》《数据结构》。

学院现有教职工87名，其中专任教师69人；专任教师中，教授6名、副教授21名，38名教师具有博士学位，占专任教师总数的55.07%。实验人员中，高级实验师3名。在人才队伍建设方面，学院目前拥有"闽江学者"特聘教授1名，"闽江学者"讲座教授2名，数字媒体技术方向台湾特聘教授1名；青年教师中，杜吉祥入选"教育部新世纪优秀人才支持计划"，并获得福建省杰出青年基金、"福建省青年五四奖章"、第十一届福建省青年科技奖；缑锦获得"厦门市青年五四奖章"；杜吉祥、王靖、缑锦、钟必能入选"福建省高校杰出青年科研人才培育计划"，王靖、骆翔宇、陈永红入选"福建省新世纪优秀人才支持计划"。

2013年，学院招收本科生301名，研究生54名。现有全日制在校本科生与研究生1245人（含港澳台侨学生62人），其中，本科生1134人，研究生111人，另有工程硕士近百名。

在科学研究与科技研发上，本学科坚持面向地区重大需求和国际科技前沿，凝练科技目标，整合科研力量。2013年，学院获得地厅级以上项目18项，其中国家级课题6项（面上项目2项，青年4项)，福建省课题7项（面上项目4项，青年2项，杰青1项），地厅级课题5项，发表SCI/EI论文30余篇。7位教师入选华侨大学中青年教师资助计划，其中杜吉祥、骆翔宇为优秀科技创新人才，田晖、王靖为培育型科技创新人才。

2013年，在"导师制"培养计划的促进下，学院科创成绩实现突破，由田晖老师指导的学生团队项目"面向智能手机的安全短消息通信系统"获得第十三届"挑战杯"全国大学生课外学术科技作品三等奖。

学院以改革创新精神推进党支部建设。2013年12月，根据学院系部的设置和学生党员人数的变化，以有利于党的工作促进业务工作、有利于加强支部建设为原则，学院党委总设13个党支部，其中教工党支部2个，学生党支部11个。学院共有党员250人，其中教工党员42人，学生党员208人。2013年，学院共有4个支部获得华侨大学党支部工作"立项活动"立项，郑光科创团队党支部"共筑中国梦——美丽中国幸福启航"获得重点项目支持。

为适应以计算机技术引领的信息技术迅猛发展所带来的人才需求，学院致力于培养基础理论扎实、知识面广、素质全面、实践动手能力强的高水平应用型人才，在专业建设、学生培养、教学内容、教学环境和实验室建设等方面实施了一系列改革措施。学院与国内外著名大学、研究机构开展了多层次的广泛合作，每年邀请多名海内外著名专家来校为本科生开讲座、做学术报告等，为广大学生开阔了视野，提供了良好的学习环境。

（计算机科学与技术学院供稿）

建筑学院

建筑学院的前身是学校1984年创办的建筑系，当年所设"建筑学"专业为福建省首个建筑学本科专业。1993年，学院获得"建筑设计及其理论"硕士学位授予权，为福建省首个建筑学科硕士授予点。1996年，学院是福建省内首家通过"全国高等学校建筑学专业教育评估"，本科毕业生可以获得建筑学学士学位；2004年，学院是福建省内首家通过"全国高等学校建筑学专业硕士教育评估"，硕士毕业生可以获得建筑学硕士学位。2004年10月，学校在建筑系的基础上成立建筑学院。2010年，建筑学专业成为国家高等学校特色专业建设点。学院现有建筑学、城乡规划学2个一级学科硕士授予点，设有建筑学、城市规划和环境艺术设计3个本科专业。

2013年度，建筑学院招收本科生187人，研究生54人。

2013年9月，全国建筑技术科学领域首位中国科学院院士吴硕贤受聘华侨大学双聘院士。

2013年11月，建筑学院举办"回忆·传承·发展"建院（系）30周年庆活动，来自澳门、香港、新加坡等地近百位海内外校友返校聚会，为学院（系）庆生。庆典活动中，退休教师沈长城向学院捐赠了作品集；1989级校友向学院捐赠了奖学金；1987级校友林志宏捐赠了活动基金。

12月21日，《建筑师》杂志编委会2013年会在华侨大学厦门校区召开，来自清华大学、东南大学、同济大学、天津大学等多所高校的30余位建筑学院专家学者参加了会议。

国务院学位委员会、教育部于2011年3月8日在《学位授予和人才培养目录（2011年）》中将风景园林学、城乡规划学、建筑学列为一级学科。学院抓住新学科建设的机遇，依托稳定而成熟的建筑学和城乡规划学专业发展基础，于2013年申请增设和组建工科门类下的风景园林学专业，完善人居环境科学的学科发展体系。该专业为工科，按风景园林规划与设计、景观环境保护与营造两个方向培养，学制5年。2013年，学院还申报了澳门成教高起本建筑学室内设计专业，以满足澳门学生的需求，并基本完成了2014年城乡规划专业首次评估的申请报告及自评报告。

2013年，建筑学特色专业建设骨干团队获得福建省总工会、福建省教育厅联合颁发的"五一先锋岗"荣誉称号。

学院积极开展境外教学交流活动。与日本新潟大学签订了交换留学生的框架协议，对方已接受了3名本科生到日留学半年。与日本顶级设计公司佐藤设计达成共建实习基地协议，现有 2 名学生在日本佐藤设计公司实习。积极开展设计工作坊，台湾文化大学将连续 2 年到学院开展聚落设计工作坊。

2013 年，学院继续深入开展在澳门的联合教学活动，探讨境外生培养教学改革。2013 年，学院对澳门望风堂区历史建筑进行古建筑测绘教学实践。在毕业设计阶段，学院组织学生开展以澳门世界文化遗产的历史城区保护与更新为选题的毕业设计教学，并在澳门进行毕业设计"澳门城市活化"专题展，获得澳门社会各界的积极评价。同时，学院还向在校大二学生开展澳门休闲吧竞赛，提高了学生的学习积极性。

2013 年，学院教学改革渐显成效。学院学生在各类设计竞赛中取得优良成绩：在全国建筑设计作业评优中获得优秀作业奖（该评选只设优秀奖项）3 份；在全国城市规划专业调研报告、城市设计课程作业交流评优活动中获奖多项；2013 年 3 月，第一届全国建筑院校学生国际交流作业评选会日前在清华大学举办，建筑学院共选送 7 份建筑学专业作业，其中 5 份获奖，是福建省唯一获奖的院校。在第四届海峡建筑新人奖评选与海峡两岸建筑教育交流活动中学院获得 2 个佳作奖。在"艾景国际园林景观规划设计大赛"中获金奖 1 项，银奖 3 项，铜奖 3 项，优秀奖 5 项；在"第七届创意中国设计大赛"中获二等奖 1 项，三等奖 1 项，优秀奖 4 项；在"2013'美丽奖'世界园林景观规划设计大赛"中获铜奖 1 项，优秀奖 2 项；在"2012 福建省建筑装修与室内设计创意大赛"中获优秀奖 1 项。

在国际性学生设计竞赛中也取得突破。2007 级本科生陈永明、程彦铭、李桢（指导老师：龙元教授）完成的参赛作品《长屋公舍：都心多元居住设计》获得"Archiprix 全球建筑毕业设计大奖赛"——亨特·道格拉斯奖（Hunter Douglas Award）。两年一届的"Archiprix 全球建筑毕业设计大奖赛"是国际上最具盛名和关注度的全球建筑学专业的国际设计竞赛，也是目前世界上最大规模的毕业作品展览，被视为全世界建筑教育的准绳和先锋设计的标志。本次竞赛为第八届，组委会向全球 1547 所开设建筑学、城市设计和景观学等专业的院校发出邀请函，挑选出本校最优秀的一份毕业设计参加。本次竞赛共收到欧美日澳国际知名大学的 287 份作品，2012 年 10 月经国际评委评审，选出 25 个提名奖，2013 年 5 月最终决出 7 个大奖作品，建筑学院选送的作品是亚洲唯一获奖作品，其余获奖者分别来自德国、英国、西班牙、波兰、智利。

建筑学院尤其重视实践性教学，积极加强与地方政府部门的交流与活动，2013 年与厦门市规划局合作，组织学生为厦门规划局设计中石化加油站设计模板，为厦门市中石化加油站设计提供了 8 个模板，简化了中石化加油站设计的审批程序。与厦门市规划局合作对厦门老城区进行更新改造研究，对厦门思明区营平片区、湖滨 1~4 里及集美大社等老城区进行研究并提出更新方案，得到规划局的认可。

（建筑学院供稿）

土木工程学院

2004年10月,学校在土木工程系基础上成立土木工程学院。学院下设土木工程系、工程管理系、市政工程系和实验中心4个系级教学单位,筹建岩土与地下工程系;设有力学与结构工程实验中心、材料与勘测实验中心、城市水工程实验中心和土木工程虚拟建造实验室4个建制实验中心;拥有土木建筑与环境工程研究所、工程结构诊断与防灾研究所、岩土工程研究所、房地产研究所、钢结构研究所、新型建筑材料研究所、新型结构体系研究所、风工程研究所、计算力学研究所、土木建筑安全分析与评估研究中心和市政与环境工程研究所11个研究所;设立土木工程检测中心(CMA计量认证)、中泰华侨大学研发中心2个产学中心。2013年,福建省结构工程与防灾重点实验室获批建设。

学院拥有一支素质优良、业务精湛的教学科研团队。现有在职教职工100人,专任教师78人,有"闽江学者"特聘教授1人、"桐江学者"特聘教授1人,教授18人,副教授24人;具有博士学位的教师55人,博士研究生导师6人。入选教育部"新世纪优秀人才支持计划"2人、福建省"百千万人才工程"2人、福建省"科技创新领军人才"1人,福建省"高校新世纪优秀人才支持计划"4人、福建省"高校杰出青年科研人才培育计划"3人,国务院政府特殊津贴专家1人,全国模范教师1人,福建省教学名师2人。

学院现有全日制在校生1921人,其中博士研究生11人、硕士研究生162人,境外学生132人。2013年,毕业学生449名,其中博士研究生1人、硕士研究生46人,本科生402人,境外生17人;入学学生505人,其中博士研究生3人、硕士研究生62人,本科生440人,境外生45人。2013届土木工程专业毕业生张琳爽获"土木工程学会高校詹天佑优秀毕业生奖",成为学院第9位该奖项获得者。

2013年,学院承担省部级及以上科研项目67项,其中,国家自然科学基金36项、福建省科学基金重大项目3项、福建省科学基金重点项目4项、福建省软科学项目2项、福建省自然科学基金项目22项;获福建省科技进步二等奖1项,三等奖1项,获批发明和实用新型专利18项;在学术期刊和国际国内会议上发表论文108篇,其中SCI收录11篇,EI收录24篇。

2013年,学院获批立项国家自然科学基金10项,福建省科学基金重点项目1项,福建省高校产学合作重大项目1项,福建省自然科学基金重点项目1项,福建省科学基金软科学项目2项,福建省自然科学基金项目6项,福建省青年创新项目2项,科研经费495万元。

学院重视对外交流和学术创新,2013年,学院主办全国性学术会议1次:第一届全国村镇综合防灾与绿色建筑技术研讨会;邀请专家学者莅校讲学15人次:中国工程院院士、中科院环境生态研究中心曲久辉院士,中国工程院院士、哈尔滨工业大学副校长任南琪院士，教育部"长江学者"特聘教授、国家杰出青年科学基金获得者、华南理工大学吴波教授，教育部"长江学者"特聘教授、国家杰出青年科学基金获得者、厦门大学白敏冬教授，国家自然科学基金委李大鹏研究员、熊巨华研究员，东南大学宗周红教授，北京工业大学曹万林教授，宁波诺丁汉大学 Dariusz Wanatowski 博士、杨蕴明研究员、王娟博士，全国项目管理领域工程硕士教育协作组组长、清华大学王守清教授，美国阿肯色大学（小石城）工程学院谢海燕教授，台湾成功大学张行道教授，厦门市建设与管理局林树枝教授级高工等。

学院重视培养学生创造、创新和实践能力，积极营造参与创新活动的良好氛围，努力培养应用型人才和各类专门人才。2013年，举办第五届"土木年华"科技文化节，获全国大学生结构设计竞赛二等奖1项，第四届全国混凝土设计大赛三等奖1项，第九届全国周培源大学生力学竞赛三等奖1项，第十一届福建省"挑战杯"大学生课外学术作品竞赛三等奖1项，福建省第六届大学生结构设计竞赛二等奖1项、三等奖2项，华东地区高校结构设计邀请赛二等奖1项、三等奖1项，第二十届"挑战杯"华侨大学学生课外学术科技作品竞赛一等奖1项、二等奖2项、三等奖3项。学生获省级以上大学生创新创业训练计划项目立项7项，华侨大学大学生创新创业训练计划项目立项10项。

（土木工程学院供稿）

化工学院

化工学院的前身是1964年在泉州创办的化工系，1998年由化工与生化工程系、应用化学系和材料物理化学研究所合并成立化工学院。2000年原化工学院更名为材料科学与工程学院，2008年由化学工程与工艺系、生物工程与技术系、环境科学与工程系整合，成立化工学院，现任院长王士斌，党委书记杨进。

化工学院下设化工与制药工程系、生物工程与技术系、环境科学与工程系和园艺系4个系，生物材料与组织工程研究所、制药工程研究所、生物工程研究所、环境工程研究所、环境与资源技术研究所、茶叶科学研究所6个研究所，油脂及天然产物研发中心，涵盖工、理、农3大学科。

学院现有1个一级学科博士授权点：化学工程与技术（含5个二级学科博士点：化学工程、化学工艺、生物化工、应用化学、工业催化）；9个二级硕士点：化学工程、化学工艺、生物化工、应用化学、工业催化、生物化学与分子生物学、微生物学、环境工程、环境科学；3个工程硕士领域：化学工程、环境工程、生物工程。其中，化学工程与技术是福建省特色重点学科，生物化工是福建省重点学科和国务院侨办重点学科。设有7个本科专业：化学工程与工艺、制药工程、生物工程、生物技术、环境工程、环境科学、园艺，在生物工程与技术系开设双语教学或全英语教学。

学院拥有"化学工程与工艺"一级学科博士后科研流动站，建设有"福建省高校工业生物技术重点实验室""福建省基础化学化工实验中心""省级基础化学化工教学示范中心""厦门市工业废水生化处理工程技术研究中心"。在教学实践环节方面，学院与10余家企事业单位共建校外实习基地。

学院坚持科研与教学并重，不断提高科研水平。2013年，学院获批各类科技项目54项，批准科研经费1350万元。其中国家自然科学基金项目4项（张光亚、胡恭任获得国家自然科学基金面上项目，吴文果、赵艳玲获得国家自然科学基金青年项目），省部级项目14项，地厅级项目8项，校级7项（荆国华、张光亚等两人获得校"优秀型青年科技创新人才"资助，陈爱政、刘源岗、陈国3人获得校"培育型青年科技创新人才"资助，5名青年骨干教师入选校青年科技创新人才支持计划）。横向开发项目17项，到款金额126万元。授权发明专利5项。教师在 Journal of Materials Chemistry B、Bioresource Technology、International Journal of Greenhouse Gas Control、The Journal of Supercritical Fluids 等国内外学术刊物上发表学术论文200多篇，被SCI和EI收录60多篇。2013年，邀请中国生物材料专业委员会副主任委员、暨南大学理工学院党委书记、教授周长忍做《液晶态生物材料》讲座，邀请中国科学院院士洪茂椿做了"化学前沿与变革创新"专题讲座。

学院进一步明确学科方向与布局，细化学科具体发展目标。2013年，学科建设工作围绕化学工程与工艺一级博士点建设，明确了学院一级博士点建设的学科方向，明确了相应的学术建设方向。加强学科实验室建设，完成学院洁净室的建设并付诸应用，完成了"制药工程"二级学科目录外硕士研究专业设置论证申报工作，完成了学科实验室走廊照明改造工程。2013年，获批"化学工程与技术福建省研究生培养创新基地"，与福建省亚热带植物研究所签署"生物化工与生物工程研究生工作站"。全面按学科方向进行建设，为一级博士点建设打下坚实的基础。

学院以"育人"为导向，坚持"打造特色团建，服务青年发展"的原则，不断创新学生工作载体，加强学生素质教育平台建设，把大学生思想政治教育工作"做深、做实"，在学生组织建设、社会实践、志愿服务等方面收获了累累硕果。2013年，学院辅导员吴楠获得第二届全国辅导员职业能力大赛一等奖，2011级环境工程专业刘凡获"福建省三好学生"，2010级园艺班获"福建省先进班级"，2010级环境工程班获"福建省五四红旗团支部"等荣誉。

为提升学院党建工作水平，学院坚持推行党员发展"质量工程"，以党员教育为抓手，发挥党员先锋模范作用，积极探索党员教育载体创新，建设起一支有组织、有纪律、有战斗力的师生党员队伍。2013年，3名教师获得华侨大学"优秀共产党员"荣誉称号。

（化工学院供稿）

生物医学学院

生物医学学院成立于2012年4月28日,其前身是2006年10月16日成立的华侨大学分子药物学研究所(于2012年4月28日正式更名华侨大学分子药物研究院)。

学院在职教职工30人,其中专任教师20人(全部拥有国内外知名大学授予的博士学位);专任教师中教授(研究员)7人,主任医师1人,主任药师1人,副教授(副研究员)8人;博士生导师5人,硕士生导师13人。专任教师中有国家科技进步二等奖获得者1人,国家科技部科技发展战略专家/国际科技合作管理专家1人,教育部学位中心评审专家1人,福建省百人计划"许瑞安创新团队"1个,福建省人民政府生物医药创新专家、顾问1人,"闽江学者"1人(崔秀灵),中组部"外专千人"1人(菲利普·卡帕诺夫),"青年千人"1人(宋秋玲),"桐江学者"(许瑞安、刁勇)2人。学院还拥有阵容强大的名誉教授、兼职教授、客座教授团队,其中包括:1991年诺贝尔生理医学奖得主、德国马普生物物理化学研究所所长、德国哥廷根大学教授厄温·内尔(Erwin Neher)、1988年诺贝尔化学奖得主、德国马普生物物理化学研究所所长罗伯特·胡贝尔(Robert Huber)等一批活跃在科研第一线的国际级学术大师。

2013年,学院在科研团队建设方面成绩卓著,菲利普·卡帕诺夫教授入选"外专千人计划",是首位正式以华侨大学为申报单位的"外专千人",为学校在"千人计划"方面取得了重大突破。

学院现设有分子医学、医用化学、药物制剂、基础医学、转化医学、中医药学6个教研室,另有隶属教育部工程中心的分子医学、药物制剂、海洋药物3大研究平台。在此基础上,建设了福建省生物医药研究生创新培养基地、厦门市海洋与基因工程药物重点实验室、厦门市生物医学国际科技合作基地等省部级、地市级科研机构。

2013年,全年获得科研经费1129.4万元,较2012年增长7.47%,其中国家级项目10项,包括崔秀灵教授获得国家海洋局南方海洋中心海洋公益项目1项,王明席教授获得国家海洋局海洋公益项目1项,许瑞安教授获得国家科学技术学术著作出版基金委项目1项,刁勇、庄贞静获得国家自然基金2项,省级项目5项,授权专利1项。发表学术论文50篇,其中SCI收录7篇。

学院现设有生物化工、生物医学材料两个二级博士点,生物医学材料、高分子化学与物理、生物化学与分子生物学、微生物学4个硕士点,生物工程(专业硕士)硕士点1个,教育部国家高校骨干教师访问学者进修基地;拟设置生物制药(分子医学,基因药物与基因治疗方向)、临床医学、药学、医学检测、中药学、生物医学工程、医学生物信息学7个本科专业。学院现有在校博士生12人,全日制硕士生100人,药学专业本科生74人。2013年,学院招收首届药学专业全英教学本科生9人。

（生物医学学院供稿）

工学院

华侨大学工学院成立于2010年，是学校为服务泉州地方经济建设、优化学科布局而成立的学院。"术业专攻、崇德尚信"为工学院院训。工学院现任院长为郑力新、院党委书记为郑黎鸽。

截至2013年12月，学院在职教职工25人，其中专任教师18人，专任教师中教授3人，副教授3人，讲师12人；专任教师中具有博士学位17人，硕士学位1人；硕士生导师5人。学院教师中福建省自动化学会常务理事1人、厦门自动化学会副理事长1人、福建省电源学会理事1人，国家权威学术期刊《电波科学学报》的特邀审稿专家1人，美国电子电气工程师协会（IEEE）会员1人，厦门市通信学会会员1人。

学院2013年招收本科生171人，截止到2013年12月全院共有在校本科生560人。2013年，工学院开始招收计算机应用（物联网方向）的专业学位研究生，首届招收4人。学院现开设信息工程（移动通信技术方向）、光电信息科学与工程和物联网工程等专业。

学院现下设两个系及物联网技术应用研究所、信息安全技术研究中心。2013年3月，学校成立信息安全技术研究中心，挂靠工学院，院长郑力新兼任中心主任。2013年9月，学院成立信息科学系、物联网工程系，张育钊任信息科学系主任、王佳斌任物联网工程系主任。学院共有高频技术实验室、通用机房、通信原理实验室、光电实验室一、光电实验室二、数据通信实验室、物联网技术应用综合实验室、EDA实验室、嵌入式实验室、单片机实验室、开放实验室、大学物理实验室、电子基础实验室13个实验室。学院"雷克-光微大学生校外实践教育基地"为福建省大学生省级示范基地。

2013年，学院学科建设和教学科研工作稳步推进。学院整体学科建设与发展规划构思完成并正在编制学院5年发展规划，着力打造"物联网工程"的学科方向，下设光电信息检测处理与智能计算、网络信息安全、物联网通信3个方向，有效地融合3个专业的师资力量，争取在学科建设上取得更大突破。2013年，学院教师获得省部级科研课题2项、地厅级科研课题4项、校级科研课题1项。

院长郑力新教授主持的物联网工程省级示范中心项目获培育经费50万元，庄铭杰教授的"仿真技术在通信类专业课程教学设计中的探索与实践"、郑力新教授的"自动控制系统网络实验平台"获校级教学成果奖二等奖。王怀谦博士入选2013年度"福建省高校杰出青年科研人才培育计划"。2013年3月，学院举办首届青年教师教学观摩竞赛，并评选出孙秀晶等5名优秀奖教师。同时，学院积极引导和支持广大教师申报各类教学研究项目、撰写教学研究论文和出版专业教材等，全面提升学院教学研究工作水平。

2013年，学院在校企合作方面取得重大进展。在已有产学研合作平台上，学院继续深化产学研基地建设，贯彻"高等学校创新能力提升计划"（2011计划），面向区域发展的协同创新，以切实服务地方经济和社会发展为重点，充分利用学院专业与社会广泛接触的有利条件，陆续开展一系列调研和对外交流活动，分别到厦门银江智慧城市技术有限公司、福建军鹏特种装备科技有限公司参观调研。同时，还有台湾绿谷育成中心、台湾电力电子学会等单位的参访团，学院同上述单位在专业课程设置、人才培养方案、科研合作和大学生研习基地建设等方面确定初步的合作框架。

2013年3月为支持学院的教育事业，福建省光微电子科技有限公司捐资设立华侨大学工学院"光微奖/助学基金"。光微公司每年捐赠人民币15万元在工学院设立"光微奖/助学基金"，期限为5年。该基金分设"光微教师奖教基金""光微学生科创基金""光微学生助学基金"，分别用于奖励教学、管理优秀人员、学生科创先进个人、资助家庭困难学生。

2013年，学院的实验室建设工作迈上新台阶。承接了福建省移动联合实验室，该实验室设备总价值3000多万元，可以服务于工学院的3个专业，提升工学院的教学、实验、科研和研究生教育水平，同时也为毕业实习和卓越工程师培养提供了高层次平台。2013年，学院申报的福建省科技创新平台——物联网云计算平台被列入福建省科技创新平台建设项目，该项目总投资500万元，福建省科技厅、财政厅专项资助经费250万元用于平台的科研条件建设、研发投入及运行费用支出。该平台可以支撑所有与物联网云计算相关的本科生和研究生课程实验和实训，并为广大教师提供从事云计算相关的研究工作，促进学院与合作企业申报国家级和省部级的重大、重点科研项目，大大提高学院的科研层次和水平，更好地为地方经济社会服务。

2013年，学院党委紧密围绕学院中心工作，不断加强党建与思想政治工作。学院党委下设4个党支部，其中教职工党员13人，学生党员89名，学生入党积极分子387人。通过开展党的群众路线教育实践活动，形成学院领导班子定期专题研究师生问题的工作机制，努力推动学院各项事业科学发展、跨越发展。2013年，学院"点面结合　对接联动　创建由师生党员引领的大学生科技创新平台"获得校党委组织部立项。

2013年，学院学生工作不断完善和深化"实践、服务、科创"三位一体的育人体系。2013年学院获得福建省校外实践教学基地立项1个，资助金额40万元。深入开展暑期社会实践和服务学习活动，继续完善华大街道浔美社区共建志愿服务示范站；新建法华美社区志愿服务站；组织开展电子设计竞赛、"挑战杯"大学生课外学术作品及创业大赛、大学生创新创业训练计划立项申报和数学建模等活动，拓展学院"光微"科技节竞赛内容，新增智能家居竞赛环节。一年来，学生科技创新获得各项资助和荣誉共计29项。其中，大学生创新创业训练计划国家级立项资助3项，省级立项资助2项，校级1项；获得全国电子设计竞赛福建赛区二等奖1项，三等奖2项，成功参赛奖11项；获得华侨大学"挑战杯"课外学术作品竞赛三等奖2项。

2013年，工学院进一步推进学生素质教育体系建设，开展丰富多彩的第二课堂活动，成立工学院艺术团，下设工学院阳光合唱团和光微传奇舞蹈团，为学生提供活动平台。工学院阳光合唱团获华侨大学纪念五四运动95周年暨澳门回归15周年合唱比赛三等奖，光微传奇舞蹈团新编排的舞蹈"暗夜爵士"获2013年华侨大学迎新晚会优胜奖和最佳编创奖。

2013年，学生工作中涌现一大批先进个人和先进集体。谷樱彬等7人获得国家奖学金，获国家励志奖学金15人，获校一等奖学金11人，获校二等奖学金8人；获华侨大学匹克奖学金2人，获华侨大学轩辕种子助学基金奖学金2人；1人获得福建省"三好学生"，获校"三好学生"荣誉称号10人，3人获校"优秀学生干部"荣誉称号。2011级物联网班团支部获得"华侨大学先进团支部"称号，2011级信息工程班获得"华侨大学优秀班级荣誉称号"。

（工学院供稿）

工商管理学院

2004年10月，华侨大学工商管理学院正式成立。学院现有工商管理、会计、人力资源管理、市场营销、信息管理、物流管理6个系，拥有省部级重点学科1个，福建省高校人文社会科学研究基地（华侨大学东方企业管理研究中心）1个，省级经管实验示范中心1个。研究机构有华商研究院（华商发展协同创新中心）、东方管理研究中心、闽籍华商发展协同创新中心、企业发展服务中心、营销管理和行为研究中心、营销竞争力咨询研究中心、企业管理咨询中心。

学院具有博士、硕士、学士等不同专业的办学层次，其中包括企业管理博士点1个；工商管理、管理科学与工程一级学科硕士点2个；企业管理、技术经济及管理、会计学、物流工程二级学科硕士点4个；工商管理硕士（MBA）、项目管理、物流工程专业硕士点3个；工商管理、财务管理、人力资源管理、市场营销、信息管理与信息系统、会计学、物流管理、国际商务本科专业8个。此外，工商管理学院在香港、澳门等境外地区也设有各专业层次的办学点。

截至2013年12月，学院各层次全日制在校学生2719人，其中博士研究生35名，硕士研究生134名，本科生2550名。此外，还有在读工商管理硕士（MBA）学员489人，项目管理硕士学员75人。学院有境外生351人，分别来自美国、德国、马来西亚等19个国家和地区。

2013年，工商管理学院根据学校实行中层领导班子、处级领导干部任期制和任期目标责任制的要求，结合《工商管理学院"十二五"发展规划》和学院学科建设发展的实际需要，制定学院领导班子任期目标，为学院学科建设发展规划的实施奠定坚实的基础。按照学校学科的布局，原物流管理本科和物流工程硕士点划归工商管理学院负责管理，财务管理系更名为会计系。结合学科建设，学院开展华商特色研究，2013年，工商管理学院获批设立华侨大学校人文社科研究基地"华商管理研究基地"，启动《华商蓝皮书》的撰写工作。同时，学院创办了旨在宣传优秀华商、推广华商研究成果的期刊《华商时代》，2013年1月正式发刊，本学年已出版了第二期。该刊物里涵盖了9大版块内容，受到了社会各界和学院师生的好评。华商研究院还以中新网、《华商时代》、《华侨大学报》为平台，开展以"海外华商故事"为主题的系列访谈与撰写，举办第一届"华侨大学海外华商案例采编与分析大赛"，并举办"华商精英讲坛"等活动，扩大了华侨大学华商研究的社会影响力。

在学生培养方面，2013年，工商管理学院修订《工商管理学院研究生培养方案》《2014年工商管理学院研究生招生专业目录》《华侨大学澳门2014级企业管理专业研究生培养方案》等；制定《工商管理学院2013级硕士研究生指导教师遴选办法》，并进行硕士研究生导师遴选；修订《华侨大学2013级项目管理专业硕士培养计划》；制订《物流工程专业硕士培养计划》。学院继续与厦门市国有资产监督管理委员会合作，开办第二期厦门市国有企业青年企业家工商管理硕士（MBA）教育班，与泉州市国有资产监督管理委员会合作，开办泉州市国资委MBA班。

在教学管理方面，学院进一步规范教学管理过程，重新修订教学规章制度、重修班开设的相关制度、教学奖励制度及其他相关制度，做好新专业会计学、国际商务、物流管理的教学计划的修订。学院组织开展"教师课堂教学设计展示"和"青年教师精彩一堂课"竞赛活动，林春培等9名教师获奖。工商管理学院组织教师申报教学成果奖、教改项目、精品课程等取得一定的成绩。孙锐的"面向'学用落差'弥合的工商管理类创新型人才培养模式改革与实践"、张向前的"产学研协同，培养人力资源管理专业'双层次'创新创业型人才的研究与实践"、陈钦兰的"市场营销专业人才培养综合改革"获校教学成果奖一等奖；曾繁英的"会计仿真模拟实训探索与实践"、苏朝晖的"客户关系管理——客户关系的建立与维护（教材）"、陈思雄的"多专业协作型创业模拟实践"、傅冬绵的"《管理信息系统》平台课教学建设与实践"获校教学成果奖二等奖。衣长军的"创业教育虚拟仿真育成实验教学改革研究"获2013年校本科教育教学改革重点项目立项；郭韧的"《运筹学》在管理类本科生中的实践教学研究"、徐小飞的"基于创新创业教育的西方经济学案例研究"、潘文军的"物流管理专业实践教学改革研究——培养适宜海西经济发展需要的实践型人才"获

2013年校本科教育教学改革一般项目立项。张向前的《组织行为学》获2013年校精品视频公开课程建设立项；陈钦兰编写的教材《市场营销学》，傅冬绵、郭东强等编写的教材《现代管理信息系统》获学校教材立项资助。

在实验教学方面，学院认真做好"国家级虚拟仿真实验教学中心"的组织申报工作，包括申请书的编写、材料的收集、整理与组织，宣传片的拍摄等，这是工商管理学院实验中心自2007年获福建省首届实验教学示范中心以来首次向国家级实验教学中心冲刺。2013年5月，由实验中心承办，陈思雄老师带队参加福建省高等学校第九届"用友杯"沙盘模拟经营大赛，荣获二等奖并入围同年7月份全国大学生沙盘经营大赛比赛资格。2013年6月，学院购置了价值13万元《商战电子沙盘》教学软件，适应于财务管理、工商管理、物流管理等专业的应用，为实现跨专业的综合实训教学提供软硬件支持。工商管理学院围绕"以创业创新教育"为主题，结合学校多元文化教育特色，申报建设专项经费，进一步完善实验中心教学资源建设，更新实验中心平台110台计算机；落实2014年中央财政319万元专项建设计划；申报2014年实验室建设专项申请计划。

2013年，学院教师以第一作者身份发表论文134篇，其中一类8篇，2类7篇，3类55篇，4类10篇，5类及以下54篇。出版专著5部，教材3部。课题立项54项，其中国家级3项，省部级8项，地厅级15项，校级13项，横向15项。孙锐、陈金龙、张潜、吴泽福4位老师获福建省第十届社科优秀成果三等奖。张华老师入选福建省教育厅"福建省高校杰出青年科研人才培育计划"。学院设立和出台了"科研突出成果"奖励制度和工商管理学院科研工作激励条例；资助各类国家级课题项目、国家级获奖以及重点刊物论文，进一步推动学院科研水平的提高。

2013年，学院邀请到东海大学周瑛琪教授，路易斯维尔大学商学院关键、Stephan F. Gohmann（斯蒂芬·戈尔曼），大连理工大学管理与经济学部副部长、党委副书记、博士生导师朱方伟，上海财经大学《财经研究》编辑部主任施祖辉教授，我国著名经济学家、工商管理学院名誉院长乌家培教授，中国社会科学院经济研究所、《经济研究》常务副主编郑红亮教授等到学院展开学术交流。2013年11月16日，由学院主办的第三届东亚学术交流论坛在陈嘉庚纪念堂二楼会议室举行。本届学术论坛主题为"全球化背景下东亚企业的战略"，来自日本长崎县立大学、韩国东亚大学以及中国华侨大学的14名资深教授和青年学者在论坛上做主题发言。

学院通过1+2+1、3+1等项目，与美国北卡罗来纳大学彭布罗克分校、德保罗大学，中国台湾东海大学、暨南国际大学等建立学生交流合作项目，并对教师的访学与科研合作等问题展开深度交流。2013年4月15日，由华侨大学副校长刘塨带队，携同学院孙锐、衣长军、张向前3位名师前往意大利，举办意大利华商工商管理第一期研修班，取得较好的反响。学院通过交流生、中日韩经济研讨会等项目，与日本长崎县立大学、韩国东亚大学等建立长期合作研究关系。2013年3月7日，华侨大学"匹克企业班"人才合作培养协议在经管楼12楼会议厅签约，华侨大学副校长吴季怀、匹克集团CEO许志华出席并致辞，工商管理学院院长孙锐、许志华共同签署项目协议书。"匹克企业班"将采取虚拟订单式冠名班形式，学生与企业签订预就业协议，正式毕业后可双向选择。2013年4月，学院与万祥集团商谈人才培养、课程培训等合作事宜。2013年5月，华侨大学企业发展服务中心正式挂牌成立并开始运营，其间促成"华侨大学工商管理学院皇品微电影创新实践基地"的成立及相关培训事宜的展开。2013年9月11日，新加坡集美学院校董会苏宁副董事长一行来学院就开展合作办学的有关事宜进行商谈，双方就合作项目达成了初步的意向。

2013年，学院为"泉州国家级金融综合改革试验区"等区域经济建设项目提供智力支持，为泉州移动、万祥集团等提供人才培训与管理咨询等。2013年4月，与泉州移动签订新一轮的服务与培训合同。5月，基于泉州移动的培训需求和师资要求，学院在市场营销、人力资源管理、项目管理等方面开展培训，并与省工商局、龙信数据有限公司洽谈华商数据库建设合作事宜。

学院积极开展理论研究，做好组织发展工作。工商管理学院党委共培训166名入党积极分子，发展学生党员114人。学院积极参与学校党委开展的支部立项活动，组织各支部开展创先争优活动，组织教职工党员开展"争做教书育人和服务育人标兵"和学生党员开展"争做成才表率"活动。人力资源系教工支部被评为"校级先进党支部"，林春培、马占杰老师被评为"优秀共产党员"。

学院以科创为突破，整合规划各类竞赛，突出科创体系重点，建立"创业课堂、创业训练和创业扶持"的三位一体科创体系。开展第二期"管理青春"创业班综合授课与训练；举办第十四届"管理者挑战赛"。以职业生涯规划为导向，进一步加强学生职业规划教育，落实"两会一访"的工作机制，以专业知识带动职业规划，通过定期的新生家长见面会和不定期的新老生交流会，以及优秀学长宿舍与新生宿舍结对子，引导学生及其家庭全面认识各专业情况。通过辅导员、班主任宿舍随访和加入各班QQ群，对每个有疑问的学生做到有问必答，为每位同学提供尽可能的帮助。以境内外生交流融合为契机，着力境外生的综合培养。学院开展"境内外生同乐日"等主题活动，使境内外生充分融合到一起，在交流上，做好"知富之门"的知识大赛，境内外生以团队的形式参加，在快乐学习中促进相互之间的了解；做好"走进中国家庭"活动，让更多的境外生能体验到更亲切的大陆生活；做好"海外华商案例采编与分析"比赛，要求境外生回到生源地采集案例，再由境内外生合作对案例进行分析，既培养了境内外生合作意识，也促进境内外文化交流。开展从办学理念、培养模式、课堂教学、课外活动、社会实践及校园文化等方面全面推进素质教育和境外生教学、管理模式的创新试点。组织开展"走进中国家庭"境内外生特别的暑期实践和"萤火之光"系列境外生志愿服务活动以及"华商案例采编大赛"等。关心贫困学生，2013年，学院共有474名学生进入学校"阳光成长计划"；5名学生获华侨大学轩辕种子助学基金；3名学生获华侨大学贤銮福利基金会优秀贫困学生奖学金；2名学生获评骆忠信高等数学成绩优秀学生。学院认真做好2010级毕业生教育，举办毕业生就业讲座、就业形势分析、指导求职技巧和举办专场就业招聘会等。2013年，学院共有675名本科学生、46名硕士研究生和9名博士生毕业。

2013年，学院引进青年博士3人、派出访问学者2人，在职攻读博士2人。目前学院现有专职教师80人，其中博士生导师5人，教授18人，副教授16人，讲师46人，教师中具有博士学位的有50人。同时，学院聘请福建社科院李鸿阶研究员、西安交通大学仲伟周教授为华商研究首席专家。

（工商管理学院供稿）

旅游学院/高尔夫学院

旅游学院成立于2004年，前身旅游系（创建于1984年）是教育部最早批准成立的全国8所旅游高等院校之一。1984年4月，学校设立旅游系，开设旅游经济管理、导游翻译等专科（干部专修科）专业。1987年，旅游系开始招收本科生。1998年，旅游管理二级学科硕士点获准设立。2000年6月，学校在工商管理系、旅游系、国际经济系、管理信息科学系基础上组建经济管理学院，旅游系成为经济管理学院下设的一个系。2004年10月，经济管理学院分为工商学院、旅游学院、商学院。

旅游学院成立之初，设有旅游管理系、资源环境与城乡规划管理系2个系，拥有旅游管理硕士点，旅游管理、资源环境与城乡规划管理2个本科专业（旅游管理专升本专业2006年停止招生）。2006年，旅游管理二级学科博士点和人文地理学硕士点获准设立。2011年，酒店管理本科专业获准设立。2010年，学院获得旅游管理专业硕士（MTA）授予权。2011年，华侨大学与汇丰置业（中国）有限公司合作，在旅游学院的基础上举办高尔夫学院，实行一套机构，两块牌子管理，开创了校企合作办学新模式。2012~2013年，校、院两级分别与厦门航空集团、厦航酒店管理有限公司签署了校（院）企合作协议，扩展了学院办学领域。2013年9月，加入海峡旅游教育联盟。

2013年，学院以"发挥优势、突出特色、领先全国、走向世界"作为发展定位，是"中国旅游名校T10联盟"成员单位，也是国内第一家面向海外招收本科生、硕士生、博士生的旅游院系。学院师资力量雄厚，现有教职工41人，其中专任教师36人，正副教授19人，20人拥有博士学位。学院多名教师兼任国内重要的社会和学术职务，先后担任教育部高职高专旅游管理类专业教学指导委员会主任和秘书长、全国旅游管理专业学位研究生教育指导委员会委员、高职高专餐旅管理与服务类专业教学指导委员会委员、中国地理学会旅游地理专业委员会委员、中国旅游协会旅游教育分会副会长、福建省旅游协会副会长等重要职务。

学院拥有博士、硕士、本科、高职完整的学历人才培养体系，现有1个博士点（旅游管理）、3个硕士点（旅游管理、人文地理学、旅游管理专业学位硕士MTA）、4个本科专业（旅游管理、人文地理与城乡规划、酒店管理、会展经济与管理）和1个旅游管理高职专业。其中旅游管理博士点为全国4家独立二级学科博士点之一，旅游管理本科专业为国家级特色专业，旅游管理高职为国家教育部高职高专教学改革试点专业，旅游实验教学中心获批"十二五"国家级实验教学示范中心，学院还是首批获得旅游管理硕士专业学位（MTA）招生资格的院校。

学院科研实力强大，设有海峡旅游发展研究院、闽澳研究所、旅游科学研究所等9个研究机构，有中国旅游研究院首批5个外设机构之一的旅游安全研究基地。学院先后主持完成国家级、省部级课题近40项。开创国内旅游安全学研究先河，旅游安全与风险管理、旅游服务与饭店管理、港澳台侨地理等研究在境内外有较强影响力。汪京强高级实验师的"主题实验：一种旅游课程范式的经验总结与理论建构研究"和郑向敏教授的"城市旅游地自然灾害风险评估与预警研究"获批2013年国家旅游局科研立项课题名单（面上）立项。2013年，学院承担省内外旅游发展规划、景区景观规划等项目54项，横向项目到款270多万元。2013年，学院依托中国旅游研究院旅游安全研究基地与中国旅游研究院、社会科学文献出版社合作，继续出版《旅游安全蓝皮书：中国旅游安全报告（2013）》，该皮书已列入"十二五"国家重点图书出版规划项目。谢朝武副教授、林美珍副教授成功入选国家旅游局2013年度"旅游业青年专家培养计划"（旅办发〔2013〕153号）。

学院历来重视将教学科研与服务社会并行，依托雄厚的人才基础和特色鲜明的社会服务能力，长期致力于为国家、省市县提供立法咨询、规划设计、高端行业培训等高层次智力服务，各类项目共计300多项，选派多名教师挂职担任福建宁德、武夷山、仙游、泰宁、湄洲岛等重要旅游地政府部门的旅游分管领导，积极为地方旅游经济建设提供智力支持，并产生了良好的社会影响。

学院以交流为依托，大力拓展国际交流空间，与海内外相关教学科研机构长期建立了良好的学术合作关系，多位教师有海外留学或境外访学经历。学院与香港理工大学、澳门旅游学院及台湾多所高校有着深入的合作。2013年，学院邀请美国尼亚加拉大学终身教授周宗清博士、台湾铭传大学观光学院院长陈耀竹博士、台湾昆山科技大学师生等做客"旅游论道"；接待首批来自高雄义守大学、美和科技大学、台南远东科技大学、新北市德霖技术学院、台南嘉南药理大学的100余名修学旅游专业的台湾青年学子。学院长期与泰国博仁大学、庄甲盛·叻察帕皇家大学交换实习生。2013年，学院开始并率先实现与美国关岛大学互派交换生，国际化办学水平遥遥领先。

学院现有在校生近1200人，其中研究生100人，境外生142人，少数民族学生80人。建院近30年来，共培养海内外各类人才3000多人，其中境外学生600余人。

学院重视"全人教育"，坚持不懈地推进学生素质教育，注重学生专业技能的培养和实践能力的锻炼，大力开展学生实习实训及"第二课堂"活动。学院目前拥有可浓主题实验餐厅、客房实验室以及20多家高星级酒店和旅游景区的校外学生定点实习、实践基地。学院举办的模拟导游大赛、主题宴会设计、餐饮产品创意设计与制作比赛、校园景观规划设计及"旅游论道"、"可浓下午茶"与"我的成长"励志讲堂等品牌活动已成为华侨大学旅游学子展现专业素质和青春风采的平台。学院组建的导游志愿服务队、礼仪志愿服务队承担了校内外重要领导来宾参观访问的导游和礼仪志愿服务。在不断努力下，学院逐步形成了"起航之旅"迎新生晚会、"盛放之旅"毕业生晚会、"新生杯"篮球赛、"新旅程杯"辩论赛、"班班有歌声"合唱比赛及"旅游文化节"、"旅游创新实践技能大赛"等在内的集学术知识讲授、成长体验分享、实践竞技比拼等多位一体的"我们旅游吧"文化教育活动体系，为实现"全人"教育，提升学生综合素养铺路搭桥。

（旅游学院/高尔夫学院供稿）

公共管理学院

公共管理学院前身为1962年创办的政治系，具有50多年的悠久历史。在办学的进程中，经历了政治系、社会科学系、国际经济系、人文社会科学系、人文与公共管理学院的建制变迁；2009年9月，学校对文科部分院所进行学科整合，决定在原人文与公共管理学院的基础上成立公共管理学院（与思想政治理论课教研部合署办公）；2012年7月，学校成立马克思主义学院，原思想政治理论课教研部的相关职能划归马克思主义学院，从而形成了目前的公共管理学院办学格局。

公共管理学院现有一支结构合理、务实精干的教师队伍。2013年，现有教职工44人，其中专任教师34人。专任教师中教授、副教授17人，具有博士学位和在读博士30人；多位教师入选"福建省高校新世纪优秀人才支持计划"、"福建省高校杰出青年科研人才培育计划"、泉州市哲学社会科学领军人才等，有"闽江学者"讲座教授、名誉教授、兼职教授和客座教授10多人。教师中有台盟中央委员、福建省人大常委1人，中国中外关系史学会理事1人，中国华侨历史学会常务理事1人，中国科学社会主义学会理事1人，中国海洋社会学会常务理事1人，福建省和谐社会研究会副会长1人，福建省行政管理学会常务理事1人，福建省华侨历史学会副会长1人，福建省党史学会副秘书长1人，福建省人口学会副会长1人，福建省社会学会常务理事1人。

目前，公共管理学院设有行政管理系、公共事业管理系、土地资源与城市管理系，科学社会主义研究中心、政治科学研究中心、海西公共治理研究中心、侨务政策与管理研究中心、公共管理案例与实验中心、公共管理硕士（MPA）教育中心。

公共管理学院现有科学社会主义与国际共产主义运动博士学位点、政治学一级学科硕士点、行政管理硕士学位点、公共管理（MPA）专业硕士学位点。其中，政治学一级学科硕士点包括中外政治制度、中共党史、国际关系、国际政治、外交学、政治学理论、科学社会主义与国际共产主义运动、侨务政策与理论8个二级硕士学位点，开设行政管理、公共事业管理、土地资源管理、城市管理4个本科专业。

截至2013年，公共管理学院在校博士生12人，全日制硕士研究生59人，公共管理（MPA）专业硕士研究生771人，本科生599人，其中境外生35人，少数民族47人。

2013~2014学年（2013年6月至2014年5月），学院教师在公开期刊发表论文50篇，其中一类7篇，二类29篇，三类7篇，出版学术专著2部，教材1部；获得国家社科基金项目3项，教育部人文社科项目2项，福建省社科项目8项；此外，获福建省第十届社会科学优秀成果三等奖2项，获福建省第七届高等教育教学成果奖一等奖1项，获国务院侨务办公室第三届公文写作技能大赛二等奖、三等奖各1项，获九三学社中央委员会"参政议政先进个人"1人，获泉州市第五届社会科学优秀成果一等奖1人，获泉州市第五届社会科学优秀成果二等奖1人，获泉州市第五届社会科学优秀成果一等奖7人，获泉州市第五届社会科学优秀成果佳作奖1人，获党的十八大精神进高校思想政治理论课"四个一百"二等奖（优秀课件）1人，获党的十八大精神进高校思想政治理论课"四个一百"二等奖（优秀论文）1人，入选"全国高校思政课教师年度影响力人物"1人，入选"福建省高等学校新世纪优秀人才支持计划"1人，入选"泉州市哲学社会科学领军人才"2人。

2013年，学院学生有13个项目获校级以上大学生创新项目立项，其中国家级1项、省级3项。4支团队在第二十届"挑战杯"华侨大学学生课外学术科技作品竞赛中获奖，其中一等奖1项、二等奖2项、三等奖1项。学院获校社会实践优秀团队4支，有校暑期社会实践积极分子28名。2010级行政管理班本科生胡倩获泉州市"优秀大学生"称号，2010级本科生张文被评为福建省"优秀学生干部""优秀团员"。另有5名学生分别在国家和福建省大学生英语竞赛中获奖，1名博士研究生获得国家奖学金；2名硕士研究生获得国家奖学金；5名本科学生获得国家奖学金，17名本科生获国家励志奖学金，22名学生获教育部港澳及华侨学生奖学金；4名学生获评华侨大学"优秀学生干部"，12名学生获评华侨大学"三好学生"，6名学生获评华侨大学"优秀共青团干部"，11名学生获评华侨大学"优秀共青团员"。

在对外交流方面，2013年学院共选派了8名同学分赴西安交通大学、台湾义守大学、台湾东海大学、台中教育大学等高校交流学习。

2013年，学院有2位教师分别在美国杜克大学和瑞士伯尔尼大学交流访学，6名教师组团赴美国德保罗大学交流考察，4位教师及20位公共管理（MPA）学生赴台湾空中大学等高校开展学术交流。学院邀请美国德保罗大学Trent Engbers（特伦特·恩贝斯）博士来校做"美国公共管理历史及其与当代管理的关联"学术讲座；邀请北京外国语大学国际关系学院院长李永辉教授来校做"中国的公共外交：概念、问题与思考"学术讲座；邀请《学术研究》杂志主任何蔚荣研究员来校做"学术评价与论文写作"学术讲座；邀请中国人民大学马克思主义学院院长秦宣教授来校做"科学社会主义前沿问题、中国特色社会主义前沿问题和民主政治前沿问题"学术讲座；邀请中央党校王怀超教授来校做"科学社会主义学科建设问题"学术讲座；邀请中山大学政治与公共事务管理学院何艳玲教授来校做"面向新30年的中国政府改革"学术讲座；邀请武汉大学政治与公共管理学院副院长丁煌教授来校做"当代中国公共政策执行研究方法论探讨"学术讲座；邀请北京师范大学政府管理学院副院长施雪华教授来校做"集权平衡，放权让利，理性改革——十八届三中全会解读"学术讲座。此外，学院与台湾中山大学社会科学院联合举办主题为"亚太区域合作与公共外交战略"的学术交流活动；成功承办了广东省广州市侨务干部培训班；成功承办了广东省佛山市顺德区委社会工作部在职干部培训班；成功承办了由国侨办主办的全国侨办系统侨务干部研修班等。

（公共管理学院供稿）

体育学院

2008年，学校在原体育部的基础上成立了体育学院。学院现有体育产业管理硕士点1个，体育教育本科专业1个。学院下设体育教育部、研究生部、大学体育部（一）、大学体育部（二）、竞赛训练管理中心、运动人体科学实验中心6个教学部及中心。学院承担体育教育专业教学、学校体育公共基础课教学工作以及学校高水平运动队的训练、管理等工作。此外，国家文化素质教育基地、国侨办中华才艺（龙舟）基地和中国大学生篮球（CUBA）人才培训基地落户华侨大学，体育学院负责运动技术培训等工作。

学院现有47名教师，分别毕业于北京体育大学、上海体育学院等多所知名体育院校，其中教授3人，副教授15人；4名教师具有博士学位，2名教师为在读博士，27名教师具有硕士学位，2名教师为在读硕士；2名教师为国际级裁判员，20多名教师为国家级裁判员。学院现有在校本科生187人，其中境外学生32人，占学院学生总数的17.11%。

2013年12月，经评选，学院"华侨大学'竞教结合'篮球竞技人才培养模式理论与实践"获校教学成果特等奖；"华侨大学体育学专业实验教学的实践创新与改革"获校教学成果一等奖；"侨校民族传统体育人才培养模式的研究与实践""体验式健身健美体育课程模式的构建与实践"获校教学成果二等奖。

2013年,学院共有5个项目获得校级教材编写、校本科教育教学改革、校精品视频公开课程建设立项,分别是:程一辉《大学体育》(校级教材立项);许佳晖《基于WEB的定向运动网络辅助教学应用探讨》、孟庆光《基于大学生健康促进的公共体育课程体系改革研究》、隋文杰《大华文教育背景下海外中华才艺(龙舟)人才培养模式研究》(校级教改立项);仝二宝《户外运动》(校精品视频公开课程立项)。

2013年5月,学院运动科学与健康实验中心获评省级实验教学示范中心。该实验中心自2008年成立以来,对于完成本科教学任务和培养体育教育专业人才起到了积极作用。此外,面向学校5个高水平运动队开展运动康复理疗工作,为校运动队取得优异运动成绩提供了良好的保障。

为提升学院科研综合水平,学院申报的院属"华侨大学体育产业管理研究所""华侨大学运动医学与健康研究所""华侨大学运动休闲研究所"等经学校社科处批复予以成立;承担国家社科基金青年项目1项,国家体育总局重点研究领域攻关课题1项,福建省社科基金一般项目1项,福建省社科基金青年项目1项;有3篇论文分别发表在《上海体育学院学报》《中国运动医学杂志》等一类体育学术刊物上。

在学生工作方面,学院辩论队第一次组队参加华侨大学辩论赛,以黑马姿态一路过关斩将,获得泉州校区冠军,在最后的总决赛中以微弱劣势获得亚军,展示了体院学子的风采,在全校师生中引起热议;学院第五届"律动阳光"体育文化节拉开帷幕;在由校心理健康教育与辅导中心主办的"我是心灵舞者"原创心理健康舞蹈大赛决赛中,学院参赛选手带来的舞蹈《律动阳光》荣获三等奖;学院学生社会实践基地挂牌仪式在华侨大学尤梅幼儿园举行。

文化中国·2013年全球华人中华才艺(龙舟)大赛龙舟文化与基地建设学术研讨会于10月19日在华侨大学厦门校区行政研发大楼会议室举行。中国大学生体育协会专职副主席王刚,华侨大学副校长吴季怀,国家体育总局专家及省内外10余所体育院校负责人、专家学者30余人与会研讨。

在竞技体育方面,在中国大学生体育协会羽毛球分会代表大会暨换届会议上,华侨大学荣获"中国大学生羽毛球运动(2007~2012年)优秀贡献奖",体育学院庄志勇老师荣获"优秀教练员"称号;在德国羽毛球公开赛上,学生谌龙获男单冠军;在2013年全英羽毛球公开赛男单冠军争夺战上,福建选手谌龙直落两局战胜马来西亚选手李宗伟,首次问鼎全英赛;由新华社评选的国际十佳运动员、中国体坛新秀相继揭晓:学校校友林丹入选2012年国际十佳运动员,学生李雪芮获评2012年度中国体坛新秀;在第六届金门国际马拉松赛上,学院王宁明同学获得大学路跑组11.2公里比赛的冠军,取得自2011年参加该项目比赛以来的三连冠;在特步大足联赛福建赛区第二阶段比赛上,华侨大学勇夺福建赛区冠军,同时将代表福建省参加第二阶段全国南区的比赛；华侨大学足球队晋级2012~2013年特步中国大学生足球联赛全国十六强；在海峡两岸"大同建筑杯"独木舟邀请赛上，华侨大学独木舟队分别获得男子组200米竞速赛冠军、男子组500米竞速赛冠军和男子接力冠军；在第15届CUBA中国大学生篮球联赛中，以79比74战胜北京大学男篮，获得总冠军，从而成就了CUBA"八冠王"；在第八届"海峡杯"暨第二届世界福建青年篮球赛上，华侨大学男子篮球队获第三名；在第十三届全国大学生田径锦标赛上，华侨大学代表团获一银二铜：公共管理学院2012级学生吴佳佳获得女子甲组400米银牌，2010级学生邱文涛获得男子甲组5000米第三名、10000米第三名；在第十七届全国大学生羽毛球锦标赛上，华侨大学以6537.03的积分被列为赛会的一号种子，参加乙组（专业组）的混合团体比赛，获得第二名；在第六届大学生舞龙舞狮锦标赛上，华侨大学舞龙队首次亮相；在文化中国·2013年全球华人中华才艺（武术）大赛上，由庄昔聪教授担任总教练的华侨大学代表队发挥出色，共摘得二金四银，其中，唐成获男子组短器械第一名、长拳第二名，张清奥获男子组其他拳术类第一名，张宁锋获男子组南拳类和长器械第二名，陈曦获女子组太极拳和短器械第二名；在全国体育行业职业技能大赛上，学院教师仇婷婷参加福建省代表队，并与队友合作获得大赛游泳指导救助项目团体二等奖。

在校园阳光体育活动方面，2013年，在福建省举办的大学生篮球、排球、足球、乒乓球、啦啦操和电子竞技6个项目的联赛上，华侨大学参加联赛分别获篮球普通本科女子金奖、普通本科男子银奖，排球普通本科男子组金奖，乒乓球普通本科女子团体金奖、普通本科男子团体铜奖；分别在厦门校区和泉州校区举行了华侨大学第36届运动会开幕式暨田径比赛，本届运动会将往年的田径运动会提升为综合运动会，除了原有的田径比赛项目外，把篮球、足球、排球也纳入运动会比赛项目，在泉州、厦门校区还分别增设了游泳比赛、跳绳比赛项目，非田径类项目将于运动会开幕式前决出奖项，并计入参赛队成绩。

（体育学院供稿）

泛华学院

1960年，在华侨大学创办之初就与印度尼西亚有着重要的联系。随着中国经济社会的发展，中国和印尼两国人民的友好往来与日俱增，越来越多的中国企业到印度尼西亚投资兴业。目前，仅在中国驻印尼大使馆登记的各类企业多达1300多家。在这一背景下，华侨大学应形势发展需求，本着弘扬"为侨服务，传播中华文化"的办学宗旨，于2012年与福建泛华矿业股份有限公司合作，创办华侨大学泛华学院，在此平台上合作开展定向培养印尼中、侨资企业专门人才项目。华侨大学副校长吴季怀教授担任泛华学院理事会理事长，华侨大学董事会副董事长、福建泛华矿业股份有限公司董事长林昌华先生任名誉院长,现任院长为陈庆俊研究员。学院机构包括理事会、院办、印尼语教研室等。

泛华学院定向印尼班于2012年秋开始招生,目前学院在校生所修读的专业包括:材料科学与工程、应用化学、新型功能材料、环境工程、化学工程与工艺能源化工、国际经济与贸易、物流管理、工商管理、汉语言文学、广告学、广播电视新闻学、国际经济与贸易、日语。目前,已有2批15名毕业生被印尼的中、侨资企业录用。这些毕业生由于兼具专业、中文和印尼语的优势而广泛受到用人单位的青睐。

2013年是学院办学迈出坚实步伐关键的一年,各项工作均取得新进展。学院创院伊始,印尼语的教学是学院教学工作的主线,围绕如何提高教学质量的问题,根据学生毕业后去印尼工作的实际,展开系列的调研和研讨工作;在教材选定的基础上,要求教师认真备课,制作有特色的课件和教学辅助工具;开展教学法研究;增加课堂师生互动;等等。

制度建设方面取得新的突破,学院主要加大对学生的管理力度,围绕学生上课出勤方面与其奖学金挂钩,鼓励学生多出勤,出满勤,出台系列管理规定;再次出台《泛华学院学生退出培养机制》,少数学生因各种原因退出培养计划时,按《培养协议书》等的规定程序,提出申请,学院审批,按规定返还培养费等程序。该机制与2012年制定的《泛华学院学生选拔条件》构成一套完整的泛华学院学生选拔与退出机制。

校企合作方面,福建泛华矿业股份有限公司董事长、华侨大学董事会副董事长林昌华视察学院,对学院的工作进行指导,为学院的发展进行规划,同时看望受泛华矿业资助在华侨大学外国政府官员中文学习班学习的印尼官员。

在理事会工作方面,4月24日,学院理事会第二次会议在厦门校区举行,理事会全体理事列席。会议围绕加快华侨大学泛华学院印尼分院的建设步伐,讨论共同建设分院的各项重要事项。会议指出要认真做好毕业生就业工作,要求要加强泛华学院的各项宣传工作。

在学生活动方面,学院全体师生与在校学习的华侨大学外国政府官员中文学习班中的印尼政府官员到厦门环岛路举行中印尼语言互学交流野餐活动,探索成立首个学生高尔夫球体验课并顺利开班,成功举办第一届印尼语演讲比赛。全院师生还积极参加华文学院学生会和印尼留学生会联合举办的印尼文化展示活动,与外国政府官员中文学习班中印尼官员举行中秋联谊活动,举行2013年新生开学仪式暨首届泛华优秀学生奖学金颁奖大会和"印尼语角"等大型活动,广泛邀请在华侨大学学习的印尼留学生,为学院学生提供印尼语的学习交流的实践机会,大大提升了学生的语言实践能力。

在国际交流方面,2013年7月12日下午,中国国侨办主任裘援平在华侨大学厦门校区会见印尼国会议员马逊先生,双方均表示将支持华侨大学泛华学院开展的文化、教育交流活动。此外,华侨大学还与印尼穆斯林教法理事会签订《教育合作备忘录》，协议包括印尼穆斯林教法理事会每年选派一批政府官员来华学习汉语，协助学院在印尼开办分院等。

在毕业生工作方面，经过不到一学年的印尼语学习，学院首批毕业生郭贵恩、吴帆各自完成所学专业的学业，获得学士学位后，顺利对接福建泛华矿业股份有限公司就业，获得该公司好评。针对第一批毕业生就业存在的问题，学院将继续加强在校生的印尼语学习，尤其突出实际运用能力的培养。

（泛华学院供稿）

继续教育学院

（参见本书继续教育部分）

美国中文学院

美国中文学院于2005年4月经国务院侨办批复正式成立。同年8月，学校聘任校董、企业管理学教授、博士生导师黄天中先生为美国中文学院首任院长。

成立美国中文学院是学校实施"走出去"战略，广泛开拓海外华文教育市场，积极参与当今高等教育国际化的具体措施。学院成立伊始，在美国加利福尼亚州旧金山以英文名HUAQIAO University in America登记注册，同时在厦门设立代表处。之后相继与美国库克大学、托马斯大学、约翰肯尼迪学院签署了合作办学协议及合作意向书。2007年11月，美国中文学院根据海外办学实际需要，在美国校友的支持和帮助下，在加利福尼亚州洛杉矶市登记注册了华侨大学美国代表处（HUAQIAO University America Representative Office），并交由当地律师事务所托管，负责处理代表处在美国的税务及法律事务。学院现任院长为国际交流合作处处长、港澳台侨事务办公室主任赵新城副教授。

自2013年以来，美国中文学院以国际交流合作处为平台，积极推进学校与美国高校的交流与合作。

（美国中文学院供稿）

厦门技师学院／厦门工程技术学院

（参见本书专科教育部分）

厦航学院

华侨大学厦航学院成立于2012年12月23日，是华侨大学教学科研单位，专门负责华侨大学与厦门航空有限公司合作办学的教学组织与管理工作。学院设在华侨大学厦门校区。

为顺应国家和福建省航空事业的发展需要，提高高等学校服务地方和企业发展的能力，拓展学校办学空间，扩大社会影响力，华侨大学在国务院侨务办公室领导的关心支持下，与厦门航空有限公司强强合作，共同举办华侨大学厦航学院。学院根据学科特点，发挥华侨大学综合性大学优势，优化教师队伍，精心组织教学；同时，聘请国内外航空领域的专家、资深业内人士承担教学、实训工作，突出理论与实践紧密结合的办学特点，实现学生从学校到企业的无缝对接的培养目标。

厦航学院自成立以来，全面整合华侨大学各专业办学力量，借助厦门航空有限公司在业界的良好声誉，充分利用厦航的人才资源，先后开办了酒店管理和应用电子技术2个专业。

华侨大学厦航学院将与厦门航空有限公司密切合作，以"诚毅笃行，宁静致远"为训，以培养学生德、智、体、美、劳全面发展为本，以强化与提升学生职业综合素养为宗旨，为我国航空事业培养空乘、机修和场务的高级专业型人才而不懈努力。

（厦航学院供稿）

研究院

华侨华人研究院

华侨大学是改革开放以后国内最早专门设立华侨华人研究机构的高等院校之一。1980年，华侨大学设立校属华侨史研究室。1986年，华侨史研究室升格为华侨研究所。1995年，华侨研究所改称华侨华人研究所。2009年9月，华侨大学在整合华侨华人研究所、华侨华人资料中心和四端文物馆的基础上，成立华侨华人研究院，并作为学校重点发展的科研机构。目前，华侨华人研究院已成为集华侨华人与国际问题研究、人才培养与政策咨询、华侨华人资料搜集与收藏、华侨华人文物展示于一体的综合性学术研究机构。

研究院下设华侨华人史研究中心、华侨华人社会文化研究中心、侨乡研究中心、侨情与侨务理论研究中心、国际移民研究中心、华侨华人资料中心及四端文物馆。研究院现招收国际关系理论与实践、华人文化两个专业方向的博士研究生，设有专门史、国际关系和侨务政策与理论3个二级学科硕士学位点。

研究院目前拥有全职教师20名，其中教授3人，副教授4人，拥有博士学位者16人，讲座教授1人，特聘教授2人。华侨华人研究院名誉院长为丘进教授，华侨华人研究院院长由副校长张禹东教授兼任。

研究院研究队伍能力不断提升，2013年李勇获国家留学基金委全额资助项目赴美国访学；钟大荣获福建省与华侨大学1:1配套资助项目赴马来西亚访学；陈景熙赴中国社科院世界宗教研究所从事博士后研究。2013年研究院教师获得国侨办重大委托课题项目3项（包括完成国务院侨办《中国侨务》丛书重大委托课题《华侨华人与侨务公共外交》和《世界华侨华人史》的编纂工作）；省部级课题6项；校级课题3项；发表论文25篇；出版专著3部；获福建省社会科学优秀成果奖三等奖1项。2013年10月《华侨华人蓝皮书》入选中国社会科学院"创新工程学术出版项目"。

积极开展对外交流活动。2013年，马来西亚拉曼大学中华研究院学术访问团、中国台湾"海外华人研究群"访问团先后到研究院进行学术交流。研究院获赠《印尼〈生活报〉纪念丛书》。研究院先后邀请新西兰皇家科学院院士、新西兰人文学院院士、奥克兰大学亚洲研究学院叶宋曼瑛教授，美国亚利桑那州立大学教授、美国人口普查局前亚裔顾问委员会主任李唯莅院讲学，使研究院师生了解专业前沿知识，拓宽学术视野。校董杜祖贻、许丕新，香港中文大学麦继强教授，新加坡南洋理工大学梁荣基副教授先后莅临研究院指导工作并与师生座谈。

承办第二届中泰战略研讨会。2013年10月18~22日，第二届中泰战略研讨会在华侨大学厦门校区顺利召开，会议由华侨大学、中国社会科学院亚太与全球战略研究院、中国东南亚学会、泰国国家研究院、泰中经济文化协会联合主办。中国国务院侨务办公室副主任马儒沛，泰国副总理兼外交部部长素拉蓬，泰国驻华大使伟文·丘氏君等出席开幕式。来自中泰两国100余位专家学者围绕当前中泰两国关注的热点话题，展开交流与探讨。

2013年8月23~25日，由国务院侨办主办，国侨办政策法规司、国侨办侨务理论研究福建基地承办，福建省侨办和华侨大学协办的第三届中国侨务论坛在厦门召开，国务院侨办第四届专家咨询委员会委员，部分省区市侨办领导，国侨办侨务理论基地负责人，以及来自海内外相关高校和研究机构从事侨务理论研究的专家学者等170余人参加了论坛。

为进一步加快华侨大学四端文物馆的规划与建设，提高文物馆管理的专业化、规范化水平，学校成立四端文物馆建设与管理委员会，并于2013年4月10日召开专题会议，就文物馆选址、布展设计、队伍建设、场馆管理等问题展开讨论，会议决定文物馆新展馆的馆址调整到图书馆二期前排一层。研究院积极推动文物馆新馆建设，于6月组织新馆设计方案的邀请招标，对中标方案反复讨论优化，并征求杜祖贻校董和麦继强教授的意见，最后召开文物馆建设与管理委员会会议，确定设计方案。

积极推动麦继强教授的文物捐赠工作，拟定捐赠协议，接受捐赠，并将第一批181件文物运回学校。配合开展全国可移动文物普查工作，参加普查工作的培训，根据普查进度做好全国可移动文物普查工作的前期摸底及馆藏品登录等工作。推动与加快行政研发大楼12层华侨华人资料中心的建设工作，并于2013年7月完成整体搬迁。

按照学校党委的要求和《机关党委开展党的群众路线教育实践活动的实施方案》的精神，认真开展党的群众路线教育实践活动的各项工作，组织学习传达中央开展党的群众路线教育实践活动的精神，做好对党员领导干部的民主评议，听取师生对教育实践活动的意见、建议，进一步增强了党员、干部的宗旨意识和群众观念。认真查摆形式主义、官僚主义、享乐主义和奢靡之风方面的问题，进行党性分析和自我剖析，开展批评和自我批评。

2013年，研究院共有硕士生28人。研究院高度重视研究生的思想政治教育工作，不断强化"德育为先"的教育理念，加强党建工作，充分发挥党组织的凝聚力、战斗力和党员的先锋模范带头作用。结合专业特点，积极组织研究生开展各项学术活动、社会实践活动和文体活动，促进研究生全面发展。

（华侨华人研究院供稿）

华文教育研究院

华文教育研究院（以下简称"研究院"）成立于2012年2月，是学校直属研究机构，是华侨大学华文教育研究、学术交流和政策服务的平台。

截至2013年12月，研究院有专职研究人员9名，行政人员2名，其中教授2人，副教授1人；有博士学位者8人，硕士学位者1人；博士生导师1名，硕士生导师3名；正高职称2人，副高职称1人；另有特聘教授3人。华侨大学校长、海内外著名华文教育专家贾益民教授兼任研究院院长，胡培安教授任副院长。

研究院下设1个行政办公室，4个研究中心。研究中心分别是华文教育理论研究中心、华文教育调查研究中心、华文教育资源研发中心和华文教师发展研究中心。

华文教育理论研究中心的主要任务是，研究华文教育学科体系，研究世界华文教育历史，撰写不同政治及经济环境下华文教育国别史；研究世界华文教育的现状、危机与对策，研究华语本体各个要素，研究华语习得规律、习得偏误，进而研究本土化、国别化教材编写的重点和难点；研究全球化、多元化、网络化语境下中华文化传播"传播什么、如何传播"的问题；研究中华文化的核心价值观，萃取优秀中华文化的核心元素，研制具有规范性、可操作性的文化传播大纲，指导华文教育中华文化类课程设计、教材编写及相关文化活动的开展。

华文教育调查研究中心的主要任务是，开展海外华校普查、海外华文教育组织调查及海外华文教育政策调查。在调查的基础上建立海外华校数据库，撰写并发布《世界华文教育发展年度报告》，编纂出版《世界华文教育年鉴》，科学制订华文教育发展规划，为华文教育研究提供资料服务和决策咨询。

华文教育资源研发中心的主要任务是，与海内外华文教学力量合作，研究、开发、编写具有较强针对性、实践性、本土化的华文平面教材和多媒体教材，研发建设华文教学案例库、华文教材和教辅资料库，搜集优秀教案、课件及教学用音频、视频资料，建设一个具有广泛影响力的、基于网络的华文教育教学资源平台。

华文教师发展研究中心的主要任务是，研发华文师资培训系列教材、华文教师认证体系，开展华文师资培训工作，逐步研制出一个融师资培训、证书考试、等级认证为一体，科学、权威、实用的华文教师认证制度，将华侨大学打造成一流的华文师资培育及发展中心。

研究院拥有两个二级学科的硕士点，分别是语言学及应用语言学和华文教育与跨文化传播。其中华文教育与跨文化传播专业下设4个研究方向，分别是华语研究、华语文教材教法研究、华文教育研究、华文文化传播研究。2013年9月，研究院开始招收第一批研究生，招收语言学及应用语言学专业学生2人，招收华文教育与跨文化传播专业学生3人。

2013年研究院承接了包括"海外华文教育情况普查及动态数据库建设"、《世界华文教育年鉴（2013）》及中华文化大赛决赛题目设计3项主要任务。

《世界华文教育年鉴（2013）》是由华侨大学校长、华文教育研究院院长贾益民教授直接创意推动的，由华侨大学华文教育研究院牵头，组织海内外华文教育专家及一线工作者合作编纂。2013年，年鉴的编撰工作全部完成。

2013年，华侨大学与教育部语言文字应用管理司联合设立"汉语国际传播与应用研究中心"，负责组织、协调对海外汉语应用情况的调查与研究，以便于更有效地、科学地开展语言规划，为国家语言文字应用政策的制定提供决策参考。

研究院和社会科学研究处、哲学与社会发展学院等共同承担2013年度国家"2011协同创新中心"认定申报工作，协助暨南大学申报2014年度国家"2011协同创新中心"，其中以华侨大学为牵头单位的"海外华文教育与中华文化传播协同创新中心"被认定为福建省省级协同创新中心培育单位。2013年，华侨大学与凤凰卫视、台湾世界华语文教育学会等协同单位开展了大量的合作。

此外，研究院还参与《华侨华人蓝皮书》"海外华文教育专题"的组稿与撰写工作，组织台湾地区、菲律宾、马来西亚等地的专家学者撰写当地华文教育发展状况研究论文，撰写《新加坡华文教育政策分析》一文。

2013年，研究院筹划出版系列华文教育图书。其中《世界华文教学》和华文教育史的编写工作正式启动。

研究院举办的华文教育研究专业期刊《世界华文教学》计划采用以书代刊的形式。该期刊为半年刊，旨在针对世界华文教学领域中的语言本体、教学实践、语言政策及语言习得等问题展开探讨，为华文教育研究成果发表提供平台。

华文教育史的编写，首先由国别史开始，再进一步向区域史、世界史拓展。国别史的编写按照国际区域分为亚洲、北美洲、欧洲、澳洲和非洲5个板块，拟先从亚洲的印尼等10个国家开始，采取面向国内外公开招标的方式进行。

（华文教育研究院供稿）

数量经济研究院

为了更好地建设和发展数量经济学学科，在著名经济学家乌家培教授的倡议下，学校于2007年成立数量经济研究院。研究院现有数量经济学国家重点学科（和经济与金融学院合作），统计学省级重点学科，数量经济学博士点（和经济与金融学院合作），统计学一级学科硕士点，并设有4个研究方向：宏观经济统计、金融统计、数理统计、数据挖掘与分析。统计学于2011年开始创建，并于2012年开始招收硕士研究生，同年获批福建省重点学科，为数量经济研究院搭建了新的平台，也为应用经济学、管理科学与工程等学科的发展提供了重要支撑。

截至2013年12月31日，数量经济研究院有在职教职工14人，兼职教授1人，其中科研人员13人，有博士学位教师13人；博士生导师4人，硕士生导师6人；正高职称者6人，副高职称者3人，中级职称者4人；专职党政管理人员1人。2013年，陈燕武教授获"全国归侨侨眷先进个人"。数量经济研究院已培养博士生8人；2013年有在读博士生13人，在读硕士生31人。

2007年以来，研究院教师承担省部级以上科研课题16项，其中国家社会科学基金重点项目1项，国家自然科学基金面上项目1项，国家自然科学基金国际合作交流项目1项，国家社会科学基金一般项目1项，教育部项目3项，省级项目9项。在国外SSCI，国内的《管理世界》《世界经济》《金融研究》《数量经济技术经济研究》《统计研究》《中国软科学》《中国管理科学》等权威刊物发表论文40余篇，出版其他专著3部。

2013年11月7日，数量经济研究院"乌家培书斋"正式挂牌成立。"乌家培书斋"共收录由我国著名经济学家乌家培先生捐赠的经济类相关图书4000余册，并可供全校师生借阅。

（数量经济研究院供稿）

分子药物研究院

（参见生物医学学院条目）

城市建设与经济发展研究院

城市建设与经济发展研究院创立于2012年1月12日，为学校直属研究机构，同时也是"福建省企业与企业家联合会闽南研究交流中心"的挂靠单位之一。学校聘请原厦门市委常委、常务副市长、华侨大学博士生导师丁国炎教授担任院长。

研究院属于综合性、服务型的科学研究和咨询机构。研究院立足闽南，面向国内外，重点研究区域性发展中具有宏观性、战略性、政策性、预见性问题，为政府决策和企业管理提供解决方案和理论支持。本着"政府智库、业界智源、学术高地"的原则，从专业的角度服务于地方政府、相关职能部门和企业，为我国的城市发展和经济建设提供强有力的智力支撑和人才保障。

研究院本着协同创新的原则，研究人员由华侨大学和国内外从事城市建设与经济发展研究的学者以及具有丰富实践经验的专家和各界精英组成。

研究院在华侨大学教育基金会设立城市建设与经济发展研究专项基金，由各类企业、机构和个人出资或赞助建立。其主要用于研究院开展基础理论研究，重要学术交流和学术著作出版，参加国际学术交流与合作，优秀人才培养和深造，以及相关的社会公益学术研究等事项。基金在华侨大学教育基金会的统一领导下，由研究院成立基金理事会负责筹集和管理。

研究院内设综合管理办公室、科研与咨询部、人才培训部、港澳台事务部、研究室、项目拓展部、专项基金理事会秘书处、福建省企业与企业家联合会闽南交流中心秘书处。

研究院主要任务是：根据区域经济发展和城市建设的需要，确立研究课题，撰写研究报告，向地方政府提供政策建议，向社会发布研究成果；接受政府机构、企事业单位、社会团体及其他组织委托的课题研究和咨询项目，提供专题研究报告、专题调查报告、可行性研究报告和信息分析资料；与国内外大学和机构建立学术交流关系，开展合作研究、学者互访等学术活动；独立或联合举办相关行业主题会议、举办经济论坛；针对政府及企事业单位开展高层次、应用型人才培养和讲座；培养硕士、博士研究生。

研究院秉承科学严谨的学术传统，树立"求实创新、开拓进取"的院风，本着协同创新的原则，建立灵活科学的激励机制，围绕打造人才一流、科研一流、管理一流和特色鲜明的研究机构，始终站在城市建设区域经济发展实践的前沿，大胆创新，勇于实践，努力为城市建设和经济发展贡献一流的研究成果，将研究院打造成为国内知名的城市建设与经济发展方面的专业政府智库。

在科研工作方面，由研究院牵头，信息科学与工程学院、机电及自动化学院、数学科学学院、信息化建设与管理处、厦门雅讯网络股份有限公司、厦门厦工机械股份有限公司联合申报的厦门市重大科技平台项目：《基于北斗技术应用的工程机械数字化研发平台》，获得厦门市科学技术局立项，项目总投资600万元。2013年，首期经费到账360万元。

在社会合作方面，华侨大学教育基金会城市建设与经济发展研究专项基金，募集资金达3000万元。

在人才培养方面，研究院联合厦门市国有资产监督管理委员会、华侨大学MBA教育中心，面向厦门市大型国有企业青年管理干部，首届招收了47名MBA学员，组建"厦门市国有企业青年企业家MBA班"。

2013年,研究院在重大活动方面主要有:全国政协第十二届全国委员会社会和法制委员会副主任吴定富主席,全国人大常委会委员、全国人大内务司法委员会主任委员黄镇东,国务院侨务办公室主任裘援平,国务院侨务工作办公室副主任何亚非,福建省原省委常委、省委统战部部长、省人大常委会副主任陈营官,长江大学蒋光忠副书记和周从标副校长一行等莅临指导;研究院还隆重召开"华侨大学城市建设与经济发展研究院工作会议";举行了启动"城市建设与经济发展研究院""华侨大学教育基金会城市建设与经济发展研究专项基金理事会""福建省企业与企业家联合会闽南研究交流中心""厦门市华大城市建设和经济发展咨询中心"等的揭牌活动仪式。

(城市建设与经济发展研究院供稿)

厦门工程技术研究院

厦门工程技术研究院(以下简称工研院),下设成果展示厅、洽谈室、综合管理办公室、技术转移办公室、人才培养办公室等。

2013年,工研院共征集机械装备、软件、化工与新材料、电子信息、环保与建筑节能、生物医药等领域的项目成果与专利技术近300项,并刻录到"第十一届'6·18'高校优秀成果集锦"光盘,编印了《华侨大学科研项目成果与专利汇编(2012~2013版)》,在各类对接会上宣传推介。

2013年,工研院应石狮市科技局更新专家库名单的需求,工研院组织筛选了具备副高职称以上的专家教授近50名入库;应厦门市两岸科技交流合作促进中心征集厦门市校企科技合作专家库名单的需求,组织副高职称以上的专家教授和青年教师近100余名填报入库,为教师广泛接触了解企业,对接合作创造机会;积极促成材料学院与厦门聚富塑胶制品有限公司、飞虎(厦门)聚氨酯制品有限公司签署合作协议,共建企业研究生工作站。

为强化学校服务厦门经济社会发展工作,促进与集美区企事业单位的科技合作及交流,学校与集美区人民政府联合举办"集美区·华侨大学产学研科技项目成果对接会";为提高洛江区机械机电产业领军人才的综合素质、专业水平和创新能力,促进洛江区和学校的产学研合作,工研院受洛江区委组织部和洛江区科技局委托,与机电学院联合承办"洛江区机械机电产业领军人才研修班"。

2013年,工研院和科研院共同承担本届"6·18"组织参会工作,应邀组织教师先后参加第四届集美区产学研科技合作项目成果对接会、南平市第六届科技成果交易会、厦门企业与北京高校科技成果对接会、思明区2013银企校政科技项目推介会、2013年海洋经济和厦门南方海洋研究中心首批项目签约仪式、思明网上知识产权交易平台开通仪式、"6·18"虚拟研究院海外科技专家专场对接会、中科院—莆田市科技项目对接会、湖里区校企合作对接会等线下对接活动，以及苏州科技成果转化网上对接会——纳米技术与纳米材料专场、"6·18"装备制造行业网上在线对接会等网上对接活动，并在活动中发布、对接、推介华侨大学的一系列科研成果；按照"走出去，请进来"的工作思路开展产学研工作，工研院先后组织教授专家团队和青年教师深入厦门产业技术研究院、厦门特宝生物等近40家企事业单位走访，实地了解企业生产过程中存在的技术瓶颈和存在的问题；工研院还先后接待漳州常山经济开发区、南平工业园区管委会、中国机械科学研究总院、上海航天技术研究院及802所、台湾大学等科研院所机构到访交流考察。

（厦门工程技术研究院供稿）

泉州科学技术与社会发展研究院

为全面有效整合学校资源，发挥学科优势，服务地方经济建设和社会发展，深化校地合作，学校于2010年10月15日成立泉州科学技术与社会发展研究院（以下均简称科发院），作为校属研究机构并开展工作。

科发院共征集企业技术需求100余项，发布学校科研项目成果信息100余项，组织配合兄弟单位承担"6·18"中国海峡项目成果交易会学校展区的布展任务，征集展品、推介成果、组织教师观摩。

2013年，华侨大学与清流县人民政府战略合作协议在清流县签署；在福州海峡会展中心举办的第十一届"6·18"中国海峡项目成果交易会活动过程中，学校共征集了机械装备、软件、化工与新材料、电子信息、环保与建筑节能、生物医药六大领域的200余项项目成果与专利技术，编印了《华侨大学科研项目成果与专利汇编》（2012~2013版），并在展会上进行推介宣传；由华侨大学董事会董事何中东发起，世界冠军联合会、华侨大学和世冠有限公司共同主办的"世界冠军创业项目"在华侨大学启动。

2013年6月27日，为更好地推动校地、校企协同创新与优势互补，学校与鲤城区政府签署校地战略合作框架协议，进一步建立了长期、稳定的全面战略合作关系。根据协议，华侨大学将发挥相关学科优势，针对泉州市鲤城区在中长期发展规划、专项实践等问题开展调研；与鲤城区联合申报国家级、省级项目，开展横向课题，共同建设高层次研发平台及产学研基地；学校将为鲤城区在商贸服务、生态建设、文化创意、旅游发展等方面提供技术支持，鲤城区人民政府为学校的技术转化提供渠道和平台；双方共同支持东南大宗商品交易中心的建设和营运等。

科发院还结合学校实际及相关学科专业特点，不断探索学校服务社会的新模式。组织专家积极参与泉州"金改区"的各项相关工作，配合相关单位支持泉州"金改区"首批75个重点项目之一——福建省东南大宗商品交易中心的建设。充分利用学校相关学科优势，整合各方资源，协助成立校企合作研究机构——华侨大学大宗商品现货交易研究所，积极组织相关专家参与相关领域的课题研究。

华侨大学与泉州台商投资区签署战略合作框架协议，根据协议，华侨大学将发挥相关学科优势，针对泉州台商投资区在中长期发展规划、专项实践等问题上开展调研，共同推进产业结构优化升级；双方将共同建设高层次研发平台及产学研基地，联合申报国家级、省级项目；双方在工业设计、文化创意领域搭建高端研发平台；共同发展泉州台商投资区文化教育事业；积极为泉州台商投资区提供人才培训和智力支持等，双方的合作步入一个新的高度。

为认真落实鲤城区政府和华侨大学战略合作框架协议内容，积极推进开展与鲤城区的各项对接工作。2013年11月7日，科发院副院长侯志强携工学院、文学院、工商管理学院等单位负责人及专家走访鲤城区，与区发改局、经贸局、文体旅游局、公务员局、科技局等单位分管领导进行交流座谈，双方就加强各学院与政府部门及行业企业的联系和沟通，在政校企平台建设、文化合作、人才培养、科技研发、科技咨询及科技成果转化等方面开展合作与交流进行了深入探讨，并就如何深化已有合作项目，拓展新的合作领域达成一致意见。

科发院代表学校，作为对口帮扶指导南安市水土流失治理工作的协作单位之一，积极参与帮扶指导南安市水土流失治理各项工作，学院负责人和工作人员参加省人大组织的南安市水土流失治理工作研讨会议。

（泉州科学技术与社会发展研究院供稿）

华侨大学年鉴 2014

教育教学

本科生教育

【概况】 2013年，华侨大学教务处继续以抓教学质量为核心，加强教学组织与实施，强化教学规范化管理，以学习实践科学发展观为契机，在学校领导的关心指导及各处室、学院的协助配合下，加强内涵建设，不断提升教学质量。

加强教学常规化管理，保障教学工作的有序开展。教务处严格审核学校各班课程计划，规范日常排课、调课和借用教室管理，确保日常教学工作的良好运行。教务处完成了全年课表编制工作，并制作2013~2014学年校历；组织和完成了大学生英语四、六级考试，国家计算机等级考试和省级计算机考试及期中、期末考试等考务工作；完成在校学生学籍平台注册、复学、休学、退学、转学、转专业、学生成绩修改和学生毕业（学位）证书制作发放、信息核对、毕业生信息采集等工作，配合学校相关单位完成学生信息统计；做好日常教学监控管理，开展2013年全年的教师评学和学生评教。积极收集教学信息，出版《华大教学简报》9期，组织顾问组进行职称听课，并协助人事处做好2013年评职称人员教学评审，对2013~2014学年上学期学校全英文课程和双语教学课程进行备案；加强与西安交通大学联合培养本科生的工作，并完成2013年和2012年赴西安交通大学交流学生选课、学分替换；完成2013届优秀毕业设计（论文）的评选工作和其他各类优秀成绩学生评选。

加强教学基本建设，确保教学质量稳步提升。修订和完善《华侨大学本专科学分制学籍管理规定（修订）》（华大教〔2013〕67号）、《华侨大学教学事故认定和处理暂行办法（修订）》（华大教〔2013〕69号）、《华侨大学本科生教学实习管理办法》（华大教〔2013〕102号）、《华侨大学本科毕业设计（论文）管理办法》（华大教〔2013〕106号）等文件，进一步加强教学管理及各项制度建设，逐步完善教学工作科学、规范的制度化体系；积极开展专业建设，对2012年本科专业目录进行整理，并积极组织申报2013年本科新专业，完成2013年学校各专业培养方案审核；积极开展华侨大学第二届青年教师"精彩一堂课"竞赛；组织各学院教师参加全国高校教师网络培训，协同校教育工会为泉州五中遴选周末讲座教师，开展各类教学检查及调研活动，加强教材建设和管理工作，组织开展2013年教材建设立项资助活动。

深化教学改革，促进教学工作的持续快速发展。继续深化教学改革，开展本科教学质量工程建设。组织完成首届全国高校微课教学比赛的初赛并推荐参加复赛；完成了2011年校级人才培养模式创新实验区与教学团队立项项目及精品课程建设立项项目结题检查，开展2012年校级本科教学质量工程项目中期检查；组织2013年国家精品视频公开课申报、推荐并组织完成推荐课程全程录像；评选出2013年校级本科教改项85项,其中重点项目16项,一般项目69项;评选出2013年校级精品视频公开课程建设立项项目15项。组织推荐福建省第七届高等教育教学成果奖27项,学校获得特等奖2项,一等奖8项,二等奖17项。2013年,学校第七届高等教育教学成果奖共有57项获奖,其中特等奖5项,一等奖22项,二等奖30项。

加强学生创业创新教育,提升学生的实践能力和创新能力。加强对学生创新创业项目的指导,努力建立或理顺各类相关机制,确保项目数量不断增加、质量不断提高。继续开展高数竞赛,加强高等数学教育教学改革,继续开展大学生英语竞赛等。学校成功申报2013年国家大学生创新创业训练计划项目38项(每项1万元),福建省大学生创新创业训练计划项目60项(每项5000元);审批通过了校级大学生创新创业训练计划项目60项。组织审核了"第六届全国大学生机械创新设计大赛福建赛区预赛暨第七届福建省大学生机械创新竞赛"等36个项目为2013年第一批资助学生参加"科技文化创新竞赛"项目。根据《华侨大学学生科技文化创新基金管理条例》(华大教〔2011〕98号),组织开展对2013年国家级和福建省大学生创新创业计划项目(共98项)进行中期检查及2012年国家级、省级和校级计划项目(共217项)的结题验收工作。同时,经校学生课外科技文化创新指导委员会集体评审,评选出90个项目为2013年秋季校级大学生创新创业训练资助项目;评选出17个项目为2013年第二批资助学生参加"科技文化创新竞赛"项目。积极组织校级创新创业计划项目负责人参加第六届全国大学生创新创业年会。积极组织学生参加省级和国家级各类竞赛活动,提高学生实践能力和创新能力。

据统计,2013年,学校共有81个本科专业,学科门类涉及哲学、经济学、法学、教育学、文学、理学、工学、农学、管理学、艺术学等12个学科门类,形成了文理渗透、理工结合、工管相济、协调发展的学科体系。截至2013年9月30日,学校在校本科生共23232人,其中境外生2061人,留学生920人,2013年毕业生共5250人,其中境外毕业生394人,留学生228人。

【专业建设】 2013年,学校新增会计学、哲学、新闻学、国际商务、城市管理5个本科专业。其中,会计学专业为教育部审批同意设置的国家控制布点的普通高等学校本科专业,哲学、新闻学、国际商务、城市管理4个专业为经教育部备案的普通高等学校本科专业。至此,学校已有81个本科专业。

根据《教育部关于印发〈普通高等学校本科专业目录(2012年)〉〈普通高等学校本科专业设置管理规定〉等文件的通知》(教高〔2012〕9号)和《关于做好2013年度普通高等学校本科专业申报工作的通知》(教高司函〔2013〕63号),经学院申报,校专业设置评议专家组讨论,学校研究决定申报翻译、投资学、风景园林、摄影、临床医学、会展经济与管理6个本科新专业。

华侨大学 2013 年本科专业一览表

序号	专业代码	专业名称	修业年限	学位授予门类
1	020101	经济学	四年	经济学
2	020301K	金融学	四年	经济学
3	020401	国际经济与贸易	四年	经济学
4	030101K	法学	四年	法学
5	030301	社会学	四年	法学
6	040109T	华文教育	四年	教育学
7	040201	体育教育	四年	教育学
8	050101	汉语言文学	四年	文学
9	050102	汉语言	四年	文学
10	050103	汉语国际教育	四年	文学
11	050201	英语	四年	文学
12	050207	日语	四年	文学
13	050302	广播电视学	四年	文学
14	050303	广告学	四年	文学
15	070101	数学与应用数学	四年	理学
16	070102	信息与计算科学	四年	理学
17	070202	应用物理学	四年	理学
18	070302	应用化学	四年	理学
19	070503	人文地理与城乡规划	四年	管理学
20	071002	生物技术	四年	理学
21	080201	机械工程	四年	工学
22	080202	机械设计制造及其自动化	四年	工学
23	080203	材料成型及控制工程	四年	工学
24	080205	工业设计	四年	工学
25	080207	车辆工程	四年	工学
26	080301	测控技术与仪器	四年	工学
27	080401	材料科学与工程	四年	工学
28	080403	材料化学	四年	工学
29	080407	高分子材料与工程	四年	工学
30	080412T	功能材料	四年	工学
31	080601	电气工程及其自动化	四年	工学
32	080701	电子信息工程	四年	工学
33	080702	电子科学与技术	四年	工学
34	080703	通信工程	四年	工学
35	080705	光电信息科学与工程	四年	工学

续表

序号	专业代码	专业名称	修业年限	学位授予门类
36	080706	信息工程	四年	工学
37	080710T	集成电路设计与集成系统	四年	工学
38	080801	自动化	四年	工学
39	080901	计算机科学与技术	四年	工学
40	080902	软件工程	四年	工学
41	080903	网络工程	四年	工学
42	080905	物联网工程	四年	工学
43	080906	数字媒体技术	四年	工学
44	081001	土木工程	四年	工学
45	081003	给排水科学与工程	四年	工学
46	081301	化学工程与工艺	四年	工学
47	081302	制药工程	四年	工学
48	082502	环境工程	四年	工学
49	082503	环境科学	四年	理学
50	082801	建筑学	五年	工学或建筑学
51	082802	城乡规划	五年	工学
52	083001	生物工程	四年	工学
53	090102	园艺	四年	农学
54	100701	药学	四年	理学
55	120102	信息管理与信息系统	四年	管理学
56	120103	工程管理	四年	工学
57	120201K	工商管理	四年	管理学
58	120202	市场营销	四年	管理学
59	120204	财务管理	四年	管理学
60	120206	人力资源管理	四年	管理学
61	120401	公共事业管理	四年	管理学
62	120402	行政管理	四年	管理学
63	120404T	土地资源管理	四年	管理学
64	120601	物流管理	四年	管理学
65	120801	电子商务	四年	经济学
66	120901K	旅游管理	四年	管理学
67	120902	酒店管理	四年	管理学
68	130201	音乐表演	四年	艺术学
69	130202	音乐学	四年	艺术学
70	130204	舞蹈表演	四年	艺术学

续表

序号	专业代码	专业名称	修业年限	学位授予门类
71	130205	舞蹈学	四年	艺术学
72	130401	美术学	四年	艺术学
73	130502	视觉传达设计	四年	艺术学
74	130503	环境设计	四年	艺术学
75	130504	产品设计	四年	艺术学
76	130505	服装与服饰设计	四年	艺术学
77	010101	哲学	四年	哲学
78	050301	新闻学	四年	文学
79	120205	国际商务	四年	管理学
80	120405	城市管理	四年	管理学
81	120203K	会计学	四年	管理学

【课程建设】 依据学校新修订的《关于修订2012年（版）本科专业培养方案的原则意见》（教务〔2012〕12号），构建不断完善地涵盖公共基础课、学科（或专业）基础课、专业课和选修课（专业选修课和跨学科校选修课）、实践性教学五位一体的本科教学课程新体系。新的课程设置实现了从注重知识传授向更加重视能力和素质培养转变，逐步形成开放、有效、共性与个性相协调的培养体系，实现了知识结构的科学性、合理性转变；根据科学合理的知识结构的要求，进行教学内容整合，实现经典与前沿、理论与实践的结合，实现教学内容的科学性、先进性。同时，还在专业课模块中凝练出该专业最核心的主干课程，构建以主干课程和选修课程相结合、有利于学科交叉与融合的课程体系。

根据《关于开展2013年校精品视频公开课程建设立项项目申报的通知》（教务〔2013〕54号），经课程负责人申报、学院审核、推荐，校教学工作委员会评审并公示，评审出15门课程为2013年校精品视频公开课程建设立项项目。本次课程建设从2013年12月开始，期限两年。

2013年校精品视频公开课程建设立项项目

序号	学院	课程名称	项目负责人
1	哲学与社会发展学院	西方哲学原著导读	常旭旻
2	哲学与社会发展学院	社会学概论	林少真
3	法学院	物权法	彭春莲
4	马克思主义学院	中国近现代史纲要	刘颖
5	文学院	大学语文	马华祥

续表

序号	学院	课程名称	项目负责人
6	外国语学院	《大学英语读写》——基于多模态理论的5P教学	黄小萍
7	机电及自动化学院	先进制造技术	沈剑云
8	信息科学与工程学院	信号与系统	冯桂
9	计算机科学与技术学院	数据库应用与开发	洪欣
10	土木工程学院	土木工程概论	曾志兴
11	土木工程学院	给水排水管道系统	赵志领
12	化工学院	环境化学	胡恭任
13	工商管理学院	组织行为学	张向前
14	旅游学院	旅游电子商务	陈金华
15	体育学院	户外运动	仝二宝

【教学质量管理】 学校强化课堂教学质量管理，加强平时教学管理和考核，严格考试环节的各项要求。加强教学质量的过程控制，实现网上民主评教和教师评学，实施新的评教指标，加强新进教师听课和晋升职称听课，促进教学质量的提高。2013年，教务处开展全年的教师评学和学生评教工作。在2012~2013学年下学期的教师评学和学生评教工作中，学校有1090名教师的教学被评价，平均评教成绩92.02分；共428个班级被评价，学校班级学风平均评分87.85分。在2013~2014学年上学期的教师评学和学生评教工作中，学校有1233名教师的教学被评价，平均评教成绩为92.25分；共529个班级被评价，学校班级学风平均评分88.35分，教风学风整体比上年度有所提高。此外，教务处积极收集教学信息，出版《华大教学简报》9期，组织教学顾问组进行学校教师职称评审听课活动，本学年共听课296门次。

【青年教师"精彩一堂课"】 为进一步加强师资队伍建设，特别是青年教师队伍建设，促进青年教师提高教学质量，根据《关于举办华侨大学第二届青年教师"精彩一堂课"竞赛的通知》（教务〔2013〕10号）和《关于举办华侨大学第二届青年教师"精彩一堂课"竞赛决赛的通知》（教务〔2013〕69号），华侨大学在12月30日举行了第二届青年教师"精彩一堂课"竞赛决赛。决赛分为文科组和理工科组。青年教师"精彩一堂课"比赛采取学生民主评教、教学顾问组随机听课评分与决赛现场评分三者相结合的办法，分别以相应权重计入总决赛成绩。经各学院预赛、学校复赛和现场决赛，12位青年教师参加比赛，并分别荣获一、二、三等奖，并评选出优秀组织奖5个。

华侨大学第二届青年教师"精彩一堂课"获奖名单一览表

学科类别	名　次	姓　名	单　位
文科组	一等奖	杨默如	工商管理学院
文科组	二等奖	田文兵	文学院
文科组	二等奖	檀革胜	音乐舞蹈学院
文科组	三等奖	陈鹏军	经济与金融学院
文科组	三等奖	黄娟娟	外国语学院
文科组	三等奖	智红霞	华文学院
理工科组	一等奖	王霏	机电及自动化学院
理工科组	二等奖	张海	信息科学与工程学院
理工科组	二等奖	韩雪	数学科学学院
理工科组	三等奖	赵青华	材料科学与工程学院
理工科组	三等奖	欧阳芬芳	机电及自动化学院
理工科组	三等奖	成丽	建筑学院

华侨大学第二届青年教师"精彩一堂课"竞赛优秀组织奖获奖学院：工商管理学院、化工学院、信息科学与工程学院、土木工程学院、数学科学学院5个学院。

【教材建设】 2013年，为提高学校教材建设水平，鼓励、支持教师编写有特色、有水平的好教材，根据《华侨大学教材编写立项资助实施办法（修订稿）》（教务〔2012〕67号）的要求，学校开展了2013年校级教材编写立项的评选工作。经校内外专家评审，有6部教材获得2013年校级教材编写立项与资助。

2013年校级教材编写立项

单位：元

序号	教材名称	主编姓名	资助金额
1	《大学体育与健康》	程一辉	3万
2	《市场营销学》	陈钦兰	3万
3	《金融学》	林俊国	3万
4	《环境工程概论》	马红芳	2万
5	《有限元方法与程序》	周克民	2万
6	《现代管理信息系统》	郭东强、傅冬绵	1万

【学籍管理】 2013年，学校有269人办理离校手续，有110人办理双学位手续，有128位同学办理退学手续，有103位同学办理休学手续，有297位同学办理转专业手续。

【教务管理】 学校以学分制管理为基础,以大类培养改革为契机,进一步探索完善学分制条件下的"重视基础、拓宽专业、提高素质、加强能力"的人才培养模式,构建多样式的本科生教育教学体系。2013年,学校根据《华侨大学学生赴西安交通大学短期学习暂行管理办法》(教务〔2011〕5号)进一步加强短期交换学习学生的规范化管理,向西安交通大学选派短期学习生30人。截至2013年6月,学校已经向西安交通大学选派短期学习生共4批126人。2013年,学校共开设课程9740门,开设校选课197门,单独编班开设双学位课程65门次。

【实践教学与创新】 2013年,学校继续加强实践创新教育和实践教学环节,特别是加强专业实习和毕业实习等重要环节,从有利于培养学生的创新意识、工程意识、工程实践意识、社会实践能力出发,对实验、实习、课程设计、社会调查、毕业设计(论文)和课外科技活动等实践性教学环节进行整体、系统的优化设计。继续要求各实践教学环节累计学分(学时),人文社会科学类专业一般不应少于总学分(学时)的15%,理工农类专业一般不应少于总学分(学时)的25%。2013届本科毕业生共有95位学生获得优秀毕业设计(论文)奖。

加大对学生科技创新及竞赛的支持力度,学校每年设置学生科技文化创新专项经费200万元用于学生科技文化创新活动。2013年,华侨大学"隐形印墨的研制"等38个项目获批2013年国家级"大学生创新创业训练计划"项目立项;"发热鞋加热块材料的制备"等60个项目获批福建省2013年省级大学生创新创业训练计划项目立项;"未成年人犯罪心理调查研究——以泉州地区为例"等150个项目为2013年校级学生科技文化创新资助项目。同时,在2013年其他各类竞赛中,华侨大学学生获得了优异的成绩。其中,在2013年第六届中国大学生计算机设计大赛中,学校有3队获全国二等奖,6队获全国三等奖;在"力诺瑞特"杯第六届全国大学生节能减排社会实践和科技竞赛中,有1队获全国三等奖;在第七届全国大学生结构设计竞赛中,有1队获全国二等奖;在2013年福建省大学生结构设计竞赛中,有1队获省二等奖,2队获省三等奖;在2013年第八届全国大学生"飞思卡尔"杯智能汽车大赛中,有5队获华南赛区三等奖,1队获华南赛区优秀奖;在第七届福建省大学生机械创新竞赛中,有4队获省一等奖,3队获省二等奖,6队获省三等奖;在2013年全国大学生电子设计竞赛中,有1队获全国一等奖,3队获全国二等奖,5队获省一等奖,3队获省二等奖,6队获省三等奖;在2013年全国大学生数学建模竞赛中,有1队获全国一等奖,3队获全国二等奖,4队获省一等奖,12队获省二等奖;在2013年"外研社杯"全国英语演讲大赛中,有1队获全国二等奖,1队获省一等奖,1队获省二等奖;在2013年"外研社杯"全国英语写作大赛中,有1队获全国三等奖,2队获省一等奖,1队获省二等奖。在2013年全国大学生英语竞赛中,学校共有1566位同学参加本次竞赛初赛，有9人参加本次竞赛决赛；其中A类考试（研究生）有1人获得全国二等奖、1人获得全国三等奖，B类考试（英语专业本、专科学生）有1人获得全国二等奖、1人获得全国三等奖，C类考试（非英语专业本科生）有2人获得全国特等奖、7人获得全国一等奖、21人获得全国二等奖、43人获得全国三等奖，D类考试（体育类和艺术类的本科生与高职高专类的学生）有1人获得全国二等奖、1人获得全国三等奖。

【教育教学改革项目研究】 2013年，学校为加强教学改革建设，推进学校人才培养模式改革，鼓励教师进行教学研究，根据《关于开展2013年校本科教育教学改革立项项目申报的通知》（教务〔2013〕55号），经各项目负责人申报，学院审核、推荐，校教学工作委员会评审并公示，评审出16项2013年校本科教育教学改革重点立项项目和69项2013年校本科教育教学改革一般立项项目。

2013年校本科教育教学改革重点项目

序号	负责人所属学院	项目名称	负责人
1	国际学院	基于全英文教学本科专业的国际化人才培养课程体系改革——以全英文国际商务专业为例	池进
2	经济与金融学院	金融学本科教学内容与方式方法改革	苏梽芳
3	法学院	卓越法律人才培养目标下法学实践教学改革研究	张国安
4	文学院	新媒体背景下新闻专业实践教学的创新	郭艳梅
5	外国语学院	翻译教学语料库与翻译工作坊对翻译人才培养之影响研究	刘镇清
6	美术学院	艺术设计教育现状及发展策略研究	孙德明
7	音乐舞蹈学院	境外生声乐教学民族化模式创新与实践研究	谷玉梅
8	机电及自动化学院	多模式并存的生产实习基地建设	黄富贵
9	信息科学与工程学院	电工电子课程体系教学改革与实践	林其伟
10	计算机科学与技术学院	数字媒体技术专业课程体系改革	喻小光
11	建筑学院	国际化背景下的建筑学本科在地化互逆教学体系研究	费迎庆
12	土木工程学院	以"提高质量"为核心的内涵式发展目标下土木工程学院教学综合改革与建设	秦旋
13	化工学院	面向化工专业大学生创新能力培养的多维实践平台建设	李宝霞
14	工学院	信息技术工具改造电磁场与波课程教学方法和教学理念的研究与探索	庄铭杰
15	工商管理学院	创业教育虚拟仿真育成实验教学改革研究	衣长军
16	旅游学院	科教协同·校企合作·卓越培养：国家级旅游实验教学示范中心实践教学模式的构建与实践	汪京强

2013年校本科教育教学改革一般项目

序号	负责人所属学院	项目名称	负责人
1	哲学与社会发展学院	中西人文综合实验班（哲学本科专业）综合改革试点	李忠伟
2	哲学与社会发展学院	社会学专业实践教学方案设计及应用	王嘉顺
3	经济与金融学院	国际贸易课程国际化体系改革研究	朱润东
4	经济与金融学院	国际化人才培养中的全英文教学模式探索	詹君恒
5	经济与金融学院	复合型投资人才培养模式研究	陈鹏军
6	法学院	Moot竞赛在法学国际化教学中的应用研究	骆旭旭
7	法学院	全球经济背景下的高校知识产权教学创新研究	李士林
8	法学院	法学本科双师互动式教学法研究	翟相娟
9	法学院	法学课程体系改革与设计	兰仁迅
10	马克思主义学院	提高思政课质量教学改革研究	赵琰
11	文学院	古代汉语课程教学改革	胡萍
12	华文学院	基于对比分析与偏误分析的汉语语言要素教学模式的构建	李善邦
13	华文学院	多样性基础上的倾向性研究方法在汉语教学中的应用	智红霞
14	外国语学院	基于翻译能力培养的英语专业本科翻译教学模式探索	曾珠璇
15	外国语学院	多模态教学的模态协同与干扰实证分析——以新视野大学英语读写课为例	林璐
16	外国语学院	ESP语料库辅助的英语教学	魏淑遐
17	外国语学院	平行语料库在英专翻译教学中的应用	许春翎
18	外国语学院	教改模式下境外生参与大学英语第二课堂活动现状及其对英语教学的促进作用研究	郭琦
19	外国语学院	语料库辅助的"学术英语"项目式教学模式探索与课程建设	李志君
20	外国语学院	大学日语专业课程体系改革研究——以培养新时期复合型日语人才为目标	王静
21	美术学院	侨办高校艺术设计专业课程体系的优化研究	赵洋
22	音乐舞蹈学院	应用型音乐学（海外教育）国际化人才培养课程体系改革	贾怡
23	数学科学学院	Calculus课程体系建设	金相华
24	数学科学学院	境外生"经济数学"教学内容与方法研究	梁建莉
25	数学科学学院	用MATLAB辅助线性代数教学与课程改革	谢小贤
26	机电及自动化学院	信息设计趋势下工业设计专业构成系列课程的改革实践	艾小群
27	机电及自动化学院	基于人才培养的液压传动课程教学改革研究	林添良
28	机电及自动化学院	机械类"工程图学"教学改革与实践	肖棋
29	材料科学与工程学院	应用3D打印技术建设聚合物加工实验课内课外结合创新性教学平台	陈珺
30	材料科学与工程学院	物理化学实验半开放教学模式的研究与探索	陈亦琳
31	材料科学与工程学院	聚合物加工课程立体主动自反馈学习模式的构建	林昶旭
32	信息科学与工程学院	大学物理实验教学改革	郭悦韶

续表

序号	负责人所属学院	项目名称	负责人
33	信息科学与工程学院	计算机仿真技术基础课程教学的改革与实践	罗继亮
34	信息科学与工程学院	"微机原理与接口技术"课程教学改革	邱应强
35	信息科学与工程学院	面向能力培养的电气控制类专业主干课程新型教学模式探究与实践	项雷军
36	信息科学与工程学院	工科"微波技术与天线"课程教学方法改革研究	张海
37	计算机科学与技术学院	大信息化背景下非计算机专业大学生计算机应用素质拓展的教改与实践	陈柏生
38	计算机科学与技术学院	计算机编程类课程的全英教学	姜林美
39	计算机科学与技术学院	计算机基础课程的全英教学	应晖
40	建筑学院	关联·拓展——城乡规划专业修建性详细规划设计课程教学改革	刘晓芳
41	建筑学院	全感体验模式下的空间注记及景观建构认知——"景观设计原理"课程教改	桑晓磊
42	建筑学院	强化"体验与分析"的建筑设计基础教学改革	薛佳薇
43	建筑学院	城市设计课程教学方法改革	姚敏峰
44	建筑学院	基于可持续和虚拟仿真技术的建筑学高年级住区规划与设计教学改革	郑剑艺
45	土木工程学院	基于一专多能应用型人才培养的"环境工程概论"教学改革与实践	马红芳
46	土木工程学院	基于协同教学模式及BIM技术的工程管理专业创新教学模式研究	张泳
47	土木工程学院	给排水专业本科生创新人才培养模式探索与实践	沈春花
48	土木工程学院	基于TOC理论的大学生职业生涯规划教学体系改革研究	陈捷
49	化工学院	本科评估教学文档的规范化	许绿丝
50	化工学院	环境专业课程体系实践化教学改革与人才培养模式探索	洪俊明
51	化工学院	非石油（煤炭）主干院校能源化工专业人才培养模式的研究与实践	刘勇军
52	生物医学学院	中医药课程双语教学模式探索与实践	徐先祥
53	工学院	"光电检测技术"课程教学改革与实践	潘书万
54	工学院	项目教学法在大学工科创新型人才培养体系中的应用	郑力新
55	工学院	兴趣导向式电子线路实验教学改革	黄诚惕
56	工商管理学院	"运筹学"在管理类本科生中的实践教学研究	郭韧
57	工商管理学院	基于创新创业教育的西方经济学案例教学研究	徐小飞
58	工商管理学院	物流管理专业实践教学改革研究——培养适宜海西经济发展需要的实践型人才	潘文军
59	旅游学院	旅游（酒店）管理本科国际化人才培养模式创新改革	陈金华
60	旅游学院	双学位复合型人才培养模式创新改革研究	陈秋萍

续表

序号	负责人所属学院	项目名称	负责人
61	公共管理学院	基于实验平台的公共管理类专业教学体系研究	郑华良
62	公共管理学院	《中国近现代史纲要》历史人物教学模式研究	张钟鑫
63	公共管理学院	公共经济学应用型本科人才培养模式	姜泽华
64	体育学院	基于WEB的"定向运动"网络辅助教学应用探讨	许佳晖
65	体育学院	基于大学生健康促进的公共体育课程体系改革研究	孟庆光
66	体育学院	大华文教育背景下海外中华才艺（龙舟）人才培养模式研究	隋文杰
67	华侨华人研究院	"传媒社会学"课程实践教学改革	郑文标
68	学生处	家庭经济困难学生素质能力提升体系及"阳光工程"人才培养模式创新研究	黄建烽
69	学生处	心理学视域下的情境体验式"大学生职业生涯规划与管理"双课堂教学实践研究	王晶

【高等教育教学成果奖】 根据《福建省教育厅关于开展第七届高等教育教学成果奖励工作的通知》（闽教高〔2013〕107号）和《关于认真做好第七届高等教育校级教学成果奖评选工作暨推荐申报第七届高等教育省级教学成果奖的通知》（华大教〔2013〕105号）等文件要求，经个人申报，各学院推荐，校教学工作委员会评审、公示，评选出57项成果获得第七届高等教育校级教学成果奖，其中特等奖5项，一等奖22项，二等奖30项。学校推荐参评省高等教育教学成果奖27项，其中获得福建省第七届高等教育教学成果奖特等奖2项，一等奖4项，二等奖15项。

第七届高等教育校级教学成果奖获奖项目一览表

排名	成果完成单位（主持）	成果名称	成果完成人	获奖等级
1	华侨大学	会通多元文化，并育四海英才——构建侨校特色大学生素质教育体系	吴季怀、陈国柱、黄建烽、赵冰洁、程一辉、池进、翁文旋、王雷	校特等
2	体育学院	华侨大学"竞教结合"篮球竞技人才培养体系建设与实践	程一辉、邢尊明、宋振镇、庄志勇、吴桂宁、吴季怀、扈伟、曲京寅、张佳滨	校特等
3	建筑学院	基于国际视野和多维设计生态的"4+3"建筑学创新人才培养模式	刘塨、费迎庆、姚敏峰、郑剑艺、彭晋媛、洪毅、吴少峰、欧海锋、薛佳薇、姚波、冉茂宇、龙元、陈志宏、郑志、侯艳茹、林翔、胡璟、戴云倩、赖世贤	校特等
4	土木工程学院	基于科教结合的协同育人模式研究与实践	郭子雄、张云波、秦旋、曾志兴、陈捷、周克民	校特等

续表

排名	成果完成单位（主持）	成果名称	成果完成人	获奖等级
5	旅游学院	构建实践创新平台,增强学生实战能力,培养卓越旅游人才	黄远水、汪京强、郑向敏、吴贵华、刘建华、李勇泉、侯志强、林美珍	校特等
6	法学院	华侨大学澳门高等教育法学系列教材（教材）	翁文旋、兰仁迅、许少波、张国安、白晓东、董斌、王方玉	校一等
7	外国语学院	基于多媒体网络环境下的大学英语教学模式改革与实践	黄小萍、陈海蛟、谢友福、潘锡清、郭琦	校一等
8	数学科学学院	大学生数学建模能力与应用、创新型人才培养的探索	黄建新、宋海洲、谢溪庄、庄锦森、高真圣、康志林、黄川波、李锦成	校一等
9	公共管理学院	公共管理应用型人才培养模式改革与创新	王丽霞、李璐岚、汤兆云、李庭志、关键、侯志阳、王静珊、王郝京、徐晞、卓萍	校一等
10	信息科学与工程学院	电子信息学科大学生创新实践能力培养体系的研究与实践	冯桂、林其伟、戴在平、黄传明、谭鸽伟、郑灿民、旷建军、徐传忠	校一等
11	体育学院	华侨大学体育学专业实验教学的实践创新与改革	王振、胡国鹏、陈壮荔、宋振镇、冯魏、杨志英、陈洪森、黄东剑	校一等
12	工商管理学院	面向"学用落差"弥合的工商管理类创新型人才培养模式改革与实践	孙锐、衣长军、万文海、郭东强、杨树青、蔡晓、文竞之、徐文福	校一等
13	工商管理学院	产学研协同,培养人力资源管理专业"双层次"创新创业型人才的研究与实践	张向前、孙锐、曾路、衣长军、林峰、郑文智	校一等
14	建筑学院	华侨大学建筑学高年级实践课程澳门专题	费迎庆、吴少峰、陈志宏、姚敏峰、成丽、龙元、郑剑艺、连旭、陈芬芳	校一等
15	计算机科学与技术学院	大学计算机基础课程体系结构改革及分类分层次教学实践	范慧琳、余坚、刘韶涛、程小刚、冯姝婷	校一等
16	旅游学院	资源环境与城乡规划管理专业旅游规划与管理应用型人才培养模式探索	陈金华、黄远水、谢朝武、李洪波、叶新才、黄安民、黄建军	校一等
17	旅游学院	《中国旅游地理》（教材）	黄远水	校一等
18	继续教育学院	思想政治理论课程教学体系生态化建构研究	刘以榕、赵威、洪跃雄、张钟鑫	校一等
19	法学院	卓越法律人才培养之法学教育实践基地协同创新	许少波、张国安、戴仲川、翁文旋、白晓东	校一等
20	经济与金融学院	《网络营销导论》（教材）	刘向晖	校一等
21	数学科学学院	"数字信号处理"课程混合式教学模式的探索与实践	吴荣、林荣德	校一等
22	化工学院	环境学科实践教学体系构建与人才培养模式设计	荆国华、于瑞莲、许绿丝、胡恭任、周作明、洪俊明	校一等

续表

排名	成果完成单位（主持）	成果名称	成果完成人	获奖等级
23	文学院	卓越新闻传播人才教育实践平台的建设	郭艳梅、索燕华、王建设、徐华、王琰、黄志浩、朱志军	校一等
24	土木工程学院	构建综合实践平台，培养土木工程创新人才的研究与实践	彭兴黔、陈捷、周克民、曾志兴、郑星有	校一等
25	工商管理学院	市场营销专业人才培养综合改革	陈钦兰、苏朝晖、吕庆华、杨树青、田建春、陈春琴、殷勤、郭惠玲、陈慧冰、殷赣新、李晓龙、贾微微、陈小燕、周飞、王智生	校一等
26	经济与金融学院	"金融学"课程改革与教材建设（教材）	林俊国、李宝良、刘卫红、李凝、徐小君、李进军	校一等
27	马克思主义学院	"世界遗产概论"网络课程	骆文伟、陈金华、詹芬萍、黄安民、赖海明、程敏、许明辉、龚华荣	校一等
28	体育学院	侨校民族传统体育人才培养模式的研究与实践	庄昔聪、肖洪波、陈颖、孟庆光、隋文杰、文明华、陈思思	校二等
29	旅游学院	基于梯形实践教学模式的酒店管理本科专业职业技能培养体系研究	陈雪琼、陈金华、郑向敏、谢朝武、汪京强、陈秋萍	校二等
30	旅游学院	国际化联合办学，培养复合型人才	黄远水、李洪波、陈金华	校二等
31	文学院	"大学语文"精品课程建设理论研究与实践应用	马华祥、王建设、徐华、陈庆妃	校二等
32	马克思主义学院	华侨大学校选课"性学课程——爱欲与文明的对话"——性教育在高等教育中的教学实践、探索与成效	刘翠	校二等
33	法学院	法学专业课程体系改革与教学计划	兰仁迅、翁文旋、许少波、张国安、戴仲川、白晓东、董斌	校二等
34	工学院	仿真技术在通信类专业课程教学设计中的探索与实践	庄铭杰	校二等
35	机电与自动化学院	测控技术研究生校企联合培养机制构建及实践性探索	杨建红、黄富贵、李丽娜、卢希钊、张认成	校二等
36	工商管理学院	会计仿真模拟实训探索与实践	曾繁英、柯明斯、林永明	校二等
37	经济与金融学院	发挥电子商务中介作用完善我校创新人才培养模式	王景河、谭龙江、赵飞	校二等
38	工商管理学院	教材《客户关系管理——客户关系的建立与维护》	苏朝晖	校二等

续表

排名	成果完成单位（主持）	成果名称	成果完成人	获奖等级
39	材料科学与工程学院	"高分子物理"课程教学的启发与提升新模式	肖聪明	校二等
40	机电及自动化学院	基于中国大学生方程式汽车大赛推动车辆工程专业教学	陆勇、洪若霞、黄富贵、沈剑云、余龙、黄身桂	校二等
41	工商管理学院	多专业协作型创业模拟实践	陈思雄、蔡晓、蒋林华、蔡林峰、柯育华、郑星有	校二等
42	工商管理学院	《管理信息系统》平台课教学建设与实践	傅冬绵、谭观音、郭东强、吴新博、李朝明、蔡林峰、郭韧	校二等
43	经济与金融学院	国际贸易课程教学改革与教材建设（教材）	尹晓波、许培源、刘卫红	校二等
44	公共管理学院	《人口社会学》（教材）	汤兆云	校二等
45	旅游学院	旅游景区管理	李洪波、陈金华、陈秋萍	校二等
46	信息科学与工程学院	数字信号处理教学与教材改革	杨毅明	校二等
47	材料科学与工程学院	"高分子化学实验"网络化教学的实施	钱浩、陈珺	校二等
48	机电及自动化学院	改革专业人才培养模式，创新学生实践能力培养机制	戴秋莲、顾永华、江开勇、沈剑云、刘斌、许建文	校二等
49	化工学院	基于环保"三创"综合开放实验室，提高学生整体素质与实践创新能力	于瑞莲、胡恭任、许绿丝、王琼、许庆清	校二等
50	马克思主义学院	国学通识教育	朱银端、许斗斗、黄海德、骆文伟、冯兵	校二等
51	化工学院	"化学反应工程"精品课程建设及实践	李宝霞、肖美添、曾庆友	校二等
52	外国语学院	高校基础日语教学理念与模式的改革实践	郭慧珍、黄文溥、裴蕾、薛雅明、陈延、杜海怀、蔡宏、孙娜、陈一平、王静	校二等
53	土木工程学院	"土木工程概论"精品课程的立体化建设与实践	曾志兴、郭力群、林从谋、董毓利、叶青、陈荣淋	校二等
54	材料科学与工程学院	物理化学习题课件制作	王森林、蔡振元	校二等
55	学生处	"学在海西 爱在中国 路在脚下 根在中华"——华侨大学境外生实践育人体系	陈国柱、黄建烽、蔡立强、袁媛、黄宗喜、王雷、吴超	校二等
56	工学院	自动控制系统网络实验平台	郑力新、周凯汀	校二等
57	体育学院	体验式健身健美体育课程模式的构建与实践	黄亨奋、吴桂宁、翁凤瑜、张磊、李萍、程一辉、邱少茹、吴蓉蓉	校二等

获得福建省第七届高等教育教学成果奖项目名单

序号	成果名称	主要完成人姓名	奖励等级
1	会通多元文化，并育四海英才——创新侨校特色大学生素质教育体系	吴季怀、陈国柱、黄建烽、赵冰洁、程一辉、池进、翁文旋、王雷	特等奖
2	华侨大学"竞教结合"篮球竞技人才培养体系建设与实践	程一辉、宋振镇、邢尊明、庄志勇、吴桂宁、吴季怀、扈伟、曲京寅、张佳滨	特等奖
3	构建实践创新平台，增强学生实战能力，培养卓越旅游人才	黄远水、汪京强、郑向敏、吴贵华、刘建华、李勇泉、侯志强、林美珍	一等奖
4	基于科教结合的协同育人模式研究与实践	郭子雄、张云波、秦旋、曾志兴、陈捷、周克民	一等奖
5	基于多媒体网络环境下的大学英语教学模式改革与实践	黄小萍、陈海蛟、谢友福、潘锡清、郭琦	一等奖
6	公共管理应用型人才培养模式改革与创新	王丽霞、李璐岚、汤兆云、李庭志、关键、侯志阳、王静珊、王郝京、徐晞、卓萍	一等奖
7	基于国际视野和多维设计生态的"4+3"建筑学创新人才培养模式	刘塨、费迎庆、姚敏峰、郑剑艺、彭晋媛、洪毅、吴少峰、欧海锋、薛佳薇、姚波、冉茂宇、龙元、陈志宏、郑志、侯艳茹、林翔、胡璟、戴云倩、赖世贤	二等奖
8	华侨大学澳门高等教育法学系列教材（教材）	翁文旋、兰仁迅、许少波、张国安、白晓东、董斌、王方玉	二等奖
9	电子信息学科大学生创新实践能力培养体系的研究与实践	冯桂、林其伟、戴在平、黄传明、谭鸰伟、郑灿民、旷建军、徐传忠	二等奖
10	产学研协同，培养人力资源管理专业"双层次"创新创业型人才的研究与实践	张向前、孙锐、曾路、衣长军、林峰、郑文智	二等奖
11	构建综合实践平台，培养土木工程创新人才的研究与实践	彭兴黔、陈捷、周克民、曾志兴、郑星有	二等奖
12	大学生数学建模能力与应用、创新型人才培养的探索	黄建新、宋海洲、谢溪庄、庄锦森、高真圣、康志林、黄川波、李锦成	二等奖
13	面向"学用落差"弥合的工商管理类创新型人才培养模式改革与实践	孙锐、衣长军、万文海、郭东强、杨树青、蔡晓、文竞之、徐文福	二等奖
14	"金融学"课程改革与教材建设（教材）	林俊国、李宝良、刘卫红、李凝、徐小君、李进军	二等奖
15	《网络营销导论》（教材）	刘向晖	二等奖
16	"数字信号处理"课程混合式教学模式的探索与实践	吴荣、林荣德	二等奖
17	资源环境与城乡规划管理专业旅游规划与管理应用型人才培养模式探索	陈金华、黄远水、谢朝武、李洪波、叶新才、黄安民、黄建军	二等奖
18	市场营销专业人才培养综合改革	陈钦兰、苏朝晖、吕庆华、杨树青、田建春、陈春琴、殷勤、郭惠玲、陈慧冰、殷赣新、李晓龙、贾微微、陈小燕、周飞、王智生	二等奖
19	卓越新闻传播人才教育实践平台的建设	郭艳梅、索燕华、王建设、徐华、王琰、黄志浩、朱志军	二等奖
20	环境学科实践教学体系构建与人才培养模式设计	荆国华、于瑞莲、许绿丝、胡恭任、周作明、洪俊明	二等奖
21	《中国旅游地理》（教材）	黄远水	二等奖

【境外生教育】 根据"重视基础、拓宽专业、提高素质、加强能力"的培养模式和"一校两生"的特点,学校针对境外学生的学习基础和文化教育背景的不同,从整体上优化了课程结构,对本科培养方案进行了专门的设计,致力于提高境外生的学习能力、创新能力、实践能力、交流能力和社会适应能力,更好地为学生服务。

在教学管理上主要有以下几个特点:重视基础、拓宽专业。学校通过学科整合,加强专业大类的课程体系改革,优化课程设置,提高教学质量。目前部分学院按大类招生,按学科大类构建了两年的院(系)基础课教学平台,按大类组织教学,打通公共基础课和学科基础课。后两年再按专业或专业方向分流培养,让学生按方向选课程学习。这一课程体系既加强了基础,又拓宽了专业,还优化了教学资源配置。克服本科教学教育内容偏窄、偏专的倾向。对数学、英语、政治理论课和思想品德课等基础课进行了专门设计:英语课除了开设学分较少的"英语阅读""英语听说"外,还为他们开设了"剑桥商务英语",在国际化大趋势下以提升他们国际商务英语的能力;在数学和物理课程上,单独开设学分和学时较少的数学和物理课程,聘请经验丰富的教师来为学生授课。

另外,"高等数学""大学物理""大学英语""体育"等公共基础课和人文社会科学课程等公共基础课对境外学生单独开班,也允许他们在相应的内地生班级学习这些课程,并可以自由选择班级、任课教师;教学方法上,也是讲授与练习、实践相结合。2013年,学校为境外生单独编班开设课程达168门次。

对境外学生实行政治理论课和思想品德课"两课合一"的模式,以中华传统文化为主线,让学生放眼世界,设计了"中国传统文化教育""当代世界与中国文化""当代世界与中国法制""当代世界与中国经济""当代世界与中国政治"等系列特色课程,形成了独特的"思想道德"课程体系。有助于增强学生的世界眼光,增强与世界互动的主动性。

提高素质、加强能力。一方面,降低必修课比例,加大选修课比例和选修课种类,减少课堂讲授的总时数,增加实践实验教学的比例,使得学生的动手能力增强,增加学生自主学习的时间和空间;另一方面,加大对跨学科素质教育课程的投入,鼓励教师开设素质教育课程,拓宽了学生知识面,增强了学生学习兴趣,完善学生的知识结构,促进学生个性发展。学校还增加开放实验、自选实验比例,鼓励跨院系、跨学科选做实验,通过实践性环节提高学生的素质和能力。

鼓励境外学生在学有余力的情况下自愿选读辅修专业,拓宽知识面;学校特地为境外学生制定了导师制,为每个学生配备导师,并实行内地生对境外学生一对一帮扶,为他们提供学习、生活上的帮助,努力提高境外学生适应社会的能力和学习的质量。

加强境外生教学改革研究,创新境外生人才培养模式。学校鼓励各学院进行境外生教改研究,不断提高境外生培养质量和综合素质。

【2013年教学工作会议】 6月9日,2013年教学工作会议在陈嘉庚纪念堂科学厅召开。此次会议的主要任务是总结和交流近年来的教育教学情况,进一步深化内涵建设,提升教育教学质量,为迎接新一轮本科教学审核评估做好准备。

校领导贾益民、李冀闽、关一凡、朱琦环、吴季怀、徐西鹏、刘塨、张禹东、刘斌,校长助理彭霓、张云波、曾路出席会议。机关各单位主要负责人,各学院全体院领导、系主任,教师代表参加。会上,副校长吴季怀做《深化内涵建设,提升教学质量》主题报告。报告全面总结了一年来学校教学工作在贯彻落实《关于全面提高高等教育质量的若干意见》("高教30条")精神过程中存在的一些问题,并对今年主要教学工作进行部署:狠抓课堂质量,提高教学水平;规范教学管理,完善教学档案;加强教风建设,培育优良学风;强化实践育人,培养创新精神;加大开放力度,提升国际化办学水平;深化内涵建设,培育优秀成果。

文学院副院长徐华、信息学院副院长冯桂、数学学院教师田朝薇、华文学院院长陈旋波、土木学院副院长秦旋分别就"教学档案规范化管理""学生科技文化创新经验介绍""如何上好'精彩一堂课'""国际化人才培养""加强内涵式建设,提高教学质量"等做典型发言。

与会代表还分成10个小组,认真讨论了教学工作会议主题报告、《华侨大学本专科学分制学籍管理规定》修订稿、《华侨大学教学事故认定和处理暂行办法》修订稿以及加强学生科技文化创新活动等相关文件,并提出许多中肯的意见和建议。

校长贾益民在总结讲话中指出,去年是学校深化改革,加快发展的关键一年,一年来在国务院侨办的领导下,认真贯彻落实党的十八大精神和《关于全面提高高等教育质量的若干意见》精神,以学校"十二五"规划为指引,学校的各项事业快速发展,教育教学改革深入推进,国际化办学步伐进一步加快,人才培养质量进一步提高,并取得了丰硕的成绩,但同时学校仍面临着许多的困难和问题。学校目前发展的基本情况与确定的发展目标、发展规划、广大师生员工的期望及省内外兄弟院校的发展相比仍存在一定的差距,希望学校上下时刻保持忧患意识和危机意识。

贾益民认为,深化改革、提高质量是当前高等教育发展的核心任务,学校的建设发展和教育教学工作也应当紧紧围绕这个中心来展开工作。贾益民以"创新课程体系建设,深化教学体制机制改革"为主题,重点强调以下四个方面工作:一、要创新课程体系建设,以提升课堂教学质量为核心,带动专业建设和人才培养质量上台阶。二、要深化人才培养模式和体制机制改革,着力培养学生的创新精神和创新能力。三、加强教风建设,抓教风,促学风。四、加强师资队伍建设,发挥教师在提高教学质量中的重要作用。

贾益民强调，学校的改革发展既面临良好的发展机遇，也面临十分严峻的挑战，学校上下一定要以高度的责任感、使命感和满腔的热情团结奋进、扎实工作，加快推进学校教学工作再上新台阶、再上新水平，为推进学校全面协调可持续发展，促进学校科学发展、跨越发展做出新贡献。

研究生教育

【**概况**】 华侨大学以"面向海外，面向港澳台"为办学方针，努力拓展高层次人才培养。学校学位与研究生教育经历了从无到有、从小到大的发展历程。1981年，华侨大学被国务院学位委员会批准为首批硕士学位授予单位，基础数学专业成为我国第一批硕士学位授权点，当年开始招收、培养硕士研究生，拉开了华侨大学研究生教育的帷幕。1998年，国务院学位委员会批准华侨大学为博士学位授权单位，机械制造及其自动化专业获得博士学位授予权，标志着学校研究生教育向更高层次发展。1999年，国务院学位委员会批准华侨大学基础数学、机械制造及其自动化等14个已有硕士毕业生的硕士学位授权专业有资格开展同等学力人员申请硕士学位工作，同年华侨大学还开设了研究生课程进修班，进一步拓展了华侨大学学位与研究生教育的空间。2002年，学校开始机械工程领域工程硕士的招生与培养，2007年开始工商管理硕士（MBA）、公共管理硕士（MPA）、法律硕士（JM）的招生与培养，华侨大学学位与研究生教育从学术型学位扩展到专业型学位。

经过长期的发展和积累，学校研究生教育已经具有相当的规模，研究生教育质量和水平也有较大幅度的提高。目前，学校拥有5个博士后科研流动站，3个一级学科博士学位授权点，20个二级学科博士学位授权点，21个一级学科硕士学位授权点，111个二级学科硕士学位授权点，拥有18个硕士专业学位授权点，8种硕士专业学位类别，其中工程硕士包含11个领域；学校培养研究生的学科横跨理学、工学、经济学、管理学、法学、文学、哲学、历史学共8个学科门类，形成理工结合、文理渗透、工管相济、协调发展的学科体系。学校拥有研究生导师611人，其中博士生导师71人；在读研究生4879人，其中博士304人，硕士4575人；硕士研究生中，全日制3251人，在职1324人。2013年，学校共招收1594名研究生，同时有1060名研究生顺利毕业。

研究生院全面负责学校各类研究生的招生、培养和学位管理等工作，有研究生招生办公室、培养管理办公室、专业学位教育管理中心、境外研究生教育中心、学位评定委员会办公室、综合办公室6个科室，有专职工作人员17名。2013年7月，研究生院常务副院长童昕调任福建工程学院副校长，原公共管理学院院长王丽霞接任研究生院常务副院长；11月，原机电及自动化学院副院长黄富贵调任研究生院副院长。调整后的领导班子为徐西鹏副校长担任研究生院院长，王丽霞教授任研究生院常务副院长，林诗锋、李勇泉和黄富贵三位同志任副院长。

学校现已形成完整的学位与研究生教育管理工作的组织框架体系。学校学位评定委员会，作为学校学位教育管理与学位评定的最高领导机构，总体负责学校学位教育的管理和学位评定工作。在组建完毕学位评定委员会的基础上，学校按学科门类成立学位分委员会，以协助学位评定委员会的工作。另外，为构建学校内部研究生培养质量保证体系，学校按一级学科和专业学位类别，成立以培养质量保证为核心任务的研究生培养指导委员会、专业学位研究生培养指导委员会。现已建立起了研究生培养指导委员会、学位评定分委员会、学位评定委员会共同组成的三级决策机构，由各培养单位与研究生院组成的两级执行机构。

【研究生招生工作】 2013年，共招收研究生1594人，其中博士58人，硕士1536人；硕士研究生中，全日制1135人，在职401人；共招收境外研究生112人。华侨大学研究生招生工作围绕全日制博士研究生、全日制硕士研究生和在职硕士专业学位研究生展开，主要完成2013级博士研究生初试、复试及录取工作，并于2013年12月制定发布了2014年博士研究生招生简章和招生目录；同时，还完成2013级全日制硕士研究生的入学考试、复试及录取工作；完成了硕士生推免工作，共推荐154名（含2名外校推免生）应届本科毕业生免试攻读华侨大学2014年硕士研究生；制定和发布了2014年硕士研究生招生简章和招生专业目录，完成了报名和命题工作，共有2370名考生报考；完成了2013级在职攻读硕士专业学位的考录工作。

做好研究生招生宣传工作。研究生招生规模受限仍然是学校研究生教育发展的重要短板。研究生院通过主动沟通、积极协调等多种途径，在境内全日制研究生招生规模、境外研究生招生空间以及在职研究生招生拓展等方面，都取得了较为显著的成绩。通过加强与社会上实际单位联系、参加招生宣传会、改进研究生推免和硕博连读有关规定、动员校内各培养单位以及提高导师参与的积极性、拓展境外办学合作机构等措施不断拓宽招生宣传渠道，加强招生宣传工作力度，努力扩大研究生招生规模。2013年，专业学位在职人员攻读硕士学位（单证）报考人数1385人，比2012年增加了近40%；全日制专业学位研究生仅管理类联考报考人数就达到1464人，报考人数以及涉及的专业领域均是历年最多。

【研究生优秀新生奖学金】 为吸引优质生源，从源头上提高研究生培养质量，学校从2012级新生开始实施优秀新生奖励办法。2013年度，依照《华侨大学研究生优秀新生奖励办法》（华大研〔2011〕27号）共有2012级博士6人、硕士127人，2013级博士7人、硕士136人获新生奖学金，累计发放奖学金共计185.8万元。另外，根据国家政策变化要求以及学校研究生教育发展现状，2013年，学校重新修订发布了

《华侨大学研究生优秀新生奖励办法》(华大研〔2013〕32号)。

【**福建省研究生教育创新基地**】 2013年5月,研究生院根据福建省《关于开展2013~2015年福建省研究生教育创新基地申报工作的通知》闽教高(2013)34号等文件精神和具体要求,结合学校学位与研究生教育工作的实际情况,组织申报工作。经过学院积极申报、学校审定,学校最终向福建省教育厅提交申报项目9个。其中"化学工程与技术""法学""计算机科学与技术""电子科学与技术""马克思主义理论(马克思主义理论与侨乡社会建设)"5个项目正式获批福建省研究生教育创新基地,"政治学"作为培育项目获批立项。此前,华侨大学分别于2008年、2009年获批"数量经济学""机械工程、测试计量技术及仪器""材料科学与工程""土木工程""生物医药工程"5个福建省研究生教育创新基地。至此,学校共有11个福建省研究生教育创新基地获批立项建设,涵盖了哲学、法学、经济学、工学等学科门类,为下一步学校学位与研究生教育工作的开展奠定了良好的基础。

【**研究生培养管理工作**】 加强研究生日常教学管理。加大教学督导力度,改进督导方法,增加查课次数;针对不同专业、不同类型学生的培养需要,不断完善和修订培养方案,使研究生培养规范化、科学化、实用化,完成研究生院网站改版工作,进一步提升信息化管理水平。做好在校研究生的数据搜集和整理工作,圆满完成了中央高校基础数据、国侨办2014年编制基础数据、学校季度数据、2013年来华留学生数据等数据的统计与报送工作;做好研究生学籍管理工作。及时准确完成高校学籍注册的上报、维护、调整、变更等工作,完善教育部学籍库数据,保证学校学生在教育部学籍系统中数据更新的及时性、准确性;完成港澳台侨及留学研究生的学籍清查工作。

开展学位论文重复率电子检测。2013年,学校完成了23名博士生和665名硕士生的学位论文重复率电子检测。其中博士合格23人;硕士合格654人,不合格11人,研究生学位论文重复率检测不合格率由2012年同期的4.47%下降为0.76%,研究生培养质量有了明显的提升。

加强培养工作的规范化建设。2013年,根据教育部研究生教育改革精神以及学校研究生教育发展变化的要求,针对研究生培养管理,修订并重新发文《华侨大学研究生学籍管理规定》(华大研〔2013〕27号)、《华侨大学研究生教学管理办法》(华大研〔2013〕33号)、《华侨大学硕博连读实施细则》(华大研〔2013〕29号)。

评选优秀学术学位论文。2013年,根据《华侨大学研究生优秀学位论文评选办法》(华大研〔2012〕16号),评选出2012届华侨大学优秀硕士学位论文5篇,奖励金额共计15000元;评选出马万祺优秀学术论文340篇,其中SCI63篇,EI62篇,一类 38 篇，二类 17 篇，三类 160 篇，奖励金额共计 37.25 万元。此外，2013 年，学校获评福建省优秀博士学位论文二等奖 2 名，三等奖 2 名，奖励获奖者和导师共计 16000 元。

另外，2013 年 11 月，重新修订发文《华侨大学研究生优秀学位论文评选办法》（华大研〔2013〕34 号）与《华侨大学马万祺优秀研究生论文奖励基金奖励办法》（华大研〔2013〕30 号），从 2014 年起开始实施。

【学位管理工作】 学校完成了 2013 届 1060 名研究生的学位论文送审、答辩、学位授予、学位档案整理与归档，以及毕业生离校等工作，送审研究生学位论文累计 1700 余份，涉及高校 30 余所。2013 年，学校共有 1028 人获得硕士学位，32 人获得博士学位；完成了 2013 届毕业生的学历电子注册及学位授予信息上报工作；组织 2010 级研究生参加毕业生电子图像信息采集工作。

按照国务院学位办和教育部的相关规定，学校开展了 2013 年的目录外二级学科自主设置工作。经各学科自主申报，学位评定分委员会审议，校外专家论证，教育部二级学科自主设置平台公示及接受质询，校学位评定委员会审议，材料化学、生物医学材料 2 个博士点及物联网工程、制药工程 2 个硕士点于 2013 年 12 月 31 日在教育部二级学科自主设置平台成功备案，学校将在 2015 年的研究生招生工作分别增加 2 个博士点和 2 个硕士点。

【研究生培养机制改革】 研究生培养机制改革是当前我国研究生教育发展的主要基调，也是提升研究生培养质量，走内涵式发展的必然要求。2013 年，研究生院提前主动吸收全国研究生工作会议精神，积极加强工作调研，扎实推进研究生培养机制改革。

成立研究生培养指导委员会，构筑学校内部研究生培养质量保障体系。为建立健全研究生培养质量保证体系，提高研究生培养质量，学校先后发布《关于设置华侨大学研究生培养指导委员会的通知》（华大研〔2013〕6 号）、《关于成立华侨大学研究生培养指导委员会的通知》（华大研〔2013〕14 号），对研究生培养指导委员会的组建原则、方式以及工作职责进行了详细的说明，于 2013 年 6 月 26 日宣布成立 35 个研究生培养指导委员会。至此，学校建立起了由研究生培养指导委员会、学位评定委员会、学位评定分委员会共同组成的三级决策机构，由各培养单位与研究生院组成的两级执行机构，基本形成了学位与研究生教育管理工作的组织框架体系。

深化研究生培养机制改革，培育优质研究生论文。为提高华侨大学对优质生源的吸引力、提升研究生科研创新能力和整体培养质量，有效推进华侨大学研究生培养机制改革，研究生院通过多方调研，向学校提交《华侨大学 2013~2014 年度研究生教育改革实施方案》，经学校审议通过，正式发文实施《研究生优秀学位论文培育计划》。该计划于2013年9月开始面向全日制学术型研究生实施，在研究生的招生、学位论文开题、学位论文答辩的各个关键节点，持续选拔具有较强创新潜力的研究生，资助学业奖学金，并以项目形式资助学位论文研究。

【研究生导师队伍建设】 截至2013年12月31日，华侨大学共拥有研究生导师611人，其中博士研究生导师71人。其中，国家"杰出青年科学基金"获得者1名，国家"新世纪百千万人才工程"入选者2名，国家"青年千人计划"入选者1名，教育部"优秀青年教师资助计划"入选者1名，教育部"新世纪优秀人才支持计划"入选者12名。

为规范研究生教育管理工作，建设一支高素质的研究生指导教师队伍，根据国务院学位委员会和教育部有关规定和文件精神，结合华侨大学实际情况和研究生教育发展需要，研究生院于2013年11月28日起草并发布了《关于征求〈华侨大学研究生指导教师遴选办法（试行）〉意见的通知》（研究〔2013〕36号），广泛征求各培养单位和导师的反馈意见。

【境外研究生教育】 学校顺利完成2013级境外研究生招生、录取、入学、学籍注册等工作，共招收境外研究生112人，其中硕士104人，博士8人；港澳台学生62人，侨生9人，留学生41人；校本部就读11人，昆明教学部24人，在外开办的其他各专业研究生班学生77人。妥善安排境外研究生新生入学工作，为境外研究生开通信息门户，以便进行信息网络化管理，完成了特殊类型、留学生的学籍电子注册工作。2013年4月14日，华侨大学2013级昆明境外硕士研究生班在华侨大学昆明教学部隆重开班。2013年12月19日，华侨大学华语与华文教育专业菲律宾研究生班在菲律宾马尼拉开班，该班是华侨大学在菲律宾开办的第一个硕士研究生班。

及时启动2014年港澳台侨及留学研究生招生宣传工作。根据教育部文件精神，制定发布了2014年面向港澳台地区招收研究生简章，并发布了华侨大学2014年面向港澳台及海外地区自主招收研究生简章。加强与学生处境外生科、各学院团委的联系，及时通过各种渠道向境外宣传学校研究生招生信息，吸引优秀境外本科生攻读华侨大学全日制硕士研究生，鼓励有就业意向的境外本科生就读华侨大学境外兼读制硕士研究生班。

此外，研究院还与马来西亚南方学院签署硕士研究生的合作协议，开设哲学（中华传统文化）专业硕士研究生班，与马来西亚古晋中华中学校友会、孔学研究会拟继续推进之前达成的合作意向。与蒙古国华文学校进行接触并建立联系，拟就合作招收博士研究生班展开详商。与意大利罗马二大进行接触，拟展开工商管理专业方面的合作交流。另外,拟与新加坡、泰国、印尼等国华教机构接洽,寻求合作关系,推进境外研究生教育发展。研究生院积极推动2014年在澳门开办研究生班的报批工作,已向国侨办请示并得到复函首肯,完成报备材料整理归纳,并委托澳门业余进修中心进行在澳手续的办理。

【在职研究生工作】 2013年4月28日,华侨大学2013级在职攻读硕士专业学位新生开学典礼在泉州校区陈嘉庚纪念堂科学厅举行。华侨大学校长贾益民,厦门市国资委主任林杰,厦门市国资委党工委副书记、纪工委书记张亚明,泉州市人民检察院检察长欧秀珠,泉州市中级人民法院副院长吴俊民,华侨大学兼职教授、泉州市科技局局长颜志煌,泉州市发改委副主任王克思及华侨大学研究生院负责人、各相关培养单位负责人出席典礼,2013级在职攻读硕士专业学位全体新生参加典礼。典礼由副校长徐西鹏主持。贾益民在开学典礼上致辞,他代表学校向2013级新同学表示欢迎,并简述了华侨大学办学历史及学科建设概况,重点介绍了华侨大学研究生教育发展情况,肯定了各位新同学能够克服困难再次回到学校深造学习的精神。贾益民表示,学校将会为同学们的学习创造良好的条件。研究生院、各学院、各有关职能部门都要紧紧围绕着人才培养质量这一核心来开展工作,为教学、科研创造更好平台,提供更好的服务和保障。林杰代表厦门市国资委的学员向华侨大学表示感谢,并介绍了目前厦门市国资企业的发展情况及人才发展战略。

2013年,华侨大学共录取在职研究生401人,其中法律硕士116人、工商管理硕士70人、公共管理硕士107人、工程硕士108人。

【2013级昆明境外硕士研究生班开班】 2013年4月14日,华侨大学2013级昆明境外硕士研究生班在华侨大学昆明教学部隆重开班。这是3月20日华侨大学与昆明华文学校签订协议合作举办华侨大学昆明教学部以来招收的第一批硕士研究生,也是继日本华语与华文教育研究生班之后开办的第二个华文教育境外研究生班。该班24名学生主要来自缅甸和越南,均为当地华校教师,将由华文学院承担为期三年的教学培训任务,由完美(中国)有限公司资助三年的部分学费。

中国华文教育基金会副秘书长卢海斌、云南省人民政府侨务办公室副主任袁光兴、华侨大学副校长徐西鹏出席开班仪式,并为新学员佩戴华侨大学校徽。开班仪式由昆明华文学校校长张明军主持。

徐西鹏代表学校致辞欢迎2013级昆明境外硕士研究生班新同学,介绍了华侨大学的办学历史、办学宗旨和境外研究生培养情况,分析海外华文教育的发展形势和海外华文教育师资培养的急切需求与重要意义,指出创办海外华文教育硕士研究生班,培养高级海外华文教育人才,是华侨大学义不容辞的责任。徐西鹏表达了对学生们的期待，希望他们在学习中储备系统的华文教育专业知识、树立严谨学风、增强文化语言教学理论研究、提高自身的专业素质和教学水平，成为各国华文教育领域的骨干力量；鼓励他们多与老师沟通、多与母校华侨大学联系，争取通过努力学习回报华文教育事业。昆明境外硕士研究生班吕子态同学代表全体新生，感谢华侨大学为缅甸、越南华文教师提供来之不易的学习机会，表示将珍惜宝贵的学习时间，认真学习，勤于思考，争取学有所成。

2013级昆明境外硕士研究生班，是专门针对海外，为适应缅甸、越南的经济文化发展，践行华侨大学办学宗旨，满足当地对高层次华文师资的需求，由华大与昆明教学部协商开设的硕士研究生班。该班主要采用非脱产密集型授课方式，上课地点设在华大昆明教学部，最大限度地为东南亚各国在职华文教师提供学业资助。

【华语与华文教育专业菲律宾研究生班开班】 2013年12月19日，华侨大学华语与华文教育专业菲律宾硕士研究生班在菲律宾马尼拉开班。该班是华侨大学在菲律宾开办的第一个硕士研究生班，所招收的18名学生均为当地华校一线教师。华侨大学华文学院承担为期三年的培养任务，将采用非脱产密集型授课方式，选派优秀教师赴菲授课，帮助其完成学业。菲律宾华教中心副主席沈文、黄端铭，华侨大学研究生院常务副院长王丽霞、华文学院党委书记纪秀生等出席开班仪式，并为学生颁发华教基金会完美奖学金。

王丽霞首先向为成功开班而辛苦付出的菲律宾华教中心以及奋斗在华文教育一线的老师表示感谢。希望学生们克服工作、家庭、学习中的各种困难，尽快适应研究生教学培养模式，更新知识结构，提升知识水平，以期为华文教育事业做出更大贡献。纪秀生介绍了华语与华文教育专业的培养方案和学习进程，勉励学生珍惜此次学习机会，心存感激，在未来的研究生学习过程中积极主动地提升自我、完善自我。黄端铭介绍了此次研究生班顺利开班的重要意义，分析了菲律宾华文教育的现状和存在问题，并督促学生努力学习、取长补短。

菲律宾研究生班是华侨大学继日本班和昆明班之后所开办的第三个华语与华文教育专业硕士研究生班。中国华文教育基金会和完美（中国）有限公司为该班提供奖学金赞助，此次奖学金奖励总额达95000元人民币。菲律宾华侨、华侨大学董事会副董事长陈永栽也对该班给予大力支持，并提供了教学场所、教学设施和部分生活便利。

【福建省研究生教育管理研究会年会】 2013年10月18日，由福建省高校研究生教育管理研究会主办，华侨大学研究生院承办的福建省高校研究生教育管理研究会2013年年会在龙岩古田举行。国务院学位办副主任、教育部学位管理与研究生教育司副司长孙也刚,福建省教育厅党组成员、副书记、副厅长黄红武,国务院学位委员会学科评议组专家、华东理工大学副校长涂善东,省教育厅、省财政厅、省教育考试院代表,省内各研究生培养单位代表等共110多人出席本次年会。

孙也刚以"研究生教育改革的理念、思路和措施"为题做专题报告,从理念、思路和措施等方面对研究生教育改革的政策和背景进行了深入的解析。他在报告中强调,改革首先要紧紧围绕"服务需求,提高质量"这一条主线来展开,其次要把握好"分类推进培养模式改革和统筹构建质量保障体系"两个着力点,才能实现教育改革四个方面的转变,即发展方式、类型结构、培养模式和评价机制。涂善东以"批判思维是学科创新发展的基础"为主题,发表了有关学科建设的专题报告。省财政厅和教育考试院代表分别对教育投入机制改革和招生制度政策做了解读;厦门大学、中科院福建物质结构研究所、福州大学、福建师范大学、厦门理工学院及华侨大学代表分别做了典型发言。

据悉,本次会议是历届年会规格最高、内容最丰富、形式最多样、参与人数最多、最圆满成功的一次,被称为福建省研究生教育事业发展中的"古田会议",将指导和推动福建省研究生教育事业和学科建设再创辉煌,更上高楼。

华侨大学授予博士学位学科目录

博士学位授权一级学科(3个)

序号	一级学科名称(代码)	二级学科名称(代码)
1	机械工程(0802)	080201 机械制造及其自动化
2		080202 机械电子工程
3		080203 机械设计及理论
4		080204 车辆工程
5	材料科学与工程(0805)	080501 材料物理与化学
6		080502 材料学
7		080503 材料加工工程
8		0805Z1 材料化学
9		0805Z2 生物医学材料
10	化学工程与技术(0817)	081701 化学工程
11		081702 化学工艺
12		081703 生物化工
13		081704 应用化学
14		081705 工业催化

续表

博士学位授权二级学科（6个）

序号	所属一级学科名称（代码）	二级学科名称（代码）
15	哲学（0101）	010101 马克思主义哲学
16	应用经济学（0202）	020209 数量经济学
17	政治学（0302）	030203 科学社会主义与国际共产主义运动
18	土木工程（0814）	081402 结构工程
19	工商管理（1202）	120202 企业管理
20	工商管理（1202）	120203 旅游管理

华侨大学授予硕士学位学科目录

硕士学位授权一级学科（21个）

序号	一级学科名称（代码）	二级学科名称（代码）
1	哲学（0101）	010101 马克思主义哲学
2	哲学（0101）	010102 中国哲学
3	哲学（0101）	010103 外国哲学
4	哲学（0101）	010104 逻辑学
5	哲学（0101）	010105 伦理学
6	哲学（0101）	010106 美学
7	哲学（0101）	010107 宗教学
8	哲学（0101）	010108 科学技术哲学
9	应用经济学（0202）	020201 国民经济学
10	应用经济学（0202）	020202 区域经济学
11	应用经济学（0202）	020203 财政学
12	应用经济学（0202）	020204 金融学
13	应用经济学（0202）	020205 产业经济学
14	应用经济学（0202）	020206 国际贸易学
15	应用经济学（0202）	020207 劳动经济学
16	应用经济学（0202）	020209 数量经济学
17	应用经济学（0202）	020210 国防经济
18	应用经济学（0202）	0202Z1 信息经济学

续表

序号	一级学科名称（代码）	二级学科名称（代码）
19	法学（0301）	030101 法学理论
20		030102 法律史
21		030103 宪法学与行政法学
22		030104 刑法学
23		030105 民商法学
24		030106 诉讼法学
25		030107 经济法学
26		030108 环境与资源保护法学
27		030109 国际法学
28		030110 军事法学
29	政治学（0302）	030201 政治学理论
30		030202 中外政治制度
31		030203 科学社会主义与国际共产主义运动
32		030204 中共党史
33		030205 国际政治
34		030206 国际关系
35		030207 外交学
36		0302Z1 侨务政策与理论
37	中国语言文学（0501）	050101 文艺学
38		050102 语言学及应用语言学
39		050103 汉语言文字学
40		050104 中国古典文献学
41		050105 中国古代文学
42		050106 中国现当代文学
43		050107 中国少数民族语言文学
44		050108 比较文学与世界文学
45		0501Z1 华语与华文教育
46		0501Z2 媒介文化与传播
47	化学（0703）	070301 无机化学
48		070302 分析化学
49		070303 有机化学
50		070304 物理化学
51		070305 高分子化学与物理
52	统计学（0714）	071400 统计学

续表

序号	一级学科名称（代码）	二级学科名称（代码）
53	机械工程（0802）	080201 机械制造及其自动化
54		080202 机械电子工程
55		080203 机械设计及理论
56		080204 车辆工程
57	光学工程（0803）	080300 光学工程
58	仪器科学与技术（0804）	080401 精密仪器及机械
59		080402 测试计量技术及仪器
60	材料科学与工程（0805）	080501 材料物理与化学
61		080502 材料学
62		080503 材料加工工程
63		0805Z1 材料化学
64		0805Z2 生物医学材料
65	电子科学与技术（0809）	080901 物理电子学
66		080902 电路与系统
67		080903 微电子学与固体电子学
68		080904 电磁场与微波技术
69	信息与通信工程（0810）	081001 通信与信息系统
70		081002 信号与信息处理
71	计算机科学与技术（0812）	081201 计算机系统结构
72		081202 计算机软件与理论
73		081203 计算机应用技术
74		0812Z1 物联网工程
75	建筑学（0813）	081300 建筑学
76	土木工程（0814）	081401 岩土工程
77		081402 结构工程
78		081403 市政工程
79		081404 供热、供燃气、通风及空调工程
80		081405 防灾减灾工程及防护工程
81		081406 桥梁与隧道工程

续表

序号	一级学科名称（代码）	二级学科名称（代码）
82	化学工程与技术（0817）	081701 化学工程
83		081702 化学工艺
84		081703 生物化工
85		081704 应用化学
86		081705 工业催化
87		0817Z1 制药工程
88	城市规划学（0833）	083300 城市规划学
89	软件工程（0835）	083500 软件工程
90	管理科学与工程（1201）	120100 管理科学与工程
91		1201Z1 体育产业管理
92	工商管理（1202）	120201 会计学
93		120202 企业管理
94		120203 旅游管理
95		120204 技术经济及管理

硕士学位授权二级学科（16个）

序号	所属一级学科名称（代码）	二级学科名称（代码）
96	马克思主义理论（0305）	030501 马克思主义基本原理
97		030505 思想政治教育
98	外国语言文学（0502）	050201 英语语言文学
99	中国史（0602）	060204 专门史
100	数学（0701）	070101 基础数学
101	物理学（0702）	070207 光学
102	地理学（0705）	070502 人文地理学
103	生物学（0710）	071005 微生物学
104		071010 生物化学与分子生物学
105	力学（0801）	080104 工程力学
106	电气工程（0808）	080805 电工理论与新技术
107	控制科学与工程（0811）	081102 检测技术与自动化装置
108		081104 模式识别与智能系统
109	环境科学与工程（0830）	083001 环境科学
110		083002 环境工程
111	公共管理（1204）	120401 行政管理

华侨大学授予硕士专业学位目录（18个）

序号	学位类别名称（学位类别码）	专业学位领域名称（领域代码）
1	金融硕士（30251）	无专业学位领域
2	法律硕士（30351）	035100 不区分
		035101 非法学
		035102 法学
3	建筑学硕士（30851）	无专业学位领域
4	工程硕士（30852）	085201 机械工程
5		085204 材料工程
6		085207 电气工程
7		085208 电子与通信工程
8		085211 计算机技术
9		085213 建筑与土木工程
10		085216 化学工程
11		085229 环境工程
12		085238 生物工程
13		085239 项目管理
14		085240 物流工程
15	工商管理硕士（31251）	125101 工商管理硕士
16	公共管理硕士（31252）	无专业学位领域
17	旅游管理硕士（31254）	无专业学位领域
18	工程管理硕士（31256）	无专业学位领域

2013年在岗博士研究生指导教师名单

（71人）

马克思主义哲学（9人）：

杨 楹　黄海德　张禹东　陈鸿儒　贾益民　许斗斗　景 源　庄国土　孙道进

科学社会主义与国际共产主义运动（5人）：

王四达　林怀艺　马拥军　秦 宣　庄锡福

结构工程（5人）：

高轩能　郭子雄　周克民　董毓利　陈士海

材料科学与工程（11人）：

吴季怀　陈国华　李明春　辛梅华　吴文士　程　琳　戴劲草　林碧洲　孙向英
林建明　林松柏

化学工程与技术（11人）：

王士斌　杨素萍　翁连进　胡恭任　林　毅　张光亚　崔秀灵　刁　勇　蔡士杰
林金清　苑宝玲

机械工程（8人）：

徐西鹏　顾立志　黄　辉　江开勇　张认成　金福江　崔长彩　童　昕

数量经济学（9人）：

胡日东　赵昕东　李拉亚　许培源　张　潜　吴承业　沈利生　乌家培　唐绍祥

企业管理（12人）：

郭东强　林　峰　陈金龙　吕庆华　张向前　黄天中　张　潜　乌家培　骆克任
苏东水　廖泉文　丁国炎

旅游管理（1人）：

郑向敏

2013年在岗硕士研究生指导教师名单
（611人）

经济与金融学院（23人）：

陈鹏军　傅联英　郭　丽　胡日东　胡石清　李宝良　林俊国　饶志明　沈利生
苏桂芳　唐绍祥　王景河　乌家培　吴承业　肖曙光　许培源　尹晓波　张新红
张义龙　赵林海　朱润东　朱　轶　庄培章

材料学院（43人）：

陈国华　陈亦琳　程　琳　戴劲草　杜慷慨　范乐庆　高碧芬　黄妙良　兰　章
李东旭　李明春　李四中　李先学　连惠婷　林碧洲　林昶旭　林建明　林金清
林松柏　林　煜　林志勇　刘　斌　骆耿耿　彭　程　钱　浩　全志龙　孙向英
王森林　魏月琳　吴季怀　吴文士　萧聪明　肖子敬　谢奕明　辛梅华　熊兴泉
严捍东　杨传孝　杨卫华　于亚明　张敬阳　赵青华　郑一雄

机电学院（44人）：

崔长彩　戴秋莲　方丁山　顾立志　郭　桦　郝艳华　胡中伟　黄常标　黄富贵
黄国钦　黄　辉　黄致建　江开勇　姜　峰　李洪友　李　琼　李文芳　李　远
李钟慎　林福泳　林俊义　林添良　林振衡　刘　斌　刘　强　刘晓梅　陆　静
路　平　沈剑云　宋一然　孙德明　童　昕　王启志　吴　晓　谢明红　徐西鹏

杨　帆　杨建红　于怡青　张认成　张　勇　赵紫玉　郑亚青　周广涛

化工学院（60人）：

蔡邦平　陈爱政　陈　国　陈宏文　陈明霞　程　杰　傅丽君　耿　顿　郭沛涌
韩文亮　洪俊明　侯艳伟　胡纯铿　胡恭任　黄惠莉　黄昀昉　黄志宏　荆国华
李宝霞　李　玲　李夏兰　林　毅　刘建福　刘　青　刘勇军　刘源岗　刘智禹
罗巅辉　明艳林　阮志平　宋　磊　宋秋玲　孙　荣　唐源江　王明元　王奇志
王士斌　王晓琴　王昭晶　翁连进　吴锦程　吴文果　肖美添　许绿丝　薛秀玲
杨素萍　杨　欣　易立涛　于庆杰　于瑞莲　曾庆友　张光亚　张君毅　张　娜
张学勤　赵春贵　赵　珺　赵　鹏　赵艳玲　周作明

土木学院（42人）：

蔡奇鹏　蔡燕燕　常方强　陈林聪　陈士海　陈　誉　董毓利　杜毛毛　方德平
高轩能　郭力群　郭子雄　侯　炜　侯祥朝　黄庆丰　黄群贤　黄奕辉　阚　晋
李　飞　李升才　林从谋　林树枝　刘　阳　吕振利　罗　漪　彭兴黔　祁神军
秦　旋　施养杭　王卫华　肖朝昀　徐玉野　严捍东　叶　青　俞　缙　苑宝玲
曾庆玲　曾志兴　詹朝曦　张云波　赵志领　周克民

哲社学院（26人）：

陈鸿儒　陈庆超　程德华　范正义　冯　兵　黄海德　贾益民　鉴传今　蒋朝君
李景源　李志强　林壮青　罗建平　孙道进　王福梅　王福民　魏燕侠　薛秀军
杨　楹　俞黎媛　张国栋　张世远　张禹东　张云江　周世兴　庄国土

建筑学院（37人）：

边经卫　陈晓向　陈志宏　成　丽　邓伟骥　费迎庆　关瑞明　侯　雷　黄世清
黄远水　李健红　林从华　刘　塨　龙　元　卢　山　陆　引　吕韶东　欧达毅
潘　华　彭晋媛　屈培青　冉茂宇　申晓辉　王　琳　王　珊　王唯山　王兴田
王治君　吴奕德　肖　铭　谢少明　薛佳薇　杨思声　尹培如　赵晓波　赵燕菁
郑　志

生物医学学院（21人）：

菲利普·卡帕诺夫　程国林　崔秀灵　刁　勇　解丽娟　李少钦　李招发
林俊生　罗　嘉　牛荣丽　戚智青　邱　飞　唐明青　王立强　王明席　肖卫东
徐先祥　许瑞安　杨会勇　张景红　庄贞静

工商管理学院（54人）：

蔡林峰　陈初昇　陈金龙　陈克明　陈钦兰　陈思雄　陈小燕　陈　怡　邓晓懿
丁国炎　高世乐　郭东强　胡建兵　胡三嫚　黄如良　黄天中　黄种杰　康青松
李朝明　李海林　廖泉文　林春培　林　峰　林鸿熙　林喜庆　刘金雄　刘　进
吕庆华　骆克任　彭　需　邵志高　苏朝晖　苏东水　孙　锐　谭观音　田建春

万文海　王绍仁　乌家培　吴立源　吴新博　吴泽福　徐小飞　杨默如　杨树青
衣长军　殷　勤　曾繁英　曾　路　张　华　张　潜　张向前　郑淑蓉　郑文智

计算机学院（29人）：
陈锻生　陈维斌　陈学军　陈叶旺　陈永红　杜吉祥　杜勇前　傅顺开　缑　锦
蒋文贤　李海波　刘韶涛　吕俊白　骆翔宇　骆炎民　潘孝铭　彭淑娟　孙增国
田　晖　王华珍　王　靖　王　田　吴扬扬　谢维波　谢晓东　叶剑虹　喻小光
钟必能　邹金安

信息学院（53人）：
蔡灿辉　陈东华　陈智雄　戴声奎　丁攀峰　方慧娟　方瑞明　冯　桂　葛悦禾
郭新华　郭震宁　贺玉成　黄黎红　黄锐敏　黄志福　金福江　李国刚　李　平
林比宏　林其伟　林　青　林赏心　凌朝东　卢小芬　罗继亮　莫　冰　聂卓赟
欧聪杰　彭盛亮　蒲继雄　邱伟彬　任洪亮　尚荣艳　邵　辉　苏少坚　谭鸽伟
汤　炜　王　飞　王加贤　王　可　吴逢铁　吴志军　闫　铮　杨冠鲁　杨　骁
张　海　张家冰　张奚宁　赵　睿　周凯汀　周　林　朱大庆　庄其仁

公共管理学院（38人）：
蔡振翔　曹文宏　陈少牧　陈雪琴　丁大力　关　键　何碰成　和　红　侯志阳
姜泽华　李永苍　连朝毅　梁发超　林怀艺　刘文波　马拥军　潘新美　彭丽花
秦　宣　双文元　汤兆云　王焕芝　王惠娜　王丽霞　王四达　王秀勇　谢治菊
徐　晞　叶麒麟　岳　晓　张　静　张赛群　张钟鑫　周碧华　周兴泰　庄锡福
卓　萍　邹利林

文学院（22人）：
蔡志诚　陈辉兴　杜晓萍　胡　萍　黄　河　蒋晓光　林英德　刘少勤　刘文辉
骆　婧　马华祥　毛　翰　孙汝建　索燕华　王桂亭　王建设　王　军　王　琰
徐　华　许　总　郑亚捷　朱媞媞

法学院（27人）：
白晓东　陈斌彬　陈斯彬　陈慰星　戴仲川　黄奇中　江　眺　靳学仁　兰仁迅
李　强　梁　伟　林伟明　刘　超　刘　音　骆旭旭　彭春莲　王方玉　翁文旋
吴情树　吴永辉　许少波　翟相娟　张国安　张照东　钟付和　周　勤　庄善裕

旅游学院（23人）：
陈金华　陈秋萍　陈雪琼　池　进　戴　斌　方旭红　侯志强　黄安民　黄建军
黄金火　黄远水　李洪波　李勇泉　林美珍　林明太　宋子千　汪京强　王　振
谢朝武　叶新才　詹芬萍　郑向敏　周春梅

数学学院（15人）：
陈少伟　陈文雄　陈行堤　傅仰耿　黄浪扬　黄心中　林　峰　林增强　罗正华

皮定恒　宋海洲　王全义　肖占魁　张金顺　庄清渠

外国语学院（11人）：

陈道明　陈历明　陈玉珍　杜志卿　黄小萍　黎　林　刘镇清　潘锡清　孙飞凤　姚鸿琨　张　燕

华文学院（12人）：

陈丛耘　陈旋波　冯玉涛　纪秀生　李晓洁　林　祁　刘志华　孟建煌　沈　玲　王爱平　于逢春　庄伟杰

马克思主义学院（10人）：

洪跃雄　刘卫卫　刘　英　骆文伟　孙琼如　吴鸿雅　吴苑华　许斗斗　曾文婷　朱银端

数量经济研究院（7人）：

陈燕武　黄大柯　李拉亚　项后军　张五六　张秀武　赵昕东

华人华侨研究院（10人）：

陈景熙　李　勇　刘文正　王怡苹　谢婷婷　许金顶　游国龙　郑文标　钟大荣　朱东芹

华文教育研究院（3人）：

胡建刚　胡培安　贾益民

工学院（1人）：

郑力新

2013年福建省优秀博士学位论文

获奖等级	单位名称	作者	一级学科代码及名称	论文题目	导师姓名
二等奖	哲学与社会发展学院	赵琰	0101 哲学	霍耐特承认理论探究	李景源
二等奖	材料科学与工程学院	李清华	0802 材料科学与工程	导电聚合物在染料敏化太阳能电池中的应用	吴季怀
三等奖	经济与金融学院	李文星	0202 应用经济学	人民币汇率变动对我国价格水平的传递效应研究	胡日东
三等奖	土木工程学院	黄群贤	0814 土木工程	新型砌体填充墙框架结构抗震性能与弹塑性地震反应分析方法研究	郭子雄

专科教育

【概况】 厦门工程技术学院前身为2001年设立的华侨大学厦门高级技工学校办学点，是华侨大学与厦门技师学院合作探索"新高职"教育的实践产物，并于2009

年正式升格为校本部的二级学院。学院秉承"诚精勤毅"的校训,遵循"高起点、高标准、高质量,创全国一流职业教育培训基地"的办学理念,以建设一所条件优良、定位准确、行为规范、特色鲜明,教学高质量、管理高水平、办学高效益,可持续发展的技工院校为目标,坚持"突出技能"的办学特色。通过专业教学体系改革,校企共同合作,将企业需求写入教学计划、大纲,以工作过程导向、项目导向、工学一体导向,实施工学一体教学模式,培养真正满足企业需求的技能人才。近年来,毕业生就业率保持在98%以上。

【专业建设】 根据学院的发展规划和总体规划,结合教学实际,积极进行相关专业的调整和改革。对电子工艺管理专业的人才培养方案进行了调整,由原来的电子工艺师方向调整为以维修和售后服务为定位的人才培养方案。2013年,学院共有电子工艺、计算机、建筑工程、模具、汽车检修和应用电子6个招生专业。

【课程建设】 积极构建专科教育课程体系。2013年,应用电子专业因人才培养方案调整,分别编制了新教学大纲。自动化专业加强了单片机应用教学,采用项目教学法进行授课,教师自编了相应的教学文件。

【质量监督】 2013年,在教学监测和考风建设上,加强了期末考试试卷的审核工作,考前的动员及考场纪律教育工作,考试过程中采用了"教考分离"的方式进行,考试过程中未出现违反考场纪律的事件。教师的教学反馈和学生的测评满意率均达97%。

【培养管理】 2013年,厦门工程技术学院学生工作的开展继续以校本部为核心,以学生奖、助、贷、勤工作为主线,以公平、公正、公开为原则,通过完善学生综合素质评价体系,指导完成了375名学生综合素质测评,137名学生奖学金评选工作;通过建立健全班级贫困生档案,最大限度地使经济困难学生均能享受助学政策,共受理27名学生国家助学贷款申请及32名生源地信用助学贷款,未出现违规操作现象。

学校以学生教育工作对心理工作要求为蓝本,吸取和借鉴以往心理咨询工作经验,通过建立、分析学生《心理晴雨表》,组织心理健康系列讲座,购买布置沙盘室并投入使用沙盘测评软件等,加强了对学生心理辅导的宣传力度,提高了心理辅导中的针对性、科学性、实效性,不断提高学生心理素质,从而为全面提高学生素质打下良好的基础。

2013年,学校继续实施校企合作、订单式培养的人才培养模式,严格执行"专业实施性教学计划",完成各项教学工作量,在学期初、期中对教学计划、教案、教学实施情况等内容进行检查。加强专业技能的强化训练，组织学生参加了职业资格鉴定，通过率在90%以上。

【学籍管理】 2013年厦门工程技术学院按照学校要求积极做好学籍管理工作，对162名新生进行入学资格审核，为162名通过审核的学生做好学籍注册工作；与此同时，为已取得学籍并在校学习的537名学生办理学期注册手续，为3名学生办理退学手续。学院及时做好课程考核的组织、成绩的评定与登记记载管理，以此为依据做好学籍异动与处理，取消3名学生的学籍。学院做好2013届毕业生的毕业资格审查和各种证书、文凭等管理，经审核，共有171名学生顺利毕业并获取相应证书。

【实践教学与创新】 专科实践教学严格按照华侨大学高等职业技术教育的标准进行教学，新建汽车电控网络实训室、工业自动化网络实训室、平板显示实训室，建筑工程专业还新建了相关课程设计和毕业设计机房，强化对学生职业适应能力、动手能力的培养。

预科教育

【概况】 华文学院预科部是在华侨大学先修部和集美侨校朝蒙班基础上组建而成的，是华侨大学面向华侨、港澳台青年及外籍华人青年而设立的预科性质的教学单位。2000年，华侨大学先修部并入集美华文学院，同年恢复招收预科学生。从学生类别上，可分为境内生和境外生两部分；预科部的组成从班级类型上，可分为先修班和预科班。先修班主要招收初、高中程度的华侨、港澳台青年及外籍青年；预科班主要招收当年参加"单招"考试并填报华侨大学预科志愿的华侨、港澳台青年及外籍华人青年，同时免试择优录取参加当年海外及港澳等地区中学会考而又自愿就读华侨大学预科部的海外中学毕业生，也招收部分参加全国高校统一考试且填报华侨大学作为第一志愿、考试成绩在该省（市）本科一批录取最低控制分数线80分以内的归侨子女、归侨青年、华侨在国内的子女和台籍青年等。

【课程设置】 预科部课程设置是在预科和先修多年办学的实践基础上，参照国内外预科教育教学经验总结发展起来的。预科教学的主要任务是搞好境内外学生从中学学习到大学学习的教育衔接，在课程设置上强调汉语、英语、计算机、数学等基础教学。预科境内生班主要开设预科数学、预科语文、英语精读、英语泛读、英语口语、综合英语、英语语法、英语听力、计算机基础、中国文化要略等课程。预科境外A班主要开设预科数学、预科语文、综合英语、英语语法、英语听力、计算机基础、汉语口语、中国概况（文科）、物理（理科）、化学（理科）等课程，同时还开设中国书法、音乐和体育等素质课；预科境外B班、C班和先修班则主要根据暨南大学、华侨大学对外单独招生考试（简称"单招"）大纲和全国高校联合对外招生考试（简称"联招"）大纲，开设中国语文、数学、英语、物理、化学（理科）、历史、地理（文科）等课程。

【师资力量】 预科部师资力量雄厚，教学质量优良。现有在职教师7位，其中副教授5位、讲师2位，还有1位教学秘书。预科部教师教学经验丰富、业务能力强，在国内公开出版刊物上发表几十篇教育教学论文，还承担了省级、校级等科研课题。预科部从1982年参加"单招"和"联招"考试以来，升学率均保持在90%以上。

【质量管理】 2013年，华文学院预科部重点加强对教学工作的检查监管，严抓考风考纪。组织学生参加暨南大学华侨大学两校联招考试工作，做好学生迎考复习的指导以及参考预科生的考前考风教育。

【招生工作】 2013年，华文学院预科部配合学院招生办做好对外招生工作中的命题、评卷工作，2013年预科班共招收境内生19人，境外生110人；先修班未招生。截至目前，学院预科班共招收境外生2296人，境内生1496人；先修班共招收境外生725人。

华文学院预科教育历年招生情况简表

年度	预科班		先修班	
	境内生	境外生	境内生	境外生
1997	无	无	无	26
1998	无	无	无	25
1999	无	无	无	33
2000	120	77	无	81
2001	126	42	无	95
2002	159	65	无	127
2003	177	63	无	158
2004	110	84	无	96
2005	90	231	无	15
2006	67	194	无	23
2007	86	193	无	23

续表

年度	预科班		先修班	
	境内生	境外生	境内生	境外生
2008	90	264	无	13
2009	122	265	无	10
2010	92	274	无	无
2011	111	293	无	无
2012	127	141	无	无
2013	19	110	无	无
总计	1496	2296	0	725

继续教育

【概况】 2013年，继续教育学院围绕华侨大学的办学方向和办学宗旨，应当前福建省成人教育的现状，结合社会对学历教育需求逐步减少的情况，积极开拓继续教育工作新局面，强化内涵建设，积极拓展海外生源，大力开展高端培训，调整专业结构，提升办学层次，转变教育方式，以提升继续教育学生的社会竞争力为宗旨，着力推广终身教育。

为进一步深化人事制度改革，继续教育学院不断完善激励机制，进行了内设机构的整合，将业余教学部、函授教学部、自考办合并为教学部，提升继续教育整体教学管理水平。探索绩效考核与薪酬分配相结合的具体办法，充分调动全院教职工的积极性、主动性和创造性，营造关心学院发展、积极承担岗位任务的良好氛围。

2013年，继续教育学院坚持以教育质量为生命线，走内涵发展道路，加强教学过程监控，规范教学管理；建立聘任教师师资库，聘任"双师型"教师，强化班主任建设，严格考勤与管理，定期开展课堂教学管理检查和监督，逐步提高学院的教学质量；建设成人教育教材库，规范教学管理制度，修订培养方案，确保教学工作的顺利开展；学院还积极规范华侨大学继续教育学院校外教学点的教学管理工作，定期开展教学检查工作，严控校外教学点教学质量；大力拓展各种中高端培训，将培训和社会教育作为继续教育学院发展的新增长点，积极承担各级政府和企事业单位委托的人才培训工作。

2013年，继续教育学院与省内公办高职高专院校合作，设立校外教学点，调整专业结构，开设专升本项目合作，提高办学层次。一年来，与惠安职业中专学校、福建省商贸学校、德化职业学校、泉州黎明大学、龙岩闽西职业技术学院等单位签订了合作协议，全面对接专升本，以改变继续教育生源渠道和结构。在德化职业学校建立了首个校外继续教育培训基地，进一步促进了高校与地方的协调发展。

同时，继续教育学院充分发挥华侨大学工科优势专业的品牌效应，增设一些社会热门专业。经国务院侨务办公室、福建省教育考试院同意，2013年华侨大学新增了护理学专科专业。

2013年，继续教育学院共开设本专科专业22个，录取学生1582人，实际报到1366人，报到率为86.35%。其中泉州校区录取1142人，报到960人，报到率为84.06%；厦门校区录取203人，报到169人，报到率为83.25%；厦门技师学院录取237人，报到237人，报到率为100%。此外，还有全日制自学助考生568人。2013年，华侨大学继续教育学院通过澳门业余学校招收法学专升本学生33人。

2013年，继续教育学院共毕（结）业1353人，其中内地生本专科毕业生1138人，澳门本专科毕业生197人，结业生18人（其中境外生2人）；获得学士学位的本科毕业生共96人，其中内地本科毕业生获得学士学位51人，澳门本科毕业生获得学士学位45人；全日制自学助考毕业生175人。

【修订成人高等教育培养方案】 2013年，继续教育学院以遵循成人高等教育发展规律为宗旨，始终坚持学校的办学定位和办学特色，以提升学生社会竞争力为目标，在适应市场的前提下，充分发挥学校的学科优势，增设具有成人高等教育特色的新专业，适时地修订成人高等教育培养方案，优化课程体系，拓宽专业口径，突出对学生实践能力的培养。2013年，新增33个成人高等教育专业，其中专科11个，本科3个，专升本19个；修订成人高等教育培养方案143个。

【成人本科学位授予】 2013年1月18日，继续教育学院举办了首届成人高等教育学士学位授予仪式，51位成人高等教育本科毕业生获得学士学位。首届成人高等教育学士学位授予仪式的隆重举行极大地鼓舞和激励了在校的成人教育学生，也对学校成人高等教育工作的进一步规范化管理和教学质量的提高提出更高的要求。

【短期培训】 2013年，继续教育学院主动与企业对接，根据企业需求，以提升企业人员业务技能，推动企业发展为目标，开展订单式短期培训。学院承办了泉州华奥汽车服务有限公司第一期短期培训班，培训50人。学院主动与地方政府对接，针对性培训机关管理人员，提高其管理水平及业务能力，先后承办了国务院侨办甘肃省积石山县党政干部培训班、泉港山腰街办乡镇干部管理能力培训班、泉州市邮政工商管理高级研修班、海峡两岸工艺美术发展与产业创新高级研修班、地税系统干部更新知识培训班等，累计培训944人。

【校外培训基地】 2013年9月1日，华侨大学继续教育学院首个校外培训基地在德化职业学校建立。华侨大学副校长刘塨出席揭牌仪式并致辞。继续教育学院院长庄培章、党委书记王维德、副院长刘以榕、德化县人民政府副县长许华忠、翁坤海，德化县教育局局长黄文和、德化职业学校校长陈文森等参加仪式。培训基地的创建为华侨大学与德化职业学校长期合作创造了条件，在促进高校与地方和谐发展中起到科技支撑、教育帮扶、资源共享的作用，为提升德化专业技术人才的整体素质提供了较为丰富的教育、教学及实训保障，拓宽了社会有志之士的升学通道。

【自学考试】 2013年，福建省高等教育自学考试委员会《关于同意开考中小企业经营管理（独立本科段）等专业的批复》（闽考委〔2013〕4号）批复华侨大学开考高等教育自学考试中小企业经营管理、旅游管理、社会工作与管理、行政管理学、商务英语、汽车营销与售后技术服务、建筑工程、数字媒体艺术8个独立本科段专业和护理学专科专业。《福建省教育考试院关于同意开展自考会计（专科）等专业与中职教育衔接考试的批复》（闽考院自〔2013〕48号）批复华侨大学开展高等教育自学考试专科会计（企业会计方向）、建筑施工技术与管理、旅游管理、电子商务、物流管理、人力资源管理、室内设计、计算机网络及应用8个专业与中等职业教育衔接考试。《福建省教育考试院关于同意华侨大学开展自考会计（独立本科段）等专业与高职高专教育衔接考试的批复》（闽考院自〔2014〕11号）批复华侨大学开展高等教育自学考试本科会计、商务英语、计算机网络、物流管理、建筑工程、旅游管理、行政管理学、电子商务、人力资源管理9个专业与高职高专教育衔接考试。

2013年，华侨大学自学考试毕业生共79人，其中本科8人，专科71人。

华侨大学年鉴
2014

科学研究

理工科科研

【概述】 华侨大学科学技术研究处是学校负责理工科科研工作的职能部门，其前身为成立于1984年10月的科研处。2012年5月，科研处更名为科学技术研究处（简称"科技处"），增设社会科学研究处。科技处下设项目管理科、成果与知识产权管理科、科研平台与团队建设管理科3个科室。2011协同创新办公室挂靠科技处。

科技处主要职能是在学校的领导下，推动科研改革，进行科技工作的管理，为学校教师、科研人员和科研机构提供与科研有关的各种服务；编制学校科学技术发展规划和年度计划，并组织实施；负责学校科学技术的各项管理工作（项目申报、项目管理、项目验收、成果管理、科技经费下达、科技收入分配提成管理、科技发展和奖励政策与办法、规定的拟定和执行等），服务学校科技工作者；组织和督促各院（系、所）科学技术年度计划项目的实施，做好校内外的协调工作；负责与有关部门联系，为项目的完成创造必要的条件，帮助解决实际困难；研究和掌握倾向性问题，及时提出改进意见；受学校委托，代表学校审签科技计划任务书和对外签署科技合同；负责各类科技信息的收集、整理和分析，策划重要科技项目；负责重点实验室、工程研究中心、科研基地等科研平台的申报、评估、验收；负责校内科研机构的管理；负责科研创新团队的申报、推荐和管理；负责知识产权的取得、管理、保护和转让；负责学术交流、科技数据统计报表等；负责学校科技保密工作；负责校学术委员会的日常管理工作；负责校科协的日常管理工作；做好"2011协同创新中心"申报、实施的组织协调工作；完成校领导交办的其他工作。

2011~2013年学校承担了包括国家科技支撑计划项目、国家863子课题、国际（地区）合作与交流项目、国家自然科学基金重点项目、国家自然科学基金促进海峡两岸科技合作联合基金重点项目、国家公益性行业科研专项项目等国家级科技科研项目。新增各类各级科技项目872项，包括国家级项目146项、省部级项目251项、地厅级科技计划项目99项、产学研合作的横向课题376项，科研总经费达1.5亿元。

2013年，华侨大学在科技奖励上取得历史性重大突破，机电及自动化学院徐西鹏教授团队荣获2013年度国家科学技术进步奖二等奖。同时，学校的知识产权发展水平也逐年提升，专利申请量以及专利授权量连年递增，科技论文质量和数量大幅增长。

【科研项目申报】 2013年，科技处组织申报各类各级竞争性科技项目394项，其中，申报国家自然科学基金项目218项，科技部的国家国际科技合作专项项目1项，国家软科学计划项目3项，国家科技计划备选项目征集4项，促进海峡两岸科技合作联合基金指南建议征集10项，教育部博士点基金8项，教育部科学技术研究重点项目1项，教育部留学回国人员基金6项，教育部霍英东教育基金会高等院校青年教师基金课题9项。省、市各类科技项目144项，校科研启动费项目51项，中青年教师资助计划（自然科学研究）项目46项（优秀科技创新人才资助13项、培育型科技创新人才资助33项）。此外，评审推荐"海外华文教育与中华文化传播协同创新中心""石材产业高端制造技术及装备协同创新中心""闽籍华商发展协同创新中心""环境友好功能材料协同创新中心"4个协同创新中心申报2013年度福建省"2011协同创新中心"。

【科研项目管理】 2013年，学校完成281项各类项目的结题与年度进展汇报工作；完成省级各类项目结题86项，厦门市科技计划项目验收12项，泉州市科技项目评审3项，验收18项。华侨大学高层次人才科研启动费项目结题56项；中央高校基本科研业务费29项，华侨大学"侨办"课题结题20项；华侨大学校基金课题结题30项；华侨大学"中央高校基本科研业务费"——国家自然科学基金培育计划专项项目27项。学校待完成79项国家自然科学基金年度进展报告工作，待完成31项国家自然科学基金年度结题报告工作，国家软科学结题1项，高校博士学科点专项科研基金结题1项。

【科研项目与经费】 2013年，学校获得各类科技科研项目立项293项，总经费达5431.5112万元，其中纵向课题182项，经费3928.3万元；横向到款111项，到款立项1503.2112万元。新增科技纵向项目国家自然科学基金项目45项1932.3万元（其中国家自然科学基金面上项目13项，青年科学基金项目28项，数学天元基金项目2项，国际（地区）合作与交流项目1项，促进海峡两岸科技合作联合基金1项）；国家软科学计划项目1项15万元；高校博士学科点专项科研基金项目5项64万元；教育部留学回国人员基金项目1项3万元；福建省高校产学合作科技重大项目5项230万元；福建省科技创新平台项目3项750万元；福建省科技计划重点项目17项118万元；福建省自然科学基金项目43项197万元；福建省发改委技术专项项目4项190万元；福建省教育厅A类科技项目15项24万元；国家卫生计生委共建科学研究基金——福建省卫教联合攻关计划项目2项37万元；其他类别——福建省发改委项目1项80万元；其他类别——福建省安全厅项目1项9万元；泉州市科技计划项目29项109万元；厦门市科技计划项目10项170万元。

【科研成果】 2013年，学校获科技奖6项（第一完成单位3项，合作完成单位3项）。其中，国家科学技术进步奖二等奖1项；福建省科技进步奖二等奖1项、三等奖1项，自然科学奖三等奖2项；泉州市科技进步奖二等奖1项。此外，学校获中国商业联合会科学技术奖——科技进步奖一等奖1项；首届泉州市文创科技创新奖1人，福建省第十八届运盛青年科技奖2人。学校申报教育基金会2013年高等院校青年教师奖1项，组织申报福建省科学技术奖5项，福建省运盛青年科技奖3项，霍英东教育基金高等院校青年教师奖1项，泉州市科学技术奖1项，中国商业联合会科学技术奖 1 项，申报福建省专利奖 2 项，推荐第十三届中国青年科技奖候选人 1 人。

学校科技论文数量持续增长，质量和影响力不断提升；被三大检索收录的科技论文共 509 篇，其中 SCIE 检索的学术论文共计 203 篇，在全国高等院校排名第 132 位；EI 检索共计 197 篇，在全国高等院校排名第 98 位；ISTP 共计 109 篇，在全国高等院校排名第 133 位；CSTPCD 收录 656 篇，在全国高等院校排名第 118 位，被引用 1443 次，在全国高等院校排名第 179 位。学校获 2013 年度国家科学技术学术著作资助 1 项。

学校全年申请专利 203 项，其中发明专利 121 项，实用新型专利 82 项；获授权专利 119 项，其中发明专利 27 项，实用新型专利 91 项，外观设计专利 1 项；取得软件著作权备案登记 3 件。科技处与校教育工会联合推选参展的"采用鸟粪石沉淀法从废水中回收磷的装置及工艺方法""一种岩藻依聚糖药物载体及其制备方法""一种用聚乙二醇沉淀法从琼脂中分离制备琼脂糖的方法""一种微包纳药物载体及其制备方法"4 项专利成果在第八届"6·18 海峡两岸职工创新成果展"上荣获 4 项发明创新成果金奖。

【国家科学技术进步奖二等奖】 2013 年 12 月 25 日，国务院设立的国家科学技术奖揭晓。由华侨大学机电及自动化学院教授、博士生导师、脆性材料加工技术教育部工程研究中心主任徐西鹏副校长领衔，华侨大学作为第一完成单位，福建万龙金刚石工具有限公司等四家企业共同参与申报的"石材高效加工用金刚石磨粒工具关键技术及应用"成果，荣获国家科学技术进步奖二等奖。这是学校自建校以来获得的首个国家级科研成果奖，实现了在该奖项上零的突破。

2014 年 1 月 10 日，中共中央、国务院在北京人民大会堂隆重召开 2013 年度国家科学技术奖励大会。党和国家领导人习近平、李克强、刘云山、张高丽出席并为获奖代表颁奖。徐西鹏作为获奖代表出席大会。

该成果属于机械工程中的工具、工艺与装备制造技术领域。项目从基础研究出发，寻找到石材加工中金刚石磨粒失效的主要根源和解决方法，以保证单颗磨粒最佳切削载荷为约束，研发了一系列具有自主知识产权的金刚石磨粒工具制备新技术，成功开发一系列基于新型金刚石工具的石材加工新工艺与新技术。项目成果在国内外石材加工领域得到广泛应用，实现了石材的高效率、低成本、低岩屑排放和低能耗加工，推动了我国石材加工整体技术水平的提升。

【科研创新平台】 2013 年，学校已有或在建各类市级以上重点实验室等科研平台 30 余个，其中教育部工程技术研究中心 3 个，福建省重点实验室 3 个，福建省工程技术研究中心 2 个，福建省高校重点实验室 3 个，福建省科技创新平台 6 个，福建省经贸委行业技术开发基地 3 个，厦门市重点实验室 6 个，厦门市工程技术研究中心 2 个，厦门市智能电力设备系统研发检测中心 1 个，厦门市产品创新设计公共服务平台1个，厦门市国际科技合作基地1个，教育部创新团队1个。

2013年，学校积极推进"2011计划"实施工作，把握政策动向，进行政策解读，挖掘校内创新力量，营造协同创新的氛围。对有一定基础的单位及时组织研讨，提出了协同创新中心实施方案。学校及时更新完善科技处"2011计划"专栏，向全校师生传达国家的有关政策、其他协同创新中心新动向和学校的工作进展情况，营造了浓郁的创新氛围。经福建省教育厅《关于公布2013年度省级"2011协同创新中心"认定和培育名单的通知》（闽教科〔2013〕51号）批准，由学校牵头的2个创新中心入选2013年度福建省"2011协同创新中心"建设，其中新增（区域发展类）"石材产业加工技术与装备协同创新中心"被认定为福建省"2011协同创新中心"、（文化传承类）"海外华文教育与中华文化传播协同创新中心"为福建省"2011协同创新中心"培育对象。2013年7月12日和17日分别协助福建省教育厅"2011计划"专家组完成"海外华文教育与中华文化传播协同创新中心""石材产业技术与装备协同创新中心"2个协同创新中心的考察、答辩工作。

经福建省科学技术厅《关于同意建设43个福建省重点实验室的通知》（闽科基〔2013〕4号）批准，学校建设"福建省功能材料重点实验室""福建省结构工程与防灾重点实验室""福建省光传输与变换重点实验室"3个重点实验室。此外，高效精密加工及快速制造技术重点实验室获评福建省高校自然科学类优秀科研创新平台。厦门市数字化视觉测量技术重点实验室、厦门市移动多媒体通信重点实验室、厦门市计算机视觉与模式识别重点实验室、厦门市企业互操作与商务智能工程技术研究中心正在组织验收。厦门软件园华侨大学嵌入式技术开放实验室在厦门软件园顺利通过验收。

【科研团队】 2013年，为了加强学校科研团队建设，提升全校科研水平和科技创新能力，尤其是中青年拔尖人才、优势和特色创新团队的建设，学校依据"中央高校基本科研业务费"设立了华侨大学"中央高校基本科研业务费"中青年教师资助计划（自然科学研究），该计划按照"公平合理、鼓励创新、择优支持"的原则，优先资助在科学研究中取得明显成效、研究方向明确、学术前瞻性好、有培养潜力的中青年优秀教师。资助类别分为优秀青年科技创新人才、培育型青年科技创新人才。本计划资助研究期限为四年。9月29日，华侨大学"中央高校基本科研业务费"中青年教师资助计划（自然科学研究）申报项目评审会在厦门校区行政研发大楼403室召开。经科技处审核，申请人答辩，校内专家会议评审并公示，最终资助优秀科技创新人才项目10项、培育型科技创新人才项目20项，资助金额1600万元。

【产学研合作】 2013年，学校推进实施"2011计划"，先后组织专家走访、接待近百家企事业单位开展产学研合作。积极开展校地共建合作关系，先后与清流县人民政府签署战略合作协议，与上海航天技术研究签署战略合作协议，与福建省海洋与渔业厅、中澳企业家联合会签订《共同推进全省海洋经济发展战略合作框架协议》，构建"政、产、学、研、用"联盟的协同创新体系，与凤凰卫视有限公司就协同创新推动海外华文教育与中华文化传播签订《海外华文教育与中华文化传播协同创新中心合作协议》；推进校企合作人才培养与实训基地建设工作，与厦门聚富塑胶制品有限公司、飞虎（厦门）聚氨酯制品有限公司签署合作协议，共建企业研究生工作站；组织学校教师参加"6·18"、网上在线对接会、第四届集美区产学研科技合作项目成果对接会、第十一届中国·海峡项目成果交易会等各类科技研讨会、对接会、推介会，介绍学校科技成果，推介科技成果近 400 项。同时，联合厦门市集美区在厦门校区主办专场"集美区·华侨大学产学研科技项目成果对接会"成功签约对接项目 15 项。

【科技交流活动】 2013 年，华侨大学承办了第十二届切削与先进制造技术学术会议、第十二届离岛资讯技术与应用研讨会、第一届全国村镇综合防灾与绿色建筑技术研讨会等多场科技学术会议。学校开展了数学讲坛、中建讲坛、新药研发系列讲座、信息讲坛学术报告、土木讲坛等系列学术讲座活动；邀请了中国科学院院士姚建年，中国工程院院士任南琪、曲久辉院士等 80 余名校外知名专家学者莅临我校做学术讲座。此外，学校响应福建省、厦门市以"科技创新·美好生活"为主题科技活动周，组织华侨大学厦门工程技术研究院、厦门市海洋与基因工程药物重点实验室、厦门市数字化视觉测量重点实验室、材料学院、华侨大学计算机学院数字媒体实验室等单位参与开放活动，推荐 5 名师生参加科学使者进校园（社区）科普知识讲座，让公众走进科学殿堂，近距离接触科研活动，感受科技创新的魅力。由学校神经工程实验室研发的主动型中风康复系统吸引了众多市民驻足围观，更引来许多媒体的竞相关注与报道。

【科研管理机制创新】 科技处组织开展"2012 年科技工作总结暨 2013 年科技项目申报动员会"，从项目申报和动员情况、项目立项管理、成果管理、产学研合作与科技服务、科研平台建设、知识产权管理和科技交流及科研管理机制创新 7 个方面汇报学校 2012 年度科技工作并对 2013 年度科技项目申报提出建议。在广泛征求各教学科研单位、各学科意见的基础上，修订完善科技管理办法，制定了《华侨大学科学技术研究项目和成果认定办法》（华大科〔2014〕5 号）。科技处完善并及时公开各类科技信息，优化服务专利代理事宜；及时更新科技处主页，与厦门市首创君合专利事务所有限公司达成专利申请代理协议，确保专利工作顺利开展。

【华侨大学科技创新能力提升计划】 2013 年，为全面推进基础雄厚、特色鲜明、海内外著名的高水平大学建设进程，着力提升学校科技创新能力，增强学校核心竞争力，经过一年多的酝酿讨论，学校推出《华侨大学科技创新能力提升计划》（华大科〔2014〕1号）。

12月18日，徐西鹏副校长主持召开《华侨大学科技创新能力提升计划》及实施方案的征求意见会，各理工科学院（研究院）分管科研负责人和教师代表参加。科学技术研究处处长江开勇就《华侨大学科技创新能力提升计划》及实施方案的背景意义、实施原则、方案细则等进行了解释和说明。与会代表分别从学院学科发展、建设学术梯队、打造创新平台，以及中青年教师关心的个人成长、团队建设、科研项目和成果认定等方面提出问题和建议。会上，科学技术研究处相关负责人就大家提出的具体问题给予详细说明和解释。徐西鹏表示学校将以实施《华侨大学科技创新能力提升计划》为契机，加大资金投入力度，优化发展环境，服务科技创新，实现学校科技能力的全面提升。

12月20日，徐西鹏主持召开校学术委员会理工科分委员会会议，就《华侨大学科技创新能力提升计划》及实施方案进行审议。与会的委员们分别就《华侨大学科技创新能力提升计划》及实施方案中涉及的人才队伍建设、创新平台建设、重点学科建设以及与广大科技人才发展息息相关的科研项目和成果认定办法等进行审议，并就如何凝练科技创新方向、汇聚科技创新团队、构建科技创新平台、加强协同创新建设等方面积极建议。通过多种形式广泛征求意见后，学校初步确定了《华侨大学科技创新能力提升计划》及《华侨大学科技创新团队和领军人才支持计划实施方案》《华侨大学科技创新平台建设计划实施方案》《华侨大学科学技术研究项目和成果认定办法》等一系列实施方案，提交校长办公会审议，通过后正式颁布实施。

12月27日，"华侨大学科技创新能力提升计划动员大会"在厦门校区王源兴国际会议中心101会议室召开。福建省科学技术厅副厅长杜民，华侨大学校领导贾益民、吴季怀、徐西鹏、刘塨、张禹东、刘斌等以及相关职能部门负责人、各理工科学院（研究院）领导班子、具有博士学位或高级专业技术职称的教师等参加会议。会议由副校长吴季怀主持。

动员会上，杜民副厅长介绍了福建省科技计划、科技奖励等的基本情况，包括各大资助项目的申报条件、资助经费等。

徐西鹏副校长做科技工作专题汇报，对学校2013年度的科技工作进行回顾，并从过去五年的情况分析了学校科技工作与兄弟院校的主要差距。他着重对《华侨大学科技创新能力提升计划》进行解读、说明，并提出了2014年度学校科技工作的要点，包括以实施科技创新能力提升计划为今后一段时期学校科技工作的主线；学校加强组织科技成果奖申报工作，实现科研奖励有较大提升；拓宽项目申报渠道，特别是国家自然科学基金联合基金重点项目等；加强管理服务，探索体制机制创新，完善科研管理办法等。

材料科学与工程学院陈国华、化工学院肖美添、计算机科学与技术学院杜吉祥三位教师在会上相继发言，畅谈交流自己科研工作的经验、体会与教训。

校长贾益民做总结讲话。他指出，全面提升科技创新能力，是国家的需要，也是学校的机遇，更是每一位教师的机遇。希望每一位教师进一步统一思想，提高认识，把握机遇，科学发展。各学院各学科在提升科技创新能力的过程中，首先要抓内涵发展，要对学院、学科、团队内涵建设的内容有清醒的认识，并在此基础上，突出重点，抓住重点，强调特色。只有内涵解决了，重点抓住了，特色凸显了，学院、学科、团队今后才会发展得更好、更快。实施科技创新能力提升，必须以人才、团队、平台为重要抓手，并处理好三者之间的关系。只有抓住人才队伍建设这一重点，在人才队伍基础上注重打造团队，并利用好现有的平台，打造更高的平台，才能使团队取得更大进步。实现科技创新能力提升这一目标，必须以改革、创新、协同为突破口，建立一套全新的体制机制。学校鼓励改革，鼓励探索，可以不做"一刀切"，可以建立学术特区，可以允许不同团队、不同学科进行不同探索，建立不同的体制机制，但这需要大家集思广益。他希望各学院依据各自情况，总结、完善、调整各自的工作规划或发展计划，推进科技创新能力提升计划的实施。贾益民校长称："我们一方面推进哲学社会科学繁荣计划，另一方面出台科技创新能力提升计划，这样华大作为综合型大学的两条腿都会强壮起来。这对提升学校的综合办学实力、提高学校的办学质量意义重大。"

附件：

2013年理工科科研项目情况

2013年立项各类竞争性科研及横向课题（理工类）汇总表

单位：项，万元

级别	项目类别	立项数	经费
国家级	国家自然科学基金项目	45	1932.3
	国家软科学计划项目	1	15
省部级	高校博士学科点专项科研基金项目	5	64
	教育部留学回国人员基金项目	1	3
	福建省高校产学合作科技重大项目	5	230
	福建省科技创新平台项目	3	750
	福建省科技计划重点项目	17	118
	福建省自然科学基金项目	43	197
	福建省发改委技术专项项目	4	190
	国家卫生计生委共建科学研究基金——福建省卫教联合攻关计划项目	2	37
	其他类别——福建省发改委项目	1	80
	其他类别——福建省安全厅项目	1	9
市级	福建省教育厅A类科技项目	15	24
	泉州市科技计划项目	29	109
	厦门市科技计划项目	10	170
横向课题	横向课题（理工科）	111	1503.2112
合计		293	5431.5112

2013年理工科学院立项项目一览表

单位：项，万元

单位	纵向项目		横向项目		合计	
	立项数	经费	立项数	经费	立项数	经费
机电及自动化学院	27	1138	26	182.16	53	1320.16
化工学院	27	595	17	173.744	44	768.744
土木工程学院	31	549	17	173.9	48	722.9
计算机科学与技术学院	20	356	14	116.03	34	472.03
信息科学与工程学院	23	320	17	121	40	441
工学院	4	266	1	20	5	286
材料科学与工程学院	15	238	10	123	25	361
生物医学学院/分子药物研究院	11	182	1	20	12	202
城市建设与经济发展研究院	1	80	2	472.5	3	552.5
工商管理学院	8	75.3	0	0	8	75.3
建筑学院	4	72	4	91.8772	8	163.8772
数学科学学院	5	36	1	4	6	40
旅游学院	2	7	0	0	2	7
经济与金融学院	2	6.5	0	0	2	6.5
数量经济研究院	1	4	0	0	1	4
公共管理学院	1	3.5	0	0	1	3.5
厦门工程技术研究院	0	0	1	5	1	5
合　计	182	3928.3	111	1503.2112	293	5431.5112

2013年国家自然科学基金项目情况简表

序号	项目类别	编号	项目名称	所在单位	负责人
1	促进海峡两岸科技合作联合基金	U1305241	大尺寸蓝宝石衬底高效精密磨粒加工关键技术基础研究	机电及自动化学院	徐西鹏
2	面上项目	51375179	半导体材料窄锯缝切割技术的基础研究	机电及自动化学院	黄辉
3	面上项目	21376103	尺寸与空间取向可控智能纳米酶的设计、性能及组装机制	化工学院	张光亚
4	面上项目	51373059	连续胶黏剥离法制备石墨烯及其高分子原位复合材料的结构与性能研究	材料科学与工程学院	陈国华
5	面上项目	51374112	卸荷条件下岩石渗透性与损伤的协同演化规律及主被动式声学表征	土木工程学院	俞缙
6	面上项目	51375180	基于磨削温度和动态有效磨粒比的多层超硬磨料砂轮磨削性能研究	机电及自动化学院	尤芳怡

续表

序号	项目类别	编号	项目名称	所在单位	负责人
7	面上项目	51378227	微界面调控树脂基纳米双金属协同催化降解卤代芳烃	土木工程学院	沈春花
8	面上项目	61374144	智能车辆悬架系统中磁变流体阻尼器建模与滞环非线性控制技术研究	机电及自动化学院	杨帆
9	面上项目	61372107	多视点多描述视频编码关键技术的研究	信息科学与工程学院	蔡灿辉
10	面上项目	51378228	新型钢—混凝土组合联肢剪力墙结构力学行为及抗震设计理论	土木工程学院	刘阳
11	面上项目	81371669	基于病毒免疫逃逸策略设计新型双功能重组腺相关病毒载体	生物医学学院/分子药物研究院	刁勇
12	面上项目	61370007	基于数字水印的网络入侵检测的研究	计算机科学与技术学院	陈永红
13	面上项目	61370006	面向多领域数据的联合流形学习方法及在迁移学习中的应用	计算机科学与技术学院	王靖
14	面上项目	21377042	多元同位素示踪研究城市大气颗粒物中重金属污染来源	化工学院	胡恭任
15	青年科学基金项目	61300138	融合视频人脸及唇动密码特性的身份鉴定关键技术研究	计算机科学与技术学院	柳欣
16	青年科学基金项目	11304104	强聚焦构造光束的光场调控与力学效应	信息科学与工程学院	陈子阳
17	青年科学基金项目	21301060	IV-VII族配合物型铁磁性半导体材料的合成与性能研究	材料科学与工程学院	范乐庆
18	青年科学基金项目	21307034	以AAV病毒衣壳为模板的金属纳米材料的制备及亚硝酸根离子电化学传感器研究	生物医学学院/分子药物研究院	庄贞静
19	青年科学基金项目	51305142	基于主成分综合分析的全频段密集三维工作模态参数识别方法	计算机科学与技术学院	王成
20	青年科学基金项目	51305145	磨料分布与转速比耦合下的固结磨料最优磨抛轨迹研究	机电及自动化学院	方从富
21	青年科学基金项目	51308231	南方炎热地区民宅附加棚幔被动式防热及建筑化改造研究	建筑学院	薛佳薇
22	青年科学基金项目	51308233	钢筋混凝土梁—板子结构在建筑抗连续倒塌中的受力机理研究	土木工程学院	张大山
23	青年科学基金项目	51308234	交通荷载作用下砂土非共轴变形特性及本构理论	土木工程学院	蔡燕燕
24	青年科学基金项目	51308235	超声波作用下饱和多孔介质中胶体加速迁移规律研究	土木工程学院	陈星欣
25	青年科学基金项目	51308236	内嵌钢板混凝土组合连梁抗震性能与设计方法研究	土木工程学院	侯炜
26	青年科学基金项目	51308237	膨胀型钢结构防火涂层的耐老化性能及设计方法研究	土木工程学院	王玲玲

续表

序号	项目类别	编号	项目名称	所在单位	负责人
27	青年科学基金项目	61302094	面向网络流媒体隐蔽通信的非均衡隐写方法研究	计算机科学与技术学院	田晖
28	青年科学基金项目	61302095	LDPC编码的高能效、高谱效编码调制技术研究	信息科学与工程学院	周林
29	青年科学基金项目	61305085	基于机器学习技术的差分演化算法研究	计算机科学与技术学院	蔡奕侨
30	青年科学基金项目	61306077	钨青铜的可控制备及在染料敏化太阳能电池中的应用研究	材料科学与工程学院	魏月琳
31	青年科学基金项目	61307001	涡旋光束二阶非线性效应在简单数学运算中的应用研究	信息科学与工程学院	丁攀峰
32	青年科学基金项目	41306051	波浪导致的软质海崖蚀退机制研究	土木工程学院	常方强
33	青年科学基金项目	51305143	间隙磨损致性能退化的低速连杆机构稳健设计研究	机电及自动化学院	赖雄鸣
34	青年科学基金项目	31300497	巨尾桉抗寒因子CSD1分子调控网络解析	化工学院	赵艳玲
35	青年科学基金项目	51305144	基于自然单元法的薄壁空心铝型材挤压成形数值模拟研究	机电及自动化学院	路平
36	青年科学基金项目	61300139	多元时间序列数据挖掘中的特征表示和相似性度量方法研究	工商管理学院	李海林
37	青年科学基金项目	81301290	基于纳米结构硼掺杂金刚石电极的微生物燃料电池生物传感器及其药敏试验研究	化工学院	吴文果
38	青年科学基金项目	11301195	典型群与量子群的不变量理论及其应用	数学科学学院	肖占魁
39	青年科学基金项目	11305064	长程相互作用复杂系统中的条件统计物理性质研究及其应用	信息科学与工程学院	黄志福
40	青年科学基金项目	51308232	闽粤族群影响下的澳门近代居住形态研究	建筑学院	郑剑艺
41	青年科学基金项目	71303082	LCA视角下宏观建筑碳排放结构特性、演化机理及区域化减排机制研究	土木工程学院	祁神军
42	青年科学基金项目	71302163	企业既有知识资产对破坏性创新的影响机制研究	工商管理学院	林春培
43	国际（地区）合作与交流项目	71301070002	基于MCMC方法的非线性时间序列模型参数最大似然估计研究	数量经济研究院	赵昕东
44	数学天元基金项目	11326163	与三阶矩阵谱问题相联系的孤子方程族的代数几何解	数学科学学院	吴丽华
45	数学天元基金项目	11326112	球分离性质与Banach空间几何	数学科学学院	陈丽珍

2013年科技部、教育部等科研项目情况简表

序号	项目类别	编号	项目名称	所在单位	负责人
1	国家软科学研究计划	2013GXS2D027	海峡西岸经济区科技服务业发展研究	工商管理学院	苏朝辉
2	高等学校博士学科点专项科研基金资助课题（优先发展领域）	20133501130001	单晶SiC半固着磨料柔性磨抛新方法研究	机电及自动化学院	徐西鹏
3	高等学校博士学科点专项科研基金资助课题（博导类）	20133501110003	高性能组织工程支架的超临界流体构建技术及其纳米拓扑结构与细胞相互作用研究	化工学院	王士斌
4	高等学校博士学科点专项科研基金资助课题（新教师类）	20133501120001	基体表面特性对分段微波烧结制备铜合金界面结合性能的影响研究	机电及自动化学院	张际亮
5	高等学校博士学科点专项科研基金资助课题（新教师类）	20133501120003	钢板混凝土组合连梁—节点体系抗震性能及其设计方法研究	土木工程学院	侯炜
6	高等学校博士学科点专项科研基金资助课题（新教师类）	20133501120004	基于静电纺丝技术构建石墨烯聚咪唑离子液体复合功能纳米纤维薄膜	材料科学与工程学院	林昶旭
7	教育部留学回国人员科研基金	—	影响砂土非共轴性若干试验因素研究	土木工程学院	蔡燕燕

其他市级以上科研项目情况简表

序号	项目类别	编号	项目名称	所在单位	负责人
1	福建省科技创新平台项目	2013H2002	物联网云计算平台建设	工学院	郑力新
2	福建省科技创新平台项目	2013H2003	材料和热加工领域物理模拟技术平台建设	机电及自动化学院	周广涛
3	福建省科技创新平台项目	2013Y2002	生物化工技术研发与成果转化平台建设	化工学院	王士斌
4	福建省高校产学合作科技重大项目	2013H6014	玻璃钢树脂专用石墨烯微片基增强改性母料研发	材料科学与工程学院	陈国华
5	福建省高校产学合作科技重大项目	2013H6015	高性能电液比例溢流阀的研制	机电及自动化学院	林添良
6	福建省高校产学合作科技重大项目	2013H6016	染整后整理数字化设计与控制关键技术研究与应用	信息科学与工程学院	李平
7	福建省高校产学合作科技重大项目	2013N5007	兽用长效促卵泡刺激素的中间实验	生物医学学院/分子药物研究院	刁勇
8	福建省高校产学合作科技重大项目	2013Y4006	RC桥梁结构抗震加固关键技术及工程应用	土木工程学院	刘阳
9	福建省发改委项目—战略性新兴产业发展专项	—	挖掘机远程智能信息系统研制及产业化	机电及自动化学院	刘强

续表

序号	项目类别	编号	项目名称	所在单位	负责人
10	福建省发改委项目—战略性新兴产业发展专项	—	高精度宽量程比的气体流量计量仪表及其远程集成系统的研究开发	机电及自动化学院	黄富贵
11	福建省发改委项目—战略性新兴产业发展专项	—	智能家居物联网应用技术研发	计算机科学与技术学院	谢维波
12	福建省发改委项目—战略性新兴产业发展专项	—	阿魏酸酯酶酶化发酵浓缩料的研制及应用	化工学院	李夏兰
13	福建省科技计划项目	2013H0027	功能化季铵盐离子液体催化高酸值油脂一步法快速合成生物柴油关键技术的研发	材料科学与工程学院	林金清
14	福建省科技计划项目	2013H0028	客车火灾早期智能探测消防系统关键技术研究与开发	机电及自动化学院	杜建华
15	福建省科技计划项目	2013H0029	全集成数字对讲机RF芯片的研发	信息科学与工程学院	杨骁
16	福建省科技计划项目	2013H0030	物联网Z-Wave标准协议栈及无线指纹锁开发	信息科学与工程学院	戴声奎
17	福建省科技计划项目	2013I0004	基于均温板多透镜新型高光效高功率LED光源模组研发及其应用	信息科学与工程学院	郭震宁
18	福建省科技计划项目	2013N0022	水产品下脚料中复合氨基酸的提纯生产研究	化工学院	黄惠莉
19	福建省科技计划项目	2013Y0065	农林废弃物与城市污泥共热解制备生物油	化工学院	李宝霞
20	福建省科技计划项目	2013Y0066	氨萘非特增效、减毒新方法的研究	生物医学学院/分子药物研究院	解丽娟
21	福建省科技计划项目	2013Y0067	福建土楼夯土结构稳定性加固关键技术研究及其应用	土木工程学院	彭兴黔
22	福建省科技计划项目（软科学）	2013R0068	台商投资大陆区位选择路径与影响因素实证研究	工商管理学院	衣长军
23	福建省科技计划项目（软科学）	2013R0069	福建省战略性新兴产业的发展现状评价及对策研究	工商管理学院	孙锐
24	福建省科技计划项目（软科学）	2013R0070	闽台文化创意产业对接研究：基于民间组织平台	公共管理学院	徐晞
25	福建省科技计划项目（软科学）	2013R0071	基于两岸金融合作视角的闽台金融对接的制约瓶颈与对策研究	经济与金融学院	林俊国
26	福建省科技计划项目（软科学）	2013R0072	低碳经济与旅游发展——以福建省为例	旅游学院	范向丽
27	福建省科技计划项目（软科学）	2013R0073	闽台休闲产业的区域协作研究	旅游学院	李洪波

续表

序号	项目类别	编号	项目名称	所在单位	负责人
28	福建省科技计划项目（软科学）	2013R0074	福建省绿色住宅建筑综合评价及主导技术推广策略研究	土木工程学院	侯祥朝
29	福建省科技计划项目（软科学）	2013R0075	总承包工程交易模式决策机制研究——基于不确定多属性的理论视角	土木工程学院	詹朝曦
30	福建省自然科学基金计划项目（杰青项目）	2013J06014	模式识别中高复杂性数据处理的若干关键技术的研究	计算机科学与技术学院	杜吉祥
31	福建省自然科学基金计划项目	2013J01380	基于TLRs/NF-κB信号通路的千年健抗类风湿性关节炎作用机制研究	化工学院	叶静
32	福建省自然科学基金计划项目	2013J01381	scrAAV8-Kal多途径调控缺氧微环境治疗肝纤维化的疗效及机制初探	生物医学学院/分子药物研究院	吕颖慧
33	福建省自然科学基金计划项目	2013J01046	磁核型配位聚合物笼状分子的制备及其催化性能	材料科学与工程学院	钱浩
34	福建省自然科学基金计划项目	2013J01161	大空腔金属配合物阳离子柱撑膨润土复合材料的超声合成和应用研究	材料科学与工程学院	肖子敬
35	福建省自然科学基金计划项目	2013J01047	微分子印迹传感器的制备及其在疾病早期标识物在线监测的应用研究	材料科学与工程学院	连惠婷
36	福建省自然科学基金计划项目	2013J01188	超结构氧化锌柱撑层状化合物异质结光催化剂的构筑及其可见光光催化性能研究	化工学院	黄昀昉
37	福建省自然科学基金计划项目	2013J01048	可控尺寸自组装纳米酶的分子设计及性能研究	化工学院	张光亚
38	福建省自然科学基金计划项目	2013J01189	新型"细胞致孔剂"构建组织工程化组织研究	化工学院	刘源岗
39	福建省自然科学基金计划项目	2013J01133	亚热带地区虫疠霉属蚜虫病原真菌的流行及杀虫活性研究	化工学院	黄志宏
40	福建省自然科学基金计划项目	2013J01190	多视觉测量系统融合的全方位三维形貌快速测量关键技术研究	机电及自动化学院	林俊义
41	福建省自然科学基金计划项目	2013J01191	福建传统建筑生态技术基础及再利用研究	建筑学院	杨思声
42	福建省自然科学基金计划项目	2013J01338	壳聚糖包裹重组腺相关病毒载体纳米粒的制备和性能研究	生物医学学院/分子药物研究院	邱飞
43	福建省自然科学基金计划项目	2013J01050	手性2，3，5—三取代吡咯烷类生物碱的合成新方法研究	生物医学学院/分子药物研究院	程国林

续表

序号	项目类别	编号	项目名称	所在单位	负责人
44	福建省自然科学基金计划项目	2013J01192	带门窗洞口节能砌块隐形密框复合墙体破坏机理研究	土木工程学院	李升才
45	福建省自然科学基金计划项目	2013J01193	福建土楼夯土结构风雨侵蚀理论及其应用研究	土木工程学院	彭兴黔
46	福建省自然科学基金计划项目	2013J01195	海西地区绿色建筑项目风险识别与管理研究	土木工程学院	秦旋
47	福建省自然科学基金计划项目	2013J01197	震损可替换钢连梁联肢剪力墙结构抗震性能及设计方法研究	土木工程学院	刘阳
48	福建省自然科学基金计划项目	2013J01237	新型Cu（Ⅰ）磷光配合物及其在有机电致发光材料中应用的探索	材料科学与工程学院	谢奕明
49	福建省自然科学基金计划项目	2013J01337	金线莲提取物kinsenoside及其衍生物对糖尿病血管并发症的作用及作用机制研究	化工学院	刘青
50	福建省自然科学基金计划项目	2013J01049	米曲霉转化半纤维素整合生物合成木糖醇的途径工程研究	化工学院	陈宏文
51	福建省自然科学基金计划项目	2013J01238	查询处理自动化测试研究	计算机科学与技术学院	谢晓东
52	福建省自然科学基金计划项目	2013J01239	低质量视频人脸识别研究	计算机科学与技术学院	崔振
53	福建省自然科学基金计划项目	2013J01241	物联网中几个关键安全问题的研究	计算机科学与技术学院	陈永红
54	福建省自然科学基金计划项目	2013J01194	钢板笼混凝土梁力学性能与设计方法研究	土木工程学院	曾志兴
55	福建省自然科学基金计划项目	2013J01196	考虑摩擦的体外预应力梁静、动力性能分析	土木工程学院	方德平
56	福建省自然科学基金计划项目	2013J01198	多相电机PWM技术及开关损耗优化与谐波分析	信息科学与工程学院	郭新华
57	福建省自然科学基金计划项目	2013J01242	高分辨SAR信号处理方法及运动补偿技术研究	信息科学与工程学院	谭鸽伟
58	福建省自然科学基金计划项目	2013J01240	绿色计算的无线传感器网络能效优先路由协议及模型评价	计算机科学与技术学院	蒋文贤
59	福建省自然科学基金计划项目	2013J01263	人民币汇率变动对国内物价传递效应的实证研究	经济与金融学院	胡日东
60	福建省自然科学基金计划项目（青年项目）	2013J05075	BCxN化合物的合成与纯化研究	材料科学与工程学院	李东旭
61	福建省自然科学基金计划项目（青年项目）	2013J05076	超稠油的高黏原因探讨及油溶性降黏剂的合成	化工学院	张娜

续表

序号	项目类别	编号	项目名称	所在单位	负责人
62	福建省自然科学基金计划项目（青年项目）	2013J05028	衍生化聚环糊精固相催化高酸废弃油脂制备生物柴油	化工学院	赵珺
63	福建省自然科学基金计划项目（青年项目）	2013J05077	大行程纳米级一维压电陶瓷驱动控制关键技术与系统研究	机电及自动化学院	范伟
64	福建省自然科学基金计划项目（青年项目）	2013J05078	基于3D-motif的金刚石砂轮形貌参数评定体系研究	机电及自动化学院	叶瑞芳
65	福建省自然科学基金计划项目（青年项目）	2013J05091	大时延环境下空间机器人遥操作控制方法研究	计算机科学与技术学院	张国亮
66	福建省自然科学基金计划项目（青年项目）	2013J05092	基于霍夫森林和视频分割的目标跟踪	计算机科学与技术学院	钟必能
67	福建省自然科学基金计划项目（青年项目）	2013J05009	三角矩阵DG范畴的若干研究与应用	数学科学学院	林增强
68	福建省自然科学基金计划项目（青年项目）	2013J05079	钙质砂在复杂应力条件下的非共轴特性试验研究	土木工程学院	蔡燕燕
69	福建省自然科学基金计划项目（青年项目）	2013J05080	矩形空心薄壁双肢箍高墩抗震性能评估及修复方法研究	土木工程学院	崔海琴
70	福建省自然科学基金计划项目（青年项目）	2013J05093	超辐射机制高功率太赫兹返波管三维粒子模拟研究	信息科学与工程学院	张海
71	福建省自然科学基金计划项目（青年项目）	2013J05094	离轴暗核光束的产生及其传输研究	信息科学与工程学院	丁攀峰
72	福建省自然科学基金计划项目（青年项目）	2013J05010	铌锌酸铅—钛酸铅系列弛豫铁电单晶机电性能的优化	信息科学与工程学院	项阳
73	福建省教育厅A类科技项目（产学研）	JA13011	短葶山麦冬多糖质量控制方法研究	生物医学学院/分子药物研究院	邱飞
74	福建省教育厅A类科技项目（重点）	JA13010	基于有限元与无网格耦合的脆性材料磨削表面形貌的仿真	机电及自动化学院	段念
75	福建省教育厅A类科技项目（杰青）	JA13005	大偏心方钢管节点力学性能与设计方法研究	土木工程学院	陈誉
76	福建省教育厅A类科技项目（杰青）	JA13006	羟基化氧化物壳层修饰纳米金刚石用于单晶SiC基片超精密抛光的研究	机电及自动化学院	陆静
77	福建省教育厅A类科技项目（杰青）	JA13007	基于弱监督学习和多线索信息的目标跟踪算法研究	计算机科学与技术学院	钟必能
78	福建省教育厅A类科技项目（杰青）	JA13008	双功能配体的点击化学合成及其构筑的银簇—镧系发光簇合物研究	化工学院	骆耿耿
79	福建省教育厅A类科技项目（杰青）	JA13009	基于Kick方法对稀土掺杂硅、锗化物结构优化、磁性和光电子谱的研究	工学院	王怀谦

续表

序号	项目类别	编号	项目名称	所在单位	负责人
80	福建省教育厅A类科技项目	JA13012	基于网络流媒体的深度隐写技术研究	计算机科学与技术学院	田晖
81	福建省教育厅A类科技项目	JA13013	基于表面增强拉曼散射实时探测膜污染	信息科学与工程学院	林赏心
82	福建省教育厅A类科技项目	JA13014	Chryseobacterium sp. vv8 菌株低温蛋白酶基因的克隆表达及酶学分析	化工学院	陈明霞
83	福建省教育厅A类科技项目	JA13015	大跨空间结构中箱形钢柱抗震性能研究	土木工程学院	李海峰
84	福建省教育厅A类科技项目	JA13016	硼碳氮纳米晶的制备及超导性能研究	材料科学与工程学院	李东旭
85	福建省教育厅A类科技项目	JA13017	基于纳米孔状石墨烯/金纳米粒子复合薄膜的电化学生物传感研究	材料科学与工程学院	于亚明
86	福建省教育厅A类科技项目	JA13018	基于回弹特征的冲压件分类和参数反求优化研究	机电及自动化学院	刘华
87	福建省教育厅A类科技项目	JA13019	基于柔性切割的串珠绳锯切轨迹研究	机电及自动化学院	吴海融
88	国家卫生计生委共建科学研究基金——福建省卫教联合攻关计划项目	WKJ-FJ-31	黄花菜快速抗抑郁活性成分分离及作用机制研究	化工学院	刘青
89	国家卫生计生委共建科学研究基金——福建省卫教联合攻关计划项目	WKJ-FJ-13	无花果叶黄酮提取物对糖尿病小鼠肝糖异生信号通路调控	生物医学学院/分子药物研究院	刁勇
90	其他——福建省发改委项目	—	厦漳泉原水联网输送工程前期研究	城市建设与经济发展研究院	黄安民
91	其他——福建省安全厅项目	—	No2018131-2 特种技术研发开发	工学院	乐德广
92	泉州市科技计划项目	2013Z12	安防系统云计算平台搭建	工学院	王佳斌
93	泉州市科技计划项目	2013Z13	耐高温耐腐蚀海藻琼胶管式膜分离集成装置的研制	化工学院	赵鹏
94	泉州市科技计划项目	2013Z14	中国书画高仿真复制关键技术研究	机电及自动化学院	傅师伟
95	泉州市科技计划项目	2013Z15	细粒度钎焊金刚石磨轮制备及修整的关键技术研究与开发	机电及自动化学院	黄国钦
96	泉州市科技计划项目	2013Z16	短葶山麦冬抗肿瘤有效组分与作用机制研究	生物医学学院/分子药物研究院	徐先祥
97	泉州市科技计划项目	2013Z17	基于并行差分进化算法的公安应急指挥调度策略的研究	数学科学学院	黄川波

续表

序号	项目类别	编号	项目名称	所在单位	负责人
98	泉州市科技计划项目	2013Z18	宽带双极化天线阵的研究	信息科学与工程学院	葛悦禾
99	泉州市科技计划项目	2013Z19	刑侦用紫外荧光成像系统的研制	信息科学与工程学院	邱伟彬
100	泉州市科技计划项目	2013Z20	染整预缩加工工艺计算机辅助设计系统开发	信息科学与工程学院	梅小华
101	泉州市科技计划项目	2013Z21	高附加值海洋生物制品——壳聚糖的功能化深度产品开发	材料科学与工程学院	李明春
102	泉州市科技计划项目	2013Z127	泉州市高新技术企业税收优惠政策实施情况调研	工商管理学院	曾繁英
103	泉州市科技计划项目	2013Z22	蜈蚣草—AM真菌联合修复泉州重金属污染土壤的效应及技术示范	化工学院	王明元
104	泉州市科技计划项目	2013Z23	油茶籽粕高附加值综合利用及产品开发	化工学院	刘勇军
105	泉州市科技计划项目	2013Z24	基于微生物燃料电池的市政剩余污泥处理技术研究	化工学院	吴文果
106	泉州市科技计划项目	2013Z25	废弃生物质与制革污泥共热解制生物油	化工学院	李宝霞
107	泉州市科技计划项目	2013Z26	数控线条切割机的开发	机电及自动化学院	谢明红
108	泉州市科技计划项目	2013Z27	纺织机械产业协同创新平台建设	机电及自动化学院	方千山
109	泉州市科技计划项目	2013Z28	建筑工程项目实时管理与数据分布式组织方法的研究与开发	计算机科学与技术学院	骆炎民
110	泉州市科技计划项目	2013Z29	离散装配企业柔性资源约束生产计划系统	计算机科学与技术学院	喻小光
111	泉州市科技计划项目	2013Z30	钢纤维高强陶粒混凝土梁弯剪性能试验研究	土木工程学院	吕振利
112	泉州市科技计划项目	2013Z31	看板BIM在施工阶段应用的关键技术研究	土木工程学院	叶青
113	泉州市科技计划项目	2013Z32	基于工业无线网络的污水处理曝气过程测控系统研究	信息科学与工程学院	项雷军
114	泉州市科技计划项目	2013Z33	高效率升压/降压DC-DC转换器芯片的研发	信息科学与工程学院	杨骁
115	泉州市科技计划项目	2013Z34	液压挖掘机上车机液系统的硬件在环仿真系统研究	信息科学与工程学院	邵辉
116	泉州市科技计划项目	2013Z35	国家一类抗肿瘤新药TW9183的临床前开发研究	生物医学学院/分子药物研究院	王立强

续表

序号	项目类别	编号	项目名称	所在单位	负责人
117	泉州市科技计划项目	2013Z36	IMT-A系统中基于协作MIMO的移动通信技术研究	信息科学与工程学院	赵睿
118	泉州市科技计划项目	2013Z37	新型RCS组合结构抗震设防区应用研究	土木工程学院	李升才
119	泉州市科技计划项目	2013Z128	增强品牌战略推动泉州民营企业长远发展研究	工商管理学院	苏朝辉
120	泉州市科技计划项目	2013Z129	泉州经济发展的阶段性困境与调整改革思路创新	工商管理学院	殷勤
121	厦门市科技计划创新项目	3502Z20133022	外包薄壁钢管加固火灾后钢筋混凝土结构的关键技术研究	土木工程学院	罗漪
122	厦门市科技计划创新项目	3502Z20133023	基于激光焊条件下水龙头壳体制造的新工艺关键技术研究	机电及自动化学院	周广涛
123	厦门市科技计划创新项目	3502Z20133024	3D视频互动平台关键技术的研究与应用	信息科学与工程学院	蔡灿辉
124	厦门市科技计划创新项目	3502Z20133026	鼓浪屿历史建筑遗产信息系统研究	建筑学院	陈志宏
125	厦门市科技计划创新项目	3502Z20133021	厦门地区花岗岩残积土动力特性及模型参数辨识技术应用研究	土木工程学院	俞缙
126	厦门市科技计划创新项目	3502Z20133025	梯次升华固体清新剂载体的研制	材料科学与工程学院	吴文士
127	厦门市科技计划创新项目	3502Z20133027	无线音乐智能客户端和推荐平台研发	计算机科学与技术学院	傅顺开
128	厦门市科技计划创新项目	3502Z20133028	一种跨平台三维智能家装交互软件系统研发	机电及自动化学院	艾小群
129	厦门市科技计划创新项目	3502Z20133029	手机动漫播放平台	计算机科学与技术学院	陈叶旺
130	厦门市科技计划创新项目	3502Z20133030	金线莲保健饮料的生产工艺研究	化工学院	刘青

2013年专利申请汇总表

序号	专利申请号	专利名称	类别	专利申请日	发明人/设计人	专利权人
1	201310002304.7	自承式异形外包钢-混凝土组合梁	发明	2013.01.05	王卫华、董毓利、彭兴黔、徐玉野	华侨大学
2	201320002879.4	自承式异形外包钢-混凝土组合梁	实用新型	2013.01.05	王卫华、董毓利、彭兴黔、徐玉野	华侨大学

续表

序号	专利申请号	专利名称	类别	专利申请日	发明人/设计人	专利权人
3	201320015380.7	汽车电气故障电弧火灾探测装置	实用新型	2013.01.11	杜建华、张认成、丁环	华侨大学
4	201310011987.2	大花八角醇在制备抗抑郁症药物中的应用	发明	2013.01.11	易立涛、耿頔、翁连进、李晶	华侨大学
5	201310010846.9	一种将FPGA硬件描述语言VHDL转化为普通Petri网的方法	发明	2013.01.11	叶丹丹、罗继亮	华侨大学
6	201310020139.8	凝胶渗透色谱检测高分子嵌段共聚物结构参数的方法	发明	2013.01.18	姜友青、张云波	华侨大学
7	201320051199.1	一种多头石圆柱仿形机的新型数字化控制系统	实用新型	2013.01.30	方千山	华侨大学
8	201320051386.X	一种转盘式多工位EVA注射发泡成型机的控制装置	实用新型	2013.01.30	方千山	华侨大学
9	201320050891.2	一种蓄电池铸板机的自动控制系统	实用新型	2013.01.30	方千山	华侨大学
10	201320050893.1	一种多头石圆柱仿形机的新型控制系统	实用新型	2013.01.30	方千山	华侨大学
11	201320050880.4	一种框架锯机的自动控制系统	实用新型	2013.01.30	方千山	华侨大学
12	201320051289.0	一种桥式多头磨机自动控制装置	实用新型	2013.01.30	方千山、郭桦	华侨大学
13	201320051389.3	一种彩钢板压瓦机的控制装置	实用新型	2013.01.30	方千山	华侨大学
14	201320051390.6	一种龙门式大切组合锯机自动控制装置	实用新型	2013.01.30	方千山、郭桦	华侨大学
15	201320051345.0	一种新型三面翻广告屏控制系统	实用新型	2013.01.30	方千山	华侨大学
16	201320051344.6	一种连续磨机的自动控制系统	实用新型	2013.01.30	方千山	华侨大学
17	201320050894.6	一种石材线条锯切机自动控制装置	实用新型	2013.01.30	方千山、郭桦	华侨大学
18	201310035500.4	一种基于荷叶表面仿生学的抗粘结刀具及其制备方法	发明	2013.01.30	姜峰、徐西鹏、言兰	华侨大学
19	201320051387.4	一种立式多工位EVA注射发泡成型机的控制装置	实用新型	2013.01.30	方千山	华侨大学
20	201320051202.X	一种折板机的自动控制装置	实用新型	2013.01.30	方千山	华侨大学

续表

序号	专利申请号	专利名称	类别	专利申请日	发明人/设计人	专利权人
21	201320067292.1	一种产生长距离无衍射光的凹锥透镜	实用新型	2013.02.05	吴逢铁、方翔、程治明	华侨大学
22	201310047434.2	一种脂溶性高锰酸钾缓释剂及其制备方法	发明	2013.02.05	苑宝玲、何强、付明来、林四发	华侨大学
23	201310047405.6	利用含铁废弃物制备硅铝羟基铁复合催化剂的方法	发明	2013.02.05	苑宝玲、何强、付明来、曾秋生	华侨大学
24	201310045875.9	一种产生长距离无衍射光的凹锥透镜	发明	2013.02.05	吴逢铁、方翔、程治明	华侨大学
25	201310047622.5	缓释型高锰酸钾微胶囊的制备方法	发明	2013.02.05	苑宝玲、刘津津、付明来、陈艳美	华侨大学
26	201310053512.X	一种基于离子液体催化高酸值米糠油制备生物柴油的方法	发明	2013.02.19	林金清、赵强、付宏权、陈丹丹	华侨大学
27	201310067482.8	雷公藤甲素及其衍生物组合物的制备方法	发明	2013.03.04	张景红、王金海	华侨大学
28	201310201050.1	一种钢筋混凝土桥梁与桥面板的新型加固装置及其施工方法	发明	2013.03.05	黄群贤、郭子雄、赖有泉、陈义龙	华侨大学、福建省第一公路工程公司
29	201310087229.9	基于蓝牙的名片传输方法	发明	2013.03.19	王田、安博阳	华侨大学
30	201310087266.X	金线莲丰水梨保健饮料及其制备方法	发明	2013.03.19	刘青、方金镇、刘珍伶	华侨大学
31	201310105403.8	一种产生周期性Bottle beam 的光学系统	发明	2013.03.28	吴逢铁、杜团结、王涛	华侨大学
32	201310127857.5（201310228554.2）	一种基于低分子量二氧化碳共聚物的ATRP试剂及其制备方法	发明	2013.06.08	全志龙、唐光道、林志勇	华侨大学
33	201310129627.2	2,3,6,7—四甲基—9,10—邻萘基蒽及其合成方法	发明	2013.04.12	程琳、崔洋洋	华侨大学
34	201310129643.1（201310229841.5）	一种基于低分子量二氧化碳共聚物的RAFT反应试剂及其制备方法	发明	2013.06.08	全志龙、林志勇、林松柏、李钟慎	华侨大学
35	201310156495.2	一种基于插装结构的先导式电液比例溢流阀	发明	2013.04.28	林添良、叶月影、刘强、柯晓蕾	华侨大学
36	201320149481.3	一种产生周期性Bottle beam 的光学系统	实用新型	2013.03.28	吴逢铁、杜团结、王涛	华侨大学

续表

序号	专利申请号	专利名称	类别	专利申请日	发明人/设计人	专利权人
37	201320185322.9	一种新型内嵌双钢板混凝土组合连梁	实用新型	2013.04.12	侯炜、黄群贤、陈庆猛、庄景峰、林奇	华侨大学、厦门特房建设工程集团有限公司
38	201320188155.3	一种新型双钢板混凝土连梁与混凝土剪力墙的组合节点	实用新型	2013.04.12	侯炜、黄群贤、陈庆猛、庄景峰、林奇	华侨大学、厦门特房建设工程集团有限公司
39	201320188277.2	一种新型B超探头	实用新型	2013.04.12	陈洪淼、厞伟	华侨大学
40	201320205542.3	汽车发动机舱早期火灾温度探测装置	实用新型	2013.04.22	杜建华、张认成、靳宇、丁环	华侨大学
41	201320229625.6	一种基于插装结构的先导式电液比例溢流阀	实用新型	2013.04.28	林添良、叶月影、刘强、柯晓蕾	华侨大学
42	201320230864.3	一种可任意扩展的多继电器电路控制系统	实用新型	2013.04.28	范伟、杨洋、李钟慎	华侨大学
43	201310166942.2	一种酸催化水解的双官能化烷基硅醚及其制备方法	发明	2013.05.08	全志龙、唐光道	华侨大学
44	201310173080.6	周期Bottle beam自重建的光学系统	发明	2013.05.10	吴逢铁、杜团结、王涛	华侨大学
45	201320254119.2	周期Bottle beam自重建的光学系统	实用新型	2013.05.10	吴逢铁、杜团结、王涛	华侨大学
46	201310200557.5	一种钢筋混凝土梁与楼板的新型加固装置及其施工方法	发明	2013.05.27	黄群贤、郭子雄、陈建华、陈昆明、洪毅	华侨大学、福建省第一公路工程公司
47	201310200560.7	一种钢筋混凝土桥墩的新型加固装置及其施工方法	发明	2013.05.27	郭子雄、黄群贤、陈建华、王乙方	华侨大学、福建省第一公路工程公司
48	201310200575.3	抑制Hmga2基因表达的双链siRNA	发明	2013.05.27	王启钊、刁勇、许瑞安	华侨大学
49	201310201050.1	一种钢筋混凝土桥梁与桥面板的新型加固装	发明	2013.05.27	黄群贤、郭子雄、赖有泉、陈义龙	华侨大学、福建省第一公路工程公司

续表

序号	专利申请号	专利名称	类别	专利申请日	发明人/设计人	专利权人
50	201310201071.3	一种基于活动加筋条的抗声爆隔音窗及其设计方法	发明	2013.05.27	欧达毅、麦卓明	华侨大学
51	201310201676.2	岩石三轴试验的主被动组合式声学测试及渗流测试联合系统	发明	2013.05.27	俞缙、蔡燕燕、陈旭、刘士雨、涂兵熊	华侨大学
52	201310215268.2	一种基于2,6-萘二酸的杂环聚芳醚酮及其制备方法	发明	2013.06.03	程琳、杜盛华、鹿瑞敏	华侨大学
53	201310215580.1	一种清水镜面混凝土的制备方法	发明	2013.06.03	王海峰	华侨大学
54	201310228554.2	一种基于低分子量二氧化碳共聚物的ATRP试剂及其制备方法	发明	2013.06.08	全志龙、唐光道、林志勇	华侨大学
55	201310229841.5	一种基于低分子量二氧化碳共聚物的RAFT反应试剂及其制备方法	发明	2013.06.08	全志龙、林志勇、林松柏、李钟慎	华侨大学
56	201310230693.9	一种微流控芯片荧光激发装置、微流控芯片及其制备方法	发明	2013.06.09	张冥宁、童利民、戴昊、胡志方	华侨大学
57	201310232410.4	全固态调Q倍频无衍射激光器	发明	2013.06.09	吴逢铁、王涛、杜团结	华侨大学
58	201310232445.8	锥形纳米光纤的应用、微流控芯片及其制备方法	发明	2013.06.09	张冥宁、童利民、戴昊	华侨大学
59	201320294812.2	一种钢筋混凝土梁与楼板的新型加固装置	实用新型	2013.05.27	黄群贤、郭子雄、陈建华、陈昆明、洪毅	华侨大学、福建省第一公路工程公司
60	201320294912.5	一种钢筋混凝土桥梁与桥面板的新型加固装置	实用新型	2013.05.27	黄群贤、郭子雄、赖有泉、陈义龙	华侨大学、福建省第一公路工程公司
61	201320295077.7	一种钢筋混凝土桥墩的新型加固装置	实用新型	2013.05.27	郭子雄、黄群贤、陈建华、王乙方	华侨大学、福建省第一公路工程公司
62	201320295420.8	岩石三轴试验的主被动组合式声学测试及渗流测试联合系统	实用新型	2013.05.27	俞缙、蔡燕燕、陈旭、刘士雨、涂兵熊	华侨大学
63	201320313515.8	实验室砂浆粘结强度测试用夹具	实用新型	2013.06.03	王海峰	华侨大学

续表

序号	专利申请号	专利名称	类别	专利申请日	发明人/设计人	专利权人
64	201320336689.6	一种微流控芯片	实用新型	2013.06.09	张奚宁、童利民、戴昊、胡志方	华侨大学
65	201320336746.0	一种微流控芯片荧光激发装置及微流控芯片	实用新型	2013.06.09	张奚宁、童利民、戴昊、胡志方	华侨大学
66	201320336628.X	全固态调Q倍频无衍射激光器	实用新型	2013.06.09	吴逢铁、王涛、杜团结	华侨大学
67	201310284367.6	一种磁性微生物载体及其制备方法	发明	2013.07.08	洪俊明、李伟博	华侨大学
68	201320403182.8	一种海水入侵模拟装置	实用新型	2013.07.08	孟希、林从谋、付旭、常方强	华侨大学
69	201310279229.9	一种敏化太阳电池用电解质	发明	2013.07.04	兰章、吴季怀	华侨大学
70	201310279226.5	用于实验室制备泡沫沥青的沥青发泡机及其发泡方法	发明	2013.07.04	王海峰	华侨大学
71	201310279042.9	一种基于四点二元模型的图像纹理特征值的提取方法	发明	2013.07.04	蔡灿辉、朱建清、崔晓琳、葛主贝	华侨大学
72	201310279133.2	二阶非线性激光材料N,N'—丙酰—（2—噻吩甲酰）	发明	2013.07.04	吴文士、刘国祥、李传辉	华侨大学
73	201310279096.5	二阶非线性激光晶体N,N'—乙酰—（2—噻吩甲酰）肼晶	发明	2013.07.04	吴文士、刘国祥、李传辉	华侨大学
74	201310279043.3	一种敏化太阳电池用固态电解质的制备方法	发明	2013.07.05	兰章、吴季怀	华侨大学
75	201310246523.X	应用于高速全差分运算放大器的连续时间共模反馈电路	发明	2013.06.20	杨骁、凌朝东、黄炜炜	华侨大学
76	201310239682.7	一种嵌入式大面积柔性敏化太阳电池及其制备方法	发明	2013.06.17	兰章、吴季怀	华侨大学
77	201320355628.4	应用于高速全差分运算放大器的连续时间共模反馈电路	实用新型	2013.06.20	杨骁、凌朝东、黄炜炜	华侨大学
78	201320355735.7	一种干旱地区边坡复绿系统	实用新型	2013.06.20	常方强	华侨大学
79	201320356174.2	一种简易海岸防护装置	实用新型	2013.06.20	常方强	华侨大学

续表

序号	专利申请号	专利名称	类别	专利申请日	发明人/设计人	专利权人
80	201320356076.9	一种膨胀土坡防护结构	实用新型	2013.06.20	常方强	华侨大学
81	201320355707.5	一种增大加筋挡土墙拉筋抗拔能力的装置及新型挡土墙	实用新型	2013.06.20	常方强	华侨大学
82	201320378465.1	一种增强对流散热的烟囱效应LED路灯	实用新型	2013.06.28	郭震宁、曾茂进、曾海、陈俄振、胡治伟、杨菲菲、甘汝婷、林介本、林木川、颜稳萍	华侨大学
83	201320378330.5	一种增强对流散热的烟囱效应LED工矿灯	实用新型	2013.06.28	郭震宁、曾茂进、曾海、陈俄振、胡治伟、杨菲菲、甘汝婷、林介本、林木川、颜稳萍	华侨大学
84	201320378134.8	一种LED集成封装的高光效蓝光COB光源	实用新型	2013.06.28	郭震宁、曾茂进、陈俄振	华侨大学
85	201320378166.8	一种新型低发散高光效LED光源	实用新型	2013.06.28	郭震宁、曾茂进、陈俄振	华侨大学
86	201320382631.5	一种增强对流散热的烟囱效应LED吊灯	实用新型	2013.06.28	郭震宁、曾茂进、曾海、陈俄振、胡治伟、杨菲菲、甘汝婷、林介本、林木川、颜稳萍	华侨大学
87	201320382434.3	一种弹性晾衣架	实用新型	2013.06.28	张肖	华侨大学
88	201320382689.X	一种厨房洗碗盆过滤装置	实用新型	2013.06.28	张肖	华侨大学
89	201310268101.2	一种抗肿瘤药物在人肿瘤裸鼠移植瘤模型实验中的应用	发明	2013.06.28	王立强、郭晶	华侨大学
90	201310268446.8	作为蛋白激酶抑制剂和组蛋白去乙酰化酶抑制剂	发明	2013.06.28	王立强、韩静	华侨大学
91	201310264716.8	一种基于人工细胞的组织工程化组织的构建方法	发明	2013.06.28	刘源岗、王士斌、何鹏、林琴、汤晓琳、陈爱政	华侨大学

续表

序号	专利申请号	专利名称	类别	专利申请日	发明人/设计人	专利权人
92	201320382676.2	一种高光效LED蓝光COB光源	实用新型	2013.06.28	郭震宁、曾茂进、曾海、陈俄振、甘汝婷、林介本	华侨大学
93	201310286291.0	一种新型混凝土浆材及其制备方法	发明	2013.07.09	常方强	华侨大学
94	201310286293.X	一种新型桩基泥浆砌块及其制备方法	发明	2013.07.09	常方强	华侨大学
95	201310185442.3	一种萘甲酰胺衍生物、其制备方法以及应用	发明	2013.05.17	王立强、韩静、吴振	华侨大学
96	201310184791.3	一种融合受体及其用于治疗大肠癌的基因药物	发明	2013.05.17	李招发、邓小英、惠二京、刁勇、许瑞安	华侨大学
97	201310314479.1	一种氧化石墨基透明固态电解质的制备方法	发明	2013.07.24	兰章、吴季怀	华侨大学
98	201320492020.6	一种具有高效均匀散热功能的LED Light Bar	实用新型	2013.08.13	郭震宁、曾茂进、曾海、陈俄振、胡治伟、杨菲菲、甘汝婷、林介本、林木川、颜稳萍	华侨大学
99	201310340073.0	一种在数字文本图像中消除荧光笔标记的方法	发明	2013.08.06	陈锻生、吴扬扬	华侨大学
100	201310306559.2	一种用于杂化太阳电池的类钙钛矿敏化光阳极的制备方法	发明	2013.07.22	兰章、吴季怀	华侨大学
101	201310305427.8	一种高浓度小片径石墨烯分散液的制备方法	发明	2013.07.19	陈国华、苏睿、赵立平	华侨大学、厦门凯纳石墨烯技术有限公司
102	201310304697.7	一种基于蓝牙设备名的相对移动定位方法	发明	2013.07.19	王田	华侨大学
103	201310300432.X	结构新颖的大行程高精度Z轴工作台	发明	2013.07.17	范伟、金花雪、余卿、叶瑞芳	华侨大学
104	201320425819.3	结构新颖的大行程高精度Z轴工作台	实用新型	2013.07.17	范伟、金花雪、余卿、叶瑞芳	华侨大学
105	201310351008.8	一种将PLC定时器模块转换成普通Petri网的方法	发明	2013.08.13	罗继亮、温世刚、倪会娟	华侨大学
106	201320526953.2	基于数字微镜器件的跨尺度测量装置	实用新型	2013.08.28	余卿、崔长彩、叶瑞芳、范伟	华侨大学

续表

序号	专利申请号	专利名称	类别	专利申请日	发明人/设计人	专利权人
107	201310351642.1	一种预防和辅助治疗牙周炎的口香糖的制备方法	发明	2013.08.13	陈国、林檬	华侨大学
108	201310378749.5	基于数字微镜器件的跨尺度测量方法	发明	2013.08.28	余卿、崔长彩、叶瑞芳、范伟	华侨大学
109	201310392567.3	一种基于能级跳变的可变波长激光器	发明	2013.09.02	庄凤江、蒲继雄、吴逢铁	华侨大学
110	201310378735.3	一种发泡聚乙烯醇缩甲醛微生物载体及其制备方法	发明	2013.08.28	洪俊明、李伟博	华侨大学
111	201310384637.0	一种贝壳陶粒生物载体及其制备方法	发明	2013.08.29	洪俊明、李玉	华侨大学
112	201320541578.9	茶叶杀青机温湿度控制系统	实用新型	2013.09.02	范伟、杨洋、李钟慎	华侨大学
113	201320492556.8	一种均温散热高光效COB LED面光源	实用新型	2013.08.13	郭震宁、曾茂进、林介本	华侨大学
114	201310166609.1	一种基于烷基硅醚的凝胶粒子及其制备方法	发明	2013.05.08	全志龙、唐光道	华侨大学
115	201310418214.6	一种集成巴伦馈电的宽带双极化印刷偶极子天线	发明	2013.09.13	葛悦禾、王灿	华侨大学
116	201310422925.0	一种三端输出的双波长激光器	发明	2013.09.17	庄凤江、蒲继雄、吴逢铁	华侨大学
117	201310428034.6	一种混凝土半球壳的新型极限外压力测试装置及测试方法	发明	2013.09.18	董毓利、张大山、杜毛毛、徐玉野、房圆圆	华侨大学
118	201310428035.0	一种金刚石绳锯机的新型张力调节机构	发明	2013.09.18	顾立志、王建涛、瞿少魁	华侨大学
119	201310428120.7	一种混凝土圆筒壳安全性能的新型测试装置及测试方法	发明	2013.09.18	董毓利、张大山、房圆圆、杜毛毛、王玲玲	华侨大学
120	201310428139.1	一种多绳金刚石绳锯机的新型张力调节机构	发明	2013.09.18	顾立志、王建涛、瞿少魁、杜伟文、黄燕华	华侨大学
121	201310428458.2	一种混凝土半球壳的新型极限内压力测试装置及测试方法	发明	2013.09.18	董毓利、张大山、房圆圆、徐玉野、王卫华	华侨大学
122	201320580443.3	一种混凝土半球壳的新型极限外压力测试装置	实用新型	2013.09.18	董毓利、张大山、杜毛毛、徐玉野、房圆圆	华侨大学

续表

序号	专利申请号	专利名称	类别	专利申请日	发明人/设计人	专利权人
123	201320580494.6	一种混凝土圆筒壳安全性能的新型测试装置	实用新型	2013.09.18	董毓利、张大山、房圆圆、杜毛毛、王玲玲	华侨大学
124	201320580511.6	一种多绳金刚石绳锯机的新型张力调节机构	实用新型	2013.09.18	顾立志、王建涛、瞿少魁、杜伟文、黄燕华	华侨大学
125	201320580513.5	一种金刚石绳锯机的新型张力调节机构	实用新型	2013.09.18	顾立志、王建涛、瞿少魁	华侨大学
126	201310428171.X	轮辐三旋轮错距强力旋压工艺的有限元数值模拟方法	发明	2013.09.18	路平、张云开	华侨大学
127	201320580994.X	一种混凝土半球壳的新型极限内压力测试装置	实用新型	2013.09.18	董毓利、张大山、房圆圆、徐玉野、王卫华	华侨大学
128	201310435228.9	一种水酶法—半仿生法提取茶叶籽中黄酮的方法	发明	2013.09.23	王晓琴、林莉	华侨大学
129	201310435669.9	水酶法提取的茶叶籽毛油的精炼工艺	发明	2013.09.23	王晓琴、张小明	华侨大学
130	201310450681.7	一种紫外荧光滤光片及其制备方法	发明	2013.09.27	马钰慧、邱伟彬	华侨大学
131	201310451966.2	一种皮肤损伤检测用的紫外荧光滤光片及其制备方法	发明	2013.09.27	马钰慧、邱伟彬	华侨大学
132	201310451999.7	一种碱性锌酸盐电镀锌新型阳极及其制备方法	发明	2013.09.27	王森林、王建鹏、张睦灿	华侨大学
133	201310459513.4	基于工作流模型的制造能力服务化的方法	发明	2013.09.27	李海波、陈维斌、张帅、孟庆丰	华侨大学
134	201310460267.4	一种可用于固定化铁还原菌的磁性聚合微球的制备方法	发明	2013.09.27	荆国华、周作明、王晓艳	华侨大学
135	201310459668.8	一种新颖分支线集成馈电巴伦的宽带印刷偶极子天线	发明	2013.09.29	王灿、葛悦禾	华侨大学
136	201320609117.0	一种侧面背投式LED平板灯	实用新型	2013.09.29	庄其仁、梁德娟、赖丽萍	华侨大学
137	201320608242.X	一种壁挂式LED平板灯散热装置	实用新型	2013.09.29	庄其仁、梁德娟、赖丽萍	华侨大学
138	201310466183.1	一种新型扫吸一体式清扫机构	发明	2013.10.09	顾立志、杜伟文、黄燕华、王建涛、瞿少魁	华侨大学

续表

序号	专利申请号	专利名称	类别	专利申请日	发明人/设计人	专利权人
139	201320620061.9	一种新型扫吸一体式清扫机构	实用新型	2013.10.09	顾立志、杜伟文、黄燕华、王建涛、瞿少魁	华侨大学
140	201310473590.5	一种宽频带高增益Fabry-Perot谐振天线	发明	2013.10.11	葛悦禾、王灿	华侨大学
141	201320626697.4	LED—光纤耦合透镜	实用新型	2013.10.11	郭震宁、甘汝婷、曾茂进	华侨大学
142	201310481195.1	一种基于数据重用的多视点多描述视频编码方法	发明	2013.10.15	蔡灿辉、王小兰、陈婧	华侨大学
143	201310501166.7	一种改进型薄壁异形钢管混凝土柱	发明	2013.10.23	王卫华、丁启荣、尧国皇	华侨大学
144	201320654352.X	一种改进型薄壁异形钢管混凝土柱	实用新型	2013.10.23	王卫华、丁启荣、尧国皇	华侨大学
145	201310511500.7	一种基于COMI-PSO算法的不相关多源频域载荷识别方法	发明	2013.10.25	缑锦、王成、郭旺平、于菲、王飞、任荟霖	华侨大学
146	201320680694.9	一种柱面透镜列阵LED投射器	实用新型	2013.10.31	庄其仁、赖丽萍、赖传社	华侨大学
147	201310535624.9	基于蓝牙的匿名团体投票方法	发明	2013.11.01	王田、吴尤可、彭臻	华侨大学
148	201310547046.0	一种氮掺杂石墨烯的制备方法	发明	2013.11.06	范乐庆、吴季怀	华侨大学
149	201310547047.5	一种连续长距离钎焊线锯的生产方法和装置	发明	2013.11.06	黄辉、何钊滨、苏玲玲、梁伟、徐西鹏	华侨大学
150	201310548289.6	一种介孔碳纳米纤维的制备方法	发明	2013.11.06	范乐庆、吴季怀	华侨大学
151	201310548295.1	一种石墨烯纳米流体的制备方法	发明	2013.11.06	范乐庆、吴季怀	华侨大学
152	201310548929.3	一种丝素蛋白多孔纤维支架的制备方法	发明	2013.11.06	刘源岗、孙晴晴、王士斌	华侨大学
153	201320707811.6	一种新型双钢板混凝土组合剪力墙	实用新型	2013.11.11	侯炜、刘阳、黄群贤	华侨大学
154	201310578706.1	基于MIMO系统总干扰泄漏最小的预编码矩阵组的选择算法	发明	2013.11.15	赵睿、袁继昌、彭盛亮	华侨大学
155	201310589522.5	基于Petri网的PLC在线故障诊断方法	发明	2013.11.20	罗继亮、叶丹丹、绍辉	华侨大学

续表

序号	专利申请号	专利名称	类别	专利申请日	发明人/设计人	专利权人
156	201310597162.3	一种雷公藤红素衍生物的制备方法及其产品和应用	发明	2013.11.21	张景红、谢深霞、叶龙飞	华侨大学
157	201310598500.5	一种雷公藤内酯醇衍生物的制备方法及其产物和应用	发明	2013.11.21	张景红、谢深霞、唐圆圆	华侨大学
158	201310598548.6	一种靛玉红衍生物的制备方法及其产物和应用	发明	2013.11.21	张景红、欧万倩、谢深霞	华侨大学
159	201310601255.9	一种具有降血糖作用的功能性食品及其制备方法	发明	2013.11.21	肖美添、李耀东、叶静	华侨大学
160	201310637069.0	一种从琼脂中直接分离琼脂糖和琼胶酯的方法	发明	2013.11.27	肖美添、柯庆勇、叶静	华侨大学
161	201310631349.0	一种辅助降血脂的保健食品及其制备方法	发明	2013.11.29	肖美添、熊霜、叶静、黄雅燕、张学勤、赵鹏	华侨大学
162	201310631762.7	一种考虑流体负载效应的平板结构优化设计方法	发明	2013.11.29	欧达毅	华侨大学
163	201310641974.3	一种聚合物—石墨烯混合物的制备方法	发明	2013.12.03	陈国华、黄卫明、赵立平	华侨大学、厦门凯纳石墨技术有限公司
164	201310655001.5	一种将PLC加计数器转换为顺序Petri网的方法	发明	2013.12.06	罗继亮、黄颖坤、陈珑、温世刚	华侨大学
165	201320812386.7	LED光源散热器一体化结构	实用新型	2013.12.10	郭震宁、曾茂进	华侨大学
166	201310670582.X	LED光源散热器一体化结构	发明	2013.12.10	郭震宁、曾茂进	华侨大学
167	201310688170.9	一种焊接方法	发明	2013.12.16	周广涛、黄海瀚、王立鹏、陈志伟、郭玉龙、江余东、郭广磊、马明磊、梁国俐	华侨大学
168	201310688353.0	一种敏化太阳电池光阳极阻挡层的制备方法	发明	2013.12.16	兰章、阚兰芳、吴季怀	华侨大学
169	201310688409.2	同步带驱动型椅子	发明	2013.12.16	顾立志、威盛军、冯凯	华侨大学

续表

序号	专利申请号	专利名称	类别	专利申请日	发明人/设计人	专利权人
170	201310688447.8	汽车备胎自动更换系统	发明	2013.12.16	顾立志、冯凯、郑天清	华侨大学
171	201310689424.9	液压驱动型椅子	发明	2013.12.16	顾立志、魏盛军、冯凯	华侨大学
172	201310689883.7	一种新型焊接装置	发明	2013.12.16	周广涛、黄海瀚、王立鹏、陈志伟、郭玉龙、江余东、郭广磊、马明磊、梁国俐	华侨大学
173	201310690239.1	一种海崖蚀退尺度测量装置及其测量方法	发明	2013.12.16	常方强	华侨大学
174	201310690522.4	丝杆驱动型椅子	发明	2013.12.16	顾立志、魏盛军、郑天清	华侨大学
175	201320830016.6	一种海崖蚀退尺度测量装置	实用新型	2013.12.16	常方强	华侨大学
176	201320830045.2	一种新型简易水渠	实用新型	2013.12.16	常方强	华侨大学
177	201320830104.6	一种膨胀土坡防护系统	实用新型	2013.12.16	常方强	华侨大学
178	201320830436.4	一种新型焊接装置	实用新型	2013.12.16	周广涛、黄海瀚、王立鹏、陈志伟、郭玉龙、江余东、郭广磊、马明磊、梁国俐	华侨大学
179	201320831159.9	一种土体湿化速率测试装置	实用新型	2013.12.16	常方强	华侨大学
180	201320831203.6	丝杆驱动型椅子	实用新型	2013.12.16	顾立志、魏盛军、郑天清	华侨大学
181	201320831218.2	同步带驱动型椅子	实用新型	2013.12.16	顾立志、魏盛军、冯凯	华侨大学
182	201320831241.1	液压驱动型椅子	实用新型	2013.12.16	顾立志、魏盛军、冯凯	华侨大学
183	201320831220.X	汽车备胎自动更换系统	实用新型	2013.12.16	顾立志、冯凯、郑天清	华侨大学
184	201310697536.9	一种苯甲酰胺衍生物及其制备方法和应用	发明	2013.12.18	王立强、雷严、吴振	华侨大学
185	201310697453.X	一种基于Petri网的组合逻辑FPGA系统可达图的生成方法	发明	2013.12.18	罗继亮、陈珑、黄颖坤、倪慧娟	华侨大学

续表

序号	专利申请号	专利名称	类别	专利申请日	发明人/设计人	专利权人
186	201310725867.9	一种在Cu基体表面微波熔覆CuW合金的方法	发明	2013.12.25	江开勇、张际亮、王霏、王小伟	华侨大学
187	201310725869.8	一种混凝土梁的加固装置及其施工方法	发明	2013.12.25	徐玉野、郑顺盈、王卫华、罗漪	华侨大学
188	201310725870.0	一种制造具有薄壁或细槽等几何结构的金属件的方法	发明	2013.12.25	江开勇、王霏、顾永华、梁辉煌	华侨大学
189	201310726367.7	一种苯并二氧杂己烯酮芳香化合物的合成方法	发明	2013.12.25	崔秀灵、林锋、宋秋玲	华侨大学
190	201320862788.8	一种混凝土梁的加固装置	实用新型	2013.12.25	徐玉野、郑顺盈、王卫华、罗漪	华侨大学
191	201310744483.1	一种兼具碰撞兼容性与通过性的缓冲吸能防撞机构	发明	2013.12.27	张勇、林青宵	华侨大学
192	201320880809.9	一种兼具碰撞兼容性与通过性的缓冲吸能防撞机构	实用新型	2013.12.27	张勇、林青宵	华侨大学
193	201310746248.8	一种新型装配式混凝土柱	发明	2013.12.30	李升才	华侨大学
194	201320884213.6	LED灯泡底座成型模具组	实用新型	2013.12.30	顾立志、郑天清、冯凯	华侨大学
195	201320884270.4	一种石板材荔枝皮面加工刀模	实用新型	2013.12.30	方千山	华侨大学
196	201320884337.4	一种新型装配式混凝土柱	实用新型	2013.12.30	李升才	华侨大学
197	201310746237.X	一种多角度落锤冲击装置及其试验台	发明	2013.12.30	张勇、周莎	华侨大学
198	201420004080.3	一种自动化皮带输送装置	实用新型	2014.01.02	罗金盛	华侨大学
199	201310752737.4	一种基于配置的二维动画生成方法	发明	2013.12.30	洪欣	华侨大学
200	201310752769.4	一种具有负载敏感的挖掘机负流量系统	发明	2013.12.30	林添良、叶月影、缪骋、柯晓蕾、刘强、杨帆	华侨大学
201	201320891642.6	一种具有负载敏感的挖掘机负流量系统	实用新型	2013.12.30	林添良、叶月影、缪骋、柯晓蕾、刘强、杨帆	华侨大学

续表

序号	专利申请号	专利名称	类别	专利申请日	发明人/设计人	专利权人
202	201320891672.7	投射式LED日光灯	实用新型	2013.12.30	庄其仁、庄琳玲、梁德娟	华侨大学
203	201320891957.0	一种掠射式折光板	实用新型	2013.12.30	庄其仁、庄琳玲、梁德娟	华侨大学

2013专利授权汇总表

序号	专利申请号	专利名称	类别	授权公告日	发明人/设计人	专利权人
1	201010581436.6	生活垃圾填埋场渗沥液高度监测装置	发明	2013.01.09	常方强	华侨大学
2	201010600850.7	一种从伊谷草中提取琼脂的生产工艺	发明	2013.01.09	陈振祥、肖美添、张学勤	福建省金燕海洋生物科技股份有限公司、华侨大学
3	201110121713.X	一种具有抑菌性能吸水树脂的制备方法	发明	2013.01.09	林建明、吴季怀、黄惠莉	华侨大学
4	201220262646.3	一种交错管杆件的简易固定装置	实用新型	2013.01.16	俞缙、陈荣淋、蔡燕燕	华侨大学
5	201220172873.7	一种低压电弧故障检测装置	实用新型	2013.01.16	张认成、杨建红、李夏河	华侨大学
6	201010224108.0	一种含有低分子量二氧化碳共聚物的聚羧酸系减水剂及其制备方法	发明	2013.03.06	全志龙、严捍东、何中东、张云波、钟民、吴詹勇、薛宗明、何信生	华侨大学、中泰（福建）混凝土发展有限公司
7	201230192039.X	亚洲棕榈象甲诱捕器	外观设计	2013.03.06	黄志宏	华侨大学
8	201010194308.6	太阳能光电板的导风结构	发明	2013.03.13	彭兴黔、朱海、徐刚、张春晖、林介本	华侨大学
9	201220187014.5	一种液压挖掘节能系统	实用新型	2013.03.13	林添良	华侨大学
10	201220187110.X	基于单片机实现对讲设备程序升级的系统	实用新型	2013.03.13	郭荣新、赵睿、强建龙、吴志军、熊文强	华侨大学
11	201220385062.5	可产生多个局域空心光束的新型轴棱锥	实用新型	2013.03.13	吴逢铁、程志明、方翔、范丹丹	华侨大学
12	201220385123.8	用LED产生近似无衍射Bessel光束的光学系统	实用新型	2013.03.13	吴逢铁、程志明、方翔、范丹丹	华侨大学

续表

序号	专利申请号	专利名称	类别	授权公告日	发明人/设计人	专利权人
13	201220385134.6	一种新型沿岸防护装置	实用新型	2013.03.13	常方强	华侨大学
14	201220385156.2	一种复合软粘土地基	实用新型	2013.03.13	俞缙、蔡燕燕、陈旭、陈荣淋	华侨大学
15	201220385327.1	一种垃圾填埋气体的参数模拟测量装置	实用新型	2013.03.13	常方强	华侨大学
16	201220385329.0	一种垃圾渗透参数测试装置	实用新型	2013.03.13	常方强、王林昌	华侨大学
17	201220385348.3	用LED光源产生局域空心光束的光学系统	实用新型	2013.03.13	吴逢铁、范丹丹、程志明、方翔	华侨大学
18	201220384969.X	一种新型浮式防波装置	实用新型	2013.03.13	常方强	华侨大学
19	201220411813.6	一种改进型联肢剪力墙结构	实用新型	2013.03.13	刘阳、郭子雄、叶勇、黄群贤、柴振岭	华侨大学
20	201220411822.5	一种新型联肢剪力墙结构	实用新型	2013.03.13	刘阳、郭子雄、黄群贤、柴振岭、叶勇	华侨大学
21	201220411836.7	多环并联式电容位移传感器	实用新型	2013.03.13	范伟、李钟慎、马桂旭	华侨大学
22	201220467257.4	智能型图书借还书架	实用新型	2013.03.13	杨洋、李钟慎	华侨大学
23	201220464133.0	防盗型手提包	实用新型	2013.03.13	杨洋、李钟慎	华侨大学
24	200910111121.2	水溶性蓝色荧光量子点的合成方法	发明	2013.04.10	孙向英、刘斌、刘辉	华侨大学
25	201010109617.9	一种产生局域空心光束的新型光学元件	发明	2013.04.10	吴逢铁、马亮、黄启禄	华侨大学
26	201110056093.6	一种大批量制备石墨烯的方法	发明	2013.04.10	陈国华、方明、赵立平	华侨大学、厦门凯纳石墨技术有限公司
27	201220456795.3	十字双角钢加强无梁楼盖结构	实用新型	2013.04.10	董毓利、徐玉野、房圆圆	华侨大学
28	201220456791.5	内嵌型钢式加强无梁楼盖结构	实用新型	2013.04.10	董毓利、徐玉野、房圆圆	华侨大学
29	201220471799.9	一种简易线路固定装置	实用新型	2013.04.10	张肖	华侨大学
30	201220471771.5	一种新型衣架	实用新型	2013.04.10	张肖	华侨大学

续表

序号	专利申请号	专利名称	类别	授权公告日	发明人/设计人	专利权人
31	201220471472.1	一种改进型的锅盖	实用新型	2013.04.10	张肖	华侨大学
32	201220471450.5	一种新型蒜臼子	实用新型	2013.04.10	张肖	华侨大学
33	201220471779.1	一种新型磨刀石	实用新型	2013.04.10	张肖	华侨大学
34	201220495260.7	用LED光源实现Bessel光自重建的光学系统	实用新型	2013.04.10	吴逢铁、范丹丹、杜团结、王涛	华侨大学
35	201220530549.8	坚果筛分机	实用新型	2013.04.10	顾立志、余文志、周宗志、向明铁	华侨大学
36	201010164096.7	制备低色温高显色性大功率白光LED的新方法	发明	2013.05.15	郭震宁	华侨大学
37	201220556764.5	一种新型清洗刷	实用新型	2013.06.05	杨学太、骆燕明	华侨大学
38	201220560426.9	一种自然浇灌花盆	实用新型	2013.06.05	杨学太、骆燕明	华侨大学
39	201220560419.9	一种可调温式方向盘	实用新型	2013.06.05	杨学太、骆燕明	华侨大学
40	201220560416.5	一种新型吸烟警示器	实用新型	2013.06.05	杨学太、骆呈霖	华侨大学
41	201220574466.9	一种可带鼠标的鼠标垫	实用新型	2013.06.05	杨学太、骆燕明	华侨大学
42	201220578007.8	一种沥青热再生设备干燥系统的检测与控制系统	实用新型	2013.06.12	杨建红	华侨大学
43	200910193679.X	吸附型固体酒精的制备方法	发明	2013.06.26	吴季怀、唐子颖、吴晓阳、骆志森、林建明、唐群委、范乐庆、黄妙良、李清华、兰章	华侨大学
44	201110083268.2	纤维素硫酸脂的制备方法	发明	2013.06.26	陈国、姚善泾	华侨大学
45	201110094198.0	一种超硬磨粒工具微刃的生成方法	发明	2013.06.26	徐西鹏、黄国钦	华侨大学
46	201220458463.9	井式框架梁加强无梁楼盖连接结构	实用新型	2013.06.26	董毓利、王玲玲	华侨大学

续表

序号	专利申请号	专利名称	类别	授权公告日	发明人/设计人	专利权人
47	201220637811.9	一种减震缓冲装置	实用新型	2013.06.26	郑益成、李钟慎	华侨大学
48	201110191910.9	一种剪切式磁流变缓冲补偿器	发明	2013.07.17	黄宜坚、吴福森	华侨大学
49	201220706721.0	一种遥控式新型电热蚊香器	实用新型	2013.07.17	张肖	华侨大学
50	201220706799.2	一种新型花盆	实用新型	2013.07.17	张肖	华侨大学
51	201220706826.6	一种新型台阶	实用新型	2013.07.17	张肖	华侨大学
52	201220706856.7	一种新型土工带	实用新型	2013.07.17	常方强	华侨大学
53	201220706902.3	一种矿山采石串珠绳锯机控制系统	实用新型	2013.07.17	方千山	华侨大学
54	201220706976.7	一种新型夹丝法磨削测温用热电偶	实用新型	2013.07.17	黄辉、徐西鹏、张玉兴、王思佩	华侨大学
55	201220707270.2	一种新型防吹落晾衣架	实用新型	2013.07.17	张肖	华侨大学
56	201220707298.6	一种新型浴室三脚架	实用新型	2013.07.17	张肖	华侨大学
57	201220712349.4	一种钢板桩防漏装置	实用新型	2013.07.17	常方强	华侨大学
58	201220707300.X	一种新型边坡防护装置	实用新型	2013.07.17	常方强	华侨大学
59	201220745628.0	可更换驱动电源的LED球泡灯	实用新型	2013.07.17	郭震宁、曾茂进、杨菲菲	华侨大学
60	201320002879.4	自承式异形外包钢—混凝土组合梁	实用新型	2013.07.17	王卫华、董毓利、彭兴黔、徐玉野	华侨大学
61	200910112885.3	织物染色过程动态仿真方法及系统	发明	2013.07.24	金福江、汤仪平、周丽春	华侨大学
62	201220642575.X	一种大功率电器电弧故障检测系统	实用新型	2013.08.07	张认成、杨建红、吴晓梅、吴其勇、黄莉、占友雄	华侨大学
63	201010575237.4	一种抑制Hmga2基因表达的双链siRNA及其应用	发明	2013.08.14	王启钊、刁勇、许瑞安	华侨大学
64	201110000893.6	水酶法提取茶叶籽油的方法	发明	2013.08.14	王晓琴、黄东方、伍华告	华侨大学

续表

序号	专利申请号	专利名称	类别	授权公告日	发明人/设计人	专利权人
65	201220706871.1	一种石材线切割机控制系统	实用新型	2013.08.14	方千山	华侨大学
66	201220712425.1	一种验布机自动控制装置	实用新型	2013.08.14	方千山	华侨大学
67	201220749313.3	可更换电源装置的LED球泡灯	实用新型	2013.08.14	郭震宁、曾茂进、杨菲菲	华侨大学
68	201320015380.7	汽车电气故障电弧火灾探测装置	实用新型	2013.08.14	杜建华、张认成、丁环	华侨大学
69	201320051199.1	一种多头石圆柱仿形机的新型数字化控制系统	实用新型	2013.08.14	方千山	华侨大学
70	201320051386.X	一种转盘式多工位EVA注射发泡成型机的控制装置	实用新型	2013.08.14	方千山	华侨大学
71	201320050891.2	一种蓄电池铸板机的自动控制系统	实用新型	2013.08.14	方千山	华侨大学
72	201320050880.4	一种框架锯机的自动控制系统	实用新型	2013.08.14	方千山	华侨大学
73	201320051389.3	一种彩钢板压瓦机的控制装置	实用新型	2013.08.14	方千山	华侨大学
74	201320051390.6	一种龙门式大切组合锯机自动控制装置	实用新型	2013.08.14	方千山、郭桦	华侨大学
75	201320051344.6	一种连续磨机的自动控制系统	实用新型	2013.08.14	方千山	华侨大学
76	201320050894.6	一种石材线条锯切机自动控制装置	实用新型	2013.08.14	方千山、郭桦	华侨大学
77	201320051202.X	一种折板机的自动控制装置	实用新型	2013.08.14	方千山	华侨大学
78	201320067292.1	一种产生长距离无衍射光的凹锥透镜	实用新型	2013.08.14	吴逢铁、方翔、程治明	华侨大学
79	201010238307.7	一种养生保健茶及其制备方法	发明	2013.09.18	刘建福	华侨大学
80	201110336363.9	基于泵/马达的混联式液压挖掘机驱动系统	发明	2013.09.18	林添良	华侨大学
81	201210047319.0	一种新型抗肿瘤amiRNA序列及其应用	发明	2013.09.18	许瑞安、唐明青	华侨大学
82	201320050893.1	一种多头石圆柱仿形机的新型控制系统	实用新型	2013.09.18	方千山	华侨大学
83	201320051289.0	一种桥式多头磨机自动控制装置	实用新型	2013.09.18	方千山、郭桦	华侨大学

续表

序号	专利申请号	专利名称	类别	授权公告日	发明人/设计人	专利权人
84	201320051345.0	一种新型三面翻广告屏控制系统	实用新型	2013.09.18	方千山	华侨大学
85	201320051387.4	一种立式多工位EVA注射发泡成型机的控制装置	实用新型	2013.09.18	方千山	华侨大学
86	201110115245.5	一种双目立体视觉测量的立体匹配方法	发明	2013.10.30	江开勇、黄常标、林俊义	华侨大学
87	201110121724.8	碘化物掺杂聚合物凝胶电解质的制备方法	发明	2013.10.30	吴季怀、余海君、范乐庆	华侨大学
88	201110132860.7	磨料工具的液态铸造方法	发明	2013.10.30	徐西鹏、林开荣、黄辉	华侨大学
89	201110228332.1	STL三角网络模型三维分段方法	发明	2013.10.30	江开勇、黄常标、林俊义	华侨大学
90	201110380554.5	用于研究熔融态合金滴落体与磨粒接触界面行为的装置	发明	2013.10.30	徐西鹏、黄国钦、邢波	华侨大学
91	201110409286.5	一种地表富营养化水体藻类的化学除藻药剂及其配制方法和使用方法	发明	2013.10.30	洪俊明、缪柳、林冰	华侨大学
92	201320149481.3	一种产生周期性Bottle beam的光学系统	实用新型	2013.10.30	吴逢铁、杜团结、王涛	华侨大学
93	201320185322.9	一种新型内嵌双钢板混凝土组合连梁	实用新型	2013.10.30	侯炜、黄群贤、陈庆猛、庄景峰、林奇	华侨大学、厦门特房建设工程集团有限公司
94	201320188155.3	一种新型双钢板混凝土连梁与混凝土剪力墙的组合节点	实用新型	2013.10.30	侯炜、黄群贤、陈庆猛、庄景峰、林奇	华侨大学、厦门特房建设工程集团有限公司
95	201320188277.2	一种新型B超探头	实用新型	2013.10.30	陈洪森、扈伟	华侨大学
96	201320205542.3	汽车发动机舱早期火灾温度探测装置	实用新型	2013.10.30	杜建华、张认成、靳宇、丁环	华侨大学
97	201320229625.6	一种基于插装结构的先导式电液比例溢流阀	实用新型	2013.10.30	林添良、叶月影、刘强、柯晓蕾	华侨大学
98	201320294812.2	一种钢筋混凝土梁与楼板的新型加固装置	实用新型	2013.10.30	黄群贤、郭子雄、陈建华、陈昆明、洪毅	华侨大学、福建省第一公路工程公司

续表

序号	专利申请号	专利名称	类别	授权公告日	发明人/设计人	专利权人
99	201320403182.8	一种海水入侵模拟装置	实用新型	2013.12.04	孟希、林从谋、付旭、常方强	华侨大学
100	201110192001.7	离子液体作用下催化合成对苯二甲酸二异辛脂的方法	发明	2013.12.18	林金清、方国阳、金春英	华侨大学
101	201110329472.8	一种测试海水倒灌水深的测试装置	发明	2013.12.18	常方强	华侨大学
102	201320230864.3	一种可任意扩展的多继电器电路控制系统	实用新型	2013.12.18	范伟、杨洋、李钟慎	华侨大学
103	201320295077.7	一种钢筋混凝土桥墩的新型加固装置	实用新型	2013.12.18	郭子雄、黄群贤、陈建华、王乙方	华侨大学、福建省第一公路工程公司
104	201320336689.6	一种微流控芯片	实用新型	2013.12.18	张奚宁、童利民、戴昊、胡志方	华侨大学
105	201320336628.X	全固态调Q倍频无衍射激光器	实用新型	2013.12.18	吴逢铁、王涛、杜团结	华侨大学
106	201320355628.4	应用于高速全差分运算放大器的连续时间共模反馈电路	实用新型	2013.12.18	杨骁、凌朝东、黄炜炜	华侨大学
107	201320356076.9	一种膨胀土坡防护结构	实用新型	2013.12.18	常方强	华侨大学
108	201320355707.5	一种增大加筋挡土墙拉筋抗拔能力的装置及新型挡土墙	实用新型	2013.12.18	常方强	华侨大学
109	201320378465.1	一种增强对流散热的烟囱效应LED路灯	实用新型	2013.12.18	郭震宁、曾茂进、曾海、陈俄振、胡治伟、杨菲菲、甘汝婷、林介本、林木川、颜稳萍	华侨大学
110	201320378330.5	一种增强对流散热的烟囱效应LED工矿灯	实用新型	2013.12.18	郭震宁、曾茂进、曾海、陈俄振、胡治伟、杨菲菲、甘汝婷、林介本、林木川、颜稳萍	华侨大学
111	201320378134.8	一种LED集成封装的高光效蓝光COB光源	实用新型	2013.12.18	郭震宁、曾茂进、陈俄振	华侨大学
112	201320378166.8	一种新型低发散高光效LED光源	实用新型	2013.12.18	郭震宁、曾茂进、陈俄振	华侨大学

续表

序号	专利申请号	专利名称	类别	授权公告日	发明人/设计人	专利权人
113	201320382631.5	一种增强对流散热的烟囱效应LED吊灯	实用新型	2013.12.18	郭震宁、曾茂进、曾海、陈俄振、胡治伟、杨菲菲、甘汝婷、林介本、林木川、颜稳萍	华侨大学
114	201320382689.X	一种厨房洗碗盆过滤装置	实用新型	2013.12.18	张肖	华侨大学
115	201320382676.2	一种高光效LED蓝光COB光源	实用新型	2013.12.18	郭震宁、曾茂进、曾海、陈俄振、甘汝婷、林介本	华侨大学
116	201320294912.5	一种钢筋混凝土桥梁与桥面板的新型加固装置	实用新型	2013.12.23	黄群贤、郭子雄、赖有泉、陈义龙	华侨大学、福建省第一公路工程公司
117	201320295420.8	岩石三轴试验的主被动组合式声学测试及渗流测试联合系统	实用新型	2013.12.23	俞缙、蔡燕燕、陈旭、刘士雨、涂兵熊	华侨大学
118	201320313515.8	实验室砂浆粘结强度测试用夹具	实用新型	2013.12.23	王海峰	华侨大学
119	201320336746.0	一种微流控芯片荧光激发装置及微流控芯片	实用新型	2013.12.23	张奚宁、童利民、戴昊、胡志方	华侨大学

2013年度获科技奖项（理工类）汇总表

获奖项目	类别	获奖者
石材高效加工用金刚石磨粒工具关键技术及应用	国家科学技术进步奖二等奖	徐西鹏、黄辉、李远、郭桦、沈剑云、黄国钦
生物炼制关键酶的分子设计及生物催化	福建省科学技术奖—自然科学奖三等奖	方柏山、张光亚、陈宏文
光束整形与变换新技术	福建省科学技术奖—自然科学奖三等奖	蒲继雄、陈子阳、王涛
既有高速公路2扩4特大跨径超小净距隧道CD工法施工技术研究	福建省科学技术奖—科技进步奖二等奖	林从谋（合作单位4）
深厚淤泥爆炸挤淤工程质量综合评价方法研究	福建省科学技术奖—科技进步奖三等奖	林从谋（合作单位2）
新型多功能抗菌、护肤纸尿裤的技术开发	泉州市科技奖科技进步二等奖	李明春（合作单位）
大挠度下钢筋混凝土板的受拉薄膜效应	中国商业联合会科学技术奖——科技进步奖一等奖	董毓利、李升才、张大山、房圆圆等

2013年公布被 SCI、EI、CPCI-S 收录论文的院系分布情况

学院 \ 单位	SCI	EI	CPCI-S（ISTP）	合计
机电及自动化学院	5	10	24	39
化工学院	25	20	10	55
土木工程学院	5	34	28	67
计算机科学与技术学院	4	11	8	23
信息科学与工程学院	37	45	15	97
工学院	4	3	0	7
材料科学与工程学院	97	68	8	173
生物医学学院/分子药物研究院	12	2	9	23
工商管理学院	0	2	3	5
数学科学学院	13	2	0	15
经济与金融学院	1	0	1	2
文学院	0	0	1	1
哲学与社会发展学院	0	0	2	2
合计	203	197	109	509

注：因中信所提供数据滞后一年，本表数据皆为2012年收录数据。

2013年主要学术会议一览表（理工学科）

序号	会议名称	主办或承办单位	会议时间	会议地点	备注
1	福建省电源学会第四届学术年会	福建省电源学会主办，华侨大学与三菱电机机电（上海）有限公司联合承办	3月30~31日	华侨大学泉州校区	旨在推进福建省电源及相关产业发展及技术交流，主题涵盖直流开关电源、不间断电源UPS、电子照明、电机调速、新能源技术等方面。省内外120余人代表参会
2	"功能导向晶态材料的结构设计和可控制备"重大研究计划项目年度进展交流会	国家自然科学基金委员会主办，华侨大学和中国科学院福建物质结构所共同承办	5月12~13日	厦门	会议包含28项重点项目、120项预研项目。重点项目专家将汇报项目的进展，并就重大研究计划原创、集成、升华等方面进行分组交流和研讨
3	《可视媒体的结构分析与机器学习》研讨会	华侨大学计算机技术学院	5月24~25日	华侨大学厦门校区王兴国际会议中心	973计划信息领域咨询专家和项目专家组成员等参加
4	第十二届离岛资讯技术与应用研讨会	金门大学、华侨大学信息科学与工程学院主办，（中国台湾）国科会工程处工程科技推展中心承办	5月25日	华侨大学泉州校区祖杭楼	来自海峡两岸73所高校和科研院所200余名的专家、学者出席会议。分别举行金门地区产学研讨会、泉州地区产学研讨会（为期四天，前两天在金门大学举行，后两天在华侨大学举行）

续表

序号	会议名称	主办或承办单位	会议时间	会议地点	备注
5	第十二届切削与先进制造技术学术会议	中国刀协切削先进技术研究分会主办，华侨大学脆性材料加工技术教育部工程研究中心承办	7月24~27日	华侨大学厦门校区郑年锦图书馆学术报告厅	来自国内外相关领域的专家、学者、技术人员及企业家等195名与会代表，就国内外切削与先进制造技术领域中的新理论、新技术、新方法和新装备方面的最新进展和研究开发成果展开讨论与交流。举行10场主题报告、24场分会场交流报告
6	第7届中国金刚石相关材料及应用学术会议	中国材料研究学会超硬材料及制品专业委员会、华侨大学脆性材料加工技术教育部工程研究中心、国家特种矿物材料工程技术研究中心、吉林大学国家超硬材料重点实验室联合主办	7月28~31日	厦门	来自国内超硬材料行业的100多位代表参加。会议主题报告内容广泛，领域多元，有航空难加工材料磨削技术、复合材料加工工具、高速超高速磨削工具、纳米晶PCD、金刚石薄膜等超硬材料制品领域最新的研究
7	第五届全国信息光学与光子学学术会议	中国科学院上海光学精密机械研究所主办，华侨大学和中国激光杂志社承办	11月27~28日	华侨大学厦门王源兴国际会议中心	300多位来自全国各地的专家、代表来校参加。以光通信、光网络技术、光信号处理技术、光器件、光存储、生物医学光子学、新型光功能材料等领域的研究为主题。还邀请了32位国内一流专家做特邀报告。还收到各方提供的口头报告和张贴报告近500份
8	第十八届全国青年通信学术年会暨2013年电子信息类专业建设及人才培养研讨会	中国通信学会主办，华侨大学、中国通信学会青年工作委员会承办，北京科技大学、北京邮电大学、清华大学协办	12月1日	华侨大学厦门王源兴国际会议中心	40多所高校和研究机构的80多位专家、学者与会。会议举行了5场主题报告
9	第一届全国村镇综合防灾与绿色建筑技术研讨会	中国建筑学会抗震防灾分会村镇防灾专业委员会、中国建筑学会抗震防灾分会村镇绿色建筑综合防灾专业委员会、华侨大学、北京工业大学联合主办	12月22~23日	华侨大学厦门王源兴国际会议中心	150位专家学者齐聚华侨大学。围绕"村镇综合防灾与绿色建筑技术"主题进行20场的特邀报告和13场的大会报告

文科科研

【概况】 华侨大学人文社会科学科研管理、规划和服务工作可以追溯到20世纪80年代。1984年10月,学校为加强科学研究工作,成立科研处。1997年起,科研处增设社会科学科,负责学校人文社会科学的管理和服务工作。为全面推进华侨大学哲学社会科学繁荣发展,更好地做好学校文科科研的管理和服务工作,2012年5月,学校将原属科研处的社会科学科独立出来,成立社会科学研究处(以下简称"社科处")。2013年是社科处成立之后快速运转的第二年,在学校领导的整体筹划和领导下,在各级部门关心和配合下,社科处统筹、指导全校文科教学科研单位、科研机构和全体文科学者,共同推进华侨大学哲学社会科学事业向前发展。截至2013年底,华大文科共有13个学院,5个研究院,1个国家重点学科,3个国侨办重点学科,3个福建省特色重点学科,11个福建省省级重点学科,2个博士后科研流动站,5个博士学位授权二级学科,2个福建省高校人文社会科学研究基地。此外,学校还拥有国家大学生文化素质教育基地、国务院侨务办公室华文教育基地、国务院侨务办公室侨务理论研究福建基地、中国旅游研究院旅游安全研究基地。

社科处是负责学校人文社会科学研究的规划、组织、协调和管理工作的综合性职能部门。业务上接受全国哲学社会科学规划办、教育部、国侨办、省哲学社会科学规划办、省社科联、省委宣传部、省教育厅、厦门市社科联、泉州市社科联等部门的指导。社科处下设项目管理科、成果管理科、基地与重点建设科,截至2013年底有在岗职工6人,其中处长1名,副处长2名,项目管理科1人,成果管理科1人,基地与重点建设科1人。

2013年,社科处以华侨大学发展的战略大局为重,在遵循社科管理工作规律的基础上,依托侨校资源与特色,根据前期掌握的学校文科发展现状,重点探索哲学社会科学繁荣之道,建章立制,制定切实可行的哲学社会科学繁荣措施,并逐步推进实施。

2013年1月,华侨大学第九届学术委员会成立。为适应学校学科结构、发展特点及决策咨询过程中的学科差异,华侨大学学术委员会下设"理工科学术分委员会""文科学术分委员会""学术道德委员会"三个分委会。"文科学术分委员会"的成立,为学校文科学术审议和评价树立了基本的学术权威。当月,社科处组织召开"华侨大学社科成果认定听证会",就《华侨大学哲学社会科学科研成果认定与管理办法(草案)》和《华侨大学哲学社会科学学术期刊目录(草案)》公开征求意见,经过充分的讨论、论证,最终在2013年6月正式印发《华侨大学学术期刊分类目录》,为广大文科教师发表高水平论文提供了重要的指导性文件。

2013年7月，华侨大学隆重召开"繁荣发展哲学社会科学大会"，大会分析了学校哲学社会科学发展现状，明确了今后哲学社会科学发展的目标和任务，大会同时发布了《华侨大学哲学社会科学繁荣计划（2012~2020）》（以下简称《社科繁荣计划》），计划明确了今后的指导思想，提出了战略目标，这是未来华侨大学哲学社会科学发展的纲领性文件，是学校加强科学研究、提升学科建设的重要举措。"华侨大学哲学社会科学学科高水平论文著作专项资助计划"在繁荣大会后随即启动，该计划是社科繁荣计划的重要组成部分，旨在激发各学科、学者的学术创造能力，产出更多创新性、高水平的学术成果，夯实人文社会科学学科基础，有效推动学校学科建设。

《社科繁荣计划》的实施进一步激发了全校文科教师投身科研的积极性，"我要做科研"的学术氛围蔚然成风。为保证这些计划切实落到实处，规范计划的有效运作，经过近半年的深入调研、征求意见，并总结计划实际开展过程的问题和经验，11月，《华侨大学哲学社会科学青年学者成长工程实施方案》《华侨大学哲学社会科学学术著作专项资助计划管理办法》《华侨大学哲学社会科学优秀学者百人计划实施方案》《华侨大学哲学社会科学科研成果和科研项目认定办法》《华侨大学人文社会科学研究基地建设与管理办法》等6个繁荣计划配套文件正式印发，以学校文件的形式明确了几大计划的实施程序和运作要求，有效保证社科繁荣计划落到实处。

11月下旬，2013年度华侨大学哲学社会科学百名优秀学者培育计划启动申报，计划旨在打造学校哲学社会科学学科领军人物和学术带头人，分三个层次予以资助。12月，华侨大学召开华侨华人研究专题工作会议，会议对学校近年来华侨华人研究工作开展的状况、存在的问题进行了总结，并对今后学校华侨华人的研究方向和下一步的工作计划进行了讨论。会议决定，为整合校内资源，促进学校"华侨华人"的研究，切实提高华侨大学"为侨服务"的能力和水平，学校成立专门的华侨华人研究工作领导小组，并出台《全面加强和推进华侨华人研究若干意见》等相关文件，群策群力促进华侨大学华侨华人研究的发展。

经过一年的努力，华侨大学哲学社会科学研究开始以团队化、规模化的方式全方位、多维度、纵深地向前发展，各学院、各学科、各学者的学术心气、学术气象、学术团队意识、学术规划能力、科研探索水平不断增强，学术研讨氛围不断浓烈，团队建设的步伐不断加快，科研机构管理和科研基地运作日益规范，学校哲学社会科学事业蒸蒸日上。

【科研项目与经费】 华侨大学文科科研项目经费资助来源包括纵向项目和横向项目。各级纵向项目包括国家社会科学规划办公室、教育部、文化部、司法部、国务院侨务办公室、国家体育总局、国家旅游局、福建省哲学社会科学规划办公室及各级政府部门下达文件立项的人文社会科学研究项目。2013年，学校新获批纵向项目203项，课题经费共556.7万元，比2012年增加72项，经费增长35.4%；横向项目86项，累计到款409.7万元，比2012年增加18项。

2013年，学校获国家社科基金项目14项（含1项后期资助项目），批准经费252万元；获教育部人文社会科学研究规划项目、青年项目及专题研究项目共13项，批准经费116万元；获国务院侨办科研课题8项，批准经费64万元；获福建省哲学社会科学规划项目43项，批准经费58.5万元；获中华全国归国华侨联合会课题8项，批准经费8.6万元；获文化部文化艺术科学研究项目1项，批准经费3万元；获国家旅游局科研项目2项，批准经费6万元；获全国高等院校古籍整理研究工作委员会项目1项，批准经费3万元。

【学术成果】 2013年，学校共发表人文社科类学术论文710篇；出版学术著作42部，其中学术专著20部，一般著作4部，译著2部，编著及教材16部。

2013年，学校有22项学术成果荣获省部级及以上的社会科学优秀成果奖，10项学术成果荣获厦门市第九次社会科学优秀成果奖，61项学术成果荣获泉州市第五届社会科学优秀成果奖。其中，杨楹、王福民、蒋海怒合著的《马克思生活哲学引论》荣获第六届高等学校科学研究优秀成果奖（人文社会科学）三等奖，姚波教授的美术作品《艑舶滋息》荣获第十届中国艺术节·全国优秀美术作品展览入选奖，陈鸿儒教授的专著《朱熹〈诗〉韵研究》、蒋朝君副教授的专著《道教科技思想史举要：以〈道藏〉为中心的考察》、马华祥教授的专著《弋阳腔传奇演出史》荣获福建省第十届社会科学优秀成果奖二等奖，尹晓波等4位老师的专著以及许斗斗等12位老师的论文荣获福建省第十届社会科学优秀成果奖三等奖。

【重点基地建设】 人文社科研究基地是科学研究和科研制度创新的重要平台，它在产出创新成果、形成学术交流开放平台、带动高校哲学社会科学发展等方面发挥着重要作用。截至2013年底，学校共拥有省部级文科研究基地4个，其中包括：2个省高校人文社会科学研究基地（省教育厅批准，分别为数量经济研究中心和东方企业管理研究中心）、1个中国旅游研究院旅游安全研究基地（国家旅游局批准）、1个国务院侨务办公室侨务理论研究基地（国务院侨办批准，由福建省侨办、福建省社科院、华侨大学、厦门大学南洋研究院联合设立），学科方向涉及应用经济学、工商管理、旅游管理、侨务理论研究等学校优势学科和研究方向。其中，数量经济研究中心于2013年1月获评首批福建省人文社会科学研究优秀基地，并获10万元项目经费资助。

为培养学术团队，构筑学科基地，促进交叉融合，为申请国家、省部级研究基地奠定坚实基础，为培育、加强和规范校级人文社科研究基地的建设，2013年11月，学校出台了《华侨大学人文社会科学研究基地建设与管理办法》。依据该办法，学校根据基地的发展层次分为省部级人文社会科学研究基地建设项目、华侨大学人文社会科学研究重点建设基地和华侨大学人文社会科学研究培育基地三个层次进行建设，每个资助周期为 3 年，并每年分别给予 50 万元、20 万元、10 万元的资助，主要用于基地的科研项目、学术交流和优秀成果出版等科研活动。经过单位申报、社科处形式审查、校学术委员会文科分委会评审，2013 年共确立 4 个华侨大学省部级人文社会科学研究基地建设项目，5 个华侨大学人文社会科学研究重点建设基地，6 个华侨大学人文社会科学研究培育基地，正式迈开了校级重点基地的建设步伐。

【政策咨询与社会服务】 2013 年，社科处引导老师面向社会开展政策咨询与社会服务，组织 50 余名师生参加在泉州市 2013 年社会科学普及宣传活动周活动，积极动员校内老师义捐科普读物，组织 30 余名师生参加泉州市"东亚文化之都"论坛；组织学校哲学与社会发展学院王福民等 5 位老师和 80 余名学生参加厦门市第九届社会科学普及宣传活动周活动，就公民道德风气、艺术品收藏鉴赏、投资与理财、收入分配和房地产调控等方面信息为厦门市民义务答疑。骆克任、庄国土、郑文标、刘文正等老师积极撰写咨询报告，相继被国侨办的《专报信息》《侨情》采纳，为政府决策提供智力支持。

为更好地服务地方经济建设和社会发展，社科处积极协助老师多渠道筹措社会科学研究经费，积极争取横向科研项目。2013 年，学校文科横向项目总到款金额 591.5 万元。其中新增项目 86 项，到款金额 409.7 万；在研到款项目 35 项，到款 181.8 万元。

【学术团队建设】 学术团队建设的最终旨归是在学校形成若干个有学术创发力、学术影响力和学术感召力的团队，把华侨大学文科打造成东南学术重镇。2013 年，学校继续重视文科学术团队建设，尤其是青年学术团队建设。截至 2013 年底，学校拥有 2 个福建省高等学校科技创新团队，分别是哲学与社会发展学院杨楹教授领衔的"马克思主义生活哲学"学术团队和数量经济研究院李拉亚教授领衔的"通货膨胀研究"学术团队。

为继续加强青年学术团队建设，着重扶持一批有闯劲、有梦想、想做事的年轻博士组建"青年团队"。2013 年，社科处推出了第二期"华侨大学哲学社会科学青年学者成长工程"项目，鼓励打破学科壁垒、进行交叉研究的"跨学科团队"。2013 年度"青年学者成长工程"项目在申报数量和实施效果方面都取得了可喜的成绩。在申报方面，第二期同样受到文科教师们的广泛关注，最终共收到个人项目 56 项、团队项目 24 项，共计 80 项。参与申报的教学科研人员共计 152 人次，占全校文科学者总数的 22.7%。在成效方面，该项目对华大学者申报国家级、省部级项目并成功立项已经产生了积极影响：根据统计，获得 2013 年国家社科基金立项的教师共 14 人，其中 4 人受 2012 年度"青年学者成长工程"项目的资助；获得福建省社会科学规划项目立项的教师共 43 人，其中 18 人受"青年学者成长工程"的资助，在受该项目资助的 18 人当中，有 5 人的项目名称与 2013 年福建省社会科学规划项目名称相关或相同。因此，两期"青年学者成长工程"项目对 2013 年国家社科基金和福建省社会科学规划项目的申报和成功立项均产生了积极影响，学术团队建设也取得了显著成效。

学术团队的建设从另一方面推进了学术领军人才的发展。2013年，学校有7位老师入选省部级人才支持计划。其中，许培源教授入选2013年度教育部"新世纪优秀人才支持计划"，谢朝武、赵林海、薛秀军3位老师入选2013年福建省"高校新世纪优秀人才支持计划"，李宝良、邢尊明、张华3位老师入选福建省"高校杰出青年科研人才培育计划"。这些学术领军人才必将进一步推进和带动学术团队的建设。

2013年文科科研项目情况简表

单位：项，万元

项目来源		新获批项目数	批准经费
国家级	国家社科基金项目	14	252
省部级	教育部项目	13	116
	国务院侨办科研课题	8	64
	福建省哲学社会科学规划项目	43	58.5
	其他省部级项目	14	21.6
市厅级	福建省中青年教师教育科研项目	16	9.7
	泉州市社科规划项目	46	27.1
	其他市厅级项目	49	7.8
横向项目		86	409.7
合计		289	966.4

2013年文科各学院获批项目情况一览表

单位：项

单位	纵向项目				横向项目	合计
	小计	国家级	省部级	市厅级		
经济与金融学院	20	2	5	13	8	28
工商管理学院	32	1	13	18	12	44
旅游学院	15	1	6	8	36	51
公共管理学院	26	3	13	10	10	36
马克思主义学院	9	0	2	7	0	9
哲学与社会发展学院	9	2	4	3	2	11
法学院	13	2	5	6	1	14
外国语学院	4	1	3	0	1	5
文学院	11	0	6	5	0	11
体育学院	6	1	2	3	0	6
美术学院	6	0	1	5	2	8
音乐舞蹈学院	6	0	2	4	2	8

续表

单位	纵向项目				横向项目	合计
	小计	国家级	省部级	市厅级		
华文学院	2	1	1	0	0	2
数量经济研究院	2	0	0	2	2	4
华侨华人研究院	10	0	8	2	9	19
华文教育研究院	1	0	1	0	0	1
其他	31	0	6	25	1	32
合计	203	14	78	111	86	289

2013年文科各学院批准经费一览表

单位：万元

单位	纵向项目				横向项目	合计
	小计	国家级	省部级	市厅级		
经济与金融学院	56.9	36	14	6.9	42.9	99.8
工商管理学院	65.9	18	36.1	11.8	70.4	136.3
旅游学院	38.4	18	18.5	1.9	168.4	206.8
公共管理学院	97.2	54	40	3.2	10	107.2
马克思主义学院	14	0	11.5	2.5	0	14
哲学与社会发展学院	51.8	36	13.5	2.3	7	58.8
法学院	62.9	36	23.5	3.4	0.5	63.4
外国语学院	22.5	18	4.5	0	0.6	23.1
文学院	10.1	0	8.5	1.6	0	10.1
体育学院	22	18	2.5	1.5	0	22
美术学院	2.4	0	1.5	0.9	5.5	7.9
音乐舞蹈学院	3.3	0	2.5	0.8	8.4	11.7
华文学院	26	18	8	0	0	26
数量经济研究院	1.8	0	0	1.8	14	15.8
华侨华人研究院	41.5	0	41	0.5	80	121.5
华文教育研究院	1	0	1	0	0	1
其他	39	0	33.5	5.5	2	41
合计	556.7	252	260.1	44.6	409.7	966.4

2013年国家社会科学基金项目简表

序号	项目编号	项目名称	项目类别	资助经费（万元）	项目负责人姓名	项目所属学院
1	13BZW135	日本新华侨华人文学三十年	一般项目	18	林祁	华文学院
2	13BWW067	文化与历史语境下的尼日利亚英语小说研究	一般项目	18	杜志卿	外国语学院
3	13BGL085	海峡两岸会展合作研究	一般项目	18	詹芬萍	旅游学院
4	13BSH095	城乡统筹发展中的社会养老保险制度建设研究	一般项目	18	汤兆云	公共管理学院
5	13CKS009	马克思主义社会管理理论及其中国化研究	青年项目	18	连朝毅	公共管理学院
6	13CGL122	大陆与台湾地区非营利组织治理问题比较研究	青年项目	18	徐晞	公共管理学院
7	13CZX035	《中庸》学文献集成与研究	青年项目	18	杨少涵	哲学与社会发展学院
8	13CZX052	形式知识论研究	青年项目	18	魏燕侠	哲学与社会发展学院
9	13CRK001	关于退休年龄问题的调查研究	青年项目	18	陈鹏军	经济与金融学院
10	13CJL057	就业优先战略下我国劳动密集型制造业升级路径研究	青年项目	18	朱轶	经济与金融学院
11	13CTY024	健康促进生态学模型在青少年体育锻炼行为群体干预中的应用研究	青年项目	18	胡国鹏	体育学院
12	13CSH070	社会转型期职业人群工作不安全感研究	青年项目	18	胡三嫚	工商管理学院
13	13CFX102	页岩气开发法律问题研究	青年项目	18	刘超	法学院
14	13FFX033	人权视野下的经济权利研究	后期资助项目	18	王方玉	法学院

2013年教育部人文社科研究项目简表

序号	项目编号	项目名称	项目类别	资助经费（万元）	项目负责人姓名	项目所属学院
1	13YJA820021	私法与伦理：交融与距离——以私人自治为中心	规划基金项目	10	兰仁迅	法学院
2	13YJA870012	基于协同创新的企业知识产权合作研究	规划基金项目	10	李朝明	工商管理学院
3	13YJA820075	国际经济秩序中的观念	规划基金项目	10	钟付和	法学院
4	13YJA790140	吸收能力分析视角的我国技术获取型OFDI逆向溢出效应机理与实证研究	规划基金项目	8	衣长军	工商管理学院

续表

序号	项目编号	项目名称	项目类别	资助经费（万元）	项目负责人姓名	项目所属学院
5	13YJCZH020	宋《营造法式》术语综合研究	青年基金项目	8	成丽	建筑学院
6	13YJC790029	支付网络动态演化及其价值网治理	青年基金项目	8	傅联英	经济与金融学院
7	13YJC790042	空间经济学视角下的高铁旅游经济带研究	青年基金项目	8	侯志强	旅游学院
8	13YJC630241	公共部门激励扭曲测评理论与实证研究	青年基金项目	8	周碧华	公共管理学院
9	13YJC740152	单音动词的双音化效应——以HSK词汇等级大纲中的单双音节动词为例	青年基金项目	8	智红霞	华文学院
10	13YJC720016	奥古斯丁意志哲学研究	青年基金项目	8	花威	哲学与社会发展学院
11	13YJC810026	政治信任层次差异的机理与对策研究	青年基金项目	10	郑华良	公共管理学院
12	13JHQ014	世界体系视野中的中国道路论——以沃勒斯坦、阿瑞吉、弗兰克、阿明为例	后期资助项目	10	吴苑华	马克思主义学院
13	—	"马克思主义基本原理概论"教学中的经典著作学习引导	专题研究项目	10	林怀艺	公共管理学院

2013年福建省哲学社会科学规划项目简表

序号	项目编号	项目名称	项目类别	资助经费（万元）	项目负责人姓名	项目所属学院
1	2013B201	我国物联网产业空间分布与差异研究	一般项目	1.5	郑淑蓉	工商管理学院
2	2013B188	惠安女聚居地非物质文化遗产旅游利用与保护研究	一般项目	1.5	叶新才	旅游学院
3	2013B214	立体式二语写作架构及影响因子探略	一般项目	1.5	陈荔	外国语学院
4	2013B227	地方政府的激励机制与基层环境治理研究	一般项目	1.5	吴瑞财	公共管理学院
5	2013B157	尼日利亚英语小说个案研究	一般项目	1.5	杜志卿	外国语学院
6	2013C031	朝核问题与中国外交实践互动研究	青年项目	1	丁大力	公共管理学院
7	2013B225	自然权利语境中的卢梭公意研究	一般项目	1.5	林壮青	哲学与社会发展学院

续表

序号	项目编号	项目名称	项目类别	资助经费（万元）	项目负责人姓名	项目所属学院
8	2013B223	马克思早期哲学思想转变的现实性与当代性研究	一般项目	1.5	许斗斗	马克思主义学院
9	2013C064	中国传统元素盘长纹艺术符号在品牌形象塑造中的运用研究	青年项目	1	邹文兵	文学院
10	2013B147	国家体育产业基地：实施历程、特征分析及推进策略	一般项目	1.5	邢尊明	体育学院
11	2013C054	隐喻与表达：1840年以来中国学校体育思想之身体观研究	青年项目	1	张磊	体育学院
12	2013B091	海外华文教师生存发展典型个案研究	一般项目	1.5	王焕芝	公共管理学院
13	2013C009	证据、司法真相与社会公平正义	青年项目	1	陈贤贵	法学院
14	2013B169	福建交响音乐写作的主体价值与福建文化强省建立的客观诉求	一般项目	1.5	檀革胜	音乐舞蹈学院
15	2013C010	转售价格维持反垄断法规制的完善研究	青年项目	1	张骏	法学院
16	2013B043	海峡两岸刑法解释制度比较研究	一般项目	1.5	黄奇中	法学院
17	2013B112	人力资本异质吸收能力视角的逆向跨国投资技术溢出效应研究	一般项目	1.5	陈初昇	工商管理学院
18	2013B111	智力资本参与企业剩余分配的系列基础理论与制度安排研究	一般项目	1.5	肖曙光	经济与金融学院
19	2013B066	区域竞争力提升视角下的福建省城市空间结构优化研究	一般项目	1.5	黄如良	工商管理学院
20	2013B064	构建以互联网为依托的福建省联合旅游投诉机制研究	一般项目	1.5	方旭红	旅游学院
21	2013C015	闽南农村宅基地退出补偿机制研究	青年项目	1	梁发超	公共管理学院
22	2013C017	"大数据"时代消费者隐私关注的新机理和社会影响研究	青年项目	1	陈小燕	工商管理学院
23	2013C016	生态文明视野下的公共资源共同管理模式研究	青年项目	1	王惠娜	公共管理学院
24	2013B065	高校哲学社会科学协同创新平台建设研究	一般项目	1.5	陈巧玲	社会科学研究处
25	2013B174	建构文化视野下的闽南民居装饰艺术研究	一般项目	1.5	张恒	建筑学院
26	2013B170	中国花鸟画线型空间意象研究	一般项目	1.5	刘菊亭	美术学院

续表

序号	项目编号	项目名称	项目类别	资助经费（万元）	项目负责人姓名	项目所属学院
27	2013C069	"闽派"古琴的传承现状与传承创新机制研究	青年项目	1	董文静	音乐舞蹈学院
28	2013C018	金融时间序列数据挖掘中的特征表示方法研究	青年项目	1	李海林	工商管理学院
29	2013C086	十九世纪外国传教士所撰闽台方言字典语音研究	青年项目	1	杜晓萍	文学院
30	2013C085	文化生态保护与闽台戏曲音韵研究	青年项目	1	朱媞媞	文学院
31	2013A003	发展绿色经济，推进生态文明建设研究	重点项目	3	张向前	工商管理学院
32	2013C084	安仁方言语法研究	青年项目	1	周洪学	华文教育研究院
33	2013B215	英语词汇类使役结构研究	一般项目	1.5	黄小萍	外国语学院
34	2013B031	加强和改进非公有制企业思想政治工作研究	一般项目	1.5	陈少牧	公共管理学院
35	2013B233	诸宫调综合研究	一般项目	1.5	朱鸿	文学院
36	2013C095	汉赋形态研究	青年项目	1	蒋晓光	文学院
37	2013B110	社会资本内生化的技术创新与经济增长模型研究	一般项目	1.5	陈乘风	经济与金融学院
38	2013B209	福建省动漫产业竞争力评价研究	一般项目	1.5	田建春	工商管理学院
39	2013C003	非公企业党建的困境及其破解研究	青年项目	1	叶麒麟	公共管理学院
40	2013B015	跨文化视野中的当代中国政治价值体系建构方法研究	一般项目	1.5	曹文宏	公共管理学院
41	2013B012	福建服务业群体素质和能力的持续提升研究	一般项目	1.5	陈钦兰	工商管理学院
42	2013B020	构建绿色产业体系，落实完善生态补偿机制研究	一般项目	1.5	韩光明	旅游学院
43	2013B005	大学生核心价值观认同度研究：以福建省高校为例	一般项目	1.5	李振跃	学生处

2013年主要学术会议一览表（文科）

序号	会议时间	会议名称	主办单位	会议地点
1	1月4日	信仰与传承——两岸城隍文化论坛	华侨大学	华侨大学厦门校区
2	1月19日	第五届世界华语文教学研究生论坛	华侨大学、台湾世界华语文教育学会	华侨大学厦门校区
3	5月22日	2013两岸海外华文教育论坛	华侨大学、台湾世界华语文教育学会	台湾师范大学
4	6月8日	"宗教与中华文化软实力"高层论坛暨2013年中国宗教学会年会	华侨大学	华侨大学厦门校区
5	6月24日	"擎天艺术——福建·台湾水墨画"艺术展	华侨大学、台湾"中央研究院"岭南美术馆、福建省美术家协会、泉州市美术家协会联合	泉州府文庙惠风堂
6	7月7日	繁荣发展哲学社会科学大会	华侨大学	华侨大学泉州校区
7	8月23~24日	第三届"中国侨务论坛"	国务院侨办	华侨大学厦门校区
8	8月24~30日	第三届两岸华文教师论坛	华侨大学、台湾世界华语文教育学会	华侨大学厦门校区
9	9月1日	"鹭岛哲谭·哲学与方法"首届学术会议	华侨大学哲学与社会发展学院、武汉大学哲学学院	华侨大学厦门校区
10	9月4日	东亚文化与民俗、宗教学术论坛	华侨大学	华侨大学泉州校区
11	9月25日	"东亚司法改革"国际学术研讨会	华侨大学、日本桐荫横滨大学	华侨大学泉州校区
12	10月18~19日	第二届中泰战略研讨会	华侨大学、中国社会科学院亚太与全球战略研究院、中国东南亚学会、泰国国家研究院、泰中经济文化协会	华侨大学厦门校区
13	10月19日	文化中国·2013全球华人中华才艺（龙舟）大赛龙舟文化与基地建设学术研讨会	华侨大学体育学院	华侨大学
14	10月26日	中国环境法高端论坛暨"环境法上的权利类型研究"学术研讨会	华侨大学法学院、北京大学法学院	华侨大学泉州校区
15	11月2日	2013年福建省社会科学界学术年会（分论坛）暨福建省经济学会、福建省《资本论》研究会学术年会	福建省社科联	华侨大学泉州校区
16	11月9日	第二届两岸四地现代汉语对比研究学术研讨会	教育部语言文字应用研究所、北京师范大学现代汉语研究所、两岸语文词典大陆编委会、华侨大学文学院	华侨大学泉州校区

续表

序号	会议时间	会议名称	主办单位	会议地点
17	11月10日	2013年福建省社会科学界联合会学术年会（分论坛）	福建省社科联	华侨大学厦门校区
18	11月10日	"印尼之夜"系列活动之华侨文化论坛	福清市政府、印尼旅游及创意经济部、华侨大学	福清
19	11月16~17日	第三届海峡两岸高校文化与创意论坛	福建省青年联合会、福建省学生联合会、厦门市集美区人民政府、华侨大学、台湾中原大学	华侨大学厦门校区
20	11月16日	第三届东亚学术交流论坛	华侨大学、日本长崎县立大学、韩国东亚大学	华侨大学泉州校区
21	12月5日	第五届检察理论研究年会暨华大法学论坛	福建省检察机关	华侨大学泉州校区
22	12月9~10日	第二届饶宗颐与华学国际学术研讨会	香港大学饶宗颐学术馆、华侨大学文学院、西泠印社、天一阁博物馆、北京故宫博物院故宫学研究所	香港大学

华侨大学文科科研机构简表（截至2013年12月31日）

序号	机构类型	机构名称	负责人
1	校属研究院	数量经济研究院	赵昕东
2		华侨华人研究院	骆克任
3		泉州科学技术与社会发展研究院	张云波
4		华文教育研究院	贾益民
5		城市建设与经济发展研究院	丁国炎
6	校属协同创新中心	海外华文教育与中华文化传播协同创新中心	贾益民
7		闽籍华商发展协同创新中心	孙锐
8	福建省高校人文社会科学研究基地	华侨大学数量经济研究中心	胡日东
9		华侨大学东方企业管理研究中心	孙锐
10	中国旅游研究院外设研究基地	中国旅游研究院旅游安全研究基地	郑向敏
11	国务院侨办侨务理论研究基地	国务院侨务办公室侨务理论研究福建基地（福建省侨办、福建省社科院、华侨大学、厦门大学南洋研究院联合设立）	张禹东

续表

序号	机构类型	隶属（挂靠）单位	机构名称	负责人
12	校属科研机构	经济与金融学院	台湾经济研究所	陈克明
13		旅游学院	闽澳研究所	郑向敏
14		华侨华人研究院	泰国研究所	张禹东
15			侨务公共外交研究所	贾益民
16	院属科研机构	旅游学院	旅游科学研究所	郑向敏
17			旅游景观规划设计研究中心	黄建军
18			海洋文化研究所	陈金华
19			酒店管理国际研究中心	陈雪琼
20			海峡旅游发展研究院	郑向敏
21			旅游规划与景区发展研究中心	黄安民
22			旅游与服务管理研究中心	李勇泉
23		文学院	中国传统文化研究所	徐华
24			中国语言文字研究所	孙汝建
25			海外华人文学暨台港文学研究所	陈庆妃
26			海峡传媒研究中心	刘文辉
27			文化创意研究中心	邹文兵
28			闽南文化研究中心	马华祥
29			海外华文媒体研究中心	王琰
30		哲学与社会发展学院	宗教文化研究所	黄海德
31			海外华人宗教研究中心	张禹东
32			闽台宗教文化研究中心	张禹东
33			马克思主义经典文献研究中心	杨楹
34			生活哲学与现代性研究中心	王福民
35		工商管理学院	营销竞争力咨询研究中心	曾路
36			东方管理研究中心	苏东水
37			华商研究院	孙锐
38			企业管理咨询中心	陈金龙
39			营销管理和行为研究中心	陈钦兰
40			企业发展服务中心	郑文智

续表

序号	机构类型	隶属（挂靠）单位	机构名称	负责人
41	院属科研机构	法学院	比较法研究所	钟付和
42			中美国际法研究所	黄磊康
43			知识产权研究中心	梁伟
44			侨务法研究所	张国安
45			东亚法律文化研究中心	许少波
46		经济与金融学院	电子商务研究中心	洪国彬
47			物流系统工程研究所	张潜
48			国际经济研究所	许培源
49		体育学院	体育产业管理研究所	程一辉
50			体育与健康科学研究中心	宋振镇
51			运动休闲研究所	黄亨奋
52		美术学院	视觉艺术研究所	孙德明
53			国际工业设计研发中心	杨学太
54		公共管理学院	科学社会主义研究所	林怀艺
55			政治科学研究中心	王四达
56			海西公共治理研究基地	汤兆云
57			侨务政策与管理研究中心	姜泽华
58		外国语学院	外国语言学与应用语言学研究所	黄小萍
59			日本研究所	王铁钧
60		马克思主义学院	当代国外马克思主义研究中心	吴苑华
61			马克思主义与当代中国发展研究中心	许斗斗
62		华文学院	华文教育研究所	陈旋波
63		音乐舞蹈学院	艺术学研究所	郑锦扬
64		资产经营公司	大宗商品现货交易研究所	胡日东
65		图书馆	雕塑与建筑空间艺术研究中心	王治君
66	与校外单位联合创办科研机构	工商管理学院	报刊发行研究院	衣长军
67		华侨华人研究院	新侨研究中心	骆克任

（社会科学研究处供稿）

华侨大学年鉴 2014

港澳台工作

【概况】 2013年，学校继续秉持"面向海外，面向港澳台"的办学方针，推进国际化办学战略，进一步拓展与港澳台地区的交流与合作。全年共接待港澳台来访团组17个，共计470余人次；继续通过澳门业余学校招收法学专升本学生，197名澳门专科生毕（结）业，45名澳门本科生毕业，已经完成澳门研究生班的招生准备工作；对台合作进一步深化，相继与8所台湾高校签署合作协议，派往台湾交流学习的学生共计270余人次。

【校长贾益民拜访国务院台湾事务办公室常务副主任郑立中】 2013年1月18日，校长贾益民前往国务院台湾事务办公室拜访国台办常务副主任郑立中、交流局局长程金中。贾益民向郑立中介绍了华侨大学办学的新进展。郑立中详细询问学校的工作以及厦门校区建设，特别关心学校与台湾高校交流以及在校台湾学生培养教育情况。郑立中表示，十分感谢华侨大学积极开展对台交流工作，鼓励学校积极开展与台湾各界人士交流，深化两岸交流与合作。他对学校开展对台交流工作提出五点意见：一是加大自主招收台湾学生的力度；二是做好在校台湾学生的教育培养工作；三是密切与校友的联系，支持校友会工作；四是就业政策已经更加开放，鼓励台湾学生在大陆的企事业单位应聘工作；五是加快华侨大学学科建设，特别是结合学校所在地经济及社会发展需求，结合台湾产业发展优势，积极开展与台湾高校、科研机构交流合作。

【饶宗颐先生受聘为名誉教授】 2013年3月25日，国学大师饶宗颐先生受聘为华侨大学名誉教授，聘书颁授仪式在香港大学饶宗颐学术馆举行。校长贾益民教授为饶宗颐先生颁授华侨大学名誉教授聘书，佩戴华侨大学校徽，并赠送学校纪念品。贾益民在颁授仪式上致辞。华侨大学第六届董事会副董事长李群华、李碧葱、姚志胜，副秘书长蔡素玉，荣誉董事谢文盛，董事丁良辉、庄永兴、许丕新、邱建新以及香港大学饶宗颐学术馆、香港大学文学院等相关负责人参加了聘书颁授仪式。

【香港特区政府驻福建联络处主任一行访问我校】 2013年9月25日，香港特区政府驻福建联络处主任苏紫贤一行来校访问。副校长刘斌在厦门校区行政研发大楼四楼会见来访客人，招生处、教务处、学生处负责人详细介绍了华侨大学港籍学生招生、在校学习、参加社会实践活动及就业等情况。

【第二届两岸华文教育协同创新研讨会】 2013年1月19日，第二届两岸华文教育协同创新研讨会在学校厦门校区举行，来自海峡两岸40所高校和相关领域的高端专家与会。中国海外交流协会副会长、华侨大学董事会副董事长马儒沛，台湾海华基金会副董事长任弘先后致辞，华侨大学副校长张禹东主持研讨会。

马儒沛代表中国海外交流协会高度评价了长期以来海峡两岸有关部门和专家学者为推动海外华文教育发展做出的努力与贡献，强调做好华文教育事业，对加快中国文化走向世界，提升中华文化的国际影响力，加深海外华侨华人和华裔青少年对祖籍国的情感，都具有十分重大和深远的意义，希望与会者抓住机遇，更加重视和加强合作平台的建设，策划出更多的合作项目，细化合作的程序，探索更为科学合理的合作机制，进一步优化华文教育学科体系的建设，为实现创新资源在系统内的无障碍流动，实现华文教育学科知识的有效增值，实现两岸华文教育工作真正的协同创新而贡献智慧，群策群力。

任弘在致辞中呼吁两岸在达成共识的前提下携手合作，制定出国际认同的标准，规范师资训练、教材编撰、课程设置和考试等方面的工作。同时，他建议成立相关工作领导小组，确定好工作目标，并期盼各项相关工作尽快付诸行动。

在自由发言环节，贾益民全面介绍"海外华文教育与中华文化传播协同创新中心"成立的缘起、总体目标与任务、基本形式和组织架构等情况。与会的两岸华文教育专家分别围绕"两岸华文教育的国际视野与多元创新""两岸华文教育创新的概念与框架""两岸华文教育协同创新的模式与机制""两岸华文教育协同创新的领域拓展""两岸华文教育协同创新的资源共享""两岸华文教育协同创新的发展规划""华文教育：我们做了什么？能做什么？"等议题，畅所欲言，发表真知灼见。

【港澳招生】 2013年，学校在香港实际招生人数达377人，在澳门招生人数达127人。本年度共派10余个团组到香港及澳门中学进行招生宣传，顺利完成了暨南大学、华侨大学两校每年12月至次年1月联合在香港、澳门的保送录取工作，并按照教育部本科专业目录调整情况，编制了新学年的境外生招生简章。7月27日，由华侨大学澳门校友会、中华学生联合总会合办的"二〇一三华侨大学澳门新生入学介绍会"在中华教育会礼堂举行；12月4~9日，学校组团参加澳门教育展，分别走进澳门培华中学、新华中学、工联职中、东南中学、教业中学、培正中学、濠江中学等共计20所中学进行免试招生宣传工作。11月21~26日，学校组团参加香港教育展，开展香港免试招生宣传工作。

2013年，学校共接待香港及澳门中学师生来访团组7个，共计385人次，包括：香港潮州会馆中学师生、香港暮光英文书院、香港屯门官立中学、元朗公立中学、香港闽侨中学师生访问团、香港狮子会中学、香港明爱粉岭陈震夏中学及澳门中学教师访问团等。

2013年，学校与香港中文中学联会签订的合作协议，全年根据该协议录取的香港学生达152人。合作协议规定每年1月份华侨大学接受香港中文中学联会会员中学的校长保送推荐的学生参加面试，择优录取考生升读华侨大学；在每年8月份香港中文中学联会会员中学的中六毕业生可根据香港中学文凭考试（HKDSE）成绩直接向华侨大学提出入学申请。

【教师赴港澳授课】 2013年，学校教师赴港澳授课人数共计84人次。学校分别与澳门业余进修中心和镜海学园开展合作办学，学校与澳门镜海学园合作在澳开设法学专业本科、专科班，与澳门业余进修中心合作办学的学院涉及工商管理学院、经济与金融学院、美术学院、建筑学院、土木学院等。

【澳门人力资源管理2013届本科毕业典礼】 6月29日，学校举行澳门人力资源管理2013届本科毕业生毕业典礼暨学士学位授予仪式。副校长刘塨为45名毕业生颁授学位证书并拨穗，澳门业余进修中心校长黄进出席毕业典礼暨学士学位授予仪式并致辞。截至2013年12月31日，在读澳门学生364人。学校与澳门业余进修中心先后合作开设了工商管理（电子商务）、工商管理（会计学）、工商管理（人力资源管理）、物流管理、艺术设计动漫、工程管理等专业。

【澳门法学班举行毕业暨开学典礼】 9月28日，华侨大学成人高等教育2013届法学澳门班专科及专升本毕业典礼、2013级法学澳门班专科及专升本新生开学典礼在澳门金丽轩举行。副校长刘塨，澳门镜海学园校长刘月莲，学校法学院、纪检监察办公室、继续教育学院等相关负责人出席典礼，澳门教育暨青年局、澳门高等教育辅助办公室、澳门成人教育学会、澳门司法警察局相关负责人等应邀参加典礼。本次共有45位同学获本科毕业证和法学学士学位证书，40位同学获法学大专毕业证书。据悉，镜海学园与华侨大学在澳门合作开办法学学历班历经16年，为澳门培养了2000多名纪律部队精英和法律专业人才。

【法律硕士开题报告评审会首次在澳门举行】 2013年10月19日，华侨大学法律硕士开题报告评审会首次在澳门举行。澳门城市大学陈卫忠教授和澳门执业大律师何金明博士担任此次评审会的外聘专家。

【与台湾高校开展学生交流交换】 2013年，学校与台湾地区高校开展交流合作项目达20个，共派出4批次来自16个学院的221名学生赴台湾14所协议高校进行交流学习，交换学生人数比2012年增加55%。9月3日，接收第二批来学校交换的台湾学生5名，其中1名为台湾大同大学的硕士研究生，4名为台湾金门大学的本科学生。9月17日，首次启动与淡江大学、台北教育大学、中国文化大学的学生交流项目。11月6日，学校国际学院与淡江大学成人教育部于2013年11月签署了学生交流协议书。

【走访慰问港澳校董】 2013年，学校领导及董事会办公室负责人利用出访的机会赴香港、澳门地区走访慰问校董共计30人次，拜访了何厚铧、崔世安、马有礼、陈守仁、杨孙西、李群华、李碧葱、林树哲、徐伟福、杨连嘉等校董，石汉基、方润华、麦继强等港澳热心教育公益人士。

1月30日，董事会在香港举行董事迎新春茶话会，校长贾益民赴港与李群华、陈守仁等18位在港校董共祝新春，畅叙发展。1月31日，校长贾益民在香港拜会香港方润华基金主席方润华先生，他慷慨捐资110万元港币资助建设华侨大学润良分子诊断研究室。2月1日，校长贾益民和副校长、党委副书记关一凡在澳门拜访了第六届董事会名誉董事长、全国政协副主席何厚铧以及全国政协委员、澳门特别行政区行政会委员和立法会议员陈明金董事。2月1日，校领导贾益民、关一凡，董事李本钧、唐志坚、李沛霖、王彬成、林金城等，以及澳门校友会会长林辉莲等出席澳门新春座谈会。3月22日，校长贾益民在香港南益集团拜访林树哲副董事长、徐伟福董事、杨连嘉董事，商谈海联资助华侨大学与港科大合作建设联合实验中心事宜。3月23日，应陈守仁副董事长邀请，校长贾益民出席香港泉州同乡总会和香港泉州慈善促进总会欢迎晚宴。6月11~12日，校长贾益民在香港访问期间，拜访了施子清副董事长、杨孙西董事，向他们介绍了学校近期的办学发展情况。7月18日，董事会办公室主任项士敏赴香港拜访李群华、李碧葱副董事长以及骆志鸿、陈亨利、丁良辉、徐伟福、陈捷中、陈铭润等校董。10月11日，董事会办公室主任项士敏在香港拜访了李群华副董事长以及李碧葱副董事长，邀请两位校董参加陈铭润龙舟馆奠基仪式和陈捷中校董事立碑表彰仪式以及龙舟比赛开幕式。

【香港华侨华人总会20周年】 2013年11月17日晚，香港华侨华人总会在香港会议展览中心举行成立20周年庆典晚会。校党委副书记朱琦环专程赴港致贺，并应邀担任主礼嘉宾，代表学校向香港华侨华人总会赠送纪念品，华侨大学董事会副董事长、香港华侨华人总会会长李碧葱，主席姚志胜代表香港华侨华人总会接受纪念品，20名音乐舞蹈学院学生应邀赴香港参加庆典文艺晚会。香港华侨华人总会秉持"爱国、爱港、爱乡、爱侨"的宗旨，为侨服务20年，对祖国发展建设和香港社会的繁荣稳定做出了应有的贡献。

【澳门校友会成立三十周年】 2013年7月23日，华侨大学澳门校友会在澳门举行成立三十周年暨第十二届会员大会及理监事就职典礼。华侨大学党委书记关一凡、校友总会会长李冀闽、老领导庄善裕、澳门中联办文化教育部部长刘晓航、外交公署领事部主任陈玲、华侨大学董事会董事唐志坚、陈明金、林金城等出席典礼并担任主礼嘉宾。澳门社会各界人士、来自世界各地的华侨大学30余位校友会负责人及400余名校友欢聚一堂，共祝澳门校友会三十华诞。

【第二届饶宗颐与华学国际学术研讨会】 2013年12月9日上午，第二届饶宗颐与华学暨香港大学饶宗颐学术馆成立十周年庆典国际学术研讨会在香港大学群芳讲堂举行。来自海内外的130多位学者齐集香江，共同围绕饶宗颐学术之研究、华学等展开广泛交流和深入研讨。华侨大学校长贾益民教授应邀出席并在开幕式上致辞。

【第三届两岸华文教师论坛】 2013年8月25~30日，第三届两岸华文教师论坛在华侨大学厦门校区抛开。该论坛由华侨大学和台湾世界华语文教育学会共同主办。本届论坛共收到论文报告58篇，教学观摩7篇，教案2篇，有来自大陆、台湾和泰国34所学校的90多位华文教育专家围绕"华文教学实践研究"主题，以分组论文发表、教案点评、专题演讲和教学示范观摩等形式进行了广泛的学术交流。

【两岸城隍文化论坛】 2013年1月4日，华侨大学与厦门晚报社、集美区后溪镇人民政府、集美区文体广电出版旅游局共同主办的"信仰与传承——两岸城隍文化论坛"在华侨大学厦门校区王源兴国际会议中心103报告厅举行。海峡两岸的台湾城隍文化专家、福建省文史研究馆专家、闽南文化研究会专家，以及华侨大学师生代表近100人参加论坛。11位专家分别以"霞城城隍与霞海城隍之乡情""中国闽南城隍文化的主要识别、特色及交流前瞻""关系网络视野中的城隍信仰"等为主题发言，并与参会对象就城隍庙文化等问题展开深入讨论。

【第十二届离岛资讯技术与应用研讨会】 2013年5月25日，（中国台湾）国科会工程处工程科技推展中心承办的第十二届离岛资讯技术与应用研讨会在华侨大学泉州校区召开，共有来自73所高校和科研院所的200余名海峡两岸各领域的专家学者出席会议。华侨大学副校长刘塨教授、台湾金门大学校长李金振教授、泉州市台办副主任黄兴顺出席开幕式并分别致辞。出席开幕式的还有台湾宜兰大学校长赵涵捷教授等。本次会议由金门大学、华侨大学信息科学与工程学院主办，为期4天，前两天在金门大学举行，后两天在华侨大学举行。会议特别邀请了高雄大学洪宗贝教授、华侨大学闫铮博士等学者做专题报告，还举行金门地区产学研讨会、泉州地区产学研讨会，并通过张贴论文、分组报告等方式让与会专家、学者就各自领域的前沿和国内外热点问题进行深入交流。

【台湾大学来校访问】 2013年4月12日，台湾大学范光照教授，中原大学章明教授一行到访厦门工程技术研究院，双方就两岸高校科研成果产业化、台大产学研工作、台湾厦门工程技术研究院运作模式等问题交换意见。

【与台湾中华工业合作发展促进会签署战略合作协议】 2013年3月28日，信息科学与工程学院和台湾中华工业合作发展促进会共同签署战略合作协议，双方将开展人才培养和教学合作、技术领域的科研合作、企业发展战略领域的科研合作，建立在校学生的实训、实习、实践基地，提供就业岗位，组建校企科技协同创新中心等。

【与台北教育大学签署合作协议】 2013年1月9日，华侨大学与台北教育大学签订合作协议。根据协议，双方可进行教师、学生交流，包括建立双方教师及科研人员互访项目；双方为对方教师提供有关创新人才培养、教学改革等内容的项目培训；在学科与师资建设等高等教育领域热点问题开展交流合作；互邀对方教师参加本校学术会议；双方可定期举办专题学术研讨会；邀请对方教师定期到校讲学、授课或担任特聘教师；可开展课题合作、完成实验项目；可合作指导研究生等。自2013年9月起，每学期互派10名学生至对方学校交流一学期，并免收对方交流生在交流期间的学费等。

【与台湾暨南国际大学签署合作协议】 2013年1月19日，学校与台湾暨南国际大学签署学术交流合作协议。根据协议，学校与台湾暨南国际大学可进行学生、教学与研究人员交流，进行教育、教学项目合作研究和科学及技术研究工程共同开发。

【与高雄师范大学签署合作协议】 2013年5月24日，学校与高雄师范大学签订合作协议。根据协议，华侨大学与高雄师范大学将在学生交换培养、学术合作交流、共同开展科学研究、教师互访任教等方面展开合作，互通有无，优势互补，促进双方教学、科研、学生培养等工作的健康发展。

【与台湾东华大学签署合作协议】 2013年5月25日，学校与台湾东华大学签订合作协议。根据协议，学校与东华大学将在学生交流、教学与研究人员交流、教育及教学专案研究、科学及技术研究工程共同开发等领域开展合作，互通有无，优势互补，促进双方教学、科研、学生培养等工作的健康发展。

【两岸四地研究生论坛】 2013年3月11日，首届两岸四地高校研究生论坛在澳门大学召开，此次大会主题为"当代青年与社会责任、反思与行动"，主要包括嘉宾主题演讲、主题报告会、领袖峰会、时政沙龙等环节。学校研究生会主席陈剑龙、副主席兼厦门校区执委会主席张磊赴澳参会。论坛期间，华侨大学研究生会代表同两岸四地高校研究生会代表对青年责任、研究生社团管理、高校研究生社团的跨区域合作模式等相关议题进行了探讨。

【澳门毕业生回校分享就业经验】 2013年5月24日下午，由华侨大学校友总会、华侨大学澳门校友会主办，华侨大学学生处协办的校友讲坛第二十六讲开讲，澳门校友梁焯庭、黄万滨来校与华侨大学学子分享就业经验。梁焯庭，华侨大学工商管理专业在读博士生，现任MTEL电信有限公司（澳门新固网营运商）总裁助理；黄万滨，2010年公共事业管理学士毕业，2010级伦理学硕士，现任澳门发展策略研究中心研究助理。

【优秀学生赴澳门访问交流】 2013年7月22~24日，由35名在校学生组成的华侨大学2013年优秀学生访澳交流团赴澳门交流访问。在校党委书记关一凡率领下，交流团一行拜会了澳门中国银行总部，受到澳门中行副行长陈小平等领导的热烈欢迎，前往澳门城市大学，听取了李嘉曾教授所做的题为《澳门历史文化概述》的讲座；拜访了澳门学联荟青中心、澳门日报等机构，并参加了澳门校友会30周年庆典。

【澳门大专学生丰盛暑假系列活动之"拥'普'福建——语言文化课程"】
2013年8月4~24日，由澳门高等教育辅助办公室主办、华侨大学承办的澳门大专学生丰盛暑假系列活动之"拥'普'福建——语言文化课程"活动顺利举行。39名来自香港中文大学、澳门大学等高校的澳门籍学生参加了活动。本次活动主要以普通话基础训练和普通话测试为主，辅以蕴含中国文化的武术、音乐等课程。

【建筑学院毕业设计"澳门城市活化"专题展】 8月16日，2013年华侨大学建筑学院毕业设计"澳门城市活化"专题展在澳门塔石广场开幕。华侨大学副校长吴季怀，全国政协委员、华侨大学校董、澳门基金会行政委员会林金城副主席，中央人民政府驻澳门特别行政区联络办公室文化教育部代表处长级助理何刚，澳门土地工务运输局城市规划厅代表周妙英女士等出席开幕式并为专题展剪彩。本次专题展，由华侨大学建筑学院和华侨大学澳门校友会联合主办，为期3天，共有4个课题，分别是澳门内港片区轻轨站及其周边城市设计、澳门历史城区绿豆围—亚婆井片区更新设计、澳门内港片区与美副将马路片区城市设计和澳门内港片区及美副将片区更新活化计划。

【海峡两岸高校文化与创意论坛】 2013年11月16~17日,第三届海峡两岸高校文化与创意论坛暨2013两岸高校大学文化与创意设计大赛在华侨大学厦门校区举行。本届论坛以"文化传承·永续创意"为主题,由福建省青年联合会、福建省学生联合会、厦门市集美区人民政府、华侨大学与台湾中原大学联合主办,旨在进一步推进海峡两岸大学生创意设计实践的交流,搭建两岸文创产业及人才的对接平台,推进中华文化的传承和发展。来自两岸48所高校和业界人士近200余人齐聚华侨大学,分享创意设计和中华文化传承心得体会,共同探讨两岸高校创意教育。福建省青年联合会副主席兰明尚出席论坛并致辞。论坛期间还举办了"让创意跨越海峡"——两岸高校·政府·企业专家沙龙、创意教育优秀论文发表会、两岸高校大学生创意联盟第二次会员代表大会暨两岸大学生联谊交流会等活动。

【第三届澳门文化周】 2013年12月14日,由华侨大学澳门校友会主办,华侨大学校友总会、学生处、泉州校友会协办,福建高校澳门学生联合会承办的"第三届澳门文化周"在学校开幕。华侨大学党委书记关一凡、校友总会会长李冀闽、泉州校友会会长郭景仁、澳门校友会会长林辉莲等出席开幕式,近30名泉澳两地校友、部分华侨大学师生及数十名澳门学生到场联欢。

(综合供稿)

华侨大学年鉴
2014

为侨服务

华文教育及汉语国际教育

【概况】 华侨大学以海外华文教育这一国侨办和福建省重点学科为龙头，着力构建跨学科跨院系的华文教育协同创新平台。现有华语与华文教育硕士点、汉语言文字学硕士点以及对外汉语、华文教育和汉语言三个本科专业，同时开设汉语言专科、大学预科教育、短期华文师资培训，在泰国、菲律宾和日本开展海外研究生教育，已逐步形成了以华文教育为主要方向，涵盖高等学历教育、预科教育以及初、中、高非学历教育的多层次办学格局和办学体系。2013年，在国务院侨办的大力支持下，华侨大学加强与海外各华文机构的沟通协调，继续做好华文教育专业师资的培养工作，在蒙古、印尼、泰国、越南、缅甸、菲律宾、美国、老挝等国家招收了华文教育专业学生。

【华侨大学海外华文教育与中华文化传播协同创新中心】 华侨大学海外华文教育与中华文化传播协同创新中心（以下简称协同创新中心）于2012年9月25日在华侨大学宣布成立。协同创新中心由华侨大学牵头，与中国社会科学院文化研究中心、中国华文教育基金会、世界华语文教育学会、香港凤凰卫视集团、社会科学文献出版社等协同组建，主管部门为国务院侨办。总体目标是：协同大陆、台湾、香港及国外相关高校、学术机构、传媒与民间组织，整合现有各家学术机构及传媒机构的资源，汇聚华文教育与文化传播的顶尖人才，实现华文教育研究和中华文化传播研究、文化传播研究和文化传播实践的融合与创新，将"海外华文教育与中华文化传播协同创新中心"建成世界一流的信息中心、学术中心、资源中心，引领华文教育与中华文化传播研究、教学与实践的发展方向，培育一支富有活力、梯队合理、学缘全面的研究队伍。根本目的在于：让国际社会全面了解与广泛认同当代中国的发展道路及其蕴含的文化旨趣、价值内核，以提升国家文化软实力，扩大当代中国的国际影响力。

协同创新中心将按照建设计划与发展目标，全力开展海外华文教育研究、跨文化传播研究、华文教育与中华文化传播资源研发及华文传媒与文化研究，将重点研究华文教育教什么和怎么教，华文文化传播传播什么和怎么传播等核心问题。使协同创新中心成为国家华文教育与中华文化传播的智囊团、思想库和资源库，成为华文教育与中华文化传播研究的国家基地。为此，协同创新中心将立足于当代中国发展与全球化进程的互动关系，围绕国家侨务工作大局和中华文化软实力提升战略，创造性地开展相关的学术研究，深入地开掘中华文化的现代意蕴，积极地建构中华文化传播的现代途径与时代模式，全面增进国际社会对中华文化的内涵和当代中国发展道路的全面了解与广泛认同，以提高国家的软实力，扩大当代中国的国际影响，为中国以更加良好的形象走向世界做出独特的贡献。

协同创新中心建设时间以2013年1月为起点，为期四年。为实现预期目标，中心将突破各创新主体之间的壁垒，引入相关的人才、资本、信息、技术等创新要素，逐步实现两岸三地政府、高等院校、民间机构、华文媒体相关资源的有效汇聚。中心将坚持"高端引领、整体开发"的人才队伍建设思路，通过实施"华文教育与中华文化传播研究领军人才引进工程"、"华文教育与中华文化传播研究青年骨干发展与提升工程"和"讲座教授工程"，引进和培养一批高层次、高素质的研究专家，建成一个跨区域、跨学科的研究团队。

为确保相关工作的高效推进，协同创新中心实行管理委员会领导、专家委员会指导的主任负责制。华侨大学校长、华文教育著名专家贾益民教授担任中心主任。下设四个研究中心：华文教育研究中心、跨文化传播研究中心、华文教育与文化资源研发中心、华文传媒与文化传播中心。同时，华侨大学还专门成立"海外华文教育与中华文化传播"领导小组，校长贾益民担任组长，校党委书记、分管科研及研究生教育的副校长、分管图书与实验仪器设备的副校长、分管与中心相关院系所的副校长任副组长。

协同创新中心目前已经建立了协同运作机制、科学的决策机制以及人才激励与考核机制，成立了华侨华人研究院、华文教育处、华文教育研究院，并与台湾10所高校签订了华文教育协同创新协议，在人才队伍建设和相关研究方面取得了一定成效，协同创新中心的建设还获得海外校友、校董及海外姊妹学校的大力支持，发布的《华侨华人蓝皮书/华侨华人研究报告》、《世界华文教育年鉴（2013）》等研究成果产生了广泛的社会影响。

未来协同创新中心将以研究机制、协同形式的不断创新为动力，建成一个国际一流的海外华文教育和中华文化传播"思想库"（Thinktank）。

2013年1月，"第五届世界华语文教学研究生论坛"和"第二届两岸华文教育协同创新研讨会"在华侨大学举行。来自日本、韩国、泰国及中国内地、台湾、澳门等40多所高校的150多位嘉宾和华语文教育者参与盛会。

2013年4月，中国华文教育基金会副秘书长卢海斌、项目部二部主任李晓梅、联络宣传部主任谢伟访问华侨大学，就华侨大学承办的学历教育奖学金工作以及即将推出的移动数字课堂等项目开展座谈。

2013年5月，中国海外交流协会副会长马儒沛率领中国海外交流协会文教部部长雷振刚、华侨大学校长贾益民、暨南大学校长胡军等一行6人，赴台参加2013两岸华文教育论坛，访问多所高校，研讨两岸华文教育合作模式。

2013年6月，凤凰卫视控股有限公司凤凰教育执行董事、总经理吴炜强，凤凰研究院执行院长张劲平到华侨大学访问，与华侨大学就"海外华文教育与中华文化传播协同创新中心"具体的合作项目及开展合作的方案开展座谈。随后，华侨大学与凤凰卫视有限公司签署了《海外华文教育与中华文化传播协同创新中心合作协议》。校长贾益民，凤凰卫视控股有限公司凤凰教育执行董事、总经理吴炜强代表双方在协议书上签字。

2013年7月，福建省教育厅"2011计划"专家组来校考察海外华文教育与中华文化传播协同创新中心。专家组由福建师范大学教授张华荣、福州大学教授石火学、集美大学教授康长河组成。专家组对华侨大学及参建单位对协同创新中心建设的高度重视、大力投入和取得的成效给予了充分肯定，对协同创新中心的体制机制创新表示认同。专家组还对文化传播渠道、中心建设的主体学科与台湾高校合作情况等内容进行了了解，并给出建议。

2013年8月，由华侨大学和台湾世界华语文教育学会共同主办，海外华文教育与中华文化传播协同创新中心、华侨大学华文学院、华侨大学华文教育研究院承办的第三届两岸华文教师论坛在华侨大学厦门校区召开。

2013年10月，社会科学文献出版社社长谢寿光教授、社会政法分社社长王绯一行莅临海外华文教育与中华文化传播协同创新中心考察。谢寿光社长详细了解了协同创新中心的运作模式，听取了各个研究中心研究任务的汇报，并表示将积极支持《世界华文教育年鉴》的编撰与出版，大力支持华文教育研究院创办专业学术期刊。

【华侨大学驻外代表处】 2013年，华侨大学驻泰国、菲律宾、印尼代表处继续做好学校留学生的招生、宣传工作；配合学校的中华文化大乐园"泰国营""菲律宾营"的组织协调工作；积极推动华侨大学与泰国、印度尼西亚和菲律宾当地大学、华社及华文教育机构的交流合作；组织了菲律宾侨中学院寻根之旅夏令营；关心慰问华侨大学赴泰国、菲律宾汉语教师志愿者。驻泰国代表处做好与泰国国家研究院沟通协调工作，积极配合"第二届泰中战略研讨会"会务工作；做好国务院侨办领导及华侨大学代表团访问的组织接待工作等。驻泰国代表处现任负责人为余秀兰、田野；驻菲律宾代表处现任负责人为华文学院詹育新；驻印度尼西亚代表处现任负责人为王其君。

【海外华文教育情况普查及动态数据库建设】 2012年4月12日，国务院侨务办公室委托华侨大学负责"海外华文教育情况普查及动态数据库建设"工作（侨文函〔2012〕111号）。这项调查的基本内容包含三个方面，一是各个国家或地区的华文学校的基本情况，二是各个国家或地区的华文教育组织的基本情况，三是各个国家或地区执行的有关华文教育的政策的情况。以后每年更新这三个方面的资料，建设动态数据库。

华侨大学华文教育研究院是该项目的统筹和实施机构，为了更好地完成这项任务,华文教育研究院成立了"海外华文教育情况普查及动态数据库建设"项目组来具体负责这项工作。2012年,项目组已经制订了初步的实施方案,设计了海外华校调查问卷、海外华文教育组织调查问卷、海外华文教育政策调查问卷,也已在学校范围内进行了第一次华文教育普查专家论证,在中国国务院侨务办公室、中国海外交流协会主办的海外华文教育示范学校暨华文教育组织工作座谈会期间,华侨大学就项目建设工作进行了第二次华文教育普查论证会(海外华校负责人组),并对这些方案和问卷进行了相应的修改。在完成设计调查问卷的基础上,项目组请华侨大学计算机学院协助设计了调查问卷的电子版,进一步进行统计软件的开发。

2013年5月,研究院组织菲律宾华校的老师参加"海外华文教育普查"项目的模拟调查。模拟调查以电子版调查问卷和纸质版调查问卷两种方式进行。

2013年10月,研究院的胡建刚和周洪学两位老师到泰国进行了试点调查,参观当地华校,与其就华校普查项目进行座谈,并且委托当地华校进行问卷调查。

预期该项目通过后期的调查结果统计,资料整理分析,将会取得以下成果:一是建设成"海外华文学校信息库"、"海外华文教育组织机构信息库"和"海外华文教育政策信息库",即时更新信息,进而深入开展华文教育相关研究;二是由华文教育研究院负责组织撰写的年度研究报告,包括"海外华校总体情况报告"、"海外华校国别报告"和"海外华校办学要素报告"等。

【《世界华文教育年鉴(2013)》】《世界华文教育年鉴(2013)》是由华侨大学校长、华文教育研究院院长贾益民教授直接创意推动,由华侨大学华文教育研究院牵头,组织海内外华文教育专家及一线工作者合作编纂的。2013年1月,《世界华文教育年鉴(2013)》编纂工作正式启动。

《世界华文教育年鉴(2013)》以权威性、学术性、真实性为编撰原则,全面回顾世界华文教育领域当年度所发生的重要事件,记录华文教育事业发展轨迹,及时反映华文教育发展动态,为教学、研究及相关工作人员提供全方位的华文教育资讯服务,为未来的发展提供科学的建议,积累宝贵的华文教育资料。

《世界华文教育年鉴(2013)》主要内容包括综述、大事记、华教资讯、五省工作、学术动态、论著选介、华教天地、重要文献等。2013年11月,年鉴基本定稿,交由社会科学文献出版社审核、出版。国务院侨务办公室副主任、中国海外交流协会副会长马儒沛为《世界华文教育年鉴(2013)》撰写了《做好华文教育基础工作,共创华文教育美好未来》的序言。

华侨大学秉持"出精品,具特色"的编写理念,努力将《世界华文教育年鉴》等系列成果作为华文教育领域的品牌项目进行精心打造。

【第八届外国政府官员中文学习班毕业典礼】 7月4日，华侨大学隆重举行了第八届外国政府官员中文学习班毕业典礼。国务院侨办主任裘援平，泰王国上议院议长尼空，印尼国会议员马逊，泰王国上议院议长尼空夫人诺帕梦·哇耶叻帕匡，泰王国上议院议长名誉顾问帕拉儒·马哈吉咋司理，中国国侨办文化司司长雷振刚，华侨大学校长贾益民，泰王国上议院上议员、国会泰中友谊组副主席兼经贸工商委员会名誉顾问主席帕拉瑟·帕拉坤瑟萨攀，泰中文化经济协会名誉会长威七上将等出席毕业典礼，并为学员颁发结业证书。裘援平主任、尼空议长、威七上将、贾益民校长先后致辞。第八届外国政府官员班有83名学员，其中泰国学员60名、印尼学员23名。

【第九届外国政府官员中文学习班开学典礼】 9月2日上午，第九届外国政府官员中文学习班开学典礼在厦门校区举行。国务院侨办文化司副司长汤翠英女士，泰中文化经济协会副会长威七上将、秘书长蔡百山先生，华侨大学校长贾益民教授，泰国华文教师公会主席罗宗正先生，泰王国驻厦门总领事馆总领事帕晨·彭萌昆女士，泰国皇家警察总署署长助理珊蒂·盘苏先生，泰国国家审计署副署长盆猜·咋伦帕尼昆先生等出席开学典礼，贾益民、汤翠英、威七先后致辞。本届官员班共招收学员79名，其中泰国官员65名，其所属部门基本涵盖了泰国各个部委；印尼官员14名，其所属部门包括印尼交通部、旅游部、地方政府等。

【外国政府官员中文学习班往届优秀学员社会实践活动】 10月31日～11月5日，第三届"泰国政府官员班往届学员社会实践团"来华访问，由泰中文化经济协会会长颇钦·蓬拉军带队，泰国相关部委领导代表以及往届优秀学员代表共36人组成的社会实践团赴北京开展活动，学员来自泰国近20个政府部门。11月4日，国务院侨务办公室副主任马儒沛在北京会见学员。在北京期间，社会实践团还拜访了泰王国驻华大使馆及其他相关友好单位。

【泰国农业大学孔子学院】 2013学年，学院为泰国农业大学中文专业及全校学生开设了各类汉语必修课、选修课，总计1600课时；为有志于汉语学习的社会人士提供系统的短期汉语课程，开办短期汉语培训4期（第21~24期），开设初级汉语、初级会话、HSK备考等11门课程，招收学员525人，授课1560课时；为农业大学行政官员、泰国农业部园艺研究院、泰国卫生部监督署官员开设初级汉语培训班，培训182人次，授课368课时；为泰国教育部基教委37位本土教师提供汉语语言培训课程56课时，为泰国教育部民教委本土汉语教师98人提供32课时讲座式培训。

2013年学院举办了为期10天的"走进中国"文化体验活动，参观人数近万人。在2月和7月举办"文化之旅"中国文化开放日活动，以文化讲座、文化体验为主要形式，面向社会开展"文化之旅"中国文化开放日活动。9月开展"九皇斋节"中国文化体验活动。本年度泰国农业大学孔子学院的特色是：立足校园及泰国教育界，与政府机构、社会团体密切合作，逐步向社区和政府机构延伸，走出校园开展语言文化活动。此举提高了学院在泰国的影响力，树立了良好的形象，更好地承担起泰中文化交流的使者的任务。

【缅甸福星孔子课堂】 2013年，国家汉办授予缅甸福星孔子课堂"先进孔子课堂"的光荣称号，表彰其全新的发展模式和卓有成效的汉语教学推广。学校与白金汉和新视野两所国际学校签订了分课堂协议，继续推广汉语教学。5月，福星孔子课堂主办"汉语桥"世界大、中学生中文比赛缅甸区预选赛，并推荐陈凤兰同学参加"汉语桥"世界大学生中文比赛总决赛，获大学生组个人二等奖。7月1日~2日，福星孔子课堂与仰光汉语教师协会联合举办了仰光及周边地区汉语拼音培训，培训人数达208人。8月27日，福星孔子课堂在中国驻缅甸大使馆文化处承办第二届仰光汉语教师技能大赛。9月10日，福星孔子课堂承办庆祝教师节晚会，中国驻缅甸使馆政务兼侨务参赞陈辰先生出席并致辞。全年分别举行了两次新汉语水平考试（HSK），考生人数达821人次，新中小学汉语考试（YCT）考生人数达276人，截至2013年年底，福星考点的考生人数累计达4495人。

【泰国华文教育本科学历班】 3月11日，"泰国华文教育本科学历班"在泰国曼谷开班，第一期授课为期三周，共招收学员48名。该班由中国华文教育基金会主办，华侨大学、泰国华文教师公会承办。该班旨在提升泰国本土华文教师学历层次和教学水平，为期3年，由华侨大学每年选派专业教师在寒暑两季赴泰授课，学员通过所有课程考核后，可取得华侨大学华文教育本科学历证书。

【华文师资短期培训班】 2013年学校承办泰国农业大学孔子学院基教委教师团短期进修班、"华文教育·校长研习"马来西亚班、马来西亚华校教师短期专题培训班。10月8日~21日，承办了泰国农业大学孔子学院组织的泰国教育部基教委汉语教师团的短期进修活动，参加的泰国教育部官员及一线汉语教师共17人，培训内容包括中国文化、口语、口语教学法、汉字文化、中国音乐、书法等课程。11月19日，马来西亚华校教师短期专题培训班在华侨大学开班，该班50名学员来自马来西亚8所华文学校，为期14天的培训班课程主要围绕体育教育、音乐舞蹈、书法、武术、文学、心理学、中学教学观摩等进行。11月24日，"华文教育·校长研习"在华侨大学开办，共有学员64名。该班主要开设汉语、教育学理论、多媒体教学、行政管理学和中国文化等课程讲座，前往当地的幼儿园、中小学及大学进行教学观摩与交流，让学员了解和学习中国的教育管理模式。

【境外华文教育研究生班】 学校共开办昆明华文教育境外硕士研究生班、首期华侨大学意大利华商工商管理研修班和华语与华文教育专业菲律宾研究生班。4月14日，2013级昆明境外硕士研究生班在华侨大学昆明教学部开班，24名学员分别来自缅甸和越南，均为当地华校教师，该班将由学校华文学院承担为期三年的教学培训任务，由完美（中国）有限公司资助部分学费。4月15日，首期华侨大学意大利华商工商管理研修班在罗马开班，意大利青田同乡总会、意大利妇女企业联合会等多个当地侨团数十名企业家参加了培训，刘塨副校长率华侨大学专家团一行专程赴罗马授课，采用了课堂教学、案例分析、讨论交流等多种教学形式。12月19日，首届华语与华文教育专业菲律宾研究生班在菲律宾马尼拉开班，18名学员均为菲律宾华校一线教师，中国华文教育基金会和完美（中国）有限公司为该班提供了奖学金赞助，菲律宾华侨陈永栽先生提供了教学场所、教学设施和生活便利服务。

【普吉泰华国际学校】 1月5日，学校选拔的外派教师抵达泰国普吉，筹备国际学校的开学事宜。2月17日，与普吉泰华学校在普吉岛联合举办了"新春文艺晚会"，学校组织音乐舞蹈学院专业教师和华文学院艺术指导老师参加晚会，活动取得了圆满成功。

【美国惠蒂尔学院中文课堂】 9月17日美国惠蒂尔学院校长Sharon Herzberger教授等一行3人来校访问。校长贾益民、副校长吴季怀会见了来访客人，双方就开展两校合作办学项目进行探讨。经协商，双方同意华侨大学为惠蒂尔学院开设中文课程提供师资和教材等方面支持，惠蒂尔学院为选派赴美交流、学习和教学的华侨大学师生提供相关帮助。

【泰国吞武里大学中文电视台】 2013年学校与泰国曼谷吞武里大学合作开办的卫星中文教育节目的筹备和制作工作进展顺利，学校目前已经先后选拔了两个批次共计11名教师组成的中文节目制作团队派往泰国。8月19日该电视台的中文教学栏目正式开播，播放了一期40分钟的特别节目和一部11分钟的高质量微电影。BTU卫星中文教育节目的大栏目《你好·BTU》，每期40分钟；小栏目共有7个，教学栏目为20分钟，每期在固定时段播出。

【汉语教师志愿者】 为进一步统筹全校华文教育资源，将志愿者外派作为学生就业的有效渠道，华侨大学将选拔范围扩展至全校，共推荐14个学院的81名候选人作为汉语教师志愿者，其中49名同学被录取并派出。11月，选拔推荐候选人41名作为泰国农业大学孔子学院、缅甸福星孔子课堂汉语志愿者。

【海外华裔青少年中华文化大赛】 学校承办2013年度海外华裔青少年中华文化大赛优胜者冬令营暨总决赛，校领导负责牵头成立工作领导小组，华文教育处具体落实，华文教育研究院、华文学院等相关院系积极参与，成立了题库建设专家编写组和竞赛活动艺术设计组，定期召开专题筹备会议，确保比赛顺利进行。共研制试题及复习要点4套，印制试卷42495份，发送至14个国家的19个考点。12月17~30日第二届中华文化大赛优胜者冬令营在厦门举行，14个国家的近300名营员参加了总决赛预选赛，经过激烈比赛，缅甸队荣膺状元，巴西队、意大利队分别获榜眼和探花；12月26日举行了中华文化大赛总决赛暨颁奖典礼，国务院侨办副主任马儒沛、国务院侨办文化司司长雷振刚等领导出席。

【中华文化大乐园】 3~8月华侨大学分别在泰国、菲律宾、美国三个国家承办"中华文化大乐园"夏令营项目。"中华文化大乐园"泰国营由学校与泰国华文教师公会联合承办，在泰国曼谷、普吉市和素叻华萌学校设三个教学点，分批次选派了25名优秀教师前往泰国营任教，加学员总数为400人左右。"中华文化大乐园"菲律宾营由学校与菲律宾华文教育中心联合承办，办营时间统一为4月19日至5月11日。学校派出24名优秀教师前往菲律宾营任教，菲律宾营营员总数为450人。7月8日上午，"中华文化大乐园"美国营开营，为期三周，由美国惠蒂尔学院、惠蒂尔中文课堂协办，为了使学校大乐园活动更具特色和影响力，本年度将在往年基础上继续对大乐园的教学内容进行改革创新。

【海外华裔青少年寻根之旅夏（冬）令营】 学校历来重视海外华裔青少年夏（冬）令营工作，承担了来自菲律宾、马来西亚、泰国、缅甸、法国等国家的10个夏（冬）令营，精心做好各项工作，参团人员640名，详情见后文表格。

2013年中华文化夏（冬）令营团队

时间	团队名称	人数（人）
4月1~14日	中国寻根之旅菲律宾华裔学生学中文夏令营	196
4月9~18日	东南亚华裔青少年中华文化夏令营	64
5月15~27日	马来西亚华裔青少年中华文化夏令营	60
6月4~24日	法国华裔青少年中华文化夏令营	36
8月10~21日	泰国华裔青少年中华文化夏令营	87

时间	团队名称	人数（人）
9月26~10月8日	缅甸华裔青少年中华文化夏令营	19
10月3~18日	泰国清迈德拉中学学中文夏令营	19
10月5~23日	泰国素叻他尼中学学生学中文夏令营	13
10月9~22日	菲律宾华裔青少年中华文化夏令营	40
12月21~31日	海外华裔青少年中国寻根之旅冬令营福建营	106
合计		640

涉侨研究

【概况】 1980年华侨大学设立校属华侨史研究室。1986年，华侨史研究室升格为华侨研究所。1995年，华侨研究所改称华侨华人研究所。2009年9月，华侨大学在整合华侨华人研究所、华侨华人资料中心和四端文物馆的基础上，成立华侨华人研究院，将其作为学校重点发展的科研机构。研究院下设华侨华人史研究中心、华侨华人社会文化研究中心、侨乡研究中心、侨情与侨务理论研究中心、国际移民研究中心、华侨华人资料中心及四端文物馆。研究院现招收国际关系理论与实践、华人文化两个专业方向的博士研究生，设有专门史、国际关系和侨务政策与理论3个二级学科硕士学位点。

研究院目前拥有全职教师20名，其中教授3人，副教授4人，拥有博士学位者16人，讲座教授1人，特聘教授2人，国际关系研究院名誉院长为李肇星教授，华侨华人研究院名誉院长为丘进教授，华侨华人研究院院长由副校长张禹东教授兼任。

研究院研究队伍实力不断增强：李勇获国家留学基金委全额资助项目赴美国访学；钟大荣获福建省与华侨大学1:1配套资助项目赴马来西亚访学；陈景熙赴中国社科院世界宗教研究所从事博士后研究。研究院获得国侨办重大委托课题项目3项（包括完成国务院侨办《中国侨务》丛书重大委托课题《华侨华人与侨务公共外交》和《世界华侨华人史》的编纂工作）；省部级课题6项；校级课题3项；发表论文25篇；出版专著3部；获福建省社会科学优秀成果奖三等奖1项。

【服务国家战略发展】 2013年，学校老师积极发挥政策咨询的服务水平，向国家政府部门提交多篇咨询报告，为政府决策提供智力支持。骆克任教授提交的报告被中央政治局委员、国家副主席李源潮同志做重要批示；庄国土老师提交的4篇报告被《侨务简报》采纳，1篇报告被国侨办《专报信息》采纳；刘文正老师提交的报告被《侨情》采纳；郑文标老师提交的报告被《专报信息》采纳。

【第五届世界华语文教学研究生论坛】 1月19~20日,华侨大学承办"第五届世界华语文教学研究生论坛",该论坛由华侨大学和台湾世界华语文教育学会联合主办。来自韩国、泰国、日本及中国大陆、台湾地区等40多所高校的专家学者共150多人出席。

【第三届两岸华文教师论坛】 8月25~30日,华侨大学承办"第三届两岸华文教师论坛",论坛由华侨大学和台湾世界华语文教育学会共同主办。本届论坛共收到论文报告58篇,教学观摩7篇、教案2篇,有来自中国大陆、台湾,泰国34所学校的90多位华文教育专家围绕"华文教学实践研究"主题,以分组论文发表、教案点评、专题演讲和教学示范观摩等形式进行了广泛的学术交流。

【《华侨华人蓝皮书》】 10月中国社会科学院科研局下发《关于同意35种院外皮书使用创新工程学术出版项目标识的批复》文件,《华侨华人蓝皮书》入选中国社会科学院"创新工程学术出版项目"。《华侨华人蓝皮书》是华侨大学华侨华人研究的战略性工程。自2010年启动后,"蓝皮书"出版工作每年持续进行,目前已出版《华侨华人研究报告(2011)》和《华侨华人研究报告(2012)》两册。

《华侨华人蓝皮书(2013)》分为总报告、侨情篇和华文教育篇,内容涉及全球各大洲,重点包括了周边国家中的东南亚各国和日本、韩国,以及拉丁美洲各国,主要介绍了相关国家华侨华人的规模、分布、结构、发展趋势,以及全球涉侨生存安全环境和华文教育情况等。

【国务院侨务办公室侨务理论研究福建基地】 3月28日,国务院侨办侨务理论研究福建基地工作会议在学校厦门校区召开。福建省侨办主任杨辉、副主任刘良辉,福建省社科院副院长李鸿阶,厦门大学南洋研究院院长、学校讲座教授庄国土,校长贾益民出席会议。杨辉希望基地专家学者准确定位,为政府决策提供服务,为新时期侨务工作服务。贾益民希望基地专家学者根据国务院侨办对基地的定位开展工作,做好计划,分步实施,落到实处,并表示学校将按照杨辉主任的指示精神,全力支持配合基地工作,切实做好为侨服务的工作。

【第二届中泰战略研讨会】 承办"第二届中泰战略研讨会",2013年10月18至22日,第二届中泰战略研讨会在华侨大学厦门校区顺利召开,由华侨大学、中国社会科学院亚太与全球战略研究院、中国东南亚学会、泰国国家研究院、泰中经济文化协会联合主办。中国国务院侨务办公室副主任马儒沛,泰国副总理兼外交部部长素拉蓬,泰国驻华大使伟文·丘氏君出席开幕式。来自中泰两国100余位专家学者围绕当前中泰两国关注的热点话题,展开交流与探讨。

【第三届中国侨务论坛】 8月23日~25日,由国务院侨办主办,国侨办政策法规司、国侨办侨务理论研究福建基地承办,福建省侨办和华侨大学协办的"第三届中国侨务论坛"在厦门召开。本届论坛以"加强侨务理论研究,助力实现'中国梦'"为主题,国务院侨办第四届专家咨询委员会委员,部分省区市侨办领导,国侨办侨务理论基地负责人以及来自海内外相关高校和研究机构从事侨务理论研究的专家学者等180余人参加了论坛,研讨当前和今后一段时期内侨务理论的重大课题,部署未来一段时期侨务理论研究工作。

8月23日在华侨大学厦门校区举行了开幕仪式,国务院侨办主任裘援平出席论坛并做主旨讲话:一要进一步注重侨情变化,增强侨务理论研究的基础性;二要更加重视战略研究,增强侨务理论研究的指导性;三要始终坚持知行合一,增强侨务理论的实践性;四要大力推动学科建设,增强侨务理论研究的系统性。学校校长贾益民在开幕式致辞中指出学校有决心在国侨办的坚强领导下,在各级政府、侨务部门、教育研究机构的关心支持下,在侨务理论研究中力争取得新成果、新突破,努力提高侨务理论研究水平和为侨服务水平,为中国特色侨务理论研究取得新的成就添砖加瓦,做出应有的新的贡献。开幕式上还举行了第四届国务院侨办专家咨询委员聘任仪式,国侨办主任裘援平为第四届专家咨询委员会委员颁发聘书。

【四端文物馆】 为进一步加快华侨大学四端文物馆的规划与建设,学校成立四端文物馆建设与管理委员会。4月10日,召开专题会议,决定文物馆新展馆的馆址调整到图书馆二期前排一层。6月,组织了新馆设计方案的邀请招标,在反复讨论优化,并征求杜祖贻校董和麦继强教授的意见,由文物馆建设与管理委员会会议确定了设计方案。12月中旬开展了施工招标。积极推动麦继强教授的文物捐赠工作,将第一批181件文物运回学校。积极配合开展全国可移动文物普查工作,参加普查工作的培训,做好了全国可移动文物普查工作的前期摸底及馆藏品登录等工作。

【华侨华人信息中心】 4月22日,学校召开华侨华人信息中心工作会议。校长贾益民,香港华侨华人研究中心暨香港华声网主任、校董许丕新,香港华声网技术总监史利平等出席会议,张禹东副校长主持会议。明确了信息中心建设的工作思路、目标与任务、推进步骤、需解决的事宜。会议确定信息中心建设包含"一库、一网、一校(院)":一库指全球华侨华人数据库;一网指全球华侨华人网;一校(院)指网上华侨大学(华文学院)。4月27日,正式成立华侨华人信息中心,聘任骆克任同志兼任华侨华人信息中心主任。5月9日,在厦门校区举行华侨华人信息中心揭牌仪式,国务院侨办副主任何亚非、国侨办宣传司司长郭锦玲、华侨大学校长贾益民等为中心揭牌。5月28日，正式成立中心建设与管理委员会。8月，聘请了史利平先生担任全球华侨华人网运营总监，任期一年。

【侨务公共外交研究所】 5月9日，侨务公共外交研究所在厦门校区揭牌。国务院侨办副主任何亚非，国务院侨办宣传司司长郭锦玲，学校校董、香港华侨华人研究中心主任许丕新，国侨办专家咨询委员庄国土，中国新闻社福建分社社长徐德金，学校领导关一凡、朱琦环、吴季怀、徐西鹏、刘塨、张禹东、刘斌出席揭牌仪式。何亚非表示，成立侨务公共外交研究所，必将进一步拓展华侨华人研究领域，探索、总结侨务公共外交的特点与规律，提高华侨华人研究尤其是侨务公共外交研究的理论水平。贾益民校长表示研究所不辜负国务院侨办的信任和重托，成为服务国家侨务公共外交事业的信息库和智囊团，成为国家开展华侨华人研究、汇聚华侨华人信息的先锋队和排头兵。

【中华才艺（龙舟）培训基地】 5月9日，国务院侨办中华才艺（龙舟）培训基地在厦门校区揭牌。国务院侨办副主任何亚非、国务院侨办宣传司司长郭锦玲、政法司副司长董传杰，华侨大学校长贾益民、党委书记李冀闽出席揭牌仪式。10月21日，由华侨大学荣誉董事陈捷中和其子学校董事陈铭润捐资500万港币兴建的华侨大学陈铭润龙舟馆，在学校厦门校区奠基。该馆位于校区东部，建设规模约3078平方米，可用于龙舟教学、训练以及展览、研究等，将为更好地建设"中华才艺（龙舟）基地"增添新动力。

陈铭润龙舟馆的造型充分体现龙舟意象，采取中国传统高台建筑的模式，由屋顶、屋身、基座三部分构成。屋顶以船型大屋檐象征龙舟，屋身由隐框落地玻璃加遮阳百叶构成，晶莹剔透，象征托起龙舟的水体，两侧斜撑构与基座结合件象征划桨，总体形成划龙舟的意象。龙舟馆的建成将满足龙舟训练、展览和研究等内容。

【第二十六期中华才艺（龙舟）培训班】 10月11日，来自海内外11个国家和地区的55名学员圆满完成为期12天的中华才艺（龙舟）培训班的全部课程和考核，顺利结业。国务院侨办副主任何亚非、宣传司司长郭锦玲，福建省海外交流协会副会长闵蕙君，华侨大学校长贾益民、党委书记关一凡出席结业仪式。本期培训班以学习掌握龙舟基本战术为主，教学内容分为龙舟文化、龙舟技战术、龙舟运动力量训练、龙舟团队配合、龙舟精神规则和裁判法等十个主题。

【文化中国·2013全球华人中华才艺（龙舟）大赛】 10月22日，"文化中国·2013全球华人中华才艺（龙舟）大赛"在华侨大学厦门校区隆重开幕。该比赛由国务院侨务办公室、国家体育总局、中国海外交流协会、厦门市人民政府主办，华侨大学、中国龙舟协会、厦门市集美区人民政府、厦门市集美学校委员会共同承办。国侨办副主任何亚非，国家体育总局原副局长、国际龙舟联合会荣誉主席张发强，国侨办宣传司长郭锦玲，国家体育总局社会体育指导中心副主任刘北剑，厦门市委常委、副市长康涛，厦门市集美区区长李辉跃，福建省海外交流协会副会长闵蕙君，华侨大学校长贾益民等出席了大赛开幕式。何亚非在致辞中称，国务院侨办希望通过中华才艺大赛的举办，进一步传播中华文化，增强全球华侨华人的民族认同感。贾益民在致辞中表示，学校有信心使"文化中国·全球华人中华才艺（龙舟）大赛"成为世界华人龙舟队切磋技艺的汇聚地，成为国家和地方进行对外人文交流的闪亮名片。

本次比赛共吸引来自中国内地、法国、马来西亚、非洲、印尼、缅甸、泰国以及中国港澳台地区的15支华人龙舟队参赛，共有200米和500米直道竞速两个比赛项目。

"文化中国·2013全球华人中华才艺（龙舟）大赛"各大奖项获奖名单如下。文化中国华侨大学龙舟队取得总成绩冠军；总成绩第二名到第六名的队伍分别为法国华人温州商会龙舟队、澳门银河龙舟队、集美校友总会龙舟队、香港汇洋龙舟队、中华台北关渡文化协进会龙舟队。

取得200米直道竞速赛前六名的分别是：文化中国华侨大学龙舟队、法国华人温州商会龙舟队、集美校友总会龙舟队、澳门银河龙舟队、香港汇洋龙舟队、缅甸白象龙舟队。取得500米直道竞速赛前六名的分别是：文化中国华侨大学龙舟队、法国华人温州商会龙舟队、澳门银河龙舟队、中华才艺龙舟队、香港汇洋龙舟队、集美校友总会龙舟队。中华台北三角渡龙舟队以其顽强拼搏的精神，获得"体育道德风尚奖"，香港汇洋龙舟队的尤丽芬、马来西亚槟城前进体育会龙舟队的李育伟分别获得"最佳鼓手"和"最佳舵手"称号。今年新增设的奖项"最佳锣手"则由中华台北育德工家龙舟队的林轩轶摘得。

【中华才艺（音乐舞蹈）培训基地】 5月9日，国务院侨办中华才艺（龙舟）培训基地在厦门校区揭牌。国务院侨办副主任何亚非，国务院侨办宣传司司长郭锦玲、政法司副司长董传杰，国家一级导演、中央民族歌舞团副团长丁伟，华侨大学校长贾益民、党委书记李冀闽出席揭牌仪式。何亚非表示，成立中华才艺培训基地，有助于促进民族音乐、民族舞蹈在海外的交流和传播。贾益民校长表示基地将不辜负国务院侨办的信任和重托，不辱"为侨服务、传播中华文化"的历史使命，成为民族音乐、舞蹈艺术等优秀中华文化走向世界的窗口。

【第十期海外华文媒体高级研修班】 5月28日，第十期海外华文媒体高级研修班在华侨大学举办。研修主题为"'中国梦'语境下的海外华文媒体与中国文化"，有来自21个国家和地区的60余家海外华文媒体代表参加。培训班采用讲座、考察、座谈等多种形式进行，分别邀请国务院台办新闻局局长杨毅等专家、学者，就两岸传媒交流、新媒体、传统文化等方面的问题进行多层次、多角度的深入解读，并组织赴厦门媒体参访。

【2013年外派教师培训班】 5月25日，国务院侨办2013年外派教师培训班在华侨大学开班。本次培训班共有来自18个省、区、市侨办选派的近170位幼儿园、小学、中学的教师参加。培训班围绕对外汉语教学方法、海外华文教育和华校情况、海外华文启蒙教育的方法与策略、外事纪律和涉外礼仪、突发事件处理和心理辅导等内容开展培训。部分老师在培训结束后赴菲律宾等国家任教。

【第八期甘肃省积石山县党政干部培训班】 5月19日，受国务院侨办委托，第八期甘肃省积石山县党政干部培训班在华侨大学举办。来自积石山县的31名党政主要负责人参加了为期13天的培训。本次培训以专题讲座和实地考察相结合的形式进行，学员们除了听取包括战略管理、经济社会改革发展分析、转变县域经济增长方式、公共资源管理与运作、政府公关与危机处理、地方政府与社会热点问题、法律共同体下社会自治体制建构等专题讲座外，还深入厦门、石狮、晋江、安溪等地进行实地参观考察。

【广东省侨务公共外交研修班】 4月15日，广东省地级以上市侨办主任（局长）侨务公共外交研修班在华侨大学举办。广东省侨办、地级以上市侨务部门负责人等40名同志接受了为期4天的培训。研修班采用集中授课、对口交流等各种培训形式，邀请国务院侨办政策法规司副司长董传杰等知名专家学者等分别就侨务工作新形势与侨务公共外交、两岸政治关系、南海争端解读、台湾侨务工作（侨务外交）、中国的公共外交等议题做专题报告，并组织学员赴厦门市侨办交流。

（华文教育处、华文学院等综合供稿）

华侨大学年鉴 2014

社会服务

【概况】 学校坚持"以服务求支持、以贡献求发展"的理念，积极深化校地、校企合作，搭建各类平台，主动呼应和融入海峡西岸经济区建设，为地方经济建设和社会发展服务。先后成立了厦门工程技术研究院、泉州科学技术与社会发展研究院等多个科技服务平台，与省内多个地市签署了战略合作协议，积极构建为海西经济社会发展的服务支撑体系。充分发挥外向型办学优势和学科优势，围绕建设福建省产业发展的战略目标，瞄准学科发展前沿，积极推动和促进相关的基础研究和应用技术的发展，积极进行重大技术攻关与项目推广，建立校企合作平台，促进产学研的转化。充分利用学校人文社会科学研究力量，面向地方政府和社会发展的需求，进行多方位、多层面的应用研究，积极为地方政府及社会各界开展各类咨询服务，提供重大决策咨询。

深化校地合作

【落实省教育厅对口支援计划支持莆田学院办学】 1月12日，华侨大学贯彻落实《福建省教育厅关于做好重点建设高校对口支援一般本科院校建设工作的通知》文件要求，在莆田学院学术交流中心与莆田学院签署了《华侨大学支持莆田学院办学协议》。根据协议，华侨大学指导帮助莆田学院学科建设，重点支持莆田学院发展工科类、管理类学科，帮助建设相应的专业学位硕士点；接受莆田学院教师访学进修，为莆田学院培训骨干教师；莆田学院相关学科的高级职称骨干教师符合条件的可受聘华大硕士研究生兼职导师，参与硕士研究生培养工作；指导莆田学院相应专业的改革建设工作，搭建双方对口院系之间的交流合作平台，帮助莆田学院相关专业调整优化本科人才培养方案等。

【与清流县人民政府合作】 1月25日，华侨大学与清流县人民政府战略合作协议在清流县签署。双方商定共同推进清流县生态经济强县建设，华侨大学为清流县中长期发展规划及各行业中长期发展规划的制定提供理论指导与智力支持；发挥学科技术优势，整合资源，与清流县企业开展对接与合作；定期向清流县提供最新科技成果和科研信息，并根据清流县科技发展需求，建立学术和科技服务协调机制；发挥人才培养和教育研究方面的优势，与清流县人民政府开展教育领域的战略合作。

【与华安县城乡规划建设局合作】 3月7日，华侨大学建筑设计院、建筑学院与华安县城乡规划建设局签署战略合作框架协议。根据协议，双方共同推进华安县规划建设，为华安县的城乡规划发展提供技术支持。华侨大学建筑设计院、建筑学院发挥在建筑与城乡规划、土木工程方面的优势，全面提升华安地区城市建设风貌，实现双方优势互补、互惠互利、共同发展。

【与上海航天技术研究院合作】 3月19日，华侨大学与上海航天技术研究院在厦门校区王源兴国际会议中心202会议室签署战略合作协议，双方本着优势互补、互惠互利、共促发展的原则，以促进各自发展、共同服务福建省海峡西岸经济区发展为目标，在太阳能应用、海岛工程、卫星导航、新型材料等领域进行全面战略合作，共建产学研平台。

【与寿宁县旅游局开展旅游规划研究合作】 3月20日，寿宁县旅游局与华侨大学旅游学院副教授侯志强签订协议，合作研究《宁德市寿宁县旅游发展总体规划》。根据协议，双方合力做好宁德市寿宁县旅游发展总体规划的编制工作，进一步提升寿宁县生态文化旅游的内涵，挖掘展示旅游资源的禀赋，扩大对外知名度和影响力，提升旅游文化产业的品位，树立良好形象，推动旅游文化产业全面快速发展。

【与泉州地方医院合作】 5月4日，华侨大学与晋江市医院在晋江市医院进行合作签约，晋江市医院正式成为华侨大学生物医学院教学医院并揭牌。根据协议，晋江市医院按照华侨大学的教学计划承担有关教学任务，加强教学设施的建设和投入，满足教学工作需要等；华侨大学通过多种形式对晋江市医院进行人员培训、教学和医疗指导，安排专题讲座、示范性教学查房和临床教学交流活动，帮助提高教学和医疗水平等。

5月12日，华侨大学与泉州第三医院在泉州第三医院签约，泉州第三医院正式成为华侨大学生物医学学院附属医院并揭牌。根据协议，泉州第三医院根据华侨大学生物医学学院临床医学本科生培养方案，承担华侨大学高年级临床医学本科生教学任务，加强教学设施的建设与投入，满足本科生教学任务的需求；华侨大学生物医学学院通过多种形式对泉州第三医院现有人员进行培训和医疗指导，安排专题讲座、示范性教学查房、住诊和临床教学交流活动，帮助提高现有教学和医疗水平等。

【与吉林省旅游局开展研究合作】 5月7日，旅游学院副教授谢朝武带领的科研团队与吉林省旅游局监督管理处签署《吉林省旅行社安全培训大纲及培训教案的协议书》。协议内容包括培训的组织安排、国家与吉林省旅游安全的基本形式、吉林省旅行社突发事件的应急处置、吉林省旅行社安全的政策与法规等。

【与福建省体育局开展研究合作】 5月23日，体育学院教授程一辉带领的科研团队与福建省体育局签署《福建省体育旅游示范基地管理办法及认定标准研制协议书》。此次合作研究旨在贯彻省政府《关于加快发展体育产业的实施意见》和《福建省十二五体育产业发展规划》，落实全省体育局局长工作会议精神，探索体育产业发展新路，推动体育与旅游融合发展。

【与漳州市常山华侨经济开发区合作】 5月23日，华侨大学旅游学院与漳州市常山华侨经济开发区在漳州常山签署战略合作协议，其将在技术服务、项目研究、人才培养及实训就业等方面进行合作。根据协议内容，旅游学院通过开展对华侨经济开发区在旅游规划、景区建设、旅游营销、资源保护等方面的研究以及选派骨干教师或优秀研究生赴当地进行技术服务等形式加大合作力度，旨在通过人才与资源互惠，实现互利共赢。

【与福建省人力资源和社会保障厅开展研究合作】 6月5日，为进一步落实徐钢副省长关于推进农民工市民化的有关指示精神，福建省政府张金寿副秘书长主持召开"劳动用工和社会保障工作专题会议"，省政府办公厅经贸处、省经贸委、统计局、人社厅、华侨大学公共管理学院有关人员参加了会议。会议决定，由福建省人力资源和社会保障厅委托华侨大学开展课题调研，并于7月底前形成调研报告。公共管理学院教授王丽霞与福建省人力资源和社会保障厅签署《关于促进进城务工人员成为产业"本质工人"的研究》协议书。

【与福建省东南大宗商品交易中心合作】 6月15日，为积极融入"金改区"建设，着力搭建产学研合作平台，促进学科链、人才链和产业链的有效对接，华侨大学与福建省东南大宗商品交易中心签署战略合作协议书，共同组建"华侨大学大宗商品现货交易研究所"，创新合作形式，提升合作层次，实现优势互补、资源共享、共同发展、互利共赢，为企院合作及双方的发展提供更高层次、更宽领域、更高水平的支持和保障。

【与鲤城区政府合作】 6月27日，华侨大学与泉州市鲤城区政府签署校地战略合作框架协议，同时举行项目签约仪式，以及华侨大学大宗商品现货交易研究所揭牌仪式。双方围绕开展科技项目研发、平台共建、专家咨询与服务、人才培养与培训、大学生创业、博士后工作站、文化创意产业、闽南文化保护与传承等方面的合作深入交换了意见，探讨合作前景，并初步达成若干合作意向。根据协议，华侨大学发挥相关学科优势，针对泉州市鲤城区中长期发展规划、专项实践等问题开展调研；与鲤城区联合申报国家级、省级项目，开展横向课题，共同建设高层次研发平台及产学研基地；为鲤城区在商贸服务、生态建设、文化创意、旅游发展等方面提供技术支持，鲤城区人民政府为华侨大学的技术转化提供渠道和平台；双方共同支持东南大宗商品交易中心的建设和营运等。

【与泉州台商投资区合作】 9月6日,华侨大学与泉州台商投资区在泉州台商投资区管委会办公楼签署战略合作框架协议。双方商定,华侨大学发挥相关学科优势,针对泉州台商投资区中长期发展规划、专项实践等问题开展调研,共同推进产业结构优化升级;双方将共同建设高层次研发平台及产学研基地,联合申报国家级、省级项目;双方在工业设计、文化创意领域搭建高端研发平台;共同发展泉州台商投资区文化教育事业;积极为泉州台商投资区提供人才培训和智力支持等。

【与泉州市发改委开展研究合作】 10月11日,经济与金融学院教授胡日东带领的科研团队与泉州市发改委签署《引导上市募集资金回归》项目协议书。根据协议,科研团队在突出考察泉州上市企业募集资金回归现状、投资行业分布、存在主要问题及其原因的基础上,借鉴其他地区的先进做法,结合泉州实际,力求全方位对泉州市境内外上市企业募集资金回归情况进行考察和分析,提出对策建议。

【与厦门市国资委联合举办国有企业青年企业家MBA班】 6月29日,由华侨大学城市建设与经济发展研究院与厦门市国有资产监督管理委员会、华侨大学MBA教育中心联合主办的首期厦门市国有企业青年企业家MBA班在综合教学楼群开班。MBA班首期招收48人,学员均为厦门市国有企业的中层管理干部。该培训班旨在为厦门市国有企业培养企业后备干部,提升厦门市国有企业管理人才素质。

【举办洛江区、石狮市地税系统干部培训班】 7月29日,由华侨大学继续教育学院承办的洛江区、石狮市地税系统专门业务知识培训班在泉州校区陈嘉庚纪念堂二楼会议室开班,共有65名学员参加培训。本次培训为期1周,学习采用全脱产式,由华侨大学在税务培训方面有丰富经验的"双师型"教授授课。

9月23日,由华侨大学继续教育学院承办的洛江区、石狮市地税干部更新知识培训班(二期)在华侨大学开班。来自洛江区和石狮市的60名税务干部参加了此次培训。本次培训的主要课程有与税务干部谈心理健康、执行力的开发与提升、中国文化软实力、中国财税金融政策分析、增强忧患意识推动长远发展、政府公关与危机处理、世界经济形势和金融基础知识讲座、中国税制改革与财富转移、行政强制法与自由裁量权等。

【举办泉州市洛江区机械机电产业领军人才研修班】 8月6~9日,受泉州市洛江区区委组织部、科技局委托,华侨大学厦门工程技术研究院和机电及自动化学院联合承办的泉州市洛江区机械机电产业领军人才研修班开班,44名洛江区机械机电骨干企业的专业技术人才参加了研修。研修班立足行业特点和实际需求,由机电及自动化学院在产学研合作方面有丰富经验的专家教授授课,以集中讲座为主、讨论交流与参观互动相结合的形式进行封闭式培训。研修内容涉及机械机电产品创新设计思维方法、工业产品设计、机电产品质量控制策略、企业管理新思维等最新的理论及经典案例，并实地走访厦门两家企业。研修期间，还举办"华侨大学—洛江区项目成果对接会"。

发挥智库优势

【发挥政策咨询功能　服务国家战略发展】 2013年，华侨大学教师积极发挥政策咨询功能，向国家政府部门提交多篇咨询报告，为政府决策提供智力支持。其中，华侨华人信息中心教授骆克任提交的《海外华侨生存安全预警与救护机制研究》的成果在第2252期的《中国侨联侨情专报》摘登，中央领导同志做重要批示；华侨华人研究院教授庄国土提交的3篇论文被第94期《侨务简报》采纳、1篇论文被第103期《侨务简报》采纳、1篇论文被第125期《专报信息》采纳；华侨华人研究院教授刘文正提交的1篇论文被《侨情》采纳；华侨华人研究院副教郑文标提交的论文被《专报信息》采纳，等等。

【积极参与建言献策　服务地方经济社会】 为更好地服务地方经济建设和社会发展，华侨大学教师积极为地方政府建言献策，并形成调研报告近20篇。2013年，数量经济研究院教师陈燕武向集美区发展与改革局提交《集美区低碳发展规划》；沈利生向泉州市发改委提交《泉州市十二五规划中期评估》。化工学院教师林碧丹向厦门市湖里区政协提交《湖里区加快会展产业发展的对策措施研究》。公共管理学院教授王丽霞向共青团泉州市委提交《社会教育与青少年全面发展现状与影响因素研究》，向石狮市党校提交《创建石狮市"高端人才聚集创新园区"研究》，向石狮市工会提交《石狮全域城市化背景下基层工会组织在产业工人本地化中的作用》。工商管理学院教师杨默如向泉州市发展和改革委员会提交《"营改增"对泉州市服务业发展的效应研究与政策建议》；陈金龙向泉州市金融工作办公室提交《创新金融服务小微企业的研究》；孙锐向晋江市人大常委会办公室提交《晋江市国民经济和社会发展第十二个五年规划实施情况中期评估审议的调研报告》；洪自彬向泉州市信息化局提交《泉州市电子商务业态专题调研项目》。公共管理学院教师陈永章和关键分别向泉州市人才人事公共服务中心提交《泉州市高层次人才引进政策的实施效果分析》和《泉州市大学生就业政策执行调研报告》；汤兆云向泉州市鲤城区人口和计划生育局提交《人口计生机构合并后的工作重点和工作重心研究》，向福建省人口与计划生育委员会提交《福建省人口老龄化背景下的养老保障问题及其对策》；邹利林向泉州市丰泽共青团提交《泉州市丰泽区青少年学生网络行为特征研究》。华侨华人研究院教授许金顶向厦门市侨联提交《侨乡社区历史文化遗产调研》。经济与金融学院教授胡日东向泉州市发改委提交《引导上市募集资金回归报告》。法学院教师靳学仁向泉州市人民检察院提交《涉检信访基本问题研究》,等等。

推动项目对接

【与匹克集团签订"匹克企业班"人才合作培养项目】 2013年3月8日,华侨大学与匹克集团签订"匹克企业班"人才合作培养项目。根据协议,"匹克企业班"采取虚拟订单式冠名班形式,学生与企业签订预就业协议,正式毕业后可双向选择。学校根据与企业制订的人才培养方案,对学生进行个性化培养,培养分为校内学习和企业实践两阶段式教学,学校与企业的师资、教学场地、实训等共享合作,真正实现校企联合培养。

【"世界冠军创业项目"在华侨大学启动】 3月27日,由华侨大学董事会董事何中东发起,世界冠军联合会、华侨大学和世冠有限公司共同主办的"世界冠军创业项目"在华侨大学启动。世冠公司依托华侨大学科学技术与社会发展研究院成立"世冠品牌战略规划"项目中心,中心下设由华侨大学工商管理学院、经济与金融学院等相关院系专家牵头组建的专业项目小组,充分发挥学校专业学科资源和科研力量优势,充当"世界冠军创业项目"的"科技源"和"智囊团",为项目提供全方位的服务。

【与厦门航空有限公司签署合作协议】 4月1日,华侨大学相关负责人赴厦门航空有限公司调研,深入细化双方合作事宜。12月23日,华侨大学旅游学院与厦门航空酒店管理有限公司在厦门金雁酒店签署校企合作协议。双方商定在旅游与酒店高级人才支持计划、校企实践基地建设、学历学位提升计划、研究生创新模式培养、毕业生就业合作五个方面开展合作。合作项目将本着顾全大局、分步实施和先易后难的原则逐步推进。旅游学院院长黄远水、厦门航空酒店管理有限公司总经理何亮分别代表双方签署合作协议。

【与厦门万久科技有限公司签署合作协议】 4月2日,华侨大学机电及自动化学院与台商独资企业厦门万久科技有限公司在厦门校区王源兴国际会议中心签订联合培养协议,联合培养人才,建立长期的紧密的产学研合作关系,协议为期三年。双方协议在华侨大学建立"华侨大学—万久数控及自动化技术联合实验室";采用订单式培养模式,为厦门万久科技有限公司培养"数控及自动化技术"本科人才;探索海峡两岸交流合作的人才培养新模式。协议约定,每年联合培养本科生20~30人,厦门万久科技有限公司将每年提供 10 万元，用于设立联合办学专项经费和奖学金；协议期内其还将提供累计不低于 100 万元的专业设备投入。

【与南安亿元以上企业项目对接】 4 月，华侨大学厦门工程技术研究院、材料科学与工程学院、研究生院相关负责人、专家与南安市公务员局、南安市人事人才公共服务中心有关负责人，共同走访了群峰智能机械股份公司、福建泉工股份有限公司、福建省闽发铝业股份有限公司、天广消防股份有限公司、中宇卫浴股份有限公司 5 家南安市年产值亿元以上企业，实现项目对接，初步达成 8 个技术研发项目的合作意向，并拟在这些企业设立研究生工作站、工程技术研发中心等。

【与厦门两家企业共建企业研究生工作站】 4 月 11 日，在第四届集美区产学研科技合作项目成果对接会上，华侨大学与厦门聚富塑胶制品有限公司、飞虎（厦门）聚氨酯制品有限公司签署合作协议，共建企业研究生工作站。研究生工作站的设立，旨在结合华侨大学科研力量与企业发展需要，通过产学研模式，创新技术，帮助企业攻克难关。

【与易森建筑有限公司签署合作协议】 5 月 21 日，华侨大学建筑学院与易森建筑有限公司签订产学研合作协议。根据协议，易森建筑有限公司在华侨大学建筑学院设立产学研基金，用于支持建筑学院开展学术交流、科研活动以及奖励优秀学生。双方将在优势科研领域进行充分的交流与合作，并在实验室建设、人才培养领域相互支持和合作。

【与凤凰卫视有限公司签署合作协议】 6 月 28 日，华侨大学与凤凰卫视有限公司在陈嘉庚纪念堂二楼会议室签署《海外华文教育与中华文化传播协同创新中心合作协议》。"海外华文教育与中华文化传播协同创新中心"于 2012 年 9 月在华侨大学成立，由华侨大学牵头，联合中国社会科学院文化研究中心、中国华文教育基金会、香港凤凰卫视、台湾世界华语文教育学会、社会科学文献出版社等协同组建，整合多家学术机构和传媒机构资源，汇聚华文教育与文化传播领域顶尖人才，以期让国际社会全面了解与广泛认同当代中国发展道路及其蕴含的文化旨趣、价值内核，以提升国家文化软实力，扩大当代中国的国际影响力。

【与（清控）北京华清安地建筑设计事务所有限公司签订战略合作协议】
9 月 24 日，华侨大学建筑设计院与（清控）北京华清安地建筑设计事务所有限公司签订战略合作协议，其将在优势科研和设计领域进行充分的交流与合作，并在人才培养等领域相互支持和合作。

【参加第四届集美区产学研科技合作项目成果对接会】 4月11日，华侨大学参加由集美区人民政府和厦门市科技局主办的"第四届集美区产学研科技合作项目成果对接会"。材料科学与工程学院教授林志勇的"节能灯专用原位固化快干胶制备工艺研究与产业化"项目、化工学院教授李夏兰的"新型酶化饲料的研制"项目分别与厦门海莱照明有限公司、厦门仙灵旗生态农牧科技有限公司签订合作协议。

【参加南平市第六届科技成果交易会】 5月13日，华侨大学厦门工程技术研究院常务副院长、教授李钟慎率厦门工程技术研究院、泉州科学技术与社会发展研究院相关负责人及材料科学与工程学院副教授郑一雄等一行代表学校参加在武夷山由中国科学院上海分院、福建省科技厅、南平市人民政府主办的南平市第六届科技成果交易会，与福建剑源木塑科技有限公司就"竹塑复合材料制备工艺技术研究"项目现场签署合作协议，并现场分发"华侨大学科技成果汇编"50余份，多项技术成果受到参会企业的关注与好评。当日，还参加"华侨大学—武夷新区项目成果推介会"，学校结合南平地方产业链有针对性地向参会企业推介华侨大学科技项目成果，就开展校企产学研合作与武夷新区企业代表进行洽谈，并走访福建海源新材料、龙翔科技、玉山投资等新区重点企业，实地了解企业技术难点与需求。

【参加中科院院士项目对接座谈会】 5月25日，华侨大学厦门工程技术研究院组织生物医学学院、化工学院相关教师参加了由中国科学院学部主任、原国家自然科学基金委员会主任陈宜瑜一行等18名院士、6·18组委会办公室在厦门召开的中科院院士项目对接座谈会。教师代表和企业代表十分珍惜与院士见面的机会，就目前发展遇到的难题和技术需求积极向院士咨询请教，面对面交流对接。

【参加海峡两岸光电产业对接洽谈会暨云霄县项目签约仪式】 6月15~17日，华侨大学信息科学与工程学院参加海峡两岸光电产业对接洽谈会暨云霄县项目签约仪式。信息科学与工程学院与福建大晶光电有限公司进行了现场技术对接与产学研合作签约，与庆亿光电公司就科技项目合作事宜初步达成合作意向。对接洽谈会上，华侨大学重点推介"产品创意设计与开发""白光LED用荧光板的制备""白光LED彩虹显示屏"等11项面向云霄县的技术服务项目。

【参加第十一届中国·海峡项目成果交易会】 6月17至21日，学校组织参加第十一届中国·海峡项目成果交易会，由校长贾益民，副校长吴季怀、徐西鹏、刘塨，校长助理张云波、曾路率科学技术研究处、厦门工程技术研究院、泉州科学技术与社会发展研究院等单位负责人及有关学院师生百余人，携机械装备、软件、化工与新材料、电子信息、环保与建筑节能、生物医药等145项科研项目成果及168项专利参会。通过项目成果简介展板、现场演示讲解、视频播放、分发《华侨大学科技项目成果与专利汇编》等形式，向参会人员有效地推介了华侨大学优秀的科研成果。展示了"三维智能家装交互系统""高性能电液比例插装阀""一种微包纳药物载体及其制备方法""HGS1000系列网络时间服务器""高精度实时智能主动测量仪""变电站设备温度在线监测系统""触控式中控空调控制系统""基于ZigBee无线网络的太阳能LED照明系统设计""建筑设计创意""新型按摩靠垫设计""户外音响设计""空气净化器设计"等几十项实物及模型展品。在高校科技项目成果对接签约仪式上，共有两个项目与企业成功对接，分别是材料科学与工程学院和厦门市海莱照明有限公司合作研究开发的"LED用高导热石墨/金属铝复合材料散热器制备工艺研究与开发"，机电及自动化学院与厦门银华机械有限公司合作研究开发的"电液比例阀及主控单元的研制"。

6月18日，在海洋与渔业科技成果推介会暨项目签约仪式上，华侨大学与福建省海洋与渔业厅、中澳企业家联合会签订了《共同推进全省海洋经济发展战略合作框架协议》。三方将共同为开创政产学研合作，集成各类资源，提升协同创新能力，提高华侨大学科研水平和服务社会能力，促进福建海洋经济发展，增强中澳企业竞争力，实现优势互补、互利共赢、共同发展的新局面。三方将发挥各自优势，通过多种形式开展全面合作，共同构建"政、产、学、研、用"联盟的协同创新体系；共同推进自主创新、科技成果转化、人才培养，构建海洋现代产业体系和科教支撑体系，实现"政校企合作，产学研共赢"。

【参加2013海峡渔业周暨第八届海峡渔业博览会】 9月13日，华侨大学校长贾益民率国际交流合作处、科学技术研究处和生物医学学院负责人参加了"2013海峡渔业周暨第八届海峡渔业博览会"，并与福建省海洋与渔业厅、澳大利亚弗林德斯大学食品与健康创新研究所、中澳企业家联合会共同签订《海洋产业技术创新研究机构及战略联盟合作框架协议》。四方将围绕发展壮大福建海洋经济这一重要课题，联合共建"政、产、学、研、用"协同创新体系，开展专题调研、决策咨询、成果转化、人才培养和国际交流等领域的合作，旨在加快推动福建蓝色海洋经济创新发展，增强福建—澳大利亚海洋产业合作，提升福建海洋国际影响力。

【参加集美区·华侨大学产学研科技项目成果对接会】 10月15日，华侨大学与集美区人民政府联合举办"集美区·华侨大学产学研科技项目成果对接会"，对接会在华侨大学厦门校区王源兴国际会议中心201会议室举行。集美区政府、厦门市科技局、集美大学、厦门理工学院等单位领导，集美区50多家企业负责人出席了会议，共计约300人。推介会上，华侨大学向与会来宾着重推介了车辆与装备、化工与新材料、电子信息等领域50余项科研项目成果，与集美区企事业单位签署产学研合作项目和协议15项。华侨大学与厦门立林科技有限公司签署了"校企合作框架协议"；机电及自动化学院与厦门厦工重工有限公司就"12~16立方混凝土搅拌运输车轻量化技术"项目、材料科学与工程学院和厦门海莱照明有限公司就"基于新型有机硅材料的白光LED技术研发"项目、化工学院与厦门仙灵旗生态农牧有限公司就"新型酶化发酵猪饲料的研制"项目等分别签署了产学研合作协议。

【参加第六届海峡两岸（厦门）文博会】 10月25日，华侨大学工业设计系以"日初"为主题亮相第六届海峡两岸（厦门）文博会的2013年"海峡两岸新一代设计展"。展出华侨大学工业设计系的获奖设计作品、优秀毕业设计作品和承志车队HQU-03赛车，内容涵盖家具、灯具、电子产品、手工艺品、包装制品、文具用品等，通过作品模型、现场演示讲解、视频播放等形式，向参会人员介绍学校展品。

【参加思明·高校院所·企业·投资机构科技项目推介会】 12月9日，华侨大学组织信息科学与工程学院、计算机科学与技术学院、机电及自动化学院的数十名专家参加在白鹭洲大酒店举行的"2013思明·高校院所·企业·投资机构科技项目推介会"。推介会以"立足科技创新，促进信息消费"为主题，意在以信息消费为突破口，充分发挥科技创新在经济社会建设中的关键性带动作用，使信息消费逐渐成为新的经济增长点，以此推进美丽厦门建设，实现产业转型升级，打造智慧名城。

【参加中科院—莆田市科技项目对接会】 12月23日，华侨大学厦门工程技术研究院常务副院长、教授李钟慎参加在莆田举行的"2013年中科院—莆田市科技项目对接会"。对接会上，机电及自动化学院、化工学院就"蒸汽式泡茶机"和"腐竹'锅底'中大豆皂苷提取中试工艺放大及示范"项目分别与福建省凯明电器有限公司、福建省真好食品有限公司签署合作意向书。

【参加第五届湖里区校企合作科技项目成果对接会】 12月26日，华侨大学厦门工程技术研究院携材料科学与工程学院、化工学院、计算机科学与技术学院教师代表参加了在厦门市江平生物基质技术有限公司举办的"第五届湖里区校企合作科技项目成果对接会"。材料科学与工程学院与厦门唯自然工贸有限公司就"降低塑料链条运动过程中的噪音技术"项目，化工学院与厦门市江平生物基质技术有限公司就"杉木等针叶类树种育苗专用无纺布轻型基质的研发"项目，计算机科学与技术学院与厦门巨创科技有限公司就"基于振动信号分析处理的设备故障检测"项目分别签署合作协议书，各项目负责人并对项目的合作计划与进展情况做了简短的汇报。

华侨大学年鉴
2014

国际交流与合作

【概况】 2013年，学校共与22所外国或港澳台地区大学、教育机构签署或续签合作协议、谅解备忘录、合作意向书24项，拓展了与美国、澳大利亚、俄罗斯、厄瓜多尔和东南亚地区高校的交流与合作。全年共接待各类外国来访团组33个，累计接待360余人次。重要来访单位和团组有日本财团理事长、泰国国防部御卫厅代表团、日本桐荫横滨大学、印尼彼得拉基督教大学、菲华联谊总会"闽侨精英福建行"华裔青年代表团、日本长崎县立大学、泰国民众学院公会、泰国克里斯汀大学、美国五大湖国际集团、泰国上议院代表团、澳大利亚弗林德斯大学、俄罗斯国家杜马新闻局、马来西亚南方大学学院、泰国东北四府政府和高校代表团、新加坡集美学院、东南亚国家联合记者团、德国凯泽斯劳滕应用科技大学、泰国副总理兼外交部部长代表团、美国托莱多大学、美国关岛大学等。另外，学校主办了第二届中泰战略研讨会，第二届两岸四地现代汉语对比研究学术研讨会、第三届东亚学术交流论坛。国际交流合作处于2013年增设境外专家管理科，进一步深化境外专家招聘和管理服务。

【国侨办主任裘援平会见泰国上议院议长尼空】 7月12日，国侨办主任裘援平会见莅临华侨大学访问的泰国上议院议长尼空博士一行。裘援平欢迎尼空议长率团访问华侨大学，并称赞华侨大学和泰中文化经济协会在泰国政府、议会和社会各界支持下开办外国政府官员中文学习班"是一个非常有远见的行为"，感谢泰国政府、议会等领导人对加强中泰之间中国语言、文化交流给予的高度重视，相信学习班学员经过一年学习回国后对促进两国交流作用更大。尼空表示，很赞赏并非常同意"外国政府官员中文学习班"这个项目，并建议华侨大学将来到泰国设立分校，让更多的泰国人不用到中国就可以学习中文，学习中国文化。他也希望华侨大学能给予泰国更多学习班名额、奖学金名额。裘援平建议华侨大学与尼空议长就如何进一步扩大、深化交流合作进行磋商，表示国务院侨办对此非常支持。

【国侨办副主任马儒沛会见泰国副总理兼外交部部长素拉蓬】 10月18日，国侨办副主任马儒沛在华侨大学厦门校区会见泰国副总理兼外交部部长素拉蓬。素拉蓬此次来访并参加了在华侨大学举办的第二届中泰战略研讨会。马儒沛表示，中国与泰国地缘相近、血缘相亲、文化相通，两国人民友好感情深厚。由中泰双方共同发起和主办的中泰战略研讨会为政府和民间专家、学者搭建了学术交流的网络和平台，对促进中泰两国的友好合作有重要意义。马儒沛感谢素拉蓬亲自出席此次研讨会，并希望他为研讨会多提宝贵意见。素拉蓬感谢华侨大学等主办方的盛情邀请和高规格的接待。他表示，泰国政府非常重视两国在教育、文化等领域的合作，去年在泰国曼谷举办的首届中泰战略研讨会，诗琳通公主亲自出席。他希望，中国学界的专家和研究者能为泰国的专家、学者提供知识借鉴和经验分享，为双方的友好合作做出贡献。

【俄罗斯国家杜马新闻局局长安德勒一行莅校访问】 8月24日上午，俄罗斯国家杜马新闻局局长安德勒，俄罗斯国家杜马信息教育文化委员会主席助理米哈伊·诺维奇，凤凰卫视控股有限公司凤凰教育执行董事、总经理吴炜强，凤凰教育研究院执行院长张劲平，凤凰卫视驻俄罗斯首席记者卢宇光莅校访问交流。校长贾益民、副校长张禹东在厦门校区王源兴国际会议中心会见来访客人。贾益民介绍了学校建校以来的发展历程和学校现状，着重介绍了学校的办学理念和办学优势。双方就华侨大学与俄方开展汉语培训、文化交流、俄华侨史研究等领域合作的方式和前景进行了探讨，并决定签署合作备忘录，积极推进双方具体合作项目的开展。当天下午，副校长吴季怀，俄国家杜马信息教育文化委员会主席助理米哈伊·诺维奇，在厦门代表双方签署合作备忘录。

【华侨大学国际化战略专题讨论会】 10月8日，学校召开了华侨大学国际化战略专题研讨会。校领导贾益民、朱琦环、吴季怀、刘塨、张禹东、刘斌及各职能部门负责人，各学院、研究院党政负责人出席会议。吴季怀副校长以"齐心协力，扎实推进，实现华侨大学国际化新飞跃"为主题，从学校国际化战略提出的背景、现状及问题、思路与阶段目标、各部门各学院的角色与任务四个方面做了报告，并全面阐述了学校国际化办学的战略及实施办法。贾益民校长也对国际化办学提出四点意见：一是全校师生要进一步提高认识，不断增强国际化办学意识。二是各学院各单位要进一步总结经验，制定规划，明确任务和目标。三是要致力于把国际化战略贯彻到学校工作的各个领域，落实到全校教职员工的教学实践当中去，努力营造国际化氛围。四是树立大局意识，加强工作协调，抓好工作落实。

截至2013年9月底，学校境外生占在校学生总数的15%左右，与全球十多个国家和地区的90多所大学建立了除华文教育以外的合作，2013年赴境外交流学生达263人，与境外机构新签协议14项；具有半年以上海外留学经验的教师比例达到20%，完成两批共40人的全英师资资质认证，覆盖了18个学院和单位。

围绕《华侨大学中长期发展规划纲要（2011~2020）》，学校力争在5~8年内，将境外生占在校生总数比例提升至20%，将在校生具有境外交流学习经历的比例提高到10%，将全英课程和双语课程占课程总量比例提高至20%，将国际化师资占师资总量比例提高到30%，并使所有中青年教师都具有境外研修交流经历。

【致公党中央调研组来校调研外国留学生教育国际化水平】 9月26日，全国人大常委、致公党中央副主席、教育委员会主任严以新，福建省政协副主席、致公党福建省委主委、福建省教育厅副厅长薛卫民等来校调研外国留学生教育国际化水平。校党委书记关一凡、校党委副书记朱琦环分别向调研组介绍了学校留学生及国际化办学情况。调研组一行肯定了华侨大学在外国留学生教育国际化方面所取得的成绩，并深入了解学校招收外国留学生的主要途径和方式、留学生自费收费标准、留学生培养质量、学校在教育国际化方面存在的问题以及对国家相关政策的建议等。严以新向在场的十多位来自港澳台及东南亚国家的境外生了解了在校学习生活、参与学校管理以及毕业后工作意向等情况。

【贾益民校长会见美国惠蒂尔学院代表团】 美国惠蒂尔学院校长 Sharon Herzberger 教授一行 3 人 9 月 17 日上午来校访问。校长贾益民、副校长吴季怀会见了来访客人。双方就两校开展合作办学项目进行探讨。经协商，双方同意，华侨大学为惠蒂尔学院开设中文课程提供师资和教材等方面的支持，惠蒂尔学院也将为选派赴美交流、学习和教学的华大师生提供相关帮助。

【华侨大学美国教育访问团赴美参访并签署合作协议】 由吴季怀副校长率领的华侨大学美国教育访问团 5~6 月间赴美，相继拜访了乔治·梅森大学、塞勒姆州立大学、德保罗大学等高校，就学生交流、合作办学、教师访学、干部研修等校际交流与合作的多项议题进行座谈与磋商，达成多项合作意向与共识，并签署两项合作协议。在乔治·梅森大学，访问团一行与该校副校长 Anne Schiller 博士、中国事务负责人 Madelyn Ross 进行了会谈。期间，吴季怀代表学校与该校副校长 Peter Stearns 签署了两校合作协议。在德保罗大学，访问团与该校校长 Dennis H. Holts Chneider 博士、副校长 Gino Mario Besana 博士等进行了深入交流。双方就 2+2、1+2+1 联合办学，教师交流与培训，学生交流，中文教育与培训等多个项目进行了交流，并达成合作意向。

【泰国克里斯汀大学校长莅校商谈合作事宜】 6 月 5 日下午，泰国克里斯汀大学校长 Dr. Janjira Wongkhomthong 一行莅临厦门校区访问。校长贾益民与其就开展学术交流与合作的学科等进行亲切交谈，并达成在旅游管理、酒店管理、工商管理等学科进行教师交流和学生互换的合作意向。

【因公派出】 2013 年全校共有 566 人次出国或赴港澳台交流访问，其中因公出国 227 人次，因公赴港澳 207 人次，因公赴台 132 人次。

1 月 28 日~2 月 7 日，副校长吴季怀率团赴丹麦、瑞典开展招生宣传工作，其间参访当地的华校及高校，洽谈合作事项，并与当地的华侨华人总会商讨招生事宜，签订招生合作协议。

2月2~5日，副校长徐西鹏率团赴泰国商谈开展研究生招生及合作办学工作。

4月14~21日，应青田同乡总会邀请，副校长刘塨率团赴意大利为首期意大利华商工商管理研修班学员授课。学校与青田同乡总会就研修班的长期举办进行具体磋商。意大利多家华文学校负责人还就与学校在海外华侨子女的华文教育方面开展合作办学进行协商。

7月22~29日，由副校长张禹东率团赴加拿大、美国访问。在加拿大期间，访问团拜访了英属哥伦比亚大学、中国驻温哥华总领事馆，看望当地的校董和校友。在美国访问期间，访问团与加州大学洛杉矶分校（UCLA）就双方师资互派交流及学生中华文化寻根之旅夏令营等工作达成初步共识，与美国惠蒂尔学院商谈美国惠蒂尔中文课堂华文教育项目拓展工作，并组织筹备由国务院侨办主办、华侨大学和惠蒂尔学院联合承办的美国"中华文化大乐园"夏令营活动。

7月29日~8月6日，校友总会会长李冀闽率团赴英国、德国访问，拜访了中德文化交流波恩嘉年华协会、柏林华德中文学校、波恩华侨中文学校、德国波恩大学、全德华侨华人联合总会、英国埃塞克斯大学、英国华夏文化协会等当地高校、华校和机构，并洽谈华文教育、学生交流合作及招生事宜。

8月8~15日，副校长吴季怀率团前往印尼、新加坡进行访问。在印尼期间，访问团拜访了中国驻印尼大使刘建超、印尼国际日报社赵金川、印尼穆斯林教法理事会主席阿米丹等，并与阿米丹签署教育合作备忘录。在新加坡期间，访问团拜访了新加坡集美学院，双方就合作的形式、内容等展开初步探讨，达成广泛共识，为下阶段的合作打下基础。另外，访问团还拜访了新加坡南洋理工大学并与人文学院领导和教师座谈。

8月14~16日，校长贾益民率教育访问团赴泰国访问，分别拜会了泰国上议院议长尼空·瓦拉帕尼博士和国会主席兼下议院议长颂萨·革素拉暖博士，拜访了泰中文化经济协会、泰国国家研究院，以及校董罗宗正、张永青和泰国校友会会长陈碧达等，还拜访了曼谷吞武里大学、克里斯汀大学、清迈大学等知名高校和崇华新生华立学校，并分别与三所高校签署了合作协议。

12月14~23日，由副校长刘斌带队，由人事处员工等组成的欧洲师资招聘团赴英国、瑞士和法国开展师资招聘工作。招聘团分别于英国伦敦大学亚非学院、牛津大学、瑞士洛桑理工学院和法国学联联系的活动中心举行了四场招聘会，共接待十多个专业的博士后、博士、硕士140多人。

【教师出访】 2013年1月~12月，学校出国、赴港澳授课教师共计120人次，其中出国授课36人次，赴港澳授课84人次。出国授课的教师分属于计算机科学与技术学院、体育学院、文学院、华文学院、工商管理学院等，涉及国家有马来西亚、日本、泰国、印尼、意大利，授课内容基本为学校在海外合作办学的相关课程以及应意大利青田同乡会邀请赴意举办"意大利华商华侨工商管理课程培训班"课程，目前与学校建立合作办学关系的教育机构分别是泰国崇圣大学、印尼智民学院、马来西亚多元文教交流会、日本株式会社 TM Century 文化交流部等。

【中美人才培养计划】 9月7日，国际学院正式招收的第一届73名本科新生入学报到，其中国际商务专业（英文教学）32人，1+2+1中美联合培养国际班41人。10月30日，华侨大学因在2013年度"中美人才培养计划"学生赴美派出和管理工作中成绩显著，为促进中美人文交流做出了积极贡献，被中教国际教育交流中心授予"2013年度特别贡献奖"。

交流合作

【泰国清迈大学来校商讨合作办学】 12月10日，泰国清迈大学校长尼瓦斯一行4人来校访问，校长贾益民会见客人。双方在2013年8月已签署合作协议的基础上，就合作办学、学生交换、互派教师等方面展开进一步商讨。

【与马来西亚南方大学学院签署合作办学协议】 8月30日，华侨大学与马来西亚南方大学学院签订协议，合作开展研究生课程认证进修班。华侨大学校长贾益民、南方大学学院校长祝家华分别代表双方在协议书上签字。

根据协议，马来西亚南方大学学院将协助华侨大学在马来西亚招收举办中华传统文化（哲学）研究生课程认证进修班。协议还就学制、招生人数、招生范围、招生对象、学费及其管理等事宜进行了规定。

马来西亚南方大学学院董事长张文强，署理董事长陈联顺，理事长黄循积，董事张瑞发，资深副校长王润华，董事符传曙、林文贤，中医药学院院长齐忠权；华侨大学副校长张禹东，相关部门负责人等共同见证签约。

【日本文培学院院长到华文学院洽谈研究生合作办学】 10月12日，日本文培学院院长李曼莅临华文学院，洽谈研究生合作办学工作。双方就第二届华语与华文教育日本硕士班在日本的招生宣传、课程设置、课时安排、导师双向选择等问题进行了详谈，并达成初步意向。

【与越南河内第二师范大学签订合作办学协议】 3月21日上午，学校与越南河内第二师范大学在云南省侨办会议大厅签订合作办学协议。学校校长贾益民，越南河内第二师范大学校长阮文线分别代表双方在协议书上签字。云南省侨办党组书记盛云富、主任杨焱平、副主任袁光兴，华侨大学副校长吴季怀，校长助理曾路，昆明华文学校校长张明军等共同见证签约。

合作办学协议涉及双方在越南联合办学、开展两校间的学生交流与互换、教师交流与科研合作、联合开展国际研讨会等内容，特别是双方在越南开展学校的预科招生，汉语类本科类的"3+1""2+2""1+3"模式联合招生与办学，华文师资培训等领域的广泛合作。

【与日本新潟大学签署合作协议】 3月25日，华侨大学与日本新潟大学工学部签订协议，根据协议，双方将在工学领域开展学术及管理人员交流、学生交流、共同研究、举办研讨会、学术信息与资料方面开展合作。合作协议的有效期为五年。

【与美国乔治梅森大学签署合作协议】 5月21日，学校与美国乔治梅森大学签订合作协议，根据协议，双方将开展1+2+1双学位项目合作。

【与美国卡罗莱纳海岸大学签署合作协议】 6月25日，学校与美国卡罗莱纳海岸大学签订合作协议，双方实施"中美人才培养计划"本科交流双学位项目，合作协议的有效期为五年。

【与厄瓜多尔瓜尔基尔大学签署合作协议】 8月1日，学校与厄瓜多尔瓜尔基尔大学签订合作协议。根据协议，双方将在学生交换培养，中、南美洲华文教育，合作开展华裔子弟预科教育方面开展合作。合作协议有效期为五年。

【与泰国曼谷吞武里大学签署合作协议】 8月14日，学校与曼谷吞武里大学签订合作协议，根据协议，双方将在华文教育和汉语国际推广、中文电视节目制作方面开展合作，满足东盟一体化发展需要和国际汉语人才需求。合作协议有效期为四年。

【与泰国克里斯汀大学签署合作协议】 8月15日，学校与克里斯汀大学签订合作协议，根据协议，双方将在学生交流与实习、教职工交流、共同研究、合作举办研讨会、短期培训课程方面开展合作。合作协议有效期为五年。

【与泰国清迈大学签署合作协议】 8月16日，学校与清迈大学签署合作协议，根据协议，双方将在学生交流、教学科研人员交流、课程与学术项目共同开发、共同研究、文化交流等方面开展合作。

【与俄罗斯国家杜马新闻局签署汉语培训备忘录】 8月24日，俄罗斯国家杜马新闻局局长安德勒，俄罗斯国家杜马信息教育文化委员会主席助理米哈伊·诺维奇，凤凰卫视控股有限公司凤凰教育执行董事、总经理吴炜强等访问华侨大学，并与华侨大学就开展汉语培训、文化交流、俄华侨史研究等领域项目签署合作备忘录，积极推进双方具体合作项目的开展。

【与马来西亚南方大学学院签订合作协议】 8月30日下午，华侨大学与马来西亚南方大学学院签订协议，合作开展研究生课程认证进修班招生。华侨大学校长贾益民、南方大学学院校长祝家华分别代表双方在协议书上签字。根据协议，马来西亚南方大学学院将协助华侨大学在马来西亚招收举办中华传统文化（哲学）研究生课程认证进修班。协议还对学制、招生人数、招生范围、招生对象、学费及管理等事宜进行了规定。

【与日本长崎县立大学续签合作协议】 10月9日，学校与长崎县立大学续签合作协议，根据协议，双方将在共同研究、举办学术研讨会、教师交流、学术资料及刊物交流、学生交流等方面开展合作。

【与澳大利亚弗林德斯大学签署合作协议】 11月7日，学校与弗林德斯大学签署合作协议，根据协议，双方将在学生交流、教学及研究人员交流、科学与技术研究工程共同开发等方面开展合作。

【与美国托莱多大学、五大湖集团签署合作协议】 11月14日，学校与美国托莱多大学、五大湖集团签订合作协议，根据协议，三方将在合作办学、高端培训、教育文化交流方面开展合作。

【与美国宾夕法尼亚州曼斯菲尔德大学签署合作协议】 12月24日，学校与美国宾夕法尼亚州曼斯菲尔德大学签订合作协议，双方将实施《中美人才培养计划》本科交流双学位项目，合作协议的有效期为五年。

2013年华侨大学与境外高校合作协议签署情况一览表

签订时间	合作单位	签订时间	合作单位
1月5日	台湾台南大学	2月25日	台湾淡江大学
3月21日	越南河内第二师范大学	3月25日	日本新潟大学
5月21日	美国乔治梅森大学	5月24日	台湾高雄师范大学
5月25日	台湾东华大学	6月	中国文化大学
6月	台湾健行科技大学	7月17日	美国卡罗莱纳海岸大学
7月30日	台湾高雄第一科技大学	8月1日	厄瓜多尔瓜基尔大学
8月14日	泰国曼谷吞武里大学	8月15日	泰国克里斯汀大学
8月16日	泰国清迈大学	8月24日	俄罗斯国家杜马信息教育文化委员会
8月30日	马来西亚南方大学学院	10月9日	日本长崎县立大学
11月7日	澳大利亚弗林德斯大学	11月14日	美国托莱多大学
11月27日	台湾世新大学	12月20日	美国宾夕法尼亚州曼斯菲尔德大学

海外引智

【概况】 2013年,国家外国专家局拨付学校的外国专家经费额度为387万元,其中包括"引进海外高层次文教专家重点支持计划"54万元,"与大师对话——诺贝尔获得者校园行"18万元,"学校重点聘专项目"270万元,其他45万元。学校聘请长期外籍专家和教师27人,其中专业类外国专家10人,语言类外籍教师14人,行政类外籍人员1人,聘请结构日趋合理,聘请效益显著。引进的外国专家和教师总体水平明显提高,其中博士学位9人,硕士学位10人,学士学位8人。此外,2013年,华侨大学多渠道推动短期专家聘请工作,共邀请185余人次的短期外籍专家来校访学、开展合作科研等,其中包括国家"千人计划"专家Philipp Kapranov(菲利普·卡帕诺夫)、苏春翌和Subhash Rakheja,加拿大工程院院士Zhang Dan等。短期外籍专家领域涉及信息、数量经济学、机械工程、土木工程、建筑学、材料、药物学、医学、心理学、化学、数学、管理学、历史、文学、会计学、公共管理等学科。具体如下:

2013年华侨大学长期外籍(含港澳台)专家和教师一览表

聘请单位	专家姓名	国家(地区)	学历
生物医学学院	许瑞安	新西兰	博士
生物医学学院	林俊生	新西兰	博士
信息科学与工程学院	葛悦禾	澳大利亚	博士
信息科学与工程学院	程梦璋	美国	硕士
工商管理学院	吴泽福	新加坡	博士

续表

聘请单位	专家姓名	国家（地区）	学历
工商管理学院	黄天中	美国	博士
计算机科学与技术学院	李发捷	新西兰	博士
土木工程学院	姜友青	新加坡	硕士
数量经济研究院	李拉亚	美国	博士
工学院	傅心家	中国台湾	博士
建筑学院	吴奕德	中国台湾	博士
机电及自动化学院	章明	中国台湾	博士
外国语学院	David Michael Phillips	加拿大	本科
外国语学院	Marilyn Fay Phillips	加拿大	硕士
外国语学院	David James Murphy	加拿大	本科
外国语学院	Kumagai Nana	日本	本科
外国语学院	Edward Michael Mason	美国	硕士
外国语学院	Rebecca Lee Thelen	美国	硕士
外国语学院	Jeffrey Austin Lyon	美国	硕士
外国语学院	Jennifer Ann Oldham	美国	学士
外国语学院	Trevor Charles Blackwood	美国	学士
外国语学院	Clyde Albert Self III	美国	硕士
外国语学院	Yuki Kon	日本	硕士
外国语学院	Mao Nakao	日本	硕士
外国语学院	Charles J. Jones	美国	本科
泛华学院	Eunike Sutanto	印度尼西亚	本科
国际交流合作处	Fan Min	加拿大	硕士

（国际交流合作处供稿）

华侨大学年鉴
2014

学生工作

【概况】 学生工作处（部）作为华侨大学开展学生思想政治工作和学生管理的负责机构，是学校学生工作的主管部门，下设教育管理科、港澳台侨学生管理科/外国留学生管理科、学生就业指导中心、学生资助管理中心、学生心理健康教育中心、学生社区教育管理服务中心。

2013年，华侨大学学生工作在校党委的领导下，深入学习贯彻党的十八大精神，坚持"育人为本、德育为先""与学生一起快乐成长"的工作理念，扎实推进"围绕一个目标，完善三大保障，推进六项工程"的学生工作育人体系建设。深化思想引领，注重育人实效，立足侨校特色，推进素质教育，增强服务意识，提高管理水平，通过传承与创新，开创侨校学生工作的良好局面。

坚持内涵式发展，保障学生工作健康持续发展。建立"校园安全稳定工作台账"，对各类安全隐患进行拉网式全面检查，并实施动态管理，形成安全稳定的长效机制。修订了《华侨大学学生勤工助学管理规定》《华侨大学学生干部培养与管理规定》等学生管理文件，出台了《华侨大学应征入伍服义务兵役国家资助办法实施细则（试行）》等文件，进一步完善了政策体系，使学校学生工作更加规范有序。加大辅导员培训力度，提升辅导员队伍的业务素质和专业化水平。2013年5月23日至25日，学校辅导员吴楠在第二届全国高校辅导员职业能力大赛中获得全国一等奖。加强学生骨干培养，举办第一期学生领袖拓展班，该班由校学生会等校级学生组织和院学生会主要学生干部组成，共招收51名学员。华侨大学学生事务办事大厅正式揭牌，涵盖学生就业、资助、综合、保险、教务、研究生、团委等事务，让学生享受一站式服务便利。

创新和深化思想引领，推进立德树人工程。教育引导广大学生深刻认识习近平总书记提出的"中国梦"的深刻内涵，开展"强国梦强军梦"主题征文比赛、以"激扬中国梦"为主题的"爱在深秋"新生爱国主义演讲比赛等。组织开展"三爱"主题教育系列活动，加强对学生的基础文明教育、安全教育、爱国爱校教育、亲情教育和感恩教育等。坚持以学风建设作为学生工作突破口，构建"专业教师明方向、学术活动造氛围、成功人士立目标、优秀学生树榜样"的"四位一体"导学体系。

科学规划校园文化活动，推进金质文化工程。充分依托国家大学生文化素质教育基地，利用校内外教育资源，推进素质文化教育。开展高雅艺术进校园活动，如"高雅艺术进校园——福建省杂技团华侨大学专场演出""2013年高雅艺术进校园——国家京剧院走进华侨大学专场"等。建设泉州校区金川活动中心"文化长廊"，并对学生活动场所和校园文化设施进行装修改造。挖掘富有侨校特色的校园文化元素，举办"东南亚国家佛历新年泼水节"、2013年"海峡缘深，情系中华"台湾文化展、廿四节令鼓队第八届校园公演等活动，倾力打造"一元主导、多元交融"的校园文化。

育人与资助并重，推进阳光资助工程。坚持"政策宣传—民主评定—考察回访"三段一体的资助工作模式，开展首次全校性的阳光成长计划问卷调查。积极争取社会资金,帮扶困难学生,组织评审发放"贵信投资助学金""轩辕种子助学基金"等。精心打造"阳光育人体系",努力推动"阳光小课堂"课程体系化,开展华侨大学第四届"阳光文化节",并首次采用活动立项的形式。集中开展了学生资助诚信教育主题活动,与中国人民银行、中国银行联合举行"2013届毕业生诚信教育宣讲会暨人民银行征信管理条例知识讲座",并发动各学院开展"诚信海报设计大赛""诚信教育主题征文比赛"等形式多样的活动,创新资助诚信教育方式,增强教育实效。

就业与创业互动,推进圆梦就业工程。建立目标管理和考评机制,召开2012年就业工作总结表彰暨2013年就业工作会议,签订《华侨大学2013届毕业生就业工作目标责任书》,进一步完善毕业生就业工作的校、院两级体制。坚持"走出去,请进来"的工作思路,有重点、有突破地开拓省内外就业市场,既有专门针对上市公司的精品企业招聘会、订单式培养的实习见习招聘会,也有同时还能增进感情联络的校友校董专场招聘会。组织开展大学生自主创业培训班,筹建大学生创业孵化园,大力拓展校外创业实践基地建设,着手建立"从孵化到落地、从基础到实践、从指导到扶持"的一揽子计划。

完善心理危机干预体系,推进心韵辅导工程。学校召开学生心理健康教育工作专题视频会议,对《华侨大学学生心理危机预警与干预实施办法》征求意见,建立心理危机预警与干预管理体制及三级响应预案。加强心理健康教育队伍建设,加强"心坊——朋辈、保健员心理培训站"工作。严谨有序地在两个校区开展心理健康教育与辅导日常工作,对学生进行个案咨询、治疗,以及《亚龙治疗团体》《大学生人际融合训练团体》等团体辅导工作。对两个校区的6696名新生进行心理筛查,其中有心理异常的学生共483人,对他们及时给予追踪辅导。以多种形式和手段加强两校区心理健康宣传活动,高水平、高质量完成"心之韵"心理健康宣传月工作,开展了"大学梦·梦青春"未来社会心理情景剧比赛。

创新教育管理模式,推进境外生特色培养工程。开展中华传统文化系列活动,如境外生汉语言能力大赛、台湾学生中秋茶话会、中华经典诵读比赛、我们的节日等,增进境外生文化归属感,增进境外生对中华传统文化的认同感和亲近感。开展居住地文化系列活动,帮助境外生融入居住地生活环境。开展香港回归十六周年系列庆祝活动、泰国水灯节、东南亚四国泼水节、台湾文化周等大型文化体育活动。开展境内外交流系列活动,把握一校两生的校园特色,有针对性地开展"导师制""学长制""一帮一制"等活动,在学院层面开展"相聚如歌""相伴成长""相会光明""相亲相爱"等境内外学生交流活动,有力地推动了两类学生交流融合。推进"菁英学堂"各项工作的开展,采取精英培养与典型教育的模式全面提升境外生培养质量。

学生教育管理工作

【概况】 2013年,学校继续推进"立德树人工程",打造富有侨校特色的学生教育管理模式。

【安全教育管理】 坚持"预防为主、常抓不懈"的安全稳定工作原则,根据《华侨大学关于加强校园安全稳定工作的实施意见》,加大安全知识宣传力度,加强学生安全防范意识教育,培养学生应对和处理突发事件的能力,进一步做好学生安全稳定工作,创造良好的校园学习生活环境。开展安全教育主题活动,提高全校师生安全意识,保障师生生命财产安全,维护校园安全稳定;结合2013级新生军训,与校保卫处联合开展安全逃生与灭火救援综合演练。做好日常学生信息报送工作,及时了解学生思想动态,整理报送各阶段学生思想动态和学生处维稳工作情况。建立学生安全隐患工作台账,制定定期报送制度。

【思想政治教育工作】 组织开展"了解华大"主题教育月活动,抓好新生入学教育,帮助新生明确自己的奋斗目标,引导他们朝着德、智、体、美全面发展的方向努力,将大学生思想政治教育、国防教育、安全教育、校规校纪等教育融入新生教育。结合社会热点、焦点问题,开展调研并分析学生思想状况和学生关心的热点问题。开展理想信念教育、爱国爱校教育和优良传统文化教育,不断增强思想政治工作和德育工作的针对性和实效性。继续做好"热爱祖国、热爱人民、热爱中华民族"主题教育系列活动。

继续做好"形势与政策"教育教学工作。进行课程模式探索与教学工作量评定等相关改革。开展《全国大学生思想政治教育工作测评体系(试行)》的自测自评工作,形成自测自评工作报告。

依托学生工作处网站、《学生工作探索》、《华侨大学学生报》、《华大研究生》、《学生团体联合会工作简报》和校级学生组织微博、微信等媒介,拓展宣传思想阵地。结合社会热点、焦点问题,开展调研并分析学生思想状况和学生关心的热点问题。

【学生奖励工作】 做好2012~2013学年学生综合素质测评、各类奖学金的评发和荣誉称号的评选工作,规范奖学金体系,进一步完善奖学金管理办法和各种学生工作管理体制,进一步推动学生工作朝着专业化、制度化方向发展。2013年,评发国家奖学金、国家励志奖学金、研究生国家奖学金、华侨大学本专科学生奖学金、华侨大学研究生奖学金、洪长存研究生奖助学金、贤銮奖学金、彭瑞安奖学金、新生奖学金等10余项奖学金；评选福建省三好学生、福建省优秀学生干部、福建省先进班级、华侨大学优秀毕业生、华侨大学三好生、华侨大学优秀学生干部、华侨大学优秀研究生、华侨大学优秀研究生干部、校级学生组织优秀学生干部、校级学生组织社会工作积极分子、华侨大学先进班级等10余项荣誉称号。

【学生处分工作】 加强对违规违纪学生的教育工作，重点做好受较重处分学生的跟踪教育工作，及时掌握学生的思想动态，防患于未然。做好学生处分信息的汇总工作，为评奖评优提供依据。2013年，共解除201位学生的违纪处分。

【辅导员队伍建设】 依照学校辅导员队伍建设系列文件，完善学工队伍建设，保障队伍整体素质。定期召开学生工作例会、辅导员例会、辅导员工作分享会，及时布置和总结各项学生工作。开展"下午茶"案例讨论会，提升辅导员业务水平。进一步规范和完善辅导员绩效考核制度，做好2012~2013学年辅导员考核工作。

加强与其他高校学生工作队伍的联系与交流，先后派出学生工作系统人员赴厦门大学、厦门理工学院等高校交流学习；接待上海商学院学生工作考察团等，就学生工作进行座谈交流。

2013年学生工作系统新增21位辅导员，壮大了学生工作队伍。利用暑期，组织新辅导员岗前培训，帮助新辅导员更好地进行角色转换，更快地适应工作。派出1名辅导员参加第62期全国高校辅导员骨干培训班，两名辅导员参加第67期全国高校辅导员骨干培训班。

多名辅导员获得国家省市校的各类奖项，其中1人获第二届全国高校辅导员职业能力大赛一等奖、第二届福建省高校辅导员职业能力大赛第一名，3人获泉州市高校优秀辅导员荣誉称号等。

【班主任队伍建设】 根据《华侨大学班主任工作条例》，严格班主任的选拔、聘任、考核等工作，加强班级组织建设，强化学生日常行为管理，坚持学生日常管理与学风建设相结合，进一步加强班主任工作。做好一年一度的班主任考核工作。2013年，3人获泉州市高校优秀班主任荣誉称号。

【学生事务办事大厅】 9月2日，华侨大学校长贾益民、党委副书记朱琦环分别为厦门校区和泉州校区"学生事务办事大厅"揭牌并参观了大厅。

厦门校区和泉州校区学生事务办事大厅分别位于行政研发大楼2楼和金川活动中心1楼。学生事务办事大厅目前包含7个服务窗口，涵盖学生就业、资助、综合、保险、教务、研究生、团委等业务，并设置了失物招领处和信息服务部。大厅投入使用后，学生办理各项事务地点相对集中，时间更加灵活，流程更加清晰，环境更加轻松，享受一站式服务便利。

【全国大学生思想政治教育工作测评】 为推进《全国大学生思想政治教育工作测评体系（试行）》（以下简称《测评体系》）贯彻执行，提高大学生思想政治教育工作规范化、科学化水平，提升大学生思想政治教育质量，中央宣传部、教育部决定于2013年10月~2014年4月在各地各高校开展《测评体系》贯彻执行情况自测自评工作。学校对照《测评体系》全面深入开展自测自评工作，通过自测自评，把握整体情况，总结成功经验，重点查找问题和不足，制定落实整改措施，在此基础上形成自测自评报告，建立材料档案，并逐步建立本校大学生思想政治教育工作督查测评常态长效工作机制。

文化校园建设

【概况】 学校继续依托国家大学生文化素质教育基地，倾力打造"一元主导、多元交融、和而不同"的校园文化。利用校内外教育资源，推进素质文化教育，重视校园文化的育人功能，坚持和完善"精品活动全校统筹，特色活动学院主导，个性活动社团拓展，日常活动班级开展"的多层次校园文化活动格局，构建校园品牌活动体系。开展以"点燃梦想 携手起航"为主题的2013年科技文化艺术节，推进学校品牌建设。举办人文精神系列活动，邀请教授专家做客粉红讲坛、承露讲坛等，提升校园人文气息。举办高品位讲座，营造浓郁的校园文化学术氛围。推进"高雅艺术进校园"活动，丰富师生文化艺术生活。举办学习宣传贯彻党的十八大精神系列活动。

【科技文化艺术节】 开展以"点燃梦想 携手起航"为主题的2013年科技文化艺术节，艺术节活动项目近200项，包括"点燃梦想 携手起航"校园文化系列活动、"根在中国"境外学生系列活动、社区文化节、校级学生组织系列活动及各学院品牌活动等。

【校长见面会】 12月17日下午，由学校研究生会、学生会和华侨大学新闻社联合主办的"对话校长 沟通从心开始 华侨大学2013年校长见面会"在泉州校区陈嘉庚纪念堂科学厅召开。校长贾益民、党委副书记朱琦环、副校长吴季怀、徐西鹏出席见面会，并就同学提问一一进行解答。校长办公室、人事处、财务处、研究生院、教务处、学生处、招生处、科学技术研究处、实验室与设备管理处、信息化建设与管理处、后勤与资产管理处、基建处、保卫处、宣传部、校团委、图书馆、校医院，国际学院、外国语学院、体育学院等职能部门、学院负责人与会，与学生展开互动。

【举办高品位讲座】 着力营造浓郁的高品位校园文化学术氛围,依托"华大讲堂""集美讲堂""人文与科学精神系列讲座"等人文社科讲座平台,国务院侨务办公室副主任何亚非、中共中央编译局副局长俞可平、中国社会科学院副院长李培林、中国科学院院士何祚庥、凤凰卫视中文台副台长程鹤麟等境内外专家学者应邀来校讲学。举办各类人文社科讲座18场,5000余人次倾听了讲座。

【高雅艺术进校园活动】 依托教育部和福建省的"高雅艺术进校园"活动,分别组织了福建省杂技团和国家京剧院两场专场演出;继续在泉州、厦门两校区举办新年音乐会,在泉州校区邀请西班牙赫雷斯青年交响乐团献演2014年新年音乐会,在厦门校区由校党委宣传部、学生处、音乐舞蹈学院联合主办"华园情·中国梦"2014新年音乐会。6月17日、18日在两校区分别举办"在灿烂阳光下"大型综艺晚会,宣传党的十八大精神,庆祝建党92周年,迎接中共华侨大学第五次代表大会的召开。依托音乐舞蹈学院的专业优势,继续开展"华园艺苑"系列艺术欣赏与教育活动,推出了音乐舞蹈学院2010级学生文艺会演、闽南乐舞传承系列活动之"高甲戏进校园"等演出;联合相关学院举办了泉州市大学生微电影节、"花之旅"园艺展览等活动。继续举办"魅力华园"摄影作品大赛,2013年大赛共征集到120位作者的1120幅摄影作品;组织开展"十八大精神公益海报"征集活动,收到96位师生的作品97幅。邀请厦门市社科联党组书记、副主席周旻和泉州市社科联主席吴少锋共同举办了"书画历史 寻美中国——周旻吴少锋绘画摄影作品联展"。

【承露讲坛】 "承露讲坛"是由华侨大学研究生会主办,学生工作处指导,依托华侨大学校内外学术资源,为广大研究生同学和老师之间、学生与学生之间的学术交流提供平台的讲座活动。首期于2007年4月6日开讲,已举办三十期。讲坛始终坚持学术与思想的高度,倡导人文精神,注重学术历史,追踪研究前沿,关注现实问题,内容涉及文学、艺术、政治、经济等方面,有效提高了广大研究生的人文和科学素养,丰富了校园的学习文化氛围,成为校园内独特的人文景观。2013年,承露讲坛在两校区共举办了四期活动。

承露讲坛2013年四期活动情况

时间	主讲嘉宾	主题
05.24 第二十六期	王福民 华侨大学哲社学院副院长	当代中国发展道路的理论思考
05.26 第二十七期	胡越云 华侨大学侨务公共外交研究所	中国梦何以可能——当前国际形势下我国的外交战略解读
11.01 第二十八期	庄锡福 华侨大学科学社会主义研究所所长	儒学漫谈:儒学的历史形态、结构特征、根本精神及发展前景
12.04 第二十九期	顾立志 华侨大学图书馆馆长	研究生创新能力培养管见——关于信息获取、论文选题与发表

【伯仲论坛】 "伯仲论坛"是由华侨大学研究生会主办,学生工作处指导,以博士生、研究生为主讲者,广大师生共同参与的"伯仲论坛"沙龙活动,以引导同学们积极关注中国当下的生活、时政等热点话题。首期2012年开讲,已举办五期。讲坛主题涉及当年国家社会生活的各个方面,具有一定的社会价值和人文意义,追求学术创新,鼓励思想个性,强调雅俗共赏,重视传播互动,能够吸引较多同学关注和参与。2013年,伯仲论坛在厦门校区举办了两期活动。

【粉红讲坛】 "粉红讲坛"由华侨大学学生处指导,华侨大学研究生会主办,本讲坛自2009年第99个"三·八"国际妇女节首次开讲以来,已举办了十九期。"粉红讲坛"通过定期邀请学校以及社会上各个领域的杰出职业女性、女教授、女干部及各个学院优秀女研究生等知识女性讲学,主题囊括知识女性生存与发展、女研究生的婚姻市场分析等方面,旨在营造有利于促进女研究生及女教师成长成才的氛围和环境,推进我校女大学生成才教育。2013年,粉红讲坛共举办三期。

【青年理论研究会】 于2010年11月30日成立的华侨大学青年理论研究会是在校党委领导、学生处具体指导下,由校研究生会发起,校学生会参与创办的校级学术研究团体;是华侨大学青年理论研究会成员在宪法、法律和学校规章制度范围内学习、研究政治理论、学术思想,开展科学调研的阵地。2013年度,青年理论研究会贴近国内外时事热点,开展了"中国梦、我的梦"主题讲座、主题论文大赛征稿、主题座谈会、龙岩——红色革命根据地考察、课题申报等活动。

【《华大研究生》出版工作】 《华大研究生》杂志是由华侨大学校研究生会主办的校内刊物。泉、厦两个校区每期的发行量约为800份。每期杂志拥有不同的主题,如迎新、学研之路等,以9个版块为基础,分别为"卷首语""特别策划·就业""众言谈""书中漫谈""海外情缘""栖居华园""玩转泉·厦""诗歌乐园""心灵作坊",以及"小说天地"。第30、31、32期《华大研究生》杂志分别于2013年6月、9月、12月出版发行,《华大研究生》杂志记录了华侨大学研究生会的重大活动,为研究生同学们提供了沟通交流的窗口,反映了华大研究生群体的精神面貌。

【"华研杯"系列活动】 "华研杯"系列活动是由华侨大学学生处指导,华侨大学校研究生会主办的赛事活动。由"华研杯"篮球赛、"华研杯"羽毛球赛、"华研杯"趣味运动会、"华研杯"辩论赛等多个活动组成。旨在丰富研究生的课余文化生活,拉近研究生之间的交流与合作。

【学生团体精品活动月】 学生团体联合会在每学年下学期组织举办"学生团体精品活动月"活动。2013年4月学生团体联合会举办了第七届精品活动月活动。精品活动月为期一个月，在此期间，学生团体联合会除了携手各学生团体开展精品社团活动外，还进行"社团文化展""精品月策划大赛""社会开放日""高校交流"等活动。旨在增大学生社团发展规模的同时，使社团活动内容朝多层次、多渠道、高品位、全方位方向发展。

【国庆游园活动】 国庆大型游园活动由学生处主办，每年9月30日晚举行，旨在通过特色美食、新颖游戏、文艺表演等形式汇聚广大师生共度佳节，为祖国献礼，也为学校的多元文化提供展示舞台。2013年国庆游园活动于9月30日晚在两校区同时举办。独具特色的境外生美食节、形式多样的学生团体文化一条街、绚丽多彩的文艺晚会、五彩斑斓的学院游戏摊点吸引了众多师生，许多周边高校的学生也赶来体验这独具特色的国庆"嘉年华"。当晚共设有十余个国家和地区的主题摊位，每个摊位都由境外学生精心布置。提供来自缅甸、老挝、越南、印尼、泰国、马来西亚、菲律宾等东南亚国家的经典美食。学生团体文化一条街也十分热闹，各种各样的游戏让人眼花缭乱。

【"3·15"维权活动】 "3·15"维权活动是由校学生会于每年3月15日国际消费者权益日面向全校学生举办的维权系列活动。3月15日上午，由学生处主办，校学生会承办的主题为"诚信消费，绿色维权"的3·15消费者权益保护日——消费与安全宣传教育系列活动在厦门校区食堂前广场成功举行。校学生会邀请了集美区卫生局、卫生监督所、侨英街道公共卫生服务中心、中国银行、校保卫处、校后勤处等单位共同参与本次活动。活动内容包括：工商所、卫生局相关人士讲解专业维权知识；参与工商所对学校周边商业网点的检查；举办侵权漫画展；通过学院帮帮团的专业知识巧维权；进行维权知识竞猜；失物招领活动；进行学校餐饮问卷调查，"我最喜欢的食堂"评选；中国银行工作人员现场讲解如何辨别真假钞。

【第26届校园辩论赛暨精英辩手选拔赛】 校园辩论赛由校学生处主办，校学生会承办，每年举办一次，旨在进一步活跃校园学术文化氛围，着力提升学生的人文素养，增强学生的综合素质能力。比赛设泉州、厦门两个赛区，分为预赛、复赛、半决赛和决赛四个阶段。4月7日晚，第26届校园辩论赛暨精英辩手选拔赛总决赛在泉州校区陈嘉庚纪念堂科学厅举行。最终，土木工程学院代表队荣膺冠军，体育学院代表队、文学院代表队、化工学院代表队分获二、三、四名。文学院刘锦云同学获评"全程最佳辩手"。

【学生干部领袖拓展班】 学生领袖拓展班由原学生干部培训班演变而来，面向学校和学院学生组织招收学员，旨在通过一系列学术性高、实践性强、实效性好的课程，为学生领袖提供一个互相交流、提升自我的平台。

第一期学生领袖拓展班在2013~2014学年举办，两校区共51名学员，由校学生会、校研究生会、学生团体联合会、校学生艺术团和各学院主要学生干部组成。本期拓展班以"全球化背景下的国际化视野和学生组织管理"为主题，通过一系列课程培养学员广博开阔的国际化视野、探索求知的学术化头脑、锐意创新的现代化精神、善于管理的基础性能力、宽容理解的人文化关怀、默契合作的团队化意识以及追求卓越的精英化品质。

学生领袖拓展班课程安排

课程时间	主讲嘉宾	课程内容
11.19	丘进	【大学生领导能力的培养与提升】
12.03	庄耀南	【团队的建造与领导】
12.08		团队户外训练【素质拓展】
2014.03.25	吴琼夏	【成就领袖的魅力——商务礼仪与职场形象塑造】
2014.03.29		团队户外训练【行走的力量】
2014.04.08		【无领导小组讨论】
2014.04.15	叶茂林	【成功从心开始】
2014.04.18~04.20		【高校走访】
2014.04.29	贾益民、朱琦环	【校领导座谈会】

【"新生杯"男子篮球赛】 "新生杯"男子篮球赛旨在活跃校园体育文化生活，于2013年10月~11月在泉州、厦门两校区举办。比赛由华侨大学学生处、华侨大学体育学院主办，华侨大学学生会承办。最终，工商管理学院、继续教育学院、外国语学院分获泉州校区新生篮球赛前三名。机电学院、信息学院、化工学院分获厦门校区新生篮球赛前三名。

【校园主持人大赛】 华侨大学校园主持人大赛是由学生处主办，校学生艺术团承办，面向全校选拔优秀主持人才的大型比赛。自2007年起，每两年举办一次，至2011年已举办三届。5月4日，第四届主持人大赛在四号篮球场举行。经过角逐，经济与金融学院苏洋夺得冠军和最佳人气奖，法学院王语秋、袁家宝分别获得第二名和第三名，文学院的张铮获得最具潜质奖，来自文学院的赵清彬等六位同学荣获优秀奖。

【华厦之星才艺大赛】 5月5日晚，由学生处主办、校学生会承办的第六届华厦之星才艺大赛决赛在王源兴国际会议中心G204室举行。10组来自不同学院、不同国家的选手参与决赛。经过三个小时的角逐，第六届华厦之星总冠军的桂冠由音乐舞蹈学院的12级香港学生应智越获得，音乐舞蹈学院SHERO舞蹈组合、华文学院王涵以及旅游学院吴嘉俊分获华厦之星灵动舞者、华厦之星魅力歌者以及华厦之星特色才艺称号。本届比赛共吸引了泉厦两校区及华文学院的120多名选手报名参加。

【学生艺术团实验剧场】 学生艺术团实验剧场是由校学生艺术团组织的艺术实践汇报演出，每年举办一场。至2008年起，为使专业汇报更加精细化，学生艺术团开始分专业举办专场表演，从2008年的第一场"灵动"舞蹈专场到2013年的每两周一场专场演出的实验剧场（涵盖舞蹈、声乐、器乐、主持与话剧、二十四节令鼓），以周末小剧场的形式将学生艺术团艺术实践课程与校园文化活动相结合，在打造精品艺术的同时，推广各类艺术文化。节目包括全国比赛参赛获奖的优秀节目，有蒙古舞《鸿雁》、当代舞《无名花》、改编的经典歌曲《妈妈咪呀》，无伴奏合唱《彩云追月》、《歌剧魅影》片段、经典曲目《采茶灯》、《巴赫双小提琴协奏曲》、学生原创现代舞《且行且珍惜》、话剧《雨巷》，以及各国民间歌舞，如老挝民歌、菲律宾《顶杯舞》。

【首届盛夏新诗会】 5月19日晚，由校学生处主办、学生艺术团承办、广播台协办的华侨大学首届盛夏新诗会在厦门校区王源兴国际会议中心101报告厅举行。整场诗会分为"忆光阴"、"致青春"和"中国梦"三个篇章主题，共有14组诗歌朗诵作品登台亮相。包括诗人刘擎、王嫣的作品《四月的纪念》，洛夫的《烟之外》，席慕蓉的《无怨的青春》，郁葱的《那时，你老了》，余光中的《乡愁》等在内脍炙人口的诗歌都在朗诵者的精心演绎下声情并茂地为听众呈现了一场精彩绝伦的视听盛宴。本届盛夏新诗会旨在唤醒校园中的诗歌情怀，传承大学里的诗歌血脉，以诗歌为媒介呼朋引伴，争取让更多师生重温诗歌美好，丰富文化信仰，释放生活压力，回归本真状态，通过诗歌感悟心灵的终极追求。

【"爱我中华"新生文艺会演】 华侨大学"爱我中华"新生文艺会演是华侨大学为纪念1935年12月9日中国共产党领导的"一二·九"学生爱国运动而举办的传统文艺赛事，以"爱我中华"为主题，于每年的11月至12月上旬举行，以学院为参赛单位组织新生参加比赛。该项赛事由华侨大学学工部主办，华侨大学学生艺术团承办。12月7日晚，"爱我中华"一二·九新生文艺会演颁奖晚会在陈嘉庚纪念堂举行。晚会分为三章进行，共12个节目。欢乐的非洲风情舞蹈Waka Waka、激情澎湃的海上舞蹈故事《闯海》、话剧《梦侨情》、合唱《浏阳河》、小品《仁心仁术》、朗诵《以青春的名义发誓》等精彩的节目为观众们送上一场视听盛宴。

新生文艺会演分声乐、舞蹈、器乐、曲艺四类。经评委评选，旅游学院的歌舞表演 Waka Waka、华文学院的舞蹈节目《莎蔓》、公共管理学院的话剧《梦侨情》获得一等奖，文学院《青冢记·出塞》等 10 个节目获得二等奖，Listen to My Beats 等 13 个节目获得三等奖，小品《仁心仁术》等 4 个节目获得优胜奖，荧光舞 Space Walk 等 5 个节目获得最佳编创奖。

港澳台侨学生与留学生管理

【概况】 2013 年，学生工作处继续深入推进国家教育体制改革试点项目《境外学生管理、培养模式改革》。启动境外生特色培养工程——"菁英学堂"，将其作为学校境外生培养的尝试，采取书院式的管理模式，开展中国传统文化教育，注重国情教育，通过精英式的培养模式涵养侨务资源。不断完善境外生奖助学金体系，设立黄仲咸华侨华人学生及海外留学生奖学金，推动设立海外学生助学金。大力开展文化实践教育活动，继续开展丝路文化、巴蜀文化、草原文化等 10 支境外生冬、夏令营。打造"一元主导、多元交融"的校园文化，2013 年学校留学生团队获得教育部"留动中国"在华留学生阳光运动文化之旅总决赛第七名、分赛区第一名，全国总决赛民族传统体育项目冠军等 10 余项大奖。2013 年，学生工作处申报的《CUBA 八冠王 实践青春中国梦——华侨大学打造 CUBA 文化为特色的校园文化品牌》项目获第七届全国高校校园文化建设成果三等奖。

【日常教育管理工作】 2013 年，不断推进境外生日常教育管理工作。以"菁英学堂"境外生特色培养工程为抓手，不断整合港澳台侨学生及留学生组织，加强对境外生同学会的管理。整合境外生学生社团，加大硬件投入，打造境外生文化精品。在两校区开展东南亚泼水节、澳友杯、叙别晚会、中外师生迎新年、侨生杯、圣诞嘉年华等品牌活动。2013 年 9 月，继续完善境外生《中国传统文化教育》课程，课程进一步优化，加入更多的中国传统文化元素，课程为期两周，共有 800 多名境外新生参与此项课程。2013 年，开展了"云南文化"优秀毕业生文化之旅，在寒、暑假期间开展东北文化、中原文化、丝路文化、巴蜀文化等 9 支境外生"根在中国"冬、夏令营活动。

【境外生奖助学金工作】 2013 年学生工作处在福建省黄仲咸教育基金会的捐资支持下，决定设立"华侨大学黄仲咸华侨华人学生及海外留学生奖助学金"，对品学兼优、热心服务学校的华侨华人学生及海外留学生给予奖励。同时推进海外学生助学金，实现港澳台侨及留学生奖学金体系的全面覆盖。

4 月 3 日，华侨大学 2011~2012 年度林秀华香港学生奖学金颁奖仪式在陈嘉庚纪念堂二楼会议室举行。华侨大学董事会副秘书长、香港太平绅士蔡素玉，华侨大学党委副书记朱琦环，董事会办公室、学生处、文学院负责人出席颁奖仪式并为获奖学生颁奖。

【厦门高校境外生联谊活动】 11月30日，由国务院侨办文化司主办，华侨大学承办，厦门大学与集美大学联合协办的"相约鹭岛·携手未来"2013年厦门高校侨生联谊活动在华侨大学开幕。来自厦门大学、集美大学、华侨大学的近500名侨生会聚一堂，联谊交流。他们分别来自缅甸、泰国、印尼、老挝、柬埔寨、马来西亚、菲律宾、朝鲜、越南、加拿大、美国、阿根廷等国家及港澳台地区。华侨大学党委副书记朱琦环，集美大学副校长郑志谦，厦门大学学生处副处长宋友良，集美大学学生处处长王益丁等出席开幕式并共同启动2013年厦门高校侨生联谊活动。华侨大学学生工作处处长陈国柱主持开幕式。华侨大学相关职能部门负责人与会。

【东南亚四国泼水节】 4月20日，来自缅甸、老挝、泰国、柬埔寨的留学生，与其他国家及港澳台地区的境外生及境内生载歌载舞，泼水祈福，一起欢度东南亚国家佛历新年泼水节这一传统节日。留学生们为大家带来舞龙、舞狮、马来西亚舞蹈、缅甸竹竿舞、街舞表演等精彩节目。

【台湾文化周】 4月23日，"海峡缘深，情系中华"台湾文化展在金川活动中心开幕。校党委副书记朱琦环出席开幕式。文化展展出台湾各个地区的代表性建筑、植物及文化等。文化展的作品全部由台湾学生亲手设计，台湾风景速写、台湾平溪天灯、台湾花布等富有特色的展品充分展示出台湾学生的专业水平和风采。台湾文化展是近年来台湾学生在校园文化活动中的又一创新尝试。

【澳门文化周】 12月14日，由华大澳门校友会主办，华大校友总会、学生工作处、泉州校友会协办，福建高校澳门学生联合会承办的"第三届澳门文化周"活动在华侨大学开幕。近30名泉、澳两地校友，部分华大师生及数十名澳门学生到场联欢。彝族舞蹈、葡国土风舞、现代舞等各式舞蹈和歌唱表演轮番上演。演出中穿插着抽奖活动和趣味小游戏，欢声不断，笑语不停。最后，开幕式在澳门学生的《一个神奇的地方》的合唱歌声中完美落幕。华侨大学党委书记关一凡、校友总会会长李冀闽、泉州校友会会长郭景仁、澳门校友会会长林辉莲等出席开幕式。

【廿四节令鼓公演】 5月11日，华侨大学廿四节令鼓队第八届校园公演上演。泉州校区、厦门校区，厦门竹坝小学以及毕业鼓手等多支队伍共同献上了一场节令鼓视听盛宴。校党委副书记朱琦环出席公演并为鼓队击鼓开场。本届公演以"天人鼓律"为主题，节目以"金木水火土"五行元素为载体，是廿四节令鼓队第一次尝试举办的真正意义上的"主题公演"。本届公演以舞蹈《五行说》开场，按照"木、金、火、水、土"的元素顺序，融合了舞蹈、武术、杂技等多种艺术表演形式，用节令鼓的方式传达出"天人合一"希冀。

【境外生文化教育实践基地】 6月1日，德化国宝云龙谷正式成为"华侨大学境外生文化教育实践基地"。国务院侨办宣传司综合处处长胥全、德化县副县长陈祥端、华侨大学学生处副处长黄建烽以及中央媒体团媒体代表出席揭牌仪式，华侨大学近40名境外学生参加揭牌仪式。当日，中央媒体团成员们与华大境外生还参观了德化月记窑陶吧，到"瓷吧"亲身体验制作陶瓷的过程，充分了解德化陶瓷的生产工艺特色和人文内涵，感受德化陶瓷艺术魅力和中国传统文化的博大精深。

【境外生叙别晚会】 6月27日晚，华侨大学2013年境外生叙别晚会在南苑餐厅举行。学生处、统战部等部门负责人与2013届境外毕业生代表、毕业生家长一同参加了叙别晚会，为即将离校的毕业生送上祝福，并送上刻有华侨大学校徽的印章。"感恩母校　放飞梦想"成为晚会的主旋律。

【中国文化之旅冬令营活动】 1月19日，华侨大学"根在中国"2013年中国文化之旅优秀境外生冬令营开营。来自意大利、博茨瓦纳、菲律宾、马来西亚、缅甸及中国香港、澳门、台湾等国家和地区的81名学生共同体验了为期7天的中国文化之旅。"走进中原"冬令营的40名营员先后参观了延安革命纪念馆、西安八路军办事处、黄帝陵、陕西历史博物馆、法门寺等，进一步增强对中国革命历史及传统文化的了解。"走进东北"冬令营带领41名学生领略中国冰雪世界的风光，参观了索菲亚教堂、沈阳故宫、太阳岛公园等。

【中国文化之旅境外生夏令营】 7月14~20日，华侨大学"根在中国"2013年中国文化之旅境外生夏令营开营，夏令营分为草原文化、长江文化、丝路文化、巴蜀文化、徽州文化、西夏文化、民族文化7支团队，共有近300名港澳台侨及留学生参加了夏令营活动，活动得到海内外新闻媒体的关注。

【海峡两岸青少年夏令营（华大营）】 7月24日~8月6日，由中国海外交流协会主办、华侨大学承办的2013年海峡两岸青少年夏令营（华大营）活动在华侨大学盛大开幕，共有250多名两岸青少年学生参与此次夏令营活动。

【优秀毕业生国情考察】 5月4~7日，华侨大学中国文化之旅优秀境外毕业生考察团走进"彩云之南"，来自缅甸、印度尼西亚、马来西亚及港澳台等国家和地区的43名优秀毕业生踏上昆滇大地，饱览秀美风光，感受人文风情。此次毕业考察以云南的自然文化和民族文化为主题，营员们先后走访了玉龙雪山、九乡洞、云南石林、七彩云南、崇圣三塔等风景名胜，游览丽江古城和大理古城。云南富有特色的少数民族文化和秀美奇特的自然风光给大家留下了深刻的印象。

【内地优秀学生赴澳门考察团】 8月，华侨大学40余名内地优秀学生及部分管理干部在华侨大学党委书记关一凡的带领下，赴澳门开展考察交流活动。考察团拜访了澳门中行、澳门中联办、澳门校友会等单位及社团，并参加了澳门校友会三十周年庆典大会。

【境内外生交流活动】 11月5日下午，由华侨大学学生工作处主办、经济与金融学院承办的校第七届"相聚如歌"境内外生文化交流活动正式启动。本届"相聚如歌"境内外生文化交流活动共吸引了67支队伍参赛，每支队伍都由境内生与境外生共同组成。活动以"体验异域文化色彩"为宗旨，形成了定向越野、博物馆考察、泥塑制作、闽南风味工艺品DIY等全方位的系列项目。

【台湾学生中秋茶话会】 9月17日，台湾学生中秋茶话会如期举行。活动由台湾学生亲自策划编排，并邀请了来自泰国、缅甸、马来西亚、香港、澳门等国家和地区共数百名境内外学子一起联欢。

【境外生美食节】 9月30日，2013年境外生美食节举行，共有来自10多个国家和地区的境外学生参与组织美食节活动。华侨大学党委副书记朱琦环参加了该活动。

【圣诞嘉年华活动】 12月21~22日，学校境内外学子欢聚一堂，参加由学生工作处主办、学生会境外生事务部承办的2013年境外生圣诞嘉年华活动。活动分别在厦门校区灯光篮球场和泉州校区四号篮球场举行。

【中外师生迎新年】 12月26日，由华侨大学学生工作处、学生会、华侨及留学生联络部主办的2014年境外师生迎新年晚会在明德堂举办。校党委副书记朱琦环，学生工作处、统战部负责人等到场观看晚会。

【优秀境外生返回中学母校交流】 1月28日，由招生处、学生工作处主办的

2012年优秀境外学生返回中学母校交流活动继续开展。汇报交流活动进一步加强了学校境外学生，共有来自马来西亚、缅甸、印尼、香港、澳门等国家和地区的40多名境外学生参加了活动。汇报交流的中学有马来西亚麻坡中化中学、马来西亚西连民众中学、缅甸腊戌国文学校、缅甸瓦城孔教学校、缅甸木姐华侨学校、香港布厂商会教育中心、澳门濠江中学、培华中学等20所学校。

【"留动中国"九州赛、全国总决赛获佳绩】 4月20日，2013年教育部"留动中国"在华留学生阳光运动文化之旅九州赛第三赛区决赛举行，华侨大学代表队由来自马来西亚、越南、老挝、缅甸和中国的10名境内外同学组成。在四个竞赛单元中，学校传统节目《东方醒狮》技惊四座，获得民族传统体育项目第一名；集体才艺二十四节令鼓《鼓舞中华》及个人才艺《舞动奇迹》以高难度的技巧和完美表现获得才艺展示单项第一名；同时，学校还获男子篮球"3对3"第五名和定向越野赛第四名的佳绩。最后，华侨大学代表队获得团体总冠军，晋级全国总决赛。

6月2日，全国总决赛在中国石油大学举行。在为期四天的比赛中，华侨大学运动员奋力拼搏，赛出了风格，赛出了水平。节目舞狮、武术组合《"年"的传说》获得民族传统体育项目第一名；器乐表演二十四节令鼓《鼓舞中华》获得集体才艺单项决赛第二名，同时获得团体才艺决赛第五名；代表队还获得定向越野竞赛第六名。经过各环节的积分排名，最终华侨大学获得总决赛团体总分第七名。

学生资助管理

【概况】 华侨大学认真贯彻落实中央16号文件精神，坚持以生为本，积极创新家庭经济困难学生资助工作，精心构筑阳光资助育人体系。使资助与育人相结合，不断加强家庭经济困难学生的励志教育、诚信教育、感恩教育和心理教育，将资助重点从"经济资助"转向"能力提升"，全面提升家庭经济困难学生能力和就业竞争力。

奉献多维关爱，让学生沐浴在温暖的阳光下。一是坚持"多渠道了解、多层次筛选"的做法，全面掌握学生生活状况并为其"量身定做"资助计划；二是构建"政策宣传—民主评定—考察回访"三段一体的资助工作模式，充分发挥党、团组织的优势，调动专业教师和辅导员的积极性，以校学生会等学生组织为依托，建立起学习困难、心理问题、身体疾病、单亲家庭等特殊学生的定期联系制度。

强化思想教育，引导学生在逆境中健康成长。一是强化励志教育。坚持通过开展"阳光自强之星"的评选活动，挖掘、宣传大学生身边的自强典范和感人事迹，激励广大学生自强自立、奋发成才。二是强化诚信教育。始终坚持贴近学生生活，创新资助诚信教育方式，让学生在实践中受教育。三是强化感恩教育。长期开展"阳光在行动"义工服务活动，包括"阳光候车亭"义工服务、"四端博物馆"讲解员活动、"北斗星自闭症儿童康复基地"义工服务、"为楼栋阿叔阿姨子女补习"义工服务、"关爱老人义工服务"义工服务、"社区快乐电脑班"义工服务、"捐赠迷彩服，温暖农民工"义工服务等，对受助学生进行感恩奉献教育。四是强化心理疏导。通过"阳光沙龙"，为阳光成长计划学生提供相互学习、相互沟通的桥梁，使他们能够相互鼓励，相互关爱。

全面能力提升，助力学生在青春中绽放光芒。帮助经济困难大学生发展自主学习能力、生存能力、创新能力、交际能力，将"输血式"的"被动"资助模式转化为"造血式"的"主动"资助模式，对家庭经济困难大学生进行能力发展性资助，做到资助与育人并举，提高他们的社会适应力和竞争力。华侨大学为家庭经济困难学生制定了涵盖"阳光大讲堂""阳光小课堂"的全面素质拓展计划，并建设"阳光爱心基地"，开展"阳光文化节"活动。

【经济资助】 2013年，学生资助管理工作以中央高校学生资助工作绩效考评为契机，一方面健全组织机构，完善工作制度，夯实工作基础；另一方面总结工作经验，加快工作创新，促进工作提升。

2013年资助相关数据统计如下：

在校生规模、家庭经济困难生人数、绿色通道入学人数情况

项目	本专科生（人）	研究生（人）	备注
全日制在校学生数	23437	2401	—
家庭经济困难学生数（含特困生）	4530	371	—
家庭经济特别困难学生数（特困生）	1130	95	—
当年入学新生数	6270	820	—
通过绿色通道入学新生数	399	—	—

事业收入、资助经费提取、支付及结余情况

单位：万元

本年度事业收入	21662.8	本年度提取资助经费	1410.3	上年度资助经费结余	786.9555
本年度资助经费支出	835.3683	本年度资助经费结余	1361.8872		

其他

勤工助学固定岗位数（个）：	1150	勤工助学临时岗位数（个）：	65	年度支付贷款风险补偿金（万元）：	26.3093

高校学生资助情况

项目	分类	本专科生		研究生		备注
		人数	金额（万元）	人数	金额（万元）	
奖学金	财政资金发放的研究生普通奖学金（补贴）	—	—	2195	1276.6063	—
	高校从事业收入中提取资金设立的奖学金	5750	529.17	190	12.0000	—
	企事业单位、社会团体、个人捐助设立的奖学金	116	14.90	10	2.0000	—
助学金	国家助学金	3921	—	—	—	—
	高校从事业收入中提取资金设立的助学金	0	0.00	0	0.0000	—
	企事业单位、社会团体、个人捐助设立的助学金	90	23.0	218	68.0000	—
特殊困难补助	高校从事业收入中提取资金设立的补助	503	39.55	51	3.6000	—
	企事业单位、社会团体、个人捐助设立的补助	0	0.00	0	0.0000	—
校内勤工助学	高校从事业收入中提取资金支付	1008	229.31	103	18.5400	—
	其他资金	0	0.00	0	0.0000	—
学费减免	高校从事业收入提取	0	0.00	0	0.0000	—
校内无息借款	高校从事业收入提取	11	3.20	0	0.0000	—

【资助育人】 构建"阳光育人体系"，将育人融入助困工作中。举办"阳光大讲堂"，邀请"感动中国十大人物"、残奥会冠军等来校演讲，引导家庭经济困难学生树立正确的世界观、人生观和价值观，塑造良好品格人格。开设"阳光小课堂"，开展技能培训，提升家庭经济困难学生的就业能力。建立"阳光爱心基地"，与知名企业签署合作协议，为家庭经济困难学生提供勤工助学岗位、社会实践、就业培训和讲座等，帮助他们自强自立。开展"阳光文化节"活动，为家庭经济困难学生提供展示风采、表达情感的平台。开展"阳光沙龙"活动，为家庭经济困难学生搭建相互学习、沟通的桥梁，使他们分享成长快乐，分担困难挫折，共同成长成才。评选"阳光自强之星"，宣传大学生身边的自强典范和感人事迹，激励广大学生自强自立、奋发成才。成立"阳光服务队"，以"沐浴阳光关怀，奉献阳光关爱"为口号，开展"阳光在行动"义工服务活动，志愿服务从学校辐射到社会，得到了泉州晚报等当地媒体的专题报道。开展"阳光之行"义务支教社会实践，阳光服务部成员赴福建省大田、泰宁两县进行义务支教，帮助当地学生提高学习兴趣，丰富暑期生活，回报社会。

【阳光小课堂】 为了使阳光成长计划同学能够提高自身综合素质，克服家庭经济困难带来的不利影响，提升就业竞争力，2013年，"阳光小课堂"不断扩展课程体系，继续开展"计算机技能培训""阳光手绘班""闽粤语培训"等课程，并着手规划涵盖专业基础类课程、实用技能类课程、通识教育类课程、品德培养类课程、实践拓展类课程、文艺体育类课程等类课程的较为完善的阳光小课堂课程体系。

【阳光文化节】 为深入宣传国家和学校相关资助政策，教育学生自强自立、拼搏进取、饮水思源、知恩图报，做有理想、有抱负的大学生，华侨大学从2013年11月下旬起开展第四届"阳光文化节"活动。

华侨大学第四届"阳光文化节"活动项目汇总表

序号	立项级别	活动名称	申报单位	类别
1	校级立项	"走在阳光路上"诚信教育活动	经济与金融学院	感恩教育类
2	校级立项	阳光服务志愿导游特训班	旅游学院	学习提升类
3	校级立项	"阳光书屋"	美术学院	学习提升类
4	院级立项	百元生存大挑战——阳光爱心之旅	外国语学院 法学院	励志教育类
5	院级立项	"阳光成长，共同进步"——国家励志奖学金获得者交流会	工商管理学院	励志教育类
6	校级立项	阳光手绘课堂	建筑学院	学习提升类
7	校级立项	华侨大学"E-color"（E彩）公共自行车活动	信息科学与工程学院	感恩教育类
8	校级立项	"历生活之难，品饭菜之香"大学生困难生活体验活动	土木工程学院	励志教育类
9	院级立项	"阳光候车亭"义工服务	化工学院	感恩教育类
10	院级立项	"阳光在行动"——社区大学"快乐电脑班"	计算机科学与工程学院	感恩教育类

【中央部属高校学生资助工作绩效考评】 2013年，《中央部属高校学生资助工作绩效考评暂行办法》出台，开始实施学生资助工作绩效考评。12月13日全国学生资助管理中心下发《关于实施2013年度中央部属高校学生资助工作绩效考评的通知》（教助中心〔2013〕122号），学校根据要求对学生资助工作进行全面的自查考评，并报送绩效考评报告。

【新生入学资助工作】 开设"绿色通道"，对于家庭经济困难，无法交清学费、住宿费，以及生活费用没有着落，或者因特殊原因一时无法交纳学费的新生，帮助他们顺利注册入学。学校继续使用"迎新管理系统"，简化学生报到流程，使整个过程更加顺畅轻松。及时为新生办理了"生源地贷款回执"等手续，并接受学生各项业务咨询，提供一站式贴心服务。

"阳光资助"先行，及时化解学生后顾之忧。通过多渠道的政策宣传，将宣传节点前伸后延，提升政策宣传效果。一方面，随新生录取通知书和入学指南，及时宣传学校资助体系和政策；另一方面，开通资助热线，除了正常工作时间接听外，预留24小时紧急联系电话，及时化解学生疑问。在入学当天，在迎新点也设置了学生资助政策咨询点，当场答疑解惑。

"面对面"交流，密切关注困难学生需求。2013年，首次举行"新生家长见面会"，校长贾益民和党委书记关一凡偕各职能部门负责人分别在两校区与新生家长见面，解答新生家长关心的问题，包括困难学生家庭关心的学校资助政策。

【学生资助诚信教育主题活动】 根据《教育部办公厅关于开展高校学生资助诚信教育主题活动的通知》文件精神，在5月份集中开展高校学生资助诚信教育主题活动，在活动中始终坚持贴近学生生活，创新资助诚信教育方式，让学生在实践中受教育。

活动形式多样。活动以"诚实守信"为主题，结合校园文化建设、班级建设、社会实践，通过举办宣讲会、座谈会、海报设计大赛、公益爱心活动、征文等形式多样、生动活泼、寓教于乐的方式，广泛宣传国家助学贷款及其他资助政策，有效地将诚信教育转化为大学生自觉的素养与行为。

注重活动实效。活动始终坚持贴近学生生活，创新资助诚信教育方式。"诚信资助矿泉水"和"爱心伞"活动让学生在实践中受教育。摆脱传统的说教形式，让诚信教育走进同学们的心中。

凝聚各方力量。此次活动联合中国人民银行、中国银行共同开展高校学生资助诚信教育主题活动。在校内，既有校级的文件通知和统一部署，也有各学院的广泛发动和积极参与，活动的参与面逐步扩大，活动的影响力得到很大增强。

其他学院也针对活动主题，开展了主题班会、主题团日、诚信宣讲、签署承诺书等活动。

【"助学·筑梦·铸人"主题征文活动】 学校积极组织参加由教育部全国学生资助管理中心、中国银行和中国青年报社合作开展的"助学·筑梦·铸人"主题征文活动，并获得2013年度"助学·筑梦·铸人"主题征文系列传播活动组织奖。经济与金融学院袁娇娇的《脚丫》获青春励志奖。

【全国励志成长成才优秀学生典型宣传评选】 5月20日~12月31日，全国学生资助管理中心开展以"国家资助 助我飞翔"为主题的全国励志成长成才优秀学生典型宣传评选活动。学校经过宣传和学院推荐等程序，最终确定信息学院叶斌为候选人。

学生就业工作

【概况】 学生就业指导中心负责推动和开展全校的毕业生就业创业工作，包括：贯彻国家和福建省有关高校毕业生的方针、政策和规定，制定适合学校的实施意见和办法；开展毕业生就业指导、提供就业咨询、开展职业生涯规划教育、开展就业创业指导教育等；开拓就业市场，发布人才需求信息，举办毕业生大型供需见面、专场招聘会、星期二人才市场招聘等活动，对外宣传推荐毕业生；开展基层就业动员、组织工作，开展大学生预征、应征工作；提供职业技能鉴定、普通话水平测试等就业相关的指导与服务；办理毕业生就业派遣、改派以及各类证明等手续；整理和保管毕业生就业有关信息资料，负责发送转递毕业生档案；努力为毕业生与用人单位构建集指导、教育、管理、服务于一体的服务体系。

学生就业指导中心围绕学校发展大局和工作要点，实行"条块结合、以条为主"的一校两区统一管理的运行体制，坚持创新就业管理方式，强化拓展就业渠道，提高就业服务水平，加强对外交流和宣传力度，整合校内外一切有利资源，切实提升毕业生就业核心竞争力，推进就业工作的可持续发展。不断推进"圆梦就业工程"建设，促进学生"圆梦就业·幸福生活"。

2013年，学校2013届毕业生初次就业率创历史新高，达到92.21%，其中本科生初次就业率92.25%，研究生初次就业率92.66%，高职生初次就业率90.36%；年终就业率为96.05%，其中本科生年终就业率96.18%，研究生年终就业率97.08%，高职生年终就业率91.22%。

【就业管理】 依据《华侨大学毕业生就业工作检查评估实施方案（试行）》（华大学〔2012〕13号），细化就业工作指标要求，规范管理。通过圆梦就业"1+N"分享会的平台运作，实现培训促交流，分享促进步，提高一线就业工作队伍的水平。调整就业工作领导小组成员，落实一把手工程，完善"招生、培养、就业"联动计划，形成全员参与就业氛围。

【就业市场】 2013年，通过举办校园专场招聘会、大型招聘会、校友校董企业专场招聘会以及星期二人才市场招聘活动等形式，不断拓展和维护就业市场。其中，校园专场招聘会107场（泉州校区53场，厦门校区54场），共提供岗位近2000个，参会单位有联想集团、移动公司、厦门银行、中建三局等多家知名企业；举办大型招聘会6场，670家用人单位提供岗位逾9000个；举办"星期二人才市场"招聘14场，共有700家用人单位参会，提供岗位近万个。此外，学生就业指导中心主动走访了福建省公务员局、中国海峡人才市场、厦门市人才服务中心、集美区政府等多个政府机构和人才中介机构，拓展就业市场。

【就业指导】 以"圆梦就业·幸福生活"为主题，优化办理就业协议书、就业推荐函等的规程，编制新版《华侨大学就业指南》，联合保卫处编制《华侨大学学生求职安全手册》等系列就业材料，方便学生日常阅读、使用。成立"大学生职业生涯规划与就业创业指导教研室"，组建"华侨大学大学生就业创业指导专家库"，不断完善就业指导的广度和深度。开展项目化运作，举办就业文化节、就业沙龙、就业培训等，使就业指导润物细无声。

【就业宣传】 在开展就业工作的同时，加大宣传力度，营造就业氛围。中心印制2000份新年贺卡寄送给省内外知名企业，推荐毕业生。继续完善华侨大学就业网的建设，继续推进就业信息化、网络化、公开化，方便学生和用人单位阅览查询。积极向福建省毕业生就业公共网、学校主页等媒体平台投送新闻稿件，反映学校就业工作最新动态。编制《就业简报》，将就业资讯在学校内部进行通报。

【就业服务】 2013年，学生就业指导中心继续开展了多项接地气、方便学生实际需求的工作。中心坚持每年开展两期的职业技能鉴定考试报名工作，全年共有472名学生报名人力资源管理师、理财规划师等各类考试。学校建成普通话培训测试（机测）站，是目前泉州地区第二个机测站，并且其拥有测试境外人士普通话水平的资质。全年共有2110名师生报名参加普通话测试。坚持开展大学生预征兵、征兵工作，开展福建省选调生、大学生村干部、三支一扶等国家地方基层项目的宣传、报名工作。

【创业教育】 依托华侨大学"福建省高校创业培训基地"的平台，组织开展学校大学生自主创业综合素质提升计划之大学生自主创业培训班，共培训学生450名。规划、筹建校内创业园地。走访、奖励自主创业学生，创建华侨大学创业学生联络群，加强了与创业学生的沟通与交流。

【2012年毕业生就业工作检查评估】 1月9日至10日，开展2012年毕业生就业工作检查评估，以2012届有毕业生的学院为评估对象。共评选出经济与金融学院、工商管理学院、旅游学院、机电及自动化学院、土木工程学院、信息科学与工程学院6个华侨大学2012年毕业生就业工作先进单位，数学科学学院、材料科学与工程学院两个华侨大学2012年毕业生考研工作先进单位，旅游学院、音乐舞蹈学院

两个华侨大学2012年学生创业工作先进单位，工商管理学院、计算机科学与技术学院两个华侨大学2012年就业工作创新先进单位，及刘建华、姚敏峰、徐文福、孙君芳、宋庆彬、王永铨、王蔚虹、郑星有、吴海毅9个华侨大学2012年毕业生就业工作先进个人。

【全校就业工作会议】 3月5日，召开全校2012年就业工作总结表彰暨2013年就业工作会议，校长贾益民在会上明确提出学校的就业工作要围绕实现"促进毕业生充分就业和实现更高层次就业"的目标开展工作。会上，学校与各学院党政负责人签订就业率目标责任书，要求2013届毕业生初次就业率达到92%。

【第九届就业文化节之职业生涯规划大赛】 3月26日，第九届就业文化节之职业生涯规划大赛决赛在明德堂举办。大赛以"规划人生，放飞梦想"为主题，共有10名选手参加决赛。大赛邀请泉州YBC中国国际青年创业计划项目评审委员会主席、福建省创业指导专家许贻铭，佰翔酒店集团人力资源总监林芳芳，泉州鲤城大酒店董事长吴俊伟以及华侨大学王坚、王晶担任评委。哲学与社会发展学院蔡婷婷夺得"职业生涯规划之星"金奖，计算机科学与技术学院尹健和公共管理学院王刚获得银奖，旅游学院蒋靖文、工学院韩帅及体育学院赵国营获得铜奖，建筑学院丁琛等4人获得优秀奖。

【2013年大学生应征入伍工作】 6月20日，学生工作处、宣传部、保卫处、教务处等相关部门以及各学院就业负责人参加2013年全省征兵工作视频会议，标志着学校正式启动2013年大学生应征入伍工作。经过层层选拔，学校共有17名大学生光荣入伍。

【2014届毕业生校园专场招聘会拉开帷幕】 10月初，学校2014届毕业生校园专场招聘会正式开启。新大陆科技集团、雪津啤酒等知名企业率先在厦门校区、泉州校区开展招聘。全年共举办116场校园专场招聘会。

【第十届就业创业文化节】 10月下旬至12月，第十届就业创业文化节拉开序幕，本次文化节纳入创业元素，首次采用学院自主申报举办的方式，其间共收到来自经济与金融学院、化工学院等10个单位的申报意向，经评审委员会评审，最终共有4项活动获得校级立项，分别是大学生职业生涯规划大赛、模拟应聘大赛、行业分析大赛以及创业项目优秀成果评定展。

心理健康教育

【概况】 华侨大学心理健康教育中心现有专职心理健康教育教师6人，其中教授1名、副教授1名、讲师2名、博士1名、硕士4名；兼职心理健康教育老师13人。

2013年，心理健康教育中心积极贯彻落实国家有关心理健康教育的最新政策，认真贯彻落实华侨大学大学生心理健康工作的相关实施意见，不断完善"教育、干预、咨询、培训、宣传、网络、学生社团"七位一体的心理健康教育模式。中心始终坚持专业化的发展方向，注重大学生心理健康教育体制机制建设，不断完善和补充相关规章制度，并结合学校实际情况制定了相关的制度体系。中心不断加强心理健康教师队伍的选拔、配备、培养和管理工作力度，选拔优秀有丰富的学生工作经验及心理咨询基础的辅导员教师进行培养，合格后纳入心理健康教育专兼职教师队伍，定期进行培训和督导。面向全校开设《大学生心理健康教育》公共必修课，不断探索心理健康教育课程的教学方法，构思小班化思路，发挥了心理健康课程作为心理健康教育的主要渠道的重要作用。面向全校学生开展心理健康教育活动，创新学生心理健康活动形式，开展了以"心灵舞者""大学梦·青春梦"为主题的系列活动。与时俱进，充分利用心韵网、微信、QQ群等现代化的媒介开展心理健康教育宣传，充分发挥朋辈咨询员及班级心理保健员在心理健康教育中的重要作用，积极开展跨文化的探索，加强境外学生的心理健康教育。通过多种途径开展心理咨询服务，针对学生的心理需求，开展了存在主义团体治疗、个案心理咨询、团体活动等咨询服务。坚持预防为主原则，利用"3·21"世界睡眠日、"5·25"全国大学生心理健康日等时间宣传心理健康的相关知识，制定心理危机干预的工作预案，形成严密的危机干预网络。加强心理健康教育工作的条件建设，装修完成的应用心理学实验室投入使用，为学生的心理健康服务。

【机制体制】 2013年9月，心理健康教育中心特地对心理咨询中的首接制度、双接制度、因心理疾病休学返校后的跟踪咨询制度、专职心理教师与各学院的联络制度、四结合制度、转介制度等做出补充说明，进一步体现心理咨询服务的专业性。

2013年10月，心理健康教育中心制定了《华侨大学心理危机预警与干预实施办法（试行）》，并编写了《华侨大学心理健康教育及危机干预手册》，进一步加强和改进大学生的心理健康教育，保障学生的生命安全，构建心理危机干预的管理体系。

【师资队伍】 心理健康教育中心以教师的专业化发展为方向，不断加强心理健康教师队伍的选拔、配备、培养和管理，选拔优秀有丰富的学生工作经验及心理咨询基础的辅导员教师进行培养，2013年在原有教师队伍基础上，选拔了3名优秀的辅导员教师进行专业化的培养，备课、听课、试讲考核合格后纳入心理健康教育课程的教师队伍，并且定期进行课程的培训和督导。

为提高心理健康教育教师的师资水平，心理健康教育中心上半年和下半年举办了两期心理咨询师培训，为从事学生工作的教师补充心理学知识；另外，为了更好地与各院系沟通和联系，中心每月会举行案例讨论会（"下午茶"活动），教师在活动中不仅可以放松心情，也能将工作中的困惑与经验进行交流，学习专业的心理知识，提高自身的心理素质。在开学初召开心理健康教育备课会，加强教学经验的交流和教学知识的学习，提升心理健康课程教师队伍的教学能力。邀请国际螺旋心理剧创始人凯特博士（Katherine Hudgins，PhD）为学校心理咨询特聘教授及心理督导师，每个月对心理健康教育的专兼职教师进行专业督导。邀请国内外其他著名专家到校进行培训和督导。

【教学体系】 面向全校5000余人开设全校必修课程《大学生心理健康教育》，并不断探索新的教学形式，逐渐形成了以小班教学为目标，主要运用体验活动、行为训练等多种形式不断提高课堂教学效果的教学形式，并充分利用课程教学在心理危机预警中的重要作用，设计独特的平时作业，了解和筛查有心理需求的学生，并邀请他们做进一步的咨询。

【活动体系】 心理健康教育中心根据学校"一校两生"特点，提倡大学生心理健康自主教育理念，以学生心理服务中心、班级心理保健员和大学生心理健康协会为中介，调动大学生的心理健康教育活动中的原创性、自觉性，打造心理健康教育精品活动，将心理健康融入校园文化。2013年，中心面向全校学生开展心理健康教育活动，创新学生心理健康活动形式，开展"心灵舞者""大学梦·青春梦"等系列主题活动，通过舞蹈、心理剧、团体活动、心理沙龙、心理影评的形式向全校学生宣传心理健康的理念。继续维护和更新华侨大学心理健康教育宣传网站"心韵网"，完成心韵报的编写，并开通了华侨大学心理服务平台的微信和新浪微博的账户，丰富了心理健康教育宣传的途径。充分发挥朋辈咨询员及班级心理保健员在心理健康教育中的重要作用，全年共培训出600余名合格的班级心理保健委员，到班级中开展心理健康教育活动并且，为保证培训质量，特制订《班级心理保健员持证上岗制度》。积极开展跨文化的探索，加强境外生的心理健康教育，邀请境外生加入学生心理社团，参加心理健康活动，加强境内外学生的心理连接。

【咨询服务体系】 建立完善的心理咨询服务体系，通过个案咨询、团体治疗、心理健康普查、心理危机定期排查等途径和方式为学生服务。9月份为全校6696名新生做了心理测试，建立心理健康档案。针对不同年级的学生开展不同主题的团体训练、心理沙龙、开放式心理剧场、心理读书会等活动，参与学生近1万人次。全年共接待个案咨询1078人次，团体治疗近400人次，为提高学校学生心理健康素质水平、建设"平安校园"做出贡献。

【**心理危机预防与干预体系**】 10月11日，召开华侨大学心理健康教育专题会议，就《华侨大学心理危机预防与处置预案的实施办法》征求意见，明确了工作流程及相关部门的职责。形成重心下移、工作前移、重点突出、横向到边、纵向到底，既有明确分工，又能通力合作的运行机制。加强构建大学生心理服务中心、心理健康协会、班级心理保健员、朋辈咨询者、宿舍长和专职心理教师多者之间的有机联络制度，构建严密的心理健康预警和危机干预网络，有效预防大学生发生过激行为，深入推动学校心理健康教育的发展。

【**工作条件**】 2013年，学校投入140多万元建设完成应用心理学实验室。实验室使用面积近2000平方米，建有游戏治疗室、团体训练室、家庭治疗室、音乐放松室、行为观察室等，实验设备及咨询场所全年都得到有效运用，对缓解学生心理压力、提高学生压力管理能力和心理素质等方面发挥了重要作用。

【**学校首位心理咨询督导师凯特博士来校开展心理督导**】 3月18日至20日，学校首位心理咨询督导师、客座教授、国际螺旋心理剧创始人凯特·亨德金博士来校开展心理督导工作。校党委副书记朱琦环会见了凯特博士，对凯特博士在华侨大学期间每天近12个小时的辛勤工作表示赞赏和感谢。

【**学校召开学生心理健康教育工作专题会议**】 10月11日下午，学生心理健康教育工作专题视频会议分别在泉州校区陈嘉庚纪念堂二楼会议室和厦门校区行政研发大楼401召开。会议由校党委副书记朱琦环主持，学生工作系统全体人员参加了会议。

会上，学生工作处处长陈国柱首先对《华侨大学学生心理危机预警与干预实施办法》（征求意见稿）进行了说明。实施办法由学校心理健康教育工作的指导思想与工作目标，心理危机预警与干预管理体制及三级响应预案，心理危机事件信息报告与发布，及心理危机事件后期处置等6方面内容组成。

工学院党委书记郑黎鸰、外国语学院党委副书记林庆祥、美术学院辅导员王交来、信息学院团委书记崔敬岩等先后从不同工作角色和工作着力点分享了开展心理健康教育工作的经验。

心理健康教育中心主任赵冰洁教授以演讲形式，同与会人员进行了专业知识的交流。她以"用生命托起生命"为主题,为与会人员阐述当代大学生心理健康现状,介绍自杀在行为前的信号,强调预防自杀的可能性和有效性,并剖析引起大学生自杀的刺激因素以及保障大学生生命及生命质量的策略,为大学生心理健康教育工作的开展提供了指导。

朱琦环在会上强调进一步加强大学生心理健康教育和危机干预的重要性和紧迫性,简要回顾并高度评价了近年来学校在开展心理健康教育工作方面所取得的成绩。朱琦环表示,建立良好的政策环境和工作条件、开展丰富的心理健康教育活动、完善心理健康课程体系、建立大学生健康档案及危机干预支持小组都是学校在工作实践中获得的宝贵经验。

朱琦环对心理健康教育工作提出五点意见:一是加强学校大学生心理健康教育工作机制建设。二是建立心理健康教育危机干预考核、奖惩机制。三是认真落实对学生工作者及心理健康专兼职教师的培训工作。四是按照要求及时认真工作、总结并形成专题报告,及时呈报领导小组。五是各单位要按照职责要求,各司其职,科学、高效完成工作。

此次会议总结了学校近年来心理健康教育工作取得的成就,同时明确今后开展心理健康教育工作的指导思想和主要任务,为进一步做好学校大学生心理健康教育工作打下坚实的基础。

学生社区教育管理服务

【概况】 2013年学生社区继续秉承"与学生一起快乐成长"的工作理念,坚持以服务为"切入点",以管理为"着力点",以育人为"制高点",在原有的"学校—学院—班级"纵向管理模式下构建"学校—学生社区—学生宿舍楼"横向管理机制,推进"学校党委—学院党委—学生社区党工委"条块结合的网络组织体系,构建"先锋社区、文化社区、活力社区、学术社区、和谐社区"五大社区,逐步探索并形成了一套适合"一校两生"的学生社区管理运行机制,努力提升教育育人、管理育人和服务育人水平。

【党建工作】 加强制度建设。坚持落实楼栋党支部副书记月例会制度,开展集中学习,提升支部成员思想政治素养。完善楼栋党支部信息收集制,重点加强对楼栋党员的信息收集和日常管理。开展党员宿舍挂牌制度,开展党员值班制度,为学生及时解决了各方面的困难和问题。积极做好党员函调制,配合学院开展学生党员、入党积极分子表现反馈函的核实与反馈工作。截至12月底,学生社区累计处理函调信2878份,开展民主评议4000余人。

发挥党员先锋模范作用。深入开展"创先争优"活动，增进学生党员队伍的创造力、凝聚力和战斗力，充分发挥学生党员在学生社区各项工作中的先锋模范作用。完成了学习型党支部的建设和先进党组织、优秀个人的推荐工作。在校党委"七一"表彰大会上，社区党工委被评为校2013年先进基层党委，紫荆苑2号楼研究生党支部被评为校2013年先进学生党支部，党工委委员蔡浩被评为校2013年优秀党务工作者。

重点激发支部活力。继续开展楼栋支部立项活动，两校区共收到支部活动立项申报20余项，部分立项报请校组织部申请校级立项。创新开展楼栋党支部参与"学生与住楼辅导员日常交流平台"的管理工作，为社区更好更快发展建言献策。以学习十八大为契机，两校区开展十八大学习征文活动两次，开展"中国梦"主题学习宣传活动4次。

【**物业服务**】 严格物业考评，提高物业管理服务效能。严格依照《华侨大学厦门校区物业公司学生社区工作考核办法》，通过走访楼栋、组织协管员巡查、聆听学生反映等多种渠道，对物业各项日常管理工作进行检查。加强对物业宿管部工作的监管力度，督促物业公司加强考勤制度，不断完善对丹田物业、海峡人才派遣公司的月考核制度，推进物业工作制度化、规范化，提高物业公司管理服务水平，使物业公司能够为学生提供更加优质的服务。

完善工作制度和工作流程，提升后勤服务水平。按照后勤与资产管理处的相关要求，在厦门校区率先启用网上报修系统，将楼栋登记报修与网络报修相结合，分别报送，分人跟踪，提高了维修效率。泉州校区继续依托管理员、住楼辅导员和楼栋自律会三条线确保学生信息的畅通，开通社交网络便捷信息平台，及时为学生提供各类住宿服务。依照《学生社区物业服务保障承诺及拟配置各岗位人员具体情况》《学生社区工作人员工作培训手册》，加强对物业管理、维修、清洁工作人员的培训，特别是熟识率、消防安全、岗位职责、文明礼仪方面的培训，强化其责任意识，推进精细化管理与服务，提高物业管理服务效能。

探索合署办公机制，创新管理服务模式。推进海峡人才派遣公司物业合署办公制度，召开厦门校区学生社区消防安全、楼栋安全防盗、学生社区维修改造协调会，同时就存在的问题制订整改落实方案，启动和推动了多项"民心工程"。对专项工作和特殊事情进行联合计划与部署，建立学生突发事件、消防安全检查、楼栋进出人员登记和特别关注学生档案。及时剖析物业在管理与服务中的缺陷，总结经验教训，提升物业管理和服务能力。协调处理学生社区信访投诉、学生违纪、突发事件。做好迎新、毕业生离校、期末学生留校、假期值班、熄灯不断电、新建学生宿舍"交钥匙工程"、学生搬迁等工作的部署与安排。

【住宿管理】 做好顶层设计，科学规划学生住宿。根据学院集中住宿的基本原则，结合现有住宿情况，权力下放、重心下移，合理规划学院住宿区。配合基建处，开展未来学生宿舍的建设规划工作，谋划发展蓝图。与信息化建设与管理处配合，进一步加强楼栋信息动态化建设，按序做好学生的入住、调宿、退宿等日常工作，及时更新学生的住宿信息，协助推动学工系统信息门户的建立和维护，确保学生社区住宿信息的准确无误，确保网上选房工作的顺利开展。

坚持以人为本，做好学生住宿搬迁调整工作。学生社区统筹做好了华文学院华文教育专业114名同学从华文学院到厦门校区的搬迁工作，并于8月底计划紫荆2号楼424名同学搬迁至紫荆1号楼；指导各学院做好了日常宿舍的调整、合并，推动学生宿舍床位资源的优化利用；做好暑假期间留校学生的临时住宿安排工作；做好寒暑假期间留校学生的临时住宿安排工作；统筹做好新建38号宿舍楼整体搬迁入住；土木学院学生从泉州校区搬迁至厦门校区；受理学生办理调房317人、转专业登记151人、退学退宿办理82人、休学退宿办理73人、复学登记与住宿安排16人。

【学生组织建设】 以学生组织为抓手，发挥学生在社区文化建设中的主体作用。首先，在对第三届校自律会进行改组的基础上，进一步理顺校自律会与楼栋自律会的工作关系，召开校自律会与楼栋自律会的联席工作会议，逐步建立由校自律会统筹楼栋自律会开展活动的工作机制，不断增强学生社区二级学生组织的凝聚力、向心力和战斗力。其次，以校自律会以依托，协同各楼栋自律会、学生社区境外生学长团队等学生组织，成功举办了第十三、十四届学生社区文化节开幕式暨友谊拔河赛、3场境外生学习沙龙暨主题茶话会、咖啡培训交流活动、"五个社区"建设的排头兵服务活动、境外生微视频制作、美食烹饪、自由骑行、记忆力大赛等系列活动，以及第十三、十四届学生社区文化节闭幕式暨颁奖晚会等实践育人系列活动，努力提高活动质量，最大限度调动学生参与社区文化建设的积极性、主动性和创造性。继续加强勤工助学岗位管理工作，为阳光成长计划学生提供岗位71个。

以评先争优为契机，表彰一批优秀的学生组织和先进个人。为确保第十三、十四届学生社区文化节活动开展的成效，学生社区中心首次成立了由老师、自律会干部、学生代表组成的立项活动检查评比小组，通过到活动现场监督检查、问卷调查等方式，针对各类别各立项活动开展的实际情况，组织评选出了先锋社区奖、学术社区奖、活力社区奖、和谐社区奖、优秀组织奖等及各个活动的先进工作者，校园反响热烈。为更加全面总结学年中学生社区学生工作，做好住宿生的自我教育、自我管理和自我服务工作，学生社区中心在以往优秀自律会干部和楼栋优秀党务工作者评选的基础上，将评选的对象范围拓展到境外生学长、社区协管员队伍等，总评并表彰第一届学生社区优秀学生干部。在评先争优的过程中不断提高学生社区的影响力和同学们对社区的归属感和荣誉感。

【社区文化建设】 学生社区文化建设是繁荣校园文化的有力支撑，是创建良好校风与和谐校园的重要途径，是学校精神文明建设的重要内容，是彰显社会文化发展魅力的平台，在学生社区建设的全部过程中占据着极其重要的地位。加强社区文化建设，以富有侨校特色的文化元素提升社区新内涵，从社区实际出发，充分激发广大学生的创造力，开展主题鲜明、内容丰富、形式多样的文化活动，充分发挥学生社区文化育人的平台作用。

一　建设学生宿舍文化，营造浓郁文化氛围

宿舍文化是指附于宿舍这个载体来反映和传播的各种文化现象，它即包含硬件环境又包含了软件建设。宿舍文化的硬件环境主要是基于建设层面的设计理念、风格、格局安排、配套设施，以及内务卫生状况和习惯。硬件建设如学生社区覆盖网络、有线电视信号，宿舍中的感情联络工具（电话、网络、休闲）等设施齐全完备，能够极大地丰富学生的课余生活，方便大家的日常生活和文化活动。软件文化环境的营造必须依托文化活动平台和载体进行。如举办"学生社区文化节"，以先锋社区、学术社区、文化社区、活力社区、和谐社区"五个社区"建设为导向，成功举办第十三、十四届学生社区文化节。为进一步深化社区党建、思想教育、学风建设、文化活动、安全保卫、生活服务"六位一体"的学生社区教育管理服务模式，在对历年学生社区文化节的传承创新中，学生社区文化节以"五个社区"建设为导向，共收到来自泉州、厦门两校区各类各级学生组织提交的活动申报项目112个，从这些学生团队的创意中共确立44个项目进行立项资助，开展了党建创新、文艺展示、宿舍文化、境内外生交流、安全教育、感恩教育、趣味竞赛等活动。在历时两个月的学生社区文化节中各个团队各展风采，开展相关立项活动60余次，共有42个各级各类学生组织负责活动的策划组织，参与学生达4000多人次。活动期间，涌现出了一批诸如"数侨"高数志愿答疑服务、境外生学习沙龙暨主题茶话会、我是社区事务代表等优秀项目，充分发挥学生社区的文化育人功能，进一步丰富学校"一元主导、多元交融"的校园文化。

二　打造网络平台文化，占领文化建设阵地

当今大学生是敢于创新、乐于接受新事物的一代。所以在网络普及、各种思潮纷繁复杂涌入的新形势下，学生社区更要自觉增强对各种网络文化的判断力。因此，学生社区十分重视不断拓展延伸文化建设阵地，不断探索加强和改进学生社区文化建设的新方式，积极探索利用互联网等新媒体开展学生社区文化建设工作。

在巩固和发挥楼栋宣传栏、学生社区自办报《华园之声》等传统宣传阵地的同时，学生社区中心开设了学生社区网站、微博、微信等新媒体宣传阵地，构建四位一体宣传体系：公共宣传栏、《华园之声》报纸、社区网站、微博微信平台。宣传弘扬先进典型和突出事迹，倡导文明新风尚。以新媒体为引领，进一步加强社区宣传建设。把握舆论主导、立足社区生活、凸显侨校特色、丰富校园文化，拓展宣传阵地，加强主流文化传播，积极开展舆情监督引导，弘扬社会正气，传播社区正能量。2013年年底各楼栋配备的电子显示屏全部投入使用，配合楼栋党支部活动，在公共宣传栏和楼栋宣传栏开展"社会主义核心价值观"主题宣传。在境外生楼栋宣传栏开展楼栋捐主事迹宣传。以社区文化节为契机，在公共宣传栏、楼栋宣传栏、《华园之声》、社区网站和社区微博开展校园文化宣传。立足社区生活，在网络平台上开展遵规守纪、内务卫生、学风建设、人际交往等方面的住宿生引导教育工作。

【社区安全稳定】 科学应对各类突发事件，强化突发事件的报送与跟踪机制。截至12月底，学生社区教育管理服务中心共处理园区内突发事件123起，对每一起都及时做好信息反馈与跟踪记录。在与学生工作处、后勤资产与管理处、保卫处、各学院和物业公司的共同努力下，实时有效地处理了这些突发事件，为学生的学习生活创造和谐美好环境。

加大违规处罚力度，有效保障学生生命财产安全。加大对违纪学生的惩处力度，共查处外住学生184人，夜查不在宿舍1423人次，晚归1020人次，未熄灯876人次，共开出违规违纪罚单235人次。对所有违规情况及时通报学院，由学院进行严肃处理。

创新管理模式，构建学生社区安全稳定工作台账。社区中心联合各学院老师，开展了"学生社区安全隐患台账"研讨工作，共分为"校区住宿情况分析存在问题和解决对策""学生社区硬件设施及周边环境面临的问题及应对措施""学生社区内部管理面临的问题及应对措施"三大项内容，深入分析了到现在为止学生社区存在的各种安全隐患，找到了相应的解决办法，为今后的工作提供了强有力的参考。

关注学生思想动态，加强网络舆情监督疏导。重点关注"特殊学生"群体的相关情况，并要求各楼栋管理员按照常态化的工作进行掌握和跟踪关注，一旦发现异常学生须及时反馈社区中心。9~12月份各楼栋共报送信息618条，其中关于安全稳定的紧急、重要信息180余条，向学生处和学院反馈紧急重要信息13条，共计15人次。建立一周舆情简报，及时发现和研判学生在网络上反映的各种问题，并及时进行线下的服务，提升学生的满意度。

定期开展"消防安全""防偷防盗"等宣传活动，如期初与期末通过在楼栋张贴温馨提示，发放便利贴提示等配合做好社区防火、防盗、防骗等宣传教育工作。实行节假日安全及内务大检查两次，检查内务等各类问题100余个，在学生楼栋张贴温馨提示100余张，发放楼栋宿舍基本设施安全排查单3000余张。

【改善住宿条件】 做好上一期中央财政修缮资金的使用的结算工作，此次财政经费主要用于泉州校区电热水器的更换，直饮水机的购置，4、9、19号三栋楼的家具及电路改造。

泉州校区学生配套家具更新改造（二期）、学生宿舍楼消防工程改造、学生宿舍电热水器节能改造（对紫荆园2、3、4、5、7号楼进行空气能热水节能设施改造）、学生宿舍楼综合修缮（对全部学生宿舍楼进行墙裙和T5节能灯改造）、学生宿舍室内外粉刷、学生宿舍楼门禁管理系统升级改造等财政和校内专项均已顺利完工，泉州校区学生整体住宿条件得到了较大的改善。

厦门校区跟标采购紫1号楼宿舍配套所需的空调、热水器各320台，于7月底安装。协助做好紫1号楼的家具招投采购工作。完成学生社区2013年暑期学生公寓综合修缮改造工程招标工作。（具体包括凤凰苑学生公寓的渗水补漏工程、凤凰苑学生公寓室内贴砖工程、凤凰苑学生公寓浴室门改造工程、学生社区毕业生391间房间的粉刷工程、学生社区各楼栋楼梯间粉刷工程。）

继续进行易耗品物资清点、本年度宿舍物资普查和责任归属确认。完善物资借用制度，要求物业宿管部做到定期打扫、检查、安全、防火，发现隐患及时汇报，及时处理。加强物资仓库规整工作，建立报废监察制，做好相关物品的报废工作。

【社区读书咖啡文化角】 以第十四届学生社区文化节为契机，以学生自治发展中心为抓手，泉州校区紫荆园38号楼一层公共自修室内创立了"读书咖啡文化角"，该文化角是社区学生组织开展学术文化实践活动的载体，是学生社区中心为全校师生提供的公共自修阅览室。文化角以"五个社区"建设为导向，以社会实践和勤工俭学为两翼，着力打造"三个平台"。

第一，推广校园读书咖啡文化的平台。

纵观国内外一流大学，远至哈佛、牛津，近看北大、清华以及百里之外的厦大，咖啡屋的身影已遍及图书馆、教学楼、学生宿舍园区，并形成了独具特色的校园读书咖啡文化。读书咖啡文化角的设立意将读书咖啡文化引入学生社区，为同学们营造高雅、健康、舒适的学习生活环境，让其成为学校"一元主导、多元交融"优秀校园文化的有机组成部分。

第二，开展学术文化交流活动的平台。

读书咖啡文化角将在完善公共自修室硬件的基础上，为学生提供一定的图书报纸杂志借阅和物美价廉的咖啡茶饮服务，鼓励学生多读书、读好书，给思想找个位置，支持学生自治发展中心诸如境外生学习沙龙活动、读书会、名师下午茶等学术文化活动的开展。为学校师生提供一个集读书自习、思想交流、学术研讨为一体的轻松环境和自由空间。

第三，提供社会实践勤工助学的平台。

读书咖啡文化角在学生社区中心提供场地设施的支持下，由学生自治发展中心负责管理使用，以社会实践和勤工助学的方式面向学校学生招募、组建管理服务团队，进行自我管理、自我服务、自我发展，为学生提供更多社会实践和勤工助学的机会，让学生在读书咖啡文化角的学习实践中开阔视野、锻炼能力、增长见识、实现德智体美劳的全面发展。

【专项工程修购项目】 为解决老校区长期以来学生宿舍硬件设施较为老旧的问题，学生社区中心积极向财政部、学校申请专项工程修购资金，2013年度，学生社区中心顺利完成2013年5个中央财政专项和两个校内专项的执行任务，总资金节约率约为3.36%，在为同学们创造良好的住宿生活环境的同时尽可能兼顾施工项目的可持续性。

学生社区中心遵照国家招投标法律法规和学校相关政策要求，按照规范、节能、环保、可持续的原则，在充分调研论证的基础上，通过对每一个专项工程的公开招标和对施工过程的严格监理，在切实完成财政专项执行进度的同时，充分利用好每一笔专项资金，学生的总体住宿满意度高达95%。

第一，通过学生宿舍配套家具更新改造（二期）项目对沿用了几十年的普通宿舍写字桌全部进行了更换，除考虑要满足学生一人一桌一锁的使用需求外还兼顾到今后学校对普通宿舍改建时可将写字桌安放在楼栋自修室的再利用问题；并对北区26、28、29、30号楼的学生宿舍组合柜及全体新生靠背椅进行更换。

第二，通过学生宿舍楼消防改造工程对所有未安装消防应急、指示灯的楼栋（北区学生宿舍10、11、12、14、17、18、20、21、22、23、24、25、26、27、28、29、30、31、32、33、34、35、36、37号楼共24个楼栋）进行了改造安装，完善楼栋消防设施，消除消防安全隐患。

第三，通过学生宿舍楼综合修缮改造工程对所有走廊、楼梯间未贴墙裙的楼栋（北区学生宿舍14、17、18、19、20、21、22、23、24、25、26、27、28、29、30、31、32、33、34、35、36、37号楼共22个楼栋）加装了墙裙，墙裙施工总面积约达13500平方米，在保护墙面、美化环境的同时也将减少今后遭污染又重复粉刷的成本；将所有学生公寓的普通白炽日光灯更换为T5节能灯，在很大程度上节约学校用电量和减轻学生的电费负担。

第四，通过学生宿舍热水器节能改造（一期）工程对紫荆园32、33、34、35、37号楼五幢学生公寓进行空气能热水器节能改造，逐步更换掉旧的电热水器，为学生提供更加安全、快捷、节能、环保的热水服务。

第五，通过学生宿舍楼门禁管理系统升级改造工程对原有泉州、厦门两校区的整个门禁管理软硬件系统进行升级，现有楼栋的门禁管理日趋规范，有效地提升了学生住宿安全感和满意度。

学生组织

【概况】 继续修订和完善《华侨大学学生干部培养与管理规定》和《学生团体工作手册》，完善学生干部选拔、激励和保障机制。指导校学生会、校研究生会、校学生团体联合会、校学生艺术团开展日常工作。做好校级学生组织的换届选举工作。举办第一期学生领袖拓展班，定期召开学生组织主席联席会议、部长级会议、学生团体负责人会议等相关学生干部会议，加强对各级学生组织的教育、指导工作。

【华侨大学学生会】 华侨大学学生会是在校党委的领导和学生工作处的具体指导下，由全体本科学生进行自我管理、自我教育、自我服务的群众性学生联合组织，代表全体本科学生的权益，它以维护学生利益、为学生服务为根本宗旨，是学校和老师联系学生的桥梁和纽带，是在法律和学校规章制度允许的范围内开展学生校园活动的学生自治机构。学生会开展各类学生活动，促进同学德、智、体、美等全面发展；协助学校创建良好的教学秩序和学生生活环境，促进校风学风建设。

华侨大学学生会下设泉州校区执委会和厦门校区执委会，两执委会分别下设办公室、港澳台学生联络部、宣传部（华通社）、学习部、文艺部、体育部、女生部、外联部、境外生事务部、华侨及留学生联络部、维权部、阳光服务中心、就业服务中心、心理服务中心、自律会等，各职能部门是校学生会处理日常工作、开展活动的常设机构。

学生会发展至今的宗旨和任务是：

（一）代表和维护广大学生的正当权益和要求，热情为学生服务，沟通学校有关部门与广大学生的联系，参与学校民主管理和民主监督，协助和促进学校的教育和管理工作；

（二）维护国家和人民利益，提高会员的社会意识和社会责任感；

（三）发展与兄弟院校的友好关系，增进与留学生及港、澳、台、华侨学生的联系与团结，树立华大学生在社会上的良好形象；

（四）开展多种自我管理、自我教育和自我服务活动，为会员提高民主素质、树立科学精神、全面成才创造良好条件。

华侨大学学生会自成立以来一直遵循"会通中外，并育德才"的办学理念，以"代表和维护广大学生的正当权益和要求，全心全意为学生服务"为宗旨，实现民主管理，力求建设青春活泼的学习型、服务型的学生组织。逐渐形成了一系列品牌活动。如校园辩论赛暨精英辩手选拔赛、"3·15"维权活动、"3·7"女生节活动、"新生杯"篮球赛、华厦之星才艺大赛等，在全校范围影响广泛。

主要负责人名单

届次	主席	副主席 兼执委会主席	副主席
第十九届	李俊祥（香港）	于国洋（泉）	何家明（厦，澳门）
		林梓郴（厦）	冷榕（女，厦）

【华侨大学研究生会】 华侨大学研究生会成立于2001年，是华侨大学全体研究生（包括博士研究生和硕士研究生）进行自我管理、自我教育、自我服务的群众性学生联合组织，代表华侨大学全体研究生的权益，表达研究生的意愿，接受校党委的领导和学生处的指导，接受广大研究生的监督，在法律和学校规章允许的范围内积极主动、独立负责地开展工作。

华侨大学研究生会下设泉州校区执委会和厦门校区执委会，执委会分别下设办公室、实践部、宣传部、生活服务部、学术部、文体部、编辑部和新媒体中心，各职能部门为研究生会处理日常工作、开展活动的常设机构。

华侨大学研究生会的宗旨和任务是：

（一）遵循和贯彻党的教育方针和政策，以马克思列宁主义、毛泽东思想、邓小平理论、"三个代表"重要思想和科学发展观为行动指南，引领广大研究生同学投身于实现"中国梦"的伟大实践中，努力塑造一批有理想、有道德、有文化、有纪律的新一代研究生；

（二）代表和维护研究生的正当权益和要求，热情为学生服务，沟通学校有关部门与研究生之间的联系，参与学校民主管理和民主监督，协助和促进学校的教育和管理工作；

（三）本着自我教育、自我管理、自我服务的原则引导学生投身实践、锻炼才干，组织研究生开展健康有益、丰富多彩的学术和文体活动及社会实践活动，以提高学生的思想觉悟，增强社会责任感；

（四）做好华侨大学研究生会与全国其他高等院校研究生会组织及研究生群团组织之间的互相学习和交流工作，加强与港、澳、台、华侨研究生及外国留学生的联系与团结，树立华侨大学研究生的良好形象。

研究生会成立以来逐渐形成了一些品牌特色活动，如"华研杯"篮球赛、"华研杯"羽毛球赛、"华研杯"辩论赛、承露讲坛、伯仲论坛、粉红讲坛、毕业生欢送晚会等活动，均受到广大师生一致认可，在全校范围内反响较好。

主要负责人名单

届次	主席	副主席 兼执委会主席	副主席
第六届	蔡迪（泉）	纪炜坤（厦）	曹勤（女，泉） 陈雅芳（女，泉） 尹小娜（女，泉） 王英华（女，厦） 吴靖（女，厦）

【华侨大学学生团体联合会】 为了使学生团体能够健康、有序地发展，顺利开展学术、科技、文娱、艺术、体育等健康有益的活动，学校于2006年11月专门成立了学生团体的自我管理组织——学生团体联合会，对全校学生团体进行统一有效的管理和扶持。学生团体联合会实行"3+1"组织管理模式。"3"代表校方的三个管理层次：学生工作处、挂靠单位、指导老师。"1"就是学生团体自我管理、自我服务的载体：学生团体联合会。学生工作处、挂靠单位、指导老师在学生团体管理制度和管理措施的制定、经费的支持、活动的指导与管理等方面有着科学、合理的分工，从而强化了对学生团体的管理和指导力度。

学生团体联合会通过各项硬件配备来为校内各学生团体创造良好的成长环境，支持鼓励学生团体组织开展丰富多彩的校园活动，同时通过立项资助等方式积极引导学生团体举办各类精品活动。学生团体联合会以"微笑服务，打造温馨社团之家"的理念对社团进行服务与引导，为学生团体之间架起横向交流桥梁，努力为各类型学生团体打造校园社团交流平台，促进社团之间的资源整合与合作发展，同时也以严谨、认真、求实的态度对待、处理社团日常事务。

经过几代学生团体联合会成员和各学生团体的努力，华侨大学学生团体活动已经形成了各具特色的校园文化。每年上半年的"学生团体代表大会""学生团体精品活动月"和下半年的"国庆游园"是学生团体联合会的品牌活动。每年的活动主题不断突破，活动形式不断创新，活动内容充满快乐，深得学校师生的好评和支持。

学生团体联合会现设泉州校区执委会和厦门校区执委会：泉州校区执委会设主席一名、副主席三名，下设办公室、管理部、宣传部、权益部、外联部、创意策划部和人力资源部七个部门；厦门校区执委会设主席一名、副主席两名、主席助理一名，下设办公室、管理部、宣传部、权益部、外联部和人力资源部六个部门。

主要负责人名单

届次	主席	副主席 兼执委会主席	副主席
第九届	陈晓妹（泉）	练瀚远（厦）	廖涛敏（泉） 吕晓玲（女，泉） 朱舟雨（女，泉） 张　凯（厦） 师胜男（女，厦） 刘亚华（女，厦）

【华侨大学学生艺术团】 华侨大学学生艺术团由学生文艺骨干以及管理团队组成，以挖掘广大学生艺术潜能、提高艺术修养、拓展综合素质、丰富校园文化生活为宗旨，在学生工作处的指导下，开展各项校园文化艺术活动。

学生艺术团始终紧抓"侨"特色,以"为侨服务,传播中华文化"为主旨,强化华文艺术教育文化理念,突出大众艺术的文化传播与交流的功能。构建"艺术实践课程管理机制""助理教师管理机制""艺术实践成果汇报机制"三项工作机制,围绕"艺术文化季"和"青春梦想季"两条文化主线开展艺术文化活动。

学生艺术团下设管理中心和演出中心,其中管理中心设有办公室、创意拓展部、宣传部等5个常规性部门,演出中心设有舞蹈队、话剧队、声乐队、器乐队、主持队5个表演团队,各队聘请专业教师负责教学、指导各种演出,并配有舞蹈教室及音乐教室用于日常教学及排练。校学生艺术团曾在三届全国大学生艺术展演中取得优异的成绩,2009年代表学校赴泰国农业大学交流访问演出反响热烈,2010年承担50周年校庆晚会演出工作广受师生好评,曾参与2011年、2013年全球华人龙舟赛闭幕晚会以及2011年、2012年台湾青少年夏令营闭营晚会等10余场国家级的演出。

主要负责人名单

年份	团长	副团长
2013年	吴琳(女,泉)	张晓梦(女,泉) 朱了莎(女,泉)
	岳家荣(厦)	沈宇星(女,厦) 王景志(厦) 李泽宇(厦)

校级社团

【华侨大学MVG女生协会(泉州校区)】 华侨大学MVG女生协会成立于2003年,是由法学院谢达梅老师一手创办。MVG女生协会以"服务女生,倡导当代女大学生自信、自尊、自立、自强,充实完善,迎接挑战"为宗旨,自成立以来,在历届协会负责人以及成员的共同努力下稳步发展。

在2013~2014学年里,MVG女生协会成功举办了"学霸养成记party"和"厨艺大赛",与海西公益联盟合作在领袖天地举办公益演出。协会多种多样的精彩活动得到了校内媒体的采访报道,以及省市新闻媒体的关注,并吸引了更多人参与其中,使得MVG女生协会的知名度越来越高。

【华侨大学穿越话剧社(泉州校区)】 华侨大学穿越话剧社成立于1995年,挂靠于文学院,距今已有19年的历史,曾多次荣获华侨大学甲级学生团体、十佳学生团体称号。自成立以来穿越话剧社为华大学子献上了60多部、80多场的戏剧盛宴,致力于做好每一场话剧,为每一位观众带来收获和感悟,受到广大师生的好评。

穿越话剧社于 2013~2014 学年成功出演《恋爱的犀牛》《你好，李白》《十三角关系》《绝不付账》《左岸》等话剧，进一步提升了穿越话剧社的品牌魅力。

【华侨大学心理健康协会（泉州校区）】 华侨大学心理健康协会创立于 2002 年，协会以"完善自我，帮助他人，宣传大学生心理健康知识以及保健意识，增强大学生心理素质修养"为宗旨，始终致力于当代大学生的素质教育，心系大学生心理健康。自成立以来心理健康协会历届成员共同努力并一直坚守着"服务师生、专注心理"的职责，积极消除同学们的心理隐患，提高同学们的心理素质，挖掘心理潜能。

在 2013~2014 学年里，心理健康协会相继举办了朋辈课、高校巡回朋辈咨询会、团训、525 心理配音大赛、心理情景剧大赛等活动。在众多社团中，心理健康协会始终坚持自己的社团特色与社团文化，同时又与其他社团共同努力，促进了华侨大学社团文化的繁荣。

【华侨大学电影协会（泉州校区）】 华侨大学电影协会前身是创立于 2002 年 9 月的影艺协会，2006 年随着华侨大学厦门校区的正式启用，影艺协会一分为二，泉州校区的影艺协会正式更名为电影协会，厦门校区的沿用原名。华侨大学电影协会是一个年轻而富有朝气的学生团体，在 2012 年与北京传奇影业公司合作，成功举办第五届新人电影节，扩大了协会对内及对外的影响力。

在 2013~2014 学年里，电影协会坚持定期为全校师生放映电影，为电影爱好者提供了一个看电影、交流电影的平台。电影协会于 2013 年 6 月参加了福建省"青春创想秀"社团策划大赛并荣获三等奖。

【华侨大学交谊舞协会（泉州校区）】 华侨大学交谊舞协会创立于 2002 年，现挂靠于公共管理学院。交谊舞在华大已经有几十年的历史，而经过多年的发展交谊舞协会也已成为华侨大学颇具影响力和规模的社团之一，每学期都有 200~300 人的新会员加入。

在 2013~2014 学年里，交谊舞协会举办了假面舞会，在为本协会做宣传的同时也加强了与兄弟协会的交流。协会于 2013 年 12 月份成功举办了"魔韵潘多拉"大型舞会，泉州其他九校的学生工作代表和各行业代表到场参加并祝贺。在第二学期，交谊舞协会成功举办了"蒲公英的约定"大型舞会，献给即将毕业的同学们。

【华侨大学人力资源协会（泉州校区）】 华侨大学人力资源协会成立于 2004 年，现挂靠于工商管理学院。在领导、老师的关怀下，在历届协会负责人和会员们的不懈努力下，人力资源协会逐渐发展成熟。

在2013~2014学年里，人力资源协会成功举办了"职英才2013全国高校职业发展巡讲"，以"hold住实习，迈向500强"为主题，打造属于华大学子的第一份名企实习机会。此外还开展了"自我营销策略讲座""闽商领袖大讲堂"活动，让同学们学会如何自我优势最大化，也使广大学子增强了对就业和管理的认识，并在"闽商领袖大讲堂"活动中成功地邀请了安踏人力资源总监杨勇、特步副总裁王志瑜和361°副总裁侯朝辉先生主讲。人力资源协会为实现华大学子早日与社会接轨、增加社会与工作阅历、提高个人能力的目标，与中国移动、中国联通和瑞达期货等八家企业合作，根据华大学生的专业需求和今后就业方向寻找实习单位，使广大学子从中受益。

【华侨大学书法协会（泉州校区）】 华侨大学书法协会成立于1986年，以"提高审美情趣，弘扬中国传统文化"为宗旨，在校内定期举办软、硬笔书法练习活动，组织校内热爱书法的同学，交流切磋，取长补短。书法协会引领和团结着一群热爱生活的同学，秉承和发扬中国书法篆刻艺术的优秀文化传统，丰富学校学生课外活动，培养和提高书法爱好者的艺术修养，全面提高学员的书写技能。

在2013~2014学年里，协会主要举办了定期授课培训、教师书法指导、专家讲座、书法大赛等活动，并且成功组织了兄弟高校书法协会的交流活动等，为爱好书法的广大师生提供了交流的平台。

【华侨大学学生棋牌协会（泉州校区）】 华侨大学学生棋牌协会是1999年由一批棋牌爱好者共同创建的学生团体，协会以"弘扬中华传统文化，丰富同学们课余生活，发展个人爱好"为宗旨，以"以棋汇友、以棋会友"的理念开展活动，深受同学的关注和喜爱。华侨大学棋牌协会也是泉州棋艺联盟的一员，协会曾组织会员参加泉州"刺桐杯"和"高校杯"棋艺比赛并在比赛中取得优异的成绩。

2013~2014学年棋牌协会的主要活动项目涉及"棋""牌"两方面。协会于上学期举办了中国象棋、国际象棋和围棋的比赛并且参加了泉州市"刺桐杯"大赛；下学期协会举办了"欢乐斗地主"大赛并参加了泉州市"高校杯"大赛。

【华侨大学ASP魔术协会（厦门校区）】 华侨大学ASP魔术协会成立于2011年，以推动魔术文化的发展为目标，致力于魔术的研究与表演，提高自身的手法技巧，传播正确积极的魔术思想，为学生们打造更加丰富的校园生活。ASP魔术协会在魔术上为全体会员提供专业有趣的魔术教学课程、丰富多彩的魔术交流机会，锻炼会员的魔术表演技巧、提高生活交际能力、语言表达能力，增加生活幽默感等；在管理上培养新一代的管理型人才，通过一系列活动提高干部干事的管理协调能力及配合能力，让每一位用心者都能有所收获。

2013~2014学年，ASP魔术协会广泛活跃于校园之中，除开展日常的魔术教学之外，还参加国庆游园之学生团体文化一条街活动；11月11日，成功与校学生会女生部及多个兄弟协会合作举办"再见11"光棍节晚会；在2014年"愚人节"成功举办了街头魔术秀等活动。

【华侨大学爱心献血协会（厦门校区）】 华侨大学爱心献血协会成立于2008年，是一个公益性学生社团组织。爱心献血协会从成立至今不断发展壮大，曾被评为甲级社团，荣获华侨大学十佳学生团体荣誉称号。现在的爱心献血协会已不仅仅专注于献血和造血干细胞，还做更多的公益事业，为华大的师生搭建一个奉献爱心的平台，将爱心传播出去。

2013~2014学年，爱心献血协会举办了一次血型普查活动、两次献血活动，累计献血395人次，总量达13万毫升。2013年12月份协会举办了第一届献血者表彰晚会暨新老生联谊晚会，受到了厦门市中心血站和校团委的大力支持。在2014年5月初举办了中华骨髓库志愿者招募活动。此外，爱心献血协会也热心公益，参与了例如图书馆义工、红树林种植、车站迎新等活动。

【华侨大学电子爱好者协会（厦门校区）】 华侨大学电子爱好者协会成立于2007年，以"立足培养，鼓励探索，重在参与，贵于创新，广泛服务"为指导思想，旨在培养大学生的综合知识运用能力、基本工程实践能力和创新意识，激发大学生对科技探索的兴趣和潜能，倡导理论联系实际、求真务实的学风和团队协作的人文精神。电子爱好者协会经过7年的发展逐渐走向成熟，现在协会以科技创新实验室为主要基地，以科技创新队伍人员为主要骨干，以"电子设计大赛""挑战杯""科技节""电脑节"以及"飞思卡尔"等一些赛事为工作重点，同时开展义务维修、学术讨论、交流、参观、暑期实践等活动。

在2013~2014学年里，电子爱好者协会进行了多次培训、动手实践，开展了服务广大师生的小家电义务维修活动，并举办了2010~2013级新老生电子知识与技能竞赛和电子设计大赛，致力于提高广大同学的电子知识水平和动手能力。

【华侨大学房地产兴趣研究协会（厦门校区）】 华侨大学房地产兴趣研究协会成立于2008年。土木工程学院2006级工程管理专业学生组成的团队于2007年参加华侨大学"挑战杯"科技作品竞赛。在此过程中，策划小组获得了厦门城市年轮策划代理有限公司及土木工程学院的大力支持。在两家单位的关注下，小组于2008年9月成立华侨大学房地产兴趣研究协会，目的在于让更多对房地产行业有兴趣的同学获得相关知识，了解行业，相互交流学习，为今后的从业奠定基础。

2013~2014学年房地产兴趣研究协会先后成功举办了"筑梦未来"楼盘调研大赛和"梦想之星，非你莫属"求职大赛，为华侨大学对房地产行业感兴趣的同学提供了诸多接触地产行业精英和进入地产行业实习的机会。

【华侨大学花艺协会（厦门校区）】 华侨大学花艺协会成立于2007年，现挂靠于华侨大学化工学院。协会以提供更高质量的会员服务为工作理念，以将华侨大学花艺协会打造成为厦门市知名的校园社团为目标。协会积极开展手工制作纸花、丝网花、艺术插花等活动提高会员审美能力、动手能力、交际能力，丰富想象，增强综合素质，为校园文化生活增加一抹亮色，让生活充满阳光的气息。

在2013~2014学年里，花艺协会力求打造独特的活动结构并传承协会的精髓，不仅举办了制作丝网花、剪纸、制作手工艺品、盆景设计、插花等例行活动，还举办了通过你写我送的方式传递感恩之情的"一纸书信"活动，在圣诞节为同学们送去手工制作的丝网花，还在学生团体联合会精品活动月中举办了植物创意大赛，在学年末承办了化工学院的插花大赛活动等，均取得了良好的效果。

【华侨大学环境保护协会（厦门校区）】 华侨大学环境保护协会成立于2000年4月，协会以"倡导环境保护意识，构筑华大学生全面素质"为宗旨，组织了一系列有关环境保护的活动，在多年的社团活动中，达到了会员自我教育及教育他人的目的，让绿色文明的概念深入人心。经过多年的努力探索，环保协会拥有了一系列特色活动，切实做到了宣传环境保护知识，倡导保护环境意识，带动保护环境行动。

2013~2014学年环保协会相继举办了用废旧纸箱DIY垃圾桶，以绿色环保的方式参与运动会的"绿色运动会"活动；种植并呵护树苗的"红树林活动"；走进学校、走进社区的"环保支教之旅"活动；通过以旧书、塑料瓶等废弃物品交换盆栽的"绿色进寝室"活动以及"世界水日——用水节水宣传"活动。这些活动的成功举办让环保意识一次又一次地印入同学们的脑海，让环保行动时时刻刻挂在同学们的心头。

【华侨大学健康跑协会（厦门校区）】 华侨大学健康跑协会成立于2006年，又名"朝阳社"，寓有"青少年如朝阳"和"伴朝阳晨跑"之意，协会以倡导、鼓励、快乐为宗旨，倡导趣味体育，丰富同学们的课余生活。2006~2007学年协会获得甲级社团荣誉。经过几年的发展，协会在完善内部建设的同时，还开创了"一二·九"环校跑品牌活动，并且每年与集美大学诚毅学院、厦门理工学院的相关协会联合举办"三校寻宝"大型活动，并将之打造成协会的品牌活动，有效地扩大了协会的影响力。

在2013~2014学年，协会积极改革，在组织、工作分工上都做了有益的调整。协会除了坚持每周一到周五晚上9点到10点半的环操场跑活动，还相继举办了华侨大学、集美大学诚毅学院、厦门理工学院三校联跑、"一二·九"环校接力跑等大型活动，丰富了同学们的生活。

【华侨大学手部极限运动社（厦门校区）】 华侨大学手部极限运动社成立于2011年，挂靠于华侨大学信息科学与工程学院。协会曾获得甲级社团、校十佳学生团体等荣誉称号。手部极限运动社力求通过魔方、悠悠球、飞叠杯、蝴蝶刀等手部极限运动项目，让会员学习并练习，体会手部极限运动的魅力，促进手脑协调，不断挑战自我，超越自我，从而在项目之外培养手部极限运动员自强不息的精神。

在2013~2014学年里，手部极限运动协会举办了魔方、悠悠球、水晶球等例行教学活动，参与了"双十一光棍节晚会"以及国庆游园学生团体文化一条街活动。此外，协会还举办了面向全校师生的华侨大学厦门校区第三届模拟点钞大赛，使同学们体验了不一样的手部极限运动。

【华侨大学手绘人生艺术协会（厦门校区）】 华侨大学手绘人生艺术协会成立于2013年，由华侨大学手绘爱好者在建筑学院专业教师指导下发起成立。协会以创新管理、优化教育、勇于实践、互相友爱、团队合作、手绘人生为精神，以发展华侨大学校园艺术文化和手绘艺术为目标，同时为创新管理、优化教育、勇于实践的大学生团队提供成长的平台。

2013~2014学年手绘人生艺术协会相继举办了名师讲堂、每周讲堂、手绘采风写生活动等，通过协会平台邀请知名的手绘专家和艺术大师来我校进行艺术讲座，丰富我校艺术文化，提高华大学子的艺术素养，并通过课堂教学和采风写生活动直接提高协会会员的手绘能力和对艺术的理解；此外手绘艺术人生协会还面向全校举办了大型校园手绘大赛、手绘人生艺术协会师生作品展和"2014中国梦·厦门市手绘艺术设计大赛"，扩大了协会的影响，加强了校园内外艺术文化交流。

【华侨大学天文社（厦门校区）】 华侨大学天文社成立于2011年，现挂靠于华侨大学机电学院。华侨大学天文社由一群在华侨大学就读的天文爱好者组成，旨在聚集天文爱好者，向公众普及天文知识。历年累计注册会员达到300余人，天文社已经成为天文爱好者们进行学术交流的平台，也是广大师生和公众了解天文之美的窗口。天文社自成立以来与福建省各高校乃至全国的天文爱好者保持着广泛交流，同时也是全国大学生天文论坛常任理事社团之一。成立至今，协会成功举行了多次面向全校师生和广大公众的重大天象观测、常规观测、科普讲座、知识竞赛等活动，并于2013年被评为华侨大学十佳学生团体。

在2013~2014学年里，天文社坚持定期举办社课，为会员讲解天文知识。在天气情况良好的周末夜晚，协会组织会员到田径场利用专业仪器观星，使理论学习可以与实践相结合。年末星空碗和星空瓶的制作与赠送活动更是给同学们的感恩礼物，那点点的星光承载着美好祝福和对未来的良好期盼。

【**华侨大学大学生心理健康协会（厦门校区）**】 华侨大学大学生心理健康协会成立于2002年5月25日，以宣传心理健康知识，传播心理文化，全面提升现代大学生心理素质为宗旨。协会在2008年厦门校区社团评比中荣获甲级社团第一名，2009年获得"厦门校区品牌社团"称号。大学生心理健康协会在厦门校区开始运作以来，不仅各项活动取得了可喜的成绩，更是在校园中产生了广泛而深刻的影响，经过几年的努力，形成了"发挥自主精神、营建快乐家园、突出心理专业、服务全校师生"的协会特色。

2013~2014学年大学生心理健康协会主要举办了"大学梦，梦青春——大型原创心理情景剧大赛""我心向阳，挥翅梦想——让梦飞心理配音大赛"和"青春，你好）——心理情景剧大赛"等大型校级比赛，丰富了同学们的大学生活，并用表演的形式表达了当下大学生的内心情感世界。此外大学生心理健康协会还开展了朋辈咨询活动，通过朋辈咨询去更好地倾听同学们在心理上的困惑和忧愁，帮助同学们缓解心理压力，丰富内心世界。

2012~2013学年十佳学生团体

校　区	学生团体名称
泉州校区	穿越话剧社
泉州校区	MVG女生协会
泉州校区	交谊舞协会
泉州校区	电影协会
泉州校区	人力资源协会
泉州校区	大学生心理健康协会
厦门校区	环境保护协会
厦门校区	爱心献血协会
厦门校区	房地产协会
厦门校区	天文社

华侨大学 2013~2014 学年学生团体一览表

挂靠单位	学生团体名称	指导老师	团体负责人	团体类别	备注
材料科学与工程学院	骐弈协会	吴文士	张志勤	文化艺术	厦门
法学院	闽南语协会	王建设	王振家	文化艺术	泉州
法学院	法律援助中心	陈慰星	张灿勇	社会公益	泉州
法学院	MVG女生协会	刘丽	黄冯清	文化艺术	泉州
法学院	群航法学会	兰仁迅	孙红俊	理论运用	泉州
法学院	思想辩论协会	靳学仁	陈福	理论运用	泉州
工商管理学院	市场营销协会	陈钦兰	柯炫桦	理论运用	泉州
工商管理学院	人力资源协会	郑文怡	陈淑琳	理论运用	泉州
工商管理学院	咏春拳协会	王剑武	黄丹丹	运动健康	泉州
工商管理学院	财务会计协会	曾繁英	郑建福	理论运用	泉州
工商管理学院	学生棋牌协会	姚培生	蔡振华	文化艺术	泉州
工商管理学院	物流协会	王绍仁	项阳	理论运用	泉州
工学院	Asp魔术协会	兰萌	李猛	文化艺术	泉州
公共管理学院	音乐协会	肖北婴	张敏	文化艺术	泉州
公共管理学院	人文学社	骆文伟	李高贤	文化艺术	泉州
公共管理学院	交谊舞协会	张向前	罗春林	运动健康	泉州
华人华侨研究院	华侨华人文化促进协会	郑文标	杨璐西	文化艺术	厦门
华文学院	美食社	王坚	许少镗	文化艺术	厦门
化工学院	526轮滑协会	彭盛亮	尚红宁	体育健身	厦门
化工学院	环境保护协会	许绿丝	邓金凤	社会公益	厦门
化工学院	花艺协会	黄志宏	祁铄	文化艺术	厦门
化工学院	天文社	孙荣	王梅	学术科技	厦门
化工学院	动物保护协会	李玲	郭晓婷	社会公益	厦门
机电及自动化学院	吉他爱好者协会	方艳红	张晨序	文化艺术	厦门
机电及自动化学院	影艺协会	郑星有	张祺文	文化艺术	厦门
机电及自动化学院	交谊舞协会	闫萌萌	肖军华	文化艺术	厦门
机电及自动化学院	企业家研究学会	刘艳	张志其	理论学习	厦门
计算机科学与技术学院	电脑爱好者协会	郑光	陈智星	学术科技	厦门
建筑学院	手绘人生艺术协会	黄瑛露	于悦	文化艺术	厦门
建筑学院	大眼睛关注弱势儿童协会	陈菲菲	林红潇	社会公益	厦门
建筑学院	ASP魔术协会	丘朝元	赵瑞豪	文化艺术	厦门
建筑学院	漫游者协会	谭磊	黄洁丽	文化艺术	厦门

续表

挂靠单位	学生团体名称	指导老师	团体负责人	团体类别	备注
经济与金融学院	证券学社	林俊国	叶彬欣	理论运用	泉州
	经济与金融学社	胡日东	罗娟	理论运用	泉州
	电子商务协会	谭龙江	林文亮	理论运用	泉州
	Idea精英汇协会	方鹏飞	田超凡	理论运用	泉州
	货币银行协会	林俊国	丁健健	理论运用	泉州
旅游学院	Beat Box社团	董艺乐	吴嘉俊	文化艺术	泉州
	登山协会	李洪波	敬潇宇	运动健康	泉州
	Ourlife生活创意协会	黄建军	董港瑜	文化艺术	泉州
	关爱小动物协会	王宇平	丁天锋	社会公益	泉州
	礼仪协会	汪京强	刘笑雪	文化艺术	泉州
美术学院	SK轮滑协会	邱腾飞	何梦圆	运动健康	泉州
	芝麻漫画社	梅琳	胡俊杰	文化艺术	泉州
	易修队	宋庆彬	胡波	社会公益	泉州
生物医药学院	创行Enactus协会	张振岳	崔雪源	理论运用	泉州
数学科学学院	数学应用协会	肖占魁	王晓晗	理论运用	泉州
	青春红丝带协会	黄永圳	阮碧双	社会公益	泉州
	数学建模协会	高真圣	贺成洋	理论学习	厦门
体育学院	健康跑协会	吴桂宁	洪金芳	体育健身	厦门
	华夏武术协会	文明华	颜祝平	体育健身	厦门
	足球协会	李涛	蔡佳樽	体育健身	厦门
	网球协会	吴桂宁	王永恒	体育健身	厦门
	乒乓球协会	张钰鑫	郭超嵘	体育健身	厦门
	骑迹单车协会	刑遵明	刘开煌	体育健身	厦门
	羽翔协会	李涛	陈笑天	体育健身	厦门
	定向越野协会	苑琳琳	衡昊苏	体育健身	厦门
	街舞协会	翁凤瑜	刘徹	运动健身	泉州
	乒乓球协会	陈光伟	王泽辉	运动健身	泉州
	游泳协会	陈晓丹	陈嘉成	运动健身	泉州
	网球协会	王勤海	巩清强	运动健身	泉州
	裁判协会	扈伟	江智康	运动健身	泉州
	足球协会	孟青	索智涛	运动健身	泉州
	女子篮球协会	张剑珍	吴翠莲	运动健身	泉州
	健身健美协会	胡国鹏	周刘倩玉	运动健身	泉州
	羽毛球协会	庄志勇	陈慧妮	运动健身	泉州
	TD自卫术协会	孟庆光	赖煜卿	运动健身	泉州
	跆拳道俱乐部	孟庆光	陈奕霈	运动健身	泉州

续表

挂靠单位	学生团体名称	指导老师	团体负责人	团体类别	备注
土木工程学院	创业和风险投资协会	祁神军、李蒙	卢可	理论学习	厦门
	房地产兴趣研究协会	祁神军	王辰	理论学习	厦门
	跆拳道协会	文明华	王张帆	文化艺术	厦门
	排球爱好者协会	蔡斌	林昕琰	体育健身	厦门
	社交协会	曾庆玲	殷彪	理论学习	厦门
外国语学院	模拟联合国协会	蔡何存	田孝明	理论运用	泉州
	外国语协会	叶艾莘	唐寒思	理论运用	泉州
文学院	书法协会	林英德	吴炫	文化艺术	泉州
	华侨大学新闻社	马正恺	庄艺	文化艺术	泉州
	读书俱乐部	许总	黄宗翠	文化艺术	泉州
	穿越话剧社	索燕华	蒋圆圆	文化艺术	泉州
	电影协会	郭艳梅	邹皓易	文化艺术	泉州
	新叶文学社	毛瀚	蔡小祥	文化艺术	泉州
	茶苑协会	许总	李江龙	文化艺术	泉州
	主持人协会	蒋晓光	张婧	文化艺术	泉州
校团委	科技创新协会	谌祉樾	王伟坚	理论运用	泉州
	无偿献血协会	谌祉樾	张露	社会公益	泉州
	科技创业者协会	杨钟祥	李中文	学术科技	厦门
	爱心献血协会	朱考华	钟伟	社会公益	厦门
校学生委员会	爱心社	谢俊	徐鹏	社会公益	泉州
	CUBA俱乐部	谢俊	金超	运动健身	泉州
心理健康教育与辅导中心	心理健康协会	刘建鸿	董金凤	社会公益	厦门
	大学生心理健康协会	李洪娟	邹烨	社会公益	泉州
信息科学与工程学院	EYE STORM创艺协会	郑光	孙灿冰	文化艺术	厦门
	电子爱好者协会	唐懋	傅熙熙	学术科技	厦门
	手部极限运动社	黄文权	安泽亚	体育健身	厦门
艺术团	太极拳协会	孟庆光	何欢	运动健身	泉州
音乐舞蹈学院	乐动协会	张厚方	王倩妃	文化艺术	厦门
	英语学习促进协会	胡小军	陈青霞	理论学习	厦门
哲社发展学院	红十字会学生分会	李忠伟	卢逸飚	社会公益	厦门
郑年锦图书馆	初醒文学社	刘君霞	余雪瑶	文化艺术	厦门

（学生处供稿）

华侨大学年鉴 2014

行政管理与服务

校长办公室、党委办公室工作

【概况】 华侨大学校长办公室（以下简称校办）、党委办公室（以下简称党办）是学校行政和党委的综合办事机构，下设秘书科一科、秘书科二科、行政科一科、行政科二科、机要科、督办科。学校信访办公室挂靠校办。校办同时指导华侨大学董事会驻香港办事处、华侨大学澳门联络处、华侨大学北京办事处开展日常工作。

2013年，校办党办在学校领导的关心和领导下，紧紧围绕学校中心工作，把握学校发展大局，充分履行参谋助手、综合协调、信息枢纽、督办落实的职责，服务领导、服务部门、服务基层，开展了富有成效的工作。

【综合协调工作】 负责学校重大活动、综合性事务的方案制定、统筹协调工作。全年统筹协调学校主办或承办的活动22场，参会人员约2.5万人次。其中重要活动有：学校第五届党代会、文化中国·2013全球华人中华才艺（龙舟）大赛、第三届中国侨务论坛、聘任尼空议长任华侨大学名誉教授仪式暨第八届外国政府官员中文学习班毕业典礼、世界冠军创业项目启动仪式、第三届两岸华文教师论坛、第二届中泰战略研讨会、中华才艺（音乐·舞蹈）培训基地等三机构揭牌仪式、第五届世界华语文教学研究生论坛、开学典礼和毕业典礼等。负责完成全年26次校长办公会、15次党委常委会会议的召集、议题收集、记录整理，分发校长办公会议《决办通知》88份，跟踪落实学校决定、批复和跟进校领导指示的贯彻落实情况。

【文秘工作】 充分发挥文字"辅政"作用，积极做好综合文字服务工作。全年撰写国侨办主任裘援平莅校视察工作汇报、学校第五次党代会工作报告、落实中央八项规定和福建省实施办法工作总结以及学校行政、党委工作总结、计划等各类综合文稿近50篇，在学校各级各类活动中代拟上级领导、学校领导讲话稿、主持辞以及各类贺信、感谢信等共408份。负责学校公文处理，指导和规范学校各部门的公文处理工作。全年起草、审核以学校名义向外报送的公文，以及处理、批复校内部门请示共1048份。负责学校党政信息管理工作，全年编辑《华大信息简报》25期，上报国侨办、中共福建省委办公厅、福建省政府办公厅和福建省教育厅信息217条，被采用59条，在为学校和上级机关做好信息服务的同时，较好地宣传了学校工作。编撰、出版《华侨大学年鉴（2013）》，系学校历史上首部年鉴。启动和实施《华侨大学规章制度文件汇编》编辑工作，推进依法依规治校。充分发挥9名校领导兼职秘书作用，做好校领导的日常服务。严格印章管理，全年使用学校党委、行政印章及校领导印章共25000余次。

【督办工作】 负责检查、督促学校决策、领导批示和交办事项的贯彻执行情况，提高学校行政管理工作效率。对年初校长办公会研究确定的奖学金、教学设施、医疗卫生、宿舍改造、无线网络、工资待遇、餐饮等18件为民办实事项目进行跟踪、督办，全年共跟踪10次，印发《华大督办简报》3期、"情况通报"1次，保障了所有项目于12月底如期完成。全年制发办理通知单15份，对校领导批示的学校部门请示事项进行督办，全部办结；对校领导在OA收文的批示意见进行20多件（次）跟踪督办，按时按质完成业务工作。

【行政事务工作】 负责学校来宾接待、会议室管理及会务服务、两校区班车运行管理、行政办公用房规划及管理等行政事务工作。2013年，共接待国务院侨办、教育部、财政部等各级政府部门领导，校董校友，国内外高校、科研机构专家学者等近30批次、300余人次，主要有：国侨办主任裘援平、副主任何亚非莅校视察与指导工作，泰国上议院议长尼空莅校访问，福建省委常委陈桦莅校调研，国家自然科学基金委员会副主任、中国科学院院士姚建年接待工作等；共承担各类会议2150场次，提供会务服务1048场次，参会人员10.8万人次。

【机要工作】 负责学校收文办理、机要通信、保密、学校钢印及办公自动化管理等事务。全年共收办中央及地方党政各级部门和有关单位文件约2112份；分别接收、投递机要邮件各1550份、781份；为学校各单位准确、快速递送各类重要文件、档案、考试及其他材料，保障学校机要通信安全畅通；完成省教育厅公文平台升级的培训和应用等工作；认真做好学校机要值班工作，规范办理各类密码电报、涉密文件；根据工作需要调整了学校密码工作领导小组成员，完成全国保密普查工作，配合省国家保密局做好省直保密协作组相关工作，为校保密委成员征订《保密工作》和《保密科学技术》杂志各21份，销毁各类废旧文件材料约1100公斤；负责学校办公自动化日常管理，及时处理异常文件；增删新进、调岗、离校和退休人员的工号，并做好相关技术问题的咨询、解答和指导等；按时完成学校组织机构代码证年检工作。

【校务公开】 进一步完善校务信息管理，推进校务信息公开，提高学校工作透明度。维护学校校务信息公开网页，新增"外事管理"栏目，设立"公告栏"，开通并启用学校校务信息公开邮箱；定期检查各板块信息工作动态，针对出现的问题督促相关职能部门进行整改；负责"学校事务"模块信息的更新管理。撰写并向国务院侨务办公室、福建省教育厅报送《华侨大学关于2012~2013学年度校务信息公开情况的报告》，同时在学校主页公告栏发布，自觉接受社会监督。

【信访工作】 文明接待群众来访、来电、来信与来邮，帮助信访人认真分析问题并耐心细致地做好思想工作，并及时与学校相关职能部门进行沟通了解，掌握客观事实，尽可能妥善协调解决问题；及时排查可能引发集体信访事件的隐患，基本做到及时掌握信访动态，并分析和预测事态发展情况，及时与相关部门沟通，协调化解矛盾。2013年，信访办公室共受理信访事项194项，其中包括求决事项36项、批建事项13项、检控事项3项、其他信访事项142项，内容涉及教学科研、学生管理、人事管理、生活待遇、劳动保障等问题。办结信访事项191项，办结率达98.45%。

（校长办公室、党委办公室供稿）

驻外机构工作

华侨大学董事会驻香港办事处

【招生与宣传】 参加廿三届香港教育及职业博览会、教育部组织的内地高等教育展，学友社刊登招生广告，宣传推介华侨大学。到香岛专科学校、潮州会馆中学、闽侨中学等学校，以播放学校介绍片、PPT讲解、现场答疑及分发宣传资料等方式向香港学生介绍华侨大学概况和招生政策。先后组织十几个香港中学师生团到华侨大学参观考察。2013年，华侨大学在香港地区共招收本科生320人，预科生56人，共计376人。

【协调与联络】 1月30~31日，贾益民校长访港，举行华侨大学第六届董事会香港董事迎新春茶话会，并出席了华侨大学香港校友会新春座谈会。其间他还拜会了香港方润华基金主席方润华先生。方润华先生在认真了解了华侨大学在科研方面的困难后，慷慨解囊捐资110万港币用于华侨大学润良分子诊断研究室的建设，并与贾益民校长共同签署了捐赠协议书。

3月22~25日，贾益民校长访港，为国学大师饶宗颐先生颁授华侨大学名誉教授聘书。其间他出席了香港泉州慈善促进总会成立十二周年暨第五届董事就职庆典慈善晚会，还分别拜访了林树哲副董事长、洪祖杭副董事长、陈守仁副董事长、蔡素玉副秘书长。

6月10日，国务院侨务办公室主任裘援平一行抵达香港，拜访中国海外交流协会、中国侨商投资企业协会、中国华文教育基金会。校长贾益民，华侨大学董事会李群华、陈守仁、林树哲、施子清、庄启程、李碧葱、陈成秀、姚志胜、林广场、刘长乐等10位校董出席。在港期间贾益民校长应邀出席了香港侨界社团联会第五届会董就职典礼，还分别拜访了施子清副董事长、杨孙西董事。

10月11日，香港中文大学麦继强教授向华侨大学四端文物馆捐赠个人收藏的各类文物181件。

11月17日，校党委副书记朱琦环专程赴港出席香港华侨华人总会成立20周年庆典晚会，其间还会见了香港校友代表。

12月9日，第二届饶宗颐与华学暨香港大学饶宗颐学术馆成立十周年庆典举办。

国际学术研讨会在香港大学群芳讲堂举行，华侨大学校长贾益民教授应邀出席并在开幕式上致辞。在港期间，贾益民校长还分别拜访了陈进强副董事长、蔡素玉副秘书长、庄善春董事、邱建新董事，并与李碧葱副董事长等香港校友代表亲切座谈。

2013年度，华侨大学教育基金有限公司接受香港校董及各界捐款共计278万港元。

（华侨大学董事会驻香港办事处供稿）

华侨大学驻澳门联络处

【概况】 澳门联络处的工作职责是负责学校在澳门的宣传、对外招生、合作交流、联络接待等工作，协调澳门校董、澳门校友以及合作办学等机构与本校的联系工作。

2000年12月6日，经校长办公会特别会议一致决议，在澳门设立"华侨大学澳门联络处"，洪雪辉为首任主任；2004年3月至2010年8月，任命杨建云为第二任主任；现任主任为陈中。

【招生与宣传】 按照学校招生计划，2012年11~12月期间安排两轮共计17场次的推介讲座。7月发放完成《录取通知书》后，于7月28日开展新生入学咨询活动，举办澳门新生入学介绍会，邀请在校澳门同学及澳门校友介绍学校学习与生活情况、学业完成后步入社会工作情况等。9月7日，组织澳门新生集体入学报到。12月2~13日，开展2014年面向澳门招生宣传工作，共安排了两轮20所中学及教育机构的宣传讲座。教育部内地高等教育联展同期在澳门进行，学校也参加了此次联展。

【协调联络工作】 协调联络澳门各方在学校举办的各类交流活动。8月16~19日，以"澳门城市活化"为主题的华侨大学建筑学院毕业生设计专题展览在澳门塔石广场玻璃屋举行；8月4~24日，澳门大专学生拥"普"福建之旅——语言文化课程夏令营在华侨大学举行；12月14日，澳门校友会主办的第三届"澳门文化周"在泉州校区开幕。

【参访接待工作】 负责联络安排校领导莅临澳门的参观访问以及教师学生访问团的行程,主要团组如下:

2月1日,华侨大学第六届董事会澳门董事迎春座谈会在澳门南光大厦举行。澳门校董李本钧、唐志坚、李沛霖、王彬成、林金城,华大澳门校友会会长林辉莲,华大澳门教育基金会理事长陈自锦、监事长冯家辉、副理事长兼秘书长黄进,校领导贾益民、关一凡出席座谈会。会议由华侨大学第六届董事会副秘书长唐志坚主持。校领导拜访了全国政协副主席、学校名誉董事长何厚铧。

5月15~20日,以贺诚校长为团长的澳门教业中学、菜农子弟学校、东南中学、氹仔坊众学校、同善堂中学、工联职业中学、劳工子弟学校、濠江中学等学校校长、教务主任、教师以及澳门中联办文教部官员、澳门中旅组成的澳门中学教师代表团一行18人,对学校进行为期五天的访问交流。

7月22~25日,学校党委书记关一凡、校友总会会长李冀闽率领"2013年华侨大学优秀学生访澳交流团",一行50名华大师生莅澳交流访问,拜访了澳门中银青年协会;交流团一行前往澳门城市大学,听取了李嘉曾教授所做的题为《澳门历史文化概述》的讲座,拜访了澳门学联荟青中心和澳门日报社。并参加了华大澳门校友会成立三十周年庆典活动。

8月28~30日,"华侨大学第七届马有礼优秀中青年管理干部培训考察团"到访澳门,拜访校董马有礼先生,汇报该团培训考察的情况。

(华侨大学驻澳门联络处供稿)

华侨大学驻北京办事处

【概况】 2003年1月13日,华侨大学校长办公会暨党委常委会研究决定设立华侨大学驻北京办事处,任命卓高鸿同志为华侨大学驻北京办事处主任。2011年9月26日,学校任命卓高鸿同志为校长办公室、党委办公室副主任,继续兼任华侨大学驻北京办事处主任,2012年9月,李俊杰同志被任命为华侨大学驻北京办事处副主任(正科级)。办事处的主要工作职责:负责与中央有关部门和单位、国务院侨办的联系,收集有关信息并及时向学校领导及相关部门反馈;负责与兄弟院校驻京办的横向联系,加强校际往来,加强与北京校友的联系和沟通,协助北京校友会开展活动;承担学校赴京工作人员的接待服务工作,为学校借调北京的工作人员提供便利;负责与学校借调国家部委工作的人员的经常性联系,并协助开展工作;负责与国务院侨办、发改委、财政部、教育部、人社部、科技部等有关上级机关对口部门的联络工作;通过各种渠道宣传学校改革和发展成果,积极为学校争取项目和资金,收集有关信息并及时向学校反馈；负责与北京校友会、省（市）政府驻京办、兄弟院校驻京办的横向联系；根据学校财务管理的要求，管理好驻京办财务账目，定期处理驻京办账务。完成学校交办的其他工作。

协助学校做好《华侨华人蓝皮书》新闻发布会各项工作，做好学校法人、组织机构代码以及华大校友总会法人的年检相关事宜，协调做好借调人员的管理服务工作等。

（华侨大学驻北京办事处供稿）

校友工作

【概况】 2013年，学校校友工作更加注重努力团结海内外校友，秉承服务校友、服务社会、服务母校的理念，充分发扬校友爱国、爱校精神，积极搭建交流平台，加强校友与母校的联系。坚持以校友会工作的创新和可持续发展为目标，指导各地校友分会工作。负责校友接待及走访，编发电子杂志《华大校友》、收集校友数据、发布校友动态。截至2013年底，已有各地校友分会共40个、专业校友会1个，全年接收捐款、捐物的总价值近1100万人民币（含校董校友）。

【华侨大学校友会在国家民政部正式注册】 2013年7月，历经多年的筹备和申请，华侨大学校友会正式在中华人民共和国民政部登记成立，成为具有法人资格的全国性社团组织。华侨大学校友会在民政部的成功注册，使各个时期的校友根蔓相接，使母校与海内外的校友渊源汇聚，为学校的发展历史又添重彩。华侨大学校友会将严格按照民政部《社团登记管理条例》的要求以及校友会章程，健全制度，规范管理，更广泛地联系校友、服务校友、服务社会、服务母校，促进校友会会务的规范化运作，更好地团结和带领广大校友，加强对校友活动的指导和管理，把学校校友工作推向更高层次。

【校友总会五届三次常务理事扩大会议】 7月23日，华侨大学校友总会五届三次常务理事扩大会议在澳门召开，来自港澳台地区和印尼、泰国、澳大利亚、加拿大、日本等国家及内地部分省市的华大校友会会长及常务理事50余人齐聚澳门，探讨交流新时期校友会工作的拓展与提升。校党委书记关一凡、校友总会会长李冀闽出席会议并讲话。会上，校友工作办公室主任项士敏代表理事会做工作报告，香港、北京、上海、厦门校友会代表先后发言，汇报各校友会一年来开展活动的情况和未来规划、设想。与会代表也纷纷发表对新时期校友会工作拓展和提升的意见与建议。

【校友接待及走访】 2013年，学校共接待返校参加30周年院庆的建筑学院、华文学院校友等30余批次校友重返母校。学校和校友总会领导走访了香港、澳门、北京、山东、江苏、浙江、广州、广西等省外校友会及厦门、莆田、晋江、福清等多个省内校友会，参加了多个校友会的年会、团拜会等活动。

【新一批校友会成立】 2013年，宁德、河南、天津等地校友会及厦门校友会法律分部、工商学院EDP同学会先后成立，我国湖南、贵州、云南及日本、缅甸等地校友会的筹建工作也在推进中。

6月30日，华侨大学宁德校友会在宁德宣告成立。华侨大学校友总会会长李冀闽、校长助理彭霈一行，宁德市侨联主席余志强等出席成立大会，王启昭出任首任会长，肖清第任理事长。会上，余志强宣读了华侨大学宁德校友会加入宁德市侨联团体会员的批复并做讲话。

10月26日，华侨大学河南校友会在郑州成立。校党委书记关一凡、校友总会会长李冀闽、原校长吴承业专程赴豫出席成立大会致贺，并共同为河南校友会成立揭牌。河南省人大外事侨务工作办副主任谢国生、河南省政协港澳台委员会副主任邹文珠、河南省政府外事侨务办公室纪检组长郝利军、致公党河南省工作委员会主委王鹏杰、河南省归国华侨联合会副主席沈钊昌到会祝贺。吴永红任首届会长，王纪锋任秘书长。

11月2日，华侨大学天津校友会宣告成立。华大校友总会会长李冀闽一行专程赴津致贺，天津市科学技术委员会副主任张勇勤，天津市侨联常务副主席陈钟林，福建省人民政府驻天津办事处主任李建全，原新加坡驻华大使馆商务参赞、原新加坡政府经济发展局亚洲区署长林敬文及70余位天津校友出席成立大会。李易任首届会长，魏勇盛任常务副会长，韩文博任秘书长。

12月15日，华侨大学厦门法律校友会在厦门成立。华大校友总会会长李冀闽，老领导庄善裕到场见证。张效峰任首届会长，李宗泰任秘书长。法律系校友、北京校友会会长王云出任厦门法律校友会名誉会长。

12月28日，华侨大学EDP同学会在泉州成立，系华侨大学首个以专业为特色的校友会。华侨大学校友总会会长李冀闽，党委副书记、校友总会理事长朱琦环，泉州市委副秘书长、政研室主任刘曙庆等共同点亮启动球，并为首届理事会成员授会旗、颁发证书。洪朋友为首届会长，尤文辉为监事长，公涛为秘书长。

【校友联络员聘任】 5月29日，2013届校友联络员聘任大会在陈嘉庚纪念堂科学厅召开，来自泉州、厦门两校区的168名2013届毕业生代表受聘为新一届校友联络员。校党委书记关一凡、校长助理彭霈，华大台湾校友会会长许思政及厦门、泉州、莆田、龙岩等地校友会相关负责人，各地校友会代表，2011届、2012届校友联络员代表，2013届校友联络员等与会。泉州校友会会长郭景仁和外国语学院2010级研究生方芳分别代表各地校友会和新一届联络员发言。

【优秀学生访澳团】 7月22~24日，校党委书记关一凡率由35名在校学生组成的华侨大学2013年优秀学生访澳交流团赴澳门交流访问，拜访了澳门中国银行总部、澳门学联、澳门城市大学、澳门日报，并参加了澳门校友会30周年庆典。在澳期间，交流团一行还参观了望厦村、大三巴牌坊、妈阁庙、金莲花广场和澳门历史博物馆等历史人文景点。

【平台建设】 截至2013年12月底，华侨大学校友网访问量已经达239万余人次，为更好地适应新形势下的校友工作，学校拟对校友网进行改版，依托华侨大学网站群对其进行管理，新版校友网的页面正在设计中。2013年底，华侨大学新版校友信息数据库已进入试运行阶段，基本完成建校以来招生信息资料的收集工作，保证了基础数据的完整性。校友总会按季度编发电子杂志《华大校友》，通过网站及邮件的形式发给校友，全年完成15期的编辑工作。

【校友讲坛】 学校定期邀请部分校友返校开设讲坛活动，让各地校友与校生分享创业经验、人生阅历和发展成绩，开拓在校生视野，拉近其与社会的距离。2013年校友讲坛共开设5讲，主讲人分别是美术学院王君英校友、计算机学院林方真校友、哲社学院黄万滨校友、工商学院梁焯庭校友。截至目前，校友讲坛已邀请21位校友嘉宾返校开讲，他们分别来自计算机、美术、工商、旅游等多个学院和专业。

【校友企业专场招聘会】 12月3日，华侨大学2014届毕业生大型招聘会之校董校友企业专场招聘会在厦门校区举行。本次招聘会共吸引广州和氏璧化工材料有限公司、厦门市临家餐饮投资有限公司、泉州东海开发有限公司等40余家校董校友企业参会，带来涵盖材料化工、网络科技、汽车机械、教育培训等行业的近500余个就业岗位。

【校友捐赠】 10月23日，华侨大学校长贾益民与校友魏腾雄签订捐赠协议，魏腾雄校友慷慨捐资1000万元人民币在华侨大学泉州校区兴建体育馆。魏腾雄1993年7月硕士毕业于华侨大学，之后留校任教二十年。1999年与他人合作创办泉州天地星电子有限公司，现任公司董事长。他热心公益事业，先后在高校、慈善总会设立专项基金，造福桑梓。此外，他的材料学院敬贤基金、数学学院爱心基金每年持续发放。

【台湾校友会拜访海基会董事长林中森】 12月，华侨大学台湾校友会会长许思政一行7人拜会了台湾海峡交流基金会，与海峡交流基金会董事长林中森亲切会面。许思政介绍了华侨大学及华侨大学台湾校友的基本情况，汇报了华侨大学台湾校友会在两岸文化交流方面所做的工作，希望作为沟通两岸的渠道的海基会能更多关注华侨大学校友及即将毕业的台湾学生在台湾的后续升学及就业。林中森肯定了华侨大学台湾校友在台湾地方经济建设发展中做出的贡献，期待校友会工作蒸蒸日上。

【澳门文化周系列活动】 12月14日，第三届"澳门文化周"在学校开幕，开幕式暨澳门回归十四周年联欢晚会在泉州校区南苑餐厅举行，华侨大学党委书记关一凡，校友总会会长李冀闽，泉州校友会会长郭景仁，澳门校友会会长林辉莲，部分华大师生，数十名澳门学生及泉、澳两地校友出席开幕式。文化周期间还举办了基本法展览、足球友谊赛等活动，来访校友还走访了泉州市委统战部、校友企业天地星电子有限公司等，并向华侨大学尤梅幼儿园捐赠一批教学器具。

（董事会办公室/校友工作办公室供稿）

发展规划工作

【概况】 华侨大学发展规划处是为学校事业发展、学科建设、绩效评估等提供决策咨询、协调服务的职能机构，下设事业规划科、信息管理科，与华侨大学学科建设办公室、华侨大学绩效评估中心、华侨大学高等教育研究中心合署办公。2013年，发展规划处在学校主管领导的正确领导下，充分发挥学科建设、事业规划、绩效评估、对外合作、信息管理、高教研究等职能作用。

【学科建设】 组织华侨大学材料科学与工程、信息与通信工程、公共管理等3个学科参加了教育部学位与研究生教育发展中心2012年学科评估。材料科学与工程学科整体水平进入参评高校的前50%，一级指标中科学研究水平进入参评高校的前50%，二级指标中的代表性学术论文质量、科研项目情况、学位论文质量等进入参评高校的前50%；信息与通信工程学科二级指标中的专职教师数、代表性学术论文质量、学位论文质量进入参评高校的前50%；公共管理学科二级指标中的专家团队情况、学位论文质量进入参评高校的前50%。评估结果从不同层次和角度分析了本单位学科水平和发展状况，以期为学科建设与发展提供参考。

11月，组织哲学、应用经济学、法学、政治学、中国语言文学、统计学、机械工程、光学工程、仪器科学与技术、计算机科学与技术、建筑学、土木工程、生物医学工程、城乡规划学、软件工程、管理科学与工程、工商管理等17个学科参加了教育部学位与研究生教育发展中心学科对比分析服务。学科对比分析服务从师资队伍与资源、科学研究水平、人才培养质量三个一级指标，专家团队情况、专职教师数、重点学科与重点实验室、代表性学术论文质量、科研获奖、专利转化、科研项目情况、教学与教材质量、学位论文质量、学生国际交流情况、授予学位数十一个二级指标，通过均衡性分析，对学校在师资队伍、科学研究、人才培养等方面的平衡发展和有针对性地进行内涵建设提供了参考和建议。

【重点项目建设】 学校较好完成2013年各项重点建设任务，并获2013年度福建省重点建设高校和优势学科创新平台建设专项资金绩效自评工作优秀等级。一年来，学校新增2个博士后科研流动站，获批1个省优势学科创新平台和1个平台培育项目，获批6个省特色重点学科和22个省级重点学科；2013年成功申报国家"外专千人计划"，新增双聘院士3人，"闽江学者"特聘教授2人、"闽江学者"讲座教授4人、教育部新世纪优秀人才1人、福建省高校领军人才2人、福建省新世纪优秀人才6人等；新增国家社会科学基金项目14项，国家自然科学基金项目45项；新增3个省级重点实验室；徐西鹏教授研究团队"石材高效加工用金刚石磨粒工具关键技术及应用"成果获"2013年度国家科学技术进步奖"二等奖；华侨华人蓝皮书《华侨华人研究报告（2013）》在京发布，引起国内外较大反响；华侨大学"石材产业高端制造技术及装备协同创新中心"入选2013年度福建省首批"2011协同创新中心"，"海外华文教育与中华文化传播协同创新中心"入选2013年度福建省首批"2011协同创新中心"培育对象，各项重点建设项目取得了新的进展。

【发展战略研讨会】 2013年8月31日，华侨大学2013年发展战略研讨会在泉州校区陈嘉庚纪念堂举行。会议以学科建设为主题，就如何加快推进学科建设，推进学校内涵发展进行深入探讨。会上，校长贾益民做了重要讲话，就如何加快推进学科建设，推进内涵发展提出针对性意见。与会人员对《华侨大学中长期学科建设发展规划（2013~2020）（征求意见稿）》进行了研讨。会议形成《关于华侨大学学科建设发展的思路与建议》，供学校领导决策参考。

【事业规划】 积极撰写学校各类规划报告，2013年撰写了上报国侨办的《华侨大学2013年重点工作方案》；拟写《华侨大学"十二五"发展规划中期评估报告（征求意见稿）》，在全校范围内征求、汇总意见并做进一步修改；根据省教育厅要求，完成《华侨大学2011~2012年度本科教学质量报告》（华大函〔2013〕325号）、《华侨大学闽台高校教育交流与合作试点工作总结报告》《华侨大学闽台高校教育交流合作情况及典型经验（案例）》《华侨大学推进教育综合改革等工作典型经验和做法》等材料的撰写工作；协助参与国侨办秘行司领导来校开展节能检查工作，并撰写《华侨大学能源资源消费统计制度实施情况汇报材料》；完成《华侨大学年度办学质量白皮书》编写工作；完成学校网站首页《华侨大学简介》内容撰写与发布；协助参与学校各教学科研单位行政领导班子目标责任书指令性目标汇总等工作。

每周定期编辑印发《发展规划简报》，整理国内外高等教育发展的最新动态、政策措施，国内外一流大学在事业规划、学科建设、绩效评估、人才培养、科学研究、办学国际化等方面的成功经验，以及华侨大学建设发展的思路设想、对策建议和发展成绩等相关文章。一年来共编辑 37 期，共计 50 多万字。

【对外合作】 根据《福建省教育厅关于做好重点建设高校对口支援一般本科院校建设工作的通知》（闽教高〔2012〕144 号）精神，华侨大学对口支援莆田学院办学。2013 年 1 月 12 日，华侨大学与莆田学院签署了《华侨大学支持莆田学院办学协议》，在学科建设、专业学位硕士点建设、教师队伍建设、人才培养等方面对莆田学院提供重点支持和指导帮助。

1~5 月，学校先后与台湾暨南国际大学、台北教育大学、台湾高雄师范大学 3 所台湾高校签署合作协议，与台湾高校在学生交换培养、教育教学项目合作研究、科研开发、学科与师资建设、华文教育等方面展开合作，推动海峡两岸教育界的良性互动。3 月 19 日，学校与上海航天技术研究院签署战略合作协议，在太阳能应用、海岛工程、卫星导航、新型材料等领域进行全面战略合作，共建产学研平台。8 月 14~16 日，在泰国访问的校长贾益民分别与曼谷吞武里大学、克里斯汀大学、清迈大学等知名高校签署合作协议，双方在华文教育、全英专业合作、语言类专业合作、教师互换、学生交流等领域进行交流合作。9 月 6 日，华侨大学与泉州台商投资区签署战略合作框架协议，推进校地合作共赢。根据协议，双方将共同推进产业结构优化升级，共同建设高层次研发平台及产学研基地，共同发展泉州台商投资区文化教育事业。

【高教研究】 2013 年，发展规划处继续修改完善《华侨大学章程》（征求意见稿）。继 2012 年 11 月首轮意见征求后，2013 年 7 月学校分别在两校区召开第二轮意见征求会。9 月，学校启动《华侨大学章程》（征求意见稿）第三轮意见征求，向学校各单位、本届教代会代表、华侨大学高等教育研究中心专家库成员等发放征求意见稿近 300 份。9 月 24 日，在两校区分别召开《华侨大学章程》学生意见征求会，共面向 107 名学生征求意见。

工作人员19人，下设人事科、师资科、工资福利科、人事信息与档案管理科，挂靠单位有高层次人才项目办公室、人才交流服务中心等。

【教职工队伍情况】 2013年，学校新增教职工170人（其中编制外50人），退休43人，调离（含辞职离职）人员27人（其中编制外9人），去世12人。

截至2013年年底，华侨大学在职教职工总数为2459人，其中，专任教师1376人，占55.96%。在专任教师中（不含思政系列），教授（正高职称）213人，占专任教师总数的15.48%；副教授（副高职称）388人，占专任教师总数的28.2%；中级职称及以下者共775人，占专任教师总数的56.32%。专任教师中具有博士学位的有669人，占教师队伍的48.62%；具有硕士学位的有492人，占教师队伍的35.76%；具有硕士及以上学位教师共有1161人，占教师队伍的84.38%。

【师资队伍建设】 2013年共引进新教师94人，其中具有博士学位的教师89人，具有硕士学位的教师5人；具有一年以上海外留学经历的有32人，契合学校加快师资队伍国际化的要求。学校通过柔性引进、聘请讲学等方式拓宽人才引进渠道，提高人才引进层次和质量，2013年共聘请名誉教授4人，客座教授2人，兼职教授45人。

支持资助4名教职工在职攻读硕士学位，13名教职工在职攻读博士学位；资助派出29名教师出国（境）留学研修，其中国家公派16人，学校公派6人；资助11名教师赴国内高水平大学和研究机构进行访学；支持14名教师在职进入博士后站点从事研修。

为进一步提高教育教学质量，推动国际化办学进程，提升全英文课程授课质量，学校在2013年3月出台《华侨大学全英文课程授课教师资格认定及管理办法》，并进行了两轮全英文课程授课教师资格认定，共40名教师获得全英文课程授课教师资格。

截至2013年年底，学校有双聘院士4名，"国家杰出青年科学基金"获得者1名，国家"青年千人计划"入选者1名，国家"新世纪百千万人才工程"入选者2名，教育部"长江学者和创新团队发展计划"创新团队1个，教育部"优秀青年教师资助计划"入选者1名，教育部"新世纪优秀人才支持计划"入选者13名；福建省海西产业人才高地创新团队领军人才1名，福建省引进高层次创业创新人才（百人计划）3名、创新团队1个，福建省"百千万人才工程"入选者17名，福建省"闽江学者"22名，福建省优秀专家2名，福建省杰出科技人才1名，福建省"高校新世纪优秀人才支持计划"入选者42名，福建省"高校杰出青年科研人才培育计划"入选者27名，泉州市杰出人才2人，历年享受国务院政府特殊津贴专家50名（扣除去世、调离后合计39人）。

【职称评审与聘任工作】 2013年，根据《福建省人民政府关于进一步支持高校加快发展的若干意见》（闽政〔2012〕47号）等文件精神，学校进行专业技术职务评聘改革，出台《华侨大学专业技术职务聘任实施办法（征求意见稿）》（华大职〔2013〕2号）和《关于2013年专业技术职务聘任工作安排的通知》（人事〔2013〕76号）。全年共有331人通过职称评审（确认），其中高级职称95人，中级职称153人，初级职称83人。

【岗位设置与聘用工作】 2013年，学校正式启动首次岗位设置与聘用工作。1月，学校发布各单位各系列岗位聘用名单，首次岗位设置与聘用工作基本完成。6月，学校对华文学院编制进行了梳理，对其现有人事代理人员进行身份确认。10月，学校制定各单位各系列岗位聘期任务，并于12月组织全校教职工签订聘期任务协议书。

【人事档案管理工作】 截至2013年12月31日，人事档案室内共存有人事档案3216卷，其中在职教工档案2178卷、离退休教工档案1038卷。2013年，人事档案室接收、整理和归档新进人员档案119卷，接收、录入并归档学校各部门移交的零散材料7982份，寄出档案19卷，催回档案29人次。此外，整理离职人员档案407卷，并做了目录及检索，移交到学校档案馆统一管理。人事档案室共接待查档人133人次，查阅档案259卷，利用档案92卷，提供档案借阅38卷。

根据新进教职工在人事系统上上传的学历学位附件，在中国高等教育学生信息网（学信网）上核实其学历，2013年共核查学历130人次。

【博士后流动站】 华侨大学现有博士后流动站5个，分别是机械工程博士后流动站、应用经济学博士后流动站、土木工程博士后流动站、哲学博士后流动站、化学工程与技术博士后流动站。现有博士后导师20人，培养博士后43人，流动站自主招收16人（含4位师资博士后），工作站联合招收27人，已出站15人，现在站28人。

【学校机构设立和调整】

4月，学校成立华侨华人信息中心；

5月，学校成立侨务公共外交研究所，挂靠华侨华人研究院；

9月，根据《华侨大学院属教学机构设置暂行办法》（华大人〔2013〕15号），对学校各院属教学机构进行清理并予以公布；

10月，物流管理专业从经济与金融学院调整至工商管理学院；

12月，成立新一代物质转化研究所。

（人事处供稿）

财务工作

【概况】 2013年，学校财务工作积极发挥服务与保障等方面的作用，为学校各项事业快速发展，为教学、科研、学科建设、实验室建设、人才队伍建设、学生素质教育和科技实践活动、华文教育、基本建设、基础设施改造、后勤服务等方面工作做出应有的贡献，教职工、离退休人员福利待遇不断提高，财务运行稳健。

2013年，国家财政拨款是学校办学经费的主要来源，学宿费收入是办学经费的重要补充，国侨办的专项经费为建设侨校特色校园文化、海内外华文教育活动等起到重要的支撑作用。学校多渠道筹措办学经费，在国务院侨办的大力支持下，经过学校领导的努力，获得财政专项修购资金拨款14856万元，改善了学校的设备条件，基础设施建设及房屋修缮也得到了改善。国务院侨办分别和福建省、泉州市、厦门市签订共建协议，继续得到各级政府的财政支持。2013年学生学费、住宿费等非税收入19862.8万元。学校纵向科研到款立项金额3843万元，横向科研到款立项金额2127万元，为国家、地方经济和社会建设做出了积极的贡献。学校充分利用侨校的优势，积极争取侨资，不断取得校友和社会各界捐款收入，弥补了学校建设经费的不足，同时得到中央财政1∶1的捐赠配套经费，2013年获得捐赠配套经费3761万元。

2013年财务收支情况如下。

收入情况：本年度学校收入119809.73万元，其中中央财政拨款73674.17万元，约占全年总收入的61%；事业收入21989.38万元，约占全年总收入的18%；附属单位上交收入1379.69万元，约占全年总收入的1%；其他收入22766.49万元，约占全年总收入的19%。

收入结构如图中所示。

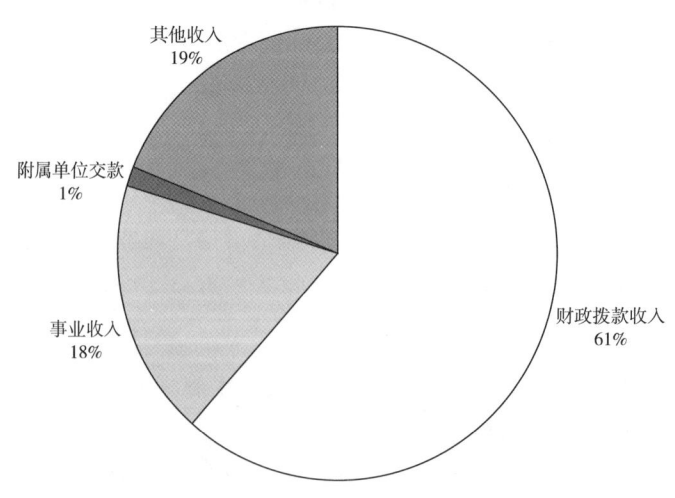

华侨大学2013年收入结构

支出情况：本年度总支出107515.42万元，其中基本支出76237.58万元，约占总支出的71%；项目支出31277.84万元，约占总支出的29%。

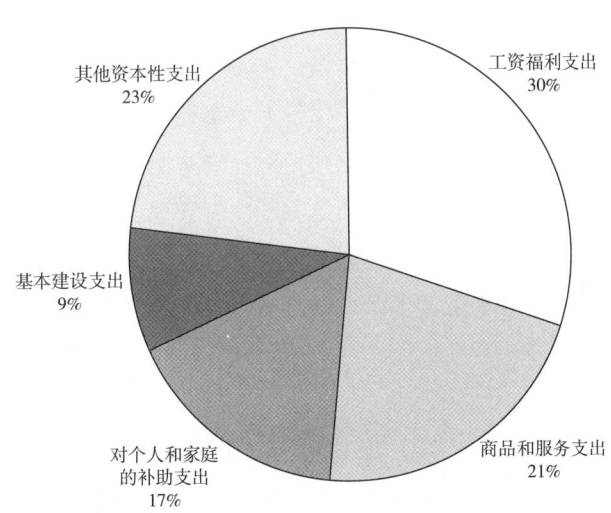

华侨大学2013年支出结构

中央财政拨款收支情况：

2012年结转财政资金21183.50万元，本年财政拨款73674.17万元，预算指标合计94857.67万元，其中基本支出50259.53万元，项目支出44598.14万元。

本年财政拨款实际支出79369.54万元，实际支出占预算指标合计数的84%，其中基本支出50259.53万元，占基本支出预算指标合计数的100%；项目支出实际支出29110.01万元，占项目支出预算指标合计数的65%。

【制度建设】 根据国家财政法规和财务规章制度，结合实际情况，学校修订了《华侨大学财务管理制度》（华大财〔2013〕53号）、《华侨大学财务报销管理规定》（华大财〔2013〕52号）、《华侨大学基本建设财务管理办法》（华大财〔2013〕51号）等17个财务管理制度，进一步规范学校财务核算与管理。

【预算管理】 预算管理是学校财务管理的一个重要组成部分，是学校进行各项财务活动的前提和依据，是完成全年任务的重要保证。2013年学校继续坚持"量入为出、收支平衡"的原则，认真总结分析上年度的预算执行情况，结合学校的发展实际，完成了2014年财政部"一上""二上"预算编报工作及学校内部的预算管理，保证预算合理分配、学校持续发展。

【专项资金管理】 学校2013年的财政专项主要包括改善基本办学条件专项资金、

本科教学质量工程、捐赠配套、基本科研业务费、数量经济学重点特色学科建设等。这些项目的实施，解决了学校多方面的问题，效果显著。房屋维修改造，改善师生教学、上课、学习的设施条件，为学校教学、实验提供了保障；学生宿舍的更新改造，改善了学生的住宿条件，保障了学生的人身及财产安全，降低了学校的风险；艺术演出场地的修缮及相关设备的更新购置，促进了华侨大学多元文化的融合并提高了师生的文化素养，全面推动了华侨大学素质教育的深入发展；安防消防系统的升级改造，发挥消防安防预防的功能，提升了华侨大学安防消防联动控制管理水平；校园的信息化建设，提高了工作效率，完善了基础教学平台，同时推进了学校现代教育技术；实验室建设及学科建设项目的实施，推进了华侨大学教学科研实验条件的改善，为学校教学实验打下了坚实的基础，有利于提高教学实验水平，培养学生的动手能力、实践能力、研究能力。

【基建财务】 2013年学校完成基建投资支出14811万元，其中厦门校区完成投资支出10968万元，泉州校区完成投资支出3843万元；中央财政投资支出12643万元，自筹基建投资支出2168万元。2013年基建在建工程年末数为123572万元。

2013年，中央财政投资基建项目预算执行率为49.02%，厦门校区"十一五"项目大部分建设完成，土木学科实验楼、抗震防灾中心、建筑学科实验大楼、二期学生餐厅、学生宿舍紫荆苑1号楼和音乐舞蹈学院大楼都已基本完工，进入工程竣工验收和结算审核阶段。泉州校区学生宿舍抗震改造工程开始动工建设，教工周转房抗震改造工程也进入实施准备阶段。

【会计代理记账】 代理记账包括后勤实体7个中心及下辖单位、校医院、基金会、校工会、华园印象等两校区23个会计核算主体的账务处理。2013年在完成正常的会计核算及财务服务情况下，配合后勤实体的改革，进行会计核算及财务管理工作优化改进，重点做好以下三方面工作：一是积极参与修订后勤部门被代理单位的运行方案和财务管理实施细则以及《后勤统筹金管理与使用实施细则》（华大后〔2013〕15号）等近10个相关制度，严格遵守制度规定。二是制订合理的工作流程，加强交接工作的管理。制作详细的交接表格，协助做好公共服务中心、交通运输服务中心、第二餐厅、风味馆和接待中心5个被代理单位因更换负责人开展的移交工作。三是加强往来款项的清理。对应收账款进行清理，加强对应收账款的催收，对长期挂账的应收账款，落实责任主体，由责任人负责催收。经过努力，大大降低应收款的总额，缩短应收账款的回收周期，巩固了实体的经营成果。

【会计信息化建设】 2013年9月，学校通过与中国银行协商，开发网上缴费系统，使全校各类学生可以通过网络缴费，得到学生的认同。12月，进一步扩大学生网上缴费范围，在中行网上缴费试点成功的基础上，扩大实行在银联网上缴费范围，进一步方便全校各类在校学生（包括继续教育学院、专业学位学生等）。既提高了工作效率，也提高了学费收缴率，有效地保障了学校学宿费的正常交纳。

【华侨大学教育基金会】 2013年，华侨大学教育基金会收入5925.57万元，其中：捐赠收入5399.54万元，投资收益175.06万元，其他收入350.97万元。

华侨大学教育基金会2013年度支出2274.10万元，其中：业务活动成本2237.75万元，管理费用1.04万元，筹资费用35.31万元。

华侨大学教育基金会2013年度公益事业支出2174.89万元，上年末净资产13706.77万元，公益支出占上一年末净资产的百分比为15.87%。

2013年12月31日基金会资产总额为17358.25万元。

附件：

华侨大学教育基金会理事会成员名单

理　事　长：李冀闽

副理事长：朱琦环

秘　书　长：曾　路

副秘书长：黄种杰

理　　事：丘　进　关一凡　吴季怀　徐西鹏　刘　塨　张禹东　刘　斌

监　　事：衣长军

（财务处供稿）

招生工作

【概况】 面对国家高等教育改革浪潮，招生处结合华侨大学实际情况，积极探索适合华侨大学校情的工作思路，强化各项招生政策的落实力度，2013年在丰富境内外招生宣传途径、拓展海外招生网络系统建设等方面均有显著提升。2013年度顺利完成学校各项本科招生工作任务，在提升生源质量与提高境外生数量上均有新的进展，为稳步推进华侨大学的各项工作奠定了较为良好的基础。

2013年华侨大学共招收本专科学生6972人，实际报到6073人。其中境内生录取5469人，包括本科生5169人，实际报到5117人；高职生300人，实际报到242人。境外生录取1503人，其中本科生1172人，报到630人；预科生331人，报到84人。

【境内生招生工作】 2013级新生报到之后，招生处及时与学院核实新生实际报到情况，对延迟报到的学生跟踪处理，及时做好未报到情况原因分析，做好报到情况统计工作。根据《华侨大学2013年优秀新生奖学金实施办法》《华侨大学境外优秀新生奖学金实施办法》及《华侨大学生源基地协议书》的有关规定，经审核2013年共确定胡晓瑜等5名2013级境内新生符合学校优秀新生奖学金获奖条件，奖学金总额为人民币9100元。

为进一步规范特殊类招生工作，招生处会同纪检监察办公室到学院调研，认真听取相关学院工作思路、学科建设布局方面的意见，严格规范管理各学院特殊类招生工作。支持高水平运动队的招生工作。外派高水平运动队招生小组到山东省、辽宁省考点就重点项目篮球对考生进行测试。规范做好高水平运动队招生的专项测试及文化课考试工作。鉴于音乐舞蹈学院建设及华侨大学民族乐队建设的需要，2013年恢复音乐舞蹈学院校考工作，在湖南省、河北省开展校考招生工作，报名情况喜人；同年美术类招生在黑龙江、河北、安徽、湖南、湖北、广西等地设立校考考点。加强新设校考考点的外派人员配置，指定经验丰富的人员参加。

为更好地规范化管理音乐舞蹈类招生及评分工作，2013年招生处采取以下措施：（1）采取现场评分及录像回来评分相结合的办法；（2）扩大评委数量，确保评判工作的公平性、公正性；（3）根据音乐学专业以及华侨大学音乐舞蹈学院民乐团建设的需要，细化招生专业为重点项目或非重点项目；（4）细化录取规则，对重点项目和非重点项目区别录取规则；（5）细化舞蹈学考生身高报考标准，提高生源形象标准。

鉴于往年在校生寒假返乡进中学进行招生宣传活动取得的效果和良好社会反响，招生处继续与校团委积极配合，2013年共组织两校区的37个团队，走访十余个省份近百所中学，使在校生寒假返乡时进中学开展招生宣传工作。各团组通过不同方式在自己的母校开展招生宣传，将华侨大学的要素在中学宣传，扩大了学校在当地的影响力，对招生工作起到了积极的促进作用。同时，学校积极利用暑期各地举办招生咨询会的契机，组织专业团队前往重点生源地区天津、江苏等地开展招生宣传。

【境外生招生工作】 为了吸引更多优秀外国留学生来闽学习，福建省政府从2012年起开始设立福建省政府外国留学生奖学金。奖学金共包括四个项目，其中由华侨大学招生处受理申请的是"各高校自助招收外国留学生项目"中本科留学生的部分，具体资助标准如下：本科生人民币30000元/（人、学年），资助年限为4年。主要用于资助获奖学生的学费、注册费、住宿费、教材费及保险费等。2013年招生处共推荐15名候选人，获批14名，获奖的学生主要来自老挝、印度尼西亚、马来西亚等国家。同时，在新入学的2013级境外生中审定刘修齐等7名境外新生符合华侨大学优秀新生奖学金获奖条件，奖学金总额为人民币115000元。

为了应对境外招生面对的新挑战，招生处及时理清、理顺境外生招生的工作思路，调整境外生招生的招生政策，继续做好香港、澳门保送工作，制定出台香港中学334制下的招生政策，出台香港保送生方案，与香港中联会建立合作，香港招生达历史新高；做好港澳地区的保送生招生工作；落实了印尼智民学院与经济管理专业的"1+3"合作办学。在教育部本科专业目录调整的大背景下，做好新学年的境外生招生简章编制工作，安排人员赴港澳地区做好招生宣传工作。

2013年招生处积极做好"走出去"工作，派员参加境外的各种招生宣传，扩大华侨大学在境外的知名度：2014年5月参加马来西亚、印度尼西亚教育展，并印刷专门面向两国的招生简章，有针对性地开展招生工作，取得较好效果；11月中旬参加教育部内地75所高校对香港免试招生宣传，做好香港免试招生宣传工作；12月上旬参加教育部内地45所高校对澳门免试招生宣传，做好澳门免试招生宣传工作。2013年共派十余个团组到香港及澳门中学进行招生宣传；组织在校境外生返回居住地开展华侨大学招生宣传。将来自8个国家和地区的境外生共组成10团队（每团5人），走访48所学校，积极在境外地区开展宣传活动，让他们通过自己的视角解读华侨大学，介绍留学中国的各个方面。

做好"走出去"工作的同时，积极推进"请进来"工作，巩固境外生源基地。2013年共有来自港澳台、德国、马来西亚、印度尼西亚、泰国、老挝、缅甸等多个地区和国家的三百余名教师、学生来到华侨大学参观访问，亲身了解华侨大学的办学历史、优势学科、文化活动等。

【**海外招生处建设**】 根据《华侨大学"十二五"发展规划》关于进一步提高境外生招生数量和质量，特别是优化境外生生源结构，增加华人华侨学生比例的要求，招生处逐步通过推进华侨大学海外招生处建设工作，构筑起华侨大学面向全世界的招生宣传网络，截止到2014年，共建立海外招生处54个。

2013年，招生处积极与校内海外华文教育机构等相关单位进行积极沟通联系，先后与日本、英国、德国、斐济、泰国等多个国家和地区建立了新的海外招生处，积极培植在欧洲等发达国家和地区的海外招生处建设。

为了更好地开展海外招生处的建设和管理工作，发挥海外招生处的作用，建立长期的宣传网络，华侨大学成立了海外招生处联络办公室，联络办公室挂靠招生处，办公室主任由招生处负责人兼任，配备专职人员1名（副科级），负责落实工作职能及日常运作。该机构的建立及时加强了学校与海外各个招生处的联系，使沟通信息，传达最新的招生政策等更加便捷。

华侨大学招生处于2012年向国务院侨办申请的海外招生处建设专项经费也在2013年得到了通过，审批下来的专项资金，招生处积极用于海外招生处的建设和资助,激发海外招生处的办事效率和活力,不仅用于从硬件上改善海外招生处的办公条件,也用于对成效显著的招生处进行奖励,得到了海外招生处的积极响应。

2013年华侨大学招生录取及报到情况

	本科	实际招生	实际报到	专科	实际招生	实际报到	合计
合　　计		5169	5117		300	242	5469
北　　京		16	16				16
天　　津		47	45				47
河　　北		181	177				181
山　　西		135	133				135
内　蒙古		97	95				97
辽　　宁		81	79				81
吉　　林		85	85				85
黑　龙江		105	104				105
上　　海		10	10				10
江　　苏		139	138				139
浙　　江		169	169				169
安　　徽		274	2~74				274
福　　建		1643	1629		304	242	1943
江　　西		203	201				203
山　　东		168	166				168
河　　南		174	171				174
湖　　北		120	118				120
湖　　南		176	176				176
广　　东		207	205				207
广　　西		143	140				143
海　　南		60	59				60
重　　庆		117	115				117
四　　川		192	191				192
贵　　州		116	116				116
云　　南		119	118				119
西　　藏		8	7				8
陕　　西		104	103				104
甘　　肃		80	78				80
青　　海		37	37				37
宁　　夏		66	66				66
新　　疆		97	96				97

备注:本数据含华文教育专业。

华侨大学2013年优秀新生奖学金(境内生)

序号	姓名	性别	生源地	学院	专业	等级	获奖理由	金额
1	胡晓瑜	女	福建省	美术学院	视觉传达设计	一等	专业分240,排名全省第4名,文化分432达本二线	30000元
2	郭旖璇	女	湖南省	音乐舞蹈学院	音乐学	一等	专业分241,排名全省第8名,文化分520达本二线	30000元
3	董慧彤	女	宁夏自治区	外国语学院	日语	二等	高考分551,全省排名339名	15000元

续表

序号	姓名	性别	生源地	学院	专业	等级	获奖理由	金额
4	刘子琦	女	青海省	华文学院	汉语言国际教育	三等	高考分489，全省排名402名	8000元
5	黄晓娅	女	青海省	文学院	汉语言文学	三等	高考分489，全省排名402名	8000元

华侨大学2013年优秀新生奖学金（境外生）

序号	姓名	性别	生源地	录取学院	录取专业	评选理由（录取途径及成绩）	入学最低标准	奖金等级	金额
1	刘修齐	女	台湾	文学院	汉语言文学	台湾学测：前标	台湾学测：后标	二等奖	25000元
2	陈建城	男	澳门	土木工程学院	土木工程	教育部联招：492分	教育部联招：本科300分	二等奖	25000元
3	陈温杰	男	香港	建筑学院	建筑学	香港文凭试成绩中英数通识四科：16分	香港文凭试成绩中英数通识四科：10分	二等奖	25000元
4	吕佳华	女	香港	工商管理学院	工商管理类	教育部联招：459分	教育部联招：本科300分	三等奖	10000元
5	刘宜鑫	男	香港	建筑学院	建筑学	香港文凭试成绩中英数通识四科：14分	香港文凭试成绩中英数通识四科：10分	三等奖	10000元
6	黄天诚	男	香港	国际学院	国际商务（全英文教学）	香港文凭试成绩中英数通识四科：15分	香港文凭试成绩中英数通识四科：10分	三等奖	10000元
7	陈星融	男	香港	建筑学院	建筑学	香港文凭试成绩中英数通识四科：15分	香港文凭试成绩中英数通识四科：10分	三等奖	10000元

2013年福建省政府奖学金获奖名单

序号	姓名	性别	国籍	学号	专业班级
1	陈春华	男	印度尼西亚	1313112004	2013级建筑学2班
2	付圣耀	男	老挝	1316101062	2013级工商管理类1班
3	肖美金	女	老挝	1320107030	2013级设计学类7班
4	付圣财	男	老挝	1316103002	2013级工商管理类3班
5	陈福龙	男	老挝	1316103001	2013级工商管理类3班
6	黄异凡	男	印度尼西亚	1323113008	2013级旅游管理3班
7	黄福明	男	印度尼西亚	1324114015	2013级国际经济与贸易4班
8	邱成意	男	马来西亚	1318112028	2013级汉语言文学2班
9	张宇佳	男	马来西亚	1313211070	2013级环境设计（建筑与城市环境设计）1班
10	彭莉莲	女	印度尼西亚	1324114044	2013级国际经济与贸易4班
11	杨丰阳	男	印度尼西亚	1324114060	2013级国际经济与贸易4班
12	维拉风	男	老挝	1316101078	2013级工商管理类1班
13	林舜财	男	老挝	1316102076	2013级工商管理类2班
14	李春慧	女	印度尼西亚	1318121016	2013级广播电视学1班

2013年的各类学历招生情况比较表

年度	招生数合计	全日制普通高等教育（不含华文学院华教专业）									两个预科部	
		小计			本科			预科			昆明	南宁
		招生数	报到数	报到率	招生数	报到数	报到率	招生数	报到数	报到率		
2013	1503	1503	714	48%	1172	630	54%	331	84	25%	38	16

2013年全日制普通本科预科港澳台侨学生分布情况（不含华文学院华教类本科）

年度	总计		香港学生		澳门学生		台湾学生		华侨学生	
	录取人数	报到人数	录取人数	报到人数	录取人数	报到人数	录取人数	报到人数	录取人数	报到人数
2013	1361	609	837	377	342	127	131	63	51	42

2013年华侨大学境外招生的国家、地区分布情况

序号	生源地	全日制普通高等教育									两个预科部	
		小计			本科			预科			昆明	南宁
		招生数	报到数	报到率	招生数	报到数	报到率	招生数	报到数	报到率		
	合计	1503	714	48%	1172	630	54%	331	84	25%	0	0
1	澳门特别行政区	342	127	37%	264	112	42%	78	15	19%	0	0
2	香港特别行政区	837	377	45%	625	321	51%	212	56	26%	0	0
3	台湾省	131	63	48%	109	58	53%	22	5	23%	0	0
4	马来西亚	37	24	65%	28	22	79%	9	2	22%	0	0
5	缅甸	26	22	85%	26	22	85%	0	0	0	24	0
6	朝鲜	13	12	92%	13	12	92%	0	0	0	0	0
7	菲律宾	24	19	79%	17	14	82%	7	5	71%	0	0
8	韩国	1	1	100%	1	1	100%	0	0	0	0	0
9	老挝	15	13	87%	15	13	87%	0	0	0	5	4
10	泰国	19	14	74%	19	14	74%	0	0	0	8	9
11	越南	2	1	50%	2	1	50%	0	0	0	0	1
13	印尼	30	22	73%	30	22	73%	0	0	0	0	2
14	其他	26	19	73%	23	18	78%	3	1	33%	1	0

2013年港澳台本科预科各招生途径录取与报到人数统计表
（不含华文学院汉语言和华文教育专业）

录取方式	总计		香港		澳门		台湾	
	录取	报到	录取	报到	录取	报到	录取	报到
两校联招	708	245	455	176	175	37	78	32
教育部联招	168	72	120	60	23	3	25	9
澳门保送免试	139	82	0	0	139	82	0	0
香港保送免试	159	56	159	56	0	0	0	0
华文预科直升	61	60	49	48	5	5	7	7

续表

录取方式	总计		香港		澳门		台湾	
	录取	报到	录取	报到	录取	报到	录取	报到
东莞台商子弟学校及上海台商子女学校	6	4	0	0	0	0	6	4
本部零星录取	69	48	54	37	0	0	15	11
总计	1310	567	837	377	342	127	131	63

2013年华侨华人留学生全日制本科招生途径录取与报到人数统计表
（不含华文学院汉语言和华文教育专业）

录取方式	华侨华人留学生	
	招生数	报到数
两校联招	25	17
教育部联招	1	0
华文预科直升	30	26
昆明预科直升	38	32
南宁预科直升	16	8
马来西亚学生免试	11	4
厄瓜多尔华侨	8	8
印尼1+3	14	14
马来西亚董总	7	3
老挝寮都公学	6	6
印尼学生免试	9	6
印尼智民推荐免试	4	2
菲律宾免试	3	3
阿根廷华侨华人总会推荐	1	1
其他零星招生	20	17
总计	193	147

华侨大学海外招生处分布与负责人
（本表含2014年度数据）

区域	招生区域	城市	姓名	单位	职务
欧洲	奥地利	维也纳	刑鸿彬	奥中友协华人委员会	主席
	意大利	威尼斯	李雪梅	意大利国际语言学院（金龙学校）	校长
		佛罗伦萨	周钢	意大利佛罗伦萨华人华侨商贸联谊会	会长
		罗马	尹永海	意大利青田同乡总会	会长
	西班牙	巴塞罗那	陈庸光	巴塞罗那福建商会	会长
			俞晓明	加泰罗尼亚华侨华人联合会	
		马德里	徐松华	欧华联会/西班牙中国和平统一促进会	主席/会长
	瑞典		唐兵	瑞典华人总会	副会长
	丹麦		李丽华	丹中文化交流协会	主席
	挪威		龚秀玲	挪威华人华侨妇女联谊会	
	德国	波恩	金建书	中德文化交流波恩嘉年华协会	主席
	英国	伯明翰	李婧媛	英国教育中心	总裁

续表

区域	招生区域	城市	姓名	单位	职务
亚洲	马来西亚	新山	陈再藩	二十四节令鼓创始人	执行董事
		吉隆坡	苏美娟	马来西亚华校董事联合会总会（董教总全国华文独中工委）	助理（学生事务局）
		巴生	苏耀原	巴生中华独立中学	事务主任
		槟城	郑洲升	马来西亚校友会槟城分会	
		吉隆坡	陈志成	马来西亚留华同学会	会长
		马六甲	黄祥胜	马来西亚多元文教交流协会	主席
		沙巴	黄一鸣	沙巴国民型华校董事会联合会	会长
		古晋	黄国辉	古晋中华第一中学校友会	会长
	新加坡		林龙飞	华侨大学新加坡校友会	会长
	缅甸	仰光	江琪英	缅甸仰光福星孔子课堂	副校长（理事会秘书长）
		曼德勒	李祖清	缅甸曼德勒福庆学校	校长
	越南	老街省	阮氏怀秋	越南老街省教育与培训厅	
	印尼	泗水	王其君	中国华侨大学驻印尼代表处	主任
		雅加达	陈玉兰	印尼智民学院	校长
	老挝	沙湾拿吉	李焕诚	老挝沙湾拿吉崇德学校	校长
			韩福畴	老挝沙湾拿吉中华理事会	副理事长
		万象	林俊雄	老挝万象寮都公学	校长
		乌多姆塞	陈权	老挝寮北学校	副校长
	泰国	清莱	徐位麟	美赛光明华侨公立学校	校董
		曼谷	余秀兰	中国华侨大学驻泰国代表处	主任
		清迈	王相贤	泰北教联高级中学	校长
		达府	陈汉展	泰国达府美速智民学校	
		合艾	魏光磊	泰国合艾市国光慈善中学	
		春武里府	陈琇琳	泰国春府大众学校	董事会主席
		呵叻府	李镇杨	泰国公立育侨学校	负责人
	菲律宾	马尼拉	詹育新	中国华侨大学驻菲律宾代表处	主任
	蒙古	乌兰巴托	江仙梅	蒙古吕蒙华侨友谊学校	校长
	日本	东京	廖雅彦	东京华侨总会	会长
		神户	金启功	神户华侨总会	会长
		东京	李文培	日本文培学院	
美洲	阿根廷	布宜诺斯艾利斯	陈瑞平	阿根廷华侨华人联合总会	主席
	美国		郑棋	美国侨商联合会	会长
	巴西		陈荣正	巴西广东同乡总会	会长
	厄瓜多尔	瓜亚基尔	梅炬铭	厄瓜多尔欧美亚华文教育交流中心	副主席
	厄瓜多尔		陈吓弟	厄瓜多尔福建同乡会	会长
	秘鲁		萧孝权	秘鲁中华通惠总局	主席
非洲	南非		李新铸	全非洲中国和平统一促进会	会长
	马达加斯加		蔡国伟	马达加斯加华商总会	会长

续表

区域	招生区域	城市	姓名	单位	职务
大洋洲	澳大利亚		魏景宏	华侨大学澳大利亚校友会	会长
	斐济		赵福刚	斐济国家文化技术交流中心	会长
港澳台地区	香港		康振辉	华侨大学董事会香港办事处	副主任
	澳门		陈中	华侨大学澳门联络处	主任
	台湾		许思政	台湾校友会	会长
		东莞	冯思义	东莞台商子弟学校	副校长
		深圳	王晨宇	深圳东方英文书院港台校	
		上海	徐永煌	上海台商子女学校	董事长特别助理
		上海	张丽	上海中学国际部	国际部
		上海	吕明美	上海杨浦高级中学	国际部
华文学校	华文学校	昆明	金海	昆明华文学校	副校长
		南宁	陈进超	广西华侨学校	校长

（招生处供稿）

实验室与设备管理工作

【概况】 华侨大学实验室与设备管理处是学校实验室建设与管理、设备管理、物资采购等工作的归口管理部门，下设实验室管理科、设备管理科、综合科3个科室，另有物资采购中心、软件园产学研基地管理办公室挂靠实验室与设备管理处。截至2013年12月31日，全校教学、科研仪器共37716台（件），价值43104.63万元，其中贵重仪器设备461台（套），价值13461.66万元；全校拥有45个建制实验室，实验室面积12.8万平方米；实验室工作人员177人，其中高级实验师37人，实验师77人，助理实验师63人；年开出实验项目1369个，2013年接纳128.79万人时数的学生进行实验。

【实验室建设与管理】 以服务教学科研为宗旨，继续保持实验室建设的投入力度。为切实保障资金投入满足教学科研的需要，组织专家评审组，对各学院、实验中心申报的建设项目进行评审，合理分配经费。2013年，实验室建设项目立项50项，共计金额3823万元（财政部项目1045万元）。加强实验教学和实验室管理工作的规范化建设，出台《华侨大学本科实验教学工作规程》（华大设〔2013〕12号）、《华侨大学实验室管理办法》（华大设〔2013〕13号）。加强实验室安全建设，立项建设实验室安全培训与考试系统并于10月进行测试，材料、化学、生物医学三个学院共计244名学生（研究生27名，本科生217名）参加5种实验室安全题库的学习和考试。实验室综合信息管理系统再新增两大功能模块：实验教学大纲编写模块、项目验收和绩效考评模块，信息服务功能显著加强。组织教学督导75次，督导组以实地听课、检查教案讲义和学生实验报告及与师生互动交流等方式，帮助实验教师总结经验、改善不足，取得良好效果。

【实验室示范化建设】 2013年，学校在17个参评单位里评选出国家级示范中心推荐单位2个，按照国家级示范中心的标准开展建设，建设经费200万/个；省级示范中心推荐单位5个，按照省级示范中心的标准开展建设，建设经费50万/个；虚拟仿真实验室教学中心校内推荐建设单位4个，建设经费50万/个。活动成效显著，学校申报参评福建省"十二五"高等学校实验教学示范中心的测控技术、建筑学、材料类专业、土木工程、运动科学与健康5个实验教学中心全部获选。

【实验室建设项目绩效考评】 2013年3~6月，组织开展了针对2010年实验室建设项目的绩效考评工作，报评的35个实验室建设项目全部通过。本次考评有如下特点：一是评定良好以上等级数量有大幅度提高；二是注重建设规划的实验室，通过逐年有计划、有步骤的项目建设，已经逐步上等级、上规模，建设效益显著。11月15日，学校承办了福建省高等学校实验室建设管理与效益评价体系研讨会，来自省内33所高校70余名专家齐聚泉州校区交流经验，实地考察了学校实验教学中心，学校较好地展示了在实验室建设项目绩效考评工作方面的成果。

【基层调研】 2013年，刘塨副校长带领实验室与设备管理处领导和相关科室负责人先后走访了机电学院、信息学院、计算机学院、土木学院、建筑学院、生物医学学院实验室，听取相关单位的实验室情况介绍，详细了解各单位的实验室布局架构和发展思路，实地查看实验室，针对各单位实验室工作中存在的困难和不足提出意见、建议。

【仪器设备管理】 2013年，学校严格执行行政设备配置相关规定，按照岗位、机构、存量设备等要素进行配置审核，由学校行政设备会审小组集体会审年度校部机关行政设备的配置计划，全年校部机关行政设备申报金额计划数为178万元，会审通过126万元。开展全校仪器设备清查工作，随机抽查校内单位设备，检查每台设备账、卡、物及标签的相符情况，抽查统计结果表明绝大多数单位的账卡物基本相符。开展闲置设备调剂工作，通过多种渠道向全校发布闲置仪器设备调剂信息，2013年共发布调剂信息5次，调剂仪器设备1756台（套），价值约105万元。严格化学危险品和易制毒化学品的管理，妥善处置化学废弃物，全年共处理化学废弃物9.31吨。做好仪器设备账目管理，完成9750台（套）仪器设备的固定资产验收入账工作，总价值达

9527万元。完成了国侨办、教育部、财政部、科技部等上级单位要求的年度固定资产变动情况表、贵重仪器设备资源调查表等报表的报送工作。公平、公开、公正地开展报废物资处置工作，举行了15次报废资产处置工作，拍卖款为237891.00元。完善制度建设，制定修订了《华侨大学仪器设备维修管理暂行办法》（华大设〔2013〕14号）、《华侨大学报废仪器设备处置实施细则》（华大设〔2013〕16号）、《华侨大学材料、低值品、易耗品管理办法》（华大设〔2013〕11号）、《华侨大学仪器设备损坏丢失处理暂行办法》（华大设〔2013〕10号）。

【贵重仪器管理】 推进贵重仪器设备共享平台建设，2013年3月学校成立华侨大学贵重仪器设备共享管理中心，11月出台了《华侨大学贵重仪器设备管理办法》（华大设〔2013〕15号），进一步推动贵重设备的开放共享使用。开发共享平台管理系统，整理入网贵重仪器设备资料，寻找较为合适的贵重仪器机组作为首批贵重仪器设备共享平台的入网试点机组，总结经验，在全校范围内推广共享平台的入网工作。推进分析测试中心筹备工作，3月26日，成立了分析测试中心筹备领导小组，提出建设方案，确定机构、人员、场地、经费等事宜。开展贵重仪器购前论证，组织专家论证组从适用范围、技术指标、科研教学预计效益、同类产品技术对比、辅助条件（水、电、气及场地等）等多个方面进行论证，2013年组织论证贵重仪器共计75台，总价值2369万元。同时，做好贵重仪器资料收集、归档工作。

【物资采购】 2013年，学校调研起草了《华侨大学进口仪器设备管理办法》（华大设〔2014〕4号），并向相关单位进行了广泛的意见征求。开发采购管理系统平台，作为制度执行的重要载体，将采购工作的各环节纳入信息管理平台，提高制度执行的刚性，规避可能存在的风险，2013年平台已基本完成开发并进入试运行阶段。健全采购工作监督体系，进一步完善财务、审计、监察、特约监察员、使用单位、评委和技术人员全程监督采购工作的机制，坚持采购文件均须使用者、使用单位分管领导、实验室与设备管理处、财务处、审计处、纪委监察办等部门会签机制，坚持报销须使用者、使用单位分管领导、实验室与设备处、财务处、审计处、纪委监察办等部门联签机制。加强环境建设，对两校区招标环境进行改造、升级。签约优质招标代理，继续委托厦门公务、厦门务实、泉州云锋、泉州务实等四家招标代理公司为学校服务，增加厦门机电招标代理公司参与招标代理服务。完善采购体系，2013年发布非监管类实验室材料、低值品、易耗品的供应工作试行"直供"方案，推荐厦门3家、泉州2家直供供应商，为物资采购提供方便。

据统计，在公开、公平、公正、诚信和效率原则下，2013年泉州校区完成大型招标统计的完成预算金额4596.60万元，合同金额3967.00万元，节约金额629.60万元，节约率达 13.70%；厦门校区完成大型招标统计的完成预算金额 5340.07 万元，合同金额 4894.21 万元，节约金额 445.86 万元，节约率达 8.35%。两校区完成实验用房装修改造工程的预算金额 219.47 万元，合同金额 183.32 万元，节约金额 36.15 万元，节约率达 16.47%。

（实验室与设备管理处供稿）

信息化校园建设工作

【概况】 2013 年，信息化建设与管理处继续贯彻执行学校"十二五"发展规划和"十二五"信息化校园专题规划部署，进一步加强网络基础设施建设，构建"稳定、安全、高效、快捷"的信息化运行环境；拓展以校园"一卡通"数据资源为中心的应用系统建设、应用和推广；继续推进办公自动化系统等信息系统的完善、应用和推广，确保统一数据库和信息资源共享平台的可持续发展；加强精品课程系统建设，深化网上教学与电子化资源建设内涵，提高教学资源的共享性、实时性、可信性，全面推进校园信息化建设进程。

【校园网基础设施建设】 积极贯彻全校信息化资源共享与集成的运行服务理念，进一步加强校园网等基础环境的规划、建设、运行与管理，强化信息化校园数据中心机房的信息系统服务器的集成管理与维护；为校内各部门的网站群建设提供服务器资源以及技术支持，为全校师生提供网络通信和技术服务，为学校网络信息安全提供技术保证；为校园一卡通系统做好技术支持与后台保障等工作。

【校园卡管理】 在继续做好校园卡开户、补卡、换卡、异常流水处理、挂失、解挂等日常管理工作基础上，完成校园卡系统、网络开户系统、信息门户系统、门禁系统、厦门校区校园广播系统、有线电视的运行及维护管理等保障性工作。

【信息化校园建设】 保障目前在线应用系统的正常运行和维护，根据各应用系统开展业务的时间点，做好各项保障工作。如考核系统、离校系统、毕业生设计系统以及迎新系统等。同时进一步深化调研，开展数据标准化工作，初步整理出华侨大学现有应用系统的数据标准。

【建设规划】 组织修订华侨大学信息化（五年）发展建设规划，完成《华侨大学 2013~2017 信息化建设总体规划》《华侨大学 2013~2017 信息化建设网络基础平台建设规划》《华侨大学网络教学教辅平台整体规划方案》初稿撰写。

【中央财政项目及重点建设项目】 信息化基础网络平台建设与升级方面，完成校园网与数据中心的双核心架构；完成网络扁平化核心路由器设备采购，待下一步与新改造计费系统整合；数据中心计算/存储能力提升；初步构建私有云计算平台；完成两校区光传输系统的更新；加强网络安全建设。

基础课远程视频教学系统平台建设方面，在两校区建设一套视频会议高清 MCU 核心机房平台、视频会议管理平台、泉州厦门互动教学教室各一间，泉州厦门互动小型教学会议室两个点。可实现互动教学、远程会议、课堂直播、网上教学、资源共享等强大功能，充分满足学校生物医学学院、国际学院、成教学院等学院提出的远程教学、互动会议、网上教育等多方位应用需求。

教学环境集约式管理平台建设方面，购置 410 点集中式虚拟化管理系统和 3 台管理服务器，其中 240 个点用于厦门校区计算机机房，170 个点用于泉州校区自主学习中心。完成在厦门校区 B 区 101~103 室 3 间共 240 个座位的计算机教室建设，在泉州校区施良侨实验大楼 H 机房和 F 机房建设两间共 170 个座位的学生自主学习中心，在厦门校区 B 区 408 室建设 64 个座位的数字语音室，在厦门校区 E 区完成 9 间高清晰多媒体教室建设。项目完成后多媒体教室达到了 236 间，共 23254 个座位，机房含语音室 35 间，共 3244 个座位，进一步改善了教学条件。

厦门校区无线校园网络建设方面，与厦门移动、厦门电信等通信运营商在厦门校区共建共享校园无线网络，探索高效的校企共建共享、资源高效利用的新型合作模式，共完成运营商社会化投资预算资金达 2400 余万元的工程建设项目，预计在 2014 年全面完成厦门校区无线网络和通信网络室内分布系统的全覆盖建设任务，为信息化校园网络基础环境的不断完善提供重要支撑。

【重大合作成就】 2013 年，与厦门联通公司签署合作协议，依据协议，联通公司为学校免费提供一对连接华侨大学网络中心和厦门大学网络中心的裸光纤，用于学校接入中国教育科研计算机网络；免费提供互联网接入带宽 1G，供学校教学、科研、办公上网；免费提供连接华侨大学泉州校区和厦门校区、厦门校区和华文学院的裸光纤各一对，用于学校校区间校园网络连接，极大地改善华侨大学师生的上网环境。

【组织机构设立及调整】 2013 年，学校根据信息化建设需要，成立了华侨大学无线校园网络建设工作领导小组，调整了华侨大学信息化建设领导小组。

（信息化建设与管理处供稿）

后勤与资产管理工作

【概况】 2013年，后勤与资产管理处下设机构调整为综合科（厦门校区）、房地产管理与维修科、国有资产管理科、管理一科、管理二科（厦门校区）五个科室，编制数为23个。

截至2013年年底，后勤与资产管理处组织机构如下：

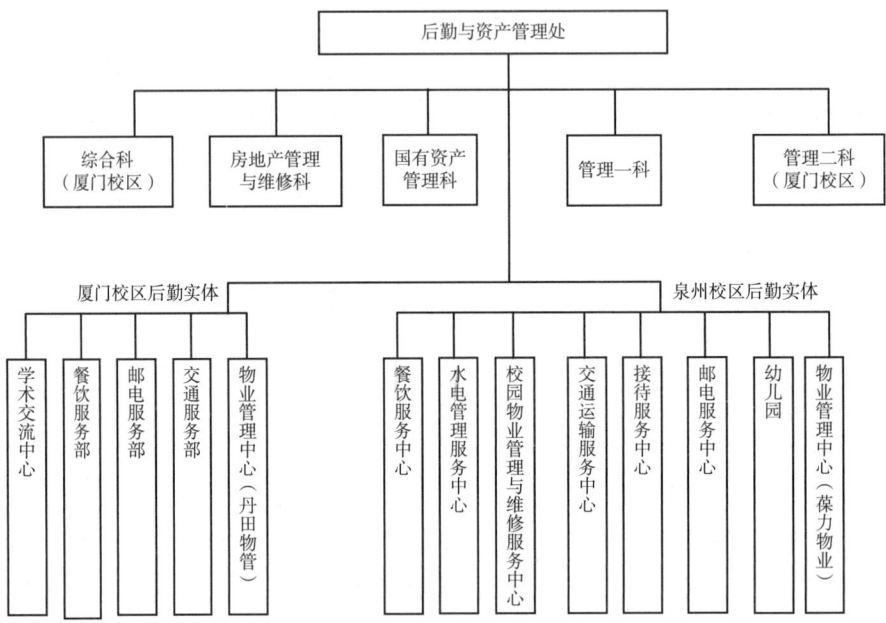

【后勤社会化改革】 2013年6月，后勤社会化改革领导小组（以下简称"领导小组"）陆续出台了后勤实体人事管理、绩效考评与薪酬、财务管理、平抑基金管理、统筹金管理细则，餐饮中心财务细则以及七个实体的运行方案等共13份文件，同时编印了《深化后勤改革文件汇编（第四辑）》；完成后勤实体第一轮正/副主任、第二轮部门经理/技术骨干、第三轮普通岗位（事业编制）以及后勤各实体（编制外）人员竞争上岗和分流；出台《华侨大学后勤实体绩效考评与薪酬分配暂行办法》（华大后〔2013〕16号），全面推进新一轮后勤社会化改革。12月，完成泉州校区物业委托管理项目的招投标工作，由珠海葆力物业有限责任公司负责泉州校区的物业社会化管理。

【为民办实事项目和专项项目建设】 认真落实为民办实事项目，解决师生员工关注的热点问题，主要做了以下工作：改进了应急抢修和通知通告工作、开办两校区教职工工作午餐、启用泉州校区超滤制水工艺、推行后勤车队信息化服务模式、推进节能减排技术改造、在厦门校区图书馆开设咖啡吧等。努力推动2013年专项项目建设，主要包括两校区餐厅厨房设备灭火装置购置及安装（250万元）、泉州校区周转房供电电缆及计量设施改造（393万元）、泉州校区路灯节能改造（240万元）、泉州校区垃圾处理优化改造工程（243万元）、泉州校区公共教学楼设备维修改造（180万元）五个项目。

【节能减排】 2013年，学校进一步做好生态校园的建设，做好景观绿化工程的建设及办公室盆栽采购工作。两校区启动公共教室节能巡查工作，对无人使用的教室及时关闭电源。坚持开展公共教室节能巡查工作，重点加强了教室空调的使用管理，10月完成T8改T5节能灯更换工作，共更换9000余支节能灯。顺利通过国侨办节能检查小组对华侨大学公共机构名录库建设和能源资源消费统计制度执行情况检查，积极配合厦门市建设与管理局完成对郑年锦图书馆的建筑能源审计工作。11月，通过厦门市节能监察中心对学校进行的2012年度公共机构节能监察，厦门校区中水回用系统"厦门市环境保护专项资金补助项目"通过市环保局专家组验收。

【三个"一"主题活动】 为全面提高后勤工作的管理水平和服务质量，努力构建高效和谐后勤服务保障体系，2013年后勤处开展了"向后勤与资产管理处提一条意见或建议，给自己员工办一件好事实事，为广大师生开一扇服务窗口"主题活动，活动共收到各种意见或建议12条，7个实体分别为自己的员工办了一件好事实事，各科室、实体也有针对性地为广大师生开设了各种特色服务窗口。

后勤各科室、实体服务窗口一览表

序号	服务窗口名称	服务范围和对象	提供服务内容及形式
1	校园网络订餐送餐服务	泉州校区师生	在午餐、晚餐时间进强楼餐厅将提供各式套餐供广大师生选择，届时大家可登录网站（http://www.hqulife.com）进行网络订餐，餐厅将提供上门送餐服务。（因域名申请还未批复，11月底才能正式营业。）
2	公共水电抢修服务平台	泉州校区师生	开通24小时服务热线：22690933，师生可拨打该电话进行公共水电报修，水电管理服务中心将及时进行抢修。
3	派车信息短信告知平台	两校区师生	师生通过22691743（泉州）、6161621（厦门）电话平台订车后，交通运输服务中心将通过短信将车号、驾驶员姓名、联系电话告知用车人，便于其查询和联系。
4	失物招领服务	泉州校区师生	物业管理与维修服务中心在各公共教学楼值班室设立失物招领处，师生可将捡到的物品交到此处，或到此处寻回遗落在公共教学楼的物品。
5	电信室外自动缴款服务	泉州校区师生	在泉州校区邮电服务中心外部设置电信室外自动缴款机，师生可通过其进行自助缴费及业务办理。
6	本校教职工住宿登记优先办理窗口	两校区教职工	在两校区接待服务中心总台设置本校教职工住宿登记优先办理窗口，本校教职工可通过此窗口进行优先办理。

续表

序号	服务窗口名称	服务范围和对象	提供服务内容及形式
7	幼儿园"家长学校"	尤梅幼儿园的家长	在尤梅幼儿园网站上开设"家长学校"（http://jz12345678.blog.163.com/），家长们可通过此平台时时关注亲子教育信息，交流教育经验，咨询相关问题。
8	新媒体民意窗口	两校区师生	开通新浪微博账号：华侨大学后勤与资产管理处。广大师生可以通过此微博随时咨询问题、反馈意见或进行投诉。
9	植物养护技术咨询服务	厦门校区师生	每周二下午3:00—5:00通过电话咨询（6161620［厦门］）和现场咨询（厦门校区行政主楼A706）的方式为师生提供常见植物养护技术咨询，咨询内容包括：常见植物品名、常见植物养护技术以及常见植物病虫害防治。
10	便民材料缴交箱	泉州校区师生	在杨思椿行政办公楼1号国有资产管理科办公室门口设置便民材料缴交箱，师生在缴交材料时（仅限上报国有资产管理科的相关材料），如果碰到办公室没人，可直接将材料投入箱内，避免来回跑，耽误时间和精力。
11	公用房网上报修服务	泉州校区各单位	各单位可到后勤服务大厅领取申请表，申请网上报修账号，待校园物业管理与维修服务中心审核通过后，可直接登录维修系统（http://wxzx.hqu.edu.cn/）进行报修。

【教职工住房管理】 2013年，泉州校区完成人才周转公寓一期两个批次的选房工作，共有158户教职工选房入住；协调泉州市政府相关部门，确定将美仙山小区2号楼的149套套房以均价每平方米5500元销售给学校教职工。厦门校区启动水晶湖郡商品房增量批次的报名及销售工作，共有270户教职工提交报名申请，224户通过资格审核；回收23套滨水小区周转房；将学术交流中心17间客房用于安置厦门校区新进未婚教职工。

【公用房调配及教师工作室配备】 做好泉州校区公用房规划管理和分配。清理泉州校区公用房，将经管楼、物理楼、化工楼、胜骏楼等楼栋经重新装修后分配给工商管理学院、经济与金融学院、生物医学学院、马克思主义学院等单位作为学院用房；在教师工作室配备方面，遵循"成熟一个单位满足一个单位"的原则，先后为数学科学学院、外国语学院、工商管理学院和经济与金融学院配置了教师工作室。

【国有资产管理】 2013年，学校调整了国有资产管理委员会成员，出台了《华侨大学国有资产管理办法（暂行）》（华大后〔2013〕26号）。1月，学校第三次审图所增资国有资产变动产权登记申报及资产经营有限公司产权登记申报均获得审批通过。5月，开展本学年年度设备资产（含家具）核查工作，主要检查各单位的资产账、卡、物、资产标签是否相符与完整等情况，对存在问题的单位要求其进行整改。规范厦门校区已使用但未入账的房屋资产管理，主要将厦门校区学生宿舍B、C区3号、4号楼，图书馆二期,材料与化工实验楼,公共基础及机电信息学科实验大楼工程等共约1个多亿元的固定资产完成验收、入账。开展两校区新购交通工具资产的入账管理等工作。

【餐饮服务】2013年,餐饮服务中心始终秉持"三服务、两育人"的工作宗旨,积极优化工作机制,加强硬件软件建设。硬件上,总投入达680万元的泉州校区进强楼第二、第三餐厅按时完成改造并投入使用;总投入1684万元、建筑面积10920平方米的厦门校区二期餐厅完成二次装修及设备购置。软件上,强化成本核算,坚持召开每月经营分析会,确保餐厅保本或微利的经营目标;引进物流系统,两校区物流部及各餐厅安装物流管理软件,发挥其对物资采购的监管作用。两校区10个餐厅全年总营业额6841万元,其中泉州校区2998万元,厦门校区3843万元,相对2012年同比增长13.5%,全年餐厅基本实现了保本良性经营。厦门校区凤竹餐厅被厦门市卫生局集美分局授予食品卫生监督量化等级A级单位。

【水电保障】2013年度,水电管理服务中心积极落实新一轮后勤社会化改革精神,完善中心各项规章制度,优化人员配置,加强供水供电规范化建设。实施水厂制水工艺改造工程,5月份水厂启用新工艺生产。加强开闭所、变配电室及路灯的管理维护工作,实施变配电室6号的增容改造工程,做好进强楼等新建楼栋电力增容论证工作,8月份完成开闭所、各配电室等供电设施年度检修工作。加强供水、供电设施和水管网及电缆管理维护,加大安全检查及管网查漏力度,继续做好计划停水、停电通知预告及解释工作。完成校医院、电脑楼、西区5~13号楼、学生宿舍1号、2号、6号等楼栋供电和供电电缆改造抢修,消除用电安全隐患。完成10余次南区、新南区、北区供水管网抢修。完成2013年度财政部专项"泉州校区路灯节能工程""泉州校区周转房供电电缆及计量设施改造工程""校园建筑节能监管体系建设""泉州校区教室安装空调供电设施改造工程"建设。完成泉州校区南北两座开闭所和18座变配电室24台变压器、400多个高低压配电开关柜,约800根路灯杆的维护任务。全年供电用电量2688万千瓦时,电费支出1407.68万元,电费回收684.02万元。全年供水总量410万吨,水资源费支出113.01万元,回收水费73.2万元。完成泉州校区约4500个用水计量表、约3400个用电计量表的数据抄录收费工作。

【交通运输服务】2013年,按照交通运输服务中心健全应急预案,开展两次员工消防技能训练,做好各项防灾减灾工作;成立安全技术与服务效能小组,共排查和治理隐患21条,整改率达到100%;严格把关车辆维修点准入门槛,规范维修管理,确保车辆维修质量;开展"防御性驾驶""车辆保险理赔"等专题讲座,不断提高员工岗位技能水平;建立派车短信平台,开通师生投诉渠道,优化用车服务;购买车上人员险，安装车窗爆破器，建立监控平台，确保车辆安全运行。2013年，在全体员工共同努力下，两校区实现全年安全运行2.6万趟次；公里数约为175万公里。

【物业管理与维修服务】 2013年，校园物业管理与维修服务中心继续做好校园绿化养护、室外卫生保洁、公用房管理维护及教师周转房、东区教工住宅区、新南小区物业管理等工作，并能继续加强校园绿化建设、绿化改造的推进，补植种植灌木近万株，及时修复、补植因工程破坏的绿化地，其中补种灌木3000多株，补植草皮1000多平方米。组织指导276个班级11744名学生参加劳动，使学生在劳动中得到锻炼和提高。接待游泳教学及训练2.67万人次。完成校内维修任务6682项次。更新泉州校区各教学楼的LED日光灯1575套、LED吸顶灯306个。进行安全隐患自查工作，更换老旧的吊扇638台。改造教师休息室14间。成功申请中央财政专项经费支持，完成造价为242万元的垃圾中转站建设。为最大限度降低324国道北拓工程带来的负面影响，在东区出入口建设车行道和人行道，铺设约3000平方米的草坪以除尘减噪、净化空气，尽最大努力保证学校东区教职工的正常生活和出行。

本年度，经学校研究决定，开放泉州校区物业服务市场，引入资质等级高、社会信誉好、服务质量优的物业服务企业，完成服务价格、服务质量、服务企业的市场配置。12月，通过邀请招标，具有国家一级资质的珠海葆力物业管理有限公司中标，并按要求进驻，开展交接工作。物业管理与服务的范围涉及行政办公楼、教学楼、实验室、纪念堂、图书馆、医院、学生公寓、教职工周转房及人才公寓、餐厅、附中、运动活动场地等，内容包括卫生保洁、日常管理、安全防范、设施设备维护、水电管理、会务服务等项目。厦门校区自2006年投入使用后，物业管理先后进行了两轮的物业招标，均由具有国家一级资质的珠海丹田物业管理有限公司中标，学校通过坚持执行物业例会、工作联系单、分模块量化细化考评、物业费支付集体审核、物业工作周报等制度，实现对物业的全面监管。为了提高维修的响应度和完成度，便于跟踪回访，于2013年4月开通了厦门报修网，为师生提供了一站式维修服务。

【接待住宿服务】 2013年，接待服务中心通过工程改造、设备购置等途径完善软、硬件设施，提升接待服务水平，提高了接待服务质量。泉州校区客房部将锅炉热水系统更新改造为空气能热水系统，安装酒店管理软件，引进数字点播电视，进行餐厅冷冻库建造等。厦门校区客房部完成了客房家具的更换，增设含早餐服务，采购客房热水壶，设置楼栋标识牌，进行大堂大理石翻新护理工程等。落实岗位安全责任制，保障接待服务工作安全有序开展。制定并执行了客房物品摆放标准、卫生清洁程序等，逐步实现标准化、规范化管理。实现两校区优势互补，在管理、技术、服务等方面资源共享，互相交流学习。完成接待服务中心工作制服的更换，提升了接待服务形象。本年度，接待服务中心两校区合计收入 548 万元，与去年同期相比，主营收入增加了 23 万元，利润增加约 20 多万元，平均出租率提高了 8%。顺利完成了全球华人龙舟大赛、CUBA 篮球赛、海峡两岸高校文化与创意论坛等校内各类学术会议的接待任务，解决了两校区上课老师和引进人才的住宿问题。

【邮电服务】 2013 年，学校邮电服务中心构建统一经营管理模式，创造"和谐共赢"的高校邮电服务市场，为学校创造了良好的经济效益与社会效益，得到泉州与厦门的邮政、邮政 EMS、电信、移动与联通等十家合作公司的好评。两校区的学生可以选择使用电信、移动及联通的宽带网络。本年度中心获得泉州江区电信分局"四星级优秀合作网点"荣誉称号等，主任陈山峰获评学校"2013 年度马有礼优秀中青年管理干部"。

【幼儿园服务】 2013 年度，华侨大学尤梅幼儿园为贯彻素质教育，丰富幼儿生活，先后举办了"新年广场音乐会之幼儿集体舞团体活动""安全教育周（自然灾害和突发灾害教育和演练）""体育学院学生教学实践基地""大手拉小手之环保、之植树、之普法、之敬老""六一大型闽南文化进校园及表征活动""书香尤梅""健康宝贝运动节"等活动，既锻炼了幼儿的身体和表现自我的勇气，又让孩子形成团队、集体意识和与其他孩子协调的能力。在做好学园自身发展的基础上，把家长资源融进课堂，每学期有"故事爸爸""故事妈妈"活动及经验分享沙龙，一年出版 4 期"早阅小报"分享经验，得到家长一致好评。

学园结合党支部建设、工会小组建设，开展员工岗位练兵、技能技巧比赛、师德师风教育月、安全教育周、"再唱好作风，共铸中国梦""工作着，并快乐着"等主题教育实践活动，确保教育质量。学园党支部（后勤第五支部）被校党委授予 2013 年基层先进党支部称号，学园工会（后勤第一分工会）获校工会立项并荣获一等奖，老师林晓燕获校工会积极分子。学园获全国幼儿书画大赛组织奖，幼儿 78 人次在全国书画大赛中获奖；幼儿 34 人次参加泉州市、丰泽区舞蹈比赛获奖；教师文章发表于 CN 级幼教专业杂志等。

【后勤党委】 中共华侨大学后勤委员会（以下简称"后勤党委"）现有党员 114 名，下设 9 个基层党支部，现任党委书记为许国玺同志，其他党委委员为何碰成、何纯正、涂伟、陈庆煌、魏立新、陈祥南。2013 年，后勤党委共有 3 人获省级先进个人表彰奖励，11 人获得校级先进个人表彰奖励。6 月份中共华侨大学后勤第五支部委员会被校党委授予"先进教工党支部"称号，许魂霖、林伟、郭镇建、康聪成、楼晋阳等 5 名同志被授予"优秀共产党员"称号。

后勤党委各支部情况一览表

支部设置	组成单位	新一届支部委员
第一支部	后勤与资产管理处机关科室	陈祥南（书　记） 杜红霞（组织兼统战委员） 郑凌云（宣传兼纪检委员）
第二支部	后勤交通运输服务中心	魏金福（书　记） 官跃明（组织兼纪检委员） 曾华欲（宣传兼统战委员）
第三支部	后勤校园物业与管理服务中心、后勤邮电服务中心、工程维修服务中心（建筑公司）、游泳馆	周泗志（书　记） 楼晋阳（组织兼统战委员） 郑水生（宣传兼纪检委员）
第四支部	后勤水电管理服务中心、后勤餐饮服务中心、后勤接待服务中心	张勇庆（书　记） 宋跃锋（组织兼纪检委员） 朱逊刚（宣传兼统战委员）
第五支部	尤梅幼儿园	许魂霖（书　记）
第六支部	基建处	项剑平（书　记） 林益萍（组织兼统战委员） 林　伟（宣传委员） 黄宏立（纪检委员）
第七支部	资产经营有限公司、泉州华大超硬工具科技有限公司、华大数码科技有限公司、华侨大学建筑设计院	涂　伟（书　记） 苏世灼（副书记） 李云凤（组织委员） 叶　桦（宣传委员） 钟远强（统战兼纪检委员）
第八支部	福建华大环保工程有限公司/华侨大学环境保护设计所	潘志祥（书　记） 康聪成（组织兼纪检委员） 陈虹丽（宣传兼统战委员）
第九支部	校医院	陈庆煌（书　记） 郭镇建（组织兼统战委员） 黄亚萍（宣传兼纪检委员）

2013年，后勤党委结合后勤系统各单位特点以及党员实际分布情况，以创建学习型、服务型、创新型党组织为目标，积极开展各类党建活动。一是积极开展建设学习型党组织活动。坚持集中学习和自主学习相结合的制度，根据各支部的不同特点，以支部为单位，以学习贯彻党的十八大、十八届三中全会、社会主义核心价值观等为重点，积极开展政治理论的集中学习活动，努力提高全体党员的思想政治素养。同时，结合后勤党务工作特点，征订下发《2013年：党建热点怎么看》《基层党的组织工作法规实用》等自学材料，提高党员干部的党务工作能力和水平。二是积极开展建设服务型党组织活动。以党的群众路线教育实践活动为载体，开展民主评议，征求群众意见，举办以为民务实清廉为主题，以反对"四风"为重点的民主生活会，开展

以"立足本职工作，创建优质服务""改进服务态度、提高医疗质量、加强医患沟通、促进医患和谐、创建师生满意医院""各科室、实体向后勤与资产管理处提一条意见或建议，给自己员工办一件好事实事，为广大师生开一扇服务窗口"（"三个一"）为主题的系列活动。三是积极开展建设创新型党组织活动。结合后勤特点，借助支部立项活动，增强支部间交流与合作，创新党建活动的载体和形式，打造后勤党建特色活动品牌。共有"缅怀革命老前辈，古田会议之旅""立足本职工作，创建优质服务""'共筑产业梦'主题立项活动""强化医院管理，提高服务质量，党员争先创优，服务师生员工""创一流业绩，展党员风采"5个项目得到学校立项，立项活动覆盖后勤党委的9个支部。

【**后勤工会**】 1月17日，后勤系统2013年迎新春联欢晚会在泉州校区西苑餐厅二楼举行，校党委书记李冀闽、副校长刘斌、学校分管后勤工作的退休老领导以及在职的全体后勤员工参加了晚会。11月1~2日，后勤系统代表队在华侨大学第36届运动会上荣获教工组团体总分第一名、教工组集体体育道德风尚奖。

2013年1月15日上午，后勤系统教职工代表暨工会会员代表大会在陈嘉庚纪念堂四楼科学厅召开。校工会常务副主席张旭、后勤党委书记许国玺出席会议，后勤系统工会特邀代表及134名代表与会，大会由后勤党委委员、资产经营有限公司总经理涂伟主持。大会审议并通过了《华侨大学后勤系统第四届"双代会"工作报告》，表决通过了《华侨大学后勤系统工会第四届教职工代表暨工会会员代表大会选举办法（草案）》《华侨大学后勤系统工会第四届委员会委员候选人名单》等，选举产生了由岑永光等11位同志组成的华侨大学后勤系统工会第四届委员会。

（后勤与资产管理处供稿）

基建工作

【**概况**】 2013年，学校合并原厦门校区规划建设办公室和后勤处基建办公室管理职能，重新组建了基建处。基建处在学校领导的大力关心支持和刘斌副校长的直接领导下，完善内设科室负责人的配备，加强队伍建设，统筹协调两校区的校园规划建设工作，转变观念、改进作风、苦干实干、迎难而上，为学校两校区的办学发展需要提供了基础保障。

2013年，共完成厦门校区建筑学科实验大楼、土木学科实验大楼、土木抗震防灾中心、学生宿舍紫荆苑1号楼、学生餐厅二期工程5项，总建筑面积4.14万平方米；推进泉州校区学生宿舍抗震改造工程、厦门校区音乐舞蹈学院大楼、学生宿舍莲苑1

号楼、2号楼工程等在建工程项目3项，总建筑面积5.72万平方米；实施泉州校区文科楼梯形教室装修、厦门校区国际会议中心电梯加装、B/G区空调改造等维修改造项目8项，有效改善了学校的教学科研条件和学生的生活条件。

【泉州校区建设情况】 泉州校区主要完成文梯教室、机梯教室、算治馆等公共梯形教室装修改造工程；进强楼学生餐厅功能性改造工程；洪祖杭楼、外语楼、化工楼、经管大楼、数学楼东侧地下室等公共教学楼维修改造工程；生物医学院胜骏楼装修改造工程等，完成国家财政资金投入2270万元。实施校舍抗震改造工程，启动北区学生宿舍抗震改造一期工程和教师宿舍楼抗震改造工程（人才公寓二期）。其中，北区学生宿舍抗震改造一期工程在拆除原北区学生宿舍1号楼、6号楼的基础上原址翻建，新建学生宿舍21900平方米，投资额7991万元，建成后可新增四人公寓床位1372个；教师周转房抗震改造工程（人才公寓二期）采用异地安置的方式，主要完成建设用地土地证办理、设计、方案报批等前期手续，2014年进入建设实施阶段。

【厦门校区建设情况】 厦门校区主要实现建筑学科实验大楼、土木学科实验大楼、土木抗震防灾中心、学生宿舍紫荆苑1号楼、学生餐厅二期等2012年开工项目的竣工，总建筑面积4.14万平方米，投资额11828万元。实施音乐舞蹈学院大楼、学生宿舍莲苑1号、2号楼工程建设，总建筑面积约34325平方米，投资额约10312万元，其中，音乐舞蹈学院大楼总建筑面积13400平方米，投资额约2992万元，学生宿舍莲苑1号、2号楼工程总建筑面积20924平方米，投资额约7320万元，建成后可新增四人公寓床位1548个。完成厦门校区B/G区空调改造、国际会议中心加装电梯工程项目。完成华文教育综合大楼的方案报批等前期手续。启动羽网多功能球馆方案设计及立项报批工作。继续加强与厦门市、集美区、侨英街道等各级政府部门的沟通，协调推进校园建设用地拆迁。

【两校区竣工工程】

两校区2013年完工主体工程项目

序号	建筑名称	校区	建成时间	建筑面积（平方米）	层数	建筑物用途	结构质式	备注
1	建筑学科实验大楼	厦门校区	2013.12	4558.69	4	实验大楼	钢混	
2	土木学科实验大楼	厦门校区	2013.12	6351.11	5	实验大楼	钢混	
3	土木抗震防灾中心	厦门校区	2013.12	5785.78	3	实验大楼	钢混	
4	学生宿舍紫荆苑1号楼	厦门校区	2013.07	11606.26	9	学生宿舍	钢混	
5	学生餐厅二期	厦门校区	2013.1	13132.82	2	学生餐厅	钢混	

两校区2013年完工维修工程项目

序号	校区	项目名称	投资额（万元）	开工时间	竣工时间	备注
1	泉州校区	进强楼学生餐厅功能性改造	680	2013.6	2013.9	二次装修由后勤处完成
2		生物医学院胜骏楼改造	520	2013.7	2013.11	
3		化工楼维修改造	630	2010.8	2010.11	
4		外语楼维修改造		2013.1	2013.12	
5		洪祖杭楼维修改造		2013.7	2013.9	
6		数学楼东侧地下室维修改造		2013.5	2013.9	
7		文梯教室维修改造	440	2013.7	2013.12	
8		阶梯教室维修改造		2013.7	2013.9	
9		算治馆维修改造		2013.5	2013.7	
10	厦门校区	B/G区空调改造	54	2013.6	2013.6	
11		国际会议中心电梯加装	70	2013.7	2013.7	

【两校区在建工程】

序号	建筑名称	校区	开工时间	建筑面积（平方米）	层数	建筑物用途	结构质式	备注
1	音乐舞蹈学院大楼	厦门校区	2012.5	11534.8	地下一层 地上七层	实验及附属用房	钢混	
2	学生宿舍莲苑1号楼		2013.1	9200	地下一层 地上九层	学生宿舍	钢混	地下室工程3910m²
3	学生宿舍莲苑2号楼		2013.1	11944	九	学生宿舍	钢混	
4	北区学生宿舍抗震改造1号楼	泉州校区	2013.5	13658	八	学生宿舍	钢混	地下室工程4291m²
5	北区学生宿舍抗震改造2号楼		2013.5	9252	八	学生宿舍	钢混	

【两校区拟建工程】

序号	项目名称	校区	建筑面积（平方米）	概算批复（万元）	目前进度	竣工时间（或投入使用时间）	备注
1	华文教育培训中心	厦门校区	36800	19852	准备进入工程招标		
2	羽网多功能馆				方案设计阶段		
3	露天游泳池				方案设计		
4	龙舟训练馆				方案设计阶段		

续表

序号	项目名称	校区	建筑面积（平方米）	概算批复（万元）	目前进度	竣工时间（或投入使用时间）	备注
5	游泳馆	厦门校区			方案设计阶段		
6	综合实验大楼				完成设计任务书		
7	学生活动中心				可研论证		
8	华侨文博馆				可研论证		
9	后勤保障基地				可研论证		
10	综合体育馆				可研论证		
11	教师宿舍楼抗震改造工程（人才公寓二期）	泉州校区	21336	7991	准备进入工程招标		
12	西区综合体育馆				方案报批阶段		
13	教师宿舍楼抗震改造二期工程（人才公寓三期）				可研论证		

（基建处供稿）

安全保卫工作

【概况】 2013年，保卫处在学校党政的领导下，围绕"保安全，抓稳定，促和谐"这一主线，强化红线意识，坚持底线思维，全处上下凝心聚力，扎实工作，切实维护了学校正常的教学、生活、科研秩序。

加强支部建设，开展教育实践活动。认真开展党的群众路线教育实践活动，引导党员干部深入基层，听取师生对本单位班子及成员的意见和建议，对照检查中央八项规定落实情况和"四风"方面存在的问题强化党员干部政治理论学习，增强党风廉政建设。

落实管控措施，维护校园安全稳定。在校园安全与稳定工作领导小组的领导下，定期开展校园安全与稳定工作会。重视全国"两会""党的十八届三中全会"、中日钓鱼岛争端、朝鲜核试验等国际国内重大、敏感时期情报信息的收集和研判。严防意识形态领域的渗透破坏活动，组织学生参加反邪教知识竞赛，引导师生正确认识和对待宗教问题，坚决抵御防范境外非政府组织的渗透破坏，严防反动影视作品、宣传资料的侵入。6月，福建省高等教育学会授予保卫处"2012~2013学年安全稳定工作先进集体"称号。

强化安全管理，创建平安先行学校。修订《华侨大学校园治安管理规定》（华大保〔2013〕3号），定期开展治安突发事件综合预案演练。制定《华侨大学消防安全管理规定》（华大保〔2013〕1号），实行逐级消防安全责任制和岗位消防安全责任制，确定全校消防重点单位（部位），完善校园消防安全工作台账，建成消防远程集中控制平台。制定《华侨大学校园停车收费管理办法》(华大财〔2013〕3号)、《华侨大学厦门校区校园停车收费实施细则》(华大财〔2013〕22号),对校外车辆实施停车收费管理,在两校区同时开展校园交通安全专项整治,规范校园机动车秩序,采用张贴"温馨提示"、交警违章处罚等方式纠正违停、超速等违规现象。巩固物防技防建设成果,加强校园监控系统的日常维保,建立监控系统排查台账,实行排查情况周通报制。

重视队伍建设,提升安保管理水平。组织保卫干部参与高校安全保卫工作理论研究,定期组织校警队员、物业保安开展治安突发事件综合预案演练,增强校园安保队伍应对暴力犯罪活动的实战技能。重视学生联防队日常教育和管理,积极发挥群防群治作用。2013年,4名保卫干部获表彰,获得福建省高等教育学会保卫学专业委员会"2012~2013年安全稳定工作先进个人"两人,获得福建省高等教育学会保卫学专业委员会"2012~2013年优秀论文"一等奖1人,二等奖两人。

紧抓安全教育,广泛宣传安全知识。充分利用校园网、官方微博、微信、广播台、电子宣传栏、校内刊物、BBS等媒介,广泛深入开展主题安全教育。以校内治安案件为素材编写《华侨大学学生安全教育手册》。在新生军训期间,邀请当地公安消防部门举行以"灭火、救援、疏散、逃生"为主要内容的防灾减灾应急演练。定期开展安全知识专题培训和突发事件应急演练,进一步增强各单位的应急处突能力和综合协调能力。

【**安全稳定**】作为学校校园安全与稳定工作领导小组办公室挂靠单位,保卫处在华侨大学校园安全与稳定工作领导小组(以下简称"领导小组")的领导下,牢固树立"安定稳定高于一切,安全责任重于泰山"的思想,强化红线意识,坚持底线思维,将安全稳定工作列入重要议事日程,与其他业务工作同要求、同部署、同检查、同落实,切实维护学校教学、科研和生活秩序。

5月31日,召开全校安全稳定工作会。校党委书记、领导小组组长关一凡,校党委副书记、纪委书记朱琦环分别就校园安全稳定工作进行部署,并提出工作要求。11月13日,召开校园安全与稳定工作会,校党委书记、领导小组组长关一凡传达各级各部门有关校园安全稳定的会议和文件精神,并就下阶段安全稳定工作提出要求。

此外,保卫处注重收集国际国内重大事件、敏感时期和师生员工关注的热点、焦点问题以及可能影响校园安全稳定的事件的各种有关情报信息。及时掌握全国"两会""党的十八届三中全会"、中日钓鱼岛争端、朝鲜核试验、环境安全问题、日本首相安倍参拜靖国神社等国际国内重要政治活动或重大事件前后师生的思想动态。实行24小时值班,坚持处领导带班制度,及时处置突发事件。加强"抵御邪教"警示教育，组织学生参加反邪教法制知识竞赛，引导师生员工正确认识和对待宗教问题，提高师生员工识别邪教、抵制邪教的能力，坚决防御境内外反动势力利用宗教进行渗透活动，严防"全能神"邪教组织的侵蚀和渗透，严防邪教影视作品、宣传资料的侵入，断其传播途径，做到不扩散，不传播。2013年度，共向上级有关部门报送情报信息16期。

【校园治安】 2013年12月，学校下发《华侨大学校园治安管理规定》(华大保〔2013〕3号)，落实治安管理的组织和职责，对门卫、校园治安秩序、大型活动、商业活动管理等内容做出明确规定。紧紧围绕"发案少、秩序好、校园稳定、师生满意"的目标，认真贯彻"预防为主、打防结合"的方针，统筹规划，突出重点，规范运作，扎实开展校园治安防控体系建设。强化门卫管理，坚持24小时校园治安巡逻，加大人员密集场所及全校各重点区域巡逻力度和频数，严厉打击危害校园治安秩序的违法犯罪活动。实行校园"110"快速反应机制，及时受理师生员工的报警求助，做到"有警必接、有险必救、有难必帮、有求必应"。与泉州市公安局丰泽分局华大派出所、厦门市公安局集美分局集美学村派出所密切合作，加大校园治安案件查处力度，严厉打击违法犯罪行为。全年两校区共受理治安、刑事、调解、求助等案件199起，通过校园监控及巡查破获治安案件21起，捉获嫌疑12人。在国务院侨务办公室主任裘援平莅校视察、2013年迎新生、国庆游园、华侨大学第36届田径运动会、校园大型招聘会、华大讲堂、教职工环校跑健身活动、高雅艺术进校园国家话剧院专场演出等大型活动期间，协同学校有关部门制定严密的安全保卫方案，认真落实安全防范措施，确保活动顺利举办，维护师生员工人身财产安全。

【校园交通管理】 将校园交通安全作为2013年上半年校园安全管理工作的重点。2013年1月，经校长办公会同意，下发《华侨大学校园停车收费管理办法》(华大财〔2013〕3号)，2013年6月，下发《华侨大学厦门校区校园停车收费实施细则》(华大财〔2013〕22号)，配合校园车辆出入管理系统，对校外车辆实施停车超时收费管理，以控制外来车辆流量。开展校园交通安全专项整治，实行派出所警力、保卫干部、校警队全员投入，规范校园机动车通行秩序，张贴"温馨提示"告示单，以纠正违停、超速等违规现象。在上下班高峰期，加强对校内交通节点的疏导，确保车辆通行顺畅。通过主页、微信、微博、短信平台等方式宣传校园交通管理规定，委托丰泽公安分局交警部门管理校园部分道路，对违章车辆，按照道路交通的相关规定予以处罚。在校内道路增设交通限速、禁停、禁入、停车等限制性和指示性标识，在部分路段增设减速带、广角镜等交通安全设施，合理规划校园停车场所，实行校内、校外车辆分流行驶，以确保道路畅通。

【消防安全】 将消防安全作为2013年下半年校园安全管理工作的重点，制定《华侨大学消防安全管理规定》（华大保〔2013〕1号），按照"预防为主、防消结合""谁主管、谁负责"的方针和原则，实行逐级消防安全责任制和岗位消防安全责任制，明确各单位消防安全管理的目标和责任，结合两校区实际，确定全校消防重点单位（部位），建立校园消防安全工作台账。积极开展"网格化"排查整治工作"回头看"，认真做好今冬明春学校消防安全工作，巩固"清剿火患"战役成果，推进学校安全隐患排查治理体系建设，进一步加大火灾隐患的排查整治力度，尤其对近两年未排查或排查不到位、整治不彻底的区域、场所开展新一轮清剿。多次组织全校消防安全隐患大排查，重点检查办公楼、教室、图书馆、学生宿舍、食堂、实验室、校园商业网点等人群密集场所和重点区域，消除建筑耐火等级低、安全疏散不符合消防技术规范、违章用火用电用气、安全出口通道堵塞、建筑物消防设施损坏、过期等问题，并详细填写检查记录，建立工作台账，对排查出来的安全隐患，督促责任单位及时整改到位，实现排查整治"全覆盖、无盲区"。每月填写福建省学校安全生产隐患排查治理和"打非治违"情况月报表，并及时向上级有关部门汇报。按照消防安全规范的要求，及时增配、更换过期、破损的消防器材，聘请专业消防维保公司对全校消防设施进行全面检测和维护，投入400万元在两校区建立消防远程集中控制平台，把全校消控室报警信号集中至保卫处安防中心，大大提升消防控制联动管理专业化水平。

【户政管理】 2013年，保卫处泉州校区户籍室为学校师生员工办理申领、换领二代居民身份证641张，丢失补办二代居民身份证119张，临时二代居民身份证55张；办理户口迁入登记487人，迁出登记1287人；办理新生儿出生登记45人，户口死亡注销12人，办理户籍证明663份；境外人员暂住登记599人次，境内人员暂住登记4055人次。

2013年，保卫处厦门校区户籍室办理学生二代居民身份证85张；办理学生户口迁入登记490人，迁出登记930人；办理教师户口迁入登记50人；办理学生户籍证明546份，教师户籍证明182份；办理境外人员暂住登记192次，境内人员暂住登记2745人次。

【技防建设】 2013年，两校区共投入320万元，更换及新增视频监控400路，更换及新增入侵报警器620路。泉州校区新增工学院、旅游学院、文科楼视频监控及入侵报警系统，新增及更换部分后勤实体单位、学生公寓38号楼、人才公寓、校大门区域视频监控系统。厦门校区新增及更换综合教学楼群、土木工程学科实验大楼、建筑学科实验大楼视频监控系统及入侵报警系统，补充行政主楼、部分后勤实体单位视频监控系统，新增紫荆苑1号楼学生公寓视频监控系统。两校区共投入400万元建立消防远程集中控制平台,把全校消控室报警信号集中至保卫处安防中心,大大提升消防控制联动管理专业化水平。

【安全教育】 加大安全知识宣传力度。充分利用校园网、保卫处官方微博微信、广播台、电子宣传栏、校内刊物、BBS等媒介,广泛深入开展以"防火、防盗、防骗、防暴及交通安全等"为主要内容的安全教育。

重视以案说法警示教育。坚持以校内治安案件为素材,编写《华侨大学学生安全教育手册》,将其作为新生入学安全教育教材。2013年,编写《治安动态》9期和《治安通报》8期,及时向校内师生发布警示信息,增强师生安全防范意识。

积极开展主题教育活动和突发事件应急演练。9月12日、18日下午,在2013级新生军训及入学教育期间,联合学生处、泉州市丰泽区公安消防大队,分别在泉州、厦门校区开展2013年新生安全知识讲座、新生安全疏散逃生演练等活动,以提高师生应急疏散、自救互救能力,以科学、有效地应对火灾等突发事件。10月15日,联合后勤与资产管理处餐饮服务中心举办餐厅员工消防安全知识培训和消防实战演练活动。10月31日,联合实验室与设备管理处在厦门校区机电信息实验大楼A209举行消防安全知识培训。11月6日,在泉州校区举办"11·9"消防安全日图片展。11月20日,邀请厦门市消防志愿者服务总队讲师何慧玲在厦门校区郑年锦图书馆二楼报告厅举办"11·9"消防安全知识宣传活动之消防安全培训。11月22日,在泉州校区举行突发事件应急演练活动,活动分为治安突发事件演练和灭火救援演练两个部分。12月9日,联合后勤与资产管理处、校卫生所、丹田物业公司等单位在厦门校区进行消防突发事件应急演练。通过主题安全教育,丰富师生安全知识,提高防范技能及应急处置能力,维护师生人身财产安全。

【厦门市集美区综合治理工作联席会议】 4月17日,厦门市集美区综合治理工作联席会议在华侨大学厦门校区行政研发大楼403召开。会议旨在总结、交流集美区第一季度的各项综治工作情况,探讨解决问题的方式方法。

副校长刘斌代表学校热情欢迎与会人员来校探讨综治工作及周边的治安维稳工作,并介绍了华侨大学的办学概况以及学校在推进安保工作体制、机制及相应的技术手段中的投入情况。集美公安分局局长纪边强对华侨大学重视校园安保工作给予充分肯定,并要求辖区公安部门与高校坚持密切协作,坚持治安综合治理和群防群治,共同维护校园内外的安全稳定。

【泉州市副市长、公安局长林锐莅校调研】 2013年9月13日,泉州市副市长、公安局长林锐莅校调研,校长贾益民、副校长吴季怀陪同视察保卫处户籍办证大厅、校园监控中心及华大派出所。

保卫处处长骆景川做了关于保卫处、华大派出所机构设置、工作分工、师生户籍窗口、校园安防系统建设等工作的汇报。林锐指出，华侨大学户籍办证大厅是泉州市唯一一个设置于校园内的户籍业务窗口，在服务师生办理户籍业务方面起到积极作用，户籍办证大厅工作人员应树立服务师生理念，不断提高服务质量，希望保卫处、华大派出所能进一步加强校园安防监控系统建设，积极推进校园"110"报警平台与市公安局指挥中心的联网与互动，提高接处警效率。此外，要做好学校华侨学生、少数民族学生的管理和服务工作，在日常学习和生活中，应给予华侨学生、少数民族学生更多的关心和帮助。

贾益民就泉州市公安局一直以来对学校安全稳定工作的关心和支持表示感谢，并表示将继续推动学校保卫部门与公安机关的合作，共同维护校园安全稳定。

（保卫处供稿）

审计工作

【概况】 华侨大学内部审计工作始于1989年。2012年审计室更名为审计处，现有专职审计人员10人，其中高级职称2人，中级职称4人，其专业涵盖财务、审计、工程等，形成了专业结构合理、年龄形成梯度的专业化工作团队。

2013年，审计处围绕学校中心工作，坚持审计工作监督与服务并重，以提高学校的经济管理水平和资金使用效率为目标，积极推进以下各项审计工作：领导干部经济责任审计、基建工程和维修项目审计、独立核算单位财务收支审计、其他日常审计监督等。在全体审计人员的努力下，顺利完成各项审计工作，取得较好的效益，共完成审计项目166项，审计总资金约10.47亿元，其中：经济责任审计56项，审计总金额约8.26亿元，提出审计建议86条，促进增收节支1793万元；基建和修缮改造工程项目预结算审计106项，累计审计金额1.5亿元，审减金额491.33万元；独立核算单位财务收支审计4项，审计金额约0.71亿元，提出审计建议19条。同时，审计处参与了基建维修工程、物资采购全过程的审计监督。

充分发挥内部审计作用，按照抓早、抓小、抓预防的原则，促进廉政建设，服务学校发展。2013年审计处积极参与学校党风廉政宣传，做了"从审计角度谈如何履行财务一支笔职责"等讲座，对审计中发现的普遍问题以及领导干部签批经费时应注意的事项进行剖析，并从审计角度提出改进建议，扩大了审计工作的影响，对加强党风廉政教育起到良好的效果。

【经济责任审计】 重视发挥经济责任审计在干部管理和党风廉政建设中的作

用，把审计结果作为组织人事部门考核干部的重要依据，通过开展经济责任审计，绷紧领导干部廉政勤政之弦，对干部廉政建设起到防微杜渐的作用。2013年，审计处完成了2012年7月学校中层领导干部换届以来，学校委托的涉及岗位调整并有签批经费的56名领导干部的经济责任审计，其中正处级领导干部、副处级领导干部各28人。按所在单位性质分，其中学院领导干部38人、党政机关领导干部16人、直属单位领导干部两人，审计总金额约8.26亿元，提出审计建议86条，为学校催缴利润1302万元。从总体上看，被审计领导干部能遵守财务管理规定，较好地履行"一支笔"的职责，未发现领导干部个人存在重大违法违规问题。审计处针对本次审计中发现的较为普遍、较为重要的问题向学校领导进行了专题汇报，并提出相应的改进建议及措施。

【基建审计】 随着学校两个校区的建设，基建修缮工程越来越多，投入的资金越来越多，审计任务也越来越重。审计处针对不同工程建设方式，进行分类管理，加强工程结算审计，节约建设资金，力求经济效益最大化。在审核过程中，针对施工方虚报工程量的情况，采取施工现场实地丈量的方式，核实工程量，节约了资金，强化了对施工单位的监督约束。对于委托造价咨询机构进行的审计，我们通过公开招标或抽签方式确定每次委托的造价咨询公司。对重大项目，我们还委托第二家事务所提供第二次咨询服务，以"背靠背"方式加强委托审计的质量监督和复核。2013年审计处共对两校区106项基建和修缮改造项目进行结算审核，累计送审金额14977.54万元，审减491.33万元，核减率为3.28%。

【财务收支审计】 2013年审计处对两校区4个独立核算单位开展了财务收支审计，分别为交通服务中心、接待服务中心、维修服务中心和厦门校区凤竹餐厅。审计中对各独立核算单位内控制度、账务处理以及报销手续等方面存在的问题提出审计建议，并结合前次审计结果，对一些长期存在的问题重点关注，推动相关单位加强内部控制，规范物资采购等重要业务活动，降低经营风险，提高经营效益。

【审计规范建设】 2013年审计处修订了《华侨大学领导干部经济责任审计规定》华大审〔2013〕2号（以下简称新《规定》），新《规定》主要依据《党政主要领导干部和国有企业领导人员经济责任审计规定》（中办发〔2010〕32号），更加全面地定义了经济责任，结合华侨大学实际，明确经济责任审计范围涵盖所有签批经费的处级领导干部（包括正职和副职），提出了责任界定的问题，对审计内容、审计实施也做了更细致的要求。

2013年审计处还修订了《华侨大学基建和修缮工程竣工结算审计实施办法》华大审〔2013〕1号，对工程竣工结算审计的依据、方式、内容等方面进行了详细规定，进一步加强了对学校建设项目的审计监督力度，规范了工程竣工结算工作。

审计处通过规范办事流程，优化审计程序，将单位工作职责和具体办事流程在校园网上公开，科学合理简化办事手续，提高办事效率；同时，优化审计程序，提高审计效率。努力转换工作机制，增强服务意识，改进服务态度，提高管理水平。为保证审计质量，审计处重视审计人员专业素质的培养和保持，鼓励审计人员参加培训等后续教育，2013年审计处有7人次参加了中国内审协会、福建省内审协会等主办的培训班。此外，审计处支持审计人员参加各类专业考试，通过学习不断提高审计人员的理论素养和业务水平，2013年有1人取得二级建造师资格。

（审计处供稿）

离退休工作

【概况】 2013年，离退休工作处（党委）以邓小平理论、"三个代表"重要思想和科学发展观为指导，深入学习贯彻党的十八大精神和学校第五次党代会精神，积极开展党的群众路线教育实践活动，认真落实上级主管部门和学校行政（党委）年度工作计划以及关于离退休工作的指示精神、具体要求，坚持以离退休教职工为本，围绕中心，服务大局，求真务实，全面完成了学校下达的各项工作任务和制定的工作目标。

华侨大学党委下发了《关于进一步加强离退休工作的若干意见的通知》（华大委〔2013〕44号），提出了新时期离退休工作指导思想、基本原则以及工作重点，同时明确了离退休工作处（党委）与离退休原工作单位的职责。调整了华侨大学离退休工作委员会成员，校党委书记关一凡同志任主任，副校长刘斌和退休校领导吴永年两位同志任副主任。根据学校公开选拔科级干部的文件精神，组织开展了老干部科副科长和综合科副科长兼党委秘书两个科级岗位的竞聘。

认真落实离退休老同志政治待遇，组织老干部阅读文件、参加重要会议和重要活动等，配合学校和有关部门组织的情况通报会。在学校开展党的群众路线教育实践活动期间，组织召开征求离退休老同志对学校领导班子及党员领导干部作风建设意见座谈会。

关心照顾老同志生活，积极落实各种政策。在元旦、春节、中秋节、老年节等重要节日，走访慰问离休干部、高龄老人以及长期因病无法参加活动的离退休老同志200多人次，到医院探望住院的同志近百人次。10月，重阳节前夕，为虚岁满70、80的老同志举办了祝寿大会，校长贾益民、校党委书记关一凡、副校长刘斌到会祝贺，并向寿星赠送礼物。

关心老同志的身体健康，先后组织全体离退休教职工体检和为70岁以上人员注射流感疫苗，2013年还首次启动颈动脉检查。此外，针对老干部"双高期"出现的看病住院问题，协助校医院成立了专门为老同志服务的老年保健科。

加强老年活动中心以及相关活动设施建设，厦门校区B—501室老年活动室正式启用，初步满足了常住厦门离退休教职工开展活动需要。为老年活动中心加装电梯作为2013年为民办实事项目之一，方便了老同志到中心参加各类活动。为多功能厅舞台增设灯光效果，启动台球室地面维护和灯光改造工作，为乒乓球室加铺塑料场地、新增乒乓球桌，更换棋牌室桌椅，添置阅览室不锈钢信箱，改造卫生间等。这些都充分体现学校尊老、敬老、爱老、护老的优良传统。

以"华侨大学老年人体育协会成立二十五周年"为契机，本着"热烈、喜庆、效益、节俭"的原则，组织开展了形式多样的文体活动，不断丰富离退休老同志的精神文化生活。同时，协助老体协组队参加省高校第五届和泉州市第九届老年人体育健身展示活动。

法学院、建筑学院、材料学院等3个单位成立基层离退分会，延伸离退休服务管理工作，推进离退休教职工自我管理工作。

截至2013年12月31日，华侨大学共有离退休教职工1020人，其中离休干部25人；去世11人。

【离退休工作处党委】 深入学习贯彻党的十八大报告精神和学校第五次党代会精神，扎实开展党的群众路线教育实践活动，积极推进离退休党支部建设和思想政治建设。

扎实开展群众路线教育实践活动。制定单位群众路线教育实践活动实施方案，成立了领导小组和办公室；召开了动员会议，发放了必读的学习材料；组织处领导参加学校专题培训和暑假期间的个人自学；深入老同志，通过发放调查问卷、组织座谈会等方式，广泛征求班子和个人在四风方面存在的问题意见；组织老同志观看教育实践活动专题录像讲座片《苏共脱离群众、失去政权的历史教训》；开展离退休老同志生活状况与需求调查问卷活动，为进一步做好老同志服务和管理工作奠定基础；处领导撰写个人剖析材料和开展谈心交心活动，召开班子专题民主生活会，校党委书记关一凡同志到会指导。

推进组织建设。推荐和选举出席参加学校第五次党代会离退休教职工党员代表，并配合做好相关筹备工作；完成了第1~10支部换届调整工作；与泉州部分美丽乡村建立联系，协助支部开展不定期的、多样化的活动；"七一"建党92周年前夕，组织支部开展学校优秀共产党员推荐和评选活动，杨振东、林连水和郑婉芳三位党员被推荐为学校优秀共产党员；加强党支部立项活动，先后有两项获学校党委组织部资助；元旦、春节和七一期间，开展走访慰问困难老党员活动，送去学校和组织的关怀；首次举办离退休支部书记、委员骨干培训班,学习党的创新理论和党务知识。

加强政治理论学习。认真学习十八大精神,举办专题报告,组织参加省委老干部局学习党的十八大报告知识竞赛活动,喜获先进集体荣誉;组织传达全国两会精神和国内外形势,有助于老同志对当前国内外形势有清楚的判断;举办一年一次的老干部读书班,共叙"中国梦和个人梦"。

【老年人体育协会、离退休教育工作者协会】 结合庆祝"华侨大学老年人体育协会成立二十五周年",积极开展系列老年文体活动。按照惯例,组织一次老年团体组织年会、两次游园活动、两次就近徒步郊游、两次就近参观工农业生产活动,还举办了地掷球、台球、乒乓球、门球邀请赛,以及校内网球友谊赛、交谊舞舞会、文艺汇演晚会。通过举办文体活动,使老同志在活动中锻炼身体,愉悦身心,同时也促进了我校老同志与泉州相关单位、高校老同志的交流和沟通,收获了友谊。

组织参加省高校第五届老年人体育健身展示活动,取得了柔力球、棋牌、钓鱼、科研报会、地掷球、乒乓球、网球七项总展示资格,并且获得了乒乓球团体金奖,地掷球团体银奖,桥牌团体铜奖以及柔力球男子第一、二名,女子第三名,中国象棋第三名,乒乓球男子单打第三名等好成绩。同时,作为协办单位,承办了省高校第五届柔力球赛。组织参加泉州市老体协第九届老年人健身运动会钓鱼、地掷球、棋牌和门球比赛,其中门球队取得第二名好成绩。展现了离退休老同志老有所学、老有所乐、老有所为的丰硕成果和积极向上的精神风貌。

【老年大学】 坚持寓教于乐的办学方式,结合老同志的要求,开设了中国画班、手工艺班、合唱班、南音班、民乐班、交谊舞、民族舞班、瑜伽班、保健班等课程班,全年本校离退休老同志参加了400多人次。学期结束时,按规定举办了相关文艺会演活动。此外,为配合纪念老体协成立25周年活动,老年大学举办了一场会演活动。

【老教授协会、老科技工作者协会】 在福建省老教授协会和泉州市老年科技协会领导下,积极参加泉州市老年科技协会的各项活动,努力落实国务院《全民科学素质行动计划纲要》,为泉州市的城市建设、经济发展、科技支农、支持民办高等教育的发展积极建言献策,起到了很好的作用。

【关工委及各督导组】 根据中共福建省委教育工委《关于认真做好我省教育系统关工委建设情况自查工作的通知》(闽委教办宣〔2013〕28号)要求,组织开展2009年以来关心下一代建设情况自查工作。召开了新形势下开创关工委工作的新方法、新路子座谈会,针对关工委存在的困难和问题,老同志们纷纷建言献策。

充分发挥离退休教职工政治优势、理论优势、专业优势、经验优势,积极为他们搭建服务学校和地方社会建设的平台和渠道。继续发挥他们在关心教育下一代、教学督导、党建顾问、文明校园建设、青年教师培养、参与教学管理、转变教风学风、稳定教学秩序、提高教学质量等工作中的作用。同时,不断拓宽离退休教职工发挥作用的途径,积极配合学校有关部门做好改革、建设等方面的工作。

（离退休工作处供稿）

图书工作

【概况】 华侨大学图书馆建于1960年。目前,华侨大学图书馆由泉州校区图书馆的侨总图书馆、捷中资讯数字分馆、大众期刊分馆、经管分馆、学生第二自修室以及厦门校区的郑年锦图书馆、华文学院图书分馆、建筑学院图书分馆等馆（室）组成。著名爱国侨领许东亮先生、爱国华侨陈捷中先生和印尼著名侨领郑年锦先生分别主持募捐和带头捐资,兴建了华侨大学泉州校区和厦门校区图书馆,两校区图书馆总建筑面积约为5.5万平方米。新馆大楼打破了传统图书馆封闭模式建筑格局,具有大开间、通透式、辐射能力强、现代化程度高、环境优美等特点。图书馆现有在编人员78名,其中泉州校区59名,厦门校区19名。

随着电子化和网络化的日益深入,图书馆在服务技术手段和服务内容上均有新的拓展。一方面,依靠自身的专业力量建设了先进的信息咨询服务系统和特色数据库,如华侨大学华文教育专题数据库、图书馆随书光盘数据库、福建戏曲文献数据库;另一方面,先后建立了闽台地方文献库、华大文库等。闽台地方文献库收集了福建地方文献、台湾地区文献,以及港澳文献、闽台关系文献等;华大文库的设立彰显了华侨大学师生们的文化底蕴和学术成就。图书馆的电子图书、电子阅览室、自助借还系统、24小时自助还书系统、座位管理数字系统、自助复印打印扫描系统和Note Express文献管理软件系统等,为学校师生教育、教学和科学研究提供了更加便捷和高效的服务。

2013年,图书馆积极开展了一系列文化活动,极大丰富了校园师生生活。9~11月,图书馆工会组织举办"正能量·微电影——共建和谐图书馆之家"立项活动,举办"正能量·微电影"故事拍摄,以"相约图书馆"为题拍摄完成微电影,并参与校工会的优秀立项评选,加强了馆员之间的交流和沟通,让馆员们感受到图书馆大家庭的温馨和快乐。全年为学校师生举办了各类学术文化讲座15场,文化素质教育活动20场。由图书馆指导的《初醒》文学杂志第5期成功发刊。11月18日,第三届海峡两岸高校大学生文化与创意设计大赛作品在图书馆展出,吸引了两岸48所高校参加，分享创意设计和中华文化传承心得体会，共同探讨两岸高校创意教育。

2013年图书馆大学生文化素质教育活动工作具体如下：

图书馆文化素质教育活动讲座目录

序号	题目	主讲人	主讲人单位	举办时间	听众人数
1	语言政策与华文教育的生存环境——我们能做些什么	胡培安教授	华大华文学院	3月30日	200人
2	IEL数据库——为您打开世界科技之门	IEL数据库培训师	IEL数据库公司	4月9日	150人
3	SciFinder Web版培训讲座	陈丹培训师	美国化学文摘社	4月16日	100人
4	赏红楼一梦	尚清	华大华文学院	5月4日	150人
5	人在旅途	阮滨等	华大读书征文赛获奖同学	6月1日	150人
6	中日语言文化比较	陈学超教授、杨晓安教授	日本长崎大学	9月11日	200人
7	因为爱情	刘君霞老师等	华侨大学图书馆	9月28日	200人
8	修辞学核心概念之我见	胡范铸教授	华东师大	9月26日	200人
9	中日文化比较：风骨与物哀	林祁教授	华大华文学院	10月26日	200人
10	你好，旧时光	八月长安	网络小说作家	10月27日	250人
11	SciFinder数据库培训	数据库培训师	SciFinder数据库	10月30日	100人
12	21世纪的个人知识管理工具Note Express	詹仁峰研究馆员		11月5日	200人
13	趣谈古文字	冯玉涛	华大华文学院	11月23日	100人
14	研究生创新能力培养管见——兼论信息获取、论文选题与发表	顾立志教授	华大机电学院	12月4日	200人
15	正说奸臣严嵩	王紫阳同学	机电学院	12月15日	100人

图书馆文化素质教育活动项目统计列表

序号	项目名称	主办单位	时间	参与学生人数
1	初醒文学杂志第四期编辑刊发	华大图书馆	4月	面向厦门校区同学
2	初醒文学杂志第五期编辑刊发	华大图书馆	10月	面向厦门校区同学
3	华图读书征文赛	华大图书馆	3月1日~4月30日	面向全校同学
4	校园映像摄影展	华大图书馆，机电学院	4月22日~5月15日	面向全校
5	微电影故事征集	华大图书馆	6月8日~6月13日	面向全校同学
7	华图读书沙龙第八期之看见	华大图书馆，华大学生处	5月19日	100人
8	影视沙龙之美丽心灵	华大图书馆	5月25日	100人
9	华图读书沙龙第九期之漫谈现代诗	华大图书馆	6月4日	30人
10	暑期书目推荐导读	华大图书馆	7月	面向全校同学
11	新生入学书目推荐导读	华大图书馆	9月	全校入学新生
12	第二届初醒征文赛	华大图书馆	9月10日~10月31日	面向全校同学
13	华图读书沙龙第十期	华大图书馆，华大宣传部	10月18日	100人
14	影视沙龙之赎罪	华大图书馆	11月3日	100人
15	华图读书沙龙第十一期	华大图书馆	11月10日	100人

续表

序号	项目名称	主办单位	时间	参与学生人数
16	新生杯班徽设计大赛	华大图书馆	10月~11月1日	面向厦门校区新生
17	华侨大学第三届文学论坛	华大图书馆，厦门文学院	11月26日	50人
18	影视沙龙之巴别塔	华大图书馆	12月8日	100人
19	华图读书沙龙第十二期	华大图书馆	12月14日	100人
20	墨艺国画展	华大图书馆，华大美术学院	12月19日~12月23日	面向全校

【文献资源建设】 截至2013年12月，图书馆纸本馆藏总量236万册，其中中文图书215万册，外文图书21万册，年进书量15万册；纸本过刊21万册，中文报刊3615种，外文报刊250种；电子图书175万册；数据库资源74个。全年图书馆投入经费约1609万元，其中纸本图书575.4072万元，纸本期刊365.5081万元，数据库资源668.1377万元。

【读者服务】 图书馆开放时间为6：30~22：30，全年（寒暑假、法定节假日除外）每天开馆16小时，每周112小时。为了给学生考研复习提供良好的学习环境，泉州校区增加第二自修室三楼500个座位作为考研专座，两校区累计设立2188个考研专座，全馆自修座位近6000个。电子阅览室配备计算机227台，为读者提供电子文献阅览服务。各分馆、阅览室、书库全年共接待170万人次，借还图书105万册。2013年度对新入学学生进行入馆教育培训共计50场次，举办电子资源利用及上机培训讲座5场。

【华侨华人文献信息】 20世纪90年代，图书馆施世筑港台书籍阅览室建立，初步形成以港澳台图书、港澳台研究及华侨华人研究为重点的馆藏特色。华侨华人资料中心以"知侨、爱侨、为侨"为宗旨，以华侨华人与侨乡历史文献资料的系统搜集整理为己任，有力地推动了华侨华人研究工作；华文学院是华侨大学的海外华人华文教育和交流基地，具有丰富的海内外华文教育图书期刊及其他文献资料，还有大量的一手华文教育与交流活动相关材料和史料；文学院资料室拥有可观的华文教育文献资料。图书馆充分利用华侨大学在华侨华人研究方面的特殊地位和优势，用数据库将这些学术资源进行全面、系统地整合，形成了独具特色的华侨华人特色数据库。

【馆际交流与合作】 图书馆的馆际协作包括常规的馆际互借和文献传递业务。2013年，图书馆为本校师生提供馆际互借及文献服务达230人次。华侨大学科技查新工作点继续与厦门大学科技查新站开展合作，全年完成校内外科技查新案例131件。

【特藏建设】 2013年6月,图书馆成立特藏部,制定了《华侨大学图书馆特色馆藏、馆舍与服务建设规划》。在图书馆众多类型的资源体系中,特藏资源兼具文种独特性、珍贵性和历史性,在一定程度上体现了华侨大学图书馆资源的特色化和个性化。古籍整理工作有所推进,0.4万册影印古籍及1万册民国平装书编目工作启动,完成了0.3万册影印古籍的编目及平台录入工作,同时完成了近1万册民国平装书的排序上架工作。闽台两地历史渊源极为深远密切,图书馆将闽台地方文献视为统一的特色资源加以收藏、开发、利用,闽台地方文献库于2012年3月筹建,目前藏书1950种,3558册。

【文化传播】 2013年6月,图书馆成立文化传播部,专门负责组织依托图书馆资源和服务的大学生文化素质教育活动,举办图书馆读书服务月活动,包括以读书为主题的征文比赛、专家学者导读等讲座、推荐文化素质教育阅读书目等活动；举办旨在提高大学生素质和创新能力的学术讲座、学术报告等系列活动。大学生文化素质教育工作已经成为图书馆的工作常态,在延承的基础上,探索创新,形成了常态化的培育模式。同时,图书馆投入较多的经费用于购置有关大学生文化素质方面的图书,内容涵盖了文学、历史、哲学、艺术等人文社会科学及自然科学（以科普类为主）。

【华大文库】 华大文库是专门收集和永久保存本校教职工及校友研究、创作与文化精品的资料性、学术性特藏库,成为展示华大人学术成果的重要基地和窗口。截至2013年12月,共收集华大人著作1000余册（500余种）、学位论文5734册,另外还有书画、摄影作品、荣誉证书、历史照片、多媒体光盘等具有文化价值、学术价值和历史价值的各种文献资料。为了妥善收藏并充分展示师生作品,图书馆重新规划选址,并聘请专业设计师按照"简朴、实用、特色"三元素精心设计了空间装饰方案。

【科技查新服务】 为适应学校教学、科研及学科建设的发展需要,充分发挥图书馆为教学和科研服务的职能,积极推进学校教育部科技查新工作站的申报工作,积极为学校和社会提供查新服务,图书馆于5月和8月分两批派出12名馆员参加教育部组织的科技查新审核员和查新员资质培训班,进一步充实了查新人员队伍。图书馆与厦门大学查新站合作,完成校内外查新案例131件。

【学科馆员制】 为了贯彻实施华侨大学图书资料工作"十二五"发展规划,更好地为教学科研服务,加强图书馆与各院系的密切联系和信息交流,建立起更加畅通的文献情报信息"需求"与"保障"渠道,提高图书馆馆藏文献资源建设质量、服务水平和服务效率,图书馆开始了学科馆员制的探索和实践。根据《华侨大学图书馆开展学科馆员及科技查新服务的发展规划》，图书馆采用先行试点、分阶段扩展的办法，第一阶段先从机电及自动化学院、材料科学与工程学院、化工学院及文科院系进行试点工作。

【查收查引服务】 查收查引是根据用户需求，在国内外权威数据库中检索其论文被收录和被引用情况，以证明其科研能力和水平而开展的信息咨询服务。图书馆大力开展查收查引服务，为学生申请各级奖学金提供依据，为教学科研人员申报各级奖项和职称评审提供依据，全年共为在校师生提供查收查引服务约2000余人次。

【移动图书馆启用】 3月16日，图书馆正式推出"移动图书馆"服务，成为泉州、厦门地区首个开通此项服务的高校图书馆。华侨大学副校长刘塨、暨南大学图书馆馆长朱丽娜、北京航空航天大学图书馆馆长杨晓光、福建省图书馆馆长郑智明、福建师范大学图书馆馆长方宝川、厦门大学图书馆馆长萧德洪、华侨大学图书馆馆长顾立志、超星集团副总经理叶艳鸣等出席仪式并共同按球启动"移动图书馆"。"移动图书馆"服务可以实现广大读者通过各种手持移动设备，在任何时间、任何地点，方便快捷地使用图书馆的资源和服务，包括个人借阅查询、馆藏书目查询、查阅图书馆各类电子资源、图书预约、续借、查阅图书馆讲座通知等。

【郑年锦捐赠印尼《生活报》纪念丛书】 10月24日，《印尼〈生活报〉纪念丛书》捐赠仪式在郑年锦图书馆举行。校长贾益民，副董事长郑年锦，董事、纪念丛书编委会副主任汪琼南，董事许丕新，纪念丛书编委会主任梁凤翔，华人华侨问题专家梁英明等出席捐赠仪式。捐赠仪式由副校长张禹东主持。丛书分别由郑年锦图书馆、侨总图书馆和华侨华人研究院资料中心典藏，以便从事华人华侨史研究的专家学者查阅。《印尼〈生活报〉纪念丛书》是在1966年原《生活报》社长黄周规带回中国的全套《生活报》基础上，由原《生活报》成员的后人历时三年整理而成。《丛书》行文千万余字，内容涵盖社论、题词、回忆录等15个大类，编撰成书共19册。该书包含了丰富的华侨政治史、社会史、经济史、文化史等内容，是研究印尼华侨社会不可多得的独特文献，具有重要的史料价值。

（图书馆供稿）

档案工作

【概况】 档案馆是学校档案工作的职能管理部门和永久保存并提供利用学校档

案的专门机构，对学校各类档案实行集中统一管理和提供利用服务，对学校档案工作进行行政管理，并在职责范围内对学校各单位档案工作进行业务指导、监督和检查，开展学校各类档案的收集整理、管理利用、信息化和资料编研等工作。

档案馆履行以下职责：贯彻执行国家有关档案工作的法律法规和方针政策，综合规划全校档案工作，履行依法治档职责；拟订学校档案工作规章制度、发展规划和工作计划等，并组织实施；接收（征集）、整理、鉴定、统计、保管学校的各类档案及有关资料；组织编制档案检索工具，编研、出版档案史料，开发档案信息资源；组织实施档案信息化、数字化建设和电子文件归档工作；开展档案的公布开放和开发利用工作，并为利用档案者提供优质服务和便利条件；建立全校档案工作业务系统，开展全校各单位兼职档案员的业务培训，监督、指导和检查档案二级管理分室及各单位的档案业务工作；利用档案开展多种形式的宣传教育活动，充分发挥档案的文化教育功能，为学校开展爱国主义教育、文化素质教育、校史校情教育服务；组织开展档案学术研究和业务交流活动；围绕学校中心工作，完成学校交办的其他工作任务。

档案馆在编专职档案干部5名。档案馆两校区运行，两校区档案馆总建筑面积约1971平方米，主馆设在泉州校区本部李克砌办公楼五楼，建筑面积约358平方米；厦门校区分馆设在郑年锦图书馆二楼，建筑面积约1613平方米。截至2013年12月31日，馆藏学校各类档案情况如下：全宗1个，案卷37676卷（案卷排架长度657米），以件为保管单位的档案84059件（排架长度49米），照片档案24201张，底图1224张，实物358件，馆藏资料2342册，归档电子文件23962件（6GB），数码照片20400张（339GB），数字录音录像17小时（186GB），建有文件级档案机读目录174567条。

2013年1月，学校下发《华侨大学档案管理办法》，对学校档案工作的领导体制、机构设置、人员配置、档案管理、条件保障、档案利用、考核、奖励与处罚等方面进行了详细的规定。

开展规章制度建设。2013年先后出台和修订的19项规章制度如下：《华侨大学档案管理办法》（华大综〔2013〕4号）、《华侨大学档案安全管理工作规定》（华大综〔2013〕94号）、《华侨大学档案鉴定销毁制度》（华大综〔2013〕106号）、《华侨大学会计档案管理办法》（华大财〔2013〕55号）、《关于建立全校兼职档案员队伍的通知》（档案〔2013〕1号）、《华侨大学档案统计年报工作制度》（档案〔2013〕8号）、《华侨大学实物类档案管理细则》（档案〔2013〕9号）、《华侨大学文书档案管理细则》（档案〔2013〕10号）、《华侨大学文件材料归档范围和保管期限表》（档案〔2013〕11号）、《华侨大学档案资料公布与查借阅利用规定》（档案〔2013〕12号）、《华侨大学档案实体分类办法》（档案〔2013〕13号）、《关于建立档案馆紧急查档值班制度的通知》《档案馆两校区档案实体存放方案（暂行）》、《档案馆校史档案征集办法》（档案〔2013〕14号）、《华侨大学出版物类档案管理实施细则》（档案〔2013〕

15号)、《华侨大学科学研究类档案管理细则》(档案〔2013〕17号)、《华侨大学基本建设类档案管理细则》(档案〔2013〕18号)、《华侨大学档案馆各级各类岗位聘期任务(2012~2016年)》(档案〔2013〕19号)、《华侨大学仪器设备类档案管理细则》(档案〔2013〕20号)。

建立并完善兼职档案管理队伍。2013年3月，建立和完善了学校兼职档案员队伍，明确了各单位分管档案工作的领导的职责和各单位兼职档案员的职责，在全校63个立档单位中，共明确分管档案工作领导64人，建立了65人的兼职档案员队伍，为做好学校档案工作提供了组织保障和人员保障。

加强档案业务培训。2013年面向全校办公室系统和兼职档案员举办了两期档案业务培训，培训内容包括档案业务基本知识、《华侨大学档案管理办法》讲解、文书档案收集与归档、电子文件归档与管理、重大活动档案收集与整理、实物档案的收集整理、出版物档案的收集整理等。

调整两校区档案实体的存放。2013年将存放于泉州校区的科研档案、出版物档案、实物档案、馆藏早期财会档案转移至厦门校区保管和利用，部分照片档案由宣传部移交档案馆保存，将存放于校人事处人事档案室的学校已故人员档案和离职人员档案移交档案馆保存。重新定位与优化了两校区档案馆功能职责，调整后泉州校区档案实体主要存放综合文书档案(含党群、行政、外事、其他门类档案的综合部分)、教学档案(含招生大表)、泉州校区基建档案；厦门校区档案实体主要存放科研档案、出版物档案、早期财会档案、实物档案、重大活动档案、厦门校区基建档案、已故及离职人员档案、历史遗留学生档案。

改革档案实体收集管理体制，实行新的档案实体分类模式。按照教育部27号令《高等学校档案管理办法》的要求，改革档案实体分类管理模式，统一学校综合档案的实体分类、编号、排架、检索的标准和规范。根据国家档案局《高等学校档案实体分类法》，制定学校的档案实体分类办法，实行新的档案实体分类模式。将学校旧有的按"文书档案"和"科技档案"两个大类分类管理的模式改革为按"党群类""行政类""外事类""教学工作类""科学研究类""基本建设类""仪器设备类""产品生产与科技开发类""出版物类""财会类""声像类""实物类""重大活动类""专题类"(含已故及离职人员档案、历史遗留学生档案)、"征集校史档案""馆藏资料"十六个大类进行分类与管理，并根据学校档案工作的具体实际适当进行类目的扩展和限定，以适应学校档案工作的特点。档案实体管理的改革，使学校档案管理业务符合国家档案管理的规范要求，推进了档案管理规范化。

启动数字档案馆建设。2013年，完成了数字档案馆建设调研、选型方案论证、项目申请及招标采购，引进"方正博通数字档案馆管理平台V5.0系统"，数字档案馆建设项目正式启动。

【**档案收集与整理**】 档案馆对学校档案工作实行统一领导，分级管理。并负责对全校综合档案的收集与整理，包括党群类、行政类、外事类、教学工作类、科学研究类、基本建设类、仪器设备类、产品生产与科技开发类、出版物类、声像类、实物类、重大活动类、专题类（已故及离职人员档案、历史遗留学生档案）、征集校史类、馆藏资料的十五个门类的档案资料由档案馆负责收集保管。对个别立卷及归档单位中利用频繁且具有一定独立性的档案，如会计档案、机要档案、人事档案、学生档案、华文学院档案等由相关部门实行二级管理。会计档案由财务处档案室管理；机要档案由党办校办机要科管理；人事档案由人事处人事档案室管理；学生档案由学生处学生档案室管理；华文学院档案由华文学院管理。学校档案实行档案材料形成单位、课题组立卷的归档制度。学校各单位有一名负责人分管本单位的档案工作，各单位兼职档案员承担本单位档案的整理归档工作。进馆档案由档案馆进行整理、保管、利用、信息化和编研等工作。

2013年进馆档案统计表

档案类别	单位	当年进馆	馆藏累计
文书（含党群、行政、外事、教学工作）	件	5386	6083卷+58257件
其中：永久	件	1852	3277卷+26475件
长期	件	2311	2155卷+22475件
短期	件	1223	651卷+9307件
基建	盒	461	3067+底图1224件
设备	盒	40	921
科研	盒	371	2477
出版	盒	78	270
学位	盒	114	5012
财会	本	—	—
其中：报表	本	44	1333
账簿	本	79	1040
凭证	本	1057	15131
声像		—	—
其中：照片	张	947	24201
音像	盒	0	19
实物	件	20	358
馆藏资料	册	25	2342
馆藏总计	截至2013年12月31日，全宗1个；案卷37676卷；案卷排架长度657米；以件为保管单位档案84059件；以件为保管单位档案排架长度49米；照片档案24201张；底图1224；实物档案358件；馆藏资料2342册。		

【档案利用与服务】 加强档案文化建设。挖掘校史文化，加深华大师生对校情、校史的了解，让师生感受先辈们创业的艰辛，传承华大人的优良传统。2013年3月，正式启动"华大记忆"系列校史档案展览，首期举办"华大记忆之一——华侨大学创办初期老照片展"。9月22日，为配合校庆，分别在厦门校区和泉州校区举办"华大记忆之二——华侨大学复办及调整时期照片展"，取得了良好的效果。认真开展查借阅服务，2013年共接待查阅各类档案526人次、1942件次，并为各单位编志、编年鉴提供了大量的原始档案素材，保障了学校编纂《华侨大学志》和《华侨大学年鉴2012》工作的顺利进行。

【档案普法宣传】 开展档案法制宣传教育活动。贯彻落实国家"六五"普法规划和国务院侨办档案六五普法规划实施方案。3~6月，组织全校相关人员参加福建省档案局开展的"档案普法知识测试"活动，学校共60个单位174人参加并通过了档案普法测试。9月，以《中华人民共和国档案法》颁布实施26周年为契机，在全校组织开展《中华人民共和国档案法》知识普及测试问卷活动，向各单位兼职档案员发放知识普及测试试卷，组织作答，把贯彻实施《档案法》作为促进学校档案事业发展的重要举措。编印《档案普法宣传资料》三辑，发放给各单位分管档案工作的领导、兼职档案员以及办公室相关人员进行学习。把贯彻实施《档案法》作为促进学校档案事业发展的重要举措，不断提高学校档案事业法制化、规范化建设水平。

【数字档案馆建设】 2013年，档案馆启动了数字档案馆建设。9月27日，档案馆主持召开数字档案馆建设及选型方案专家评估论证会，就《华侨大学数字档案馆建设方案》《档案馆管理系统选型及预算方案》《档案馆服务器等硬件设备设施选型及预算方案》《档案数字化转换工程及预算方案》进行了充分的论证。会议原则上通过了《华侨大学数字档案馆建设方案》；同意《档案馆管理系统选型及预算方案》；硬件设备设施由信息处统筹并予满足，后端管理由信息处负责，档案馆负责前端管理，档案馆不再设置机房；出于安全性考虑，数据存储和服务器系统要建立异地镜像互为备份机制，充分利用两校区的有利条件，在泉州校区和厦门校区各建立一套完整的数据存储和服务器系统，实现异地备份。档案数字化转换按照先期委托加工、后期自主加工的原则，分步实施。12月5日，完成管理系统和数字化加工服务商招投标工作，确定采购方正博通数字档案管理平台（V5.0）并由方正国际软件有限公司进行档案数字化转换加工服务。数字档案馆建设工程的启动标志着学校档案管理自动化、现代化工作迈出了坚实的一步。

（档案馆供稿）

学报编辑工作

【概况】 学报编辑部成立于2012年9月（原为出版中心），现有工作人员9人，下设华侨大学学报自然科学版编辑部、华侨大学学报哲学社会科学版编辑部，主要任务是编辑出版发行《华侨大学学报》（自然科学版）《华侨大学学报》（哲学社会科学版）。2012年12月《华侨大学学报》（自然科学版）《华侨大学学报》（哲学社会科学版）均被华东地区期刊协会评为"华东地区优秀期刊"。

学报编辑部在学校领导和学报编委会的指导下，在已搭建的较高平台上，继续坚持"出精品、创名牌、办一流学报"的思路，不断加强政治、业务学习，积极进行编辑学理论研究，并在编辑实践中坚持严格的审、约稿制度，杜绝人情稿、学术腐败稿，确保学报的学术水平和编校出版质量，不断提高学报影响力，力争办出特色。突出华侨大学重点学科的学术优势，刊发校内外学术创新（新问题，新视角，新方法，新论证，新领域）的优秀论文，同时加大对优秀稿件的约稿力度，提高了优秀外稿比例，学报的学术质量得到较明显的提高。

【《华侨大学学报》（自然科学版）】 《华侨大学学报》（自然科学版）（以下简称《学报自然版》）创刊于1980年，是福建省教育厅主管，华侨大学主办，面向国内外公开发行的自然科学综合性学术理论刊物。

办刊宗旨：坚持四项基本原则，贯彻"百花齐放，百家争鸣"和理论与实践相结合的方针，广泛联系海外华侨和港、澳、台、特区的科技信息，及时反映国内尤其华侨大学等高等学府在理论研究、应用研究和开发研究等方面的科技成果，为发展华侨高等教育和繁荣社会主义科技事业服务。

刊登内容：机械工程及自动化、测控技术与仪器、电气工程、电子工程、计算机技术、应用化学、材料与环境工程、化工与生化工程、土木工程、建筑学、应用数学等基础研究和应用研究方面的学术论文，科技成果的学术总结，新技术、新设计、新产品、新工艺、新材料、新理论的论述，以及国内外科技动态的综合评论等内容。

所获荣誉：在历次全国及福建省的科技期刊评比中，《学报自然版》荣获大奖，入选综合类科学技术中文核心期刊及"中国期刊方阵'双效期刊'"，并成为国内外20余家权威数据库的固定收录刊源。曾获得1995年"全国高等学校自然科学学报系统优秀学报一等奖"（颁奖单位：国家教委科技司）；1997年"第二届全国优秀科技期刊奖"（颁奖单位：中宣部、国家科委、新闻出版总署）；1999年、2008年"全国优秀自然科学学报及教育部优秀科技期刊"（颁奖单位：教育部科技司）；2004年、全国高校优秀科技期刊二等奖（颁奖单位：教育部科技司）；2006年首届福建省高校优秀学报（颁奖单位：福建省教育厅）；2008年全国编校合格刊社（颁奖单位：中国期刊协会）；2008~2011年，连续4年中国科技论文在线优秀期刊（颁奖单位：教育部科技发展中心）。编辑部于2008年获得全国高校科技期刊先进集体；2009年，获得全国高校科技期刊优秀编辑质量奖（颁奖单位：中国高校自然科学学报研究会）；2012年获得华东地区优秀期刊（颁奖单位：华东地区七省一市新闻出版局）。

【《华侨大学学报》（哲学社会科学版）】《华侨大学学报》（哲学社会科学版）是福建省教育厅主管，华侨大学主办，面向国内外公开发行的人文社会科学类综合性学术理论刊物。学报1983年创刊，1983~1986年出版年刊，刊名为《华侨大学论坛》，1987年开始获得新闻出版署刊号，向国内外公开出版发行，刊名为《华侨大学学报》（哲学社会科学版）。1987~1992年出版半年刊，1993年全年出版三期，1994年开始出版季刊，2013年扩版至每期160页。

《华侨大学学报》（哲学社会科学版）以繁荣科学文化、促进学术交流、反映最新科研成果、发现和培养人才为办刊宗旨。主要刊登哲学、法学、政治学、社会学、经济学、语言学、文学、管理学等学科领域的论文。近年来，该刊在坚持办好传统的特色栏目如港澳台暨海外华文文学、华侨华人研究、华文教育研究、旅游学研究等新栏目外，也深化了学报的理论研究力度，使学报的质量和档次有了大幅度的提升。学报在首届（1999年）、第二届（2002年）和第三届（2006年）全国高等学校社科学报评优活动中蝉联"全国百强社科学报"称号，1999年入选"中国人文社会科学核心期刊"（中国社会科学院），2003年入选"中国人文社科学报核心期刊"，2006年被福建省教育厅评为"福建省高校精品学报"。1999年12月被确定为"中国学术期刊综合评价数据库"来源期刊（全文收录），同时被确定为"中国人文社会科学引文数据库"来源期刊。2001年12月在《中国学术期刊（光盘版）检索与评价数据规范》执行评优活动中荣获《CAJ-CD规范》执行优秀奖。2012年获得华东地区优秀期刊称号（颁奖单位：华东地区七省一市新闻出版局）。

（学报编辑部供稿）

资产经营工作

【概况】 华侨大学（泉州）资产经营有限公司成立于2009年10月，是根据教育部关于高校产业规范化建设的要求，经国务院侨务办公室批准，由华侨大学投资设立的国有独资有限责任公司，注册资金2050万。公司代表学校统一持有校办企业及学校对外投资的股权，负责对投资企业进行统一规划，归口管理，代表学校对企业行使监管、协调等管理工作，结合学校学科和技术优势，发展产业，并承担相应的保值增值责任。

公司依照有关法律、法规和政策规定，按公司章程设立了董事会和监事会，现任董事会由刘斌、黄种杰、何纯正、涂伟、庄培章组成，监事会由张芬芳、许国玺、詹儒章、林丽雪、雷宇鸣组成。

在规章制度建设方面，健全和完善资产经营公司管理制度。现已制定《华侨大学资产经营有限公司董事会议事规则》《华侨大学资产经营有限公司总经理办公会议制度》《华侨大学资产经营有限公司财务管理制度》《华侨大学资产经营有限公司薪酬方案》等规章制度。

2013年，加强了对投资企业的管理、服务及决策工作，经深入调研公司召开了第三次、第四次董事会会议，对印刷厂的清算注销工作，对胶粘剂厂、金刚石工具厂、教学实验机械厂的清产工作，对泉港华大环保工程有限公司出售不动产事宜、建筑设计院分支机构的设立、投资企业的资产划转工作、超硬公司战略重组等问题以及投资东南大宗商品交易中心相关问题进行集中讨论并形成决议，有效地解决了各企业在发展中存在的问题。同时加强公司对投资企业财务、经营管理的监控协调能力，依法经营，确保国有资产保值增值。根据工作计划，公司开始为华大建筑设计院、审图所、华大环保工程有限公司提供"管理咨询"项目服务，对公司内部管理、财务制度、重大事项、债权债务、资产状况等开展专项检查和评估。

【**产业实体**】 现有企业包括泉州华大超硬工具科技有限公司、福建华大环保工程有限公司、华侨大学建筑设计院、华侨大学建筑工程施工图审查事务所和福建省华大数码科技有限公司、福建东南大宗商品交易中心有限公司六家企业。华大超硬公司成立于2001年5月，注册资金500万元，学校占股40%；华大环保公司成立于2000年9月，注册资金850万元，学校占股50.82%；华大设计院成立于1985年，注册资金300万元，由华侨大学投资设立；华大施工图审查事务所成立于2001年12月，注册资金100万元，由华侨大学投资设立；华大数码公司成立于2001年1月，注册资金1000万元，学校占股15%；福建东南大宗商品交易中心成立于2013年5月，注册资金1亿元，华侨大学资产经营有限公司占股30%。

【泉州华大超硬工具科技有限公司】 泉州华大超硬工具科技有限公司依托华侨大学超硬工具研究所，组建以教授、博士、高级工程师等行业专家为主体的技术研发团队，同时，积极引进优秀管理人才，不断推进企业经营管理的规范化和标准化。目前，公司整体技术实力处于国内领先水平，在国外同行中也具有强大的竞争优势。

华侨大学超硬科技有限公司积极参加世界各地展销会，2013年分别参加印度石材展，美国拉斯维加斯混凝土世界暨国际建筑机械展，巴西维多利亚国际石材及工具展，厦门国际石材展览会，中国国际石材产品及石材技术装备展览会，德国国际工程机械展览会，印尼国际工程机械、矿山机械、建材展，俄罗斯莫斯科国际石材及技术展览会，巴西国际石材工具及技术博览会，南非五金工具展览会等多地的石材、矿石机械类展销会，产品不仅畅销国内包括台湾省在内的二十多个省、市、区，还远销美国、日本、欧洲、韩国、印度、东南亚、中东等国家和地区。

【华侨大学环境保护设计研究所】 成立于1995年，是华侨大学直属科研机构。2000年改制为福建华大环保工程有限公司。下设环境影响评价中心、工程设计中心、环境监测中心、办公室4个部门和泉州洛江华大环保工程有限公司、泉港华大环保工程有限公司等多个全资或控股子公司，是一所集科研、环境影响评价、环境工程设计、环保设备生产制造、环境设施运营管理、环境监测、环境工程总包、环境工程施工、土建工程建设等于一体的综合性专业机构。目前该所持有国家环境影响评价乙级证书（国环评证乙字第2201号）、国家环保部颁发的环境污染治理设施运营（工业废水）甲级资质（国环运营证2734号），监测中心通过MA计量认证（2013135025U号）。

福建华大环保工程有限公司5月在德化县成立泉州华大环境评价有限公司，10月在德化县国宝乡佛岭成立德化分公司。

【华侨大学建筑设计院】 成立于1985年，是华侨大学全资企业，隶属国务院侨办，持有建设部颁发的建筑设计甲级证书、环境工程（废水）专项工程设计甲级证书、城乡规划编制丙级证书、文物保护工程勘察设计丙级证书。下设方案所、建筑所、结构所、设备所、智能化所、环保所及华侨大学建筑工程施工图审查事务所（一类）。

今年8月，经华侨大学建筑设计院院长办公会研究决定，撤销华侨大学建筑设计院综合办公室，成立办公室和经营部，并开始执行新的《华侨大学建筑设计院薪酬制度》。为落实学校关于"两院一体化"的战略部署，经华侨大学资产经营有限公司批准，设计院10月在厦门增设非独立法人分支机构（分公司）。

【华侨大学建筑工程施工图审查事务所】 是华侨大学建筑设计院分立的审查机构，成立于2001年8月15日，是由福建省人民政府建设主管部门认定的本行政区域内的审查机构，不以营利为目的的独立法人，经济性质为全民所有制。自2012年1月1日起，华侨大学建筑工程施工图审查事务所升级为一类审查机构，承接泉州地区除超限高层外的房屋建筑工程审查。该所的宗旨是积极开拓，务实进取，满足城乡工程建设需要，接受国家有关部门和建设项目有关单位的委托，为工程建设提供科学、严谨、周到、及时的服务。

11月1日起，华侨大学建筑工程施工图审查事务所实行新的《华侨大学建筑工程施工图审查事务所薪酬制度》。

【福建省东南大宗商品交易中心】 是国务院批准的《福建省泉州市金融服务实体经济综合改革试验区总体方案》中首批75个重点金改项目之一，是福建省大宗商品现货电子交易市场重点项目之一，经泉州市政府"泉政办（2013）38号"文件批准设立与运行。东南交易中心将在贵重金属、化工产品、建材产品、轻纺产品、农林产品等领域，不断适时地推出既符合国家战略利益，又符合国内、国际市场需求的交易品种。首批上市的有白银、铂金、钯金、镍、铜、橡胶、石材、茶叶等交易品种，产品丰富、领域广阔，为众多行业厂商和广大投资者创建了一个真正具有服务实体经济的购销和投资平台。

2月14日，华侨大学主办的"闽台大宗商品交易平台"被列入国务院批准的国家级泉州金改区重点金改项目计划。5月30日，福建省东南大宗商品交易中心有限公司正式成立。6月10日，东南大宗商品交易中心向市政府正式提交《闽台大宗商品交易平台投资协议书》。6月15日，华侨大学大宗商品现货交易研究所成立。6月27日，东南大宗商品交易中心落户福建泉州签约仪式隆重举行，此外还举办了华侨大学大宗商品现货交易研究所揭牌仪式。华侨大学校长贾益民、鲤城区委书记苏庆赐、鲤城区人民政府区长黄阳春等相关领导出席了此次签约仪式。东南大宗商品交易中心成为国家级"金改区"的重点金融创新项目，从此开始着力贯彻新一轮全面深化改革的国家政策，创新我国大宗商品现货交易模式，探索金融服务实体经济发展。

7月20日，华侨大学大宗商品现货交易研究所首次会议于东南大宗商品交易中心隆重举行。交易中心董事长叶孙福、总经理涂伟及华侨大学大宗商品现货交易研究所所长胡日东及副所长陈金龙、林俊国、陈维斌、侯志强、王福民等相关人员参加了本次会议。

9月8日，第十七届中国国际投资贸易洽谈会在厦门国际会展中心开幕，福建东南大宗商品交易中心首次亮相投洽会。华侨大学董事会董事、香港华丰国贸有限公司总经理邱建新及香港丁何关陈会计师行丁良辉总经理以及国内外嘉宾莅临展位参观指导。

10月19日，泉州市人民政府批准东南大宗商品交易中心正式运营。

11月7日下午，国务院侨务办公室秘行司田光华处长一行莅临我所，调研大宗商品交易中心建设工作，与涂副董事长等高层管理人员开展座谈。田处长指出，华侨大学是国务院侨务办公室直属高校，在海内外拥有良好声誉，近几年发展迅速，东南大宗商品交易中心由华侨大学发起设立，要把握好发展先机，利用好政策优势，借助两大国家战略，即海西战略和泉州"金改"，依靠华侨大学的智库支持和海内外影响力，乘势而上，创新发展，将"东南模式"打造成业内先进经验。

12月17日，东南大宗商品交易中心正式上线交易，第一个交易品种是现货白银。

12月23日，华侨大学贾益民校长、鲤城区委苏庆赐书记一行莅临东南交易所视察指导工作。贾校长说，希望东南交易所继续沿着既定的战略目标发展，开拓思路，顺势而为，逐渐做大做强；在发展过程中建立现代企业制度，依法经营，依规管理，建设优秀的人才队伍，提炼优秀的东南特色的企业文化，凝聚每位员工的力量。此外，贾校长强调，东南交易所要有强烈的社会责任意识，勇于担当社会责任，为泉州、为社会做出更大的贡献。

【**华大数码科技有限公司**】 隶属于国立华侨大学，是在原华侨大学信息工程应用研究所的基础上，顺应华侨大学体制改革而成立的省级高新技术企业。公司凭借高校密集的知识和人才资源优势，集科研、开发、生产于一体。经营业务涉及软件开发、计算机系统集成、建筑智能化工程设计与施工等领域，涉及的主要行业包括教育、政府服务、企业等。公司重视质量保证体系建设，通过ISO9001：2000质量管理体系认证，规范内部管理流程，强化质量控制管理，提高客户满意度。公司成立以来，秉承"一次就要做好"的企业精神，以信誉为重，在用户中树立了良好的形象，并享有广泛的赞誉。

2013年，福建省华大数码科技有限公司获得泉州市工商行政管理局颁发的"工商信用良好企业（AA级）"企业信用等级证书，"意外动作检测与识别系统""目标跟踪智能报警系统""人脸识别智能监控系统"三项计算机软件著作权登记证书，和福建省工商行政管理局颁发的"2011年度福建省守合同重信用企业"荣誉证书。同时还获得"华大数码目标跟踪智能报警系统""华大数码人脸识别智能监控系统""华大数码意外动作检测与识别系统"三项软件产品登记证书。

产业系统国有资产增值情况表

单位：万元

单位	原国有投资	其中学校累计增资	2013年实收资本	2013年12月国有投资	2013.12累计净资产	现国有资产	国有资产增值
设计	230	70	300	300	613	613	313
审图	50	50	100	100	404	404	304
环保（含环保所）	31	400.97	850	431.97	3343	1698.91	1266.94
超硬	56	144	500	200	4713	1885	1685
合计	367	664.97	1750	1031.97	9073	4600.91	3568.94

2013年，各企业产值持续上升，利润增长，企业的净资产增加。2013年度各产业实体总产值达13442万元，总利润达1160万元，总净资产达4811万元，同比2012年度分别增加56.7%，16.7%，5.8%。

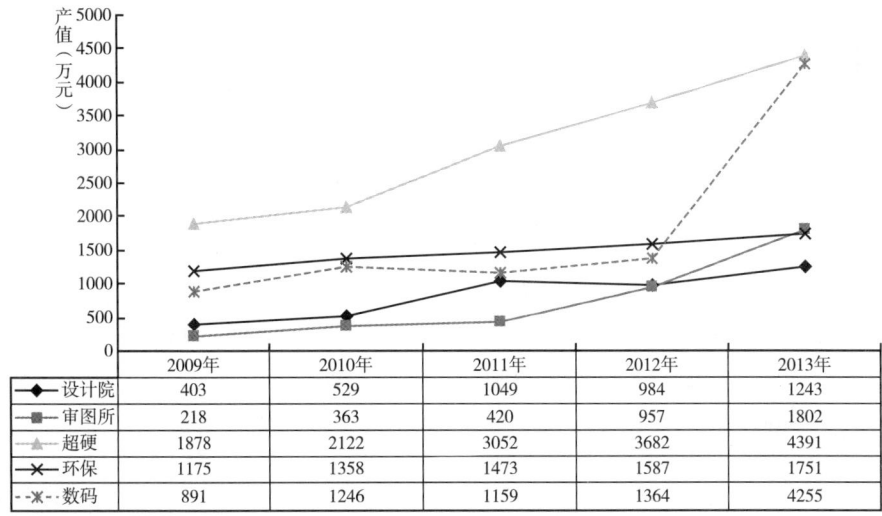

	2009年	2010年	2011年	2012年	2013年
设计院	403	529	1049	984	1243
审图所	218	363	420	957	1802
超硬	1878	2122	3052	3682	4391
环保	1175	1358	1473	1587	1751
数码	891	1246	1159	1364	4255

各企业产值曲线图

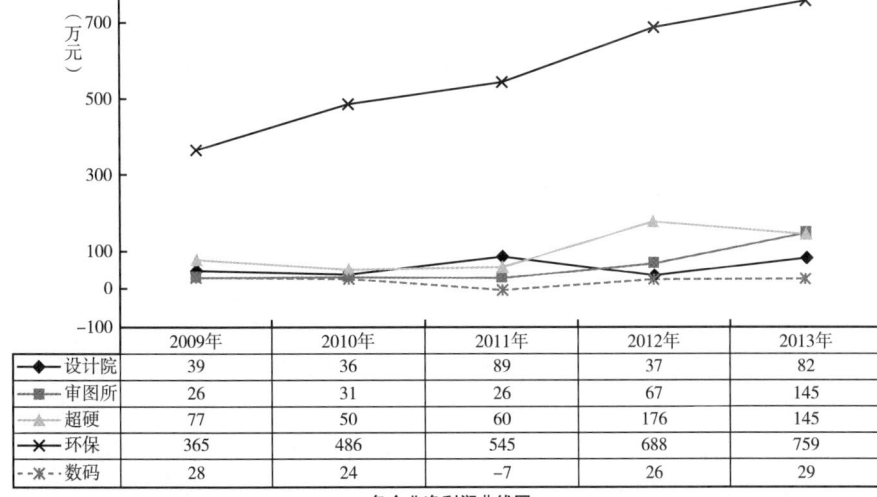

	2009年	2010年	2011年	2012年	2013年
设计院	39	36	89	37	82
审图所	26	31	26	67	145
超硬	77	50	60	176	145
环保	365	486	545	688	759
数码	28	24	−7	26	29

各企业净利润曲线图

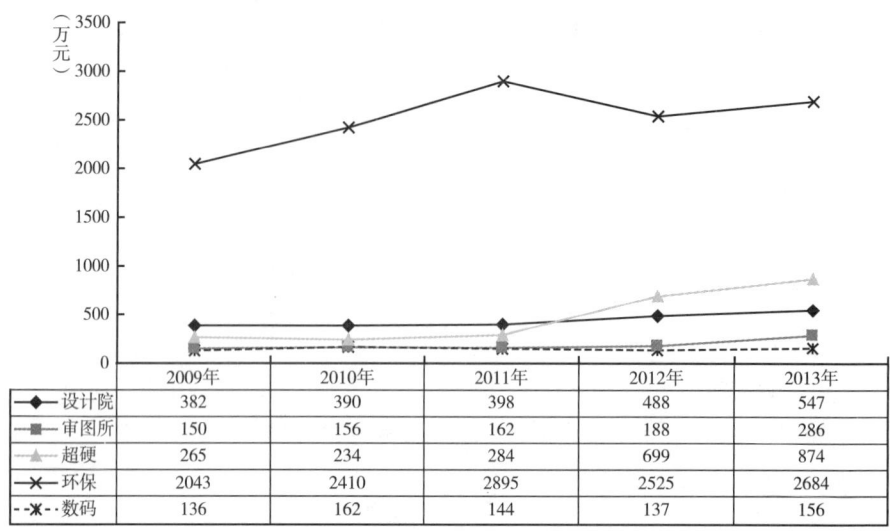

各企业资产曲线图

各企业 2009~2013 年经营情况图

（资产经营有限公司供稿）

建筑设计院工作

华侨大学建筑设计院（以下简称设计院）是华侨大学全资企业，实行自主经营、独立核算、自负盈亏的技术经济责任制。设计院前身为 1985 年成立的华侨大学建筑工程设计室，1987 年更名为华侨大学建筑工程设计事务所，1992 年更名为华侨大学建筑设计院。2001 年 8 月 15 日，组建华侨大学建筑工程施工图审查事务所（以下简称审查所）。

【资质建设】 自成立以来，设计院积极进行资质建设：1987 年，获建筑工程乙级设计资质；1998 年，经国家建设部批准，获建筑工程甲级设计资质，法人代表是洪捷序（现福建省副省长）；1999 年，经国家环保局批准，获环境污染防治工程专项设计（废水）乙级资质；1999 年 12 月 28 日，经换证，具有"建筑工程及相应的工程咨询和装饰设计"甲级资格；2004 年，经建设部批准，获环境工程（废水）专项工程设计甲级资质；2006 年 9 月 22 日，经建设部批准，获"环境工程（废水）专项设计"甲级证书。2011 年 1 月 11 日获"城乡规划编制"丙级证书；2011 年 12 月 30 日获"文物保护工程勘察设计"丙级证书。2011 年 12 月，经福建省建设厅批准，审查所升级为一类审查机构（暂定）并于 2012 年 12 月获批转正，2013 年 9 月开始着手设计院资质延续申报工作，已于 2014 年 2 月 27 日通过"建筑行业（建筑工程）甲级"资质延续审批。2013 年 11 月，应中华人民共和国住房和城乡建设部令第 13 号文件《房屋建筑和市政基础设施工程施工图设计文件审查管理办法》要求：一类审查机构注册资金不少于300万元（详见第七条第五点）。设计院着手办理相关增资手续，确保审查业务的顺利开展。2013年11月，审图所开始过渡期换证工作，12月23日通过过渡期换证，2014年将进行正式换证。

【组织机构】 设计院下设施工图审查所、建筑设计所、结构设计所、设备设计所、环保设计所和智能化设计所、办公室等。技术力量精干，专业配套齐全，拥有完善的电子计算机网络系统，实行全电脑化设计。2013年1月，进一步完善院务会成员队伍的梯度建设，由原来7人发展到15人，包含院长办公会成员及各所、室主要负责人。

2013年7~8月，因业务发展需要，经华侨大学资产经营有限公司批准，在四川省九寨沟县增设非独立法人分支机构（分公司），并于2013年8月19日取得该机构营业执照。2013年8月1日，经院长办公会研究决定，撤销华侨大学建筑设计院综合办公室，成立办公室和经营部。2013年10月，为落实学校关于"两院一体化"的战略部署，建设华侨大学建筑的产、学、研基地，促进华侨大学建筑、土木两学院师生的科研、实践与实习交流，经华侨大学资产经营有限公司批准，在厦门增设非独立法人分支机构（分公司）。

为推进可持续发展人才战略，设计院积极做好年轻职工培养工作，根据院内发展需要，2013年，引进行政人员、出纳各1名，司机1名，设计人员两名，进一步充实院内员工队伍，确保设计院工作的顺利开展。院内人员根据自身专业能力及工作的需要，积极参加进修与培训，如参加专业继续教育培训、一级注册结构工程师基础考试、PKPM研讨会、泉州市招投标业务工作培训、2013年教师普法考试培训等。

【制度建设】 2013年设计院从整章建制入手，在原来的基础上，修订完善各项规章制度，院内各项规章制度也与时俱进，及时更新与改善。实行严格的责任制，主要体现在：一是完善薪酬体制，形成激励机制；二是完善考勤制度，提高效率规范管理。通过健全院内各项规章制度，实现全院精细化管理，推进可持续发展人才战略。

2013年，为了建立稳定的员工队伍，吸引高素质的人才，充分调动员工积极性，促进设计院和审图所的健康发展，按照公平、合理、按劳分配和多劳多得的原则，在尊重设计院发展历史、兼顾事业编制身份的员工和其他员工的利益前提下，结合市场实际情况，采取公开讨论、多次修改、公开表决等形式，制定了于2013年8月1日起实行的新的《华侨大学建筑设计院薪酬制度》，2013年11月1日起实行新的《华侨大学建筑工程施工图审查事务所薪酬制度》。员工薪酬分为岗位工资、项目产值提成奖金（专业技术系列）、绩效奖金（行政管理、技术管理、经营管理和办公后勤系列）、单项奖励、津贴和福利等。通过薪酬制度改革，将各所、室的工作绩效与职工产值收入相挂钩，形成竞争激励机制。

企业管理的最高境界是文化管理,严格规范的考勤制度,能促使员工养成遵章守纪的习惯。设计院秉承公平、公正、公开的原则,为维护正常工作秩序,提高员工的工作效率,于2013年1月1日执行《华侨大学建筑设计院考勤制度》,将考勤情况作为计发出勤奖、工资奖金、劳保福利等待遇的重要依据,做到单位制度化,员工规范化,奖惩有依,财支出入有据,管理有凭,进一步提高全体员工对考勤纪律的重视,完善单位企业文化建设。为了进一步完善考勤制度,提高可操作性,2013年10月1日企业调整了《华侨大学建筑设计院考勤制度》。

此外,设计院还进一步完善了财务制度、用人制度、采购制度。如:招聘新进人员全部采取网上公开招聘、结构化面试、集体决策、择优录取的办法;院内设备(落地空调、档案室档案架、电脑设备)委托设备处采购,做到公开透明制度化。

【业绩方面】 2013年设计院产值达1100万元左右,审图所产值再创新高,达1700万。职工收入有所提高,有效地调动了其积极性;完成了一批有影响力的作品,取得了良好的社会效益。

2013年设计院继续秉承传统,为社会设计了更多高质量、高水平的高层办公楼、商住楼、宾馆、教学楼、医院、体育馆、综合商业大厦、住宅小区等,均得到社会好评。如:华侨大学音舞学院、石狮城北小学、角美万星嘉和时代、德化中医院、宏益奥特莱斯商城等项目。

2013年11月,设计院秉承进一步提高设计水平的理念,创作出更多质量优、水平高、效益好的设计项目,积极参与"2013年度泉州市'刺桐杯'优秀勘察设计评选活动"。在2014年1月公布的获奖结果中取得以下好成绩:南安一中项目获一等奖;福建省海西茶叶基地一期、丰泽区第八中心小学、华侨大学泉州校区游泳池改造等项目获三等奖。

【工会活动方面】 在积极开展工作之余,设计院也对员工的精神生活给予关注,在重大节假日组织慰问活动,如:在中秋节、国庆节,为使广大教职工能度过一个欢乐、祥和的"双节",设计院开展中秋茶话会活动并于"双节"期间发放慰问补贴,关心员工的生活,增强企业凝聚力,培养团队精神。此外,设计院工会注重丰富员工的精神生活,组织员工参加活动,并取得良好成绩。

2013年11月,为响应学校全民健身计划的号召,进一步活跃校园文化体育生活,在校工会主办,体育学院、校教职工篮球协会承办的"华侨大学2013年教职工男子篮球赛"中,设计院作为后勤工会代表,荣获亚军。

(建筑设计院供稿)

校医院工作

【概况】 华侨大学医院始建于1984年,占地面积5231平方米,建筑面积4331平方米,业务用房面积3385.49平方米。医院临床科室设有预防保健科、急诊科、内科、外科、妇产科、儿科、康复治疗科、中医科、眼科、耳鼻喉科、口腔科、骨伤科、皮肤科、肛肠科等,病床编制100张。职能科室5个(办公室、医务科、护理部、财务科、总务科)。院长(兼书记)为陈庆煌,副院长为马必胜。医院在职员工77人。4月26日泉州市卫生局向华侨大学医院颁发了安全生产标准化二级企(事)业(医疗单位)证书与牌匾。校医院修建了华侨大学南区南苑餐厅附近约400米的健康步道,通道旁还设有各种简要的健康知识宣传文字图片供人们在锻炼之余学习。2013年校医院新增加血液分析仪、尿液分析仪、牙科综合治疗台、幽门螺杆菌测试仪、学生再报销系统。

【教职工医疗】 2013年,校医院增设老年保健科,为离退休人员服务。医院在原有体检项目不减的基础上,为教职工增加了肿瘤标志物、甲状腺功能检查、碳14检查等,为离退休人员增加了颈动脉彩超检查,为新学生增加了血型检测。全年为师生员工体检近1.6万人次(包括新生、毕业生、在职职工、离退休职工体检,育龄女教工计生三查,应聘人员体检);留观和住院200多人次,为学校师生员工诊疗13000多人次。组织100多位50岁及以上正高级职称、正处级人员到泉州市福建省医科大学附属二院、一八零医院、泉州市第一医院、厦门市第二医院体检。泉州校区1.3万名学生获得医疗补助费,其在校医院门诊费用可以报销35%,在泉州市指定医院门诊费用可以报销25%,师生员工在我院购买药品实行零差价销售,新医疗政策惠及群众。为各类大型会议、学术活动、单位集体外出、学生军训、各种文体活动提供保健、无偿献血、医学保障等25人次。完成了学校主办的全球中华龙舟赛、中国老教授活动、校长杯网球比赛和台湾学生夏令营访问活动的保健工作。此外,医院医保科为教职工病患者办理了特殊病种、医保报销事宜。

医院进一步优化服务流程、改善就诊环境,在住院处、药房、收费室等服务窗口实行24小时轮班制;实施门诊"一卡通"诊疗模式,突发事件患者凭诊疗卡可享受"先诊疗、后结算"的"绿色通道服务";对本校离退休老年患者实行电话随访、跟踪服务。医院病区护理站还为行动不便的患者免费提供轮椅、推车等。

【计划生育服务】 华侨大学人口与计划生育委员会办公室(简称"计生办")在属地人民政府的领导下,主要负责配合做好属地人民政府在高校校园内开展人口与计划生育的管理工作，具体学习、宣传、贯彻国家人口与计划生育政策。引领属地职能部门共同开展相关科研、创新工作，完善属地计生工作机制；对内凝练"依法行政，文明执法，诚信管理，科学安排，优质服务，微观自治"的工作模式。

学校计生服务工作的亮点如下。学校敢担当，领导有作为。秉承"两手抓"工作机制，建章立制，调整并发文；华侨大学人口与计划生育领导小组成员实行目标管理责任制，为各单位约1010名适龄女教工提供计生担保；发挥多部门协同作用，创新形式，科学搭建人口与计划生育宣传平台；积极创建和谐的校地关系，加强与华大社区、集美兑山社区、集美滨水社区的沟通与交流；简化并理顺法定计划生育奖励金发放管理办法，创新拓宽奖励供给渠道，为近56人次办理《独生子女光荣父母证》，给教职员工发放了36300元一次性计生奖励，扩大计生及卫生服务惠及面。

【党支部活动】 校医院党支部以"强化医院管理、提高服务质量、党员争先创优、服务师生员工"为主题，开展了"创先争优、为民办事"活动。医务科开展临床、医技各科室的培训、练兵、竞赛活动。举办了洗手比赛、安全消防知识培训讲座。增加师生员工体检项目，使体检方式多样化。护理部负责各护理单元及科室的培训、练兵、竞赛活动。在党员干部中开展了"为民、务实、清廉"主题教育，开展学习党的十八大精神。切实提高党员的创先争优意识。支部严格要求现有17位党员，党员签订党员服务承诺书。在职员工已有4人写入党申请书。

2013年校医院党支部在党政工共建"教工小家"立项活动中荣获校级一等奖。在第36届校运会上，与后勤工会一道荣获了教工总分第一名。校医院经常关心退休职工、军属、民主党派及无党派人士生活起居，慰问伤病残疾家庭生活困难教职工和近三年去世教职工的家属。

【合作共建】 保持与泉州市正骨医院控制院内感染科、福建医科大学附属二院的协作关系。老年保健科与丰泽区城东社区服务中心协作，建立华侨大学老同志电子健康档案，同时接受全国、省、市普查工作，为师生员工提供更多的医疗服务。

（校医院供稿）

附属中学

【概况】 华侨大学附属中学是华侨大学创办的全日制中学。附属中学共有初中3个年段，每个年段两个班级，共6个班级，总计325人。附属中学设专职校长1名，党支部书记兼副校长1名，副校长1名。现有教师23人，其中男教师11人，女教师12人。教师中有20人具有本科学历。教师中有省级学科带头人1人，市级骨干教师11人，省级优秀教师1人，市级优秀教师3人，华侨大学优秀教师3人。

2013年，附属中学基础设施得到改进，为建设高水平的初中提供了良好的物质条件，为附属中学新一轮的大发展打下了坚实的硬件基础。教师办公条件得到优化，在教师办公室均配有笔记本和台式电脑，共建有7间多媒体教室，每间全部配有电脑、投影仪等电化教学设备。学校实行信息化管理，由办公室主任全面负责，学校通过提供网络、信息和技术服务于教师和学生，对全校的教学、科研和各项工作起到了积极的支持作用。化学实验室、物理实验室、生物实验室设备较先进，装备了投影设备、扩音设备、实物投影展示台等电化教学设备，每间实验室都可以容纳54个学生上实验课程。附属中学设有图书馆，藏书20000多册，其中中文图书19000多册，外文图书1000多册；订有中文期刊50多种，英文期刊10多种。学校的图书和期刊基本上满足了教师和学生阅读、查找资料、撰写论文的需要。

2013年，附属中学高举"十八大"伟大旗帜，实施"科教兴国"战略，本着一切为了学生的原则，坚持依法治教，依法行政；坚持与时俱进，开拓创新，以抓常规、抓特色、抓改革等为工作策略，为基础教育的健康发展做出了应有的贡献。

【**德育工作**】 改进工作措施和手段，加强基础道德教育；加强校园文化建设，以良好的校风校貌塑造学生；加强班集体建设，一是加强班主任队伍建设，二是加强日常行为规范和班级日常管理的检查、评比；加强爱国主义和革命传统教育；以校风建设为中心，加强初一学年行为规范教育；加强学生心理健康教育。

【**课改进程**】 附属中学加大力度加快课改进度，不断提高教学质量。主要是着力推进"二期课改"。首先在全校范围内增强"二期课改"的教育理念；其次，加强对研究型课程教学的研究，把研究性学习作为进一步提高教育质量新的增长点。严格执行课程规定，开齐上足各类课程，优化学校课程，强化活动课程，开发环境课程，提高学校教育的综合效益。调整语、数、英三主科之外的课程安排，促进科任教师的教学、教研交流。增进教学竞争力，以达到教学效果的提高。在初三学年坚持因材施教、分层教学的教育原则，切实提高中考优秀率。和泉州七中初中部（金山校区）结成初三联考机制，通过相互交流，互通信息，达到共同提高和1+1>2的效果。进一步加强交流、指导，做好课堂教学评估工作。加强师德建设，建立良好师生关系，激发学生学习动力和兴趣。加强对青年教师以及新引进教师的指导、培养，充分调动他们工作的积极性、主动性。整体推进素质教育，全面改进教学工作计划。加强体育课的建设，保证两操的质量，保证学生有足够的锻炼时间。

【师资队伍建设】 附属中学为进一步提高教育教学质量，不断加强师德、师风、师资建设。坚持利用政治学习和工作例会加强政治思想学习和师德规范学习，提高广大教师政治思想和道德水平。通过传媒、评优、评奖等途径，加强对优秀教师的宣传力度，树立优秀典型，弘扬师德风范。培养教学业务骨干，关心、扶助青年教师，使之成为教育教学的中坚力量。利用各种资源和形式，开展校本培训，进一步提高教师师德修养和教学能力。

【法制教育和安保工作】 采用各种途径和形式，加强对青少年的法制教育和宣传，尤其努力做好对行为偏常学生的帮教工作。加强学校周边环境建设，利用保安值班的机制，建立校园周边环境快速反应机制。做好对特困家庭学生的生活帮困工作。进一步加强安全健康教育。建立教师午休值班制。加强对学生手机和其他电子产品的管理。多措并举，确保了校园安全稳定。

【后勤建设】 根据本年度的工作计划，主要完成了以下工作：加快对教学楼铁栏杆的加高改造，改善了住宿生的公共浴室，完善了体育运动设施和条件，改造了教学楼及宿舍的台阶，进一步改善了教学楼周边环境。

【办学特色】 附属中学是泉州市直中学中唯一一所面向泉州市招收应届小学优秀毕业生的学校，生源来自泉州市区、晋江市、石狮市、南安市、惠安县、永春县、安溪县。附属中学是泉州市"英语角"活动开展最早的初中学校。附中充分利用华侨大学外国语学院的优秀资源，使"英语角"成为泉州市外语实验基地亮丽的风景线。附属中学充分利用华侨大学的优势师资，定期聘请华侨大学教授、博士为学生开设科技、人文学科的相关讲座，拓展了学生视野，提高了学生综合素质。附属中学充分利用第二课堂活动，通过"海丝小组""泉州地理考察小组""国情教育小组"组织的活动，学生重走了泉州路，重新触摸泉州的风土人情，静静倾听祖先的脚步声，从而激发学生的自豪感和热爱家乡的感情。

【主要成就】 2013 年，附属中学一级达标高中录取率 80.5%，位居泉州市第一名；5 人获贤銮奖奖学金，其中甲等 1 人；泉州五中保送生 9 人，推荐生 1 人，泉州七中保送生 3 人，推荐生 3 人，泉州一中保送生 4 人，推荐生两人；中考有 15 位考生考入泉州五中。

2013 年，附属中学在省、市以上学科竞赛、技能竞赛中取得较好成绩。共有 34 人次获奖：荣获全国信息技术奥林匹克竞赛福建赛区省二等奖 4 人次，省三等奖 2 人次，普及组市三等奖 3 人次；荣获第十四届福建省中小学生电脑制作活动"校讯通"

专项绘画省一等奖1人次；荣获"国家电网杯"泉州市中小学生"生态文明·美丽泉州"环保征文活动市二等奖1人次，市三等奖1人次；荣获"一凡书城杯"中小学生暑期读书活动市三等奖1人次；荣获泉州市中秋节"节日小报"（电子版）市三等奖1人次；荣获泉州市中秋节"节日小报"（纸质版）市三等奖1人次；荣获泉州市中小学生"印象东亚文化之都"征文比赛市二等奖1人次，市三等奖2人次；荣获泉州市第八届中学生英语小作文比赛初中组市一等奖1人次；荣获泉州市2013年思想政治优秀小论文市一等奖2人次，市三等奖6人次；荣获泉州市第十九届中学生优秀乡土地理小论文市一等奖1人次，市二等奖2人次，市三等奖1人次；荣获泉州市中学生美术、书法现场比赛硬笔书法组市三等奖1人次，工艺组市三等奖1人次，毛笔书法组市二等奖1人次，市三等奖1人次。

（附属中学供稿）

华侨大学年鉴 2014

党建与思想政治工作

组织及干部工作

【概况】 党委组织部作为学校党委的职能部门，主要任务是在校党委的领导下，认真贯彻执行党的组织路线和干部政策，做好学校组织、干部和知识分子工作。党委组织部下设干部科和组织部，机关党委与党委组织部合署办公。截至2013年12月，党委组织部共有人员8人，其中处级干部3名（含调研员1名），科级干部4名，科员1名。

2013年，党委组织部以筹备召开第五次党代会和组织开展党的群众路线教育实践活动为工作重点，围绕学校的中心工作和改革发展的大局，在制度建设上下功夫，切实加强中层领导班子和干部队伍建设，提高干部队伍执政能力和整体素质；在机制创建上做文章，切实加强党的建设，提高基层党组织和党员队伍的创造力、凝聚力和战斗力；在深入开展党的群众路线教育实践活动中借力，扎实推进学校中心工作，增强党员干部科学发展、和谐发展的意识和本领；在内涵建设上抓深化，切实加强作风建设，提高组织工作的管理效能与服务水平，为建设高水平大学提供了坚实的组织保证。

【干部工作】 2013年学校党委在干部工作中做到坚持原则不动摇，执行标准不走样，履行程序不变通，遵守纪律不放松，努力营造风清气正的选人用人环境，着力提高选人用人公信度和基层单位的自主权，全面加强领导班子和干部队伍建设。2013年共调整交流提任处级干部11人，其中提任副处级干部7人（含聘任1人），调整交流正处级干部两人、副处级干部两人。调整交流提任科级干部85人，其中提任副科级干部80人，交流调整正科级干部3人、副科级干部两人。截至2014年2月，全校处级干部共207人，其中正处级90人（含聘用3人、调研员两人），副处级117人（含聘用两人、副调研员1人）；全校科级干部共194人，其中正科级干部72人，副科级干部122人。

加强干部培养和管理工作，着力提高干部素质。坚持关口前移，未雨绸缪，狠抓监督工作制度建设，切实加强对领导干部的监督管理。

第一，评选2013年"马有礼优秀中青年管理干部"，并组织其赴台湾、澳门高校交流考察。根据《华侨大学马有礼中青年管理干部奖励基金评选办法》（华大人〔2013〕36号）规定，于2013年7月组织评审确定王俊伟（校长办公室）、庄蕾（人事处）、刘红光（国际交流合作处）、吴楠（计算机科学与技术学院）、张龙（财务处）、陈拥华（旅游学院）、罗盈（法学院）、金翊（实验室与设备管理处）、郑婉芳（离退休工作处）、郑颖莉（经济与金融学院）、黄炳超（共青团华侨大学委员会）、黄海清（招生处）、崔敬岩（信息科学与工程学院）、谢伟（哲学与社会发展学院）、蔡浩（学生处）共15名优秀中青年管理干部（按姓氏笔画为序）。并于2013年11月组成研修班赴台湾中原大学等高校研修学习。研修班由学生处副处长高炳亮担任团长、澳门联络处主任陈中担任副团长，党委组织部副科长黄挺为工作秘书。在研修学习过程中，研修班成员听了中原大学教务处、学务处、电算中心、通识中心、研发处、人育学院等单位主要负责人围绕"校务发展策略特色与成效""全人教育理念与实践""平台的建设与实施效果""学生事务与管理""卓越教学思维与策略"等方面进行的讲座。中原大学校长张光正教授还亲自为研修班成员讲授"全人关怀与领导"。研修班成员还参访了澳门大学横琴校区，并拜访了校董马有礼先生。通过本次研修，华侨大学部分中青年管理干部学习了台湾高校的教学、科研、管理及运作情况，了解了境外高等教育最新的管理政策和发展情况。通过"走出去"和"实地学"的干部培训方式，进一步开阔了干部视野，增强了对高等教育及其管理的认识，增强发展的紧迫感和责任感，促进了华侨大学与境外高校的交流。

第二，2013年共有14名干部在地方和民办高校挂职锻炼，支持地方经济建设的同时也培养锻炼了干部。党委组织部关心挂职锻炼干部的日常工作和生活，做好工作学习期间考核和生活慰问工作，及时落实省委组织部的相关政策规定。

挂职干部信息

姓名	单位	外派挂任职务	选派时间	返校时间
詹朝曦	基建处	漳州市华安县副县长	2010年	2013年
朱大庆	信息科学与工程学院	漳州市云霄县副县长	2010年	2013年
江瑞忠	实验室与设备管理处	南平浦城县枫溪乡枫溪村党支部第一书记	2010年	2014年
李泽楼	党委组织部	南平光泽县华桥乡牛田村党支部第一书记	2010年	2014年
王仁谦	土木工程学院	宁德市东侨经济开发区管委会副主任	2011年	2014年
龚翰	化工学院	共青团三明市大田县委员会副书记	2012年	2013年
陈天年	数学科学学院	泉州信息工程学院党委副书记	2012年	—
庄志辉	公共管理学院	厦门市集美区副区长	2012年	—
陈世卿	校长办公室	三明市清流县副县长	2012年	2014年
李永松	生物医学学院	厦门华天涉外职业技术学院党委副书记	2012年	—
何弈南	土木工程学院	南平市武夷新区管委会经济发展部环保分局副局长、规划建设部副总工程师	2012年	—
林诗锋	研究生院	龙岩市经贸局副局长	2013年	—
韩光明	旅游学院	武夷山市国家旅游度假区管委会副主任兼武夷山市旅游局副局长	2013年	—
黄炳超	共青团华侨大学委员会	共青团三明市泰宁县委员会副书记	2013年	2014年

第三，日常工作中加强同纪检、监察、审计部门的联系，加强对干部的监督管理。认真执行党员领导干部有关事项报告制度，年初共有9位校级干部、197位中层干部对个人有关事项进行报告。严格离任审计制度，2013年共委托审计处对两名中层

干部进行离任审计，进一步加强对领导干部的监督工作。

第四，加强对干部出国（境）工作的管理。结合上级关于加强国家工作人员因私出国（境）管理的有关规定，根据《华侨大学教职工因私出国（境）管理暂行规定》（华大综〔2010〕65号），规范登记备案人员因私出（国）境的审批工作；做好干部、党员出国（境）的政审工作，同时对学校处级干部持照情况进行摸底并实行证件集中保管。截至2013年12月，共保管处级、厅级干部等人员因私证照398本。

【处级干部试用期满考核】 根据《关于对任职试用期满处级领导干部进行考核的通知》（华大委〔2013〕28号）要求，从9月13日至9月30日，学校首次对试用期满处级领导干部进行了考核。整个考察工作在学校党委领导下进行，由党委组织部牵头，纪检监察等部门参与，相关单位配合，组成了10个具体负责实施的考核组。考察组严格按照程序和要求，围绕干部的"德、能、勤、绩、廉"五个方面的综合表现，通过发布考察预告、个人总结、召开述职和民主测评会议、个别谈话等环节，最终对每一名试用期满的处级干部逐一形成了综合考察意见。本次试用期满处级干部共94名，其中正处级干部41人，副处级干部53人；党政职能部门和直属单位的处级干部38名，教学科研单位的处级干部56人。从测评的结果看，全部考核对象的优秀和称职比率都达到半数以上，其中有54人优秀和称职比率达90%，有23人优秀和称职比率在80%到90%之间。在是否同意正式任职的测评中有87人同意率达80%。学校党委常委会经过综合分析，反复研究，决定对92位同志正式任职，两位同志延长半年的试用期（经过再次考核合格后，于2014年3月正式任职）。12月3日，在陈嘉庚纪念堂科学厅召开中层干部会议，党委书记关一凡通报了新任处级干部试用期满的考核情况，并对学校中层领导干部提出要讲学习，讲担当，讲团结，讲廉洁的希望和要求。

【院属教学机构负责人调整】 为完善校院两级管理体制，充分发挥学院在学校办学中的积极性和主动性，构建符合高等教育规律，适应学校发展需要的基层组织管理体制，根据《华侨大学院属教学机构设置暂行办法》（华大人〔2013〕15号），党委组织部、人事处对各学院现有设置的所有教学机构和负责人情况进行清理调整。9月24日至10月30日，各学院按照《关于公布华侨大学院属教学机构的通知》（华大人〔2013〕31号）公布的院属教学机构设置情况，经学院党委会研究，确定了所属教学机构负责人并报送党委组织部。学校于11月16日至11月18日对各学院院属教学机构负责人任职进行了批复，同时对各学院院属原各教学机构负责人职务自然免除。经统计，本次院属教学机构负责人调整涉及20个学院共计75个院属教学机构，学校共计批复同意任职134人次。

【部分科级职位竞争上岗】 2013年5月至7月，为进一步扩大干部选任视野，加强干部队伍建设，华侨大学对82个科级职位在全校范围内开展竞争上岗工作。5月21日至6月2日，经过前期报名和资格审查，共121人参加了各职位的面试考评。本次科级职位竞争上岗面试工作采取学院党委组织、各党政部门自行或联合组织以及委托人事部门组织相结合的方式组织进行，进一步扩大了各单位选人用人自主权。面试采取演讲和答辩相结合方式进行。每位竞聘者做限时8分钟的演讲，并回答评委至少两个问题。评委以百分制形式现场评分。每个职位面试结束后当场唱分统计，并公布统计结果，充分体现了公开、平等、竞争、择优的原则。在面试工作开始前，校党委组织部还编印了相关工作指引分发至各单位，使各单位竞争上岗工作做到有据可依、有的放矢、规范统一、紧凑有序，确保全过程公平、公正、公开。面试工作结束后，各单位对各职位考察对象进行组织考察。各单位根据组织考察情况，召开学院党委会或处（部）务会研究确定拟任人选。80名副科级干部拟任人选报分管（联系）校领导和校长、校党委书记同意后，经过了一周的公示，于7月10日正式任命。

【党的群众路线教育实践活动】 根据《中共中央关于在全党深入开展党的群众路线教育实践活动的意见》（中发〔2013〕4号）精神，按照国务院侨办党组的要求和部署，华侨大学参加第一批党的群众路线教育实践活动。历时半年多的教育实践活动紧紧围绕保持党的先进性和纯洁性，紧扣为民务实清廉的主题，着力解决"四风"方面存在的问题及师生反映的突出问题，取得了积极成效，达到了预期效果。按照国侨办的安排和要求，2014年2月24～25日学校组织开展党的群众路线教育实践活动民主评议，共发放民主评议票230张，收回223张，其中空白票两张。民主评议对学校领导班子总体评价：在221张票中，认为好和较好的占98.19%；其中好的189票，较好的28票，一般的4票，较差的0票。学习教育情况，认为好的和较好的占98.19%；专题民主生活会情况，认为好的和较好的占97.29%；整改落实情况，认为好的和较好的占95.93%。

一　积极准备，有条不紊开展教育实践活动

党的十八大召开后不久，学校党委即成立筹备工作小组，着手做好前期准备工作。2013年7月9日学校党委召开了党委常委（扩大）会议，对教育实践活动做出工作安排，并成立了领导小组及其办公室和督导组，明确分工，落实责任，为活动有效开展提供领导保障和组织保障。根据中央和侨办党组的统一部署和总体要求，结合学校实际认真制定了《华侨大学开展党的群众路线教育实践活动实施方案》（华大委〔2013〕24号）和每个环节的具体工作方案，学校28个基层党委也相应制定了本单位的具体实施方案，确保各项工作周密安排、环环相扣、有序推进。2013年7月18日学校党委召开党的群众路线教育实践活动动员大会，对华侨大学深入开展党的群众路线教育实践活动进行动员和部署。会后各基层党委、各支部分别召开了本单位的动员大会，形成了一级抓一级，层层促落实的工作局面。

二 认真组织学习，提高思想认识

丰富教育学习内容。统一发放《论群众路线——重要论述摘编》《党的群众路线教育实践活动学习文件选编》《厉行节约、反对浪费——重要论述摘编》三本学习材料供大家学习。在教育实践活动专题网站上设立了"上级精神""工作动态""专家解读""媒体视点""师生感言""他山之石""学习辅导""资料汇编""意见反映"等板块，同时进一步丰富了干部在线学习系统中的相关学习内容，方便党员干部学习交流。开展多形式的学习教育。坚持"两手抓、两不误"的原则，充分利用假期和工余时间，采取集中学习、专题培训、专题辅导、干部在线学习和个人自学相结合，通过组织开展专家讲座、形势报告、观看视频录像、中心组学习、召开支部生活会等多种形式，组织党员干部认真开展学习活动。7月19日、20日组织学校中层以上干部集中听了三场辅导报告。

三 虚心听取意见，认真查摆问题

坚持开门搞活动，紧扣作风建设，围绕反对"四风"，校领导带头纳谏，通过校长信箱、校长接待日、校长见面会、座谈会、上门访、个别谈、新浪微博、"微访谈""教代会""季谈会"以及在两校区设立专门的教育活动意见信箱、电子邮箱等形式，广泛听取师生群众的意见。同时在侨办督导组指导下，认真组织了对校领导班子及其成员的民主测评。9月份学校开学后的前两周，学校领导班子成员带头走访所联系的教学科研单位，积极开展调查研究，共召开了22场座谈会，听取基层单位和一线教师、管理人员、离退休老同志、民主党派、无党派人士和学生等不同群体对学校领导班子、职能部门和领导个人的意见和建议。通过群众提、自己找、互相帮等多种形式，各级领导班子和领导个人全面检查了在遵守党的政治纪律、贯彻落实中央八项规定精神及转变作风方面的情况，特别是对应干部群众所提"四风"问题，最终整理归纳出了学校领导班子在"四风"方面存在的问题共24条。

四 认真召开专题民主生活会

学校党委本着实事求是、精益求精的原则，对各级领导班子和领导干部的对照剖析材料严格把关。学校领导班子对照检查材料，为了达到"像、深、准、诚"的标准，党政一把手全程主持，其他成员全程参与，相关部门全程配合，教育实践领导小组和办公室严格审核，党委常委会和教育实践办公室召开了4次专题会议研究，同时广泛征求意见并在一定范围内公示，前后共修改了10余次。11月20日学校召开了专题民主生活会。国侨办督导组派出人事司许玉明司长、文化司梁智卫副巡视员等专门到会指导。华侨大学全体领导班子成员参加，校长助理、校教育实践办有关人员列席。会议由教育实践活动领导小组组长、校党委关一凡书记主持。11月27日，关一凡主持召开党的群众路线教育实践活动工作部署会，指出，开好"专题民主生活会"是党的群众路线教育实践活动的一个重要内容，也是确保教育实践活动取得实效的重要举措，要求各基层党委、机关党委各党支部于12月10日前组织开展"专题民主生活会"。12月3日，学校在陈嘉庚纪念堂科学厅召开会议，通报校领导班子专题民主生活会情况，全体校领导，校长助理，学校老领导，全体中层干部，各民主党派、群众团体负责人，无党派人士代表，各级人大代表、政协委员等参加会议。校长贾益民主持会议。

五　抓好整改落实、建章立制，形成长效工作机制

自开展党的群众路线教育实践活动以来，学校坚持边学边查边改，教育实践领导小组办公室把征求到的意见及时反馈给相关部门，能够解决的马上整改，一时不能解决的做好解释工作并做好计划。12月25日，华侨大学党的群众路线教育实践活动领导小组办公室印发了《华侨大学开展党的群众路线教育实践活动"整改落实、建章立制"环节工作安排》对"整改落实、建章立制"环节做出部署。学校党委认真制定了《华侨大学领导班子党的群众路线教育实践活动整改工作方案》。为使整改方案紧密结合学校实际，紧密结合广大师生的根本利益和实际需求，学校党委常委会多次研究修改，并提交党委全委扩大会议讨论，在一定范围内进行了公示，最终在2014年1月17日，学校印发《华侨大学党的群众路线教育实践活动整改工作方案》和《任务分解表》，确定了整改项目27项，提出具体的整改思路、整改目标、整改内容和整改措施，明确了牵头领导、责任单位和完成时限。2014年2月27日，学校在王源兴国际会议中心201会议室召开党的群众路线教育实践活动总结大会。国务院侨办副主任马儒沛、人事司司长刘继坤出席会议，全体校领导、校长助理，老领导，全体中层干部，各民主党派、群众团体负责人，无党派人士代表，各级人大代表、政协委员等参加了会议。会议由校长贾益民主持，党委书记关一凡代表学校党委做教育实践活动的总结。国务院侨办副主任马儒沛发表了重要讲话，充分肯定了华侨大学在开展教育实践活动中所取得的成绩，并提出"坚持学习、抓好整改、持之以恒"等希望。校长贾益民则要求学校各级党委和广大党员干部，要按照习近平总书记"群众路线没有休止符，作风建设永远在路上"的指示，按照中央和国务院侨办党组的要求，认真做好整改工作，在今后的工作实践中不断地巩固和扩大实践教育活动的成果，以更高的政治热情、更加振奋的精神状态、更加扎实的工作举措，为学校各项事业再谋新发展、再上新台阶做出新的更大的贡献。

【**基层党的组织建设**】　基层党组织概况。2013年年底学校共设置28个基层党委、两个党总支、348个党支部，其中学生党支部217个，教职工党支部131个。共有党员6480名，其中预备党员2217名。

发展党员工作。为进一步规范学校发展党员工作，根据《中国共产党发展党员工作细则（试行）》规定，起草了《中共华侨大学委员会发展党员工作实施细则（征求意见稿）》，并召开意见征询会。同时，严格按照《党章》和《中国共产党发展党员工作细则（试行）》规定和要求，认真做好发展党员工作，切实加强对低年级大学生入党积极分子的早期培养教育，积极发展低年级党员，改善大学生党员年级分布。2013年，学校发展党员工作得到稳步、健康的发展，全年共发展党员2217名。

党费管理方面。健全党费管理制度，根据《华侨大学党费收款收据管理暂行办法》，对党费统一掌握使用。严格审批，确保按规定使用党费。在党费使用方面，学校始终坚持统筹安排，量入为出，做到有计划使用。坚持"一支笔"审批制度，由华侨大学党委组织部分管党费工作的副部长签字把关。严格审批手续。党费开支的所有票据，必须是正式票据，同时按照审批权限经主管领导和经手人签字后，方可入账。严格使用范围。在党费作用上，严格遵照上级规定的四项开支范围，对于不符合使用范围的，坚决不在党费中开支。最后，年底将全年的党费使用情况向全体党员公布，接受监督。2013年，学校共收入党费213358.17元，支出256614.80元。

做好毕业生党员离校的关系转接工作。一方面，为确保2013年2409名毕业生党员组织关系的顺利转接，学校党委组织部加强了对毕业生党员的教育，强化组织观念和党性观念。校党委组织部还特别印制《致2013届毕业生党员的一封信》分发给每一个毕业生党员，以书面形式告知学生党员转移组织关系的方法、步骤和规定，教育并督促毕业生党员按照规定及时转移组织关系。另一方面，为确保大批量的毕业生党员组织关系转接工作无误，学校采取党员个人向党委批量登记迁移方向、校党委组织部批量审核及批量转接的办法。同时，校党委组织部还要求各学院党委以学院为单位到泉州市委组织部集中办理迁往外省组织关系转接手续。

表彰先进。"七一"前夕组织评选创先争优先进集体和个人，学校党委印发《关于表彰先进基层党组织和优秀个人的决定》（华大委〔2013〕17号），表彰一批为学校的改革、发展和稳定做出突出贡献的先进基层党组织和优秀个人，此次共表彰5个先进基层党委、8个先进教工党支部、12个先进学生党支部、100名优秀共产党员、10名优秀党务工作者和10名优秀思想政治工作者。在7月1日隆重举行庆祝建党92周年暨表彰大会，表彰先进，激励士气，鼓舞干劲，努力营造弘扬先进、学习先进的校园氛围。

开展党建工作专项调研活动。为进一步做好推进专业教师参与学生党建试点工作和"校级"党支部工作"立项活动"项目评选工作，加强学校党建工作规范化、制度化建设，学校党委组织部在2013年4月组成调研组，深入各个基层党委进行专项调研。整个调研工作历时半个月，调研组分别走访了20个基层党委，广泛听取了基层党委的意见和建议，并就进一步做好学校党建工作进行了深入的探讨。在分析总结调研情况的基础上，形成了专项调研报告，为工作的顺利开展提供了指导意见。

【开展学习十八届三中全会精神工作】 进一步做好学习宣传贯彻党的十八届三中全会精神：一是依托党校组织举办专题讲座、培训班，组织党员学习十八届三中全会精神；二是购买、分发各类学习材料，丰富广大党员干部学习内容；三是依托干部在线平台，加强课程设置工作，将十八届三中全会精神设定为处科级干部必修课程，组织党员、干部认真学习；四是开展党支部特色工作，创新学习载体、方式、方法，提高党员学习积极性，提升学习效果。

【学校第五次党代会】 2013年6月22日至23日，召开了中共华侨大学第五次代表大会。大会共开两天，预备会议半天，正式会议一天半。

2012年6月，经校党委研究决定，召开华侨大学第五次党员代表大会，报请国侨办党组和福建省委批准后，校党委于12月向全校各基层党委发出了关于做好第五次党员代表大会筹备工作的通知，同时成立了筹备工作领导小组和工作机构。

各选举单位根据筹备工作通知中规定的代表名额、条件和产生办法，严格按照民主程序，在党员充分酝酿讨论的基础上，根据多数党组织或党员意见，按差额数不少于应选代表人数20%的要求，确定了代表候选人预备人选名单，报经校党委同意后，召开党员大会或党员代表大会，采用无记名投票方式直接选举产生。

学校党委和党代会筹备工作领导小组对起草党委和纪委工作报告进行了专门研究部署，确定了起草两个工作报告的指导思想和主要内容，并组成了专门的起草小组。小组在深入调查研究、广泛听取各方面意见的基础上，进行了起草工作。初稿形成后，广泛征求各基层党组织、党代会代表、民主党派和党外人士、离退休员工代表、学生代表意见，多次召开党委常委会研究并提交全委会扩大会议讨论。

根据国侨办党组和福建省委批准华侨大学党委、纪委组成名额和差额选举的规定，校党委于2012年12月14日向各基层党委布置了推荐第五届党委委员、新一届纪委委员候选人预备人选的工作。各基层党委按照"德才兼备和领导班子结构合理"的原则，组织所属党支部党员进行讨论，并根据党支部的提名，在经过充分酝酿后提出了"两委委员"候选人预备人选建议名单。学校党委常委会根据中共福建省委《〈中国共产党普通高等学校基层组织工作条例〉实施细则》和中共福建省委教育工委有关高校党委选举工作的相关规定和要求，经过研究，确定了"两委委员"推荐提名的原则，并提出了第五届党委委员、新一届纪委委员候选人预备人选初步名单。名单又返回到各基层和党员中进行酝酿讨论，广泛征求意见。其间，还组织干部考察组对新提名的"两委委员"候选人预备人选进行了组织考察。根据考察情况和三上三下的反复酝酿，最后集中多数党组织和党员的意见，由校党委全委会确定了两委委员候选人预备人选名单，并报请国侨办党组和福建省委审查同意，作为建议名单提交各代表团酝酿讨论，并由大会主席团通过，确定为正式候选人。

出席第五次党员代表大会的代表有201名，列席代表7名，共计208名，组成12个代表团。大会议程有六项：听取和审查中共华侨大学第四届委员会的工作报告；审查中共华侨大学纪律检查委员会的工作报告；审议华侨大学党的建设工作五年规划（2013~2017）；选举中共华侨大学第五届委员会；选举中共华侨大学纪律检查委员会；通过有关决议和其他事项。

6月22日上午第五次党代会在陈嘉庚纪念堂科学厅开幕。国务院侨办党组书记、主任裘援平，国侨办党组成员、副主任马儒沛，福建省委常委、教育工委书记陈桦，国侨办文化司司长雷振刚、人事司司长许玉明，省委教育工委常务副书记、教育厅党组书记、厅长鞠维强，省侨办主任杨辉，泉州市委常委、宣传部长、教育工委书记陈庆宗，国侨办文化司副巡视员梁智卫等出席会议开幕式。裘援平主任在大会上做题为《凝心聚力 创新发展 以华侨高等教育新成就共筑中国梦》的重要讲话。陈桦书记代表中共福建省委向大会召开表示祝贺并讲话。开幕式后，党委书记李冀闽代表中共华侨大学第四届委员会向大会做题为《以党的十八大精神为指导 努力建设基础雄厚 特色鲜明 海内外著名的高水平大学》的报告。

23日上午，大会选举产生了中共华侨大学第五届委员会和中共华侨大学纪律检查委员会。大会闭幕后，新一届的党委和纪委分别召开了第一次全体会议，选举产生校党委常委，书记、副书记，选举产生校纪委常委，书记、副书记。

【党校工作】 根据入党积极分子、预备党员、党支部书记等不同层次教育对象的需求，设置了不同的教学内容。为进一步完善入党积极分子培训体系，加强入党积极分子培训工作的规范性，校党校于2013年9月底建立了入党积极分子培训师资库，颁布了《华侨大学入党积极分子培训大纲（试行）》。根据大纲要求，入党积极分子培训班课程的理论部分由六个专题模块的必修课和五个专题模块的选修课组成。在理论学习的基础上，辅以观看影像、辅导自学、讨论交流、社会实践等环节，使入党积极分子在理论和实践方面都受到教育。2013年，学校共举办14期入党积极分子培训班，培训学员3467人；举办5期预备党员培训班，培训学员1924名；举办学生党支部书记学习十八大精神专题培训班两期，培训学员111名。

以"华侨大学干部在线学习中心"为基地，探索处科级干部培训理念、模式和途径,2013年,学校处科级干部累计在线学习9054小时。"在线学习中心"不仅有利于处科级干部把握形势、解读政策、学习理论和借鉴经验,而且有利于他们根据岗位工作需要自主选择学习内容、解决供学矛盾,促进华侨大学干部培训工作的科学化、制度化、规范化。

加强科级干部教育培训力度,努力培养造就一支政治素养高、业务素质好、管理能力强、工作作风硬的科级干部队伍。12月20日和21日在泉州校区陈守仁经济管理大楼12楼报告厅举办了2013年华侨大学管理干部培训班(副科级),共有123名管理干部参加了培训。此次培训班的课程分为"思想建设与领导视野""工作理念与学校管理""领导艺术与能力提升""形势政策与经典解读"四个课程模块,总共8门课程,由华侨大学一些专家学者和党政领导担任授课教师。校党委书记关一凡还专门为培训班做了学习十八届三中全会的精神的辅导报告。

组织举办科级干部岗位任职资格考试及相关培训。根据《华侨大学党政领导干部选拔任用工作规定》(华大委〔2012〕25号)和《关于试行科级干部岗位任职资格考试制度的规定》要求,于12月7日举办了2013年科级干部岗位任职资格培训,共52人参加培训,并于12月15日进行闭卷考试。

为了推进党校规范化建设,校党委于11月7日印发《关于调整华侨大学党校校务委员会组成人员的通知》(华大委〔2013〕38号),对党校校务委员会进行调整和充实,调整后的名单如下:

党校校务委员会成员(调整后)

党校校务委员会	主任委员:关一凡 副主任委员:朱琦环 委 员(13人): 毕明强　李 辉　杨 进　杨存泉　陈卫峰　陈克明　陈国柱 陈明森　武玉洁　季 娜　郑黎鸽　钟伟丽　姚培生
党校主要职务	校　长:关一凡 副校长:陈明森　武玉洁

(党委组织部供稿)

宣传思想工作

【概况】 2013年,学校宣传思想工作战线认真学习贯彻习近平总书记系列讲话精神,坚持围绕中心、服务大局,围绕"两个巩固"的根本任务,加强班子建设、制度建设、队伍建设、作风建设,提高工作创新和服务能力,推动科学理论的宣传普及和运用,营造和壮大主流舆论氛围,积极繁荣侨校特色校园文化,推动构建文明和谐校园风貌，积极开辟网络舆论新阵地，提供有力的思想保证、精神动力、舆论支持和文化环境。党委宣传部被中共福建省委宣传部评选为"福建省理论宣讲先进集体"，也是当年全省唯一获此荣誉的高校单位。

认真贯彻民主集中制，落实"三重一大"制度，班子成员加强团结，分工合作，经常性召开部务会、部门成员大会等研讨性会议，推进部务公开，对涉及本单位发展的重大问题以及师生切身利益的事项，注重听取民意、吸收民智，努力实现民主决策、科学决策。坚持并落实评优、评先的票决制度。落实党风廉政建设责任制，遵守党风廉政建设的各项规定。

建立健全规章制度，认真巩固和落实群众路线教育实践活动的成果，配合党委修订印发了关于加强中心组学习的意见，制定了关于举办哲学社会科学讲座论坛报告等活动的管理规定，修订了报刊管理规定、校外媒体来校采访规定、广播台建设管理规定等。每年都制订部门工作计划、理论学习安排，加强计划性，认真总结成效与经验。

着眼于提高工作效率，增强团结、奋进、和谐的氛围，以作风和能力建设为重点，积极加强队伍建设。认真编制部门岗位职责，明确工作内容，规范工作行为。先后组织人员赴暨南大学、厦门大学、福建广电集团等多所高校、新闻单位进行学习考察，经选拔考核引进了两名硕士研究生，进行合理分工，安排专人指导。3名同志先后借调到国侨办工作，得到用人单位肯定。

主动加强与国侨办、福建省委宣传部，以及省市两级教育宣传部门和社科联等的联系，介绍工作，争取资源；积极探索新型部院合作工作机制，进一步整合资源，增强活力，先后与文学院、音舞学院、美术学院、哲社学院签署了协作备忘，大型综艺晚会《在灿烂阳光下》、厦门校区新年音乐会、学校主页新闻中的《学生视频新闻》、"魅力华园"摄影作品征集、学校青年教师思想生活工作状况调研的课题立项等均是部院合作的新成果。与此同时，还为学院在开展思想教育、文化活动等方面主动给予支持。

【华大讲堂】 2013年，学校继续打造高端学术文化讲堂"华大讲堂"，着眼于进一步提升"华大讲堂"的层次和水平，扩大品牌知名度和影响力，加强了与泉州市有关方面的协作与配合，并与泉州市委中心组、华侨大学党委中心组学习有机结合，使之在干部师生中更具影响、更受欢迎，更加成为学校与泉州密切合作的示范窗口。讲堂全年举办了8讲，邀请李培林、纪志宏、何亚非、孔泾源、魏后凯、何祚庥、张晓明、汪玉凯8位专家就国际国内重点热点难点焦点问题做报告。

继续坚持"开放办讲堂，办开放讲堂"的工作理念，通过网络和有线电视现场直播、微博图文直播、设立视频分会场等多种方式分享讲堂的报告，得到听众的高度认可和媒体的密切关注。继续将精彩报告集结成册，出版了《华大讲堂2012》，并启动了《华大讲堂2013年》的编辑出版工作。

在"华大讲堂"的辐射效应下,华侨大学积极发挥在人才培养、智力支持、产学研、文化传承传播等方面的优势和特色,与集美区委区政府联合创办了"集美讲堂"。2013年3月14日,讲堂在集美区行政中心正式启动,著名社会学家李培林做了首场报告。校长贾益民在启动仪式上为李培林颁发华侨大学名誉教授聘书,时任中共集美区委书记的倪超为李培林颁发"集美讲堂"主讲嘉宾纪念牌。中共集美区委常委、宣传部长赖朝辉,副校长张禹东先后在启动仪式上致辞。启动仪式由华侨大学副校长刘斌主持。11月22日、12月17日张晓明、汪玉凯分别为"集美讲堂"第2、3讲做专题报告。

华大讲堂2013年报告会一览表

讲次	日期	主讲人	主讲人简介	讲题	受聘情况
第34讲	2013.03.15	李培林	时任中国社会科学院社会学研究所所长,现任中国社会科学院副院长,2011年增补为中国社会科学院学部委员	全面建成小康社会的社会目标——学习党的十八大报告	名誉教授
第35讲	2013.04.19	纪志宏	时任中国人民银行研究局局长,现任中国人民银行金融市场司司长	深化区域金融改革 探索金融服务实体经济新途径	兼职教授
第36讲	2013.05.10	何亚非	国务院侨务办公室副主任	战略格局变化对中国的挑战	兼职教授
第37讲	2013.06.25	孔泾源	国家发展和改革委员会经济体制综合改革司司长	当前改革形势及重点改革任务	兼职教授
第38讲	2013.07.02	魏后凯	中国社会科学院城市发展与环境研究所副所长	新时期中国城镇化的战略选择	兼职教授
第39讲	2013.09.11	何祚庥	中国科学院院士	福建新能源问题与泉州发展战略	名誉教授
第40讲	2013.11.21	张晓明	中国社会科学院文化研究中心常务副主任	当前文化产业发展的几个问题	兼职教授
第41讲	2013.12.18	汪玉凯	国家行政学院电子政务专家委员会副主任	中国改革发展的新阶段与政府改革	兼职教授

【思想理论工作】 2013年,学校继续围绕在师生中增强"三个自信",以党的十八大、十八届三中全会等党的重要会议和"全国两会"等国家重要会议为重点,加强理论学习宣传,宣讲党的理论、路线、方针和政策。积极组织师生收听收看会议直播。组建党的十八大精神宣讲团,11名成员深入各单位做报告24场。向厦门市宣传部、集美区讲师团推荐一批专家,1人入选厦门市十八大精神宣讲团。邀请全国人大代表戴仲川在各学院、各单位做辅导报告。11月12日,党的十八届三中全会召开后,学校即于12月4日举办十八届三中全会精神座谈会,校长贾益民、校党委书记关一

凡出席，分管宣传思想工作的副校长张禹东主持。11月29日，关一凡带队赴厦门人民会堂参加中央宣讲团成员、民政部部长李立国主讲的中央宣讲团学习贯彻党的十八届三中全会精神报告会。1月7日，学校举行十八届三中全会精神报告会，邀请福建省委教育工委宣讲团成员、福建师范大学经济学院教授郭铁民在厦门校区行政研发大楼401会议室为干部教师做题为《在新的历史起点上全面深化改革——学习〈决定〉的体会》的报告。举办校党委中心组寒、暑假专题学习会，就重大问题进行研讨。

在群众路线教育实践活动中，做好宣传教育工作，并开设学习宣传贯彻党的十八大精神·群众路线教育实践活动专题网站，购置《基石》《领航》《理性看 齐心办》等一批视频资料提供给师生学习。邀请中共福建省委党校、福建省行政学院党建教研部主任李新生教授，在陈嘉庚纪念堂科学厅为师生做题为《关于党的群众路线若干问题》专题辅导报告，校党委副书记、纪委书记朱琦环主持。

围绕形势政策专题编印《学习参考资料》两期，该刊2013年9月改版为《学习》杂志，形成华园季事、时政视点、高教纵横、侨情博览、世象观察、华园笔谈等一批专题栏目，已编发5期。继续丰富网络和电视学习教育内容，结合五四、国庆、九一八等重大时事节点开展理论教育。每月都在宣传栏开展形势政策专题图片展览。通过校园网、电视、报纸等加强宣传动员，报栏张贴《人民日报》等多类党报。

认真组织党务工作者、思想政治理论课教师、辅导员、青年教师开展理论研究研讨和创新活动，调查研究大幅增加，总体水平较往年有较大提升，有力地推动了理论研究和工作交流。12月26日，召开2013年党建和思想政治工作理论研讨会暨思想政治教育研究会年会，在收到的30篇论文中经评委会匿名量化评分和评议，表彰18篇优秀论文。校党委书记关一凡，校党委副书记、纪委书记朱琦环，校思政研究会顾问李孙忠、吴永年、何志成，评委会主席庄锡福等出席，校党委常委、副校长张禹东主持。

党建与思想工作理论研讨会暨思想政治研究会2013年年会征集到研究论文或报告30篇，评出优秀论文18篇。2013年学校5篇论文获福建省高校"学习宣传贯彻党的十八大精神"优秀研究论文奖，1篇论文获福建省高校思政教育研究会2013年年会论文一等奖，1项课题成为福建省2013年度思想政治工作研究立项课题，两项课题成为福建省高等学校思想政治教育研究会2013年立项课题，7篇论文被评为厦门市思想政治工作研究会第十六届"求索杯"思想政治工作优秀论文。

组织开展学校教书育人先进人物典型材料推荐活动，召开评审会，对报名的20多人进行评选，向省教育工委推荐吴楠、徐华、李善邦等3人，最终吴楠入选并被福建日报专题宣传。

对成立于1992年的青年教工组织——华侨大学青年马克思主义研究会进行换届，12月25日，召开第三届理事会大会，校党委书记关一凡出席会议并讲话。新一届理事会共有30位理事,由学院和职能部门的青年教师及党政工作者组成。哲学与社会发展学院副院长罗建平担任会长,建筑学院侯艳茹、公共管理学院侯志阳、学生处黄建烽、马克思主义学院林国全、外国语学院林庆祥、华文学院王坚、校团委叶荔辉、宣传部张彬担任副会长,宣传部朱考华担任秘书长。

【新闻宣传工作】 2013年,学校进一步加强了校报编辑部、影像新闻部、广播台等校内媒体建设,提高新闻宣传水平。影像新闻部完成了学校各项大型活动的影像拍摄、新闻采写工作,新闻网共编发新闻3077条,其中综合新闻1366条,院系动态461条,学生生活68条,网络视频新闻466条,图片新闻97条。结合宣传活动及时更新宣传图窗。顺利完成了学校为民办事项目之一的校内有线电视网络的改造工作,解决了校内有线网络线路老化、终端信号故障等问题,完成校园网络有线电视信号由模拟信号向高清数字信号的转换,与社会有线高清电视信号服务接轨,校园有线电视网络实现社会化;校报从内容到形式都更为丰富,多篇新闻受到全国全省高校校报好新闻奖;在全校新设20台电子阅报屏,方便广大师生及时便捷浏览学校新闻和重要讯息,其中泉州校区9台、厦门校区9台,华文学院两台。

2013年,以世界冠军项目启动仪式活动、全国第三届侨务论坛、2013全球华人中华才艺(龙舟)大赛、第二届中泰战略研讨会等大型活动为契机,加强同境内外媒体的联系,积极扩大学校在境内外的影响。境外媒体团工作取得新的突破,通过外宣搭建平台,促进国际学术文化交流,全年共有东南亚媒体访问团、凤凰卫视高层访问团、俄国杜马访问团、泰国上议院议长尼空等来校参观考察访问,先后有中央媒体走基层访问团等近50家媒体来校访问。共接待校外记者来校访问百余批次,在中央、省、市各级各类媒体等播发新闻报道千余条,仅"中央媒体团"来访的6天时间里,就搜集报道230篇。同时对2012年校外媒体重要报道进行收集整理,编印了《2012媒体报道》一书。

【校报编辑工作】 在继续办好对开四版全彩周报的基础上,2013年,《华侨大学报》继续加强"校友觅踪""中国高校诗歌联展""华文文学评介"等品牌栏目的建设,继续加强版面策划,特别推出了光棍节专题、"你还会写字吗""华园里的主页君们"等有特色的版面,同时还加强了对特色学生的宣传报道,如对学生魔术师黄梦奇、全校知名的沈定定的报道等。

2013年,《华侨大学报》出现了一些新变化,一是充分发挥新兴媒体的作用,在以往华侨大学报微博、华侨大学报学生记者团微博继续有序运营的基础上,于2013年9月开通了公众微信号,开设了"阿豆访谈录""校报鲜读""信息更新""华园万象"等栏目,迄今已有近三千人订阅,成为华大较为成功的公众微信号;二是把新闻报道往深度、广度方面做；三是新创办了华园评论专栏。

2013年，《华侨大学报》共出报41期。在2013年度中国高校校报好新闻奖评选中，华侨大学报选送的作品《大四空巢：空的是什么？》（作者：林小莉）获言论类二等奖，第718期第一版（作者：张罗应）获版面类二等奖，《全国人大常委会原副委员长顾秀莲视察》（作者：张彬）获新闻摄影类三等奖，《华大是一所充满故事的学校》（作者：张为健）、《世界冠军华大行 "星"光灿烂靓华园》（作者：张罗应、张为健、平怀芝、段玲秋、朱平）获通讯类三等奖。在福建省高校校报协会2013年学术年会上，华侨大学报作为经验交流代表，向各兄弟院校分享华侨大学报微博、微信的运营经验，并有8件作品获得表彰，一名学生记者获评省高校报协优秀学生记者。

【文化素质教育工作】 2013年，学校依托侨校特色，进一步完善和提升办学理念，逐步推进"文化校园"建设，全面推动大学生文化素质教育工作的深入开展。

举办高品位讲座，营造浓郁的校园文化学术氛围。依托"华大讲堂""集美讲堂""人文与科学精神系列讲座"等人文社科讲座平台，着力营造浓郁的高品位校园文化学术氛围，举办了各类人文社科讲座18场，5000余人次听了讲座。国务院侨务办公室副主任何亚非、中共中央编译局副局长俞可平、中国社会科学院副院长李培林、中国科学院院士何祚庥、凤凰卫视中文台副台长程鹤麟等境内外专家学者应邀来校讲学。

推进"高雅艺术进校园"活动，丰富师生文化艺术生活。依托教育部和福建省的"高雅艺术进校园"活动，分别组织了福建省杂技团和国家京剧院两场专场演出；继续在泉州、厦门两校区举办新年音乐会，在泉州校区邀请西班牙赫雷斯青年交响乐团献演2014年新年音乐会，在厦门校区与音乐舞蹈学院合作举办"华园情·中国梦"2014新年音乐会。为宣传党的十八大精神、庆祝建党92周年、迎接中共华侨大学第五次代表大会的召开，于6月17日、18日在两校区分别举办"在灿烂阳光下"大型综艺晚会。依托音乐舞蹈学院的专业优势，继续开展"华园艺苑"系列艺术欣赏与教育活动，推出了音乐舞蹈学院2010级学生文艺汇演、闽南乐舞传承系列活动之"高甲戏进校园"等演出。继续举办"魅力华园"摄影作品大赛，2013年共征集到120位作者的1120幅摄影作品；组织开展"十八大精神公益海报"征集活动，共收到96位师生的97幅作品。此外，还邀请厦门市社科联党组书记、副主席周旻和泉州市社科联主席吴少锋共同举办了"书画历史 寻美中国——周旻吴少锋绘画摄影作品联展"，并联合相关学院举办了泉州市大学生微电影节、"花之旅"园艺展览等活动，进一步丰富了师生的文化艺术生活。

兴建宣传设施，营造文明和谐的校园文化环境。根据校党委和宣传部的相关安排，在学校宣传栏上安排了包括十八大精神、社会主义核心价值观、两会精神、中国梦等8期专题宣传。校园灯杆旗由固定宣传牌、口号式宣传向更具人文内涵、更具文化品位的公益式、自省式的中华优秀传统文化的名言警句转变。此外，还在校园内设置道德守礼提示牌、在餐厅内设置文明用餐提示牌，引导师生从身边小事做起，进一步提升文明道德水平。

【文明学校工作】 2013年，根据省委文明办的要求，学校进一步规范道德讲堂建设工作，积极开展道德讲堂建设年活动，把道德讲堂作为推进道德领域突出问题专项教育治理的有效载体，坚持把建设道德讲堂与学校中心工作相结合，努力提升师生思想道德素质。制定了《道德讲堂管理制度》和《道德讲堂宣讲员守则》，明确泉州校区明德堂、厦门校区王源兴国际会议中心101会议室作为道德讲堂宣讲专用场地。文明办通过经费支持的方式，引导扶持各学院与道德主题相契合的优质学生活动，深化了道德讲堂活动的内涵，扩大了道德讲堂活动的覆盖面。

学校积极参与地方文明城市创建活动。为配合泉州、厦门两市创建全国文明城市工作，学校充分发挥团体组织、公益社团的正面引导作用，与泉州、厦门的许多单位、社区建立了互助帮扶关系，师生参与公益活动积极性高，在社区服务、环境保护、社会援助、慈善活动等各种公益活动中都活跃着华大师生的身影。各学院纷纷走进社区，开展了形式多样的"中国梦"系列活动，增强了社区民众对"中国梦"的认知度和认同感。此外，学校还广泛利用社会资源，开展与政府、高校、企业等的合作、共建，努力实现与各方优势互补、共谋发展，共同推进华侨大学与各方又好又快发展。

2013年，学校调整了华侨大学文明学校建设委员会成员，以饱满的热情迎接了第十二届省级文明学校初评。坚持以评促建、以评促改，评建结合，着力提高师生员工文明素质和校园整体文明程度。省级文明学校考评组10月底对全省43所参评高校进行了第十二届省级文明学校初评工作，我校成绩位列全省第3名（并列）。

【网络信息工作】 加强网络建设与管理，做好校园网主页和华大新闻网的建设维护，规范督促学校二级网站建设，着力增强信息服务功能，提高新闻编辑水平，提高网站浏览量和吸引力。学校在各学院、各部门设置新闻通讯员、网站管理员和网络评论员，分别负责网络新闻稿件采写传输、网站日常管理维护和网上舆情评论引导。华大新闻网发布综合新闻、院系动态、学生生活、网络视频新闻、图片新闻等新闻稿件近5000多条，其中主页新闻近1100多条，许多新闻被校外新闻媒体转载，成为海内外社会关注和了解学校的重要窗口。

加强与新浪网、腾讯网等门户网站的联系，充分运用微博、微信、手机客户端等新兴媒体开展宣传，搭建新闻报道新平台，并与海内外媒体微博互动、荐稿，效果良好。截至目前，经新浪微博认证的华侨大学账号中有职能部门19个，院系单位15个，校园媒体、学生社团52个，个人微博36个。包括校长贾益民、校党委书记关一凡在内的多位校领导，以及学院和机关部门领导也开通了微博。华侨大学官微现有粉丝86000余名，《华侨大学报》微博有粉丝60000余名。华侨大学官方微博连续两次荣获"最具影响力校园微博"。贾校长以"@华大贾益民"微博账号做客新浪"微访谈"，深受广大网友喜欢。2013年9月，《华侨大学报》官方微信正式上线。2013年12月，华侨大学官方微信注册开通。

加强网络舆情信息收集处理，综合利用多种手段，及时发现和反映前沿性、苗头性、倾向性问题，有针对性地做好舆情引导。各部门、各单位对网络舆情的关注意识得到提高，对学生在论坛上反映的意见和建议高度重视，积极推动问题的解决，并就后续解决问题的举措进行反馈，形成了良好的互动。还积极探索应急突发事件的应对之策，妥善处理了数起突发事件的舆情新闻工作，维护了学校正常的教育教学秩序。

（党委宣传部供稿）

统一战线工作

【概况】 2013年，学校统战工作在福建省委统战部、福建省教育工委统战部的指导下，在校党委的领导下，坚决执行上级的工作部署，认真贯彻落实党的统战方针政策，积极履行"反映情况、掌握政策、协调关系、举荐人才"的基本职能，充分调动起学校统一战线广大成员的积极性和主动性，切实发挥出统一战线广大成员的人才优势和智力资源，在服务社会和学校的改革发展中有作为、有贡献、有地位，努力在统战工作领域中展示侨校风采。

针对学校海外统战资源丰富的特点，统战部门充分发挥自身对外工作联系广泛的优势，积极牵线搭桥，主动联系并取得各级政府及有关部门的大力支持，一方面协助学生部门做好境外学生的爱国主义教育，争取人心回归，另一方面协助董事会办公室/校友工作办公室做好海外校董、校友的来访接待工作，推动海外校董、校友回校、回乡创业投资。

华侨大学统战部从统一战线工作的可持续发展战略高度出发，认真落实《关于加强新形势下党外代表人士队伍建设的意见》（中发〔2012〕4号）文件精神，从组织建设、思想建设、业务学习等方面给予各民主党派、群众团体全面的协助和支持。在组织建设上，协助各民主党派、群众团体发展新成员，把好入门关。协助民主党派、群众团体充实调整领导班子，做好政治交接工作。支持各民主党派、群众团体开展各类组织活动，活跃组织气氛，增强凝聚力。在思想建设上，以增进共识、增强合作意愿为目的，认真选派民主党派骨干成员参加各级社会主义学院、民主党派各级组织举办的培训班，组织党外代表人士学习党和国家召开的重要会议及重要文件精神，有针对性地订购各类学习资料，促进统一战线有关人士及时了解世情、党情、国情和民情。在业务学习上，以增强学校统一战线广大成员的参政议政能力和提高建言献策的水平为出发点和落脚点，先后召开学校统战信息采编、非公经济研究等业务培训班，邀请福建省委统战部、市委统战部等有关业务处室领导莅校授课。

发挥统战优势，切实服务改革发展。学校通过定期召开校内党外代表人士座谈会、季谈会等形式，向党外代表人士通报学校发展情况，听取意见，为学校教学、科研、管理的改革与发展建言献策，贡献才智。此外，统战部门还通过约谈、来访接待等途径，及时了解统一战线广大成员对学校重大决策和相关管理制度的意见和建议，主动向校党委和有关职能部门反映，并认真做好反馈工作，切实搭建学校了解民意、体察民情的平台，履行化解矛盾、理顺情绪的职能。同时，统战部门密切关注社会经济发展的热点、难点问题，认真组织学校党外代表人士开展视察调研，深入了解社情民意，广泛收集党外代表人士的建议和看法，切实做好建言献策信息、人大议案和政协提案的上报工作，充分发挥出高校的人才高地优势，服务国家、海西的改革发展大业。此外，统战部门还充分借助学生暑期社会实践、福建省统一战线理论研究会和非公有制经济人士统战理论研究基地等平台优势，开展服务社会主义新农村建设、推动统战理论深化发展和促进非公经济健康发展的相关工作。

统战部门通过调研摸底，进一步了解学校民主党派、群众团体以及党外代表人士工作的发展现状和存在问题，并坚持定期主动走访各基层单位，通报情况，征求意见，增进共识，营造学校统战工作的良好氛围，并先后修订出台《华侨大学党委常委对口联系各民主党派、群众团体制度》（华大委〔2013〕36号）、《华侨大学党委统战工作制度》（华大委〔2013〕41号）、《华侨大学基层党委统战工作制度和工作职责》（委统〔2013〕6号）、《关于落实各民主党派群众团体组织经费及统一战线代表性人士有关待遇的实施意见》（委统〔2013〕7号）等文件，推动学校统战工作的进一步发展。主动拜访福建省委、泉州、厦门的各级统战部门和民主党派各级组织，就一校两区民主党派发展存在的问题和困难开展交流，做好分歧化解，寻求理解支持，并初步就两校区民主党派组织发展模式进行了创新尝试，为厦门地区民主党派成员更好地融入厦门、服务厦门积累了经验。

【民主党派和群众团体工作】 2013年，统战部门共协助各民主党派发展新成员23人，比例达到原有民主党派人数的7.37%。适当超过5%的规定比例，既体现了高校作为民主党派代表人士源头阵地的特殊性，又进一步夯实了学校各民主党派可持续发展的组织基础。2013年，协助致公党华大总支部完成届中调整工作，增补土木工程学院严捍东教授为总支部副主委，进一步充实了总支部领导班子，也开启了新一轮政治交接工作的序幕。

同时，在致公党福建省委会、厦门市委会的大力支持下，学校成立致公党华侨大学厦门支部，其组织关系直接隶属厦门市委会，为学校探索两校区统战工作运行模式提供了有益的经验和借鉴，也为民主党派成员更好地融入厦门，赢得认可奠定了必要的组织基础。

根据民主党派中央各级委员会工作安排，推荐赵昕东教授担任民盟中央经济委员会委员，推荐蒋楠博士担任台盟中央青年委员会委员。根据全国侨联换届工作安排，做好与省、市侨联的沟通协调，推荐校长助理彭需为第九届全国侨联委员，推荐致公党主委、土木学院副教授吕振利，数量经济研究院教授陈燕武获评"全国归侨侨眷先进个人"荣誉称号。

2013年7月，以"加强革命传统教育，增进政治合作共识"为主题，学校组织各民主党派、人民团体主要负责人及省级以上党外人大代表、政协委员赴延安开展政治学习，增强党外代表人士对多党合作形成的历史必然性的了解，增强党外代表人士与中共合作共事的意愿。

【参政议政工作】 2013年，学校党外代表人士就社会、经济、民生热点问题的建言献策类信息有7条被中共中央统战部采纳，13条被福建省委办公厅采纳，较好地为国家和省委决策提供参考，充分展示了学校的人才优势和智力资源。由于建言献策类信息被采用的数量和质量位居全省高校前列，华侨大学党委统战部被福建省委统战部授予"2013年度全省统战信息工作二等奖"。

根据福建省委统战部和福建省统一战线理论研究会的工作部署和安排，学校积极组织专家进行课题申报，并大力支持申报成功者开展调查研究，2013年，统战部向福建省委统战部提交各类课题调研成果21项，其中获得课题评比二等奖1篇、三等奖1篇、优秀奖1篇，较好地为统战理论的深化和发展做出了积极贡献。2013年，学校统战部被福建省委统战部授予"2013年度全省统战理论研究优秀组织奖"。

2013年10月11日，统战部组织全校省、市、区政协委员前往德化视察陶瓷产业发展情况。政协委员活动组先后参观了顺美集团、鼎晟瓷艺、泉州工艺美术职业技术学院、陶瓷博物馆、城市规划馆等，从企业、教育、历史和未来规划等四个方面深入了解德化陶瓷产业，委员们就如何发挥德化传统优势，有效促进校企合作，更好地推动德化陶瓷产业实现可持续快速发展提出各自的看法、意见和建议。

此外，学校还积极支持各级人大代表、政协委员参加有关部门组织的社情民意视察活动，为学校人大代表、政协委员更好地履行参政议政与建言献策的职责，更好地发挥高校服务社会的职能提供大力支持。在2014年年初的各级两会上，学校各级人大代表、政协委员共提交议案、提案20余件，取得了较好的社会影响和效果。

【海外统战工作】 2013年9月18日，在泉州市政协、泉州市外侨办、泉州市侨联、泉州市台联等有关部门的支持下，统战部会同学生处组织400多名境外新生参加"东亚文化之都——2013华侨大学境外新生泉州文化之旅"考察活动。活动从传统文化、名胜古迹、闽台情缘以及发展现状等多方面向境外新生展示了"东亚文化之都"泉州的风采，促进了境外新生对求学地——泉州的认识，加深了境外新生对祖国大陆的了解，增强了境外新生的民族认同感、归属感与荣誉感。

2013年12月13日，统战部会同董事会办公室/校友工作办公室率领华侨大学澳门校友会林辉莲、杨志荣、颜奕嘉、颜奕恒等校友拜访泉州市委统战部，通过座谈交流，促进了境外校友对祖国大陆发展现状的了解，对推动境外校友回校、回乡创业投资起到了积极作用。

【现任民主党派中央委员及省、市负责人】 学校现有民主党派中央委员及省、市负责人共7名（10人次）。其中，徐华担任民革泉州市委常委；庄培章担任民盟福建省委常委、泉州市委副主委；戴仲川担任民建福建省委副主委、泉州市委主委；张炜煌担任民进泉州市委副主委；刘向晖担任农工党泉州市委常委；张认成担任九三福建省委常委、泉州市委副主委；蔡振翔担任台盟中央委员。

（党委统战部供稿）

党风廉政与反腐败工作

【概况】 2013年6月22～23日，中共华侨大学第五次代表大会召开，纪委向大会做了题为《围绕中心 服务大局 进一步提高学校反腐倡廉建设科学化水平》的工作报告，总结第四次党代会以来纪委工作情况，对今后工作提出意见、建议。会议审议通过了《中共华侨大学第五次代表大会关于中共华侨大学纪律检查委员会工作报告的决议》，选举产生新一届纪委委员。朱琦环当选为纪委书记，毕明强当选为纪委副书记。

【落实党风廉政建设责任制】 4月8日，学校党委召开党风廉政建设工作会议。校长贾益民在会上强调，要以落实"一岗双责"为抓手推进反腐倡廉建设，要求中层领导干部在履行本职岗位职责的同时，切实抓好所在单位和分管工作领域的党风廉政建设；纪检监察部门要加强监督检查，确保党风廉政建设责任制在全校各单位得到贯彻落实。党委书记李冀闽主持会议并强调,反腐倡廉工作要从领导干部抓起,要实在抓、经常抓;各单位要将反腐倡廉工作融入学校的教学、科研、管理、服务当中,从源头上防止腐败。校党委副书记、纪委书记朱琦环传达了中纪委二次全会、国务院侨办党风廉政建设工作会议等会议精神,并部署了学校党风廉政建设工作。与会人员还一同观看了廉政教育专题片《敬畏、感恩、知足》。

根据校领导人员变动及分工调整情况,重新修订印发《华侨大学领导班子成员党风廉政建设岗位职责》(华大委〔2013〕42号),对学校党政领导班子党风廉政建设的责任范围、责任内容做出详细规定。把党风廉政建设责任制作为一项重要内容列入中层领导班子和领导干部任期目标责任书的编制工作中,强化领导干部的"一岗双责"意识。纪委负责人带队对后勤处、工学院、继续教育学院等单位贯彻落实党风廉政建设责任制情况开展了专题调研。

探索党风廉政建设责任制检查考核与领导班子年度述职述廉相结合的机制。在对94名2012年7月提任的试用期满处级领导干部进行考核的过程中,"廉"是其中一项重要内容,领导干部不仅要报告个人遵守廉洁从政有关规定及廉洁自律情况,还要报告个人履行职责范围内党风廉政建设责任及抓班子、带队伍情况,同时接受教职工民主测评。

【作风建设】 贯彻落实中央八项规定精神,不断重申严格公车管理、不得收受礼金礼品等廉政要求,加强对学校出台的具体实施规定的检查,加强执纪监督。结合党的群众路线教育实践活动,在教师节、中秋、国庆、元旦等重要时间节点,反复强调严禁公款送月饼、送节礼,严禁公款购买、印制、寄送贺卡,严禁公款购买赠送烟花爆竹等。开展专兼职纪检监察干部会员卡登记清退工作。牵头做好党的群众路线教育实践活动督导组工作,对各基层党委的民主评议活动进行监督指导。

【反腐倡廉宣传教育】 11月中旬至12月底组织开展以"为民、务实、清廉"为主题的首次党风廉政建设宣传教育月活动。重点组织了"四个一"活动:11月20日下午,组织两校区处级领导干部100余人前往泉州监狱参观警示教育图片展,并听在押的职务犯罪案犯现身说法,接受一次警示教育;11月29日,财务处处长黄种杰、审计处处长林丽雪向学校各单位主要负责人分别做题为《遵守财经纪律 明确经济责任——财经规章制度解读》《从审计角度谈如何履行财务一支笔职责》的财经纪律专题讲座;12月21日,纪委副书记毕明强给123位新任副科级干部上了一堂集体廉政教育课;各基层党委组织师生党员观看了一场廉政勤政教育片或革命历史题材电影。

开展廉洁文化活动,营造崇尚廉洁的校园文化氛围。组织发动文学院、音乐舞蹈学院、美术学院等学院师生创作数十件作品参加第二届全国高校廉政文化作品大赛，选送3件优秀作品参赛。通过课堂教育、课外讲座、校园网、广播、宣传栏、新生文艺会等阵地和形式，对青年大学生进行诚实、守信和节俭廉洁教育。

【廉政风险防控机制建设】 学校党委5月20日印发《关于开展廉政风险防控机制建设"回头看"的通知》（华大委〔2013〕11号），开展廉政风险防控机制建设"回头看"活动。排查范围内的单位和个人按照要求，分风险再排查、风险点审核、防控措施完善、总结提高四个阶段紧紧围绕涉及人、财、物管理工作流程中容易产生不廉洁行为的环节来展开排查。此外，学校把开展廉政风险防控机制建设的工作经验在全省教育系统纪检监察会上做了介绍。

加强"制度+科技"防控手段。中纪委驻国务院侨办纪检组组长王杰来校调研期间，观看了学校实验室管理平台及设备采购服务平台的操作演示，肯定了学校在推进"制度+科技"防控方面取得的成绩。此后，国侨办秘行司专程来校调研两项平台建设情况。

【加强重点领域和关键环节的监督】 全年参与监督基建（修缮）工程、仪器设备和大宗物资（服务）采购等各类招投标项目160余项，派员参加各类国家统一考试巡视工作14人次，同时加强对招生录取、干部任免、职称评聘、人事招聘、评先选优等各项工作的日常监督。

【信访和案件】 全年共受理信访11件次（其中，属于纪检监察业务范围内的为9件次），开展初核两件次，按期办结率100%。

【中纪委驻国务院侨办纪检组组长王杰来校调研】 6月5~6日，中纪委驻国务院侨办纪检组组长、国务院侨办党组成员王杰，监察部驻国务院侨办监察局局长王丽华等一行4人来校，就落实中央八项规定精神、侨捐资金管理使用和廉政风险防控机制建设等进行调研。

在泉州校区，王杰主持召开了两场座谈会听取汇报。党委副书记、副校长关一凡介绍了学校募集使用侨捐资金的经验、成效以及华侨大学教育基金会相关情况，汇报了学校贯彻落实中央八项规定精神、推进作风建设的工作进展。王杰充分肯定华侨大学在侨捐资金募集、管理工作方面所取得的成绩。他强调做好此项工作的意义不仅在于促进学校发展、保护捐款人的积极性，更在于维护学校声誉、树立良好的国家形象，有利于赢得全球华侨华人对祖（籍）国的信任。他希望学校以高度的责任感与使命感，做细做实各环节，确保侨捐工作良性发展。王杰对华侨大学在贯彻落实中央八项规定精神、加强作风建设方面动作迅速、领导重视、领悟到位、制度完善、执行严格感到满意。他强调要进一步深化认识，发挥领导干部带头作用，发挥制度的保障作用，密切联系群众，深入基层开展调查研究，通过开展调研来发现问题，转变作风，切实为师生办实事、办好事。

在厦门校区，王杰实地考察了实验室与设备管理处并观看了实验室管理平台、设备采购服务平台的操作演示。学校党委副书记、纪委书记朱琦环汇报了华侨大学开展廉政风险机制建设情况。王杰充分肯定设备处在推进"制度+科技"防控方面取得的成绩。他表示，采取"制度+科技"的方法推进廉政风险防控对于规范评审审批程序、加强监督监管、提高工作效率等将发挥很好的推动作用。王杰希望学校加强党风廉政建设，扎实推进廉政风险防控机制建设，努力探索制度防控、科技防控新方式，不断提高工作效率，推进学校管理规范化、科学化水平，为学校发展提供有力保障。

6月5日上午，王杰还与中共泉州市委书记黄少萍就如何进一步办好华侨大学进行会谈，校长贾益民及党委副书记、纪委书记朱琦环一同参加了会谈。黄少萍介绍了泉州经济社会发展情况，她说，泉州是全国重点侨乡，"侨"是泉州的独特优势和宝贵资源。长期以来，本土泉州人、海外泉籍乡亲、祖籍泉州的台湾同胞和遍布全国的异地泉商，形成了"四个泉州"合力，共同推动泉州发展进步。华侨大学作为国内唯一一所以"华侨"命名的大学，一直得到泉籍乡亲的鼎力支持，学校扎根本土，着眼发展，持续提供人才支撑，有力支持了泉州科技创新、产业提升、城市建设。黄少萍表示，华侨大学的发展进步与泉州息息相关。把华侨大学办成海内外知名的高等学府，不仅是国侨办的目标，也是泉州人民和海外泉籍华侨华人的心愿，更是泉州市委、市政府的愿望。我们将一如既往地支持共建华大，和国侨办一道，推动华大传播华文教育，涵养侨务资源，培育海外友好力量；同时立足本土，培养更多实用性人才，更好地服务地方发展。

王杰表示，泉州是著名侨乡，在国家侨务工作中具有重要作用。华侨大学为侨而生。在泉州，政府对华侨大学给予很大支持，为华侨大学的发展提供了很好的条件。华侨大学与泉州有深厚感情。王杰希望泉州市政府要涵养侨务资源，做好华侨新生代工作，并一如既往地支持华侨大学。

（纪检监察办公室供稿）

机关党委工作

【概况】 2012年6月20日，学校成立机关党委，第一届机关党委从2012年12月4日开始运行。机关党委是在校党委领导下的组织机构，负责加强机关党的基层组织建设，围绕学校的中心工作，保证、监督、协调机关各部门及直属党委完成各项工作任务。机关党委内设24个支部，涉及近40个行政单位。机关党委还领导机关工会、机关团委的工作，指导开展日常工作，培训工会和团委干部，并以各项文化体育活动、培训学习活动等为载体，实现党政工团共建。

2013年，机关党委紧密围绕学习贯彻党的十八大和学校第五次党代会的精神，以建设"学习型、服务型、创新型党组织"为工作目标，全面加强机关党的思想、组织、作风、反腐倡廉和制度建设，推动学校的新一轮科学发展。

【开展党的十八大精神学习教育】 机关党委通过学校十八大宣讲团、华大讲堂、干部在线学习中心等平台和专家辅导、自学研讨、专题交流等形式，推进党的十八大精神宣讲工作，以使其覆盖到每一个党支部，引导广大党员进一步领会中国特色社会主义理论体系的深刻内涵。经统计，机关各支部单独或与其他支部联合邀请校十八大宣讲团成员做辅导报告7场，召开集中学习、研讨、座谈会议14场，机关第七、十支部还开展了分组讨论学习活动。

深入贯彻落实中央有关开展党的群众路线教育实践活动精神，紧紧围绕保持党的先进性和纯洁性，以为民务实清廉为主要内容，以中层领导干部为重点，要求机关各支部抓住党和人民群众关系这个根本问题，把"照镜子、正衣冠、洗洗澡、治治病"总要求贯穿始终，以作风建设的新成效凝聚推动学校科学发展、长远发展、跨越发展的强大动力。

【机关党建专项课题研究】 机关党委围绕贯彻党的十八大精神，以及学校和单位的工作重点，引导支部及党员干部深入调研，积极探索新形势下机关党建工作的新方法新途径，使调查研究成为推动单位工作科学发展的"助推器"。各支部组织开展社会实践4次，并申报了一些有关机关党建工作的研究课题。

【支部建设工作】 做好支部特色活动立项的检查督促和指导工作，配合学校做好优秀立项成果的选拔和推荐工作，增强支部的活力。本学期共推荐4个项目申报校级优秀立项成果，完成部分机关党委立项项目的结题工作。对部分支部的组成情况进行了调研，拟进行合理拆分。针对国家厉行节俭的新形势，对机关基层党组织的组织生活方式、实效性及经费问题进行调查研究，探索长效工作机制。

【开展党的群众路线教育实践活动】 按照上级党委部署，突出为民务实清廉主题，根据岗位特点，以领导干部为重点，针对不同部门、不同层次党员干部的实际，提出不同措施和要求，对师生反映强烈的突出问题，对干部队伍中存在的作风问题，立说立行、抓紧解决，确保取得实效。机关第五、八、十、十一、十四、十五支部专题研讨了改善机关作风、密切联系群众等问题。共20个支部开展了群众路线党员领导干部民主测评活动，有444名党内外群众参加了针对70位处级领导的测评活动。

坚持"便捷、高效、优质"的原则，以"服务一线创先争优"活动为载体，配合学校抓好机关作风和效能建设，促进机关各部门和机关党员在精细化管理和优质服务上下功夫，规范工作程序、优化办事流程、拓展服务领域、创新服务举措，牢固树立"岗位就是服务窗口、党员就是服务先锋、师生满意就是服务目标"的意识。机关第五、十一、十五支部探索建立先锋岗并探讨如何发挥先锋岗作用，其中第十一支部在处长带头下深入基层进行服务，十五支部专门召开如何发挥先锋模范岗作用的座谈会，并将心得体会张贴，供大家参考学习、评比。

【干部作风建设】 结合中层领导班子和领导干部任期目标责任制的编制，把中央、国侨办党组和福建省委关于改进工作作风密切联系群众的有关规定贯彻落实到党员干部培养、教育、监督和管理的各方面各环节，自觉抵制奢侈腐化、铺张浪费等不良作风；与纪检监察办公室密切配合，通过党风廉政建设责任制、干部经济责任审计和廉政教育的常态化等，抓好机关廉政文化建设，教育和督促党员干部自觉遵守廉政有关规定，推进教育、制度、监督并重的惩治与预防腐败体系建设。通过开展廉政风险防控机制建设"回头看"等活动，加强了对干部职工尤其是领导干部的监督。结合机关工作实际发出了《从点滴做起，共建节约型机关》的倡议，极大地减少了机关铺张浪费的现象。

【党员队伍建设】 机关党委严格按照"坚持标准、保证质量、改善结构、慎重发展"的方针和中共中央政治局1月28日会议精神，牢牢把握加强党的执政能力建设、先进性和纯洁性建设这条主线，积极做好新形势下党员发展和党员教育工作。本年共计确定发展对象4名，发展新党员4名，转正预备党员7名，另有6名预备党员在考察中。

另外，机关党委还着力加强党支部和党务工作干部队伍建设，着力推进机关党建工作与师生学习、工作、生活有机结合，引导党支部在机关作风和效能建设、促进学生成长成才、维护校园和谐稳定等方面做好服务工作。本年度，机关第二党支部被评为校先进党支部，姚植兴等16位同志被评为校优秀共产党员，黄挺等3位同志被评为校优秀党务工作者，张彬等3位同志被评为校优秀思想政治工作者。

【支部立项】 以提高党支部工作立项活动的覆盖面和实效性为重点，开展党支部工作"立项活动",鼓励和支持各支部开展支部组织活动载体创新方面的探索,及时总结推广经验和做法,努力打造一批机关党建工作品牌,增强各支部的生机与活力。本年度机关各支部共计申报党支部特色立项活动13项,机关党委资助了其中的9项。

【共建工作】 抓好党建带群建工作。加强党对机关工会、团委的领导和对各类协会的指导,充分发挥其桥梁纽带作用,搭建广泛联系服务师生平台;创新活动形式,积极开展形式多样、内容丰富、健康向上的主题活动,培育和打造高品位的机关文化,以活动促活跃,以活动促和谐,以活动促提高,增强机关教职工的凝聚力;以机关党建带动其他各类群众组织的建设,探索各类组织"规划协同制定、活动共同开展、阵地共建共享"的工作机制建设。2013年度党政工共建"教工小家"立项活动"机关行政业务知识竞赛"在校工会验收中获得较高分数。指导成立机关老体协。

教育工会工作

【概况】 华侨大学教育工会成立于建校初期。2012年7月,学校中层干部换届后,决定将其更名为"华侨大学教育工会"。

华侨大学教育工会是党领导的以教师为主体的教职工群众组织,是党联系教职工群众的桥梁和纽带,是会员和教职工权益的代表。华侨大学教育工会是学校教职工代表大会的工作机构和工会会员代表大会的常设机构,学校始终坚持以"强化一级建设,推动二级建设"为原则,积极推动校院两级教代会、工会制度建设。2011年6月18日华侨大学召开六届教代会暨工代会进行换届选举,产生新的教代会执委会、教育工会委员会。学校教职工代表大会下设提案审理工作委员会、民主监督工作委员会、教学科研工作委员会、劳动协调工作委员会、生活福利保障工作委员会5个专门委员会;学校教育工会设立经费审查委员会、女教职工委员会两个委员会,还下设宣传部、组织部、女工部、青工部、文艺部、体育部、离退休部、生活福利部、法律咨询部9个工作部。全校有24个二级基层工会。华侨大学教育工会现有教职工会员3225人,现任主席由校党委副书记、纪委书记朱琦环兼任。

2013年8月,华侨大学教育工会荣获中华全国总工会的"模范职工之家"称号。

【华侨大学第六届三次教代会暨二次工代会】 2013年1月11日,华侨大学第六届三次教职工代表大会暨二次工会会员代表大会在陈嘉庚纪念堂科学厅召开。校领导贾益民、李冀闽、关一凡、朱琦环、吴季怀、徐西鹏、刘塨、张禹东、刘斌出席会议。大会共有正式代表246名、特邀代表22名、列席代表38名。

会议听取并审议了《学校工作报告》《学校财务工作报告》《教代会提案工作报

告》，审议了《教育工会工作报告》《教育工会经费审查报告》，听取并讨论了《华侨大学校园停车收费管理办法（征求意见稿）》《华侨大学教职工大病医疗互助基金管理暂行办法（征求意见稿）》。校长贾益民在会上做题为《高举党的十八大伟大旗帜 谱写华侨大学历史新篇》的学校工作报告，全面总结和回顾了2012年学校工作和取得的成绩，指出了学校建设和发展存在的困难和问题，并提出2013年学校工作要点。

会议期间，与会代表们畅所欲言，积极为学校改革、发展和稳定建言献策。大会表决通过了《华侨大学第六届三次教代会暨二次工代会决议（草案）》。

此次会议征集到代表们的提案、建议和意见共70件，经教代会提案审理工作委员会审理立案10件，意见、建议51件。内容涉及学校后勤改革、教学科研、人事管理、信息化建设、财务管理、实验设备等方面。

【华侨大学第六届四次专题教代会】 2013年7月10日，华侨大学第六届四次（专题）教职工代表大会在陈嘉庚纪念堂科学厅举行，会议应到代表245名，实到代表206名，符合法定人数。校领导贾益民、关一凡、朱琦环、刘塨、张禹东、刘斌等出席了大会。后勤与资产管理处处长何纯正就《华侨大学厦门滨水商品房（水晶湖郡）增量房源申购办法》草案进行详细说明。相关部门负责人就代表们的提问一一作答。经大会举手表决，同意通过《华侨大学厦门滨水商品房（水晶湖郡）增量房源申购办法》（简称《申购办法》）的代表173名，超过正式代表总数的二分之一，表决有效。

大会通过了《华侨大学第六届四次（专题）教代会决议》。大会向全体教职工发出号召，希望广大教职工站在学校全局的立场上，认真执行大会决议，齐心协力为学校改革、发展和稳定做出新贡献。

会议通过的《申购办法》确定了申购人的申购条件、现已在校的高层次引进人才选房规则、其他教职员工分类资格配额产生办法和选房规则以及申购程序的其他相关规定。根据《申购办法》，本次增量房源的销售主要面向2010年1月1日以后在厦门校区工作的部分在编在岗教职员工，以2013年7月12日为申购人信息认定时间点。高层次引进人才选房按来校时间先后为序进行，其他符合申购条件的教职员工将分为三类群体，以群体配额和积分排序的方式参与选房。本次滨水商品房增量房源包括为高层次引进人才预留的房源47套，面向其他具有申购资格的教职员工销售的房源共148套。

【华侨大学第六届教代会提案审理工作委员会】 华侨大学六届教代会提案审理工作委员会于2011年6月18日华侨大学六届教代会暨工代会后成立，六届教代会提案审理工作委员会由王士斌、侯丽京、兰仁迅、张向前、许国玺、黄青山、付冬绵

7位同志组成，主任由华侨大学教育工会副主席、化工学院院长、博士生导师王士斌教授兼任。

六届教代会提案审理工作委员会依据的《华侨大学教职工代表大会提案工作暂行办法》（华侨大学五届三次教代会通过）和《关于印发〈华侨大学"教代会优秀提案"和"提案承办先进单位"评选暂行办法〉的通知》（华大工〔2013〕7号）开展工作。

六届三次教代会共收到提案、意见、建议共70件，经审理立案10件，意见、建议51件。内容涉及学校后勤改革、教学科研、人事管理、信息化建设、财务管理、实验设备等方面。教代会的提案均办结并在教育工会主页全文登载公开，提案人满意、基本满意率达百分百。意见、建议全部提交相关部门根据工作实际处理，并有答复。

【参加泉州市职工医疗互助活动】 2013年2月，经学校研究同意，学校在职教职工参加泉州市职工医疗互助活动，并将其列入了2013年华侨大学为民办实事项目之一。为把该项工作实事办好，好事办实，教育工会与人事处、财务处、保卫处等部门通力合作，认真做好发文通告、确认名单、表格录入、缴交款项、核对信息、统一报送等大量细致的工作，并于2013年4月26日下发《关于申请泉州市职工医疗互助补助有关事项的通知》，就本期活动的起止时间、申请补助程序、申请补助需提供的资料等做出详细说明。至此，为在职教职工办理加入泉州市职工医疗互助活动相关工作全部完成。据统计，本期全校在职教职工加入泉州市职工医疗互助活动的总人数为2230人。28人申请医疗补助，资助金额达75726元。首期活动时间为2013年4月6日至2014年4月5日。

【教职工大病医疗互助活动】 针对患大病教职工医疗费用负担过重的实际情况，华侨大学教育工会牵头，学校相关部门在充分调研论证的基础上，拟订了《华侨大学教职工大病医疗互助管理暂行办法》（华大综〔2013〕52号），将该项目列入华侨大学2013年为民办实事项目，教职工每人每年缴交200元，学校对该项目给予1：1配套资金支持。教职工参加大病医疗互助活动相关手续于2013年6月10日全部办理完毕，参加活动教职工生病住院即可得到医疗互助补助待遇。每年新进教职工都可办理参加大病互助相关手续。截至2013年12月底，已有3253人参加，占学校教职工的96.3%。互助金总额达1289048元。29人申请医疗补助，资助金额达469106元。首期活动时间为2013年6月10日至2014年6月9日。

【"三八"国际劳动妇女节系列活动】 为纪念2013年"三八"国际劳动妇女节，华侨大学教育工会组织开展"关爱知识女性，展示职业风采，庆祝2013年

'三八'节系列活动",进一步增强学校女教职工组织的凝聚力、影响力,更好地团结、动员全校女教职工为学校的科学发展建功立业。

2013年3月11日至3月29日,华侨大学首届女教职工书画摄影展在厦门校区郑年锦图书馆二期一楼专题馆展出,共有34幅书画作品、77幅摄影作品入展。3月12日,在泉州、厦门两校区同时举办华侨大学女教职工"蜈蚣赛"趣味活动。3月15日,华侨大学教育工会组织全校女教职工赴厦门规划展览馆参观,熟悉厦门市城市发展变迁的历史,了解厦门城市未来发展的方向及规划建设的总体情况。系列活动期间,教育工会还组织女教职工委员前往其他高校调研,举办女教职工身心健康知识讲座,开展每年一次的妇科"三查"工作。

华侨大学教育工会按每位女教职工会员(含离退休会员)30元计算拨出经费给各部门工会作为各部门工会女工委举办纪念2013年"三八"节活动的经费,学校继续发放2013年在职女教职工卫生保健费(每人每月20元)。

【教职工棋类比赛】 2013年4月28~29日,由华侨大学教育工会主办、象棋协会承办的2013年教职工中国象棋比赛在楠芬楼举办。最终,土木学院曾家民摘得桂冠,信息处汪跃、材料学院吴绍祖分获比赛二、三名,纪检监察办公室毕明强、经金学院王景河、体育学院扈伟并列第四名。

2013年11月23日,由华侨大学工会主办、校教工围棋协会承办的2013年度华侨大学教职工围棋赛在泉州校区可浓餐厅举行。比赛时间持续两周,分别在两校区进行,共有19名棋手报名参加了比赛。建筑学院黄子麟最终获得冠军,经济与金融学院夏玉华获得亚军、美术学院贺茂红获得季军,第四至第六名获得者分别是土木学院林从谋、数学学院黄锦辉、信息学院郑义民。

【青年教职工联谊活动】 2013年9月28日,由华侨大学教育工会主办、女教职工委员会承办的"华侨大学2013年单身青年教职工联谊活动"分别在厦门校区交流中心三楼多功能厅和漳州东南花都进行,分为室内的团队游戏活动和户外的游览活动,两校区共有60多名单身教职工参加。联谊活动旨在为广大青年朋友搭建一个展示自我、交流感情、缔结友谊、寻觅知音的平台。

【环校跑健身活动】 2013年10月29日,由华侨大学教育工会主办,体育学院工会协办的教职工环校跑健身活动在泉州、厦门两校区同时举行。校领导关一凡、朱琦环、吴季怀、徐西鹏、刘塨、刘斌等分别参加了两校区的环校跑。全校1500余名教职工参与了活动。同时,学校在两校区分别设立环校跑评分组,分别对各单位的组织、领导及教职工参与率、精神面貌等进行综合评分。最终,外国语学院摘得泉州校区第一名,工商管理学院、旅游学院分获二、三名;厦门校区第一名则由计算机科学与技术学院摘得,机电及自动化学院、材料科学与工程学院分获二、三名。

【教职工球类比赛】 2013年11月23日,由华侨大学教育工会主办、校篮球协会承办的2013年华侨大学教职工男子篮球联赛在泉州校区北区3号篮球场落下帷幕,厦门校区冠军华文学院代表队在总决赛中击败泉州校区冠军美术学院代表队获得总冠军。2013年度教职工男子篮球比赛于11月中旬正式开赛,共有17支队伍、200多名教职工参与比赛。赛事分两校区进行,分别产生冠军后冠军队代表各自校区参加总决赛。经过38场比赛的激烈角逐,获得泉州校区冠、亚、季及第四名的球队分别为美术学院代表队、后勤工会代表队、机关泉州校区代表队以及经济与金融学院代表队;获得厦门校区冠、亚、季及第四名的球队分别为华文学院代表队、机关厦门校区代表队、计算机学院代表队以及机电学院代表队。

2013年11月9日,由华侨大学教育工会主办、华侨大学教工足协承办的"2013厦门地区高校教工足球邀请赛"在华侨大学厦门校区足球场开赛,共有厦门大学、华侨大学、集美大学、厦门理工学院等四支教工足球队参赛。2013年12月3日举行最后一轮的比赛。华侨大学教工足球队以3:2的比分胜集美大学教工足球队,厦门大学教工足球队2:0的比分胜厦门理工学院教工足球队;整个比赛经过3轮6场的淘汰,最后排名依次为:厦门大学教工足球队、华侨大学教工足球队、集美大学教工足球队、厦门理工学院教工足球队。赛后举行了颁奖仪式,华侨大学教育工会常务副主席张旭为参赛队伍颁奖。

(教育工会供稿)

共青团工作

【概况】 共青团华侨大学委员会的前身是成立于1961年11月的共青团华侨大学总支部委员会。学校复办后,共青团华侨大学委员会于1978年10月成立。截至2013年12月,学校共有团员20780人,团支部534个,团总支9个,学院团委、团工委26个。

2013年,共青团华侨大学委员会(简称"校团委")紧密围绕学校"十二五"时期的奋斗目标和主要任务,以"高举团旗跟党走,奋力实现中国梦"为主题,坚定信念,牢记使命,脚踏实地,锐意进取,团结带领广大团员青年满怀信心地紧跟党走,加强思想引领,创新工作机制,落实服务行动,坚持以生为本,深化实践育人、服务育人、科创育人。校团委紧紧围绕"中国梦"和"我的青春梦"开展主题教育实践活动，打造一批团学活动品牌，全面推进具有侨校特色的共青团事业的可持续发展。

校团委定期召开团副例会，组织"半月谈"等活动，使各项工作的开展形成经验化传播，问题式讨论，难题式解决；继续推动团情团务公开和团内决策的科学化、民主化建设，健全校团委各部门例会制，加强各级团组织、各专项团工作的信息和经验交流，推进共青团资源应用的效益最大化；夯实团委各项工作制度基础，提升对文件的归档、整理工作质量，加强各项工作开展的执行力度，形成有制度可循、有文件可查的标准化管理模式，进一步提高华侨大学共青团工作效率。通过完善基层团组织建设和举办2013年华侨大学共青团骨干培训、"青春正能量"2013年华侨大学共青团团干部培训班等交流学习形式，培养后备力量，增强组织凝聚力与团干部队伍建设。

2013年，学校成立华侨大学青年联合会，进一步凝聚校内师生员工以及校友中的优秀青年骨干，着力搭建交流平台，提供协调服务，团结各界青年群体，让他们在促进自我成长成才的进程中协力为学校的改革发展献计献策，为青年学生的健康成长保驾护航。

校团委认真贯彻落实"青年马克思主义培养工程"（二十一世纪高级复合型人才学校），完善高素质人才培养模式。深化与山西怡园酒庄有限公司、厦门市临家餐饮投资有限公司的合作，不断提升高素质人才的培养效果，树立示范效果。通过聘任校内外优秀人士为二十一世纪高级复合型人才学校导师，建立第十四期人才学校导师讲师库和实践基地，促进人才学校课程系统化建设和长远发展。参与办好校友讲坛，并邀请优秀校友担任人才学校导师。

校团委继续探索2013年"境外学生文化素质教育模式改革试点"的建设，建设好第二期"承志班"，通过人才学校课程体系和优秀境内学生"一对一"的主动帮扶，对丰富2013级境外学生的学习生活、提高境外学生的综合素质做出积极探索。

校团委依托所属的新媒体和青年自组织，拓展宣传共青团工作。紧扣学习宣传党的十八大会议精神这一核心，深化宣传"我的中国梦"主题教育实践活动，结合侨校特色的共青团工作，形成多层次、立体化、全方位的宣传网络，以手机报—微博、微信—《华大青年报》作为主要载体，形成一套完整的弘扬"正能量"传播模式。

深化实施学生科创多体系运作模式，形成以"挑战杯"竞赛为龙头、以学院专业竞赛为基础、以学生创新启动基金为导向、以社会实践为辅助的华侨大学"创意、创造、创业"的学生创新培养体系。培养建立教师和学生的长效化梯队，扩大各种宣传科创活动的渠道，营造浓厚科创氛围。建立健全以"创新实践学分"为基础的学生科创课程体系。持续加强与企业、科研机构、政府相关部门的联系，寻找共建合作机会，创建学生科技创新实践基地。

2013年，校团委组织了第十二届"挑战杯"华侨大学学生创业计划竞赛和第二十一届"挑战杯"华侨大学学生课外学术科技作品竞赛的相关工作，同时努力完善创业计划竞赛选修课程的规划和管理。组织学生参加第十三届"挑战杯"全国大学生课外学术科技作品竞赛，获全国一等奖，并获全国高校优秀组织奖。校团委重点扶持有潜力的学生创业项目，推选优秀作品参加2014年"创青春"福建省大学生创业大赛和首届"创青春"全国大学生创业大赛。

华侨大学校团委与共青团福建省委、福建省学联、台湾中原大学共同举办第三届海峡两岸高校文化与创意论坛暨2013年海峡两岸大学生文化与创意设计大赛，提高学校知名度、美誉度。华侨大学以此为平台建立发展"两岸高校大学生创意联盟"，增进两岸高校青年学生的专业交流。校团委紧扣学校的校园文化建设，做好华侨大学第四届创意文化节的相关筹备工作，鼓励引导境外学生发挥动手能力强、富有创新意识的优势，参加科创活动。

深化建设社会实践的组织机制，校团委继续开展2013年华侨大学学生暑期社会实践活动和寒假大学生回高中母校开展汇报交流的社会实践活动。坚持"二深化、三拓展、四结合"的原则，贯彻落实《关于进一步加强高校实践育人工作的若干意见》。做好学校暑期社会实践团队的总结、评审工作，选拔优秀实践团队进行全校汇报表演，制作社会实践图文册和论文集巩固社会实践成果，扩大社会实践教育的影响面。配合招生处做好寒假学生返回高中母校汇报宣传实践活动，助推华侨大学招生宣传工作。

以"服务学习"为理念，进一步完善推进志愿服务的网络化、专业化、基地化、品牌化、社会化、学分化建设，突显境外生志愿服务特色。扩大境外生志愿服务活动的参与面，继续对"萤火之光"等境外生志愿服务团队给予重点关注和扶持。

进一步完善志愿服务品牌团队立项资助制度，加强对立项团队的指导与管理。通过星级志愿服务队品牌化运作经验交流会、志愿服务品牌化运作培训讲座等多种形式，对获得立项资助的志愿服务品牌团队进行指导，通过《华侨大学志愿服务立项团队管理规定》对星级志愿服务队进行管理。

加强共青团下属学生团体华大青年报社、青年志愿服务指导中心、国旗护卫队、青春使者导游队、科技创新创业协会等组织的指导力量和日常联系工作，使学生团体在发挥对学生自我锻炼、自我管理、自我服务功能的同时，统一思想，形成合力，丰富校园文化。

【组织工作】 加强团员管理工作，了解基层组织工作现状，完成对学校团员关系的转接和团籍的注册。2013年度共计收缴团费24936.00元，发展共青团员127人，补办、签发团员证674本，注册团籍达20780人次。建设团员服务窗口，定于每周周一、周三为校团委组织部工作开放日，接待各学院同学的咨询，完成材料收缴、团务用品签发等工作。

2013年，校团委分别在两校区开展2013年"青春正能量"共青团干部培训班，培训课程总计4个课时，针对基层组织工作、团干部领导力和团干部心理素质三个方向进行授课，两校区共招收学员281人，其中260人顺利结业；在两校区组织开展"半月谈"活动8次，招收各学院团委副书记（学生）和主要团干部52人，为加强校团委与各学院团委的联系搭建平台。

2013年，校团委完成了《共青团十七大报告辅导读本》和2014年团刊征订工作，在广泛地学习党的十八大、团十七大精神的基础上，在《华侨大学五四红旗团委评选办法》、《华侨大学先进团支部评选办法》、《华侨大学团员证管理办法》等7份文件中做了修订，以完善学校团委的常规化建设，全面提高和促进华侨大学团组织的工作活力。

此外，校团委积极开展"五四评优"，对优秀的先进集体和优秀的先进个人授予奖励。

【宣传工作】 校团委建立以手机报的话题为起点，引导广大团员青年进入微博讨论专区，对时代热点问题展开讨论，最终在《华大青年报》形成对话题的总结性论述的弘扬"正能量"传播模式。自2013年3月发行第1期《华大青年报〈手机报（半月刊）〉》以来，该报受到了学校师生的广泛关注。2013年9月，手机报改为月刊，版面不定期增减，涵盖全校泉、厦两校区的热点新闻，包括校园新闻、专题报道、人物访谈和互动评论话题等。

《华大青年报》是目前华大官方校园报纸中关注度最高的纸质学生媒体，2013年下半年共出版5期报纸，每期印刷8000份。《华大青年报》顺应媒体发展浪潮，加强了对新媒体如"青梅"手机APP客户端、新浪微博、腾讯微博和人人网等的建设。华大青年报青梅手机客户端（每日更新）目前用户量已达1200余人。2013年7月《华大青年报》荣获福建省高校传媒联盟活动最佳宣传奖，在中国高校传媒联盟启动的会员媒体分级评估中，《华大青年报》获评为"三星级会员媒体"。

继续健全团组织微博体系，充分运用微博、微信、QQ群、人人网、校园BBS、网站论坛等，构建具有一定影响力的团组织微博宣传阵营。目前共青团华侨大学委员会已有11个校级团体组织建立了微博宣传平台，各院团委青年学生组织均已建立微博宣传平台，数量已有280余个。截至2013年底，华侨大学团委的微博粉丝量从开学初的1900名增加到了3417名。微博转发量、博文曝光量、微博关注度等都呈上升趋势。

【科技创新】 2013年4~6月，校团委联合机电学院、美术学院以及后勤与资产管理处举办华侨大学第三届创意作品大赛。大赛共收到两校区参赛作品97件，通过邀请有关专家、学者进行评审，《鹤岁》（作者：刘凌菁）等 3 件作品分别获得"怡园酒标"设计大赛的金奖及银奖;《怡学园》等 7 件作品分别获得校园景观创意策划与设计特等奖及一、二、三等奖;《遛马仔》等 14 件作品获得校园休闲座椅创意设计特等奖及一、二、三等奖。

第十二届"挑战杯"华侨大学学生创业计划竞赛共收到来自两校区的 108 件作品。初赛评选出 32 个团队进入复赛，复赛评选出进入决赛的 16 支团队。在 2013 年 12 月 6 日的决赛答辩中，最终评选出金奖作品两项，银奖作品 3 项，铜奖作品 3 项，优秀奖 3 项。本届创业计划大赛，邀约了三位企业家来担任评委和点评嘉宾，其丰富的实战经验和敏锐的商业意识，为华侨大学创业计划竞赛组织水平和参赛作品质量的提升提供了有力支持。

2013 年 12 月 8 日学校成功举办了第二十一届"挑战杯"华侨大学学生课外学术科技作品竞赛，共收到来自两校区的 117 件作品，决出了特等奖 6 项，一等奖 10 项，二等奖 14 项，三等奖 30 项。

【社会实践】 2013 年寒假，学校组织大学生回高中母校开展汇报交流的社会实践活动，共有 37 支实践团队分赴广东、江苏、浙江、陕西、河南、江西、四川、山东、山西、广西等省区开展汇报交流，涉及高中学校 119 所，参加人数达 115 人。其中，浙江实践团等 6 个团队被评为"华侨大学 2013 年寒假大学生回母校宣传汇报社会实践优秀汇报团队"，陈熠玲等 40 人被评为"华侨大学 2013 年寒假大学生回母校宣传汇报社会实践积极分子"。

校团委开展以"实践激扬青春志，奋力实现中国梦"为主题的 2013 年学生暑期社会实践活动，华侨大学共有 7 个大类 604 个项目申报立项，共 498 支团队的项目获得重点团队经费立项资助，13 支团队被选拔为"国家、省级 2013 年学生社会实践重点团队"，还有 12 支团队被确认为"华侨大学 2013 海西春雨行动"重点团队并被予以资助，参与学生近 4200 余人，指导教师近 500 人次，学校的 22 个学院 15 个校级学生组织参与了活动的宣传组织筹备工作，申报项目 200 多个，资助经费达 40 万余元，实践地点覆盖全国各省、市、自治区。继续实施暑期社会立项资助重点团队制度，增强对专业性、公益性、常态性的社会实践活动的扶持力度。继续实行"立项资助重点服务学习团队"制度，设立"服务学习学分制"。

2013 年 9 月到 11 月，共青团华侨大学委员会通过举办 30 余场校院两级社会实践优秀成果汇报会，将社会实践成果传递给学生，推荐优秀调研论文参加"挑战杯"大学生课外学术科技作品竞赛。

【志愿服务】 2013 年，共青团华侨大学委员会出台《华侨大学志愿服务队星级评定评分细则》，通过汇报会评比的方式，对正式立项成立的26支校级志愿服务立项团队以及校青年志愿服务指导中心直属的5支志愿服务队进行了星级评定，"星星之火志愿服务队"等4支团队被评为"五星级志愿服务队"，"爱的护航志愿服务队"等10支团队被评为"四星级志愿服务队"，另有11支团队被评为"三星级志愿服务队"，1支定为"二星级志愿服务队"。获评"五星级"的志愿服务队，被授予2012年度"华侨大学五星志愿服务队"称号，团队2013年度的立项资助经费得到了增加，增加额度为原有立项金额的50%。获评"四星级"的志愿服务队，被授予2012年度"华侨大学四星志愿服务队"称号，团队2013年度的立项资助经费得到了增加，增加额度为原有立项金额的20%。获评"三星级"的志愿服务队，2013年度的立项资助经费维持上年额度。获评"二星级"及以下的志愿服务队，被停止2013年度的立项资助，并责令整改，隔年才能重新申请立项资格。

2013年3~5月，校团委以"青春雷锋，美丽中国"为主题，组织开展"学雷锋活动月"系列志愿服务活动，在共青团华侨大学委员会的积极倡导下，各学院开展了"微话雷锋"、"关爱老人、日行一孝""青春光盘""青春校园清洁"等形式多样的主题教育和志愿服务活动。

2013年9月，校团委携手厦门太古可口可乐公司启动第五期"心舟启航"助教项目，共选拔39名大学生志愿教师前往泉州西湖小学和环清小学开展为期两个月的助教活动。

2013年，校团委立足学生，服务学校，开展了迎接2013级新生、医疗培训讲座、校运会医疗志愿服务、防艾宣传活动、感恩节关爱平凡岗位活动等一系列志愿服务活动，吸引了大量同学的参与，影响广泛。

校团委在两校区共建立了集美区杏林街道、厦门市慈爱老人养护院、厦门火车站、BRT志愿服务站、厦门市鼓浪屿旅游风景区、泉州第三中心小学、泉州福利院、泉州福利院、浔江小学等志愿服务基地53个。在组织志愿服务的过程中，华侨大学注重特色活动、品牌活动的开展，开展了以"大手拉小手、关爱农民工子女"为主题的关注外来务工子女，走进杏林小学支教志愿服务活动，形成特色，树立品牌，取得了良好效果。

2013年11月，组织选拔学生志愿者参与2013年文化中国·全球华人才艺（龙舟）大赛志愿服务活动、第三届海峡两岸文化与创意论坛志愿服务活动等大型志愿服务活动，确保了这些工作和赛事的顺利开展。

为迎接第28个国际志愿者日，校团委积极组织全校各学院青年志愿者协会开展了一系列关于2013年度先进个人和集体的评选活动，表彰校级优秀志愿者60人、"华侨大学十佳青年志愿者"10人、"华侨大学优秀组织奖"4个单位。

【素质教育】 2013年,校团委继续在第十三期人才学校学员中开展"寒假感恩"教育实践活动和葡萄酒文化鉴赏艺术等课程、毕业晚会暨毕业晚宴等活动和泉州市丰泽区福利院志愿服务系列活动。同时,招收第十四期人才学员115名,其中境外学生10名,并继续与泉州团市委、丰泽团区委、鲤城团区委、厦门集美团区委等地方政府部门合作,为人才学校学员提供挂职锻炼岗位。此外,通过开展怡园小型品酒会、怡园葡萄酒文化讲座、公文写作等讲座提升第十四期人才学员的综合素质与修养,增进了学员之间的情感,促进了班级的团结。

2013年,校团委继续开展承志班学员和人才学员"1对1"的交流模式,共计招收69名境外新生成为第二届的承志班学员,承志班学员也随同人才学员一起,开展"品味美酒中的文化艺术魅力"葡萄酒文化赏鉴活动、武夷山"品茗茶文化之旅"、龙岩"绿色生态之旅"等考察活动,加深了人才学校学员和"承志班"学员感情,提升了"承志班"境外学生对学校的归属感和认同感。

【甘肃积石山志愿服务支教活动】 2013年是学校组织开展"志愿积石山"活动的第六年。学校成立华侨大学2013年甘肃积石山志愿服务支教团,志愿者由19个学院的56名志愿者组成,来自国内22个省份以及香港、朝鲜等地区和国家。

支教团深入积石山县吹麻滩初级中学、高关初级中学、前庄小学、后沟小学、后阳洼小学、尕集小学等中小学开展为期近一个月的暑期支教活动,并顺利开展了"梦想启航"教学筑梦工程和"助学圆梦"工程("一帮一圆梦计划""爱心教学物资计划""爱心课桌椅计划")项目。

2013年支教团共募集到"一帮一圆梦"助学金28500元,"爱心课桌椅"等资金55580元。支教之余,支教队员累计深入到积石山县十五个乡镇,深入近300户家庭进行走访调查,了解学生家庭情况、学习情况、上学意愿等,为贫困学生建立贫困档案。最终"一帮一圆梦"助学金50400元(其中有2011年、2012年剩余的21900元),资助学子103人,涵盖11所中小学。捐赠教学用具、文具等价值3400元的爱心物资。阳洼小学、后沟小学接收到爱心课桌椅125套、办公桌23套、电脑两台、打印机两台,价值80800元(其中支教团募捐的爱心课桌椅资金52180元,剩余为学校提供支持)。

【第十一届"挑战杯"福建省大学生课外学术科技作品竞赛】 2013年5月,校团委组织优秀作品团队参加第十一届"挑战杯"福建省大学生课外学术科技作品竞赛。作品获一等奖两件,二等奖1件,三等奖5件,优秀奖两件。同时,《面向智能手机的安全短消息通信及管理系统》《实时微光夜视视频增强理论与方法》《基于脑—机交互模式的主动型中风康复系统》以及《构建和谐社会的新创举和好帮手——深圳市市民情感护理中心探索与实践》4件作品获得参加第十三届"挑战杯"全国大学生课外学术科技作品竞赛的资格。

【第十三届"挑战杯"全国大学生课外学术科技作品竞赛】 2013年10月，校团委组织4支团队前往苏州大学参加第十三届"挑战杯"全国大学生课外学术科技作品竞赛，其中，宫梦婷、陈岩、刘维的作品《构建和谐社会的新创举和好帮手——深圳市市民情感护理中心探索与实践》获得全国一等奖，其余3件作品获三等奖，华侨大学获得优秀组织奖。

【福建省第二届大学生"创业之星"评选暨大学生创业扶持活动】 2013年11月，校团委组织优秀创业项目团队参加福建省第二届大学生"创业之星"评选暨大学生创业扶持计划决赛。其中，廖晓杰同学获"创业之星标兵"称号，其团队的创业项目"泉州丰泽区盘古网络科技有限公司"获扶持奖金10万元；丁培育、杨永清两人分获"创业之星"称号，其团队的创业项目分别获得扶持奖金5万元；林鑫铭、柯伟诚、刘阳、候伟业4人获"创业之星提名奖"，其团队创业项目分别获得两万元扶持奖金。

本次比赛，华侨大学共有24件作品报送参赛，其中7件作品进入复赛，4件作品进入决赛答辩，参与人数与团队数量相比往年都有所增加。

【华侨大学青年联合会第一届委员会第一次全体会议】 2013年10月13日，校团委组织召开华侨大学青年联合会第一届委员会第一次全体会议，正式成立华侨大学青年联合会。

华侨大学青年联合会第一届委员会委员由工学界（18人）、经济管理界（28人）、理学界（16人）、人文科学界（16人）、特邀人士界（23人）、土建界（13人）、文艺体育界（23人）、指定席位（22人）八个界别代表组成，总计159人（含境外委员6人）。

大会分别审议通过了大会主席团名单、秘书长、副秘书长名单等，审议通过选举办法、工作规划等草案。大会决定聘任党委副书记朱琦环为顾问，山西怡园酒庄有限公司陈芳女士为名誉主席。大会审议并选举产生了第一届委员会主席、副主席和常务委员，李庭志当选青联主席，叶荔辉等12人当选副主席，毛博等60位同志当选常务委员。在第一次常委会中，决定任命黄炳超为秘书长，任命刘杰和胡丹为副秘书长。

【第三届海峡两岸高校文化与创意论坛】 2013年11月16~18日，学校联合福建省青年联合会、福建省学联、集美区政府、台湾中原大学举办第三届海峡两岸高校文化与创意论坛。

论坛汇集了两岸48所高校的师生,其中台湾高校15所,包括中原大学、成功大学、台北科技大学、台湾艺术大学、铭传大学等;大陆高校33所(福建省内高校16所,省外高校17所),包括西安交通大学、武汉大学、厦门大学、天津大学、中国美术学院、暨南大学、武汉理工大学、鲁迅美术学院、北京工业大学、福州大学、北京联合大学等。

2013年,海峡两岸大学生文化与创意竞赛有来自两岸48所高校的507件作品参赛,内容涵盖工业产品设计、建筑及室内设计、视觉平面设计等各个方向。大赛邀请了两岸7位权威专家担任评委。较2012年两岸18所高校300余件作品参赛,2013年大赛参与人数更多、范围更广,作品水平更高。

论坛产生了良好的影响,得到了广泛的传播,共有20多家媒体对论坛进行了现场报道,其中有中新社、中国经济日报、香港商报、香港大公报、香港文汇报、福建电视台、福建日报、福建经济报等,新华网、台湾网、人民网、新浪网、厦门网、经济网等。

论坛活动设计和邀请了很多文创企业界的人士。在"让创意跨越海峡——两岸高校、政府、企业专家沙龙"活动中,近30家企业和风险投资人参与了沙龙并参观了创意作品联展。部分公司表示愿意开发一些富有创意的大赛作品,正式投入生产运营。同时,厦门市集美区集美创意文化街腾出两个店面,供作品展示及产品推广使用。目前,华侨大学一方面对大赛部分作品申请专利产权保护,一方面积极协调建立大学生创意设计及创业孵化机制。

【首届海峡两岸高校大学生记者挑战赛】 2014年1月18~24日,由福建省青年联合会主办,共青团泉州市委、泉州市青年联合会、福建高校传媒联盟、台湾中华杰出青年交流促进会、高雄青创会等承办,华侨大学校团委协办的首届海峡两岸高校大学生记者挑战赛在福建泉州举行。此次挑战赛以"东亚文化之都·文化寻根之旅"为主题,吸引了近200名两岸高校的优秀大学生记者参加。以台湾高校大学生记者为主体,组团来闽考察的交流活动,在两岸青年交流工作中尚属首次。此次大赛为今年"千名台湾青少年福建行"及"东亚文化之都·泉州"开幕系列活动之一。

在此次挑战赛中,华侨大学文学院2011级广播电视新闻学专业冯垚颖、曾嘉怡分别获得"最佳新闻创意奖"和"最佳新闻评论奖";文学院2011级广播电视新闻学专业姜咪咪团队获团体一等奖,并有多个团队获得"团体二等奖"与"团体三等奖"。

海峡两岸高校大学生记者挑战赛今后将被着力打造成具有可持续、可拓展、影响力强的对台青年交流品牌,为两岸未来媒体人搭建交流平台。

【福建省大学生校外实践教育基地】 1月4日,福建省教育厅下发《福建省教育厅关于公布福建省"大学生校外实践教育基地"建设项目名单的通知》文件,根据该文件,华侨大学有7个校外实践教育基地获批为福建省大学生校外实践教育基地建设项目,分别为:与旅游学院共建的泉州悦华酒店有限公司,与土木工程学院共建的厦门特房建设工程集团有限公司,与建筑学院共建的中国中建设计集团有限公司,与法学院共建的厦门市中级人民法院、泉州市中级人民法院、泉州市检察院、福建天衡联合律师事务所等,与机电及自动化学院共建的厦门金鹭特种合金有限公司,与工学院共建的福建省光微电子科技有限公司,以及与信息科学与工程学院共建的福建凤竹纺织科技股份有限公司。

(校团委供稿)

华侨大学年鉴 2014

董事会工作

董事会工作

【概况】 1978年，华侨大学复办后不久，即在国务院侨务办公室的领导下展开成立董事会的筹备工作，经过一年半的酝酿准备和协商聘请，华侨大学第一届董事会于1980年元月召开会议，宣告董事会的成立。将原校公共关系处（1995年更名为外事处）作为董事会的主要日常办事机构。2000年5月，学校机构重组，撤销外事处，设立外事办公室，其仍为董事会主要日常办事机构。2008年6月，为适应国际化建设需要，学校决定在原外事办公室的基础上成立外事处，董事会办公室为其内设机构，设1个编制，外事处处长兼任董事会办公室主任。2012年5月，为适应学校发展的需要，董事会办公室从外事处分离出来，与校友工作办公室合署办公，设编制两人，科级1人，科员1人，董事会办公室的职能分工更加明确。

2013年，董事会办公室围绕服务校董的工作方针，切实履行部门职责，顺利有序完成各项工作任务，主要工作任务有：积极争取校董与社会各界对学校办学发展的支持，推动学校开展对外交流与合作，促进华文教育发展；协助筹备组织迎新春座谈会等董事会议，办理董事增聘及职务董事更替相关手续；搭建学校和董事之间的交流平台，密切联系海内外校董和热心公益事业人士；统计、汇总校董对学校的各项捐赠情况，及时向校董报告学校发展近况和侨捐项目进展情况；筹备组织侨捐项目仪式典礼，为校董向各级政府申请捐赠公益事业表彰；联系国务院侨务办公室和各上级部门，呈报董事会相关公文、函件等；做好办公室文件和资料的登记及归档工作；做好董事来访接待事宜，落实学校领导交办的各项工作。

【董事增补及变更】 2013年，非职务董事方面，董事会增聘香港百宏集团董事局主席施天佑先生、泉州天地星电子有限公司董事长魏腾雄先生为董事会董事。职务董事方面，增聘福建省副省长李红、泉州市委书记黄少萍为董事会副董事长，同时保留陈桦、徐刚同志副董事长职务；中央驻澳门联络办副主任陈斯喜接替原副主任李本钧担任副董事长，福建省侨联主席王亚君接替原省侨联主席李欲晞担任董事。2013年，第四届至六届董事会董事、菲律宾菲华商联总会名誉理事长黄呈辉先生辞世。截至12月31日，第六届董事会成员共117人，国务院侨办裘援平主任授权签授董事聘书。

【董事捐赠工作】 2013年接受捐资实际到款额为：4275.675万元人民币、278万元港币。新增侨捐项目合计1560万元人民币、795万元港币，新设立施天佑教育基金（500万元港币）、黄仲咸华侨华人学生及海外留学生奖学金（每年20万元人民币）等6项奖教奖学金。有"润良分子诊断研究室"（110万元港币）、泉州校区体育馆（1000万元人民币）、庄为炬报告厅（120万元人民币）3项侨捐工程。此外，受赠《饶宗颐二十世纪学术文集》两套（每套14卷20册），中外文书籍8040册。张祥盛董事为华文学院60周年活动捐赠5万元（新增捐赠情况详见后文表格）。校董们采取其他形式支持学校办学与发展，如在蔡素玉、邱季端校董的支持和帮助下，继2011年、2013年先后两次成功举办"饶宗颐与华学国际学术研讨会"后，于2013年3月25日在香港大学饶宗颐学术馆举行聘书颁授仪式，聘请了饶宗颐先生为学校名誉教授，此举提高了学校的学术研究层次，扩大了学校的知名度和影响力。

2013年6月，在福州举行的第四届世界闽商大会上，华侨大学董事会陈永栽副董事长、郑年锦副董事长、姚志胜副董事长、林昌华副董事长、林广场副董事长、施良侨副董事长、林树哲副董事长、陈捷中荣誉董事、陈明金董事、柯伯诚董事10名校董获颁"福建省华侨捐赠公益事业突出贡献奖"。

2013年新增捐赠统计表

捐赠名称	时间	协议捐赠金额	捐赠人
学科建设基金	1月18日	500万元港币	施天佑
润良分子诊断研究室	1月31日	110万元港币	方润良
种子助学基金	3月8日	60万元人民币	轩辕教育基金会
香港泉州慈善促进总会香港学生助学金	3月24日	50万元人民币	陈守仁、骆志鸿
《饶宗颐二十世纪学术文集》	4月3日	—	蔡素玉
中外文书籍476册	4月3日	—	蔡素玉
洪长存奖助金	4月22日	5万元人民币	洪天露
光微奖助基金	5月1日	15万元人民币	光微电子科技公司
图书7564册、图书购置款21.376万元港币	5月20日	价值100万元人民币	石汉基
教育基金（CUBA奖励基金）	6月25日	20万元人民币	姚志胜
黄仲咸华侨华人学生及海外留学生奖助学金	6月30日	20万元人民币/年	福建省黄仲咸教育基金会
吴雪海化工学院奖学金	9月30日	15万元人民币	真好食品有限公司
助学金	9月30日	10万元人民币	厦门贵信投资有限公司
泉州校区林淑真体育馆	10月23日	1000万元人民币	魏腾雄
文物181件	10月24日	—	麦继强
《印尼〈生活报〉纪念丛书》一套	10月24日	—	郑年锦
华文学院60周年庆典捐款	10月28日	5万元人民币	张祥盛
教育基金	10月31日	10万元人民币	Pisit Sitkrongwong
教育基金	10月31日	10万元人民币	Pisit Sitkrongwong
庄为烜报告厅	11月1日	120万元人民币	庄善春
林秀华优秀香港学生奖学金	11月19日	5万元港币	蔡素玉
林秀华文科楼	11月19日	50万元港币	蔡素玉
教育基金	11月22日	125万元港币	华丰国货有限公司
四端文物馆发展基金	11月27日	300万元人民币	杜祖贻
建筑优秀学生奖学金	11月30日	12.17万元人民币	建筑八九校友
立林研究生奖学金	11月30日	14.2万元人民币	厦门立林公司
奖教奖助金	12月30日	10万元人民币	厦门万久公司
林伟柬埔寨学生奖学金	12月30日	7.656万元港币	澳门信托建筑置业投资

【活动及仪式】 2013年，或为宣传捐资人的善德义举，或为对广大师生进行爱国爱乡、感恩社会的思想教育而举行的涉及校董的相关会议及典礼仪式共15场，详见后文表格。

2013年各类与董事相关的活动或仪式一览表

活动或仪式名称	主礼捐资人	时间	地点
2012~2013学年轩辕种子助学基金颁发仪式	罗文春	2013年3月8日	厦门
饶宗颐先生受聘华侨大学名誉教授聘书颁授仪式	饶宗颐	2013年3月25日	香港
2013年"中国寻根之旅"——菲律宾华裔学生学中文夏令营开营仪式	陈永栽	2013年4月1日	厦门
2011~2012年度林秀华香港学生奖学金颁奖仪式	蔡素玉	2013年4月3日	泉州
首届校董校友企业专场招聘会	许连捷	2013年4月16日	厦门
2012~2013学年"华商研究生助学金"颁发仪式	庄永兴	2013年4月22日	泉州
国侨办中华才艺（音乐·舞蹈）培训基地、华侨大学侨务公共外交研究所、华侨大学华侨华人信息中心揭牌仪式	许丕新	2013年5月9日	厦门
香港泉州慈善促进总会香港新生升学助学金发放仪式	陈守仁	2013年8月31日	泉州
泰国华文教育本科学历班第二期课程开班	罗宗正	2013年10月14日	泰国
陈铭润龙舟馆奠基仪式	陈铭润	2013年10月21日	厦门
陈捷中先生获福建省政府"捐赠公益事业突出贡献奖"立碑表彰仪式	陈捷中	2013年10月21日	厦门
魏腾雄校董捐建泉州校区林淑真体育馆签字仪式	魏腾雄	2013年10月23日	厦门
《印尼〈生活报〉纪念丛书》捐赠仪式	郑年锦	2013年10月24日	厦门
庄为烜报告厅落成典礼	庄善春	2013年11月1日	泉州
泛华学院2013年新生开学仪式	林昌华	2013年11月1日	泉州

2013年，与董事相关的其他活动还包括：泰国华文教育本科学历班第二期、"文化中国·2013全球华人中华才艺（龙舟）大赛"、"世界冠军在创业"、华文学院60周年庆典大会、第二届饶宗颐与华学国际学术研讨会暨香港大学饶宗颐学术馆成立十周年庆典等活动；推荐24位海外及港澳校董担任第五届中国海外交流协会理事；报送推荐17位校董出席世界华商大会；组织董事赴京参加国庆64周年庆典活动等。这些活动，提高了校董们热心公益、助学兴校的自信心和自豪感，密切了董事间的交流和联系，增强了董事会的凝聚力。

【董事走访慰问工作】 2013年，利用出访的机会，学校领导及董事会办公室负责人赴香港、澳门、泰国等国家和地区走访校董共计33人次，拜访了何厚铧、崔世安、郑立中、陈永栽、陈守仁、杨孙西、马有礼、李群华、李碧葱、林树哲、徐伟福、杨连嘉、罗宗正等校董，石汉基、方润华、麦继强等热心教育公益人士，以及厦门裕景集团、漳州喜盈门家具有限公司、南益集团、黄仲咸教育基金会等校董企业和捐资单位；在校董相对集中的香港、澳门地区和泉州举办3次董事迎春座谈会，畅谈华侨大学发展大计，听取有价值的意见和建议；在校董来闽期间，积极开展联络走访工作。走访慰问密切了校董与学校之间的感情，让校董及时了解学校的发展近况，争取校董对学校的支持和帮助。2013年走访联络校董的工作主要如下：

1月13日，董事会在泉州召开在闽董事迎春座谈会，许连捷副董事长，蔡梓进、庄凌、何中东等董事出席。贾益民校长在会上致辞并向董事们汇报了学校工作情况。

1月17日，贾益民校长赴京拜访国台办常务副主任郑立中、交流局局长程金中，贾校长分别向郑立中、程金中两人颁发了董事会副董事长、董事会董事聘书。

1月30日，董事会在香港举行董事迎新春茶话会。贾益民校长赴港与李群华、陈守仁等18位在港校董共祝新春，畅叙发展。

1月31日，贾益民校长赴港拜会香港方润华基金主席方润华先生。方润华先生慷慨捐资110万港币用于润良分子诊断研究室的建设。

2月1日，董事会在澳门举行董事迎春座谈会。校领导贾益民、关一凡，董事李本钧、唐志坚、李沛霖、王彬成、林金城等，以及澳门校友会会长林辉莲等出席座谈会。

2月1日，贾益民校长和关一凡副书记在澳门拜访了第六届董事会名誉董事长、全国政协副主席何厚铧以及全国政协委员、澳门特别行政区行政会委员和立法会议员陈明金董事。

2月5日，贾益民校长、关一凡副书记赴厦门拜访张志猛和吴辉体校董。

3月14日，董事会办公室主任项士敏陪同清流县副县长陈世卿（挂职干部）等前往漳州市喜盈门家具有限公司拜访邱季端校董。

3月22日，贾益民校长在香港南益集团拜访林树哲副董事长、徐伟福董事、杨连嘉董事，商谈海联资助华大与港科大合作建联合实验中心事宜。

3月23日，应陈守仁副董事长邀请，贾益民校长出席香港泉州同乡总会和香港泉州慈善促进总会欢迎晚宴。

4月28日，校长助理曾路与董事会办公室主任项士敏拜访了第五届董事会董事、缅甸福建同乡总会会长吕振腾先生，商谈学校访问团计划访问缅甸，考察华文教育、孔子课堂以及拜访当地侨社事宜。

5月13日，董事会办公室主任项士敏赴厦门拜访黄天中董事。

5月18日，董事会办公室主任项士敏在泉州拜访前来出席黎明职业大学董事会换届大会暨第四届董事就职典礼的香港汉荣书局董事、总经理石汉基先生。

6月11~12日，贾益民校长在香港访问期间，拜访了施子清副董事长、杨孙西董事，向他们介绍了学校近期的办学发展情况。

6月16日，贾益民校长、关一凡副校长在泉州看望参加世界闽南文化节的陈永栽副董事长一行。

6月17日，贾益民校长前往福州出席福建省海外交流协会第五次会员代表大会以及第四届世界闽商大会。

7月18日，董事会办公室主任项士敏赴香港拜访李群华、李碧葱副董事长以及骆志鸿、陈亨利、丁良辉、徐伟福、陈捷中、陈铭润等校董。

8月13~17日，贾益民校长在泰国访问期间会见了罗宗正校董、张永青校董和泰国校友会陈碧达会长等。

10月10日，董事会办公室主任项士敏在香港拜访了许丕新校董及董事会香港办事处蔡真枝顾问等。

10月11日，董事会办公室主任项士敏在香港拜访了李群华副董事长以及李碧葱副董事长，邀请两位校董参加陈铭润龙舟馆奠基仪式和陈捷中校董事立碑表彰仪式以及龙舟比赛开幕式。

12月30日，贾益民校长赴泉州天地星电子有限公司拜访魏腾雄校董，向其颁发了第六届董事会董事聘书。

【**董事来访**】 全年接待林广场、林昌华、陈永栽、李碧葱、汪琼南、李雯生、何中东、蔡素玉等校董莅校视察和访问累计43人次，周密安排住宿、交通、餐饮、参观、座谈等事宜，让来访校董们亲身体会学校师生员工的工作、学习、生活，对捐赠项目的执行情况有更深的了解。主要来访如下：

1月7日，董事会副董事长林广场一行莅校访问，贾校长向林广场颁授了第六届董事会聘书及纪念牌，介绍了学校发展的近况。

3月6日，第六届董事会副董事长林昌华莅校访问，与华文学院、泛华学院负责人、老师及印尼政府官员班学员座谈交流。

3月31日，贾益民校长前往厦门机场迎接带团出席2013年"中国寻根之旅"——菲律宾华裔学生学中文夏令营开营仪式的陈永栽副董事长和夫人以及李雯生校董事一行。

4月7日，福建省黄仲咸教育基金会理事长，华侨大学第三、四届董事会副董事长黄滁岩，基金会监事长、原厦门市市长朱亚衍，原厦门市市委书记洪永世一行3人访问我校。

5月7日，汪琼南荣誉董事、泉州校友会郭景仁会长等莅校访问，与华侨华人研究院骆克任院长、李勇副院长座谈交流。

5月20日，贾益民校长在厦门校区会见了莅校访问的香港汉荣书局董事长石汉基先生。

7月15日，贾益民校长在厦门校区会见了福建省侨联党组书记、主席王亚君及省侨联相关部门负责人一行。

9月23日，汪琼南荣誉董事、泉州校友会郭景仁会长莅临厦门校区访问。

10月21日,李碧葱副董事长、庄永兴董事莅临厦门校区视察,考察音乐舞蹈学院大楼建设情况,听取学院负责人的工作报告,现场观摩舞蹈专业的课堂教学,与师生座谈交流。

华侨大学第六届董事会成员

(截至2013年12月31日)

名誉董事长

何厚铧

副董事长

马儒沛	王志民	丘　进	吕振万	任启亮	庄启程	许连捷	宋　涛	李　刚
李　红	李本钧	李群华	李碧葱	陈　桦	陈斯喜	陈永栽	陈守仁	陈成秀
陈进强	陈捷中	林昌华	林广场	林树哲	郑立中	郑年锦	姚志胜	施子清
施良侨	洪祖杭	赵　阳	贾益民	徐　钢	黄少萍	崔世安	谢杭生	

秘书长

丘　进(兼)　贾益民(兼)

副秘书长

陈捷中(兼)　唐志坚(兼)　蔡素玉(兼)　鞠维强(兼)

董　事

丁良辉	丁思强	马有礼	王亚君	王彬成	方小榕	邓仲绵	任克雷	刘　辉
刘长乐	刘泽彭	刘晓航	庄　凌	庄永兴	庄善春	江洋龙	许丕新	许慕韩
杜祖贻	李　鲁	李沛霖	李欲晞	李维一	李雯生	杨　辉	杨孙西	杨连嘉
吴辉体	吴承业	吴端景	邱季端	邱建新	何中东	张永青	张志猛	张祥盛
陈江和	陈亨利	陈志成	陈明金	陈铭润	陈展垣	陈焜旺	林金城	罗宗正
柯伯诚	柯少奇	施天佑	施嘉骅	骆志鸿	徐伟福	徐松华	唐志坚	梁维特
黄　屏	黄天中	黄玉山	黄呈辉	程金中	曾晓民	雷振刚	蔡子宜	蔡永亮
蔡素玉	蔡聪妙	颜延龄	颜金炜	潘永华	潘伟民	戴国兴	鞠维强	魏腾雄

荣誉董事

丁文志	卢文端	汪琼南	陈本显	林玉唐	周颖南	胡鸿烈	黄保欣	谢文盛

(董事会办公室/校友工作办公室供稿)

华侨大学年鉴 2014

人　物

华侨大学历任领导名录

（以任命时间为序）

姓名	职务	任职时间
廖承志	校长（兼）	1960.10~1970.1 1980.5~1983.6
庄希泉	华侨大学筹建委员会主任 校第一届董事会董事长（兼）	1961.3 1980.1~1986.7
谢白秋	华侨大学筹建委员会委员 党委副书记	1961.3 1963.1~1970.1
林一心	党委书记（兼）	1963.1~1970.1
伍治之	党委第二书记	1963.3~1970.1
林汝楠	副校长	1963.9~1970.1
韦悫	副校长、代理校长	1964.4~1970.1
蔡楚吟	党委副书记	1965~1969.6
汪大铭	副校长 党委第一副书记 党委书记	1980.4~1984.4 1980.4~1982.3 1982.3~1984.4
许金荣	党委副书记、副校长	1980.4~1984.4
杨曾艺	副校长	1980.4~1984.4
白世林	副校长	1980.4~1986.9
王福起	副校长	1980.4~1984.4
雷霆	副校长 党委副书记 党组书记	1980.4~1986.7 1982.3~1984.4 1984.9~1986.7
蔡黎	党委书记	1980.5~1982.3
林蒲田	教务长 秘书长	1980.9~1984.4 1984.4~1985.8
刘培德	副校长	1981.9~1985.11
叶飞	校长（兼） 名誉校长	1983.10~1988.8 1988.8~1999.4
施玉山	副校长 党委书记	1984.4~1996.10 1989.6~1996.10
杨翔翔	副校长	1984.4~1996.3
陈觉万	副校长 常务副校长 校长	1985.10~1986.9 1986.9~1988.8 1988.8~1993.8
李孙忠	纪检组组长 纪委书记	1985.11~1989.6 1989.6~1996.10
庄善裕	副校长 华侨大学仰恩学院院长（兼） 校长 党委副书记	1986.9~1993.8 1988.9~1989.10 1993.8~1999.12 1993.9~1999.12
林品光	校长助理	1986.10~1995.7

续表

姓名	职务	任职时间
黄炎成	校长助理 副校长 助理巡视员	1986.10~1989.1 1989.1~1999.12 1999.12~2003.12
杜成金	党委副书记 副校长 助理巡视员	1989.6~1994.11 1994.11~1999.12 1999.12~2003.10
吴承业	副校长 党委书记 校长 党委副书记 党委书记 党委副书记	1994.4~1999.12 1996.10~1999.12 1999.12~2008.12 1999.12~2003.12 2003.12~2008.1 2008.1~2008.12
李 红	党委副书记 党委书记 副校长	1994.11~1999.12 1999.12~2003.12 1999.12~2004.2
关一凡	校长助理 副校长 党委副书记 党委书记	1996.7~1999.12 1999.12 至今 2005.3~2013.6 2013.6 上任
郭亨群	副校长	1996.8~2004.10
吴永年	党委副书记	1996.10~2008.4
吴道明	纪委书记	1996.10~2003.12
李冀闽	校长助理 副校长 党委书记	1997.5~1999.12 1999.12~2013.6 2008.1~2013.6
吴季怀	校长助理 副校长	2002.2~2004.10 2004.10 上任
徐西鹏	校长助理 副校长	2002.2~2004.10 2004.10 上任
朱琦环	纪委书记 党委副书记	2003.12 上任 2008.1 上任
刘塨	副校长	2004.10 上任
张禹东	副校长	2005.10 上任
刘斌	副校长	2008.1 上任
丘进	校长 党委副书记	2008.12~2011.6 2008.12~2011.6
贾益民	校长 党委副书记	2011.6 上任 2011.6 上任

（档案馆供稿）

新增双聘院士

卢秉恒，我国机械制造与自动化领域著名科学家，1945年2月出生，安徽亳州人。中国工程院院士，机械制造与自动化专家。国务院学位委员会机械学科评议组召集人，数控装备国家重大专项专职技术负责人，国家自然科学基金委员会微纳重大专项专家组组长，国家973项目首席科学家，"十五"863计划先进制造领域专家，全国机械制造工艺协会副理事长，全国高校金属切削机床研究会理事长。曾任国家自然科学基金委员会工程与材料学部专家咨询委员会委员。卢秉恒于2010年受聘为华侨大学双聘院士、机电及自动化学院名誉院长。卢秉恒长期从事先进制造技术的研究，主要开展快速成形、生物制造、微纳制造与电子制造装备等方面的科研和教学工作。先后主持"九五""十五"国家重点科技攻关项目及国家自然科学基金、973课题等重大重点项目20余项；获发明专利30余项，开发了国际首创的紫外光快速成型机及具有国际先进水平的机、光、电一体化快速制造设备和一系列快速模具制造技术，创造了农业节水滴灌器抗堵结构及其一体化开发方法。

姚建年，福建晋江人，著名物理化学家，中国科学院院士。1982年毕业于福建师范大学化学系，1990年获日本东京大学工学部硕士学位，1993年获该校博士学位。1995年8月至1999年4月先后任中国科学院感光化学研究所副研究员、研究员、博士生导师、室主任、所长助理。1999年4月至今，任中国科学院化学研究所研究员、博士生导师。2000年4月到2008年3月任中国科学院化学研究所副所长。2005年当选为中国科学院院士。2008年1月至今，任国家自然科学基金委员会副主任。姚院士是光化学与光信息功能材料领域的代表人物之一。长期从事新型光功能材料的基础和应用探索研究，在利用纳米尺度效应调控有机分子的光物理、光化学性能，无机、有机/无机杂化材料的光致变色等方面取得了一系列开创性的研究成果，具有重要的国际影响。迄今已在 Nature、Acc.Chem.Res.、J.Am.Chem.Soc. 等国际杂志上发表学术论文300余篇，获国家发明专利授权11项。

洪茂椿，我国著名无机化学家，现任中国科学院福建物质结构研究所研究员、所长。2003年6月当选亚太材料科学院院士，2003年11月当选中国科学院院士。2006年获全国杰出专业技术人才奖。2010年获何梁何利科技与进步化学奖、全国优秀科技工作者称号。2011年获科技部"十一五"国家科技计划执行突出贡献奖。洪院士长期从事无机化学研究，用化学自组装法设计合成金属——有机纳米笼、管及线，宏量制备了多种新型原子团簇，系统地合成了金属石墨状聚合物、具有纳米孔洞的金属——有机聚合物和新型稀土与过渡金属混合聚合物，并研究它们的结构与性能的关系。在"纳米功能分子"和"新型无机—有机聚合物"的无机前沿领域做出了贡献。他在新型无机聚合物的设计合成、结构规律与性能研究方面的工作，曾获多项奖励。

吴硕贤，我国建筑技术科学专家，毕业于清华大学，是我国建筑界与声学界培养的第一位博士。2005年当选为中国科学院院士，是全国建筑技术科学领域首位中国科学院院士。2010年11月，被香港理工大学授予"杰出中国访问学人"称号；2010年12月，被中国科协评为"全国优秀科技工作者"；2012年，入选"新中国影响广东100位贡献人物"。现任华南理工大学亚热带建筑科学国家重点实验室主任，国际著名刊物《声与振动学报》编委，中国建筑学会建筑声学专业委员会主任委员，中国科学院技术科学部副主任。吴硕贤院士主要从事人居环境和绿色建筑领域的教学和研究，特别在建筑环境声学方面造诣颇深。主要著作有《音乐与建筑》《室内声学与环境声学》《室内环境与设备》《建筑声学设计原理》等。承担了包括东坡大剧院、中山文化中心大剧场、人民大会堂音质改建工程声场仿真、广东科学中心等50多项工程建筑声学设计。承担了5项国家自然科学基金、5项广东省基金项目的研究。在《美国声学学会志》，德国《声学》学刊，英国《声与振动学报》《应用声学》学刊等国内外刊物上发表论文150篇。曾先后到17个国家和地区讲学、做研究或应邀在国际会议上做特邀报告，并担任国际会议主席及分会主席。

（人事处供稿）

"千人计划"高层次外国专家项目入选教师

菲利普·卡帕诺夫（Philipp Kapranov），教授，2013年入选国家第四批"外专千人计划"。Philipp教授毕业于美国密歇根州大学，现为华侨大学生物医学学院特聘教授，是一位在基因组学与系统生物学领域具有重要国际影响的专家，其研究内容包括RNA转录图谱的绘制以及转录调控元件。Philipp教授成功发现了人类基因组中包含几个新种类RNA的、高度复杂的、具有重叠功能和结构的转录功能复合体，近十年在该领域累计发表国际高级别学术期刊论文50多篇，其中 Nature、Science、Cell 等国际顶尖期刊论文共计15篇。研究方向：遗传学，微生物生物技术。

（人事处供稿）

国务院政府特殊津贴专家

姓名	工作单位	入选项目名称	入选年份
王永初	机电及自动化学院	国务院政府特殊津贴专家	1991
许承晃	材料科学与工程学院	国务院政府特殊津贴专家	1991
赖万才	数学系	国务院政府特殊津贴专家	1992

续表

姓名	工作单位	入选项目名称	入选年份
马时冬	土木工程学院	国务院政府特殊津贴专家	1992
林新波	材料科学与工程学院	国务院政府特殊津贴专家	1992
吴承业	校领导	国务院政府特殊津贴专家	1992
黄元锦	产业处	国务院政府特殊津贴专家	1992
陈启泉	信息科学与工程学院	国务院政府特殊津贴专家	1992
陈焱年	信息科学与工程学院	国务院政府特殊津贴专家	1992
张宗欣	信息科学与工程学院	国务院政府特殊津贴专家	1992
林文鋆	材料科学与工程学院	国务院政府特殊津贴专家	1992
郑宗汉	信息科学与工程学院	国务院政府特殊津贴专家	1992
蔡灿津	人文与公共管理学院	国务院政府特殊津贴专家	1993
黄继泰	材料科学与工程学院	国务院政府特殊津贴专家	1993
刘甲耀	信息科学与工程学院	国务院政府特殊津贴专家	1993
汤东华	产业处	国务院政府特殊津贴专家	1993
王连阳	材料科学与工程学院	国务院政府特殊津贴专家	1993
王全凤	土木工程学院	国务院政府特殊津贴专家	1993
翁荣周	材料科学与工程学院	国务院政府特殊津贴专家	1993
颜文礼	材料科学与工程学院	国务院政府特殊津贴专家	1993
张上泰	数学系	国务院政府特殊津贴专家	1993
张文珍	信息科学与工程学院	国务院政府特殊津贴专家	1993
郑永树	数学系	国务院政府特殊津贴专家	1993
金丽	音乐舞蹈学院	国务院政府特殊津贴专家	1993
杨翔翔	机电及自动化学院	国务院政府特殊津贴专家	1994
龚德恩	工商管理学院	国务院政府特殊津贴专家	1994
李国南	外国语学院	国务院政府特殊津贴专家	1995
施玉山	土木工程学院	国务院政府特殊津贴专家	1996
庄善裕	法学院	国务院政府特殊津贴专家	1996
何志成	人文与公共管理学院	国务院政府特殊津贴专家	1997
徐金瑞	材料科学与工程学院	国务院政府特殊津贴专家	1998
曾文平	数学系	国务院政府特殊津贴专家	1998
洪尚任	机电及自动化学院	国务院政府特殊津贴专家	2000
徐西鹏	机电及自动化学院	国务院政府特殊津贴专家	2001
郭亨群	信息科学与工程学院	国务院政府特殊津贴专家	2004
张云波	土木工程学院	国务院政府特殊津贴专家	2006
胡日东	商学院	国务院政府特殊津贴专家	2010
丘进	校领导	国务院政府特殊津贴专家	2012
吴季怀	校领导	国务院政府特殊津贴专家	2012

（人事处供稿）

国务院侨务办公室第四届专家咨询委员会委员

姓名	工作单位	入选项目名称	入选年份
贾益民	校领导	国侨办专家咨询委员	2013
李明欢	华侨华人研究院	国侨办专家咨询委员	2013
庄国土	华侨华人研究院	国侨办专家咨询委员	2013

（人事处供稿）

教育部"新世纪优秀人才支持计划"入选教师

姓名	工作单位	入选项目名称	入选年份
徐西鹏	校领导、机电及自动化学院	教育部"新世纪优秀人才支持计划"	2004
陈国华	材料科学与工程学院	教育部"新世纪优秀人才支持计划"	2004
郭子雄	土木工程学院	教育部"新世纪优秀人才支持计划"	2006
黄辉	机电及自动化学院	教育部"新世纪优秀人才支持计划"	2008
杨楹	哲学与社会发展学院	教育部"新世纪优秀人才支持计划"	2009
杜吉祥	计算机科学与技术学院	教育部"新世纪优秀人才支持计划"	2010
崔长彩	机电及自动化学院	教育部"新世纪优秀人才支持计划"	2010
张潜	经济管理学院	教育部"新世纪优秀人才支持计划"	2010
荆国华	化工学院	教育部"新世纪优秀人才支持计划"	2011
李远	机电及自动化学院	教育部"新世纪优秀人才支持计划"	2011
苑宝玲	土木工程学院	教育部"新世纪优秀人才支持计划"	2011
赵昕东	数量经济研究院	教育部"新世纪优秀人才支持计划"	2012
许培源	经济与金融学院	教育部"新世纪优秀人才支持计划"	2013

（人事处供稿）

国家百千万人才工程入选者

姓名	工作单位	入选项目名称	入选年份
徐西鹏	校领导、机电及自动化学院	国家"百千万人才工程"	2004
胡日东	经济管理学院	国家"百千万人才工程"	2009

（人事处供稿）

教育部优秀青年教师资助计划入选者

姓名	工作单位	入选项目名称	入选年份
徐西鹏	校领导、机电及自动化学院	教育部优秀青年教师资助计划	2004

（人事处供稿）

福建省高校领军人才入选者

姓名	工作单位	入选项目名称	入选年份
徐西鹏	校领导、机电及自动化学院	福建省"高校领军人才"	2013
苏春翌	机电及自动化学院	福建省"高校领军人才"	2013

（人事处供稿）

福建省"闽江学者"

入选年份	岗位类别	姓名	性别	聘用单位	设岗学科
2010	特聘教授	李拉亚	男	数量经济研究院	数量经济学
2010	特聘教授	崔秀灵	女	生物医学学院（分子药物研究院）	分子药物学
2010	特聘教授	龙元	男	建筑学院	建筑学
2011	讲座教授	黄含	男	机电及自动化学院	机械制造及其自动化
2012	特聘教授	王可	男	信息科学与工程学院	信息存储材料与技术
2012	特聘教授	仲伟周	男	工商管理学院	企业管理
2012	特聘教授	孙道进	男	哲学与社会发展学院	马克思主义哲学
2012	特聘教授	肖曙光	男	经济与金融学院	数量经济学
2012	特聘教授	项后军	男	数量经济研究院	数量经济学
2012	特聘教授	高晓智	男	计算机科学与技术学院	计算机科学与技术
2012	特聘教授	董毓利	男	土木工程学院	结构工程
2012	讲座教授	朱健强	男	信息科学与工程学院	物理电子学
2012	讲座教授	陈建伟	男	经济与金融学院	数量经济学
2012	讲座教授	郑文明	男	计算机科学与技术学院	计算机应用技术
2012	讲座教授	谭力	男	材料科学与工程学院	材料学
2012	讲座教授	刘晨	女	建筑学院	建筑学
2013	特聘教授	董泽	男	信息科学与工程学院	信息与通信工程

续表

入选年份	岗位类别	姓名	性别	聘用单位	设岗学科
2013	特聘教授	杨帆	男	机电及自动化学院	机械制造及其自动化
2013	讲座教授	陈焰彰	男	机电及自动化学院	机械制造及其自动化
2013	讲座教授	殷澍	男	材料科学与工程学院	材料科学与工程
2013	讲座教授	池宏	男	公共管理学院	政治学（公共管理方向）
2013	讲座教授	黄永峰	男	计算机科学与技术学院	计算机科学与技术

（人事处供稿）

福建省百千万人才工程入选者

姓名	工作单位	入选项目名称	入选年份
郑锦扬	音乐舞蹈学院	福建省"百千万人才工程"	1995
吴季怀	材料科学与工程学院	福建省"百千万人才工程"	2002
徐西鹏	机电及自动化学院	福建省"百千万人才工程"	2002
胡日东	商学院	福建省"百千万人才工程"	2002
蒲继雄	信息科学与工程学院	福建省"百千万人才工程"	2002
苑宝玲	土木工程学院	福建省"百千万人才工程"	2004
刘堪	土木工程学院	福建省"百千万人才工程"	2006
高轩能	土木工程学院	福建省"百千万人才工程"	2006
王士斌	材料科学与工程学院	福建省"百千万人才工程"	2006
林碧洲	材料科学与工程学院	福建省"百千万人才工程"	2006
杨楹	人文与公共管理学院	福建省"百千万人才工程"	2006
金福江	信息科学与工程学院	福建省"百千万人才工程"	2006
许斗斗	哲学与社会发展学院	福建省"百千万人才工程"	2006
陈国华	材料科学与工程学院	福建省"百千万人才工程"	2008
陈金龙	工商管理学院	福建省"百千万人才工程"	2008
孙向英	材料科学与工程学院	福建省"百千万人才工程"	2008
黄辉	机电及自动化学院	福建省"百千万人才工程"	2013

（人事处供稿）

福建省新世纪优秀人才支持计划入选者

姓名	工作单位	入选项目名称	入选年份
林碧洲	材料科学与工程学院	福建省"新世纪优秀人才支持计划"	2006
林毅	材料科学与工程学院	福建省"新世纪优秀人才支持计划"	2006
郭子雄	土木工程学院	福建省"新世纪优秀人才支持计划"	2006
刘强	机电及自动化学院	福建省"新世纪优秀人才支持计划"	2006

续表

姓名	工作单位	入选项目名称	入选年份
孙锐	工商管理学院	福建省"新世纪优秀人才支持计划"	2006
杨楹	人文与公共管理学院	福建省"新世纪优秀人才支持计划"	2006
陈旋波	华文学院	福建省"新世纪优秀人才支持计划"	2006
苑宝玲	土木工程学院	福建省"新世纪优秀人才支持计划"	2006
郑力新	信息科学与工程学院	福建省"新世纪优秀人才支持计划"	2007
钱浩	材料科学与工程学院	福建省"新世纪优秀人才支持计划"	2007
陈宏文	材料科学与工程学院	福建省"新世纪优秀人才支持计划"	2007
黄辉	机电及自动化学院	福建省"新世纪优秀人才支持计划"	2007
曾志兴	土木工程学院	福建省"新世纪优秀人才支持计划"	2007
董秀良	商学院	福建省"新世纪优秀人才支持计划"	2007
陈燕武	商学院	福建省"新世纪优秀人才支持计划"	2007
陈金龙	工商管理学院	福建省"新世纪优秀人才支持计划"	2007
徐华	文学院	福建省"新世纪优秀人才支持计划"	2007
方瑞明	信息科学与工程学院	福建省"新世纪优秀人才支持计划"	2010
刘斌	机电及自动化学院	福建省"新世纪优秀人才支持计划"	2010
张光亚	化工学院	福建省"新世纪优秀人才支持计划"	2010
许培源	经济管理学院	福建省"新世纪优秀人才支持计划"	2010
吴苑华	哲学与社会发展学院	福建省"新世纪优秀人才支持计划"	2010
罗继亮	信息科学与工程学院	福建省"新世纪优秀人才支持计划"	2011
荆国华	化工学院	福建省"新世纪优秀人才支持计划"	2011
徐玉野	土木工程学院	福建省"新世纪优秀人才支持计划"	2011
张向前	工商管理学院	福建省"新世纪优秀人才支持计划"	2011
赵昕东	数量经济研究院	福建省"新世纪优秀人才支持计划"	2011
曾文婷	哲学与社会发展学院	福建省"新世纪优秀人才支持计划"	2011
林青	信息科学与工程学院	福建省"新世纪优秀人才支持计划"	2012
王靖	计算机科学与技术学院	福建省"新世纪优秀人才支持计划"	2012
熊兴泉	材料科学与工程学院	福建省"新世纪优秀人才支持计划"	2012
陈爱政	化工学院	福建省"新世纪优秀人才支持计划"	2012
陈行堤	数学科学学院	福建省"新世纪优秀人才支持计划"	2012
苏桂芳	经济与金融学院	福建省"新世纪优秀人才支持计划"	2012
衣长军	工商管理学院	福建省"新世纪优秀人才支持计划"	2012
林怀艺	公共管理学院	福建省"新世纪优秀人才支持计划"	2012
杨建红	机电及自动化学院	福建省"新世纪优秀人才支持计划"	2013
兰章	材料科学与工程学院	福建省"新世纪优秀人才支持计划"	2013
骆翔宇	计算机科学与技术学院	福建省"新世纪优秀人才支持计划"	2013
谢朝武	旅游学院	福建省"新世纪优秀人才支持计划"	2013
赵林海	经济与金融学院	福建省"新世纪优秀人才支持计划"	2013
薛秀军	哲学与社会发展学院	福建省"新世纪优秀人才支持计划"	2013

（人事处供稿）

福建省高校杰出青年科研人才培育计划入选者

姓名	工作单位	入选项目名称	入选年份
罗继亮	信息科学与工程学院	福建省高校杰出青年科研人才培育计划	2010
杜吉祥	计算机科学与技术学院	福建省高校杰出青年科研人才培育计划	2010
徐玉野	土木工程学院	福建省高校杰出青年科研人才培育计划	2010
谢朝武	旅游学院	福建省高校杰出青年科研人才培育计划	2010
连朝毅	公共管理学院	福建省高校杰出青年科研人才培育计划	2010
王靖	计算机科学与技术学院	福建省高校杰出青年科研人才培育计划	2011
熊兴泉	材料科学与工程学院	福建省高校杰出青年科研人才培育计划	2011
王启钊	分子药物所	福建省高校杰出青年科研人才培育计划	2011
苏桔芳	经济管理学院	福建省高校杰出青年科研人才培育计划	2011
檀革胜	音乐舞蹈学院	福建省高校杰出青年科研人才培育计划	2011
魏燕侠	哲学与社会发展学院	福建省高校杰出青年科研人才培育计划	2011
欧聪杰	信息科学与工程学院	福建省高校杰出青年科研人才培育计划	2012
缑锦	计算机科学与技术学院	福建省高校杰出青年科研人才培育计划	2012
兰章	材料科学与工程学院	福建省高校杰出青年科研人才培育计划	2012
刘源岗	化工学院	福建省高校杰出青年科研人才培育计划	2012
黄国钦	机电及自动化学院	福建省高校杰出青年科研人才培育计划	2012
杨默如	工商管理学院	福建省高校杰出青年科研人才培育计划	2012
陈斌彬	法学院	福建省高校杰出青年科研人才培育计划	2012
侯志阳	公共管理学院	福建省高校杰出青年科研人才培育计划	2012
陈誉	土木工程学院	福建省高校杰出青年科研人才培育计划	2013
陆静	机电及自动化学院	福建省高校杰出青年科研人才培育计划	2013
钟必能	计算机科学与技术学院	福建省高校杰出青年科研人才培育计划	2013
骆耿耿	材料科学与工程学院	福建省高校杰出青年科研人才培育计划	2013
王怀谦	工学院	福建省高校杰出青年科研人才培育计划	2013
李宝良	经济与金融学院	福建省高校杰出青年科研人才培育计划	2013
邢尊明	体育学院	福建省高校杰出青年科研人才培育计划	2013
张华	工商管理学院	福建省高校杰出青年科研人才培育计划	2013

（人事处供稿）

福建省海西产业人才高地创新团队领军人才入选者

姓名	工作单位	入选项目名称	入选年份
徐西鹏	校领导、机电及自动化学院	福建省海西产业人才高地创新团队领军人才	2012

（人事处供稿）

福建省杰出科技人才入选者

姓名	工作单位	入选项目名称	入选年份
徐西鹏	校领导、机电及自动化学院	福建省杰出科技人才	2009

（人事处供稿）

福建省引进高层次创业创新人才百人计划/创新团队

姓名	工作单位	入选项目名称	入选年份
葛悦禾	信息科学与工程学院	福建省引进高层次创业创新人才（百人计划）	2012
许瑞安创新团队	生物医学学院	福建省引进高层次创业创新人才（百人计划）创新团队	2012
宋秋玲	化工学院	福建省引进高层次创业创新人才（百人计划）	2013
苏春翌	机电及自动化学院	福建省引进高层次创业创新人才（百人计划）	2013

（人事处供稿）

福建省优秀专家

姓名	工作单位	入选项目名称	入选年份
王永初	机电及自动化学院	省优秀专家	1997
吴季怀	校领导、材料科学与工程学院	省优秀专家	2002

（人事处供稿）

厦门市第三批引进高层次人才双百计划入选者

姓名	工作单位	入选项目名称	入选年份
葛悦禾	信息科学与工程学院	厦门市第三批引进高层次人才"双百计划"	2012

（人事处供稿）

泉州市事业单位人才高地

单位	入选项目名称	荣誉授予单位	入选年份
华侨大学	泉州市事业单位人才高地	中共泉州市委人才工作领导小组	2013

（人事处供稿）

泉州市"桐江学者"

岗位类别	姓名	性别	聘用单位	设岗学科	入选年份
特聘教授	王艳辉	男	机电及自动化学院	机械制造及其自动化	2009
特聘教授	黄永箴	男	信息科学与工程学院	物理电子学	2009
特聘教授	许瑞安	男	生物医学学院	分子药物学	2009
特聘教授	葛悦禾	男	信息科学与工程学院	信息与通信工程	2012
特聘教授	蒲继雄	男	信息科学与工程学院	光学工程	2012
特聘教授	戴劲草	男	材料科学与工程学院	材料科学与工程	2012
特聘教授	刁勇	男	生物医学学院	基因药物学	2012
特聘教授	杨楹	男	哲学与社会发展学院	马克思主义哲学	2013
特聘教授	郭子雄	男	土木学院	土木工程	2013
特聘教授	胡日东	男	经济与金融学院	企业管理	2013

（人事处供稿）

泉州市哲学社会科学领军人才入选者

姓名	工作单位	入选项目名称	入选年份
刘向晖	国际学院	泉州市哲学社会科学领军人才	2013
汤兆云	公共管理学院	泉州市哲学社会科学领军人才	2013
张向前	工商管理学院	泉州市哲学社会科学领军人才	2013
林怀艺	公共管理学院	泉州市哲学社会科学领军人才	2013
赵昕东	数量经济研究院	泉州市哲学社会科学领军人才	2013

（人事处供稿）

泉州市科技创新领军人才入选者

姓名	工作单位	入选项目名称	入选年份
肖美添	化工学院	泉州市科技创新领军人才	2013

（人事处供稿）

泉州市引进高层次创业创新人才

姓名	工作单位	入选项目名称	入选年份
王可	信息科学与工程学院	泉州市引进高层次创业创新人才	2013
杨帆	机电及自动化学院	泉州市引进高层次创业创新人才	2013
崔秀灵	生物医学学院	泉州市引进高层次创业创新人才	2013

（人事处供稿）

博士后科研流动站

序号	流动站名称	流动站所属学院	流动站分管领导
1	机械工程	机电及自动化学院	张认成
2	应用经济学	经济与金融学院	胡日东
3	土木工程	土木工程学院	郭子雄
4	哲学	哲学与社会发展学院	周世兴
5	化学工程与技术	化工学院	王士斌

（人事处供稿）

2013年博士后进站人员

序号	姓名	进站名称	进站时间	招收类型
1	张大山	土木工程	2013.04.27	流动站自主招收
2	刘源岗	化学工程与技术	2013.08.02	流动站自主招收
3	高毅超	土木工程	2013.12.31	流动站自主招收
4	田五星	应用经济学	2013.12.31	校企联合招收
5	吴周雄	应用经济学	2013.11.27	校企联合招收
6	邱今堤	应用经济学	2013.11.27	校企联合招收

（人事处供稿）

2013年博士后出站人员

序号	姓名	进站名称	出站时间	招收类型
1	张百鹏	应用经济学	2013.04.27	校企联合招收
2	郭大虎	应用经济学	2013.07.09	校企联合招收
3	戴苏东	应用经济学	2013.07.09	校企联合招收
4	祝启明	应用经济学	2013.07.09	校企联合招收
5	陆勇	机械工程	2013.07.09	校企联合招收
6	杨永柏	机械工程	2013.11.27	校企联合招收
7	王海峰	土木工程	2013.11.27	流动站自主招收

（人事处供稿）

2013年博士后科学基金面上资助入选者

姓名	工作单位	入选项目名称	批次	入选年份
吴永辉	法学院	博士后科学基金面上资助	第53批	2013
蔡奇鹏	土木工程学院	博士后科学基金面上资助	第54批	2013

（人事处供稿）

2013年新聘名誉教授

姓名	单位/职称/职务	聘任时间
何祚庥	中国科学院院士 粒子物理、理论物理学家	2013.1
素拉蓬·多威差猜恭（Surapong Tovichaikul）	泰国副总理兼外交部部长	2013.1
李培林	中国社会科学院社会学研究所所长、研究员、博士生导师	2013.3
尼空（Nikom Wairatpanj）	泰国上议院 议长	2013.6

（人事处供稿）

2013年新聘客座教授

姓名	单位/职称/职务	聘期
王应明	福州大学公共管理学院 决策科学研究所所长	2013.4~2016.4
安东·弗里德里希·科赫	海德堡大学哲学系教授	2013.3~2016.3

（人事处供稿）

2013年新聘兼职教授

姓名	单位/职称/职务	聘期
丁伟	中央民族歌舞团副团长	2013.1~2016.1
杨积强	南京军区政治部前线文工团歌舞团团长	2013.1~2016.1
陈军	中国人民解放军军乐团 中国音乐家协会二胡学会副会长	2013.1~2016.1
张春煌	福建省广播影视集团广播电视新闻中心副主任	2013.1~2016.1
崔福斋	清华大学	2013.1~2016.1
王侗傥	厦门翔业集团有限公司董事长	2013.3~2016.3

续表

姓名	单位/职称/职务	聘期
林树枝	厦门市建设与管理局副局长	2013.3~2016.3
江孔雀	厦门信息集团有限公司总经理	2013.3~2016.3
黄晓舟	厦门市发展和改革委员会副主任	2013.3~2016.3
黄火灶	厦门航空有限公司副总经理	2013.3~2016.3
邓伟骥	厦门市规划设计院副院长	2013.3~2016.3
曾超	厦门市路桥集团 副总经理	2013.3~2016.3
周鲁闽	厦门市海洋与渔业局	2013.3~2016.3
余军	福建省发展和改革委员会副主任	2013.3~2016.3
许晓曦	厦门金圆投资集团有限公司党委书记	2013.3~2016.3
吴振志	厦门市规划局	2013.3~2016.3
吴灿东	厦门市水务集团有限公司总经理	2013.3~2016.3
王效民	厦门中山医院 党委书记	2013.3~2016.3
曾露宝	厦门市地方税务局办公室主任	2013.3~2016.3
王昆东	厦门海翼集团有限公司党委常委、副董事长，厦门厦工重工有限公司董事长	2013.3~2016.3
丁国炎	厦门市委常委、常务副市长	2013.3~2016.3
杨洪基	总政治歌剧团 男中音歌唱家，国家一级演员	2013.3~2016.3
黄宏	总政歌舞团国家一级 演员	2013.3~2016.3
郭祖荣	中国著名的作曲家、音乐教育家	2013.3~2016.3
吕继宏	海政文工团副团长，国家一级演员	2013.3~2016.3
朱芝松	上海市委宣传部副部长	2013.3~2016.3
丑宛如	台湾实践大学工业产品设计学系系主任	2013.4~2016.4
高路江	中国人民解放军南京军区政治部羽毛球队	2013.4~2016.4
陈建明	国家海洋局研究院副主任	2013.4~2016.4
纪志宏	中国人民银行研究局局长	2013.4~2016.4
鞠实儿	中山大学哲学系主任	2013.4~2016.4
石东洋	郑州大学数学与统计学院	2013.4~2016.4
陈伟平	泉州市公务员局局长	2013.4~2016.4
周真平	泉州市人民政府副市长	2013.4~2016.4
欧秀珠	泉州市人民检察院检察长	2013.4~2016.4
林贻华	泉州市中级人民法院院长	2013.4~2016.4
张亚明	中国矿业报首席记者，《中国报告文学》与《中国作家》编辑，《时代中国》杂志副主编，现为中国报告文学学会主办《中国大纪实》杂志执行总编	2013.4~2016.4
何亚非	国务院侨务办公室副主任	2013.5~2016.5
张志刚	北京大学宗教文化研究院院长	2013.6~2016.6

续表

姓名	单位/职称/职务	聘期
金泽	中国社会科学院世界宗教研究所中国宗教学会副会长兼秘书长	2013.6~2016.6
刘燕燕	中国人民解放军总政治部歌剧团电视剧部主任	2013.6~2016.6
孔泾源	国家发展和改革委员会 经济体制综合改革司司长	2013.6~2016.6
魏后凯	中国社会科学院城市发展与环境研究所副所长、研究生院城市发展与环境研究系主任	2013.6~2016.6
姚建年	中国科学院化学研究所研究员、中国科学院院士、国家自然科学基金委副主任	2013.7~2016.7
洪茂椿	中国科学院福建物质结构研究所研究员、所长	2013.7~2016.7
吴硕贤	华南理工大学教授建筑技术科学研究所所长	2013.9~2016.9
万敏	华中科技大学建筑与城市规划学院景观学系主任、高等学校风景园林学科专业指导	2013.11~2016.11
周勇	上海财经大学统计与管理学院院长	2013.11~2016.11
张晓明	中国社会科学院文化研究中心常务副主任	2013.11~2016.11

（人事处供稿）

2012~2013学年正高职称人员

（正高职称人员233人，按单位、姓氏拼音排序如下）

哲学与社会发展学院：

陈鸿儒　黄海德　刘新宜　刘　颖　孙道进　吴苑华　许斗斗　杨　楹　曾文婷　张禹东　周世兴　朱银端

经济与金融学院：

陈克明　程细玉　郭　丽　洪国彬　胡日东　林俊国　刘向晖　王景河　肖曙光　许培源　尹晓波　张　潜　张新红　庄培章

法学院：

许少波　张国安

文学院：

黄　河　马华祥　毛　翰　倪金华　孙汝建　索燕华　王建设　徐　华　许　总　朱　鸿

华文学院：

陈丛耘　陈旋波　冯玉涛　胡培安　纪秀生　王爱平　于逢春

外国语学院：

陈道明　杜志卿　黄文溥　黄小萍　王铁钧

美术学院：
刘菊亭　吕少蓬　孙德明　张志伟

音乐舞蹈学院：
陈雪琴　谷玉梅　金　丽　马海生　郑锦扬

数学科学学院：
黄心中　王全义　张金顺

机电及自动化学院：
崔长彩　戴秋莲　方千山　顾立志　郭　桦　郝艳华　黄富贵　黄　辉　黄致建
江开勇　李钟慎　林福泳　刘　斌　刘　强　沈剑云　童　昕　谢明红　徐西鹏
杨　帆　于怡青　张认成

材料科学与工程学院：
陈国华　陈晓虎　程　琳　戴劲草　黄妙良　李明春　林碧洲　林建明　林金清
林志勇　刘　斌　钱　浩　孙向英　王森林　吴季怀　吴文士　肖聪明　肖子敬
辛梅华　叶　玲

信息科学与工程学院：
蔡灿辉　方瑞明　冯　桂　郭震宁　葛悦禾　贺玉成　金福江　林比宏　凌朝东
蒲继雄　舒建华　王加贤　王　可　吴逢铁　杨冠鲁　庄其仁

计算机科学与技术学院：
陈锻生　陈维斌　陈永红　吴扬扬　谢维波

建筑学院：
曹　伟　刘　塨　龙　元　冉茂宇　王治君　姚　波

土木工程学院：
陈士海　董毓利　方德平　高轩能　郭子雄　黄庆丰　黄奕辉　李升才　林从谋
彭兴黔　施养杭　王仁谦　严捍东　叶　青　苑宝玲　曾志兴　张云波　周克民

化工学院：
郭沛涌　胡纯铿　胡恭任　黄惠莉　荆国华　李宝霞　李夏兰　林　毅　王士斌
王维德　翁连进　肖美添　许绿丝　杨素萍　张光亚　赵春贵

生物医学学院：
崔秀灵　刁　勇　林俊生　宋秋玲　许瑞安　张景红

工学院：
傅心家　郑力新　庄铭杰

工商管理学院：
陈金龙　陈钦兰　郭东强　李朝明　林　峰　吕庆华　苏朝晖　孙　锐　田建春
吴新博　吴泽福　杨树青　衣长军　殷　勤　曾繁英　曾　路　张向前　郑淑蓉

旅游学院：
陈雪琼　池　进　黄安民　黄远水　颜醒华　杨文棋　郑向敏

公共管理学院：
蔡振翔　陈少牧　姜泽华　林怀艺　汤兆云　王丽霞　王四达

体育学院：
程一辉　宋振镇　庄昔聪

泛华学院：
陈庆俊

华侨华人研究院：
骆克任　丘进　许金顶

华文教育研究院：
贾益民

数量经济研究院：
陈燕武　董秀良　李拉亚　吴承业　项后军　赵昕东

校领导：
朱琦环

人事处：
王秀勇

招生处：
吴春安

后勤与资产管理处：
何纯正

基建处：
何碰成（2012.5 评，2012.9 聘）

档案馆：
李培芳

学报编辑部：
黄仲一

资产经营有限公司：
苏世灼　杨玉杰

校医院：
陈庆煌　郭　良　马必胜　魏亚隆

（人事处供稿）

现任各级人大代表

级别	届数	姓名	性别	出生年月	单位、职务		职称	党派	备注
全国人大	十二届	戴仲川	男	1965.7	法学院	副院长（正处级）	副教授	民建	
福建省人大	十二届	蔡振翔	男	1960.1	公共管理学院	副院长（正处级）	教授	台盟	常委
		徐西鹏	男	1965.6	华侨大学	副校长	教授	中共	
泉州市人大	十五届	贾益民	男	1956.10	华侨大学	校长	教授	中共	
厦门市人大	十四届	李冀闽	男	1952.2	华侨大学	党委书记	副教授	中共	
丰泽区人大	四届	张向前	男	1975.5	发展规划处	处长	教授	中共	
集美区人大	十一届	林志勇	男	1964.11	材料科学与工程学院	院长	教授	无党派	
		王士斌	男	1965.7	化工学院	院长	教授	中共	

（组织部供稿）

现任各级政协委员

级别	届数	姓名	性别	出生年月	单位	职务	职称	党派	备注
福建省政协	十一届	赵昕东	男	1968.6	数量经济研究院	副院长	研究员	民盟	
		刘塨	男	1960.2	华侨大学	副校长	教授	无党派	常委
		江开勇	男	1961.8	科学技术研究处	处长	教授	中共	委员
		李冀闽	男	1952.2	华侨大学	华侨大学校友总会会长	副教授	中共	常委
泉州市政协	十一届	庄培章	男	1964.11	继续教育学院	院长	教授	民盟	常委
		徐华	女	1973.3	文学院	副院长	教授	民革	
		戴仲川	男	1965.7	法学院	副院长	副教授	民建	常委
		李明春	男	1962.9	材料科学与工程学院		教授	民建	
		张炜煌	男	1955.9	外国语学院		副教授	民进	常委
		刘向晖	男	1968.6	国际学院	副院长	教授	农工	
		吴逢铁	男	1958.11	信息科学与工程学院		教授	致公	
		廖明光	男	1961.7	图书馆		副研究馆员	台盟	
		蒲继雄	男	1962.1	信息科学与工程学院	院长	教授	无党派	
		吕振利	男	1957.3	土木工程学院		副教授	致公	
		黄奕辉	男	1962.8	土木工程学院		教授	民进	
		杨存泉	男	1956.9	党委统战部	部长	高级管理师	中共	
		张认成	男	1961.12	机电及自动化学院	院长	教授	九三	

续表

级别	届数	姓名	性别	出生年月	单位	职务	职称	党派	备注
丰泽区政协	四届	戴在平	男	1960.7	信息科学与工程学院		副教授	民革	副主席
		陈颖	女	1972.1	体育学院		讲师	民盟	常委
		黄种杰	男	1965.2	财务处	处长	副教授	民盟	
		林赞生	男	1963.1	基建处	副处长	副教授	致公	
		李朝明	男	1961.12	工商管理学院		教授	农工	
厦门市政协	十二届	林碧洲	男	1967.11	材料科学与工程学院		教授	民盟	
集美区政协	七届	何纯正	男	1968.2	后勤与资产处	处长	研究员	中共	
		陈宏东	女	1968.1	华文学院		讲师	致公	
		孙向英	女	1965.1	材料科学与工程学院		教授	无党派	常委
		孙汝建	男	1956.8	文学院	院长	教授	民进	
		檀革胜	男	1976.2	音乐舞蹈学院		讲师	无党派	
		沈剑云	男	1972.12	机电及自动化学院	副院长	研究员	九三	常委
		黄志宏	男	1969.7	化工学院		副研究员	民盟	
		陈旋波	男		华文学院	院长	教授	中共	

（组织部供稿）

现任民主党派中央委员及省、市负责人

序号	党派	姓名	担任职务
1	民革	徐华	民革泉州市委常委
2	民盟	庄培章	民盟福建省委常委、泉州市委副主委
3	民建	戴仲川	民建福建省委副主委、泉州市委主委
4	民建	李明春	民建泉州市委常委
5	民进	张炜煌	民进泉州市委副主委
6	农工党	刘向晖	农工党泉州市委常委
7	九三学社	张认成	九三学社福建省委常委、泉州市委副主委
8	台盟	蔡振翔	台盟中央委员、福建省委常委

（统战部供稿）

现任民主党派和群众团体负责人

序号	党派	主任委员	副主任委员
1	民革华大总支	徐华	王佳斌、叶青
2	民盟华大总支	庄培章	项士敏、黄种杰、杨幸、赵煌、赵昕东
3	民建华大总支	李明春	龚桂明、洪国彬
4	民进华大总支	黄奕辉	侯祥朝、叶绿青、谢维波
5	农工党华大总支	李朝明	刘向晖、戴秋莲
6	致公党华大总支	吕振利	吴逢铁、林赞生、陈钢军、阴长林、严捍东
7	九三学社华大委员会	张认成	余金山、张惠华
8	台盟华大支部	廖明光	王贻斌
9	华大侨联会	陈恒新	林菊花、郭明英
10	华大台联会	廖明光	王贻斌
11	华大留学生同学会	曾路	戴秋莲、刘向晖
12	华大无党派高级知识分子联谊会	陈维斌	林志勇、叶枫、姜泽华

2013年逝世人员

单位	姓名	性别	出生年月	去世时间
材料科学与工程学院	许承晃	男	1934.1	2013.1.4
后勤与资产管理处	王民权	男	1927.12	2013.1.28
离退休工作处	黄汝显	男	1927.9	2013.3.27
资产经营有限公司	房宗贵	男	1936.8	2013.4.14
资产经营有限公司	庄秀珍	女	1939.6	2013.5.2
土木工程学院	张清河	男	1963.1	2013.6.9
离退休工作处	胡启宽	男	1926.5	2013.7.3
材料科学与工程学院	黄泽兴	男	1933.12	2013.8.8
信息科学与工程学院	王源深	男	1942.10	2013.8.31
基建处	许其水	男	1930.11	2013.9.12
材料科学与工程学院	官碧琴	女	1937.12	2013.12.17
人事处	吴成水	男	1938.3	2013.12.27

（人事处供稿）

华侨大学年鉴
2014

表彰与奖励

2012~2013学年学校受各级政府表彰的集体和个人（教师）

	奖励名称	获奖者	所在单位	授奖单位	获奖日期
	一、荣誉奖				
	1. 集体奖				
1	福建省留学人员工作先进单位	人事处		中共福建省委组织部、福建省公务员局、福建省人力资源开发办公室	2012年10月
2	2012年高校校园文化建设优秀成果一等奖	学生处		教育部思想政治工作司	2012年12月
3	福建省侨务工作先进单位	华文学院		福建省人民政府侨务办公室	2012年12月
4	福建省法律进学校活动先进集体	法学院		福建省司法厅、福建省教育厅、福建省法宣办	2012年12月
5	华东地区优秀期刊	《华侨大学学报》（自然科学版、哲学社会科学版）		福建省新闻出版局、福建省期刊协会	2013年1月
6	模范职工之家	教育工会		中华全国总工会	2013年8月
7	省教育系统"五一先锋岗"	建筑学院建筑学特色专业建设骨干团队		福建省总工会、福建省教育厅	2013年11月
	2. 个人奖				
1	全国优秀科技工作者	吴季怀	材料科学与工程学院	中国科学技术协会	2012年12月
2	福建省劳动模范（先进工作者）	陈国华	材料科学与工程学院	福建省人民政府	2013年4月
3	第二届全国高校辅导员职业能力大赛一等奖	吴楠	计算机科学与技术学院	教育部思想政治工作司	2013年5月
4	福建省五四青年奖章	杨建红	机电及自动化学院	共青团福建省委员会、福建省青年联合会	2013年5月
5	2013年度厦门青年五四奖章	缑锦	计算机科学与技术学院	共青团厦门市委员会、厦门市青年联合会	2013年5月
6	2012年度福建省优秀共青团干部	文竞之	工商管理学院	共青团福建省委员会	2013年5月
7	福建省优秀留学回国人员	赵昕东	数量经济研究院	中共福建省委组织部、福建省公务员局、福建省人力资源开发办公室	2012年11月
8	福建省大中专学生志愿者暑期"三下乡"社会实践活动先进工作者	王培远	法学院	中共福建省委宣传部、文明办、省委教育工委、省教育厅、共青团福建省委、福建省学生联合会	2012年12月
9		刘镇清	外国语学院		
10		喻颖	机电及自动化学院		
11		吴楠	计算机科学与技术学院		
12		林荣策	旅游学院		
13		杨钟祥	校团委		

续表

	奖励名称	获奖者	所在单位	授奖单位	获奖日期
14	福建省学校红十字会先进工作者	魏志勤	学生处	福建省教育厅、福建省红十字会	2012年12月
15	福建省法律进学校活动先进个人	白晓东	法学院	福建省司法厅、福建省教育厅、福建省法宣办	2012年12月
16		陈慰星			2012年12月
17	第二届福建省高校就业指导课程教学大赛三等奖	李莹	外国语学院	福建省教育厅	2013年1月
18	挂职工作先进个人	龚翰	化工学院	共青团福建省委员会、中共福建省委教育工作委员会、福建省教育厅	2013年3月
19	第二届福建省高校辅导员职业能力大赛一等奖	吴楠	计算机科学与技术学院	中共福建省委教育工作委员会、福建省教育厅	2013年5月
20	第二届福建省高校思政理论课教师比赛优秀奖	刘翠	马克思主义学院	中共福建省委教育工作委员会、福建省教育厅	2013年7月
	二、成果奖				
1	2012年度高等学校科学研究优秀成果奖自然科学二等奖	吴季怀、林建明、兰章、黄妙良	材料科学与工程学院	教育部	2013年1月
2	第六届高等学校科学研究优秀成果奖（人文社会科学）三等奖	杨楹、王福民	哲学与社会发展学院	教育部	2013年4月
3	福建省2012年度科学技术奖（科技进步奖）二等奖	杨建红、黄宜坚、房怀英、张认成	机电及自动化学院	福建省人民政府	2013年1月
4	2012年度厦门市科学技术进步奖三等奖	郭子雄、黄群贤、刘阳、柴振岭、侯炜、周素琴	土木工程学院	厦门市人民政府	2012年12月
5	2012年度泉州市科学技术奖获（科技进步奖）二等奖	戴劲草、吴文士、林建明	材料科学与工程学院	泉州市人民政府	2013年1月
6	2012年度泉州市科学技术奖获（科技进步奖）三等奖	肖美添、叶静、张学勤	化工学院	泉州市人民政府	2013年1月
7	第十届福建省自然科学优秀学术论文奖一等奖	郭子雄	土木工程学院	福建省科学技术协会、福建省科学技术厅、福建省教育厅、福建省公务员局、福建省人力资源开发办公室	2012年9月

续表

	奖励名称	获奖者	所在单位	授奖单位	获奖日期
8	第十届福建省自然科学优秀学术论文奖二等奖	陈行堤	数学科学学院	福建省科学技术协会、福建省科学技术厅、福建省教育厅、福建省公务员局、福建省人力资源开发办公室	2012年9月
9		庄清渠	数学科学学院		
10		王敏雄	数学科学学院		
11		王靖	计算机科学与技术学院		
12		林青	材料科学与工程学院		
13		刘阳	土木工程学院		
14		王全凤	土木工程学院		
15		林碧洲、何丽雯	材料科学与工程学院		
16		刘建福	化工学院		
17	第十届福建省自然科学优秀学术论文奖三等奖	黄心中	数学科学学院	福建省科学技术协会、福建省科学技术厅、福建省教育厅、福建省公务员局、福建省人力资源开发办公室	2012年9月
18		缑锦	计算机科学与技术学院		
19		李海波	计算机科学与技术学院		
20		欧聪杰	信息科学与工程学院		
21		林从谋	土木工程学院		
22		李升才	土木工程学院		
23		方瑞明	信息科学与工程学院		
24		黄昀昉	化工学院		
25		肖美添	化工学院		
26	福建省优秀博士学位论文二等奖（导师）	李景源	哲学与社会发展学院	福建省学位委员会	2013年6月
27		吴季怀	材料科学与工程学院		
28	福建省优秀博士学位论文三等奖（导师）	胡日东	经济与金融学院	福建省学位委员会	2013年6月
29		郭子雄	土木工程学院		
30	福建省高校"学习宣传贯彻党的十八大精神"优秀研究论文一等奖	薛秀军	发展规划处	省教育工委、省教厅	2013年9月
31	福建省高校"学习宣传贯彻党的十八大精神"优秀研究论文二等奖	洪志坚	人事处	省教育工委、省教厅	2013年9月
32	福建省高校"学习宣传贯彻党的十八大精神优秀研究论文三等奖	骆文伟、詹芬萍	马克思主义学院旅游学院	省教育工委、省教厅	2013年9月
33		肖北婴	马克思主义学院	省教育工委、省教厅	2013年9月
34	福建省高校"学习宣传贯彻党的十八大精神优秀研究论文优秀奖	林怀艺	公共管理学院	省教育工委、省教厅	2013年9月

续表

	奖励名称	获奖者	所在单位	授奖单位	获奖日期
35	福建省高校思政教育研究会年会优秀论文一等奖	骆文伟	马克思主义学院	福建省高校思政教育研究会	2013年12月
36	厦门市思想政治工作研究会第十六届"求索杯"思想政治工作优秀论文二等奖	洪志坚	人事处	厦门市思想政治工作研究会	2013年8月
37		孙娟娟	旅游学院	厦门市思想政治工作研究会	2013年8月
38	厦门市思想政治工作研究会第十六届"求索杯"思想政治工作优秀论文三等奖	黄建烽	学生处	厦门市思想政治工作研究会	2013年8月
39		姚植兴	校长办公室	厦门市思想政治工作研究会	2013年8月
	厦门市思想政治工作研究会第十六届"求索杯"思想政治工作优秀论文优秀奖	林怀艺	公共管理学院	厦门市思想政治工作研究会	2013年8月
		朱考华	宣传部	厦门市思想政治工作研究会	2013年8月
		骆文伟、张阳明	马克思主义学院	厦门市思想政治工作研究会	2013年8月

三、人才项目

	入选人才项目名称	入选者	所在单位	授予单位	授予时间
1	国务院政府特殊津贴	丘进	华侨华人研究院	国务院	2013年3月
2		吴季怀	材料科学与工程学院		2013年3月
3	教育部新世纪优秀人才支持计划	赵昕东	数量经济研究院	教育部	2013年3月
4	福建省第七届优秀青年社会科学专家	肖曙光	经济与金融学院	中共福建省委宣传部、福建省公务员局、福建省社会科学界联合会	2012年12月
5	福建省百千万人才工程	黄辉	机电及自动化学院	福建省公务员局	2013
6	厦门市第七批拔尖人才	戴劲草	材料科学与工程学院	中共厦门市委、厦门市人民政府	2013年2月
7	闽江学者特聘教授	孙道进	哲学与社会发展学院	福建省教育厅	2012年12月
8		肖曙光	经济与金融学院		
9		王可	信息科学与工程学院		
10		高晓智	计算机科学与技术学院		
11		董毓利	土木工程学院		
12		仲伟周	工商管理学院		
13		项后军	数量经济研究院		

续表

	奖励名称	获奖者	所在单位	授奖单位	获奖日期
14	闽江学者讲座教授	陈建伟	经济与金融学院	福建省教育厅	2012年12月
15		谭力	材料科学与工程学院		
16		朱健强	信息科学与工程学院		
17		郑文明	计算机科学与技术学院		
18		刘晨	建筑学院		
19	福建省高等学校新世纪优秀人才支持计划	杨建红	机电及自动化学院	福建省教育厅	2013年8月
20		兰章	材料科学与工程学院		
21		骆翔宇	计算机科学与技术学院		
22		谢朝武	旅游学院		
23		赵林海	经济与金融学院		
24		薛秀军	哲学与社会发展学院		
25	福建省高校杰出青年科研人才培育计划	陈誉	土木工程学院	福建省教育厅	2013年8月
26		陆静	机电及自动化学院		
27		钟必能	计算机科学与技术学院		
28		骆耿耿	材料科学与工程学院		
29		王怀谦	工学院		
30		李宝良	经济与金融学院		
31		邢尊明	体育学院		
32		张华	工商管理学院		
33	泉州市桐江学者特聘教授	葛悦禾	信息科学与工程学院	泉州市人民政府	2012
34		蒲继雄	信息科学与工程学院		
35		戴劲草	材料科学与工程学院		
36		刁勇	生物医学学院		
37	泉州市优秀人才	王建设	文学院	泉州市人民政府	2013
38		江开勇	机电及自动化学院		
39		杨楹	哲学与社会发展学院		
40		孙向英	材料科学与工程学院		
41		陈国华	材料科学与工程学院		
42		胡日东	经济与金融学院		
43		蒲继雄	信息科学与工程学院		

（人事处供稿）

2013年学校表彰的集体和个人（教师）

	奖励名称	获奖者	所在单位	获奖日期
	集体奖			
1	先进基层党委	中共华侨大学经济与金融学院委员会	经济与金融学院	
2		中共华侨大学外国语学院委员会	外国语学院	
3		中共华侨大学信息科学与工程学院委员会	信息科学与工程学院	
4		中共华侨大学土木工程学院委员会	土木工程学院	
5		中共华侨大学学生社区工作委员会	学生处	
6	先进教工党支部	中共华侨大学美术学院教工支部委员会	美术学院	2013年6月29日
7		中共华侨大学机电及自动化学院教工第一支部委员会	机电及自动化学院	
8		中共华侨大学材料科学与工程学院应用化学系教工支部委员会	材料科学与工程学院	
9		中共华侨大学建筑学院教工支部委员会	建筑学院	
10		中共华侨大学工商管理学院人力资源系教工支部委员会	工商管理学院	
11		中共华侨大学体育学院教工第一支部委员会	体育学院	
12		中共华侨大学机关第二支部委员会	组织部	
13		中共华侨大学后勤第五支部委员会	后勤处	
	个人奖			
1	优秀共产党员	李义唯	哲学与社会发展学院	2013年6月29日
2		张灯		
3		李宝良	经济与金融学院	
4		姚玲		
5		郭丽		
6		黄荟		
7		王晓霞	法学院	
8		刘超		
9		罗盈		
10		彭进	马克思主义学院	

续表

	奖励名称	获奖者	所在单位	获奖日期
11		王建设	文学院	
12		李欣芮		
13		邹文兵		
14		王坚	华文学院	
15		王孔莉		
16		李金麟		
17		郑雪芳		
18		刘碧秋	外国语学院	
19		孙飞凤		
20		黄佳丽		
21		赖舒萍		
22		邓灿炎	美术学院	
23		吕少蓬		
24		赵洋		
25		王岩	音乐舞蹈学院	
26		张惠婷		
27		王志焕	数学科学学院	
28		陈星洁		
29	优秀共产党员	林增强		2013年6月29日
30		杨建红	机电及自动化学院	
31		吴明忠		
32		余桦		
33		张云开		
34		周艳梅		
35		王艳艳	材料科学与工程学院	
36		杜慷慨		
37		黄妙良		
38		吕蓬	信息科学与工程学院	
39		何霄霄		
40		周宏伟		
41		黄公彝		
42		强建龙		
43		王靖	计算机科学与技术学院	
44		许落汀		
45		范慧琳		
46		伍伯妍	建筑学院	
47		刘仁芳		
48		易长文		

续表

	奖励名称	获奖者	所在单位	获奖日期
49	优秀共产党员	王立鹏	土木工程学院	2013年6月29日
50		孙宇		
51		张泳		
52		陈捷		
53		肖美添	化工学院	
54		吴莎莎		
55		郭沛涌		
56		廖利民		
57		张振岳	生物医学学院	
58		徐银霞		
59		谷樱彬	工学院	
60		张景聪		
61		马占杰	工商管理学院	
62		林春培		
63		唐婷		
64		史鸿彬	旅游学院	
65		黄远水		
66		汤兆云	公共管理学院	
67		胡倩		
68		曲金库	体育学院	
69		李萍		
70		胡国鹏		
71		康志山	继续教育学院	
72		宋薇	厦门工学院	
73		林薇		
74		郑雪花		
75		郭珊珊		
76		敖梦玲	华侨华人研究院	
77		姚植兴	校长办公室/党委办公室	
78		陈星	发展规划处	
79		王轲	人事处	
80		谢志胜	财务处	
81		陈洪峰	研究生院	
82		张颖	教务处	
83		黄宁	学生处/学生工作部	

续表

	奖励名称	获奖者	所在单位	获奖日期
84	优秀共产党员	黄海清	招生处	2013年6月29日
85		杨桦	科学技术研究处	
86		金翊	实验室与设备管理处	
87		张建强	信息化建设与管理处	
88		许魂霖	后勤与资产管理处	
89		林伟		
90		郭镇建		
91		康聪成		
92		楼晋阳		
93		刘华清	审计处	
94		杨振东	离退休工作处	
95		林连水		
96		郑婉芳		
97		张罗应	党委宣传部	
98		刘杰	党委统战部	
99		钟年丰	附中	
100		吴润珍	图书馆	
101	优秀党务工作者	陈英文	文学院	2013年6月29日
102		陈雪琴	音乐舞蹈学院	
103		季娜	材料科学与工程学院	
104		谭磊	建筑学院	
105	优秀党务工作者	李妮	土木工程学院	2013年6月29日
106		杨进	化工学院	
107		林荣策	旅游学院	
108		黄挺	党委组织部	
109		赵小波	党委宣传部	
110		蔡浩	学生处学生社区教育管理服务中心	
111	优秀思想政治工作者	孙君芳	经济与金融学院	2013年6月29日
112		宋庆彬	美术学院	
113		胡璐	材料科学与工程学院	
114		宋益国	计算机科学与技术学院	
115		孙娟娟	旅游学院	
116		王静珊	公共管理学院	
117		杨超月	体育学院	
118		张彬	党委宣传部	
119		黄宗喜	学生工作处/学生工作部	
120		黄炳超	校团委	

续表

	奖励名称	获奖者	所在单位	获奖日期
121	马有礼优秀中青年管理干部	王俊伟	校长办公室	2013年7月11日
122		蔡浩	学生处	
123		谢伟	哲学与社会发展学院	
124		崔敬岩	信息科学与工程学院	
125		黄海清	招生处	
126		黄炳超	校团委	
127		郑颖莉	经济与金融学院	
128		郑婉芳	离退休工作处	
129		金翊	实验室与设备管理处	
130		罗盈	法学院	
131		陈拥华	旅游学院	
132		张龙	财务处	
133		吴楠	计算机科学与技术学院	
134		刘红光	国际交流合作处	
135		庄蕾	人事处	

（组织部供稿）

2013年获奖学生及各类奖学金获奖学生

博士研究生国家奖学金

工商管理学院：林 剑 林 玮 庄招荣

公共管理学院：庄树宗

机电及自动化学院：杨 凯

经济与金融学院：钱明辉 王小叶

旅游学院：邹永广

生物医学学院：黄晓平

土木工程学院：林 超

硕士研究生国家奖学金

材料科学与工程学院：洪振华 刘桂静 蒙永明 张树金

法学院：陈小兰 黄诗斯 刘 慰 檀亚媛 燕淑敏 叶凤华 周 伟

工商管理学院：廖颖川　林子芬　罗兴鹏　张建彬
公共管理学院：李金花　罗雪珍
华侨华人研究院：许艺燕
化工学院：康永强　李　晶　廖利民　林添明　刘筱昱
机电及自动化学院：何远松　黄　莉　沈志荣　吴其勇　徐　杨　杨　洋　赵文昌
计算机科学与技术学院：吴　星　朱胜平
建筑学院：陈荣彬　高艳英　童　巍　王　觅
经济与金融学院：何　丹　陆焱平　王　祥　姚　玲　周灵娇　邹晨珊
旅游学院：蒋婧文　金艳方　朱翠兰
马克思主义学院：张阳明
生物医学学院：雷　严　曾小宝　张　丹
数学科学学院：孙龙发
土木工程学院：梁兰娣　林俊龙　余　恬　张诚紫　张在晨
外国语学院：陈　静
文学院：戴丽萍　纪　君　吴继娟
信息科学与工程学院：陈雪琼　崔省伟　杜团结　黄学业　王　涛　周旭坤
哲学与社会发展学院：陈建业　刘旭楠　魏婷婷

国家奖学金

材料科学与工程学院
陈小花　李　松　林雪真　罗　杰　孟嘉奇　王　菁　温名山　肖　萍　徐小尘　张光照

法学院
曹森成　韩梦雪　贺　昊　李晓曼　苏雪冰　汤卓云　徐彦雅　张鲁梅

工商管理学院
陈蓉萍　陈文倩　陈燕娜　付　聪　高倩倩　高颖怡　贺　澜　胡佩珊　黄敏玲　黄翊君　江美华　林月文　刘　洋　秦艳杰　盛小丹　魏邓浩　魏林平　吴剑笑　谢美兰　邢　琳　叶　茜　翟　蒙　郑　欣

工学院
陈　扬　陈　月　谷樱彬　黄倩雯　刘宝珍

公共管理学院
范　琴　王　刚　张　文　郑加莉　周彬玉

华文学院
梁　叶　王鹿鸣　翁国富　张　荻　赵天骄

化工学院
郭丽丹　侯　敏　李霍琛　李林芳　李林蔚　林武聪　申丹霞　王　奇　王　蓉
张　倩　张聪聪　周柳慧

机电及自动化学院
陈剑彬　陈振兴　丁　乙　段仪梓　段志鹏　干晓咪　苟艳丽　郭　义　洪文城
林晨昕　林卓远　宋时雪　王春雷　王东阳　王秋实　王姝玉　徐忠菲　颜奇佳
张江涛　张岳文　周瑞兰

计算机科学与技术学院
段雨萌　方迪恺　胡晓丹　黄　丽　黄杰尉　李　蹊　邵　瑞　田　源　王炯亮
谢骏斌　赵竹珺

建筑学院
蔡建滨　付　璇　林灿封　刘　洋　马诗琪　潘炫谙　任天奇　隋　璐

经济与金融学院
毕小慧　傅一铮　龚　欢　何虹雨　黄彩娟　李佳霖　刘莉萍　刘晓倩　求哲梢
沈小力　姚守宇　余宁宁　郑　洁　钟玲玲　周夏萍　周志鹏

旅游学院
黄秋云　黄小惠　李　丽　连　妙　廖丽琴　腾雪莹　杨晓琼　张　悦　朱丽君

美术学院
冯林林　李志豪　刘　洋　刘胜祥　司艳君　杨　萧　朱艳春

生物医学学院
于　茜

数学科学学院
贾晨阳　王桂花　张　敏

体育学院
陈　曦　刘振星

土木工程学院
陈　怡　陈博文　甘国强　郭小燕　何锦芳　李　悦　刘凯奇　柳苏琴　饶勇平
谈金鑫　谢　蝶　杨　梦　叶运隆　张　妍　郑安阳　朱　侗

外国语学院
金子惜　李丽梅　刘　俊　王　雨　徐凤女　于　鑫

文学院
白　扬　车纯纯　陈宗祥　邓筱雨　黄汉杨　王雪婷　颜含真　余红馥　张　铮

厦门工程技术学院
宋玉凤　吴仕杰

信息科学与工程学院

胡宇雯　陈　峰　陈孔滨　康雪文　李　章　林红潇　刘　莹　罗昭俊　牛兴卓　欧阳玉梅　钱　幸　任　艳　谭玉莲　吴珊珊　吴思奇　吴奕舒　杨惠敏　杨克勤　张胜前　邹宇林

音乐舞蹈学院

李诗雨　卢　玉　庄青青

哲学与社会发展学院

段慧清

国家励志奖学金

材料科学与工程学院

陈 驰	戴柳榕	邓春炎	高嘉敏	何 梅	姜 瑾	蒋和金	赖庆泰	李才亮
梁玉玲	林瑞涌	林晓波	刘 平	刘道斌	刘良木	刘雅敬	吕慧娟	苏丽青
汤 朦	唐陶晨	王 富	王艳艳	王玉英	温洁玉	吴小燕	许海波	张 丽
张 燕	张池芳	张南杰	张新萍	张忠心	郑 宣	周雪梅		

法学院

陈 琪	陈珮珊	豆忠良	何珍奇	黄 懿	黄安馨	李时蔚	李淑军	林毓平
林振科	木慧洁	潘丹婷	宋丽君	汤小芳	王 波	王毛毛	王亚莉	王燕婷
韦学高	魏凤英	文阳凯	吴艳玲	吴珍妮	奚兰带	许瑶梅	詹丽杨	张晓红

工商管理学院

包乌兰	陈 楠	陈俊鸿	陈丽萍	陈燕萍	陈珠霞	程永单	段 姿	樊美静
高晴燕	郭 琴	侯延青	胡江海	黄华玲	黄丽虹	贾元凤	江秋萍	蒋丹丹
揭翠平	李琳琳	李美姝	李小兰	李雅倩	李燕妮	连梅花	梁 叶	梁伟健
林晓莉	刘 行	罗韶华	罗晓宇	潘素丹	彭小妹	师超楠	史良玉	宋吉祥
谭 琴	王 娟	王 欣	王 颖	王嘉秀	王凯丽	王晓芸	魏绘琴	吴冰冰
吴清和	吴小金	吴亚芬	武 霞	夏小云	谢永奕	徐锦芳	徐秋露	许凤梅
颜如冰	杨冰冰	杨永刚	叶缪娟	曾 媛	詹兰荣	张 琳	张 琴	张 洒
张 艳	张爱萍	张慧景	张家旺	张杰煌	张小英	张晓红	张雪冰	赵贵松
郑月燕	朱丽莹	祝琪琦	邹金串					

工学院

陈丽霞	丁延龙	洪灿先	黄祖辉	蒋大振	康佳静	赖 斌	李建鹏	李亚茹
刘 嫣	刘雄雄	卢 萍	温荣蛟	谢扬帆	杨文驰	俞梅娟	张 凯	郑玲玲

公共管理学院

陈玉丹　黄　荣　黄晓梅　李　芳　李　红　李三妹　刘秋芳　任柯柯　吴　帅

肖观女　余慈娇　袁娇娇　张　敏　张俊华　赵齐齐　卓密密

华文学院

陈　琳　邓曼丽　郭梅晶　郭显鑫　李静然　柳宛伶　莫贵莹　田　璐　王　涛
王春琴　王营营　项吉悦　杨　斌　杨万慧　赵晓红　周元勋

化工学院

曹书平　陈　莉　陈思慧　杜　超　郭　瑞　胡　蝶　黄云香　金佳丽　兰晓玲
劳方园　李　培　李昌勇　李峰峰　李小坤　梁金霞　廖　芮　林承奇　林福娣
林燕燕　刘芬芳　刘利平　刘沁楚　卢艺娟　罗　丹　欧阳文俊　施丽雅
束天奖　孙　艳　陶鑫灵　王丹丹　王晓红　王亚楠　王在军　吴　妙　杨苗娥
曾泽威　张　莉　张美楠　周彩英　周晓满

机电及自动化学院

刘　鹏　白俊青　陈　常　陈辉辉　陈萍峰　戴丽风　邓　倩　刁永强　付　恒
高梅珍　郭丛威　郭永强　何肖奎　何艳侠　洪海生　黄小芮　黄永辉　吉　欢
瞿建峰　康岳湖　赖日晟　乐其河　李春娟　李金刚　李茜茜　李婷婷　李彦坤
连秋霞　梁建伟　廖信江　林芳富　林国强　林志桦　刘　杭　刘成强　刘圣煌
罗　勇　罗顺安　罗万友　马　蒙　牟相霖　皮成祥　齐陈康　史亚康　苏明南
孙汉良　王　欢　王　亮　王　武　王婷婷　王增哲　魏　鑫　夏　冬　肖　月
肖正活　谢荣想　徐俊峰　徐卫潘　杨　莉　杨火木　杨顺刚　叶舒婷　尹本志
袁业民　张　涛　张　颖　张安煜　张谋桂　张云龙　郑　霖　周圣焱

计算机科学与技术学院

陈　敏　陈芳芳　陈绪群　何锦琨　黄国宝　黄华烽　黄婉婉　黎洪菱　李　成
李　智　李少楠　林德荣　林启元　刘桂莲　刘慧敏　马　贺　尚辉辉　舒忠明
宋　冰　宋增林　王　琪　王福松　王佳丽　王静雯　王婷婷　谢　珊　许文忠
严世亮　曾梅琴　翟利华　詹晓玲　张锦彬　张智文　赵　鳃　郑　怡　郑庆锁

建筑学院

白宏鹏　曹朝华　陈路路　仇文超　何成焰　黄翌晨　李小霞　林　悦　林海军
林丽娜　沈　苗　孙　卓　孙胜男　唐思思　王兆光　吴晓敏　吴振兴　周慧敏
周煜智

经济与金融学院

郝凯丽　张馨月　陈　瑶　陈林莉　陈媚媚　陈秋桢　陈中林　邓淑珍　封金梅
猴婵娟　郭雪娇　洪丹云　华　毅　黄香莲　江明梅　金秀燕　李　伟　李　雪
李佳慧　林山梅　刘芳婷　刘金英　陆佳强　罗　丹　罗　妮　马小香　毛丽珍
戚杨慧　苏小敏　孙惠萍　王　建　王楚云　王海燕　韦燕琴　魏慧玲　吴　玲
吴思文　谢岚清　熊　飞　薛　楠　杨　娇　杨　梅　杨　薇　于思远　袁梦雨

曾春琼　曾薏蒙　詹颖芳　张　慧　朱瑞欣　祝东波

旅游学院

陈丽芳　陈小艺　狄倩文　郭芳芳　郝诗雨　黄　倩　黄海玲　康东红　李欢欢
廖嫔嫔　林丽华　林梅清　刘东梅　刘婧玥　马　琳　明　丽　倪　娜　童娇娇
王　征　王海涛　吴巧文　吴新芳　吴玉婷　熊　思　许慧娟　许雪婷　张　静
张松钦　周小曼

美术学院

白　杨　陈　健　丁科斌　公　宏　何梅萍　黄美亚　林建伟　刘思雨　陆碧莹
罗利东　马　磊　宁　玺　任化龙　孙少博　谭顺心　王　亮　杨泽鹏　易　林
张　程　张茜茜　张秀园　朱丹丹　朱俊杰

生物医学学院

林雪燕

数学科学学院

曹培根　林丽芳　刘　刚　刘婉婉　雒鑫欢　莫美凤　汤梦吉　汪国强　吴永兰
西玉娇　徐传宇

体育学院

巩青强　黄洪宇　金　葵　林文贤　于　爽

土木工程学院

鲍丹红　陈　静　陈　镜　程良灿　程晓强　邓宜琴　范齐军　方　舟　符婉靖
巩书涵　郭少丹　郭瑜真　韩永刚　何贵龙　胡帅伟　黄伟宏　黄志鹏　雷裕霜
梁　梅　林慧龙　林康城　林玉光　刘　畅　刘　水　刘　喆　刘运杰　吕崇辉
马帅帅　宁　尧　彭　博　苏彩娇　童达普　王　珺　王　平　王锦芬　王立鹏
王丽丽　王巧芬　王文君　王雨田　徐丽红　许秀林　许玉平　叶　安　岳建宝
张国杭　张俊涛　张伟建　张旭钦　章志贤　赵健莉　周美琪　周强锋　朱柏林
朱雪花　庄龙杰

外国语学院

董楠楠　郝文荣　赖桂灵　李利群　刘　文　罗莉萍　马文欣　钱凯歌　唐彩叶
涂莉娜　万　婷　王小茹　吴　鑫　谢苏娟　颜　颖　杨齐咏　张丽萍　赵咏梅
郑婷婷　周海华　宗雪莲

文学院

陈忠年　程年珍　杜晓轩　冯建军　龚娜林　管晓菊　洪　琳　蒋成青　廖　批
马寒燕　毛小琴　苗红霞　谭莹莹　唐　雁　陶　稳　王　强　王　新　王春霞
王淑艳　魏玉洁　吴　茜　许青青　尹伟欣　张　笑　赵建琪　郑　柳　周　颖
周玉婷　左　霖

厦门工程技术学院

陈阿津　陈孝灿　蒋加鹏　林　锋　林　萍　林惠兰　林西玲　邱珍莲　翁祖凤
吴伟林　曾勇全　詹彬立

信息科学与工程学院

蔡伟杰　陈鼎盛　陈佳会　陈少毅　陈桃安　陈仪清　陈志明　崔　冰　崔　浩
丁艳军　范艳梅　高　冉　高建德　葛　坤　关慧春　郭　畅　洪少阳　胡　乐
黄炳祥　贾存坤　雷泳涛　李　华　李林林　李扬森　李招灵　梁远芳　廖长远
林建深　林梦林　林婷婷　林兴乐　林志地　刘　恒　刘　莉　刘兵伟　马服银
马晓飞　彭鲧宇　苏根法　苏见燊　王　杰　王亚宏　温家俊　巫梅琴　吴亚足
向世强　肖杞元　谢喻霞　严　艺　颜　诚　杨　梅　杨　洋　姚绵红　袁　勇
曾洪福　张　娟　张文杰　张文伟　张召炳　郑瑞朝　郑实益　郑树贤　郑宜海
周　高　周　炜　朱小芬　庄煌斌

音乐舞蹈学院

蔡昆坤　凡　娟　付　晓　刘博娟　秦佩佩　任鑫颖　苏　青　张惠婷　周雪梅

哲学与社会发展学院

何　柳　姚秀清

华侨大学本专科学生奖学金

校一等奖

材料科学与工程学院

程晓宇　崔　浩　耿建昭　龚曼菲　胡扬帆　黄红萍　黄思发　李丹阳　刘　彬
刘飞翔　陆含峭　潘伟楷　苏山河　汪　韬　肖美娜　杨　文　尹　强　曾镇华
赵　越　周飞飞　朱崇隆

法学院

黄嘉炜　李晓兰　林天浴　刘　媛　田　艺　万增武　王　静　谢　晨　许燕玲
杨佳容　翟奥涵　朱俊琪

工商管理学院

蔡培珊　陈　锴　陈　歆　陈甜甜　丁梦林　杜小磊　方苏芹　杭　琛　黄素红
黄婉妮　黄雅婷　姜　达　李　想　李　谢　李聪聪　李佳明　李烨蓉　李鍌雷
林伟彬　刘丽惠　刘梦瑶　骆楚云　潘氏香江　邱圆波　沙思婷　尚晓明
邵琳琳　沈丽配　孙晓彤　王　宁　王　业　王立颖　王蒙怡　未蕾蕾　吴丹琳
肖丽珍　杨晓彬　杨晓京　于　航　张建森　张雨丝　郑艺君　周　颖　周晨燕

工学院
郭伟鹏　胡娇娇　黄　梅　黄　璇　黄梓含　靳佳佳　李兴勇　阮秋君

公共管理学院
蔡蓓蕾　陈元芬　胡　倩　李　景　林幼梅　马双懿　位鸣玉　夏　倩　徐佳妮
姚云云

华文学院
陈紫琦　李安娜　刘　冬　沈念芦　游雪儿　张　琪　赵蛟娥

化工学院
查君喆　陈嘉南　代晴蕾　邓金凤　范雨馨　冯媛媛　龚贵清　蒋　梦　金　璐
金薇薇　李惠惠　林鹤鸣　林丽丽　刘　凡　刘渊博　牛　浩　彭　蕾　沈　艺
唐　霞　王晓慧　吴小灵　夏　天　肖思妮　徐文强　杨慧珊　姚谦豪　游素云
苑雪晴　张慕娴　张庆柔　赵　颖　周文晶

机电及自动化学院
陈　灿　陈楚玲　陈世隐　陈思嘉　陈雯东　陈小艺　陈兆宇　崔锦涛　黄国雄
黄巧玲　姜骏飞　姜文涛　蒋诣莹　劳华轩　李　敏　李　悦　李傲傲　李志艺
刘瀚翼　刘思琪　卢华槟　鲁明皓　马倩雯　马文俊　蒲文东　孙起升　汤　悦
王财福　王福强　王水明　王艳丽　王志洋　吴忠毅　向　诚　徐遥遥　杨佳毅
杨丽明　杨栖凤　姚泽克　张　华　张亮涛　张勇贞　郑靖重　朱　萍　朱德港

计算机科学与技术学院
蔡安琪　蔡音音　戴慧宾　邓玉婧　顾巧莉　郭谚霖　洪晓华　侯逸仙　雷丽楠
雷秀洋　刘世荣　楼悦添　卢　瑶　木一凡　邱　祺　王　钰　吴灵辉　许童童
甄卓然　周泽亮

建筑学院
毕静怡　蔡钰珏　陈舜敏　杜佳航　黄莹策　李　杭　刘冠伶　芦蔚宜　王　楠
王樱澔　吴宇彤　杨尹芳　叶芳吕　张博雅　张诗慧　张炜瑶　郑承于　郑少燕
郑闻天

经济与金融学院
蔡嘉文　蔡偲捷　陈　韬　陈伟彬　高玄哲　何　畅　何晓如君　黄炜炜
彭　颖　苏佩纯　孙圆圆　王溢馨　王雨松　杨泽思　易礼林　余学颖　袁　月
张　薇　张　莹　张冰洁　张东阳　张嘉萍　张珍珠　张子琪　钟林楠　周燕燕
朱金芸

旅游学院
杜丽华　方麻迪　黎海英　严得英　叶　莎

美术学院
曹方略　陈　琼　陈黄榆　陈熠玲　洪晨容　黄志杰　季梦巧　李凤娇　林　洁
刘怡君　任怡然　王　楠　谢　琳　许安怡　姚秦秋子　张锦志　卓夏婷

生物医学学院
沈　丹

数学科学学院
蔡晓东　贺　洲　毛建闪　田茂宏　王庆琦　吴培财　杨培旺　杨思远　叶盈春
张　坤

体育学院
薄纯磊　林贵生　田洋磊　吴晓彤

土木工程学院
陈　珂　陈　希　陈　宇　陈文潮　陈艺萍　邓蓉欣　方凯麟　傅权宏　郭梦婕
李东升　李志愿　林　京　林斯逊　林燕茹　刘佳妮　刘亚男　刘榆萍　吕坤灿
马伟海　毛蒙瑶　苏政旸　汪晶钦　王旭森　魏凡博　吴思婷　辛德平　徐　琳
许翔健　杨海荣　杨娜菲　钟　敬　朱羽凌　庄博仁　邹如森

外国语学院
何佳敏　华毅婧　赖舒萍　欧鹏辉　彭　颖　吴翠莲　杨青芹

文学院
蔡鸿瑜　陈　楠　黄倩倩　纪晓东　贾娟娟　廖济林　林　茏　罗　静　潘美晨
钱晓筱　王无瑕　王旖旎　王愈奘　张　彤

厦门工程技术学院
陈少峰　黄凤丽　林雅莲　欧阳亮　邱信榕　吴竞贤　谢小龙　周少宇

信息科学与工程学院
刘　洁　蔡　慧　陈惠芬　陈日安　陈舒凌　陈钰婷　陈圳达　程志伟
丁叶丹虹　何　程　何　娟　洪　琳　洪剑锋　黄　琳　黄崇炼　黄佳琛
黄培炎　赖雪琳　李　健　李　雪　李自展　林飞霞　林浩泉　林宏扬　林伟强
刘佩芸　刘煦杰　刘玉德　吕雅晶　罗惟信　毛佳丽　潘申欣　尚　睿　沈栋辉
孙　勇　孙会伟　唐桂花　王鸿鸽　王彦东　谢浩煌　许　磊　叶　军　游志强
张　文　张锴铎　张晓婷　左文豪

音乐舞蹈学院
韩　荔　刘　慧　张润玉

哲学与社会发展学院
李亚宁　刘　维

校二等奖

材料科学与工程学院
陈斌国　陈继欣　房子程　耿婵婵　关俊辉　李　萌　李明澈　廖　楠　唐　平
王雅苓　韦家德　吴安茹　许子颉　杨广杰

法学院
艾　武　陈　绚　范仁琪　贺雯雯　李泽宇　林志杰　马　桢　马锦娜　苏　航
唐珍珍　王晓霞　王燕萍　吴陆媛　吴婉芳　严延富　姚　杰　赵钰蓉　郑柯娜

工商管理学院
蔡珊瑜　陈周虹　崔超岭　代毓芳　戴珊妮　邓冰洁　付　越　高云晖　何玲玲
黄　智　黄　姿　黄艺珊　李国善　李淑香　李思雨　李晓柔　连李琼　林　丹
林吉真　林志佳　刘鸿权　龙　婷　龙　雁　马苏丹　穆　蓉　潘　潇　曲　燕
饶晓琼　阮氏明芳　阮思萍　唐　婷　王　皓　王　乐　王　茜　王红炜
王靓薇　王伟坚　王小清　翁惠芬　吴　栋　吴丹妮　吴阳斌　谢　菲　徐雪玉
阳明达　杨建华　杨丽珍　叶煜纯　赵　薇　赵丹阳　钟　磊　朱高文　庄荔彬
卓秋莲

工学院
蔡天鸿　曹思嘉　方　宇　江锦明　李熙泽　梁　宵　林　辉　林坤辉　刘　波
史露强　杨华裕　袁列荣

公共管理学院
黄　佳　荆亚璟　柳晓瑜　宋飞飞　孙亮亮　汪庆洪　王　洋　王　翼　杨景惠
张玉婷　赵金金

华文学院
董文彬　范梦洁　胡晓丽　姜　莱　罗翠苹　裘丛蔓　商　航　王　琛　谢婉如
熊梓彤　徐　昕　朱　玥

化工学院
邓　颖　凡　周　高晓炜　郭东升　胡　璇　李腾腾　林荣义　林淑雅　王　涛
吴立勤　熊小凡　徐淑娟　杨　杞　喻　杰　赵天琪

机电及自动化学院
陈华露　陈哲辉　程笑天　范敦芳　付　康　何丰羽　何雄斌　洪文丕　黄学承
蒋彬彬　李国奇　李煜彬　李志华　连新新　林佳明　林莹超　刘　龙　刘　鹏
刘玉霖　罗文华　秦　武　石克诚　唐正男　田子歌　涂云翔　王泰连　谢少波
杨晓丹　殷金旭　余昌润　於得奋　曾锋涛　张　于　张海龙　张茉莉　张育城

计算机科学与技术学院
陈　剑　　高大鹏　　郭　欣　　郭福眼　　侯超群　　李　斌　　李　瑞　　李翠萍　　林秋月
刘文财　　刘小刚　　吕梦楠　　苏耕民　　吴超樊　　吴佳萍　　吴志花　　薛　清　　杨　丽
易诗吟　　尹　席　　郁延书

建筑学院
柏甜甜　　蔡承泽　　戴思达　　蒋雯馨　　李　霄　　刘孜玮　　聂珀江　　邱思维　　施　祺
施佩仪　　唐嘉琪　　王家琳　　王欣远　　翁　瑜　　俞心恬　　张玉珠　　郑　珩　　卓逸诗

经济与金融学院
吴雅玲　　张　青　　蔡健文　　曹绍朋　　车兆麒　　陈家媚　　陈义斌　　陈芷咏　　崔胜杰
杜晶纬　　方　真　　何怡君　　洪艳艳　　黄　俐　　黄丹婷　　黄婉雯　　黄嫣韵　　黎金祥
林　昕　　林晓茵　　刘嘉悦　　陆紫莹　　罗凯元　　莫君珊　　裴仁萍　　阮如恋　　施少体
孙　卉　　孙　烨　　唐独如　　田　晗　　王楚玥　　吴心怡　　谢　艳　　熊　英　　许永业
许蕴艺　　杨晶华　　叶小祯　　张　萍　　张　新　　张庆暖　　郑璧君　　钟湘玥　　周耀铭

旅游学院
陈　燕　　陈惠琴　　陈兰清　　陈清清　　陈晓晓　　高　宇　　龚　悦　　韩　丹　　韩燕燕
黄　焱　　赖红香　　李　佳　　李　利　　李　想　　李冬珍　　李贵圆　　梁嘉怡　　梁美娟
梁紫珊　　林佳青　　聂凯敏　　史杭鑫　　孙铭锋　　王亚风　　王语瑾　　吴云燕　　伍　敏
徐金坤　　杨　帆　　游　娜　　张　堃　　张小钦　　赵文静　　朱雪琦

美术学院
程　婧　　段昱竹　　韩立欣　　李东芹　　梁敏仪　　林海鸿　　马俊衡　　牛颖超　　彭志伟
宋思媛　　孙圣章　　王　璐　　王俊宇　　王雷芳　　魏飘雪　　张千惠　　郑持恒

生物医学学院
曾雨汉

数学科学学院
廖　赛　　祝聆露

体育学院
马廷林　　王燕茹　　郑飞鸿

土木工程学院
陈葆心　　陈思思　　陈腾鹏　　陈祖新　　高雯淼　　胡建士　　胡全斌　　黄庭杰　　黄晓舟
靳萧夷　　李竞杰　　刘　慧　　刘凌菁　　刘远福　　罗　遥　　罗晨熙　　彭阿云　　阮若琳
王晓彤　　王永灿　　魏慕茹　　吴　边　　肖琳琳　　谢冰冰　　谢文俊　　姚建华　　余欣欣
张　涛

外国语学院
陈　婷　　陈铮铮　　程志玲　　李曼曼　　裴佳莉　　沈晓云　　汤锦华　　唐紫薇　　吴晓怡

项成博　杨梦婷　杨陶陶　余丹尼　袁　方　张　妍　张结雨　张燕真　周闺妹

文学院
白　凯　陈　婷　陈　依　范彦雯　高瑞峰　国　琦　韩筱涵　胡栩浩　蒋圆圆
康艺佳　李敏敏　李秋萍　刘晋娅　刘燕秋　彭晓莹　乔佳宁　魏丽雯　文　婧
吴　莹　谢琬婷　赵梦倩

厦门工程技术学院
蔡尧鑫　黄焕庄　黄添水　黄小勇　赖燕兰　刘立宝　王培强　王宇斌　伍文勇
郑云芳

信息科学与工程学院
蔡凤武　陈奋裕　陈俊伟　陈伟超　陈晓露　陈子薇　方　倩　冯　鹏　冯丽园
傅金源　何佳丽　赫　彬　黄丹玲　李　猷　李靖坤　林昱均　娄承圭　聂岚容
宋　宇　王　淼　王　旨　吴敏玲　吴思娆　肖建忠　肖庆豪　杨博新　张国能
赵　焱　郑思思　周舜珍

音乐舞蹈学院
刘　婷　逯　晴　齐佳林　孙斐然　王雅楠　虞佳鸿　张楚欣

哲学与社会发展学院
蔡婷婷　许雪晖

华侨大学研究生奖学金

校一等奖

材料科学与工程学院：段　淼　刘　兰　饶小金　涂用广
法学院：黄晓君　梁广为　许辉丽　杨　祯　叶依妮
工商管理学院：陈彩云　肖　玲　郑培娟
公共管理学院：沈　欣
华侨华人研究院：敖梦玲
华文学院：王英华　张莱宴
化工学院：谌林清　邓琼嘉　李　强　路　丁
机电及自动化学院：李　娇　刘玉宝　钱　谦　唐艳芳　王　毅
计算机科学与技术学院：方　圆
经济与金融学院：陈思婧　黄幼茹　林　莉　王　爽
旅游学院：纪小美　田慧然
马克思主义学院：郑丽敏

生物医学学院：王清瑶　王一杏

数量经济研究院：汪　勇

数学科学学院：周　巍

土木工程学院：陈　旭　陈亚军　林燕卿

外国语学院：郑晓敏

文学院：盛　卉　陈　琛

信息科学与工程学院：黄　娴　赖丽萍　廖天军　叶　斌

哲学与社会发展学院：江钰林　杨　青

<h3 style="text-align:center">校二等奖</h3>

材料科学与工程学院：蔡成杰　付宏权　施俊新　易　超　郑德志

法学院：池必清　邓　晗　段珊珊　耿甜甜　龚一方　马小梅　苏丽蓉

工商管理学院：李金荣　雅恬　叶　倩　叶晓茵

公共管理学院：亓梦佳　杨柳夏

华侨华人研究院：吴靖

华文学院：王孔莉

化工学院：李　聪　李存存　申彩红　唐　娜　卫文娟

机电及自动化学院：陈录根　郭尚佳　莫小琴　石茂林

计算机科学与技术学院：杭春梅　侯　峰　王　飞

建筑学院：李　言　李夕汐　李艳蕾　马　越　徐　阔

经济与金融学院：郭　丹　李　响　李晓晶　刘　鑫　孙迎潘

旅游学院：李淑娴　刘　涛　张清清

马克思主义学院：陈艺勇

生物医学学院：冯婧娴　母晓凤　应　侠

数量经济研究院：魏妹金

数学科学学院：陈红梅

土木工程学院：王江　乔升访　曾维娟

外国语学院：程晓蓉

文学院：马飞飞　王　筱

信息科学与工程学院：龚艳君　李　冬　李玉洁　张　浩　赵　迪

哲学与社会发展学院：刘汇川　田　湖　张学鹏

<h3 style="text-align:center">华侨大学洪长存研究生社会工作奖</h3>

土木工程学院：王梓懿

材料科学与工程学院：孙　平

法学院：李祖山

化工学院：吴志超

机电及自动化学院：江余东

建筑学院：陈溢晨

经济与金融学院：江　斌

校研究生会：陈剑龙　张　磊

信息科学与工程学院：赵　迪

华侨大学洪长存研究生困难助学金

土木工程学院：王梓懿

材料科学与工程学院：孙　平

法学院：李祖山

化工学院：吴志超

机电及自动化学院：江余东

建筑学院：陈溢晨

经济与金融学院：江　斌

校研究生会：陈剑龙　张　磊

信息科学与工程学院：赵　迪

华侨大学匹克奖学金

材料科学与工程学院：王　玲　周　娇　朱皖皖

法学院：陈礼夫　陈逸晴　王悦莹

工商管理学院：陈煊玉　陈炎晓　陈云娇　郭欣瑜　涂金珠　王雪莹　钟振辉

工学院：甘　茜　黄海燕

公共管理学院：林宇君　同凯凯

华文学院：顾　欣　魏雪枝

化工学院：陈淑群　苏冬雪　徐　谦　张　聪

机电及自动化学院：付　杰　刘琳琳　罗箭涛　司　晨　肖晓杰　张逸超　邹广跃

计算机科学与技术学院：程玄星　李　璐　汪康炜

建筑学院：王思涵　朱志梁

经济与金融学院：崔　欣　刘佳鑫　王　群　薛荔萍　郑菁妍

旅游学院：陈舒雅　陈晓璐　李华迎

美术学院：黄毅超　鲁　庆

生物医学学院：崔皓怡

数学科学学院：唐晓燕

体育学院：郑尔昌

土木工程学院：黄巧茹　刘　敏　宋乐园　叶森贵　周小丁

外国语学院：李小凡　卢莹莹

文学院：段　悦　郭池池　吴怡静

信息科学与工程学院：高仁阳　林　业　柳龙杰　吕冬冬　盛子怡　吴文东

音乐舞蹈：张　帆

哲学与社会发展学院：秦珺睿

贤銮福利基金会优秀贫困学生奖学金

材料科学与工程学院：陈小花　李　松

法学院：林振科　吴珍妮

工商管理学院：胡江海　魏林平　吴亚芬　谢美兰

工学院：谷樱彬　刘宝珍

公共管理学院：范　琴　吴韵洁

华文学院：李保明　田　璐

化工学院：侯　敏　张美楠

机电及自动化学院：丁　乙　黄小芮　罗　勇　徐佳丽

计算机科学与技术学院：黄　丽　吴佳萍

建筑学院：李小霞　吴凡星

经济与金融学院：李佳霖　刘莉萍　吴思文　姚守宇

旅游学院：明　丽　许慧娟

美术学院：季梦巧　刘思雨

生物医学学院：林雪燕

数学科学学院：蔡晓东　彭　燕

体育学院：黄洪宇

土木工程学院：范齐军　刘凯奇　徐丽红

外国语学院：刘　俊　周海华

文学院：何耀莉　李　红

信息科学与工程学院：林兴乐　马服银　吴思奇　谢喻霞

音乐舞蹈学院：凡　娟　周雪梅

哲学与社会发展学院：何　柳

彭瑞安奖学金

法学院：黄嘉炜

机电学院：莫小琴

计算机科学与技术学院：谢骏斌

经济与金融学院：孙　卉

土木工程学院：刘　畅

福建省三好学生

材料科学与工程学院：罗　杰

法学院：陈桔靖

工商管理学院：翟　蒙

工学院：谷樱彬

公共管理学院：黄晓梅

华侨华人研究院：许艺燕

华文学院：赵蛟娥

化工学院：刘　凡

机电及自动化学院：孙　健　唐正男

计算机科学与技术学院：雷丽楠

建筑学院：张博雅

经济与金融学院：苏佩纯

旅游学院：周超超

美术学院：牛颖超

数学科学学院：张　敏

体育学院：巩青强

土木工程学院：朱　侗

外国语学院：董楠楠

文学院：戴丽萍

厦门工学院：邢大伟　郑伟煌

信息科学与工程学院：牟焰辉　张学阳

音乐舞蹈学院：卢　玉

哲学与社会发展学院：段慧清

福建省优秀学生干部

材料科学与工程学院： 徐　哲　赵　越

法学院： 范仁琪

工商管理学院： 林雅卿

公共管理学院： 张　文

经济与金融学院： 李俊祥

旅游学院： 朱丽君

美术学院： 黄毅超

外国语学院： 蒲　维

文学院： 纪　君

厦门工学院： 牛晓旸

信息科学与工程学院： 丁叶丹虹

音乐舞蹈学院： 张惠婷

华侨大学三好学生

材料科学与工程学院

陈小花	高嘉敏	龚曼菲	何　梅	李　松	李丹阳	林雪真	刘　平	刘良木
吕慧娟	罗　杰	孟嘉奇	汪　韬	王　菁	温名山	肖　萍	肖美娜	徐小尘
杨　文	张　丽	张光照

法学院

曹森成　贺　昊　李晓曼　林天浴　林振科　马锦娜　苏雪冰　汤卓云　田　艺
王　静　吴婉芳　吴珍妮　徐彦雅　许燕玲　杨佳容　姚　杰　翟奥涵　张晓红
朱俊琪

工商管理学院

蔡培珊　陈　锴　陈俊鸿　陈蓉萍　陈文倩　陈燕娜　陈燕萍　付　聪　高倩倩
高云晖　杭　琛　侯延青　胡珮姗　黄　姿　黄丽虹　黄敏玲　黄雅婷　黄翊君
江美华　姜　达　李佳明　李燕妮　李烨蓉　林月文　骆楚云　彭小妹　秦艳杰
邱圆波　阮氏明芳　尚晓明　沈丽配　盛小丹　王　宁　王　茜　王　业
魏邓浩　魏林平　吴丹琳　吴剑笑　夏小云　肖丽珍　谢美兰　邢　琳　叶　茜
于　航　翟　蒙　张建森　张杰煌　张晓红　张雪冰　郑　欣　周　颖　周晨燕

工学院

陈　扬　陈　月　郭伟鹏　胡娇娇　黄　梅　黄梓含　靳佳佳　康佳静　刘宝珍
谢扬帆　杨文驰

公共管理学院

范琴　胡倩　黄佳　荆亚璟　林幼梅　王刚　位鸣玉　吴帅　夏倩
徐佳妮　余慈娇　张敏

华文学院

陈紫琦　刘冬　罗翠苹　商航　王鹿鸣　项吉悦　谢婉如　徐昕　赵蛟娥
赵天骄　朱玥

化工学院

邓金凤　龚贵清　郭丽丹　蒋梦　金璐　李昌勇　李峰峰　李惠惠　李小坤
林武聪　牛浩　申丹霞　沈艺　陶鑫灵　王奇　王蓉　夏天　徐文强
杨杞　杨慧珊　游素云　喻杰　张聪聪　张美楠　赵颖　赵天琪　周柳慧
周文晶

机电及自动化学院

陈灿　陈常　陈剑彬　陈世隐　陈雯东　陈振兴　崔锦涛　段仪梓　段志鹏
干晓咪　高付祥　苟艳丽　郭义　何肖奎　洪文城　黄学承　蒋诣莹　瞿建峰
李悦　李婷婷　李彦坤　林晨昕　林卓远　刘瀚翼　刘思琪　罗万友　马倩雯
皮成祥　王春雷　王秋实　王姝玉　王艳丽　王志洋　魏鑫　向诚　徐卫潘
颜奇佳　杨佳毅　杨晓丹　姚泽克　张涛　张江涛　张勇贞　张岳文　郑霖
周瑞兰　周圣焱

计算机科学与技术学院

蔡音音　陈绪群　戴慧宾　邓玉婧　段雨萌　方迪恺　郭谚霖　洪晓华　侯逸仙
胡晓丹　黄丽　李蹊　林启元　刘小刚　卢瑶　尚辉辉　邵瑞　宋冰
王炯亮　吴灵辉　严世亮　张锦彬　赵竹珺

建筑学院

白宏鹏　柏甜甜　蔡建滨　蔡钰珏　曹朝华　杜佳航　付璇　黄莹策　李杭
李小霞　刘洋　刘冠伶　芦蔚宜　任天奇　隋璐　王樱潞　叶芳吕　张博雅
张诗慧　郑珩　郑少燕　卓逸诗

经济与金融学院

郝凯丽　毕小慧　蔡楒捷　陈韬　陈伟彬　陈芷咏　傅一铮　龚欢　何畅
何晓如君　黄彩娟　李佳霖　林晓茵　刘莉萍　刘晓倩　莫君珊　彭颖
求哲梢　阮如恋　孙卉　孙圆圆　田晗　王建　王雨松　熊英　杨晶华
杨泽思　姚守宇　叶小祯　易礼林　余宁宁　余学颖　袁月　张莹　张冰洁
张东阳　张珍珠　张子琪　郑璧君　钟玲玲　周志鹏

旅游学院

陈小艺　杜丽华　高宇　郝诗雨　黄焱　黄秋云　黄小惠　黎海英　李丽

廖嫔嫔　林佳青　马　琳　明　丽　聂凯敏　腾雪莹　吴新芳　吴玉婷　许雪婷
张　堃　赵文静　周小曼　朱雪琦

美术学院

曹方略　陈熠玲　段昱竹　冯林林　黄志杰　刘　洋　刘胜祥　刘思雨　刘怡君
陆碧莹　罗利东　司艳君　王俊宇　许安怡　杨　萧　张　程　朱艳春

生物医学学院

沈　丹

数学科学学院

蔡晓东　贾晨阳　林丽芳　刘婉婉　田茂宏　王桂花　吴永兰

体育学院

陈　曦　金　葵　吴晓彤

土木工程学院

鲍丹红　陈　静　陈　怡　陈　宇　陈博文　陈艺萍　邓蓉欣　邓宜琴　傅权宏
甘国强　郭小燕　郭瑜真　何锦芳　黄志鹏　林　京　刘　水　刘佳妮　刘运杰
柳苏琴　马伟海　毛蒙瑶　彭　博　饶勇平　苏政旸　谈金鑫　王旭森　吴思婷
谢　蝶　辛德平　杨　梦　叶　安　张　妍　张旭钦　赵健莉　郑安阳　周强锋
朱　侗

外国语学院

何佳敏　金子惜　赖舒萍　李丽梅　刘　俊　刘　文　欧鹏辉　沈晓云　唐彩叶
涂莉娜　王　雨　谢苏娟　颜　颖　周海华

文学院

白　扬　车纯纯　邓筱雨　范彦雯　高瑞峰　胡栩浩　黄倩倩　李敏敏　廖济林
刘晋娅　谭莹莹　王雪婷　王旖旎　魏玉洁　吴　莹　颜含真　余红馥　赵建琪
赵梦倩

厦门工程技术学院

陈阿津　黄凤丽　黄焕庄　林　萍　刘立宝　欧阳亮　宋玉凤　吴仕杰　曾勇全
周少宇

信息科学与工程学院

蔡　慧　陈　峰　陈惠芬　陈孔滨　陈日安　程志伟　崔　浩　范艳梅　关慧春
何佳丽　胡宇雯　黄　琳　黄崇炼　康雪文　赖雪琳　李　章　李靖坤　李林林
李招灵　林浩泉　林红潇　林宏扬　林志地　刘　洁　刘　莉　刘　莹　马服银
毛佳丽　钱　幸　任　艳　王鸿鸽　王彦东　吴珊珊　吴思奇　谢浩煌　许　磊
杨　梅　杨惠敏　杨克勤　叶　军　张　娟　张　文　张晓婷　邹宇林

音乐舞蹈学院
李诗雨　刘　慧　逯　晴　秦佩佩　周雪梅　庄青青
哲学与社会发展学院
蔡婷婷

华侨大学优秀学生干部

材料科学与工程学院
赖庆泰　李雅泊　廖　羲　林丽铃　苏山河　杨　理　周　娇
法学院
陈桔靖　郭弈辰　胡士强　杨　敏　詹丽杨　郑弘楠
工商管理学院
蔡　彧　戴珊妮　宫道通　何舒婷　江　苇　李佳敏　林　丹　林红拔　林婷婷
林晓莉　潘　颖　苏雅萍　孙　琳　孙晓彤　唐　婷　许　倩　周琛玥　朱高
工学院
高婉璐　谷樱彬　黎　丽　王　振
公共管理学院
蔡蓓蕾　常　睿　李　宁　李婧榕
华文学院
成书仪　柳宛伶　任重重　战思宇
化工学院
黄少平　匡志奇　冷　榕　林承奇　刘　凡　孙　璐　孙　颖　吴希文　熊　慧
机电及自动化学院
陈思嘉　崔云剑　葛平政　黄为锴　黄伟平　林佳明　马　玉　潘　静　孙　健
孙雨琦　唐正男　王照宇　武彦迪　张小辉　张逸超　朱　萍
计算机科学与技术学院
甘位佳　洪阳熠　洪忠福　雷丽楠　梁晨曦　田　源　汪康炜　周　炎
建筑学院
陈　超　李　欣　马晶鑫　马诗琪　唐嘉琪　王思涵　徐　婷　易长文
经济与金融学院
蔡嘉文　陈　欢　陈　莹　陈加豪　崔丽影　方　真　何怡君　钱　青　秦　亨
王　欢　徐晶晶　许永业　张嘉萍　郑菁妍
旅游学院
陈兰清　郭芳芳　李　梦　李月有　李中华　连　妙　王　征　徐兆瑞

美术学院

黄　毅　黄　玥　李凤娇　林　海　欧晓梅　王　超　项志鹏

生物医学学院

于　茜

数学科学学院

康丽丽　于　丹

体育学院

郑飞洪

土木工程学院

郭少丹　何贵龙　胡帅伟　黄伟宏　连顺贤　刘鑫洋　宁　尧　阮若琳　王雨田　章志贤　钟　敬　周文宗

外国语学院

陈芳荣　陈铮铮　董楠楠　蒲　维　张　琳

文学院

陈林森　黄思颖　潘美晨　乔佳宁　任双娟　姚　敏　曾　健

厦门工程技术学院

赖燕兰　王宇斌　翁祖凤　谢　耀

校广播台

侯宝岳　林久人　钱晓筱　王语秋

校学生会

蔡君倩　陈咏琪　范玲池　郝　珂　黄海云　黄哲凯　姜　瑾　李　唯　李俊辉　李铠君　李美姝　李婷婷　李泽宇　连慧琳　林盖宁　林翔翔　潘　昱　阮思萍　王　勇　王宛云　王溢馨　吴诗雅　吴世琳　吴燕妃　许子颉　余月萍　余章源　张学阳　周晓满　邹　烨　左文豪

校学生团体联合会

陈晓敏　郝晓艺　何金艳　何艳侠　黄天舟　刘　鹏　刘会豪　平晨晔　阙亦玲　师胜男　王剑宇　王林林　武东卯　谢福龙

校学生艺术团

丁罗晨义　冯垚颖　郭浩南　李红枣　岳家荣

信息科学与工程学院

陈晓露　陈自强　贾存坤　兰凌锋　李　雪　廖长远　林兴乐　刘　昊　陆丽云　尚　睿　沈栋辉　吴奕舒　肖庆豪　张文杰　郑思思

音乐舞蹈学院

付　晓　卢　玉　吴雅姗

哲学与社会发展学院

王　焱

华侨大学优秀研究生

材料科学与工程学院：洪振华　刘　兰　刘桂静　蒙永明　涂用广　张树金

法学院：陈小兰　黄晓君　梁广为　刘　慰　檀亚媛　燕淑敏　叶依妮　周　伟

工商管理学院：林子芬　罗兴鹏　肖　玲　张建彬　郑培娟

公共管理学院：罗雪珍　庄树宗

华侨华人研究院：吴　靖

华文学院：王孔莉

化工学院：邓琼嘉　康永强　李　晶　廖利民　林添明　刘筱昱

机电及自动化学院：何远松　钱　谦　石茂林　吴其勇　徐　杨　杨　凯　杨　洋　赵文昌

计算机科学与技术学院：方　圆　侯　峰　朱胜平

建筑学院：陈荣彬　李艳蕾　马　越　童　巍　王　觅　徐　阔

经济与金融学院：陈思婧　何　丹　黄幼茹　王　祥　周灵娇　邹晨珊

旅游学院：纪小美　蒋婧文　金艳芳　朱翠兰

马克思主义学院：郑丽敏

生物医学学院：母晓凤　曾小宝　张　丹

数量经济研究院：汪　勇

数学科学学院：孙龙发

土木工程学院：梁兰娣　林　超　林俊龙　余　恬　张诚紫

外国语学院：郑晓敏

文学院：纪　君　王　筱　吴继娟

信息科学与工程学院：陈雪琼　崔省伟　杜团结　黄学业　廖天军　王　涛　周旭坤

哲学与社会发展学院：陈建业　刘旭楠　魏婷婷　杨　青

华侨大学优秀研究生干部

材料科学与工程学院：付宏权　蒋少锋　苏　睿　孙　平

法学院：龚一方　任娅玮　宋召远　王　琦　邹志强

工商管理学院：龚诗婕　许梅枝　杨书想

公共管理学院：李金花

华侨华人研究院：许艺燕

华文学院：董海兰

化工学院：付乔明　刘　彬　刘懿璇　吴志超

机电及自动化学院：何经旺　李瑞旭　刘玉宝　缪晶晶　周　婷

计算机科学与技术学院：刘基墙　许落汀

建筑学院：陈溢晨　蒋龙波　尤舒蓉　张远

经济与金融学院：林　瑜　陆焱平　孙建雅　姚　玲

旅游学院：李淑娴　吴真松

马克思主义学院：王瑞敏

生物医学学院：陈　阳　段训威

数量经济研究院：林春鸿

数学科学学院：曾　乔

土木工程学院：李正焜　孙　辉　王梓懿

外国语学院：赵歆怡

文学院：陈　琛　戴丽萍

校研究生会：蔡　迪　曹　勤　陈　莉　陈剑龙　陈胜奋　陈雅芳　纪炜坤　王英华　尹小娜

信息科学与工程学院：胡月菊　杨智敏　叶　斌

哲学与社会发展学院：刘慧敏　苏秋香

泉州市优秀大学生

法学院：朱俊琪

工商管理学院：孙　琳

工学院：胡娇娇

公共管理学院：胡　倩

经济与金融学院：易礼林

旅游学院：鲁称意

美术学院：黄毅超

体育学院：王璐玮

土木工程学院：张在晨

外国语学院：张　琳

文学院：吴　琳　姚　敏

福建省中华经典诵读比赛

建筑学院：福建省中华经典诵读比赛三等奖　徐　婷

教育部 2013 年度港澳及华侨学生奖学金

一等奖学金

材料科学与工程学院
尹嘉齐

法学院
林秀清　伍嘉林　叶伟送　余彦邦　余卓林

工商管理学院
蔡培珊　蔡雅瑜　陈嘉昌　陈巧雁　陈炜乐　陈真真　陈周虹　何东明　黄婉妮
李佳敏　李俊辉　李艺翔　李毅敏　李再兴　连李琼　廖嘉茹　林玉凌　刘丽惠
吕荣虹　邱洪红　容达成　王　蕾　王伟坚　危雪莹　吴阳斌　杨国富　杨丽珍
袁楚苑　张嘉雄

公共管理学院
陈元芬　黄发来

华文学院
殷圣豪

化工学院
何似萤　洪情如　余乐摇

计算机科学与技术学院
劳沛华　李铠君　苏耕民

建筑学院
陈绍栋　黄海云　黄凯莹　李　杭　梁卓培　罗泳仪　邱思维　施佩仪　唐嘉琪
徐　婷　许世伟　张诗慧　郑少燕　卓逸诗

经济与金融学院
陈家媚　陈桢凯　陈芷咏　何嘉雯　何晓如君　黄桂鸿　霍志文　连慧琳
林翔翔　林晓茵　陆宝君　吕丽娜　莫迪丽　莫杰群　欧阳少鸿　潘晓芸
秦　亨　施少体　宋莉莉　谭颖诗　王溢馨　许梓鸿　杨泽思　张瑜萍　周耀铭
周于琳

旅游学院
陈嘉雯　李德辉　李如芊　李月有　梁嘉怡　梁美娟　马红梅　孙铭锋　余　虹
张　堃

美术学院
蔡翠怡　蔡玉娴　岑嘉莉　陈剑霞　陈秋桦　杜　炯　何建毅　黄丽娜　江玲玲
李凤娇　李康廉　梁敏仪　马俊衡　欧晓梅　彭志伟　许安怡　张锦志　周淑端

体育学院

陈咏琪　吴晓彤

土木工程学院

池剑华　方凯麟　何建恒　黄嘉豪　黎庆广　李有勇　梁家和　林斯逊　容惠敏

外国语学院

陈菲尔　李文雅　卢琬翎　吴翠莲　余丹尼

文学院

郭靖雯　黄嘉梨　黄文诗　黄泳媚　罗　静　时羽飞　王雨嫣　徐嘉琪　张清霞
周瑞敏　朱秋红

信息科学与工程学院

陈周游　林浩泉

音乐舞蹈学院

陈婷钰　张楚欣

哲学与社会发展学院

潘安祺　吴飞强

二等奖学金

法学院

陈卓铿　林泽升　刘　湃　区文俊　曾振坤　郑劭如

工商管理学院

蔡一鸿　曹　晖　曹君荣　岑正杰　陈培盛　陈芷萍　冯家安　冯凌毅　冯倩缓
高　莹　黄家殷　黄结敏　黄丽华　黎浩然　李伯昭　李嘉照　李蕾蕾　李梓峰
梁嘉豪　林荧情　林永杰　林展萍　卢茵茵　陆文杰　吕燕洪　麦伟强
欧阳淳鑫　施少雄　司徒健富　谭伟州　童港瑜　王　悦　王小芳　温伟江
吴婷婷　冼淑珍　徐　盼　叶国辉　余志民　虞湛康　袁玉珊　曾旭升　张小群
郑　宜　邹伟杰

公管管理学院

陈嘉敏　梁耀俊　林嘉雯　马蕙停　郑苗冰

华文学院

黄欣倩　康家佳　林锦琼

化工学院

黄润慈　刘慧健　吕嘉杰　欧阳升　佘光耀

机电及自动化学院

苏勤健

计算机科学与技术学院
陈焯浩　洪佳劲　胡文华　赖俊逸

建筑学院
陈钧铭　邓桥威　侯赠元　胡洁妤　胡佩桢　黄家琦　黄旨蔚　李政豫　梁耀光
林凯嵘　刘浩杰　刘嘉清　罗咏诗　阮诗琪　伍韦轩　萧　颖　谢智康　许嘉婕
姚扬帆　叶子岚　叶子颖　余秀珍　张健琳　张景瑞

经济与金融学院
蔡岱恒　陈爱英　陈冬萍　陈家麟　陈俊豪　陈星森　陈焰平　邓倩影　方晨旭
韩润峰　何俊庆　侯伟业　黄玮俊　简浩志　孔辉鸿　李俊祥　李书敏　李伟杰
李旭龙　连慧彬　梁健樟　梁佩环　林董泉　林海兰　林嘉豪　林伟强　林文熠
刘晓慧　卢艳棋　吕方杰　牛　晨　欧世怡　欧耀明　徐静婷　许歆莹　杨嘉仪
叶　晴　俞文荣　曾锋源　曾静敏　郑婕婷

旅游学院
蔡佩妍　陈德昌　陈健杰　成佳俐　高永祥　黄昌媛　李　想　梁俊杰　梁玮珊
梁仲兰　林宝欣　陆志峰　莫子豪　容明深　吴明苑　郑健环　郑仕伟

美术学院
蔡嘉源　陈嘉丽　陈静雯　陈伟豪　陈文思　程　湘　冯众崇　何勺莹　黄一守
霍婉毅　赖晓媚　李健仪　梁静欣　梁沛樟　廖广兄　林绮晴　谭嘉珍　谭凯婷
王　翼　谢嘉敏　杨碧珊　杨朝婷　叶伟骏　于金英　郑彩英

体育学院
陈海桥　林德力　刘珈铭

土木工程学院
陈乐文　陈泽汶　黄绿松　黄美娴　黄启麟　李伟恒　李志明　梁俊杰　梁美玲
林清勇　孙嘉岳　吴思如　许杰安　袁世杰　张嘉棋　张少晖

外国语学院
陈华伟　陈嘉成　陈沛瀛　麦振河　王　琳　张　伟

文学院
蔡少训　陈伟扬　冯全瑛　高　莲　高骏鸿　胡杨凯　黎紫滢　李剑丰　李信辉
林雅儿　刘强明　罗倩如　陶翠雯　吴少娟　许惠森　杨宝仪　张翠儿　郑伟见
周莉君

信息科学与工程学院
麦晓维

音乐舞蹈学院
胡琳钰　刘珊珊　苏晞雯　吴雅姗

哲学与社会发展学院

薄祥耀　陈奕雯　黄泰源　孙　容　王锦富

三等奖学金

材料科学与工程学院

张安妮

法学院

陈嘉豪　崔　剑　何国彬　梁裕聪　罗震明　文广威　杨嘉欣　杨文初　钟良玉
钟自强

工商管理学院

包杭云　蔡佳佳　蔡杏斯　陈楚斌　陈启键　陈玮珊　陈纹胧　陈奕龙　戴灿峰
邓俊杰　邓丽霞　方艺瑜　郭　越　郭紫莹　贺晓靖　洪晴雯　侯雅婷　胡小璇
黄柏林　黄欣欣　黄秀丽　黄媛媛　黄子彦　霍叶嫦　纪　越　邝彩燕　李家贤
李嘉威　李健文　李键业　李启勇　李贤霞　梁嘉瑜　林　锋　林美怡　林荣芳
林永亮　刘静雯　刘志威　吕佳虹　欧铭康　潘建文　潘智贺　彭佩悠　邱庆云
容晓敏　沈文骏　苏耀荣　苏子豪　谭俊杰　王海榕　王家成　吴柏聪　吴华星
伍嘉杰　伍世豪　项永明　徐美欣　许丽红　许咏敏　杨　艳　杨　洋　叶家钰
余达明　张鸿发　张学艺　郑惠文　郑杰峰　郑晓珊　周家俊　邹豪辉

公共管理学院

陈鸿藻　黄雅瑜　李晓明　梁慧娟　林嘉炜　林颖沁　刘鸿华　吴辉煌　甄佩芙
卓绮玲

华文学院

敖素娟　丁　泽　姜欣宜　孔宪蒽　骆思羽　任咏恩　苏雁凌　叶洁仪

化工学院

陈业达　何凯超　李丽君　林彩漪　罗晓韵　吴志铭　张伟峰

机电及自动化学院

黄　艺　黄佳伟　郑思慧　朱志强

计算机科学与技术学院

陈龙腾　古耀华　黎邦辉　李嘉俊　李景辉　梁永杨　麦文郁　邱乔聪　王靖雄
徐通才

建筑学院

蔡丹怡　蔡小玲　蔡子尧　陈惠敏　陈丽明　陈晓婷　陈镇东　傅宇轩　关思敏
郭　亮　郭韦麟　何　敏　何成海　胡诗云　黄智丽　李成杰　李建晖　李镇男
梁子行　林怡安　林紫苑　刘　平　刘家豪　刘嘉俊　卢健洪　卢美琪

欧阳俊匡　丘慧怡　王荣梯　吴侨艺　许亮伟　云　琳　曾碧嘉　曾晓彬
招家扬　朱婧媛　朱文懿

经济与金融学院

蔡珊珊　岑卓宏　陈　欢　陈加豪　陈俊源　陈铭泰　陈榕斌　陈伍思捷
冯润明　何嘉云　何均鸿　何晓彤　洪佳景　黄孝洺　柯展豪　赖颖诗
黎柳棋　李倩欣　梁家杰　林飘洋　林欣晟　林永矩　刘小盼　陆嘉鸿　吕荣增
吕忠楠　马家骏　莫安豪　莫焯荣　潘启力　丘昊安　邱梨鑫　区雄进　施莉莉
苏　捷　谭乐沛　王俊杰　魏秀霞　吴家辉　吴晓威　吴亦元　谢光宝　谢清棋
徐夔潇　许锦强　许咏盈　严紫娟　杨卿柔　杨永强　张　斌　张永曦　张志成
赵嘉豪　郑顾城　钟俊达　庄佳林

旅游学院

蔡咏杰　曹　祺　陈惠敏　甘秀琼　何结华　洪琪媚　黄　伟　黄浩远　黄淑冰
霍妙枝　邝子文　赖碧勤　黎铭聪　李嘉敏　李颖心　林雪娜　孟维赫
欧阳幸怡　庞小娟　施柏浩　施能瑶　唐达翔　温柏欣　吴海衔　吴嘉俊
萧向荣　杨瑞欣　张嘉丽　钟嘉涛　钟志雄

美术学院

蔡威信　蔡心清　蔡钟霖　岑毅敏　陈贵兰　邓蔼雯　方向华　关诗颖　何彦仪
胡宇洋　黄苹苹　雷浩华　黎卓欣　李玮晧　李幸儒　梁宝如　梁慧怡　梁日初
廖君怡　林　锋　林嘉诚　林民燊　林斯朗　林文隆　卢间芊　陆韵夷　吕汉良
吕汉旋　莫嘉进　孙红花　谈嘉浩　陶鑫立　王冠杰　魏美华　吴得军　谢嘉怡
谢盟蕊　谢小丽　杨　升　叶浩龙　曾宝凡　曾嘉慧　张文劲　郑凌驾　郑柳枝
钟文光　朱嘉妮　庄汉铮

体育学院

黄伟衡　邝颂麒　李德鹏　梁嘉伟　梁子聪　郑家荣

土木工程学院

陈俊林　丁明远　何家明　侯伟雄　黄　彪　霍志伟　蒋智杰　李家濠　李家俊
梁嘉华　梁康联　刘伟强　刘远邦　吕智恒　王　昆　吴东权　志　豪　许　多
姚俊健　张锦维　郑嘉恩　周伟杰　朱始盛

外国语学院

蔡树彬　陈蕴慧　刘慧婷　吕礼立　宋家凤　孙　丽　吴家颖　张　英　周欣薇
朱海源

文学院

卜崇轩　曹础文　陈慧明　陈加浚　邓清文　龚文轩　何炜乐　洪煌灿　黄嘉俊
黄俊杰　黄卓毅　李安亮　李姣姣　连颖宁　梁梓健　欧阳文杰　唐善君

翁涵蓉　吴宝怡　吴迪炜　吴一君　谢子添　余世豪　张嘉仲　张志雅　郑慧珊
钟智龙　周　霖　周承德

音乐舞蹈学院
邓雅媚　何礼怡　黄倬莹　刘凯婷　苏珈萤　余东朋

哲学与社会发展学院
蒋曙光　李雄卫　梁发强　邵嘉诚　吴志伟

教育部2013年度台湾学生奖学金

一等奖学金

法学院：余劲毅
工商管理学院：蔡雨虹　陈家泰　陈雯莉　黄米娪　吕宜家
建筑学院：黄厚渝　刘冠伶
经济与金融学院：吴心怡　张嘉萍
经济与金融学院：陈亭佑　钟玉洁
旅游学院：陆盈静
美术学院：洪晨容　洪晨馨　张千惠
土木工程学院：林　臻
外国语学院：林怡汝
文学院：李德珍　杨柳青　张　彤

二等奖学金

工商管理学院：陈俊宇　柳世豫
建筑学院：黄贞慈　黄子芳　刘晓燕　吴华盛
经济与金融学院：陈　瑜　林欣怡　林宜臻　张宗文　郑湘芸
旅游学院：曾玟静
美术学院：柯品莲　赖玫卉　缪汶嫣　苏凯亭　王楚筠　张方瑜
外国语学院：杨博雅
文学院：韩开竹
哲学与社会发展学院：林佳鋐

三等奖学金

工商管理学院：陈宥腾　江如芯　李杰卉
化工学院：涂浩涵

机电及自动化学院：陈璇智

建筑学院：魏果芸　张雅慧

经济与金融学院：蔡盈佳　黄柏钧　林世懿　王世民　许智榕　粘勋瀚

经济与金融学院：陈世晔

旅游学院：蔡侑惟　王彦定

美术学院：陈敬慈　陈思颖　林永寅　王思淮

外国语学院：黄崇信　黄语晨

文学院：陈均玮　李冠霖

2012~2013学年林秀华香港学生奖学金

优秀学生一等奖

工商管理学院：蔡培珊

建筑学院：张诗慧

经济与金融学院：何晓如君

美术学院：许安怡

土木工程学院：林斯逊

优秀学生二等奖

法学院：余卓林

工商管理学院：陈周虹　邱洪红

经济与金融学院：林晓茵　杨泽思

旅游学院：孙铭锋

美术学院：蔡玉娴

外国语学院：吴翠莲

文学院：罗　静

信息科学与工程学院：林浩泉

单项奖

材料科学与工程学院：尹嘉齐

法学院：区文俊

工商管理学院：李佳敏　危雪莹　吴阳斌　张小群

公共管理学院：梁耀俊

华文学院：康家佳

化工学院：洪情如　吕嘉杰

计算机学院：劳沛华　苏耕民

建筑学院：邓桥威　徐　婷

经济与金融学院：陈家媚　陈桢凯　简浩志　陆宝君　吕丽娜　欧世怡　周耀铭

旅游学院：陈嘉雯

美术学院：方向华　李凤娇　欧晓梅

体育学院：陈海桥

土木工程学院：何建恒

外国语学院：卢婉玲

文学院：郭靖雯　刘强明

音乐舞蹈学院：张楚欣

哲学与社会发展学院：潘安祺

华侨大学2013年度香港校友会优学奖学金

工商管理学院：卢科龙

经济与金融学院：陈嘉琳　陈婕涵　孙晓林

2013年度华侨大学香港泉州慈善促进总会香港学生助学金

工商管理学院：刘丽惠　沈文骏

华文学院：陈卓殷

计算机科学与技术学院：胡文华

建筑学院：何　敏　张诗慧

建筑学院：刘嘉清

经济与金融学院：陈　欢　简浩志　刘晓慧　莫杰群

旅游学院：容明深　孙铭锋

美术学院：许安怡　张锦志　周淑端

土木工程学院：黄美娴

外国语学院：卢琬翎

音乐舞蹈学院：何礼怡

哲学与社会发展学院：孙　容

2012~2013学年陈明金澳门学生奖助学金

优秀学生一等奖

工商管理学院：杨丽珍

建筑学院：李　杭

经济与金融学院：施少体

美术学院：郑彩英

体育学院：吴晓彤

优秀学生二等奖

工商管理学院：李俊辉　连李琼　卢茵茵

公共管理学院：陈元芬

化工学院：何似萤

计算机科学与技术学院：赖俊逸

建筑学院：梁卓培　萧　颖

经济与金融学院：陈咏琪　邓倩影　孔辉鸿　李旭龙　欧耀明

旅游学院：马红梅　余　虹

美术学院：江玲玲　李康廉

土木工程学院：方凯麟　梁家和

音乐舞蹈学院：吴雅姗

单项一等奖

法学院：陈卓铿

工商管理学院：陈真真　侯雅婷　李再兴

公共管理学院：黄发来　郑苗冰

建筑学院：罗咏诗

经济与金融学院：何嘉雯　黄桂鸿

旅游学院：高永祥　梁俊杰　郑仕伟

美术学院：岑嘉莉

土木工程学院：林清勇

外国语学院：余丹尼

音乐舞蹈学院：杨学莲

哲学与社会发展学院：王锦富

单项二等奖

工商管理学院：王小芳

计算机科学与技术学院：古耀华

文学院：黄俊杰　郑伟见

哲学与社会发展学院：梁发强

助学金

工商管理学院： 李志辉　林展萍　容晓敏　冼淑珍

建筑学院： 曾碧嘉

经济与金融学院： 霍志文

旅游学院： 蔡佩妍　何结华　黎铭聪　梁玮珊　陆志峰　施能瑶　吴海衔　吴嘉俊　钟嘉涛　朱文威

文学院： 许惠森

2012~2013学年王彬成优秀华裔留学生奖学金

一等奖

工商管理学院： 潘氏香江

化工学院： 杨慧珊

经济与金融学院： 莫君珊

旅游学院： 黎海英

文学院： 谢天才

信息科学与工程学院： 陈舒凌

二等奖

工商管理学院： 黄家成　李国善　阮氏明芳　钟衬喜

机电与自动化学院： 张海龙

计算机科学与技术学院： 刘文财

经济与金融学院： 罗明亿　余章源　张　莹　张灵福

旅游学院： 阮文强

美术学院： 钟采彤　钟征宏

体育学院： 何嘉敏　骆良维

土木工程学院： 庄世昌

外国语学院： 王月萍

三等奖

工商管理学院： 李淑香　阮玉梅　苏南达　谢文家　许家豪　邹艾青

经济与金融学院： 陈龙泉　黄炜强　黎金祥　黎小花　罗明菊　裴氏轩　彭莉莲

佘慧娜　许美娟　杨丰阳　杨锦轰　钟慧玲

旅游学院：陈慧妮

美术学院：林雁虹　莫鸿钧

文学院：陈俊良　傅丽妹　钟慧虹

单项一等奖

工商管理学院：陈诗旎　何绍华　王立夫　温婉吟　邹红芬

华文学院：吴潍安

计算机科学与技术学院：唐健鸿

建筑学院：林浩文

经济与金融学院：林润盛　刘雪娟　阮如恋　唐独如

旅游学院：林绍庆

美术学院：叶仪兴

土木工程学院：范阳维

外国语学院：陈菲尔

文学院：曾镁灵

单项二等奖

工商管理学院：林靖勇

经济与金融学院：廖雪莉

外国语学院：李文雅　孙　丽

文学院：胡倸豪

2012~2013年林伟柬埔寨优秀奖学金

一等奖

国际经济贸易：黎金祥　钟慧玲

旅游管理：陈丹凤

新闻与传播学：胡杨凯

二等奖

国际经济贸易：陈麒光

新闻与传播学：钟慧虹

福建省第五届港澳台学生普通话大赛

福建省第五届港澳台学生普通话大赛港澳组二等奖

华文学院：姜欣宜

福建省第五届港澳台学生普通话大赛港澳组三等奖

工商管理学院：李佳敏

华文学院：苏雁凌

经济与金融学院：陈思齐　牛　晨

文学院：刘强明

福建省第五届港澳台学生普通话大赛港澳组优秀奖

法学院：曾振坤

建筑学院：徐　婷

美术学院：郑柳枝

福建省第五届港澳台学生普通话大赛台湾组优秀奖

美术学院：陈敬慈

文学院：李冠霖

华侨大学年鉴
2014

2013届毕业生

2013届本科毕业生

材料科学与工程学院

材料科学与工程

边 龙	蔡 骥	陈婷婷	陈显明	陈燕春	程 超	程 倩	初同娇	董 佳
桂淑媛	何冬明	胡毅慧	黄旦旦	贾 蓉	李春明	李高旺	李国华	李建辉
林 琰	林艳莲	刘燕峰	牟江华	彭 翔	齐 旸	芮 瑞	宋成暄	苏远兴
孙铭悦	王开冲	王鹏超	王 清	魏 昊	翁晶晶	吴 姗	谢晓慧	许丹丹
颜 妮	杨丽华	詹琴梅	张安琪	张 渊	周颖浩	朱仲翰		

高分子材料与工程

白梅芬	才闻霖	陈韩莉	陈 晶	陈其珠	陈 荣	陈 昕	方明哲	冯小兵
管邱生	侯长健	胡 斌						
胡 辰	胡陈成	胡庆安	黄光春	黄佳斌	江培源	柯少宏	雷晓君	李 勇
李育根	梁晶晶	林菊香	林美琼	刘 健	刘梦慧	刘 溪	刘现庆	刘衍翔
龙智云	卢国瑞	马 玲	马秋婷	任家旺	邵 悦	施养超	石晓虎	田 成
王凯峰	王 爽	王庭福	王振晓	吴锦龙	肖宗珉	谢剑生	谢炉宾	谢 杨
邢 宇	徐 强	徐文杰	杨昌专	叶 义	于建一	余常枫	余金波	余思旺
余 妍	张弘奇	张培佳	张清琴	张晓笑	张雪薇	张曾辉	章 华	赵春霞
郑千燚	朱林林	朱 敏						

应用化学

毕新英	蔡 赞	陈 范	陈立辉	陈绍德	陈雪贞	陈艺红	出纳祥	丁金荔
方晓芬	郭芳萍	贺岩晶	胡福琼	黄园桥	黄宗传	蒋湘麟	赖 敏	黎 泓
黎敏洪	黎杏桦	黎园园	李燕飞	梁倩倩	刘 璐	刘章昭	吕奎霖	罗亚光
洛桑卓玛	莫逢珍	南金辰	彭政芳	邱雁强	屈莎丽	冉永江	阮 东	
苏秋李	苏 阳	隋佳宁	田 壮	王博文	王 栋	王丽娜	王秋云	王晓曦
魏成璐	温静文	毋梦薇	吴绍云	吴 鑫	徐 罡	杨华达	杨小婕	叶 伟
殷国志	张卜文	张春艳	张锦芳	张启慧	张 胜	钟永生	朱亚当	庄小微

法学院

法学

阿勒腾	包宗山	蔡国栋	蔡巧媚	蔡雅琼	蔡燕惠	蔡展图	查艳玲	陈宝珠
陈 君	陈开放	陈莉莎	陈丽清	陈庆芸	陈尚军	陈仕哲	陈 帅	陈 思
陈伟栋	陈晓阳	陈艳雪	陈 杨	陈 业	陈艺燕	陈 颖	陈臻强	陈 铮
陈宇祥	谌长春	代 恒	戴桂洪	单逢麟	邓淑梅	董书田	段悦秋	范格豪

方雪芬	付 俊	甘伟豪	高晓兰	高云雪	葛剑刚	龚 璨	古心洄	官执山
郭浩才	郭泽林	韩世勇	韩晓盈	韩亚荣	韩志敏	何金波	何小强	洪天才
胡文韬	华水兰	华珍梅	黄苍榕	黄超明	黄晨晖	黄福连	黄俊杰	黄凝凝
黄 茜	黄青蓝	黄诗超	黄淑华	黄 兴	黄云健	吉家宝	纪师俊	简 满
简志晓	江 华	江婉容	姜伊美	蒋 磊	蒋宗羽	靳 原	李洪平	李 慧
李慧红	李津津	李娟娟	李丽娜	李 倩	李 青	李思泉	李素珍	李新美
李永欢	李勇生	李媛媛	李卓颖	梁敬锋	梁双杨	林美玲	林巧文	林少霞
林世文	林小能	林欣华	林雪懿	林玉琼	刘二娟	刘菲寒	刘慧玲	刘 娟
刘娜玲	刘秋容	刘 驼	刘婉莹	柳长印	吕嘉浩	罗 芳	罗 琼	马柯珊
马乐为	马梦劼	马千惠	马 群	苗 欣	潘 钰	裴志华	彭 巍	秦 忠
全少凤	沈 影	石菡影	石奇鲁	时 磊	苏 可	苏倩男	孙锦嫦	孙 帅
孙智莹	唐笃耘	王超男	王婧宇	王军超	王明志	王其冬	王伟豪	王 文
王向明	王晓鹏	王 艳	王洋凌	王艺霖	王韵含	吴昌熙	吴 璠	吴建喜
吴梦姣	吴启帆	吴 珊	吴 硕	吴思佳	吴小燕	吴友盟	武海浪	席 梦
谢 辉	谢 闻	谢小婉	徐恩玉	徐 浩	徐 龙	徐 龙	许天赋	薛爱铧
薛 培	薛馨纯	严 敏	严奕汾	杨俊添	杨 谓	杨怡曼	杨跃恒	姚阿妹
姚 芳	叶宝荣	叶枝旺	叶 心	尹 娟	余 超	俞佳颖	虞 翔	原小敏
袁宁西	曾 兵	曾章琪	詹陈朋	张 斌	张彩云	张 萃	张 京	张丽君
张晟玮	张文刚	张潇雪	张小惠	张晓芬	张学强	张 艳	张燕琼	张 扬
张伊桥	张永富	张云帆	张振华	张总水	赵婧薇	赵梅梅	赵文强	真善美
郑家楠	钟萍萍	钟小强	周东阳	周光翠	周金金	周坤材	周雨峤	朱凡奇
庄颢芸	庄俊泓	邹禹同	邹玉婷					

工商管理学院

财务管理

蔡 桦	蔡小丽	曹海亮	曹 捷	曹珍珍	陈煌维	陈 会	陈见睿	陈锦辉
陈 肯	陈丽平	陈 榕	陈 涛	陈玮欣	陈小龙	陈 昕	陈以虹	陈煜珠
戴清凤	戴文颖	邓雪贞	杜 力	范梦迪	高永靖	葛皓青	郭辉林	郝晓阳
何 莉	何婉君	洪佳静	洪美珠	胡剑波	胡力丹	胡小东	黄碧红	黄福顺
黄鸿艺	黄萍萍	黄琼霞	黄婷婷	黄 莹	江芬芳	荆妍嵩	赖天庆	李春玲
李惠锦	李瑞珍	李 师	李贤珍	李晓青	廉 璐	梁均要	梁苗芹	林安南
林彩凤	林德生	林调彬	林谨斯	林卢东运	林 清	林婉萍	林文亭	
林艺苹	林郑重	林志全	刘碧真	刘海云	刘洁琛	刘 敏	刘 平	刘 琦
刘 琪	刘素萍	卢德庆	卢慧瑜	陆 璐	毛朋飞	孟乾坤	缪金海	潘 雪

祁丽佳　邱瑜萍　阙翠英　阮琛琦　佘胜郁　沈道坤　宋娇娇　苏淑清　孙润馨
孙星恺　孙云乔　谈译冰　王翠足　王丹瑜　王娄燕　王　瑞　王斯颖　王　腾
王婷婷　王小明　王雨蒙　王语姗　王泽华　闻　斌　吴海萍　吴林奕　吴萍萍
吴莹莹　席彩丽　冼富英　肖洪达　肖燕秋　谢　灿　谢文华　谢逸凡　徐婷婷
许丽明　许　双　杨冬梅　杨坤富　杨子文　叶　娟　叶丽丽　尹聪聪　余明山
余　昭　俞樱子　曾任琪　占娟兰　张佳莉　张美霞　张梦原　张淑芬　张　婷
张昀姝　章剑斌　赵秀云　郑蓓蓓　郑丽丽　郑　璐　郑梦璐　郑燕萍　郑映华
钟燕珍　周培杰　周庭光　周小霞　周　燕　朱希娟　朱秀香　庄萍艳　卓艳菁
邹逸君　佐一鸣

工商管理

白家华　蔡家兴　曹丽丽　曹宇佳　陈佳远　陈嘉敏　陈　茹　陈天柱　陈滢婷
程　晟　戴嘉俊　戴意林　董雄斌　杜光磊　范银霞　古　飞　顾佳敏　桂　杰
郭荔桦　郭　森　韩　洁　韩金鹏　郝力学　何丽琴　何美玲　何小峰　洪婉茹
洪子然　胡　倩　黄凯龙　黄玲玲　黄梦婷　黄瑞芬　黄晓波　黄正平　黄志滨
黄梓俊　蒋小兵　黎文静　李　盼　李淑曼　林炳嵩　林善林　刘丹丹　刘俊龙
刘晓东　卢陈敏　毛敏聪　梅志燕　孟　扬　牟　佶　宁　曦　潘民杰　潘艳红
彭萌萌　施培玲　宋怡醒　苏仕真　孙晓彤　陶海生　汪　也　王艾琳　王剑峰
王　健　王丽萍　王灵英　王　其　王　琦　王巧玲　王　腾　王晓朦　吴斌斌
吴灿昕　吴荣峰　吴凤意　吴　巍　吴志航　伍志鹏　肖小雨　肖晓鹏　许向楠
薛家明　颜丽清　颜伊彤　杨　彪　杨丹丹　杨梦蕾　杨溯静　叶巧真　余诗颖
余希凡　俞建伟　曾美琪　曾玉荷　张俊伟　张立媛　张娜娜　张雨光　张玉滨
郑文欣　钟杭益　钟　艺　周　晴　朱锦爽　左　旋

人力资源管理

敖仕姣　包　琴　蔡荣誉　曹　伟　陈彬彬　陈芳芳　陈芳丽　陈凤英　陈　虹
陈　建　陈小兰　陈志文　丁水龙　丁雅真　董全玉　郭　敏　郭　然　郭燕平
韩　冰　何昆霖　何梅恋　洪惠萍　胡吉洋　胡鹏程　胡裕兴　黄彬凤　黄海军
黄华彬　黄孙康　黄文新　黄艺杰　黄永强　赖伟贤　赖颖俏　兰长招　黎嘉琪
李　昳　李　盾　李　华　李俊容　李　乐　李美贞　李小燕　李星星　梁德秀
梁广林　梁嘉欣　梁斯钧　林池静　林锦微　林　俊　林　婷　林雯霞　林小霞
林咏敏　凌锦恩　刘华琴　留琪琪　吕联杯　吕颖敏　罗继昌　罗　艺　马肖寒
欧阳琼诗　潘晖燕　潘　武　平　雯　丘华艳　邱梦洁　邵　倩　史钰花
宋馨雨　苏婷婷　苏雅英　孙佳兴　汤　雷　陶　陶　陶　旭　王晨旭　王　蕾
王沐媛　王　琪　王清清　王乙玲　王义红　王　颖　王圆倩　王　珍　王治军
吴　丹　吴　凡　吴怀蓉　吴　鹏　吴强炜　吴　瑶　徐红萍　徐丽贤　杨舒婷

杨婷婷 杨子 杨书荣 姚雪娇 云子扬 曾丹阳 詹恢旺 张萌萌 张蒙蒙
张潇澜 张影影 赵文雅 甄冰杰 郑赐恩 郑永明 钟嘉琪 周佳凤 祝丽娜
左里阳

市场营销

蔡清峰 蔡少洪 常甜 陈超艺 陈凤冰 陈海燕 陈锦航 陈伦顺 陈茵子
陈玥 陈志宏 方丽霞 冯晓萌 傅超婷 傅剑飞 傅苓芯 高婧 龚明鹏
关嘉安 郭少甫 郭雄然 何宝丽 何丙虎 何立 何美伶 胡珊珊 黄斌
黄冠华 黄华锃 黄倩云 黄思思 黄伟桢 黄晓艺 黄旭东 黄伊凡 黄永杰
黄志财 黄志鸿 柯恒 柯金阳 李金洳 李婷婷 李文凯 李一鹏 李煜
连敏燕 梁家荣 梁梦莎 梁智贤 廖嘉和 廖伟诺 廖新盛 林碧丽 林金清
林素妍 林晓鉴 林艺平 林沅彬 刘海峰 卢家俊 罗刚君 罗慧连 马存明
马静 麦朗庭 牛传文 欧阳伟泽 欧阳嘉奕 彭文辉 乔玉芸 秦玉丹
邱立新 邱少新 区颖瑜 容国权 覃小清 谭荣和 谭伟忠 唐科 王自强
吴乾鹏 吴荣良 吴若旭 伍瀚良 夏璐 肖伟 谢馥宇 辛婉 徐娟
徐林 许方红 许文杰 亚努彭 闫诚 姚世婧 叶小娟 叶雅雯 叶允尚
叶中建 游嘉豪 张佳悦 张家恩 张汝亨 张旭蓉 张英豪 张仲都 张遵义
赵谦 赵卫民 郑钪钪 郑丽妍 郑章世 郑颖扬 钟林清 钟玉志 周龙
朱国舜 庄璇茹

信息管理与信息系统

蔡娟娟 蔡欣慰 曹璐琳 陈锋 陈民云 陈伟斌 陈永火 陈志彬 程聪
崔旭 邓超 董雪 杜鹏程 方莉倩 傅容坤 巩飞 古淑芬 何丹丹
洪智源 黄丽娟 姜倩 瞿庭海 柯燕玲 李庚 李建霞 李娜 李尚鸿
李文涛 凌娟 罗慧丹 罗群燕 牟善龙 宋滔 宋相恒 苏静 苏少梅
唐家进 万晨曦 王符安 王欢 王琪 王珊 谢伟燕 徐涛 杨峰
杨欢 杨凯东 于群 俞曹熠 张德强 张嚚琦 张晓玲 张宇 赵巧娘
赵向东 赵亚静 郑昊 郑剑勇 郑荣强 朱镇发

工学院

电子科学与技术（光电方向）

陈尔城 陈立志 陈明玉 陈若飞 陈星明 陈哲 傅雅琳 郭晓燕 黄德猛
赖嘉炜 李洪成 李家彬 李嘉伟 李阳 梁鹏 廖炫 林雨彤 刘绩林
刘倩倩 欧阳宇 潘诗发 苏江杰 孙和 王东鹏 魏康泓 温小飞 张健翔
张庆磊 张云 张志超 赵冠楠 赵爽 赵秀荣 邹怀远

公共管理学院

公共事业管理

蔡 梅　蔡清怡　陈嘉豪　陈健能　甘达荣　高彩竹　高陪玲　高 苒　高晓磊
关欣宇　郭垚天　黄海涛　黄燕鹏　蓝瑞永　雷炜亮　李艳平　刘鹤翔　陆明月
马骏飞　倪 力　聂 伦　邱金艺　沈晓晴　舒 鹏　宋 健　孙 亮　孙 晔
唐 境　王亮亮　魏廷翔　谢 琳　莘向前　徐洁洁　杨 洵　杨 艳　俞雯雯
喻冯腾子　张杰波　张军龙　张骏骁　张苗苗　张泰宝　赵常青　周永豪

土地资源管理

蔡志辉　陈 洁　陈扬鲲　陈远志　丁罗茜子　付丹平　郭 蕊　黄晨宇
贾雪莲　孔春日　邝翠萍　黎仕豪　李 兵　李 坚　李 美　李 敏　李鑫娜
李 月　梁颖琪　林家杰　林泽春　刘俊骞　刘萍娥　刘青青　刘钰婷　陆月霞
吕 锋　潘凯云　谭玉婷　唐 琦　唐稳铭　卫舒婷　吴颖颖　辛 明　杨 画
杨俊芳　杨 晰　杨正平　于 杰　张芳萍　张倩婷　张伟伟　赵青柳　郑俊强
郑鹭毅　郑新伟　郑志豪

行政管理

陈渊源　陈志超　邓海芳　邓宏伟　方智艳　符 驹　高 鑫　何鸿林　黑旭阳
洪 璨　黄燕珊　黄浩桢　黄启雄　黄武阳　霍可欣　颉孝杰　康贤章　赖晓芬
兰佳男　雷 阳　类欣雅　李洪芬　李嘉媛　李萍萍　李奇斌　李倩娜　李 炜
李 雯　李子骐　连媛媛　列钧蔚　林 安　林 燕　刘美秀　刘 婷　刘 卫
马晓磊　穆晓菁　欧阳月珊　任健峰　邵 豹　时 蕊　宋朔雨　孙诺卓玛
谭博文　唐嘉明　王锦棠　王丽珍　王亭允　王小勇　王一捷　魏博茜　吴雪莲
谢统夏　许培莲　杨惠娟　杨 昭　叶文桦　于倩倩　张洁清　张 雪　张 莹
张玉明　张玉群　张嫄艺　张远新　郑秋宾　钟展锋　周雪霞

华文学院

对外汉语

边 宇　蔡 沁　曹诗倩　曹雄峰　常静雯　陈慧琳　陈娟花　陈凯丽　陈佩婷
陈 青　陈世峰　陈 瑛　陈姿桦　池富福　丁 锐　董龠文　董小琳　窦诗璐
杜 赟　范 璠　方 文　方云榕　傅晓莉　高 承　葛 覃　龚迎迎　郭佳楠
郭 欣　侯建魁　华梓艺　黄华华　黄慧敏　黄 纬　黄喜梅　黄雨琴　黄正波
计 冰　姜丽萍　姜伊婷　蒋星语　焦平红　解 黎　金佳歆　金 蒙　敬妍霖
瞿芳馨　阚 惠　孔子玲　蓝彩莉　李灿美　李 畅　李晨孝　李冬婉　李 花

李佳奇	李健彬	李丽影	李若郡	李世林	李爽	李亚男	李洋	李羽飞
梁姣婵	梁培培	林德玲	林菲敏	林蕊思	林秀香	刘会敏	刘如影	刘媛媛
柳承吟	龙巧	卢钰莹	鲁诗怡	吕慧敏	吕维	吕烨	吕颖聪	罗方
罗涵予	马金娟	马骏	毛晓雯	孟晓薇	聂艳婷	欧青	彭嘉楠	彭璐
钱彦朴	钱一菁	秦帆	任艳彬	尚清	施缙衡	史晓玲	宋敏佳	苏慧
孙曼	孙殊葶	孙晓婷	覃明霞	陶晶晶	滕菲	田晓贝	佟宇婷	王霏
王凯旋	王若凡	王晓昳	王言	王禹诺	韦潇祎	吴娇	吴桐	吴羽
谢静仪	徐琤	徐萍	徐骐	许剑虹	杨丹	杨光宇	杨佳琳	杨念
杨欣然	杨植	杨卓昕	姚雅婷	姚垚	尹晓梅	尤骄阳	余英岚	俞关关
原文奇	曾玲	张泠怡	张铭晏	张品格	张琼	张晓霞	张信良	赵那
赵思博	赵小洁	赵雪莲	郑红云	周淑媛	周维	朱琳	朱龙瑞	朱杨
庄冠婕	庄娟	訾睿						

汉语言
李兴朝

华文教育
鲁仙慧

化工学院

化学工程与工艺
池源斌	邓冠	国鑫	韩国飞	何昆	华火梅	黄春俊	黄小红	黄好
黄育龙	简兆政	连惠芳	林德智	刘朝	陆展程	罗中俊	秦洪	谭杰
唐嘉蔓	万博文	王树荣	王志	文海燕	吴炎龙	伍路平	夏振宇	徐欢
许尔新	许国超	杨成杰	杨金	杨丽	杨志腾	张登尚	张羊	赵鸿
赵军利	周瑞杰	卓怀山						

环境工程
陈玲	陈宁怡	陈志强	陈志源	郭贵恩	郭佳琪	胡苗苗	胡起超	黄富远
黄华炜	黄鹏峰	纪君豪	姜秀丽	姜彧	蒋保周	金翠能	李睿智	李修明
李奕慧	林加安	林若蔚	林维含	刘聪	刘宁	梅威	阮滨	史翱云
王华悦	王小宇	魏飞鹤	吴宣龙	吴芳磊	吴贵江	萧晓乾	谢枝	熊伟
徐振	许志贤	闫晓峰	杨楦欣	易思亮	尹亚云	余瑷	苑媛	张胜祥
张弈	周小斌	朱凯						

环境科学
池丽云	董水兵	方琳	高磊	郝威尔	黄金秀	黄秀宝	江菌	江佳颖
林香泉	林晓辉	刘璐	柳艳	陆晓昊	麦鸿杰	聂文凯	石廷强	孙克遥

王　翔　　王　霄　　王　洋　　温荣霸　　谢春梅　　杨宏剑　　杨　攀　　殷亚楠　　翟秀清
占丽叶　张　高　张　蕾　张　玮　张亦青　张雨婷　赵　迪

生物工程

蔡玉蓉　曹溥胜　曹　石　陈　思　陈　通　陈晓珠　陈志忠　邓　远　付金开
付　敏　郭驷琪　何　梅　洪嘉莲　洪婷婷　姜　楠　孔　茜　赖碎云　李　婵
李海兰　李维维　梁丽明　梁　珍　林炳风　林冬亮　林集端　林　苑　林云志
刘博敏　刘飞帆　刘燕平　刘致和　马丽萍　马亮周　孟　蕾　倪陈清　邱桂芳
阮俊海　司丽芳　宋湖凡　苏斌吓　苏晓倩　孙嘉睿　田　洁　田文娇　汪梅兰
汪培华　王晓雪　王　禹　王　玉　翁丽琴　吴丹春　吴西湖　夏慧敏　谢凤娇
杨春发　杨来春　于德龙　曾素芸　曾渊君　张健彬　张　淼　张秀娟　张　尧
赵若愚　郑　伟　钟　诚　周建军　庄锦程

生物技术

蔡凯勇　陈道怡　陈　群　陈文玮　陈钟昱　樊晶柳　高东东　郭翔宇　韩斯宇
何　玲　洪素宾　洪武平　胡　楠　胡志敏　贾国鹏　李汉林　陆少洁　潘文婷
宋兰欣　唐明辉　铁雅兰　王　粲　王金丹　王丽娟　王　帅　王松振　王馨蕊
王雁庆　魏翠华　吴燕红　吴玉萍　谢玉华　杨志敏　袁渭华　曾亚威　张诗冉
赵文珺　周　壮

园艺（观赏园艺）

陈　刚　陈丽丽　陈素兰　陈小辉　崔　雪　戴　伟　黄富治　贾　文　李丹红
李斯敏　林　莉　蔺东华　刘　虹　麦艺强　潘丽君　沈　蕾　唐　唯　王乃通
杨　婷　岳亚东　张联合　张姝吟　张小明　赵　姗　赵晓春

制药工程

蔡宏亮　常秀海　陈　芳　陈俊忠　陈美珍　陈顺昌　陈雪玲　单凯琳　何秋艳
胡志芬　黄晓珊　姜婷婷　黎常魁　李　娟　李　阳　林慧敏　林协金　吕雅香
彭经纬　彭武凯　任晓磊　邵　赟　汤婷芳　田　丹　王明宗　王晓春　王雪莲
韦　盼　吴莎莎　吴文涛　吴　颖　伍慧芳　徐　峰　徐　涛　阎　晗　杨玲英
杨　洋　曾丹红　曾　虹　曾露萍　张　冉　章倩云　赵免搏　郑亚妲　周　娟
邹俞淞

机电及自动化学院

材料成型及控制工程

陈聪彬　陈青茂　陈晓峰　冯光明　傅驰林　高　亮　何　强　黄庆丰　黄相鑫
黄　鑫　黄振亿　蒋明光　金成辉　李　昂　李海涛　李婷婷　连峻珑　梁云琴
林　青　林旭华　刘　刚　刘汉彬　刘远明　吕　卿　潘桂水　蒲文婧　童东海

王冬林　王水波　温耀铃　巫镇泉　吴贵溪　许嶂芳　杨　斌　杨　波　郁钱呈
袁海文　袁明生　曾　骏　张林亮　张　涛　邹　宁

测控技术与仪器

曹明源　陈傲奇　陈宝伟　陈大伟　陈　朋　陈奇格　陈　啸　陈宣蓉　陈永志
陈正发　程　果　程丽强　丁小响　董江涛　房　帆　付袁媛　傅建阳　郭　乾
何哲春　洪　杰　黄　毅　江芳彬　姜恩倍　金花雪　雷　洪　李　明　李志文
林汉强　林学龙　刘宏栋　刘　熙　吕凤平　罗　曼　马桂旭　农金德　潘荣誉
蒲家鑫　邱　斌　邱奇琪　曲志兵　阮智铭　桑智渊　王　涵　王康康　王　璐
温明昊　吴清正　先　婧　熊麟彪　杨　冰　杨国鹏　杨艳光　杨奕昌　杨雨蒙
姚剑锋　叶身武　张炳飞　张　晨　张美辰　张　琦　张文静　张兴斌　郑会见
郑建军　郑　钦　郑序煌　郑运建

车辆工程

包世啟　陈恒麟　陈剑峰　陈少冰　陈子昂　范海超　付　茹　高孔装　高伶俐
耿辉辉　何柱辉　胡光洁　纪在茂　姜同军　李博超　李　奇　李　硕　李　阳
李一峰　李远良　廖标新　廖敏敏　林俊雄　刘　洪　刘　骏　刘　鹏　刘　瑞
刘舒然　吕　娜　马　凯　钱庆辉　钱　炎　宋沛沛　谭睿哲　谭仕发　王　博
王清扬　王伟平　魏焱鑫　温　汪　吴建苗　夏陈建　谢家县　徐　鹤　严　锦
杨　磊　杨孝贝　叶智城　易馨娴　喻　力　曾梦远　张鸿远　张金庭　张晓南
周建平　邹　波

工业设计

陈景湖　陈庆耀　陈雨彤　池潇薇　崇书庆　党高飞　董辉阳　范文洁　高嘉俊
何沛峰　黄均文　黄晓琰　赖伟泓　兰　艾　雷　文　李　安　李慧君　李　麒
林祥应　刘　杰　刘梦瑶　刘　敏　刘　停　刘向哲　卢霞飞　卢艺燕　罗　锋
罗　艳　马静文　施王辉　汤　杨　唐俊青　王　楠　吴亚东　许　鑫　薛　嵩
俞培源　张　琦　张绍祎　张世鸿　张伊含　郑泽开　周正坤

机械工程及自动化

安金贵　暴璐瑜　蔡俊宾　蔡秀虹　柴元晖　陈崇兰　陈聪智　陈丹丹　陈敦煌
陈佳加　陈嘉俊　陈建斌　陈建鹏　陈杰龙　陈金梅　陈景全　陈　娟　陈俊发
陈俊杰　陈俊伟　陈雷平　陈梅玲　陈明飞　陈　涛　陈天柱　陈伟祥　陈温华
陈　曦　陈晓东　陈晓东　陈旭辉　陈　轩　陈焰文　陈　阳　陈仪荣　陈溢琳
陈振川　陈志源　陈致博　程　晨　池炜宾　邓建斌　丁庭发　董定波　董灵健
杜剑彬　杜立云　杜志超　范朝明　范承源　方华翠　房桂征　冯云朋　付　伟
高琛光　高辉明　高建扩　高　杰　高　坤　葛　鹏　耿鉴君　龚雪丽　郭超儒

郭达锋	郭敏敏	郭志伟	韩智超	郝 帅	何鹏程	何绍成	何 欣	洪铭杰
洪荣浓	洪智生	侯春磊	胡明辉	胡艺馨	胡奕鹏	胡卓槐	黄宏中	黄建玮
黄丽霞	黄 鹏	黄 祺	黄 文	黄学彬	黄玉宝	黄 跃	黄志仕	黄宗华
霍 刚	贾学志	江 腾	江厦春	江源红	姜涛涛	蒋炳辉	揭育镇	康乐为
柯佳阳	赖东东	赖梧鑫	蓝春富	蓝 宏	蓝明通	雷 鹏	冷洪坤	李 宾
李成楠	李东升	李东阳	李广源	李桂林	李杭洲	李 晖	李 剑	李 莉
李 楠	李鹏程	李泉辉	李淑梅	李向东	李小丽	李卓萱	栗清波	连建超
连严都	练亮华	廖伟昆	林德发	林贵涵	林国新	林海天	林海亭	林 涵
林金德	林 静	林俊宏	林孔飞	林清和	林世钊	林韦池	林文挺	林小金
林小梅	林孝仁	林羽翔	林玉辉	刘柏祥	刘国汶	刘海东	刘 浩	刘贺廷
刘龙文	刘 梦	刘 勉	刘清风	刘群峰	刘帅杰	刘 燕	刘永梁	刘玉强
刘增林	卢彪平	卢松繁	卢志彬	栾 猛	罗旌旋	罗文斌	马冬冬	马明明
马 鑫	潘苏瑜	潘晓文	潘 震	裴文彬	彭 澄	彭天雄	彭小涛	彭小修
彭泽华	丘建梁	丘廉芳	邱蔚哲	上官荣海	邵尔杰	沈国浪	沈华坤	
沈吉昌	沈俊坚	施俊洋	石俊祥	石晓鹏	宋庆庆	苏宁文	苏昭梦	孙培城
孙深远	孙镇川	覃兰杰	汤昌铎	汤宇翔	唐鹏程	唐 武	唐振军	陶 治
田 啸	王白石	王 彪	王 东	王江龙	王江全	王俊成	王 立	王明扬
王宁昌	王清松	王树宏	王文喜	王 轩	王永金	王月亮	魏彬彬	翁 超
吴成元	吴海贵	吴洪波	吴挥横	吴杰彬	吴琳瑶	吴龙海	吴树海	吴 翔
武大鹏	武江正	席瑞成	夏明博	夏银川	肖 舰	肖铁城	肖正宗	谢剑鹏
谢俊伟	谢立斌	谢 南	谢越凡	谢云辉	邢奕才	熊 奎	徐 露	徐宇航
许楚雄	许丽贞	许明明	许添地	许小勇	闫高凯	杨秉波	杨 岑	杨常鹏
杨宏伟	杨锦辉	杨 婧	杨利国	杨 睿	杨维焜	杨英杰	杨志伟	姚佳茜
姚江传	姚潇潇	叶豪杰	叶鸿英	叶家林	叶隐城	叶月影	余继培	余思成
余忠伟	袁科杰	岳伊冬	曾国荥	曾 靖	曾显演	曾艺伟	曾志鸿	詹本灿
詹 东	詹钦墩	张常奂	张 超	张 驰	张大语	张德隆	张河鸿	张景越
张 靓	张 凯	张 磊	张 亮	张美玉	张 敏	张 鹏	张 微	张伟俊
张晓芳	张学典	张永欢	张永生	章建颖	章劲秋	章文益	赵 博	赵 飞
赵 海	赵会杰	赵俊星	赵 阳	郑邦谊	郑 好	郑惠斌	郑 建	郑金城
郑生龙	郑伟铎	郑贤壮	郑兴远	郑秀明	郑益成	郑志平	郑志森	钟碧锋
钟存龙	钟启瑞	钟 清	仲振亚	周斌斌	周 灿	周旦兴	周艳梅	周宇航
周云龙	朱冬冬	朱 官	朱景江	朱龙健	朱 勇	朱芋珊	庄桂元	庄 钦
庄增滨	邹 航	邹泽泽						

计算机科学与技术学院

计算机科学与技术

敖忠旭 白雪 才超 蔡俊怡 曹赟 畅俊伟 陈荷 陈军清 陈培发
陈娉娉 陈秋月 陈蓉芳 陈卫君 陈文管 陈翼红 陈月朝 陈忠霖 程宏
戴源成 郭军焱 韩东 韩佳岑 何庆攀 洪欣欣 黄思达 黄位义 姜凯
赖跃进 李腾 李王明卉 李飓 林福怡 林润男 林元 林志权
林志霄 刘杰 刘露露 刘明莉 刘彦 陆贤 罗承森 马海瑞 马俊
苗瑞源 缪石乾 彭丽针 彭臻 钱丽羽 秦界 邱标芳 邱雅端 饶梦欣
沈忱 苏志福 唐思源 涂婉华 汪长彬 王巧玉 王晓晓 王心博 王鑫
王雅清 王一力 韦丽 吴理清 吴文榕 伍永强 夏啸宇 鲜玮歆 向靓
谢真真 徐春 徐姜若凡 杨博 杨帆 杨钧博 杨珺 杨康
姚邦文 姚宗林 叶伟平 银知兴 张东杰 张洪源 张莉 张涛 张振华
赵豪 赵晓岩 赵新建 郑骏伟 郑丽能 郑凌雪 郑琪琪 郑思耀 周建文
周岩 周飓 周志鹏 卓少伟 邹凯

软件工程

陈朝阳 陈海燕 陈晗 陈捷 陈荔英 陈梅珍 陈生焜 邓腾峰 丁左丞
范和峰 范俊 范哲 郭红英 韩凯 郝亮亮 何凯 洪骏龙 胡静
胡瑞 江美希 孔美美 乐星宇 李晨阳 李群 李少元 李志强 连德枋
廖秋雨 廖伟斌 廖怡华 林阿凤 林晓舒 林朕威 刘伯阳 刘燕 卢俊希
卢舒勤 马琳佳 马渊博 莫卓豪 欧阳青 彭俊 任翠丽 苏杰云 苏永圳
孙海林 汪建福 汪胜 王成 王聪 吴炳坤 吴怀南 吴培荣 吴宇
夏志文 肖立 肖美虹 谢远龙 徐根发 徐伟鹏 许晓聪 杨培贤 杨秦香
杨帅 杨文 杨智超 叶凯达 伊娴 游剑 于菲 俞建龙 曾焕佳
张俊龙 张宇卉 章正坤 赵强 周琳委 周巧华 周书梁 周小宁 朱启发
朱银娟 邹辉 邹尧懿操

网络工程

安博阳 常东艳 陈浪 陈晓亮 陈友明 陈月 程兆杰 池永榕 杜万萧
方雷 冯艺 高良兵 古流馨 何成育 何利伟 侯海文 胡正旺 黄钧雄
黄伟达 黄家俊 黄志飞 黄志光 黄志坚 简田 江俊杰 赖新南 黎杨颋
李广霖 李惟一 廖圣佑 林炳生 林晨阳 林春满 林墩力 林鸿云 林忍平
林守源 林伟峰 林晓龙 刘俊阳 卢有梅 马涛 欧嫄 潘映萍 彭琮凌
施雅娴 施振翔 舒展 司晋辉 宋志育 孙林雯 唐金 王锦祥 王锦源

王开明　王　乐　王日程　王晓亮　吴晨飞　夏　铨　叶耀辉　张俊峰　张　瑞
张志培　赵　瑜　郑　阳　郑永丰　钟海环　周帆斌　周　威　朱振恒

建筑学院

城市规划
鲍学师　蔡乐峰　陈　飞　陈晓伟　陈岳东　董　杰　高　赫　高　伟　郝汪洋
黄若伽　黄晓蕊　黎思容　李佳鸿　李金城　梁丽汶　刘进国　卢国超　芦向前
罗筱琳　彭予欢　丘燕珍　唐　君　吴冰清　吴晨珏　夏熠琳　谢炜尧　杨　敏
杨　娜　杨　昕　张聪哲　郑凌岚　周于杰　朱悦山

建筑学
蔡晶晶　蔡婧华　曹梦然　陈　晨　陈舜凡　陈凌炜　陈日嵘　陈荣杰　陈瑞琪
陈珊珊　陈诗微　陈　伟　陈艺明　陈志辉　程祎楠　戴永恒　单云龙　杜庭恩
冯业恒　郭彦伶　何长坤　何指晋　洪燕玲　黄碧祥　黄国蓉　黄华盛　黄嘉麟
黄培俊　黄钰批　纪孟嘉　贾宁沙　贾婷婷　姜晏明　蒋　栋　柯浩然　匡　聪
赖倚欣　雷成龙　李超波　李梦思　李仁翔　李珊珊　李　圆　李远成　梁正康
廖丽萍　林　锋　林丽暖　林少辉　林跃东　刘崇文　刘　欢　刘　念　刘清宇
刘思佳　刘思尧　刘香海　刘潇然　骆　铮　马冬梅　马秋含　马　恬　毛　矛
孟祥峰　潘天豪　彭　勃　彭婷婷　彭　晔　饶伟岸　寿　沁　苏抒垚　苏贞强
孙少峰　王　成　王成龙　王　鹏　王斯翰　王　松　王　炜　王秀秀　魏婉玲
吴聪河　谢佳杰　徐　戈　叶李骏　叶丽霞　余康文　余沃汶　詹志晨　张金钟
张竞文　张　洋　郑嘉骏　郑文杰　郑仙林　郑毓荃　朱　城　朱岱威　朱　枫
祝天驰　庄景敏

艺术设计（建筑与城市环境艺术设计）
鲍海琳　蔡小琴　陈敏玲　陈彦铭　陈志敏　邓阳顺　郭佩佩　侯喆昊　黄　杰
金咸丰　兰丽娜　黎　银　李珏霖　李天奇　李悦婧　李振旺　刘安琪　刘广辉
卢国斌　吕翰林　孟　凤　沈延源　束小明　孙一富　王志博　吴冬冬　吴　斯
谢廷清　许世熙　许文裕　杨　芬　杨　光　杨　康　杨丽丝　杨荧荧　尹　翔
张　凤　张海峰　张　涛　赵薇薇　郑婷婷　郑蔚欣　周伦艺　庄　祯

经济与金融学院

电子商务
曹　蓉　常　征　陈凤玲　陈　陶　陈小亮　陈颖霖　丁喜雯　冯嘉林　高　腾
黄冰冰　黄明顺　姜海燕　赖　园　兰仲阳　李　淼　李惠真　李守志　李夏枫
梁超然　梁健群　梁燕玲　廖　敏　林俊楷　林少彬　刘碧淇　刘敏杰　刘小青

龙哎霓　马步云　马　越　邱　喜　时铭蔚　隋金璐　王珂煜　王木金　王月春
肖成成　熊　炜　徐超枝　徐　凡　徐子墨　许志文　严露露　杨　楷　于兴宇
曾　秀　张　炯　张文梅　赵鹏程　赵　喆　郑炳福　周蔚迟　周小莉

国际经济与贸易

敖斌净　白宏刚　白家荣　白植文　蔡安琪　蔡　蕲　蔡俊杰　蔡雨璇　蔡玉玲
曹强强　陈长纲　陈飞虎　陈　烽　陈和珍　陈佳汝　陈嘉琳　陈菁菁　陈丽春
陈敏思　陈明华　陈绍春　陈素云　陈玩冰　陈彦希　陈　艳　陈一弘　陈　媛
陈悦宁　陈志鹏　陈碧琪　陈婕菡　程健飞　程晓稚　池密燕　崔　顺　邓　菁
邓艳昭　丁墨翰　董美瑜　方秀艳　冯泓叡　冯家劲　冯　旺　甘晓珊　龚伟伟
郭基榕　郭丽珍　郭倩彤　郭毅俐　韩　非　韩　磊　何　刚　洪阿娜　洪叡彡
洪淑瑜　洪素菁　黄彩月　黄德鑫　黄嘉瑜　黄立君　黄天琪　黄　维　黄伟伦
黄晓玲　黄学进　黄泳佳　纪鹏飞　简　超　姜礼杰　蒋　衡　蒋慷慷　蒋　念
景姜醒初　隽　吉　柯彩萍　柯璐莹　邝美玉　邝云龙　赖佩琼　李非易
李沣詠　李高禄　李国聪　李　慧　李佳妮　李姣姣　李　可　李丽云　李敏仪
李茜茜　李师培　李炜姝　李致璇　连舒婷　练文婉　梁嘉佑　梁秀钦　梁智浩
林　枫　林　桦　林文慧　林小榕　林一川　林印印　刘灿雨　刘点点　刘　玲
刘　熙　刘向婉　刘晓媛　刘阳白　刘一可　龙丕玲　卢　芬　卢凯茜　卢新文
卢　莹　陆文英　路思远　吕嘉贤　吕铭瑜　栾　涛　罗银雪　马　闯　马敏瑶
马　琴　马永恒　么　争　莫少平　欧阳伟梁　欧月云　潘巧丽　庞天珩
彭　海　彭佼羊　邱晨瑜　任博秋　任雪松　阮丽娟　施旻呈　史晓睿　书　豪
宋云锋　苏晨婷　苏巧凤　孙俊杰　孙　青　孙晓林　孙　影　谭树良　汤雅菲
滕　飞　田　鹏　田雪花　万燕平　王彬妮　王恩博　王　芳　王弘扬　王惠霓
王建东　王建忠　王洁蓉　王　旻　王萍萍　王沁馨　王舒敏　王　嵩　王婷婷
王馨妮　王瑄蔓　王子昱　魏泽华　吴大卫　吴丹菁　吴梁玮　吴润贤　吴莎莉
吴燕红　夏紫君　向　洋　肖冬冬　肖　婷　徐健安　许世桦　许小玲　许艺梅
许振轩　严金婷　严　雪　颜杨萍　杨春丽　杨　宏　杨家伟　杨　薇　杨怡萍
幺　彤　姚雅菁　姚　彧　叶璟冰　叶丽云　叶尚霖　于海峰　余红梅　余伟贤
虞益超　岳爱华　翟洁芸　张博洋　张春阳　张凤灵　张晋亨　张丽娟　张　茅
张帅卿　张亚男　赵珂娣　郑菲菲　郑思伟　郑秀玲　钟　靖　钟志濠　周　健
周　琳　周　鹏　周欣莹　周星辰　卓　鑫　邹　蓓　邹洁婷

金融学

蔡开崇　曹慧敏　曹颖杰　曹芷菡　常　桐　陈春镭　陈国华　陈海健　陈佳鑫
陈萍萍　陈　婷　陈　伟　陈伟忠　陈翔龙　陈子聪　崔　昊　代高敏　戴海敏
窦婷婷　范贤琳　方基炜　方礼彬　傅勋裕　郭一麟　郭泽麟　郝立薇　郝思行

何福英	贺朵朵	洪志源	侯天雪	胡晨康	胡亚庆	黄爱萍	黄剑峰	黄青青
黄书伟	黄 婷	黄雯雯	黄泽鹏	黄子瑾	江路瑶	蒋梅婷	金程露	鞠 立
康雯满	赖思如	兰 博	兰 芳	劳秉琳	雷丽梅	李灿林	李垂窈	李 佳
李佳穗	李林雨	李灵秀	李梦寒	李年成	李玮祎	李蔚雯	李晓拉	李筱靓
李欣悦	李彦儒	李 月	连可晴	梁嘉敏	梁健铭	廖竞楠	林慧荧	林 敏
林秋萍	林逸青	刘 超	刘晨升	刘洪川	刘卿瑜	刘全福	刘榕榕	刘书畅
刘怡君	刘正灵	留鸿秩	陆佳伟	陆幸波	吕煌彬	罗宏倩	罗 茜	马 顿
马 静	马 骏	马小凤	马振威	梅 澜	孟 良	潘雪倩	裴伟敏	钱 鑫
邱虹敏	邱素容	色给丽	盛黄杰	宋可佳	宋晓丹	苏杰成	隋 新	孙光跃
孙 文	谭 智	唐珩喻	唐 洁	田 颖	田 媛	王晨梦	王乐侠	王丽娜
王全明	王婷娜	王晓锦	王洋洋	王忆娟	王兆阳	王志祥	魏 茵	翁爱清
巫付先	吴碧芬	吴夏杨	奚一凝	夏莺丹	谢 欢	谢思露	谢骁哲	许嘉欣
杨惠珊	杨济坤	杨江峰	杨坤榆	杨柳依依	杨思蓉	杨 威	杨一其	
姚 洁	叶桂真	叶 霖	叶 青	尤 晨	俞诗蓓	翟寂薇	张 寒	张鸿敏
张礼扬	张 涛	张曦楠	张晓珺	张 仪	张勇平	张月琴	赵宏键	赵宇鹏
甄彩红	郑铸鹏	钟雅茹	周珊青	周雯惠	周 园	朱 星	庄凯莉	庄 正

经济学

陈本业	陈 超	陈海婧	陈良军	陈 武	陈 旭	陈 莹	丁旭东	董正英
窦雪丽	方宇鹏	高月云	葛凯欣	郭 彪	郭小娟	郝 邺	何 璐	胡思思
黄 羲	嵇 恒	江鹏祥	金晓燕	孔泳玲	赖 敏	李 春	李海健	李 乐
李 玮	李志强	李致远	连小琴	林发枝	林录恺	林秋辰	刘 剑	刘 静
刘丽芳	罗曼曼	马 良	潘乐海	潘 瑜	庞水英	石 林	孙怡龙	谭远军
王 辰	王佳丽	王 境	王玲玲	王璐茜	王梦瑗	王嵘飞	王亚琼	王艺燃
王裕达	卫 伟	魏立平	魏 星	文 婷	吴 迪	吴 鑫	徐欣欣	颜春燕
杨 欢	杨 越	游 佳	于天姣	曾萧霄	张 慧	张胜中	赵 阳	郑 盛
郑潇东	钟 超	周 芬						

物流管理

安小燕	白 宇	蔡诗敏	曹龙飞	陈虹余	陈欢欢	陈剑波	陈 军	陈骝豪
陈瑞美	陈为纯	陈 艳	陈 瑶	陈 宇	程顺开	崔 磊	董增祺	范 伟
方翠云	方晓容	冯栢坤	傅晶晶	高加璐	管丽琴	郭安娜	郭亚梦	滑岳宗
黄碧红	黄 彬	黄红英	黄剑文	黄丽萍	黄文南	黄雪娇	黄洋洋	江 洋
寇得栋	邝志平	赖宝珠	李春山	李碰玲	李 倩	李舒逸	李 拓	李亚楠
李 昱	廖女铮	林文祥	刘 恩	刘克权	刘亚乔	柳 樱	卢 敏	鲁昌州
罗 丹	马多娇	米江龙	聂雪梅	潘秋雨	秦彩霞	沈晓燕	沈泽鸿	孙玉婷

田　梦　涂彬锋　王　飞　王佳永　王金发　王玉龙　危淑媛　吴海燕　吴昆耀
吴　琼　吴文欢　伍佳敏　武重阳　肖衡卫　肖建文　谢嘉凯　徐亢亢　徐　骞
鄢桂玉　闫　静　杨位士　杨　霞　杨小红　杨　娅　杨泽昌　姚燕芳　叶冠鹏
雍天涯　于秀侠　余志国　袁佳欢　曾超琳　张冬雪　张富春　张光磊　张家杰
张淑娟　张雅文　章　丹　赵虹云　赵江招　赵璐璐　赵未然　钟宏癸　周　晖
周惠珠　周嘉毅　周少武　朱望林

旅游学院

旅游管理

蔡娇龄　蔡雅青　蔡志伟　曹翠婷　陈朝娟　陈凯诗　陈科全　陈　玲　陈伟聪
陈文平　陈晓林　陈跃玲　程　龙　爨文栋　戴兰萍　党　魁　邓雅心　杜韵茹
杜正萍　冯　丹　高永和　顾本苒　郭　静　郭俊忠　郭雅洁　何其芮　洪杰维
侯珺丹　黄小玲　黄雅仙　黄韵竹　吉　淼　姜凯丽　康　婷　柯梦露　乐星韵
黎志坚　李丹霞　李辉燕　李梦丽　李年林　李欧畅凯　李　佩　李秋璞
李蔚熙　李燕倩　李玉雪　李媛媛　李振业　李震雄　梁嘉丽　梁绮云　梁　鑫
梁燕群　廖海燕　林　倩　林　巧　刘丰盈　刘洪梅　刘丽颖　刘　琦　刘芮涵
刘　姗　刘婷婷　刘星辰　刘旭海　刘胤彤　刘加美　刘雪盈　卢懿睿　陆　活
罗晶晶　罗桑江参　罗月群　钱梦杰　沈文祺　石　英　孙黎玮　孙雪婷
唐嘉慧　滕　娜　王　铎　王　娜　王诗遥　王小花　王小双　王晓晨　王秀萍
王旭东　吴春丽　吴海芳　吴俊彦　伍淑欣　武玲玲　夏佳丽　夏灵芝　向　禹
徐　敏　徐紫霞　杨梦婷　杨婷婷　杨宇霆　姚　帆　叶谋德　叶　倩　叶志伟
殷　杰　尹　申　俞　攀　张　瑞　张　莎　张天奇　张万成　张逸飞　张金滩
赵莉华　赵天生　赵晓静　郑少榕　周凤芝　周克放　周天宇　周智洋　庄佳绵
邹雅真

资源环境与城乡规划管理

陈含蕊　陈焕镇　陈　源　程文骁　党昭强　董　悦　范文锋　黄嘉伟　黄　燕
江燕梅　金　立　李海燕　李昊洋　李　宁　李　硕　李　昱　李　芸　林燕妮
林云云　刘　盼　刘旭宁　刘　洋　刘震宇　刘正坤　陆胜成　骆艳萍　潘　黎
裴重娇　邱　啸　山　珊　盛浪影　孙登峰　吴鸿天　吴慧华　夏　日　徐　良
许敬华　叶书峰　叶天宇　俞　晨　袁　远　詹　婷　张澹颖　张利琳　张　颖
赵梦元　赵芹芹　郑伟聪　朱　赟

美术学院

美术学（油画）

柴　子　陈春晓　杜琳琳　高嵩嵩　胡　楠　黄　强　江文佳　巨大理　刘　鑫

莫昭鑫　欧阳涛　彭　杏　申　文　盛显通　王　玺　王亚丽　谢晶晶　曾艺聪
张海龙　张　璐　张蔚然　周　双　周　巍　周维真　庄凤虹

美术学（中国画）

曹　芬　陈　叶　何宇微　洪倩影　刘　娜　卢秀文　毛　婕　梅映雪　韦云菲
徐天娇　张　雪　周　琪　宗　泽

艺术设计（工业产品造型设计）

曹保成　常健川　陈彩仪　陈　静　陈振奋　程功武　崔新华　杜剑楠　段和平
樊志成　谷曲草　侯欣宇　黄恩恩　黄　鹏　黄　威　李慈祥　李灵君　李　朋
李伟斌　李志会　林文胜　林振萍　刘果昆　刘　康　刘志雄　罗　玮　孟苓雪
苗凯强　苏　媛　孙爱超　汤雄博　万　杨　王建超　王上流　王婷婷　王小芳
吴飞鹏　吴强伟　熊家艺　许天津　杨　莉　杨娜娜　杨雅婷　要雪健　余　楚
袁晓鹏　张　虎　张士静　张训丰　张祖澜　赵春燕　赵　光　赵国水　郑海霞

艺术设计（视觉传达设计）

蔡佳剧　蔡　郡　蔡威威　陈燕霖　陈　尧　陈　宇　程舒婷　范亚丽　关美恩
何汶诗　黄加贝　黄洁明　黄　鹏　黄焱平　黄忠勇　黄资评　李　航　林嘉愉
林仪美　刘禹含　龙　娉　鲁迪夫　罗敬浩　牛　琼　欧阳瑞麒　潘美卉
秦小婷　阮颖茵　商雪芳　宋　丹　唐光荣　唐　颖　涂艳红　王际暄　王梦男
王万吉　王禹茗　温姣姣　吴　迪　夏慧林　闫美旭　张春媚　张秀玲　赵　欣
郑　晶

艺术设计（室内设计）

白　雪　蔡恒恒　蔡静兰　蔡清量　陈家鑫　陈俊贤　陈文璞　陈晓月　陈　颖
陈媛媛　戴荣宏　房　硕　宫明瑞　谷智芳　郭应彩　胡　丹　胡瑞卿　黄慧敏
黄梦怡　黄伟恒　黄秀枝　黄郁棠　江晓平　李　萍　李思源　李　婷　李欣静
林翠琪　刘　兵　刘德海　刘晓庆　刘亚璟　刘缘鑫　马朝阳　欧阳骏伟
欧阳佚如　孙兴雪　唐　静　涂润雨　汪　昊　王锦双　王森洋　王文倩
王心怡　魏自建　吴凯飞　吴钟高　杨圣飞　杨旭章　易华武　游　敏　余艳芬
张恩坡　张国力　张姣姣　郑炎彪　周贝婷　朱雄辉

数学科学学院

数学与应用数学

鲍宏颖　陈旭东　陈　卓　崔　馨　韩　雪　李　贺　李　响　林　凯　林志祥
刘官琴　刘丽鹤　刘　恋　卢　波　卢　超　卢鹏臣　陆　峰　苗昌健　莫维亮
牛　悦　齐亚芳　时肖肖　宋伟健　孙保友　王建华　王　蓉　王晓竹　王易栋
吴锦霞　吴天喆　吴英英　徐　申　薛维永　颜晓媚　袁　野　章　洁　郑家秀

郑明辉　郑雨虹

信息与计算科学

陈　傲　代祥玉　邓　枭　董德翔　范聪聪　符文飞　傅小茂　高布凡　谷　林
郭　恒　江伟华　李国豪　李佳琦　李旎旎　李天宇　廖丹漫　林旭星　刘国辉
吕泽水　莫和平　莫石容　聂明霞　彭小康　邱　锋　宋家庚　王　琦　王　越
魏　刚　吴　丹　吴德凤　吴孔长　徐　腾　于世朋　余锦春　袁少荣　曾国成
曾　雄　张海蓝　张建阳　张婷婷　张志峰　郑露茜　郑罗斌　钟文婷　周丽平
周　雍

体育学院

体育教育

陈家明　陈永斌　管延伟　胡孝存　黄俊达　黄立银　黄　文　姜金通　蒋德成
赖世荣　李英文　林金远　刘东祥　刘　佳　刘建雄　刘小龙　彭振福　曲金库
沈楚湘　史长柱　宋忠帅　覃　磊　覃璐蕊　田　青　王成强　王剑飞　王秀秀
王亚涛　王兆野　魏文强　谢　侃　徐　昊　许绍华　薛正斌　杨　侨　杨　洋
伊善锋　余思沛　余振宏　曾佑强　张大操　张　栋　张族荣

土木工程学院

给水排水工程

边圣姣　蔡永立　常　青　陈　韬　冯　喆　古鸿志　何雅玉琴　黄鹏伟
黄元豪　荆佼龙　阚慧鹏　蓝燕玲　李剑刚　李　靖　廖艳星　刘　定　刘前宝
卢巧祯　丘毅荣　石佳佳　时慧敏　童雅婷　万意如　王华伟　魏　丁　谢山林
许华春　杨晨菲　阴　鸣　曾　毅　张良杰　张　琼　郑扬凯　钟斌泉　周　玫
周　正　朱开杭　邹　靓

工程管理

蔡　松　蔡烨珊　陈岸汀　陈佳瑜　陈　琳　陈　强　陈思羽　陈文海　陈　潇
陈雪琴　成　朝　程　旺　丁文凤　杜淦阳　傅荣濡　高　迪　谷斐彦　郭　平
洪松鹏　胡文龙　胡志雄　黄丽丹　黄　胜　黄　淞　黄腾达　黄祖来　贾甜甜
李谷慧　李怀全　李慧宇　李俊辉　李璐鎣　梁瑶垚　林秉维　林道坚　林夏华
刘富恒　刘婧莹　刘　静　刘力精　刘　涛　刘　行　刘艳刚　卢美珍　卢扬波
芦喜涛　芦　扬　罗鸿键　罗　伟　罗雯巍　马风宇　马俊乐　马天驹　莫若仙
潘添添　任远谋　沈王颖　苏俊斐　苏毅斌　谭　颖　田　野　汪　洋　王海森
王　敏　王　茜　王全龙　王艺博　王玉芳　王兆阳　韦文凯　魏　来　乌日罕
巫春林　巫亨达　吴海彬　吴　杭　吴建福　吴林郎基　吴　濛　吴文照

吴志成	伍 洁	肖明荣	谢 岩	谢昱星	徐建仁	许文金	阳婷婷	杨 宸
杨濠榕	杨 坤	杨 旋	杨泽宇	叶逸舟	于海洲	俞文杰	喻家斌	曾海艺
曾淑贤	詹 茜	占仕敏	张琳爽	张 茜	张晓钰	章 迪	赵云岑	郑柯仔
郑 晴	郑 挺	支 璨	钟 黎	朱萍萍	朱玉凯	朱 哲	邹倩倩	

土木工程

蔡晓红	蔡燕珊	蔡志彬	曹宝翔	常永桦	陈大烺	陈方焜	陈 海	陈桓锋
陈建滨	陈剑飞	陈金国	陈俊江	陈 可	陈 梁	陈棋浩	陈荣川	陈晓波
陈 新	陈亚宾	陈彦杉	陈翼美	陈兆飞	陈肇斌	陈嘉银	程 勃	崔星星
戴炳华	戴泉玉	戴天玮	邓杰文	丁启荣	樊海彬	范乃曦	范申浩	范为桢
方植榆	房哲焱	冯亚辉	付 婷	傅 斌	傅道浑	傅国锋	傅启明	高福良
高 欢	龚文志	郭家汲	郭亚若	韩海明	何杰扬	何锦清	何凯航	贺文俊
胡冰尘	华 吉	黄 彬	黄德钦	黄端权	黄 敏	黄庆良	黄树蒙	黄双萍
黄婷婷	黄文明	黄义建	黄跃程	黄稚茗	黄种伟	黄祖腾	江浩川	江乾伟
江文放	蒋 剑	康 峰	赖传贵	郎殿文	冷梦洲	黎汉忠	黎永强	李 博
李 超	李诚凯	李德生	李国富	李佳兵	李林峰	李 璐	李 朦	李 明
李 旸	李祖根	梁庆佳	梁奕挺	梁正邦	梁志达	林冰凯	林秉耿	林超苍
林顶昊	林 锋	林 涵	林俊平	林坤洪	林伟耀	林文勤	林雅珠	林彦琪
林永成	林雨潇	林跃旗	林泽寅	林峥嵘	林重文	凌 灵	刘博文	刘 达
刘东平	刘芳兵	刘海峰	刘海涛	刘 慧	刘盛晔	刘威威	刘文岐	刘晓琴
刘 扬	刘 洋	刘 悦	刘仪珊	柳战强	陆敬文	吕丽芸	罗厚勇	罗 楠
罗睿翀	马日东	孟凡衍	缪宏杰	倪玲萍	欧 欣	欧阳建昌	潘亚尧	
潘一翔	潘 翊	乔 越	丘鸿勇	饶鹏飞	施艾文	施泽波	施子文	苏晓军
苏珠滨	孙 昊	孙佳华	覃柯荣	唐晨杰	田 佳	王潮阳	王达衡	王国梁
王建毅	王锦福	王君毅	王连贵	王牧耕	王 声	王淞晏	王 天	王婷婷
王琇玮	王艺娜	王艺妮	王正超	王志民	韦德懿	文峰忠	翁宜文	吴冬鹏
吴 俊	吴林株	吴秘鸿	吴生林	吴燕玲	吴志操	吴志华	夏建忠	项曹奇
肖建文	徐 果	徐海生	徐 杰	徐天航	徐子涵	许鸿源	许艺军	薛承枫
薛 涛	闫小黎	杨登伟	杨露涛	杨文兰	杨小莉	杨 昕	杨 杨	杨震宇
姚达星	姚小香	叶才溢	叶方承	叶 鹏	叶启华	叶盛武	叶文锋	易 彬
游育德	余中立	俞凯木	虞银飞	袁洪军	曾锦博	曾 义	翟经纬	张碧燕
张帆竞	张洪海	张建智	张金杰	张锦煌	张敬伟	张培基	张荣海	张瑞瑞
张世江	张 涛	张 鑫	张 彦	赵天龙	赵 旭	赵泽亚	郑 宏	郑 健
郑伟文	郑艺杰	郑智武	钟汉阳	钟 林	仲 乐	周 波	周栋冬	周仁发
周小惠	朱朝飞	朱 烽	朱军定	朱雪瑞	庄培祥	庄小军	庄智琨	邹富春

外国语学院

日语

安 平	蔡志欣	陈景明	陈林平	陈 婷	陈婷婷	单雨婷	邓俊圆	方小琴
付树民	傅荣辉	郭俊威	郭晓爽	韩明珍	何梓羽	洪海燕	侯力扬	黄辉辉
黄升麒	黄曦霆	黄一飞	蒋建杰	李 彬	李简月	李骄奎	李凯颖	李 晔
李依静	梁佳丽	廖洁莹	林 宁	刘 畅	刘纯芝	刘晓霞	卢彦妃	陆科妮
马睿哲	梅慧珊	蒙青平	孟繁杰	秦沛双	石丽娟	王惠贞	王连杰	土燕灵
王莹莹	王 梓	魏 澜	温美映	文丹妮	吴 倩	吴小玲	吴璇舟	伍启萌
夏 琳	谢丽莉	徐 明	徐小丽	薛 朗	杨文君	杨 霞	杨萧岚	杨欣鑫
杨庄钰	姚倩怡	叶环育卉	余 洋	袁桂林	曾琼花	詹梦琴	张阿俊	
张远盛	张玥洁	赵文杰	郑丽丽	郑逸君	郑 颖	周 荣	周 娴	周晓伟
周燕清	周志培	朱锦扬	朱丽佳	庄颖恬				

英语

白绍苏	白伊荻	卞莉婷	伯赛琳	陈慧仪	陈佳妮	陈巧鸿	陈雯茜	陈 西
陈晓钗	陈毅夫	陈致君	程方园	程 沛	程书芳	戴燕玲	丁 伟	丁 煜
杜佳莉	方政宏	冯明族	冯 帅	冯小翠	付 萱	傅榆景	高鲁宁	高珊珊
郭 庆	郭艳丽	韩海潮	郝 青	黄 芳	黄巧婷	黄潇怡	黄雅雯	惠 凯
江佩佩	焦 慧	柯桂莲	黎凤佳	黎慧玲	李春霖	李馥岑	李海燕	李磊宇
李莎莎	李 潇	李秀婕	李学思	李亚旋	梁敏飞	廖品杰	廖顺蓉	林嘉颖
林婉瑜	林欣儒	林羽秋	刘丹宁	刘思仪	刘向欣	刘 颖	刘郑莲	倪夏佳
潘倩滢	潘雅诗	彭金凤	佘筱君	沈小玲	施蕴文	孙耀娟	万 露	王桂云
王云云	韦思思	文扇扇	吴 蓓	吴 帆	吴林镛	吴柔昭	伍桂云	萧欣怡
肖 睿	谢安琪	谢 玲	徐翠平	徐晓晓	徐 歆	杨 骥	杨文龙	杨溪倩
杨 序	姚品卉	易泳欣	殷志鑫	余 清	余宗民	俞敏燕	郁柳青	岳 冬
张海滨	张 梦	张耀霞	张正榆	赵 琼	赵艳艳	赵 阳	赵颖达	郑欢欢
郑江榕	郑菱昕	郑慕宇	郑淑娇	郑一玲	郑展祺	周 然	朱婷婷	朱 晓
朱娅妮	庄小杏	邹维康						

文学院

广播电视新闻学

敖翠莺	蔡冬妮	曹 珊	曹思琪	陈安琪	陈 灿	陈虹虹	陈加宜	陈俊伶
陈俊婷	陈淑娟	陈天璐	陈希子	陈 雪	陈旸英	陈 云	达知措	樊萌萌
范 赫	傅慈耘	傅娜妮	高吉洋	高秋鸿	高思倩	高雅妮	郭 欢	海 燕

韩金晨	韩恬怡	何 苗	何少伟	何雅媛	贺 琪	洪凤龙	侯 丹	胡 娅
华梦琪	黄柏清	黄恒彦	黄恢轩	黄洁萍	黄亚嵩	黄 元	姜恩雪	柯怡芳
孔 晶	李彬珍	李 华	李惠贤	李 骥	李双宇	李 雯	李 岩	李叶嘉
梁 晨	梁净儿	梁展铭	廖达威	林 弘	林斯帆	林斯婷	林 婷	林盈盈
林泽维	刘蓓华	刘 芹	刘涛瑞	刘絷汝	刘相磊	刘翔宇	刘转云	龙丽芳
卢 霞	罗雅之	蒙 曼	孟 哲	缪云翠	牟秋萍	倪文铃	牛 犇	牛茜迪
沈阿冬	施锦羚	石 蕾	苏嘉茵	苏 敏	孙 虹	童迪煌	王婧琦	王 静
王 璐	王少群	王胜男	王宗仁	魏国昊	魏 宁	魏 薇	吴 靖	吴美君
吴枭鸿	吴雪颖	冼炬森	向禹莲	肖佳敏	肖雪君	徐晓芳	许巧敏	薛 晨
杨婷婷	叶昊炜	殷 欣	余 虹	余俊诗	余 岚	余小真	袁 婷	詹巧薇
张超毅	张琳菲	张 茜	张晓蕾	张 鑫	张 烨	张 宇	张玉娇	张子昱
章 莹	赵婉成	赵秀静	钟丽君	钟日辉	周启蒙	朱骏怡	朱孔磊	朱 娅
庄圆圆	庄智泓							

广告学

白美娜	蔡宏达	蔡明彬	蔡 颖	曹贤雷	陈浩宇	陈建扬	陈杰艺	陈锦明
陈美玲	楚天舒	戴琪欣	邓 凯	邓伟涛	丁培育	杜冰莹	范 舒	方 冰
方逸丰	冯建峰	高 妍	关丽娥	洪海瑜	洪娜娜	侯 爵	黄豪贤	黄 珊
黄小冬	黄晓敏	姜莉莉	姜思思	赖翠华	雷晓燕	李安然	李姗妮	梁念恩
林丽婵	林 敏	刘广诚	刘家龙	刘凯祥	刘艺轩	刘芷延	吕建南	罗家亮
罗雪菲	齐珍利	钱珠珠	曲茂莉	邵国强	施惠雯	时梦琦	谭淑芬	谭 天
王雅茹	魏宇孛	吴莉萍	吴欣欣	夏 威	闫 浩	严爱玉	杨 婕	杨蓝溪
杨梦迪	杨雪娇	杨玉华	伊书君	曾美玲	张新欢	张 莹	张 滢	张 云
章结焱	赵少英	朱 蕾	朱晓群	邹梦佳				

汉语言文学

白 丽	鲍琳琳	蔡材梁	蔡成珍	曹洪豫	陈桂芬	陈 玲	陈舒恬	陈天骄
陈效凤	程晓玲	崔 倩	付 静	高 岚	郭珺玮	韩兆旭	何柳静	何文韬
黄彩批	黄敏怡	黄心玫	黄雅真	黄 怡	黄 卓	江健心	江亚静	姜 玥
蒋 谊	康 蕙	黎 珍	李婉芬	廖柏森	廖淑怡	林婉茹	林晓君	刘瑞云
刘伟炜	刘晓昕	刘轩梦爽	龙 要	罗 荣	买丹丹	苗贝贝	甯君宇	
欧阳珊颖	潘春燕	邱剑云	邱诗晴	邵 鑫	施丽西	孙慧怡	汤 闽	
田鑫鑫	汪 钰	王 超	王 焕	王昱涵	魏士坤	文 雅	吴嘉敏	吴巧岚
夏 靖	辛小荣	徐瑞湖	杨晓畅	叶为锋	叶艳永	余芊崚	詹碧云	张春燕
张佳蕾	张珂瑶	张晓斌	赵文温	郑宏旻	郑敏怡	郑 筱	周慧敏	

信息科学与工程学院

电气工程及其自动化

白崴	白雪峰	毕瑞环	曹鹏	常龙	陈建军	陈利霞	陈敏勇	陈秋璋
陈伟亮	陈文龙	陈渊源	董秋燕	高悦	高梓栩	葛欣欣	耿炫	何富
贺涛	洪锐锋	洪斯阳	胡冰涛	黄超群	黄慧英	黄建阳	黄凯凯	黄燕涛
黄云程	吉博文	纪明明	江顺辉	蒋乐	焦典	金文斌	康孝种	赖汤明
雷聪	黎涛	李红菊	李鸿南	李杰	李洁	李利	李挺	李伟夫
李小果	李拥波	连舒悦	连在香	梁鹏杰	林博	林婵娟	林汉平	林佳雯
林江山	林巧彬	林彦北	林勇涛	林远涛	刘帆	刘明欣	刘瑞泽	刘伟伟
刘晓琪	刘振杰	卢建波	吕品	骆乾	马宁	马瑞灿	毛蓉蓉	米艳玲
牟炤辉	倪超	牛浩	欧超恒	乔江	邱化极	区钊斌	冉密	沈涛
沈小兰	石玉靖	史晓玲	孙林斌	陶剑	汪博	王超群	王朝恩	王东
王科新	王克	王美娜	王寿发	王涛云	王晓斌	王屹恒	王勇力	王振涛
王振宇	王志盛	韦鹏飞	魏向源	温乔乔	吴传顺	吴春娜	吴翊轩	吴燕峰
吴毅芬	吴宇帆	夏骅	肖小军	谢杰聪	徐芳	徐立	徐欣宇	许超尧
许国贤	许记锋	许悦	严秋问	颜伟强	颜文杰	杨琛	杨红强	杨凯宁
杨守健	杨伟智	杨鑫	姚宏轩	姚帅	姚学哲	叶衍林	尹鹤雯	余天任
余秀娟	余毅阳	曾超群	曾国阳	曾少雄	曾文辉	张海萍	张浩	张浩
张欣倩	张新	张雪梅	张莹文	张志悦	郑剑雄	郑琳桂	郑清	郑庆林
周温州	朱少斌	朱晓健	朱玉龙	庄志淋	邹旭治			

电子科学与技术

白璇	蔡良沣	曹昌荣	陈进见	陈鹏飞	陈顺意	陈文杨	程伟	范灵晋
管一颖	何树鸿	何秀菊	胡奕彬	黄林波	柯鹏程	邝璐瑶	李东建	李学青
梁潇	廖阳	林吉敏	林凌	林伟忠	刘士伟	刘亚斐	刘洋	罗惠芳
罗松杰	庞陈雷	邱若生	石英枝	宋博	涂强	涂清华	王著搬	吴成清
许通	杨才阳	杨庆峰	叶海玲	叶雯	叶晓龙	游烈浓	曾双杰	张冰
张炳炎	张凯树	张秋晗	张涛	郑冰	郑俊鸿	郑志明	周志标	邹翔

电子信息工程

鲍啸	蔡佑升	陈从涛	陈栋梁	陈贵辉	陈俊柯	陈李泉	陈丽华	陈连彬
陈伟铎	陈娴	陈小辉	陈永平	陈宇祺	成晨	崔棋雅	崔钦婉	丁龙
董光耀	杜炅	杜雨峰	冯潇	付婵君	高茹洁	葛平	韩天宇	韩琰桥
何聪芹	何飞	何霄霄	洪子绅	胡爱娣	胡传高	胡玄	黄凯强	黄楠木
黄飘龙	黄锡军	纪越宁	简文锋	江长远	蒋鹏	赖嘉云	李凡	李芬

李清海 李文玉 李英伦 李永城 李 韵 栗佩康 林高伟 林慧妹 林梦雨
林水源 林晓红 林燕旗 林永展 林择东 刘丹丹 刘 飞 刘金梁 刘清兰
刘然宇 刘晓清 刘元凯 卢俊祥 马怀涛 马延涛 潘鹭婷 潘杏星 潘泽超
彭晓璞 任晓亮 荣 银 沙 鸥 商郡马 沈惜勇 苏文益 孙 婧 王 刚 王
林 政 王梦婧 王 鹏 王琼彪 王小飞 王雅倩 王志鹏 魏江平 巫富金
吴 麟 吴廷锋 吴志平 伍华峰 伍剑桥 肖知潞 谢 燕 徐国辉 徐介平
徐伟东 薛凤杰 鄢志伟 闫翠芳 严 飞 杨 蛟 杨 堃 杨舒林 杨 文
杨 阳 杨志富 姚建伟 姚文波 尹 博 游宇挺 俞谢益 曾思启 张 浩
张 奇 张少怀 张婷婷 张 焱 章玉涛 郑发滨 郑金宗 郑 彧 钟亚军
周昌鸿 周 慈 周凤凤 朱航华 朱 磊 庄 航 庄小磊 邹吉兴

集成电路设计与集成系统

白文渠 陈福洁 陈丽雯 陈 倩 陈芮芃 陈盛强 何 翀 侯明超 胡仁松
胡晓雪 黄福炘 黄俊彬 蓝 飞 蓝建辉 李 露 李忠恩 林乃鉴 林 炜
刘 畅 刘加松 庞 龙 任 鹏 施志鹏 石玉龙 谭瑾慧 田付志 王虎映
王家祥 王留伟 危智强 吴财钦 吴承东 肖斌华 徐锦里 徐震辛 许建聪
薛志星 杨伟强 余正财 臧亚敏 张 驰 张冬琦 张梨瑶 郑雨桐 周 尧
朱述伟

通信工程

常文华 陈大满 陈家兴 陈珮柔 陈武平 陈艳星 陈振耀 戴佳璐 邓博展
邓溪泉 高 硕 桂 珺 郭高杰 郭维健 郭小龙 洪俊强 洪荣招 呼 森
胡 峰 黄冰玲 黄思强 黄 伟 黄忠能 纪辞源 江鹭芳 蒋铭富 柯成伟
赖聪辉 李 楠 李世争 李 旺 李文超 李小莉 李勇钢 连滨猛 林芳淋
林芳强 林鸿鑫 林 君 林立键 刘 杉 刘子兵 卢丽婷 马荣伟 潘永骏
彭淑静 阙海渊 施芳武 时昌印 孙丙才 索 飞 谭又荣 汤俊杰 汤晓龙
涂志贞 万 菁 王而栋 王瀚骏 王慧敏 王培雯 王尚勇 王 秀 吴 波
吴超宇 吴乐乐 吴铨杰 吴至圣 肖政凯 颜春燕 杨伟荣 杨宇航 姚智文
游玉瑛 余 畅 余 辉 余丽丽 余 娴 袁 毅 曾敏钦 张常贵 张飞阳
张 敏 赵 聪 郑 熙 周瑾白 周水子 周 悦 朱腾达 庄梅红 庄子平

自动化

常 想 陈东升 陈齐栋 陈松辉 陈天骥 陈阳鹏 陈月梅 杜金辉 范佳灿
费长华 何浩淼 姜丽丹 雷艳晴 李光春 李 凯 李志新 林源辉 刘京鑫
刘顺菁 罗艳敏 明 帅 潘健萍 秦 骏 邵宇星 施 韧 苏芳茵 谭 毅
王鹏程 吴学龙 吴彦霖 吴 瑶 谢 晋 许建凡 薛伟龙 张根源 张 青
张胜标 张兆冠 赵敏杰 朱奇然 朱文祖

音乐舞蹈学院

舞蹈学
刘瑶菡　夏霭云　闫　琰

舞蹈学（海外教育）
蔡易达　邓晓玉　范紫羚　郭珍珍　黄曦阅　蒋湘源　雷　程　黎姗姗　李　钢
李　佳　李锦超　李　甜　李　璇　刘　冰　刘丹丹　刘继源　刘异凡　刘　媛
吕欣赟　罗晓蔚　欧阳琼　漆泽龙　任栗苇　王　颖　王雨粟　吴金璟　吴小叶
谢　珂　熊江弘　杨艳琪　叶　菁　张　冲　张馨文　赵振林　郑晨梦　郑思颖

音乐学
王政国

音乐学（海外教育）
陈翰强　陈梨梨　陈雅诗　杜嘉敏　段靓茹　葛永慧　韩　萍　贺彦孜　胡旻浩
黄光华　黄金韵　江　林　李珊珊　李纤云　李欣怡　李怡帆　李子艺　刘思思
卢云超　罗晨瑶　钱梦茹　史超融　覃钰迪　谭冰清　王　芳　王　宁　王如桃
王　芮　王　瑜　温　云　袁晓彤　张志忠　郑　蕊　郑　洋　周善衡　周雨浓
朱语涵

2013届本科留学生毕业生

工商管理学院

工商管理
陈保裕　胡晨光　李达培　吴益华　杨源忠

人力资源管理
廖苡欣

市场营销
陈忠相　李素欣　林恩星　罗　江　唐惠舒　许家豪　杨佳奕　杨枝萍　叶丰德

华文学院

汉语言商务汉语方向
蔡佩璇　陈桂珠　陈健辉　陈沁沁　陈少雄　陈贤才　陈迎新　陈玉信　陈玉珠
慈明仁　戴采玲　邓前欣　方秀仙　洪皇吉　洪杰林　黄景富　黄敬凯　黄荣盛
康华丽　蓝秋燕　黎红娥　李明汉　李淑娟　林　慧　刘彩虹　罗利智　缪爱娜
彭慧琼　苏钰棉　王俊英　温金莲　谢大辉　谢珠芳　薛　琦　严玫瑰　杨思丽
杨忻忆　叶欣兰　余鸿勇　曾春音　曾卓伟　张莉珍　周小玲　朱燕雄

华文教育

丁胜利　洪　伟　胡琬珺　黄世光　江优湘　李安宁　李宁霞　李胜起　廖蓝心
林仙仙　梅思敏　邱子平　苏德发　苏有利　粟帕丽　王顺权　王小明　王耀宏
维莱康　吴鸿汉　吴佳逢　吾金明　夏丽琴　谢月锦　许夏嫣　许莹莹　杨小芳
詹彩懿　郑柔菲

建筑学院

建筑学
刘世敏　杨本能
艺术设计（建筑与城市环境艺术设计）
张毅波

经济与金融学院

电子商务
苏南达　张智超
国际经济与贸易
陈　勋　寸待儒　范春婷　何玄庄　洪艳平　黄文卿　李丹丹　李启臻　罗祥益
阮孟勇　唐美舒　王有俊　熊国雄　晏祥玲　阳虹云　杨鸣凤　尹恩伟　余顺发
赵天鹏　赵兴祥
金融学
周顺奇

旅游学院

旅游管理
曾观慧

美术学院

美术学（油画）
苏英佩
艺术设计（工业产品造型设计）
谢必顺
艺术设计（视觉传达设计）
谢　文
艺术设计（室内设计）
林钦慧

体育学院

体育教育
黄韦诚　张瑜庭

土木工程学院

土木工程
黄盛地　叶哲炜　尹正和

外国语学院

日语
陈韦宁

英语
汪家文

文学院

广播电视新闻学
邹艾青

广告学
陈冠洋　熊静仪

汉语言文学
陈俊良　郑佩佩

2013届研究生毕业生

华侨大学2013年春季授予博士、硕士学位名单（143人）

博士学位（5人）
企业管理：李　凝　潘国山（香港）　张　林（香港）　杨　静（香港）
生物化工：曾　宏
硕士学位（138人）
刑法学：沈剑光（澳门）　杨健强（澳门）
结构工程：李朝霞（澳门）　陈浩军（澳门）
防灾减灾工程及防护工程：余德海
企业管理：谈顺怡（澳门）　陈　聪（澳门）　骆嘉颖（澳门）　孙雨涛　徐　波

黄碧秀（高校教师）　李　强（高校教师）　钱　筠（高校教师）
郑晶晶（高校教师）　康志荣（高校教师）　周　凡（高校教师）
旅游管理：张星星
物理电子学：张智峰
科学社会主义与国际共产主义运动：朱考华（高校教师）　张少平（高校教师）
林艳君（高校教师）　陈英文（高校教师）
法律硕士：刘　嵘（澳门）　林　文（澳门）　杨嘉敏　司徒诗韵　许礼俊
庄佳阳　甘泽阳　黄源斌　林雪迎　王龙头　吴建军　吴清都　郑珍清　张成绩
黄丽华　姚　健　谢建东　吴学敏　颜卫东　林碧海　曾惠婷　薛晓梅　郑　晋
杜财义　尹立新　郭金辉　曾焕英　邱阿伟　陈彩云　江应春　吴月妮　胡伟峰
蒋鸿滨　陈琼章　林景云　何磊璇　苏紫燕　邱建排　洪民强　黄进苹　林婷婷
马雯卿　李　芳　孙　越　高　颖　吕楚程　林惠华　郭　琳　洪新民　邱季禄
杨　健　陈建志
工商管理硕士：黄乌辣　蔡玉颖　陈景胜　林合兴　许进益　李荔娜　陈树吉
王晓亮　郑维娜　赵祥志　李晶晶　吴　琦　黄云翔　苏瑞厚　王　晶　杨　莹
詹洁霖　张小梅　罗曼祺（澳门）
公共管理硕士：陈桂治　欧海锋　陈建山　郭文忠　洪俊妍　黄　斌　黄曦微
李江南　林智远　吕岚岚　杨毅洪　张君梁　郑秀丽　王　强　叶　帆　李添煌
杨金定　周昆铖　陈美婧　黄文博　施叔龙　张桂森　曾小燕　傅伟航　王双彬
尤萍娜　杜　敏　杨进展
建筑学硕士：张　涛　温星海
建筑与土木工程领域工程硕士：何奕南　杨世云　黄乐奇
项目管理领域工程硕士：朱　艳　郑晓峰　黄奕红
计算机技术领域工程硕士：魏扬　骆方舟　黄攸静　陈　锦　林长方　庄美美
机械工程领域工程硕士：王　琳　蒋万标
电子与通信工程领域工程硕士：陈首虹

华侨大学2013年夏季授予博士、硕士学位名单（917人）

博士学位（27人）
材料学：陈丹青　李　芳　杨传孝　肖尧明　岳根田
机械制造及其自动化：詹友基
马克思主义哲学：王　雷　李栋材　魏庆东
数量经济学：龙会学　郭　志　丁　涛
科学社会主义与国际共产主义运动：李红珍　靳志强

结构工程：施有志　陈曼英
生物化工：唐明青
企业管理：庄英科　江智源　黄燕雅　李　娟　陈湃麒　林楹荷　余鲲鹏　孔德议　孙万欣
旅游管理：曹世武

硕士学位（890人）

区域经济学：杜杰阳　李国利　彭　海　任承包　杨文杰　尹逊鲁　张巧铃
金融学：蔡正平　董伦法　樊　豪　何泳奕　洪　闽　黄静菲　梁广用　林小婷　邱珍晶　石玉红　孙　葵　孙　恬　王义成　魏长泽　郑雪峰
国际贸易学：洪金晖　林超　柳煌煌　王琳琳　吴香梅　章燕宝
数量经济学：陈　建　陈妙莉　冯　娜　郭现伟　刘益晶　彭旭辉　沈忠明　陶　涛　陶　鑫　徐秋爽　张　华　张卓然　傅伶澜（高校教师）　许　持（高校教师）
刑法学：包炜华　冯　翔　何　波　赖佳文　吴小婷　张　鹏
民商法学：陈颖燕　胡俊奎　黄佳佳　李　白　李欣洋　廖林华　廖晓苏　罗　奕　强钰琳　滕双影　王　键　魏亚男　吴　爽　吴雪凤　吴奕萍　姚智清　张强明　张　雨
经济法学：龚晓星　陈龙涛　黄超程　蒋　欢　林宝娟　刘永杰　潘莉芬　宋伟锋　韦新红　奚丽丽　张晓建　周俐彤　刘小莉
国际法学：陈　成　冯　楚　傅金凤　尚　毅　苏　鹏　谢心玛　徐　洁
文艺学：凌端明　颜嘉楠　杨梦雪
汉语言文字学：张晓丽　邓丽君　冯　雪　韩拴卫　李文恋　刘亚楠　杨　冰　曾海源　张秀杰
中国古代文学：胡红萍　程　晨　李　娜　李秋玉　宋光明　滕丽丽　王　玮　姚巧娥　尹静雅　张盛悦　章　曼　赵文静　郑美香（韩国）
中国现当代文学：董红新　林晓娟　吕　静　沈宇榕　吴莹莹　谢　琼　尹文丽　张宗沂　陈金珠（柬埔寨）　白丽花（泰国）　王白灵（泰国）　周英杰（泰国）　卢玉福（泰国华侨）　赵安珠（泰国）　傅博文（泰国）　冯志伟（泰国）　庄碧珊（泰国）　王慧敏（泰国）　陈海斌（泰国华侨）　肖学锋（泰国华侨）　常　翔（泰国华侨）　张晓敏（泰国华侨）
英语语言文学：江　萍　陈芳兰　陈礼芬　方　芳　李　昕　刘　磊　汪艺婷　吴琼燕　谢进发　徐雅欣　杨　利　郑雅妮　庄汉敏
基础数学：李　敏　刘　娜　潘旭玲　任全伟　石擎天　田路路　汪秋分　王其文　吴　胜　许东勃　杨金勇　张　阳

高分子物理与化学：陈　婷　韩　静　李建民　涂永元　汪宁卿　王　勇
肖　艳　谢深霞　陈金凤　何雪蕾　洪键淞　黄志国　李　玮　裴兆鹍　商光禄
王　朝　吴　矾　徐华胜　杨小勇　赵　杨
微生物学：成志云　惠二京　亢庆铮　曾淑兰　陈正浩　程茜茹　郭庆亮
郭少伟　卢静婵　马会亮　王文平　詹美蓉
生物化学与分子生物学：陈灵锋　邓小英　董泽科　郭　晶　胡　斌　黄玉香
焦　兰　李　佳　李沿涛　刘小冬　欧万倩　沈金海　吴杨峥　杨　洋　曾伟川
张　倩　朱　尧　陈伟光　陈　奚　付晓平　郭加明　韩　磊　何　鹏　洪志宏
康炼常　李东林　林　琴　刘　杨　彭德伟　王　娜　王四华　郑丹书　周利建
工程力学：楼　群
岩土工程：戴俊涛　邓成豪　付　旭　徐　威　郑春婷
结构工程：陈　杰　陈来稳　陈伟伟　陈艳红　傅蛟龙　耿建滨　郝　娟
何少锋　侯红伟　黄文钦　李安露　李　丹　马燕茹　潘国锋　孙伟建　吴　颖
袁下下　陈青青（高校教师）
防灾减灾工程及防护工程：崔　俊　段雷琳　谢微微　张冰杰　张　丽
管理科学与工程：杜海艳　方荣杰　贺　勇　黄嘉仪　王景慧　谢秋玲　袁　琳
张丽文　林惠娟　刘　松　王成亮　王琦雅　吴清萍　周香梅
会计学：郭丽男　韩先桃　李宝娟　李　娜　李　培　李　钰　梁银飞　刘丽丽
刘　良　刘　苹　祁菲菲　王志会
企业管理：蔡燕红　郭培韬　郝吉杰　何佳泓　李良臣　刘惠英　卢文娟
穆广利　吴　芳　吴　好　吴文毅　肖乌妹　谢伟平　徐东芳　阳　超　阳双梅
杨芳兰　杨　昊　杨　震　余丹丹　张帆听　朱卫兰　张子权（缅甸）
吴　静（澳门）　林明娜（澳门）　何骏铿（澳门）　容蕙芯（澳门）
李国才（澳门）　李慧贤（澳门）　黄冠玮（澳门）　杜智聪（澳门）
赵仲婷（澳门）　叶兆棠（澳门）　吴　婷（澳门）　冼嘉荣（澳门）
凌锦辉（澳门）　洪礼坤（高校教师）　杨剑英（高校教师）　赵慰亭（高校教师）
孙翠蓉（高校教师）　黄丽须（高校教师）　唐秉雄（高校教师）
技术经济及管理：蔡昌艳　耿丽君　倪晓芬　许小树　朱亚丹
人文地理学：陈　超　陈　静　段智云　樊敬丹　费维峰　高丹丹　高连利
高艳静　郭　宁　郭伟尚　郭亚美　刘爱丽　娄晓凤　秦小朝　芮　娟　王立进
王雪娇　王　莹　徐　瑶　袁昆昆　张　庆　赵娇娇　赵　洋　赵仁玉　郑　虎
朱　毅
旅游管理：吴倩倩　陈建军　陈怡铭　胡美霞　刘金栋　庞兆玲　孙华贞
文　艳　邢宁宁　徐熙侠　许丹丹　许红格　杨松华　张　翠　赵梦梦

陈 怡（高校教师） 李美秀（高校教师）

行政管理：陈心香 堵琴囡 方建锋 黄一峰 林 静 马 珂 王连伟 易丽军 詹彦凯 张秋梅 朱凤君 庄小红

政治学理论：公颜瑜 郭瑞霞 吕冰洁 王 波 周东阳

科学社会主义与国际共产主义运动：冯家飞 林清龙 罗谦心 王亚男 张 颖 宋益国（高校教师） 黄 芳（高校教师） 蔡 滨（高校教师）

马克思主义基本原理：黄艳婷 姜 丽 晏正良

思想政治教育：黄满琴 蒋琪纯 王优优 于克晓 朱优红

无机化学：樊晓蓉 高 倩 胡素贞 李江华 刘红 王丽品 尤金发 朱瑞敏

分析化学：李富芹 孙艳凤 王小莉 张 静

有机化学：蔡雷 崔洋洋 罗婷 唐忠科 杨月 赵军昌

物理化学：黄玉敏 李明智 罗凤飞 王彬蔚 王聪聪 张晓萍

材料物理与化学：耿志杰 屈 虎 杨纪元 张 腾

材料学：李 艳 李兆磊 刘 颖 龙 江 邱照远 王宇飞 吴 杭 叶莹莹 玉富达

材料加工工程：郭文满 黄高爽 黄磊杰 尹 芳 郁 萌 张晓彬 郑跃焜

应用化学：段钱花 林小燕 徐 静 赵 强

专门史：毕鹏帅 葛立功 李朋飞 米富琴 潘 澎

化学工程：程 浩 金 溢 张晓佩

化学工艺：何年志 刘东梅

生物化工：陈宗香 党婷婷 骆党委 马云辉 田欣欣 杨道秀 张 卡 张林河 赵 趁

环境科学：侯秀富 邱敏娴 余伟河 张小燕

环境工程：陈家元 陈衍婷 段春毅 郭红秀 何 杨 黄 伟 江洁珊 李孟迪 李伟博 廖坤添 王晓艳 姚沅君 张丽玲 张玉生

机械制造及其自动化：杜 志 黄岳龙 李全城 梁辉煌 刘海锋 卢龙远 容振乾 佘文志 苏玲玲 汤银树 王小伟 王艳娇 夏凉凉 闫海芸 杨金国 易靖宇 于明明 张海东 张晶晶 张宇翔 张云鹤 郑望明 周宗志 林 静（高校教师）

机械电子工程：陈建灿 靳 宇 王长波 张江源

机械设计及理论：康淑贤 王 慧 吴惠松 肖 应 杨 伟 张恩来

车辆工程：黄展华 宁水根 郑飞杰

测试计量技术及仪器：郭 辉 黄丽玲 解海艇 潘景文 王铭铭

检测技术与自动化装置：丁 环 王东平 王 爽 王文卿 吴晓梅 徐 姗

周丽君

模式识别与智能系统： 陈文瑜　陈智铭　郝立燕　寇　杰　邱文挺　张　群　周时伟　邰琳琳　聂倩楠　齐鹏飞　王　根　张志彬

计算机应用技术： 崔　壮　冯　涛　冯祥斌　郭利全　胡志男　李　峰　李赛男　李　跃　林树地　刘　莉　熊　颖　曾冬梅　曾伟升　寸待杰（缅甸）

建筑设计及其理论： 刘　瓒　蔡一鹏　柴文婷　陈达毅　陈墅香　刁华楠　宇　晨　高　阳　侯思乐　黄惠颖　蒋　为　金　星　李集佳　李　洁　刘晓锋　刘雅萍　吕晨晨　吕金滕　施鹭珊　孙　莉　谭金想　吴云杰　谢承平　曾　芬　郑颖娜　钟　声　周　平

建筑历史与理论： 梁耀鸿（澳门）　范　超　郭　磊　李　挚　谭惠娟　王　兴

光学： 车玉彩　程治明　范丹丹　方　翔　贺　萌　苏倩倩　曾　海

电工理论与新技术： 陈雪琨　李文彭　梁　颖　孟　瑞　张雄辉　郑爱萍

物理电子学： 陈俄振　胡克磊　胡治伟　林正怀　吕晓敏　潘海华　齐　骋　王　亮　张泽普　智佳军

通信与信息系统： 白超群　陈　超　黄君婷　李笑笑　刘忠乐　王　敬　王双喜　徐　宁　杨奋华　周　获　周小黎

信号与信息处理： 陈哲平　崔晓琳　黄希晖　毛　元　王小兰　吴春法　庄培显

马克思主义哲学： 陈　丹　陈　坎　储新兴　付高生　胡　杨　李阿慧　李海霞　李永珍　马小燕　乔茂林　秦子忠　孙雅文　徐　俐　杨少辉　张　妍　杨　恒　胡　璐（高校教师）　黄　挺（高校教师）

中国哲学： 刘其寿　任新民　王景霖　吴国康

伦理学： 郭韶艳　苗　鹏　王　潇　赵勋伟　朱奕瑾

宗教学： 陈丽珍　贺柳青　李松堡　刘　婉　马枢廷

机械工程领域工程硕士： 陈良波　郑森伟

计算机技术领域工程硕士： 郭佳佳　于　娟　蒋慧勇　卓高彤　董雅玲　黄耀裔　江炜昌　詹楸毅　蔡惠娟　陈智敏　王芳芳　杨海燕　张　瑶　郑仙花　郭学超　陈　争　章喜字　程　敏　许文明　朱小琴　胡小琴

建筑学硕士： 戴念牧　洪国城　林　瑜　刘用海　倪　宁　潘宇飞　钱文韬　子柔　孙　晶　王蕾岚　阳　林　杨士敏　袁　盈　张　宁　张宇航

电气工程领域工程硕士： 王志鹏　林水来　翟　云　吴　恒　陈丽梅　童本羽　健强　陈世龙　付理祥　林似水　罗钧铃　朱　阁

电子与通信工程领域工程硕士： 王雅娟　陈金佳　陈学艺　方传蔚　黄友明　林传超　林倩倩　孙万源　叶欣露　张冰冰　张　枫

金融硕士： 戴若雨　邓天龙　李曼曼　刘祥龙　吴祥云　杨靖尧　张　静

赵顺奇

法律硕士： 蔡小丽　柴震穹　丛　珊　方镇飞　靳世波　李春野　廖声禄　马　敏　孙凤娇　孙　勇　孙裕彬　王金凯　王　敏　吴　鹏　熊中文　赵鹏飞　左梁娟　昌国徽　陈光发　楚　艳　冯勤蔚　胡　乐　胡梦茜　蒋正伟　巨文姝　赖文婷　林　茜　刘　宪　罗艳娟　马德珍　苏　鹏　孙秀芳　王　惠　王　霞　吴　烨　杨瑞楠　喻　峰　张　航　赵玉贝　许柏惠　陈　莉　尤君泽　卢书琪　蔡立强

建筑与土木工程领域工程硕士： 陈　莹　程玉果　高胜伟　黄　鑫　黄志波　刘　婧　卢俞升　彭小丽　戚志博　魏　琳　许鹏红　张淑萍　谢宝托　林伟松　曾　刚　吴荣荣

项目管理领域工程硕士： 杨春香　张允亭　王文宝　庄　莹　唐美娜　张　宇　曹泰然　曹怡然　马烨华　佟　丹

工商管理硕士： 陈海滨　李长青　皮靖雅　文　昊　蔡书锦　陈彬乃　陈冬宏　陈　玲　程庆阳　傅晶晶　郝鹭捷　洪雪娇　黄喜德　黄雪霞　黄雅芳　黄种文　李　曦　李晓蓉　李　燕　林碧凤　林姗姗　林毅涌　林智钦　刘海翔　刘佳维　罗　清　骆春玲　阮小峰　阮智漩　沈君来　施志建　苏云涛　唐曦林　王　萍　吴剑钊　吴伟莉　吴彦杰　谢志强　薛　琳　曾金鑫　曾钦猷　詹箴箴　张炳辉　张惠阳　朱伟宾　朱文娇　陈　旭　陈跃钧　王欣欣　谢　敏　黄靖辉　柯　林　刘毓琦　王毓婵　王　铮　洪雅真（澳门）　欧阳旺娟（澳门）　林美芳（澳门）　陈小华（泰国）

公共管理硕士： 陈旭峰　郭　婧　黄留芳　李建芳　李建元　林臻强　许艺红　张翼翔　陈世猛　黄志明　王　伟　叶贵宏　郑秋莲　廖道彬　王英文　吴文献　庄从福　徐金镇　周梁毅　陈丹蓉　林瑞典　蔡邑鹏　李晓英　刘　莹　张　伟

2013届专科毕业生

旅游学院

旅游管理

蔡忠懋　陈春伶　陈慧秀　陈燕燕　陈玉梅　范娟娟　高富明　何思昕　何雪云　黄彩美　黄彩霞　黄嘉琳　黄丽丽　李　平　李依玲　林炳艳　林丽音　林美龙　林　伟　林　樱　林主萍　秦书耘　唐志杰　吴冬梅　吴吉熔　谢锦浩　谢静兰　杨惠琴　杨森泉　袁珍珍　张芳婷　张文城　张源修　钟舒婷　周艺玲　朱丽清

厦门高级技工学院

计算机应用技术

陈吉芬	陈俊滨	陈莉莉	陈莉莎	陈丽英	陈伟东	陈小梅	陈协鹏	陈　鑫
郭芳极	郭宇晖	何太星	洪燕燕	黄育明	康文阳	赖辉新	李秋临	林婷婷
刘莉莉	马素芸	饶绍雄	施能侯	汤晨曦	王　杰	王书伟	吴建清	吴丽莉
谢梅芳	徐利秀	游华秀	余日然	曾文勇	张家义	张万贤	张小红	钟　娴

建筑工程技术

蔡婷婷	蔡志强	陈景燕	陈军杉	陈神华	陈文富	陈文忠	陈晓彬	陈雄杰
陈永聪	程啟洋	方晓彬	付永华	郭　亮	何超琼	洪怀谦	黄凡璐偲	
黄和德	黄骄鹏	黄琼花	黄小鹏	黄晓聪	黄晓华	蒋敏涛	蒋振柏	金志鸿
赖秋旺	林灿国	林世强	林松坡	林文政	刘栋梁	卢少坡	罗承先	彭娇萍
孙二晓	王景隆	王伟刚	魏明福	吴鸿文	吴梅萍	吴琴芳	吴孝焕	肖喜阳
谢国清	许伟杰	叶剑宜	叶木水	游锦森	张龙韬	张隆隆	赵丽清	郑荣煌
周伟波	周　云	庄雅燕						

模具设计与制造

蔡华勇	蔡乾丽	陈承彬	陈晓龙	戴伟超	冯光录	冯贵兴	傅少芳	高华文
郭学勤	何奇艳	黄惠丽	黄　炜	李　建	梁诗涛	林汝鹏	刘九龙	刘志福
罗财源	丘玉琴	邱万朋	石晓晓	涂志彬	王芳模	魏海金	吴森水	吴煜楷
谢建文	杨国洪	叶灵清	曾锦地	张长丽	郑新炫			

应用电子技术

蔡永彬	陈微剑	陈燕隆	傅美云	龚姗姗	黄田炜	黄小铭	揭小军	赖忠安
廖顺江	林传全	林　花	林克松	林述尧	林小彬	刘　冬	阙钢登	阮金华
苏鑫华	王蓉喻	王小财	吴明达	吴清生	夏高玲	谢克强	徐　飞	许荣星
杨梅福	姚　祥	叶建春	应绍俊	曾　浩	张昌文	张婉萍	张孝强	郑伟金
周建山	朱国平	庄艺智						

厦门工程技术学院

建筑工程技术

詹华生

模具设计与制造

陈　航　缪碧云　朱颖洁

数控技术

洪永堂

2013届专科留学生毕业生

华文学院

汉语言

艾　清	巴特苏合	蔡美兰	蔡秀慧	蔡月心	曹永光	陈碧澜	陈佳慧
陈美婷	陈世英	陈汶华	陈夏丽	陈仪玲	陈正义	聪　慧	戴　林	丁　力
多尔昆	冯映芳	郭迪拉	何茜茜	何秀娜	何耀轩	何振杰	何治枚	洪　丽
洪丽妮	洪伟力	黄名慧	黄巧仁	黄琼萱	黄秋丽	黄仙亮	黄幼敏	江琳琳
江伶伶	江淑珍	黎海灵	李德华	李秋燕	李婷婷	李　响	李依倩	梁志庆
林爱欣	林莉桃	林立雄	林善冠	林文安	林祥人	林笑慧	林有莉	林运享
刘婷婷	卢永释	梅迪	欧阳花妮	欧阳萱坪	丘爱珍	丘顺美	阮公代
阮黄英	阮家玉	阮清平	沈哲豪	施惠杰	施美香	寺口安美	宋文江
苏鹏德	苏淑贤	陶美丽	王宣人	王耀泰	吴美梅	吴文寅	吴雄峰	吴优德
武傲雪	谢爱莲	谢丽洁	谢平如	徐诗灵	杨慧珊	叶爱挺	叶　薇	叶钰桢
伊思拉木	于写意	俞玉玲	张佳玲	张美玉	郑尼桑	郑智铭	钟政达
庄秀丽	佐藤宽

2013届继续教育学院春季毕（结）业生

会计电算化（专科）

吴华玲	陈洪燕	尤幼花	庄佳芬	马飞红	陈桂凤	蔡立平	魏丽云	张　容
肖小妹	陈志超	刘安娜	刘春秀	张玉婷	杨丽玲	王雪娥	柳　芳	曾燕玲
庄梅芬	黄雅琼	许珍燕	吴杉凤	林玉权	郑巧珍	张锦霞	林宝琴	戴丹云
陈丽莉	李小红	蔡佳杏	王小芬	曾霜艳	林小梅	蓝乔英	陈秋珍	龚雪霞
李秀花	杨梅兰	刘彩玲	苏盛华	周远霞	顾奕熙	黄宝玉	陈丽娜	丁红清
齐飞飞	王月霞	陈琼燕	陈亚娜	赖小珠	蔡雪红	郭金妹	伍海燕	孙绣辉
黄燕霞	翁晓珊	李月婷	李志娜	黄燕如	汪晓君	黄清清	刘明香	王如婷
李珠华	陈玉莲	林燕治	谢蓉蓉	郭邵丽	王真真	孙景珠	何群怀	邱礼珍
苏惠宝	谢瑞红	曾子荣	吴宝璇	陈美珍	汤碧兰	陈宁英	黄小萍	庄尾兰
林月鸿	林垚铃	傅德惠	王木龙	陈　玲	赵莹莹	黄　丽	王莉莉	黄秋丽
吴维春	陈　芳	许珊珊	郑小青	张雅婷	林特莉	连荣荣	唐丽娥	梁菊兰
陈铅铅	黄栋梁	骆淑青	林冰冰	杜彩霞	陈婉琼	柯伟宝	戴丽卿	陈丽慧
刘小婷	陈梅红	陈安娜	李施川	杜淑玲	谢素娇	高萍萍	吴娴婵	陈萍萍

林走妹	戴　丹	林建琼	傅丽丹	陈建君	曾金杯	吴婷婷	岳城强	柯佳佳
洪礼婷	张夏芳	林志芳	陈碧芳	陈婷婷	蔡慧萍	林辉兰	黄两有	王琼玲
黄珊珊	杜江燕	薛淑月	李向向	谢淑卿	韦信盟	严　莉	李彩霞	朱巧玲
陈丽琼	杨绿凤	杨艺君	潘　荧	罗　佳	何　微	李秋芸	林月霞	邹海玲
陈玉玲	王翠玲	黄铅朴	叶惠娜	张　婷	王小玲	郑雪红	陈惠娜	吴木英
郑水英	叶丽俗	肖水莲	林银香	王　云	陈云英	梁颖洁	林冬玲	郑三梅
肖艳余	叶淑君	康淑贤	洪丽环	李燕玲	柯血娟	黄丹婷	叶玲玲	林筱竹
郑小娟	康惠敏	徐丽美	陈凤燕	林露露	赵秋蓉	宁　金	陈毅子	陈燕勤
巫鑫明	陈延芳	连小芳	欧阳亚绵	欧阳丽莉				

国际经济与贸易（专科）

余江生	刘培梁	霍芳丽	方小玲	张志梅	许娜真	吴明玉	江艳青	赵芳芳
马锦宾	黄亚丽	蔡莹莹	孙苗玲	郭玉凤	罗巧真	陈晨晖	张　玲	刘金业
陈巧玲	洪淑贤	杨珊珊	姜小燕	黄伟宝	赖华山	曾秀萍	廖小娇	陈亚查
杨　瑜	裴云峰	林瑞虹	吴梅蓉	上官阿琼				

工商企业管理（专科）

陈小红	陈剑兰	张宗莺	叶海霞	魏德龙	刘婷婷	陈辉楠	庄晓玲	陈心权
郑少军	陈真真	魏金玉	陈纪火	康美婷	许兰兰	林巧萍	邱伟锋	朱宇航
杨　雯	何　冰	蔡秀秀	王会娟	王　亚	张菊芬	刘增烨	易凌钺	陈忠烨
赵萍萍	黄秋兰	苏净铃	林海玫	施菁菁	何成全	赖秀伟	李巧燕	陈侨彬
杨国莉	黄海鑫	王默芸	杨萍萍	吴　雯	纪玉婷	刘华清	车志生	陈绍红
杨阿环	徐丽群	钟志勤	吴徐女	方　舒	叶姗姗	邱婷婷	苏　珊	孙义长
张荫家	孙瑞恋	何兰花	王　敏	吴院生	王　芬	吴　坤	黄东云	严玉婷
林凤英	潘爱玉	黄春花	庄钟莉	江桂珍	陈青青	孔蒙蒙	吴艳红	邓立军
郑瑜妹	王锦瑜	何祖尧	卢丽娟	陈志强	沈　辉	柯廷杰	林如海	林玉园
葛锦红	杜燕斌	林娜平	陈香梅	陈淑芬	黄晓萍	林淑君	吴鲜花	赖玉华
蔡凤平	陈吉泉	林玛玲	尤柏青	林丹凤	雷建建	吕素娟	王惠玲	蔡鸿萍
刘云云	张茜茜	杜金兰	谢冬菊	陈德辉	廖惠玲	郑松铭	李　剑	叶志纲
陈建灯	周志荣	陈红梅	王哲英	郑雅萍	苏圣雄	张晓兰	肖克耀	康丽娟
彭亚琼	周建军	杨家曲	黄扬华	王　琳	周亚真	林志珍	刘美香	孙彩华
张蓉华	张辉萍	卢联丰	吴惠文	李秀良				

物流管理（专科）

赖真程	许鹏飞	苏德星	黄月娇	庄淑萍	倪琼娥	林　妹	蔡秋玲	肖伟倩
魏雅莉	黄吉玲	黄捷挺	林庆珠	卜碧兰	姚燕婷	杨　光	黄菲菲	黄美霞
陈　玲								

电子商务（专科）

殷　蓉　苏月梅　陈桂英　林丽婷　黄秀迷　赵　阳　雷晓丽　赖艺煌　肖彩凤
高上云　林盼盼

商务英语（专科）

尤啊娥　王晓霞　赖璇璇　余克云　夏春福　汪秋云　刘碧芹　张雪琼　郭华妹
陈丽娜　曾志龙　吴雅真　吴　芳　赖幼治　方小愉　邱巧远　柯梅燕　魏红燕
柯惠兰　江雅纯　叶晓萍　何丽婷　杨玉蝶　郑宝兰　林　娜　陈清珍　赵秋敏
吴美英　杨惠臻　许玉燕　林欢欢　黄雅斌

软件技术（专科）

程　远　叶　林　施　宇　潘联发　李青丹　王　坤　黄彩珍　许燕平　苏丽丽
谢少强　庄阿彬　岑　磊　王明耀　林辉杰　林铭权　陈正水　张志鑫　陈长春
庄月珠　邱泽钊　梅正兴　张清鼎　刘锦涛　蔡华剑　王江塔　许小燕　邱金勇
黄宾宾　周　丹　庄泳达　陈友益　聂敏淳　黄庆强　李金龙　邹少龙　陈和聪
刘家喜　徐玉彬　王清虹　王文兴　洪辉跃　林小菲　郭炳川　陈　喜　林海潮
赖金表　杨秋桑　洪良锋　赵景收　许武艺　吴阳斌　邹剑峰　苏德兴　王名棋
王博森　许达凯　关哲忠　戴伟群　陈暑芬　林森森　唐澍霖　魏志君　洪逸群
陈志鹏

物流管理（境外生专科）

黄健文　李炽森　林家明　赵燕婷　罗添好　黄泳南　陆润华　冯伟洪　赵样愉
黄彩顺　卢伽丽　张婉娴　黄志超　陈凤璇　吴秀琼　陈锦钟　黄雅杰　陈洁娴
方　杰　刘润限　陈威霆　梁绍基　杨明廉　黎咏娴　崔伟文

工商管理（会计学）（境外生专科）

刘小慧　罗伟成　黄彩平　郭焕琼　盛永来　陈丽娟　何淑群　赵小玲　李明亮
潘应妙　林景兴　陈燕琪　陈彩琴　梁佩雯　梁洁莹　陈惠群　刘佩玲　李媚月
杨丽芬　张慧珊　刘玉琼　杨佩芳　邝惠娴　杨祖明　施凤庆　马慧德　蔡美奕
杨柳英　杨惠珍　何金莲　陈金凉　冯丽芬　黄静诗　关桂芬　何丽梅　钟翠婵
郭桂好　陈立基　李宝婵　苏美玲　潘嘉伟　司徒玉华

财务管理（专科）

施翠兰　肖阿真　李晓艺　汤牡琴　庄子梅　赵景瑜　刘培玲　叶梅花　郭秀娥
苏笼刺　蔡　娇　陈秀珠　江　慧　杨玉亭　蔡鸿辉　吴白琳　王娅碰　张林珠
吴华明　周东玲　何止观　蔡丽凤　冯亚水　苏小珍　洪清河　陈辉平　蔡梅婷
彭秋燕　王明霞　张远平　康锦兰　黄晓林　何素珍　赖燕珍　陈英周　郑春兰
陈晓瑜　梁春兰　沈月治

经济管理(专科)

潘冬美　朱燕红　林雪真　林爱琴　陈禧萍　尤青青　谢明茹　李秀桃　谢玲玲
饶水源　吴金波　傅端兴　陈春晓　周晓珊　刘旖旎　韩智恒　陈小春　陈炳松

人力资源管理(专科)

邹　敏　李玲玲　吴加进　周倩云　曾香喜　王慰治　卢　文　唐晓冰　吴静娜
邹晓玲　黄琪琪　陈凤容　柯　兰　杨雪玲　张珍惜　房吉梅　张冠华　陈月华
柯兰燕　张琼霞　陈平平

建筑工程技术(专科)

郭俊武　朱杰腾　叶海滨　卢振操　陈新博　王君毅　林梓彬　杨奕宏　蔡少宏
伍金水　廖艺淋　陈有国　陈清山　江浪清　郭小平　曾晓生　杨　婕　张晓萍
王银泉　陈金宁　刘世楠　吴政洪　陈洪平　吴潘禹　颜扬文　张志杰　王双泉
刘世聪　江文杰　陈一强　郑少波　陈团李　张俊严　詹俊凯　梁　湧　叶淑贤
林晓军　池毓程　庄清波　刘彬毅　钟子文　苏金勇　林凯钊　刘世忠　黄映团
吴震海　张聪祥　柯吉彬　刘红润　王海军　李勇平　张舒翔　杨志阳　章小军
出志军　江招阳　康瑞韵　郑　佳　郑杰坤　蔡　伟　罗　育　虞周鉴　何关峰
林镜斌　曾一伟

数控技术(专科)

王得愿　陈桂平　许　鹏　吴　龙　陈国森　苏伟南　张俊花　金昊亮　方碧华
蔡玲真　叶加兴　钟　惠　黄恩惠　黄　兵　林丽君　李煜钦　王龙捷　王庆辉
张　敏　洪舒岩　石丽丽　郭耿东　谢　斐　李玮璘　林志新　叶梦婷　林诗实
高俊毅　纪玉松　纪丽娟　易吉祥　叶智勇　林武杰　冯小菖　吴小云　张　鹏
陈煌泉　张阮子璞

模具设计与制造(专科)

周智伟　赖世雄　林冠文　陈建阳　苏礼建　康庆收　林海涛　颜裕华　郭建海
蔡达云　陈德强　沈　纯　陈志伟

电气自动化技术(专科)

毛智文　吴海滨　曾　威　陈伟金　沈家松　叶露寒　廖小林　李锴模　黄　津
林世志　程云龙　朱　薪　张显金　辛根致　谢万睿　江志武　陈剑鹏　蔡少铿
陈绥武　林朝辉　夏　延　蓝云涛　李　阳　吴文涛　林上澄　黄俊斌　肖小龙
胡裕强　林振杰　杨灿锋　范献文　翁作校　康锦福　李　麒　杨　杨　陈志锋
李昀川　陈腾龙　石鸿斌　陈炬煌　黄松坤　潘志源　余　江　周宗钦　余志生
潘武扬　邹春怀　王煌焜　杨艺勇　赖永斌

计算机应用技术(专科)

吕彩贞　谢雄珠　陈彦婷　黄武龙　林小萍　曾　涛　蔡文宾　张远城　谭鹭飞

庄惠玲	卢惠彬	谢建军	黄龙杰	叶金峰	王惠芬	陈燕真	陈燕贞	沈钦雄
陈文音	黄振琦	蔡志坚	赵恒	林海凤	陈希	洪建文	蔡丽华	陈建荣
林茂华								

会计学（专升本）

薛美团	林进贤	程源园	魏莉丽	戴宏艺	陈欣欣	蔡一扬	刘聪燕	肖雪梅
吴芸	吴奕菁	吴镜清	蔡淑娟	黄秋明	陈贵娥	杨美娜	陈桂花	蔡燕治
李美珊	张彩凤	高津津	朱秀兵	郭清清	刘芳萍	黄清恋	王攀娜	林翠菊
陈恩聪	杨惠花	吴珊珊	郭小燕	黄阿刀	黄毅	杨鸿铃	林宝珠	李闻辞
林金婵	陈雅芳	陈雪芬	刘香娥	王春玲	王树华	庄云虹	吴燕辉	黄纯纯
陈婉凤	杜韩英	吴钰云	黄珍华	蔡朝明	陈佳丽	谢雅莉	黄丽瑞	王松松
林清茹	蔡少红	王秋嫣	郑雅婷	李舒婷	陈雅娜	黄旭梅	张爱碧	王琦琦
方丽琼	林芝贤	蔡庆别	王红霞	庄淑华	刘小英	魏明燕	柳诗音	徐月美
刘琳琳	黄素玲	赖双雅	叶晓娟	蔡艳婷	刘秀华	颜芳敏	卢婷婷	王月玲
肖小香	柳丽云	陈惠萍	李雪稳	施红妹	陈娜萍	王维	刘阿敏	洪丹眉
陈婕	刘萍婷	徐嘉丽	王菁菁	吴萍萍	叶韵萍	陈萍	邱玲	张雪红
赖诗发	王俊娥	刘冰瑜	尤丽琴	丁莞红	郑贺巧	王妮	陈迎宾	郑艺凤
叶雪梅	陈素梅	翁美娜	吴钞钞	黄小青	王淑红	林杰龙	黄雪萍	欧阳萍

工商管理（专升本）

陈兴镇	李清福	佘玲敏	李志捷	徐文桂	陈小东	陈秀梅	傅丽丽	蔡金花
杨清海	陈松柏	代美丽	王朝霞	魏春玲	董子杰	李水兵	庄慧君	蔡进春
刘梅英	王朝宇	洪小鸽	苏晓萍	郭直钧	余清花	林碧红	陈敏玲	郭靖红
姚培杰	熊昌太	高晓萍	苏序元	蔡碧真	吴程辉	谢少雄	吴伟升	陈艺彬
苏雪萍	林国森	王丽娟	许燕妮	钱振翼	陈燕玲	陈清奎	苏进京	江达坡

国际经济与贸易（专升本）

郑月琼	张淑芳	林舜贞	黄辉煌	陈伊群	李蓉蓉	庄煌梅	黄月环	廖长锋
丁梅萍	黄芬	林燕婷	洪阿霜	杨江峰	陈聪良	张艺萍	胥兰	钮清
吴智雅	林秀娟	黄莹莹	吴炳基	叶梅兰	万雷	潘雅静	孙晓颖	李志雄
何冰冰	黄惠艺	魏月芳	郑秋华					

法学（专升本）

李萍萍	刘晓妍	丁玲玲	许祺榕	庄婷	陈丽幼	曾毓玲	董海明	段辛容
蔡永国	陈娇玲	柯壹龙	谢春娟	邓祖杰	王小燕	庄杭芬	曾华榕	林春莲
董荣华	柯晓晖	胡君毅	黄琨鸿	万小燕	谢小竹	兰祥铭	林泳	刘育清
刘斌斌	苏超兰	骆东阳	林群鸿	郑达芬	王华	陈采灯	胡燕华	柯立东
柯婷婷	张冰冰							

土木工程（专升本）

张永宏	吴绍文	黄　强	黄思思	魏献松	庄伟祥	刘继昌	范庆洪	周俊辉	
何凯伟	伍金辉	蔡东辉	洪振吾	林锡聪	陈劲坚	黄靖航	何细孟	陈和琴	
杨国伟	王菲菲	黄伟莹	蔡志坚	曾惠锋	何谓波	陈华瑜	李学珠	张成龙	
苏培榕	黄锦惠	林叔杰	陈伟煌	黄龙华	林萍萍	李晓伟	黄灿阳	郑春彬	
朱兴阳	陈东波	刘龙珠	刘建军	张伟昆	黄望福	吴雄猛	张飘杨	曹　翔	
刘进强	罗弈平	郭连法	陈艺群	卓元升	陈钦滢	严清火	吴金进	黄少鹏	
陆凤川	蔡万紫	吴晓锋	杨　震	陈智钊	张勤莉	郭国忠	朱白云	徐恩基	
魏晓伟	李秋白	傅铭锋	肖绪力	林月娥	熊启林	叶进家	李惠清	吴明旭	
周金旺	杨志艺	张玉梅	李良俊	蒋秋昆	刘大林	纪宠彬	廖　莎	沈振立	
黄小雯	林天容	蔡伟斌	吴美啦	许火炬	张惠德	查智全	洪仁祥	林翠娥	
陈　蓓	邹雪玉	庄超蓉	吴福万	林雪娜	陈　峰	张海煌	胡增铮	方兆斌	
陈金辉	庄　磊	贺佳伟	蒋奕群	吴少雄					

行政管理（专升本）

孙琼芬	梅　玲	蔡丹婷	蔡熙蓉	方燕霞	高梓晨	陈琳琳	陈珊珊	陈坚心	
骆　宁	黄雅珊	戴秀惠	康惠珍	吴萍凤	许晓男	陈玉和	曾敏娜	王庆妍	
林丽蓉	黄松青	林紫燕	施东梁	陈淑英	王　伟	刘梅梅	徐叶锋	蔡锶超	
庄渊鹏	庄昭红								

财务管理（专升本）

方　梅	孙伟斌	李绵绵	李晓君	庄莉莉	丁美雅	陈海燕	黄淑莲	苏佳彬
林伟雄	杨晓莲	曾娟娟	叶剑辉					

人力资源管理（专升本）

石雪金	朱　超	陈雪娥	王　燕	李江龙	张志华	陈惠萍	王秋芬	孟　超
吴艳芳	黄清兰	吴燕婷	林天赞	谭荣华	陈雅锦	林亚挺	黄　莹	林　琳
苏丽萍	杨翠珊	吴小珠	吴文山					

2013届继续教育学院秋季毕（结）业生

法学（境外生专科）

吴兰娟	李雪源	欧汉成	卢晓枫	陈健民	林伟达	何惠华	杨伟杰	关进威
梅伟成	余国鸿	袁盛彭	黄建平	梁永燊	甘浩然	陈家政	谭健荣	谭家劲
麦俊智	林伟健	邝文兴	雷家梁	谭智伟	吴丽琼	吕照裕	梁家图	李健龙
林云赵	梁志伟	陈业鸿	张欣杰	甘华锋	汤劲翔	梁文生	陈惠秋	梁国晞
汤惠华	陈俊权	司徒捷贤	欧阳志华					

法学（境外生专升本）

黎家健	朱小兰	甄汉持	梁惠文	周安妮	欧志龙	容家俊	胡梓洋	何皓楠
郭铭文	李耀文	吴宇坤	邱青山	陈文伟	黄芷君	邹妙玲	李健麟	苏得胜
李耀斌	李伟良	卢威狄	施良枝	叶国华	谈健维	郑智勇	郭侃虹	黄嘉路
黄富基	原劲滔	冯家乐	萧长莲	苏永俊	容家幸	梁宇亮	赖立华	冯欣欣
劳策卫	梁丽飞	罗健新	莫智华	杨才民	陆植淦	吴昕芳	龚彩仪	Paiva Valentim

工商管理（人力资源管理）（境外生专升本）

余惠芳	罗明显	张应勤	高志君	梁维俊	林丽琪	陈春年	陈诗敏	潘丽容
林冠群	何洁丽	黄剑祥	吴淑英	冯少萍	王娜娜	邓婉芬	黎淑葵	黄嘉碧
梅育芬	陈文达	林少开	朱炳辉	赵兰瑛	曾宝珊	黄燕华	冯超伟	甄惠鸿
刘淑慧	刘仲棠	容国健	张家其	陈惠淇	张款连	林凤好	方美仪	岑伟健
陈泽雄	叶宝珍	香基樱	高美佑	吴倩茵	何慧蓉	周惠茹	杨勤英	梁雪梅

工商企业管理（专科）

陈真真　康丽娟

华侨大学年鉴 2014

统计资料

2013年在职教职工基本情况统计表

项目 单位	教职工总数	教师人数小计	占全校专任教师的比例	职称结构				职称结构			学位结构				年龄结构						
				高级			中级	初级及以下			博士	硕士	学士	无	≤35岁	36~40岁	41~45岁	46~50岁	51~54岁	55~59岁	≥60岁
				正高	副高	小计		初级	见习	小计											
国际学院	7	2	0.15	2	0	2	0	0	0	0	1	0	0	1	0	0	1	0	0	1	0
哲学与社会发展学院	33	28	2.03	6	12	18	10	0	0	0	23	3	1	1	9	8	3	4	1	0	3
经济与金融学院	75	60	4.36	10	10	20	40	0	0	0	41	14	5	0	25	15	5	12	2	1	0
法学院	54	44	3.20	2	23	25	19	0	0	0	28	14	2	0	15	16	5	8	0	0	0
马克思主义学院	31	29	2.11	7	13	20	9	0	0	0	15	8	5	1	5	8	6	5	1	4	0
文学院	72	58	4.22	10	10	20	34	0	3	4	36	13	7	2	24	13	4	7	2	8	0
华文学院	118	66	4.80	8	24	32	33	1	0	1	14	24	24	4	11	8	14	19	6	7	1
外国语学院	127	116	8.43	6	32	38	73	5	0	5	8	80	26	2	51	24	12	14	5	10	0
美术学院	59	50	3.63	3	6	9	33	8	0	8	1	33	16	0	28	13	3	4	1	1	0
音乐舞蹈学院	38	32	2.33	4	4	8	23	1	0	1	3	25	4	0	21	4	1	2	3	1	0
数学科学学院	82	75	5.45	3	23	26	48	1	0	1	25	44	6	0	38	17	6	5	2	7	0
机电及自动化学院	119	92	6.69	19	23	42	48	2	0	2	53	28	10	1	38	17	15	8	10	4	0
材料科学与工程学院	73	50	3.63	20	20	40	10	0	0	0	38	12	0	0	10	10	7	14	7	2	0
信息科学与工程学院	143	107	7.78	16	29	45	62	0	0	0	64	30	13	0	51	17	12	8	10	8	1
计算机科学与技术学院	86	70	5.09	5	22	27	42	1	0	1	38	25	7	0	34	24	5	3	2	2	0
建筑学院	95	80	5.81	5	19	24	52	4	0	4	21	40	19	0	28	20	12	11	6	3	0

续表

项目\单位	教职工总数	教师人数小计	占全校专任教师的比例	职称结构 高级 正高	职称结构 高级 副高	职称结构 高级 小计	职称结构 中级	职称结构 初级及以下 初级	职称结构 初级及以下 见习	职称结构 初级及以下 小计	学位结构 博士	学位结构 硕士	学位结构 学士	学位结构 无	年龄结构 ≤35岁	年龄结构 36~40岁	年龄结构 41~45岁	年龄结构 46~50岁	年龄结构 51~54岁	年龄结构 55~59岁	年龄结构 ≥60岁
土木工程学院	98	76	5.52	18	24	42	33	0	1	1	52	16	7	1	32	11	8	14	7	4	0
化工学院	83	64	4.65	16	23	39	25	0	0	0	51	11	2	0	24	18	13	8	1	0	0
生物医学学院	28	17	1.24	5	6	11	6	0	0	0	17	0	0	0	7	0	6	2	0	0	2
工学院	25	18	1.31	3	2	5	13	0	0	0	16	1	1	0	11	3	0	3	0	0	1
工商管理学院	100	83	6.03	18	18	36	44	1	2	3	46	24	12	1	26	25	13	9	6	3	1
旅游学院	45	32	2.33	5	13	18	13	1	0	1	17	11	2	2	10	9	4	5	2	2	0
公共管理学院	43	34	2.47	6	8	14	20	0	0	0	22	8	3	1	22	4	1	4	1	1	1
体育学院	53	46	3.34	3	14	17	25	4	0	4	3	22	20	1	28	2	4	1	6	5	0
泛华学院	3	0	0.00	0	0	0	0	0	0	0	0	0	0	0	0	0	0	0	0	0	0
继续教育学院	14	3	0.22	2	1	3	0	0	0	0	1	1	1	0	0	0	1	1	0	1	0
美国中文学院	1	1	0.07	0	1	1	0	0	0	0	0	0	1	0	0	0	0	0	1	0	0
华侨华人研究院	20	17	1.24	4	3	7	10	0	0	0	14	2	0	1	7	2	4	1	0	0	3
华文教育研究院	9	7	0.51	0	1	1	6	0	0	0	7	0	0	0	6	1	0	0	0	0	0
数量经济研究院	11	10	0.73	3	2	5	4	0	1	1	10	0	0	0	4	0	5	0	0	1	0
城市建设与经济研究院	3	1	0.07	1	0	1	0	0	0	0	1	0	0	0	0	0	0	1	0	0	0
厦门工程技术研究院	2	1	0.07	1	0	1	0	0	0	0	1	0	0	0	0	0	1	0	0	0	0
泉州科学与社会研究院	2	1	0.07	0	1	1	0	0	0	0	1	0	0	0	0	0	1	0	0	0	0

续表

项目 单位	教职工总数	教师人数小计	占全校专任教师的比例	职称结构							学位结构				年龄结构						
				高级			中级	初级及以下			博士	硕士	学士	无	≤35岁	36~40岁	41~45岁	46~50岁	51~54岁	55~59岁	≥60岁
				正高	副高	小计		初级	见习	小计											
心理辅导中心	5	5	0.36	1	1	2	2	1	0	1	1	3	0	1	1	2	1	0	1	0	0
厦门工学院	1	1	0.07	1	0	1	0	0	0	0	0	0	0	1	0	0	0	0	0	1	0
专任教师人数小计	1376	100		213	388	601	737	31	7	38	669	492	194	21	566	291	173	173	83	77	13
专任教师结构比例				15.48	28.20	43.68	53.56	2.25	0.51	2.76	48.62	35.76	14.10	1.53	41.13	21.15	12.57	12.57	6.03	5.60	0.94
教师（思政）（学工系统）	140			1	13	14	57	66	3	69	0	93	45	2	117	9	10	1	3	0	0
教师数	1516			214	401	615	794	97	10	107	669	585	239	23	683	300	183	174	86	77	13
教职工数	2459			229	538	767	1117	307	268	575	671	804	586	398	1051	414	344	328	157	150	15

2013年在校本科生统计表

专业名称	在校人数（人）					
	一年级	二年级	三年级	四年级	五年级及以上	合计
普通本科	5932	5637	5691	5825	147	23232
女生	3073	2783	2751	2482	45	11134
哲学	13	0	0	0	0	13
经济学类（1+2+1中美联合培养）	18	0	0	0	0	18
经济学	73	66	72	65	0	276
金融学	141	139	168	194	0	642
国际经济与贸易	221	217	252	254	0	944
法学	205	209	223	227	0	864
社会学	36	38	39	26	0	139
华文教育	142	103	45	35	0	325
体育教育（一年级为师范专业）	54	60	43	53	0	210
汉语言文学	93	90	77	80	0	340
汉语言	43	72	82	28	0	225
汉语国际教育	104	0	0	0	0	104
对外汉语	0	100	154	150	0	404
英语	127	107	109	105	0	448
日语	76	74	77	68	0	295

续表

专业名称	在校人数（人）					
	一年级	二年级	三年级	四年级	五年级及以上	合计
新闻传播学类	0	187	0	0	0	187
新闻学	45	0	0	0	0	45
广播电视学	103	0	0	0	0	103
广播电视新闻学	0	0	130	126	0	256
广告学	35	0	53	55	0	143
数学与应用数学	55	56	60	35	0	206
信息与计算科学	33	29	26	32	0	120
应用物理学	39	41	34	0	0	114
应用化学	64	84	88	82	0	318
人文地理与城乡规划	46	0	0	0	0	46
资源环境与城乡规划管理	0	47	51	48	0	146
生物技术	39	30	33	33	0	135
机械工程	236	0	0	0	0	236
机械工程及自动化	0	259	293	397	0	949
材料成型及控制工程	52	45	56	58	0	211
工业设计	65	62	69	62	0	258
车辆工程	54	55	61	60	0	230
测控技术与仪器	63	67	60	74	0	264
材料科学与工程	44	31	58	96	0	229
材料化学	35	0	0	0	0	35
高分子材料与工程	81	77	68	88	0	314
功能材料	42	34	31	0	0	107
电气信息类	0	476	0	0	0	476
电气工程及其自动化	104	0	112	152	0	368
电子信息工程	98	0	105	123	0	326
电子科学与技术（光电子技术方向）	0	0	0	42	0	42
电子科学与技术	66	0	47	80	0	193
通信工程（微波通信方向）	0	0	0	45	0	45
通信工程	90	0	104	91	0	285
光电子技术科学	0	34	44	0	0	78
光电信息科学与工程	53	0	0	0	0	53
信息工程（微波通信方向）	0	37	53	0	0	90
信息工程（移动通信技术方向）	62	0	0	0	0	62
集成电路设计与集成系统	36	0	31	46	0	113
自动化	68	0	70	88	0	226
计算机类（1+2+1中美联合培养）	1	0	0	0	0	1
计算机科学与技术	251	45	34	107	0	437

续表

专业名称	在校人数（人）					
	一年级	二年级	三年级	四年级	五年级及以上	合计
软件工程	0	119	130	106	0	355
网络工程（物联网技术方向）	0	0	0	46	0	46
网络工程	0	84	82	75	0	241
数字媒体技术	51	47	51	0	0	149
物联网工程	56	42	54	0	0	152
土木类（1+2+1中美联合培养）	6	0	0	0	0	6
土木工程	255	283	245	259	0	1042
给水排水工程	0	81	55	49	0	185
给排水科学与工程	78	0	0	0	0	78
化工与制药类	114	114	0	0	0	228
化学工程与工艺	0	0	74	34	0	108
制药工程	0	0	36	53	0	89
环境工程	54	48	51	50	0	203
环境科学	33	30	35	52	0	150
建筑学	96	98	99	98	107	498
城市规划	0	38	35	37	40	150
城乡规划	30	0	0	0	0	30
生物工程	66	58	72	61	0	257
园艺（观赏园艺）	37	32	33	29	0	131
药学	46	29	0	0	0	75
物流管理	60	111	117	110	0	398
信息管理与信息系统	41	22	21	61	0	145
工程管理	107	122	123	121	0	473
工商管理类	337	397	4	17	0	755
工商管理类（1+2+1中美联合培养）	16	0	0	0	0	16
工商管理	0	0	104	129	0	233
市场营销	0	0	85	122	0	207
会计学	66	0	0	0	0	66
财务管理	74	129	173	156	0	532
国际商务（全英文教学）	32	0	0	0	0	32
国际商务	45	0	0	0	0	45
人力资源管理	0	0	149	112	0	261
公共管理类	156	142	0	0	0	298
公共事业管理	0	0	48	39	0	87
行政管理	0	0	62	75	0	137
土地资源管理	0	0	31	29	0	60
城市管理	48	0	0	0	0	48

续表

专业名称	在校人数（人）					
	一年级	二年级	三年级	四年级	五年级及以上	合计
电子商务	74	64	55	62	0	255
旅游管理	86	87	93	163	0	429
酒店管理	51	63	82	0	0	196
酒店管理（高尔夫学院）	42	37	0	0	0	79
酒店管理（厦航学院）	20	0	0	0	0	20
音乐学（海外教育）（1年级是师范类）	48	36	42	43	0	169
舞蹈学（海外教育）（1年级是师范类）	36	30	32	36	0	134
美术学	34	33	30	30	0	127
设计学类	222	0	0	0	0	222
艺术设计（建筑与城市环境艺术设计）	0	79	69	68	0	216
艺术设计	0	211	207	198	0	616
视觉传达设计（摄影摄像方向）	50	0	0	0	0	50
环境设计（建筑与城市环境设计）	59	0	0	0	0	59

2013年在校研究生统计表

培养单位	在校生数（人）			
	全日制硕士研究生	在职硕士研究生	博士研究生	合计
哲学与社会发展学院	81	0	33	114
经济与金融学院	156	0	38	194
工商管理学院	174	99	96	369
旅游学院	114	0	20	134
公共管理学院	61	0	13	74
土木工程学院	199	68	20	287
生物医学学院	95	8	14	117
机电及自动化学院	214	56	44	314
材料科学与工程学院	183	14	12	209
化工学院	193	6	14	213
法学院	128	0	0	128
文学院	165	0	0	165
华文学院	53	0	0	53
外国语学院	29	0	0	29
数学科学学院	35	0	0	35

续表

培养单位	在校生数（人）			
	全日制硕士研究生	在职硕士研究生	博士研究生	合计
建筑学院	241	23	0	264
计算机科学与技术学院	134	119	0	253
信息科学与工程学院	206	94	0	300
马克思主义学院	25	0	0	25
工学院	4	0	0	4
华侨华人研究院	29	0	0	29
数量经济研究院	12	0	0	12
华文教育研究院	5	0	0	5
法律硕士教育中心	128	331	0	459
公共管理硕士教育中心	283	296	0	579
工商管理硕士教育中心	304	210	0	514

2013 年在校专科生统计表

自主专业	在校生数（人）				
	一年级	二年级	三年级	四年级及以上	合计
普通专科	604	336	233	0	1173
旅游管理（高职）	0	23	45	0	68
旅游管理（高职，高尔夫学院）	19	24	0	0	43
旅游管理（高职，厦航学院）	29	0	0	0	29
电气自动化技术	0	26	36	0	62
电子工艺与管理	26	0	0	0	26
计算机应用技术	26	0	1	0	27
建筑工程技术	37	42	62	0	141
模具设计与制造	0	32	34	0	66
模具设计与制造（厦航学院）	37	0	0	0	37
汽车检测与维修技术	37	32	0	0	69
数控技术	0	26	30	0	56
应用电子技术	0	32	25	0	57
应用电子技术（厦航学院）	31	0	0	0	31
汉语言（北京）	30	21	0	0	51
汉语言（昆明）	99	0	0	0	99
汉语言（南宁）	27	24	0	0	51
汉语言（华文学院）	206	54	0	0	260

2013年继续教育学院在校生统计表

学习形式	层次	专业名称	学制（年）	在校生数（人）					总计（人）
				一年级	二年级	三年级	四年级	五年级	
业余	专升本	会计学	3	60	59	43	0	0	162
		工商管理	3	48	32	26	0	0	106
		国际经济与贸易	3	35	23	12	0	0	70
	高起专	会计电算化	3	143	102	82	0	0	327
		国际经济与贸易	3	0	18	10	0	0	28
		工商企业管理	3	121	50	26	0	0	197
		物流管理	3	0	0	10	0	0	10
		电子商务	3	75	103	0	0	0	178
		商务英语	3	28	20	26	0	0	74
		市场营销	3	26	0	0	0	0	26
		计算机应用技术	3	77	42	0	0	0	119
		建筑工程技术	4	138	134	0	0	0	272
	高起本	会计学	5	25	28	37	32	0	122
函授	专升本	法学	3	9	19	25	0	0	53
		土木工程	3	69	65	83	0	0	217
		行政管理	3	11	22	25	0	0	58
		财务管理	3	9	19	19	0	0	47
		会计学	3	23	35	31	0	0	89
		人力资源管理	3	16	27	27	0	0	70
	专科	财务管理	3	33	23	31	0	0	87
		会计电算化	3	48	84	87	0	0	219
		市场营销	3	14	0	0	0	0	14
		人力资源管理	3	17	21	20	0	0	58
		工商企业管理	3	44	72	65	0	0	181
		经济管理	3	0	13	15	0	0	28
		物流管理	3	0	16	0	0	0	16
		模具设计与制造	4	38	9	130	61	0	238
		数控技术	4	27	20	145	130	0	322
		应用电子技术	4	0	0	53	56	0	109
		汽车检测与维修技术	4	57	44	0	0	0	101
		电气自动化技术	4	52	35	114	73	0	274
		建筑工程技术	4	14	106	68	75	0	263
		计算机应用技术	4	0	0	10	42	0	52
		机电设备维修与管理	4	5	22	70	0	0	97
	高起本	工商管理	5	87	100	52	59	0	298

续表

学习形式	层次	专业名称	学制（年）	在校生数（人）					总计（人）
				一年级	二年级	三年级	四年级	五年级	
业余（境外生）	专科	物流管理	3+2	0	0	0	0	18	18
		工商管理（会计学）	3+2	0	0	0	0	34	34
		工商管理（电子商务）	3+2	0	0	21	0	0	21
		艺术设计（动漫）	3	0	0	12	0	0	12
		人力资源管理	3	0	35	0	0	0	35
		法学	3	0	0	32	0	0	32
	专升本	法学	2.5	33	22	0	0	0	55
总计				1382	1420	1407	528	52	4789

2013年继续教育学院全日制自考（北大青鸟）在校生统计表

专业名称	在校生数（人）				
	小计	一年级	二年级	三年级	四年级
会计	255	100	52	103	0
计算机软件	122	45	37	40	0
电子商务	204	67	31	106	0
建筑工程	405	179	103	123	0
物流管理	71	41	30	0	0
中小企业经营管理	203	136	67	0	0
总计	1260	568	320	372	0

各界人士捐赠华侨大学芳名榜（2013年）

序号	芳名	捐赠项目	捐款金额	捐款日期
1	王柯纪念基金会	王柯中菲文化学术交流基金	28.85万元人民币	2011~2013年
2	姚志胜（香港胜骏集团公司）	教育基金（CUBA）	20万元人民币	2013年
		第二届饶宗颐与华学国际研讨会	40万元港币	2013年
3	杜祖贻	四端文物馆基金	300万元人民币	2013~2014年
	麦继强	四端文物馆	先后两次捐赠数百件文物	2013~2014年
4	石汉基、石颖芝	港台图书7500余册	价值100万元人民币	2013年
5	陈明金	陈明金澳门学生奖学金	140万元港币	1999~2013年
6	骆志鸿	骆忠信高等数学学习奖励基金	100万元人民币	2001~2014年
		骆林献省级以上大学生竞赛奖励基金	50万元人民币	2010~2014年

续表

序号	芳名	捐赠项目	捐款金额	捐款日期
7	李碧葱	教育基金	12.162万元人民币	2013年
8	丁良辉	大学生公共管理调研基金	50万元人民币	2011~2015年
9	香港泉州慈善促进总会	香港新生助学金	124.35万元港币	2005~2014年
10	庄善春	庄为炬报告厅	120万元人民币	2013年
10	郑烈棱	郑崇琇奖学金	50万澳大利亚元	2008~2017年
11	陈展垣	陈展垣优秀文科教师奖励基金	100万元人民币	2008~2017年
11	陈展垣	陈展垣优秀文科学生奖励基金	100万元人民币	2008~2017年
12	姚元坤	化工学院姚元坤奖学金	30万元人民币	2010~2019年
13	林昌华	外国政府官员中文培训班奖学金	157.34万元人民币	2011~2013年
14	北京校友会	旅行车一辆	15.79万元人民币	2011年
15	泉州斯达纳米科技发展有限公司	化工学院斯达励志奖学金	15万元人民币	2011~2015年
16	杨洪祺	化工学院杨洪祺奖学金	15万元人民币	2011~2015年
17	轩辕教育基金会	种子基金（助学金）	65.1万元人民币	2012~2014年
18	施天佑	教育基金	500万元港币	2013年
19	方润华	润良分子诊断研究室	110万元港币	2013年
20	福建省黄仲咸教育基金会	黄仲咸华侨华人学生及海外留学生奖助学金	20万元人民币/年	2013年起
21	吴雪海	化工学院吴雪海奖学金	15万元人民币	2013年
22	厦门贵信投资有限公司	贵信投资助学金	10万元人民币	2013年
23	PISIISITKRONGWONG	教育基金	10万元人民币	2013年
24	魏腾雄	林淑真体育馆	1000万元人民币	2013年
25	建筑八九校友	建筑学院优秀学生奖学金	12.17万元人民币	2013年
26	厦门万久公司	机电学院万久公司奖教奖学金	10万元人民币/年	2013~2015年
27	光微电子科技有限公司	工学院光微奖助学基金	15万元人民币	2013年
28	张祥盛	华文学院60年院庆	5万元人民币	2013年
29	香港集美校友总会	华文学院60年院庆	10万元人民币	2013年
30	汪庆	华文学院60年院庆	10万元人民币	2013年
31	泉州通淮关岳庙董事会	华文学院60年院庆	5万元人民币	2013年
32	黄共华	教授篮球队基金	15万元人民币	2013年
33	中国市政工程西北设计研究院福建分院	土木工程学院阳光学子助学扶困基金	12万元人民币	2013~2015年

续表

序号	芳名	捐赠项目	捐款金额	捐款日期
34	厦门华侨电子股份有限公司	城市建设和经济发展研究专项基金	100万元人民币	2013年
35	厦门市轮渡公司	城市建设和经济发展研究专项基金	200万元人民币	2013年
36	厦门正新橡胶工业有限公司	城市建设和经济发展研究专项基金	100万元人民币	2013年
37	厦门同安区政府	城市建设和经济发展研究专项基金	50万元人民币	2013年
38	厦门市集美区政府	城市建设和经济发展研究专项基金	200万元人民币	2013年
39	厦门住宅建设集团有限公司	城市建设和经济发展研究专项基金	100万元人民币	2013年
40	厦门梧村汽车站开发有限公司	城市建设和经济发展研究专项基金	100万元人民币	2013年
41	厦门水务集团有限公司	城市建设和经济发展研究专项基金	50万元人民币	2013年
42	福建省烟草公司厦门市公司	城市建设和经济发展研究专项基金	100万元人民币	2013年

华侨大学年鉴 2014

2013年大事记

1月份

2日晚，德国北德交响乐团走进华侨大学，在陈嘉庚纪念堂观众厅奏响新年音乐会的华美乐章，在为华侨大学师生带来视听盛宴的同时，也送来了新年的祝福。

4日，"信仰与传承——两岸城隍文化论坛"在华侨大学厦门校区王源兴国际会议中心103报告厅举行，海峡两岸的台湾城隍文化专家、福建省文史研究馆专家、闽南文化研究会专家，以及华侨大学师生代表近100人参加了论坛。

1月，我校美术学院2009级油画专业学生欧阳涛、2007级油画专业学生王铭的作品《鱿香》荣获由中国美术家协会、中国美协漆画艺委会和江苏省文学艺术界联合会主办的"第三届全国漆画展"优秀奖（最高奖）。美术学院2009级油画专业学生江文佳、欧阳涛的作品《理》，2006级油画专业学生高全将的作品《曙光》，2007级油画专业学生王铭、2009级油画专业学生郭思佳的作品《诱惑》获展览入围奖。

1月，第二届海峡两岸信息服务创新大赛暨福建省第六届计算机软件设计总决赛落幕，我校代表队取得两个一等奖、三个三等奖的好成绩。

1月，第二届福建省高校百名优秀辅导员评选活动结果揭晓，我校文学院团委书记肖景川荣获"福建省高校十佳辅导员"，化工学院团委书记袁媛、学生处谢俊获"福建省高校优秀辅导员"。

7日下午，校长贾益民在厦门校区行政研发大楼408室会见了到校访问的华侨大学董事会副董事长林广场并为其颁授华侨大学第六届董事会聘书及纪念牌。

1月，国家旅游局中国旅游研究院决定在我校旅游学院设立"研究生优奖计划"，中国旅游研究院院长戴斌教授代表研究院向我校旅游学院颁授了三万元"研究生优奖计划基金"。

13日，华侨大学在闽董事迎春座谈会在泉州迎宾馆召开。华侨大学副董事长许连捷，董事蔡梓进、庄凌、何中东，校领导贾益民、李冀闽、关一凡，校长助理彭霈、张云波，及董事会办公室主任项士敏参加了座谈会。

11日至14日，中国大学生体育协会羽毛球分会代表大会暨换届会议在湖南师范大学举行，我校荣获"中国大学生羽毛球运动（2007~2012年）优秀贡献奖"，庄志勇老师荣获"优秀教练员"称号。

16日上午，原中国保险监督管理委员会主席吴定富一行莅校访问。校党委书记李冀闽，原厦门市常务副市长、华大城市建设与经济发展研究院院长丁国炎等在厦门校区行政研发大楼热情接待来访客人。

1月，校长贾益民前往国务院台湾事务办公室拜访国台办常务副主任郑立中、交流局局长程金中，向郑立中颁发了华侨大学董事会副董事长聘书，向程金中颁发了华侨大学董事会董事聘书。

19日上午，第五届世界华语文教学研究生论坛在华侨高等学府华侨大学厦门校区开幕。来自韩国、泰国、日本及中国大陆、台湾、澳门等40多所高校的专家学者共150多人出席，围绕"全球化时代的世界华语文教学与中华文化传播"主题进行探讨交流。

19日下午，华侨大学分别与台湾暨南国际大学和台北教育大学签署"学术交流合作协议"及"教师交流及学生交换协议"。

19日下午，第二届两岸华文教育协同创新研讨会在我校厦门校区举行，吸引了来自海峡两岸40所高校和相关领域的高端专家和学者参会。中国海外交流协会副会长、华侨大学董事会副董事长马儒沛，台湾海华基金会副董事长任弘先后致辞。

20日，第六届金门国际马拉松在金门大学开赛，华侨大学体育学院王宁明同学获得大学路跑赛冠军，取得他自2011年参加该项目比赛以来的三连冠。

30日晚，华侨大学第六届董事会香港董事迎新春茶话会在香港中环银行家会所举行。校长贾益民与在港校董李群华、陈守仁、陈捷中、陈进强、庄启程、李碧葱、姚志胜、蔡素玉、骆志鸿、邱建新、庄永兴、陈亨利、庄善春、许丕新、柯少奇、徐伟福、潘永华、谢文盛等18位董事出席茶话会。

31日下午，贾益民校长赴港拜会了香港方润华基金主席方润华先生。方润华先生在认真了解了华侨大学在科研方面的困难后，慷慨解囊捐资110万港币用于华侨大学润良分子诊断研究室的建设，并与贾益民校长共同签署了捐赠协议书。

2月份

1日中午，华侨大学第六届董事会澳门董事迎春座谈会在澳门南光大厦举行。澳门校董李本钧、唐志坚、李沛霖、王彬成、林金城，华大澳门校友会会长林辉莲，华大澳门教育基金会理事长陈自锦、监事长冯家辉、副理事长兼秘书长黄进，校领导贾益民、关一凡出席座谈会。

1日，全国政协副主席何厚铧在澳门会见了华侨大学校长贾益民一行。

2月，教育部公布《关于2012年度高等学校科学研究优秀成果奖（科学技术）奖励的决定》，以华侨大学为独立完成单位、副校长吴季怀教授及其团队完成的科研成果"超吸水材料和凝胶电解质的结构性能研究"获2012年度高等学校科学研究优秀成果奖自然科学二等奖。

21日至22日，华侨大学2012~2013学年寒假务虚会在泉州校区李克砌纪念楼五层会议室召开。会议分为校党委中心组（扩大）学习及结合学习谈新学期工作计划两部分。校领导、校长助理以及相关单位负责人参加了会议。

2月，应泰国普吉乐善局、普吉泰华学校校友会邀请，华侨大学音乐舞蹈学院"新春访问演出艺术团"一行12人春节期间到泰国普吉访演。

23日上午，日本财团理事长尾行武寿一行在福建省外事办国际交流处负责人陪同下莅校访问，副校长张禹东在李克砌纪念楼四楼接待室热情接待了日本客人。

2月，我校法学院副院长戴仲川副教授第三次当选全国人大代表。

2月，福建省教育厅、财政厅公布了2012年高校优秀学科带头人海外高端访问学者项目人选，我校曾繁英、赵昕东、苑宝玲、方瑞明4位教授成功入选。

2月，华侨大学环境友好功能材料教育部工程研究中心吴季怀教授课题组的一项研究成果以"紫外光响应的杂化太阳能电池"为题发表于 Nature 子刊 Scientific Reports 杂志2013年第3期。

27日上午，教育部艺术教育委员会常务副主任、解放军艺术学院周荫昌教授在厦门大学艺术学院李未明教授陪同下到访厦门校区。

3月份

3月，我校赵昕东研究员入选2012年度教育部"新世纪优秀人才支持计划"哲学社会科学类支持计划，获得资助经费20万元。至此，我校共有12人入选"新世纪优秀人才支持计划"。

3月，国务院公布了享受2012年政府特殊津贴人员名单，我校丘进教授、吴季怀教授获此殊荣。迄今，我校共有50人享受国务院政府特殊津贴。

3月，我校学生谌龙分别在2013年德国羽毛球公开赛和2013年全英羽毛球公开赛中夺得男单冠军。

3月，中共泉州市委、泉州市人民政府公布了第五批泉州市优秀人才名单，我校王建设、江开勇、孙向英、杨楹、陈国华、胡日东、蒲继雄7位教授榜上有名。

3月，华侨大学与匹克集团就"匹克企业班"人才合作培养项目签约。

11日，全国政协十二届一次会议第四次全体会议选举产生新一届全国政协主席、副主席、秘书长和常务委员，澳门特区前特首、我校第六届董事会名誉董事长何厚铧当选为副主席；我校第六届董事会郑立中副董事长、林树哲副董事长、洪祖杭副董事长，刘长乐董事、颜延龄董事当选为常务委员。

3月，福建省科技厅同意批准建设我校申报的"福建省功能材料重点实验室""福建省结构工程与防灾重点实验室""福建省光传输与变换重点实验室"3个重点实验室。

11日，泰国国防部御卫厅瓦披龙上将率代表团访问华侨大学，贾益民校长在厦门校区会见了泰国客人。

14日，由华侨大学与中共集美区委、区人民政府联袂打造的公益性高端学术文化讲坛——"集美讲堂"在集美区行政中心正式启动。首场报告由著名社会学家、中国社会科学院学部委员、社会学研究所所长李培林讲授。

16日，华侨大学图书馆于正式推出"移动图书馆"服务，成为泉州、厦门地区首个开通此项服务的高校图书馆。

15日至17日，2012~2013特步大足联赛福建赛区第二阶段比赛在厦门大学举行，华侨大学勇夺福建赛区冠军，同时将代表福建省参加第二阶段全国南区的比赛。

19日，华侨大学与上海航天技术研究院在华大厦门校区签署战略合作协议，拉开双方在太阳能应用、海岛工程、卫星导航、新型材料等领域进行全面战略合作的序幕。

21日，我校与昆明华文学校签署协议，合作开办"华侨大学昆明教学部"。根据协议，我校将与昆明华文学校进一步利用地域优势，重点在面向泰国、越南、缅甸、老挝、柬埔寨等东南亚国家联合开办海外学生大专班、本科班及设立昆明研究生教学点等方面开展深入合作。

21日，我校与越南河内第二师范大学签订合作办学协议。我校校长贾益民，越南河内第二师范大学校长阮文线分别代表双方在协议书上签字。

3月，我校材料科学与工程学院戴劲草教授入选厦门市第七批拔尖人才名单。

3月，贾益民校长做客香港凤凰卫视，畅谈全球化背景下的华文教育。

23日，我校经济与金融学院学生贾明在2013年海峡两岸马拉松赛上摘得五公里赛段冠军。

27日，世界冠军联合会世界冠军代表许海峰、赵蕊蕊、张湘祥、王丽萍、韩晓鹏等众多世界冠军齐聚华侨大学，参加由世界冠军联合会、华侨大学、世冠有限公司共同举办的世界冠军联合会壹号汇，以"体育精神　助力后冠军时代"为主题，畅谈退役后的转型。中央电视台著名体育主持人韩乔生主持对话。

27日，第十届全国人大常委会副委员长、中国关心下一代工作委员会主任顾秀莲，莅临华侨大学视察。

27日，由华侨大学董事会董事何中东发起，世界冠军联合会、华侨大学和世冠有限公司共同主办的"世界冠军创业项目"，在华侨大学启动。

27日下午，陈一冰"做自己的冠军"全国百所高校交流公益行第五站——华侨大学站在厦门校区王源兴国际会议中心举行。

3月，经严格评审，福建省高校人文社会科学研究优秀基地名单正式对外公布。全省共评选出10个优秀基地，我校数量经济研究中心榜上有名。

28日至31日，我校法学院学生田孝明在2013北京大学国际模拟联合国大会获得"杰出代表奖"，工商管理学院学生苗欣和经济与金融学院学生李炜晨被大会组委会授予"杰出代表团奖"。

29日，自然科学基金委副主任、中国科学院院士姚建年应邀莅临我校做《新型有机光功能材料尺寸效应的研究》专题学术报告。

30日至31日，由福建省电源学会主办、华侨大学与三菱电机机电（上海）有限公司联合承办的福建省电源学会第四届学术年会在我校泉州校区召开。

31日，厦门市第三届光明之城实体建构竞赛决赛在厦门市SM新生活广场落幕。我校《山水意蕴》获一等奖，《影的结晶》获二等奖，《天圆地方》、《斗拱》（境外生团队作品）、《叠帆》（境外生团队作品）、《寻光》4组作品获得三等奖，团体总分高居第一。学校被授予"最佳组织奖"，5名教师获评先进工作者，10名学生被评为优秀学生干部。

4月份

4月，我校社会科学处处长杨楹教授等的专著《马克思生活哲学引论——生活世界的哲学审视》获教育部第六届高等学校科学研究优秀成果奖（人文社会科学）三等奖，学校首获教育部高等学校人文社会科学优秀成果奖，实现社会科学研究成果在国家级奖项中零的突破。

4月，德国海德堡大学哲学系A. F. Koch教授、S. Neuber博士受邀做客华侨大学"鹭岛哲谭"，面向哲学社会科学学院研究生开设讲座与讨论班课程。

1日上午，2013年"中国寻根之旅"——菲律宾华裔学生学中文夏令营在厦门市集美学村福南堂隆重开营。国务院侨办副主任马儒沛，菲律宾航空公司董事长陈永栽及其夫人邱秀敏，厦门市委常委、副市长康涛，华侨大学校长贾益民，福建省海外交流协会副会长闵蕙君等相关领导出席了开营仪式。

4月，我校与南安市5家年产值亿元以上企业实现项目对接，初步达成8个技术研发项目的合作意向。

3日上午，中国华文教育基金会副秘书长卢海斌访问我校，就我校承办的学历教育奖学金工作以及即将推出的移动数字课堂等项目座谈。副校长张禹东在厦门校区王源兴国际会议中心202室热情接待了来访客人。

3日，2013"中华文化大乐园"泰国曼谷营在泰国东方文化书院举行闭营式。中国驻泰王国大使馆高振廷参赞，中国驻泰王国大使馆李青山秘书，泰国华文教师公会主席、华侨大学校董罗宗正博士，泰国东方文化书院何韵院长及大乐园全体师生与部分家长出席闭营式。

5日，"2013中华文化大乐园"泰国普吉泰华营在普吉泰华学校邢福扬大会堂闭营。普吉泰华学校校长陈苏南、中文顾问陈雪花等出席闭营式，并与营员家长共同观看会演。

4月，我校新增会计学、哲学、新闻学、国际商务、城市管理5个本科专业。

9日下午，我国著名作曲家、音乐教育家郭祖荣先生莅校讲学并受聘为华侨大学音乐舞蹈学院兼职教授。

10日下午，八一羽毛球队总教练高路江率访问团莅临我校访问，并受聘我校兼职教授。

12日上午，由国务院侨办主办、华侨大学承办的2013年东南亚华裔青少年汉语和中华文化营在华侨大学陈嘉庚纪念堂开营。共有来自缅甸、泰国、越南、老挝和印度尼西亚等国家的64名东南亚华裔青少年参加了活动。

12日上午，印度尼西亚彼得拉基督教大学校长陈明新、印华研究中心主任谢菊花、中文系主任李秀珍一行访问华侨大学，商谈双方合作项目。

14日，华侨大学2013级昆明境外硕士研究生班在华侨大学昆明教学部隆重开班。这是3月20日华侨大学与昆明华文学校签订协议合作举办华侨大学昆明教学部以来招收的第一批硕士研究生，也是继日本华语与华文教育研究生班之后开办的第二个华文教育境外研究生班。

15日下午，校长贾益民、副校长张禹东在厦门校区会见了广东省侨办主任吴锐成，副主任林琳、蔡伟生一行。

15日上午，国侨办政策法规司副司长董传杰视察我校华侨华人研究院，并与研究院教师座谈交流。

15日下午，首期华侨大学意大利华商工商管理研修班在罗马开班。

16日下午，井冈山大学副校长桂国庆等一行四人到我校访问。

16日下午，漳州常山华侨经济开发区党委书记姚珠成、漳州市外侨办主任林秀珍一行到访厦门校区，商谈与我校开展产学研合作及合作办学相关事宜。

17日上午，甘肃省外侨办副主任樊向勤一行11人访问我校厦门校区。

20日至21日，我校独木舟队在2013海峡两岸"大同建筑杯"独木舟邀请赛中斩获两金一银。

22日，由中国海外交流协会主办，华侨大学、菲律宾华教中心、菲律宾陈延奎基金会承办，菲律宾四所华校协办的"2013中华文化大乐园——菲律宾营"分别在菲律宾侨中学院、宿务圣心学校、三宝颜中华中学、罗申那同和学校开营。

25日下午，集美区委书记倪超率队莅临华侨大学厦门校区现场调研，组织协调各方，积极推动厦门校区建设进程。

18日至25日，我校赴马来西亚参加由马来西亚华校董教总举办的2013年中国高等教育展。

25日下午，郑州大学数学系博士生导师石东洋教授应邀来校讲学，并受聘为我校兼职教授。

25日至29日，国际知名学者、美国杜肯大学杰出教授、华侨大学客座教授Tom Rockmore来校访学，并于25日、26日两度做客哲社学院"鹭岛哲谭"。

25日，第四届全国混凝土设计大赛在北京展览馆举行。我校土木工程学院学生组成的华大代表队力克同济大学、清华大学等多所院校代表队，以第7名的佳绩荣获三等奖。

26日至28日，著名理论家、中央实施马克思主义理论研究与建设工程课题组首席专家、中国人民大学马克思主义学院院长、博士生导师秦宣教授莅临我校讲学。

4月26日至5月3日，应印度尼西亚智民学院邀请，我校组团赴印度尼西亚参加2013年留学中国教育展。

27日下午，校董杜祖贻教授莅校访问，并向我校捐赠100万元人民币，用于四端文物馆建设。

4月底，福建省人民政府授予我校陈国华教授"福建省劳动模范（先进工作者）"荣誉称号。

5月份

5月，第四届"福建省优秀法学研究成果奖"获奖名单公布，法学院院长许少波教授的《社会转型的司法，还是司法变革的政策——对人大代表协助诉讼调解实践的考察》获论文类二等奖；陈慰星副教授的《民事诉讼当事人行为选择下的诉讼构造及其活化》获论文类三等奖；黄奇中副教授的《刑法解释的沟通之维》获专著类三等奖。

4日上午，华侨大学与晋江市医院"教学医院"签约揭牌仪式举行，晋江市医院正式成为华侨大学生物医学学院教学医院。

5月，我校新增测控技术实验教学中心、建筑学实验教学中心、材料类专业实验教学中心、土木工程实验教学中心、运动科学与健康实验中心5个省级实验教学示范中心。

9日，国务院侨办中华才艺（音乐·舞蹈）培训基地、华大侨务公共外交研究所、华侨华人信息中心在华侨大学厦门校区揭牌成立。

9日下午，福建省委常委、教育工委书记陈桦莅临我校厦门校区视察工作，了解我校厦门校区规划与建设、教师生活保障、学生心理健康教育等情况。

10日，福建省高校思想政治教育研究会宣传思想工作委员会2012年年会在我校厦门校区召开。

5月，我校男篮队员、公共管理学院2010级学生张翰奇成功入选中国大学生篮球队，成为全国高校唯一没有注册的中国大学生篮球队学生球员。

10日，国务院侨务办公室副主任何亚非在泉州迎宾馆会见了泉州市委书记黄少萍。

10日，国侨办副主任何亚非做客"华大讲堂"第三十六讲，解读战略格局变化对中国的挑战。

12日上午，由国家自然科学基金委员会主办、华侨大学和中国科学院福建物质结构所共同承办的"功能导向晶态材料的结构设计和可控制备"重大研究计划项目年度进展交流会开幕式在厦门杏林湾大酒店举行。

5月,在第四届"蓝桥杯"全国软件专业人才设计与创业大赛中,我校选派的6名学生在个人选拔赛中喜获佳绩,摘得两个一等奖、一个二等奖和三个三等奖,选派的两支软件创业团队均获得选拔赛三等奖。

5月,继晋江市医院后,泉州第三医院正式成为华侨大学生物医学学院第二个"附属医院"。

5月,第二届福建省高校辅导员职业能力大赛在福建师范大学落下帷幕,我校选派的计算机科学与技术学院辅导员吴楠获得决赛总分第一名。

20日上午,校长贾益民教授在厦门校区会见了长江学者特聘教授、国家杰出青年基金获得者、华南理工大学国家重点实验室副主任吴波教授和东南大学土木工程实验中心主任宗周红教授。

20日下午,长江大学校长张昌民一行13人来校调研。校长贾益民、副校长徐西鹏在厦门校区会见了来访客人。

22日,2013两岸海外华文教育论坛在台湾师范大学举行。中国海外交流协会副会长马儒沛、文教部部长雷振刚,我校校长贾益民,暨南大学校长胡军,台湾世界华语文教育学会理事长张光正、秘书长董鹏程,台湾师范大学校长张国恩,台北教育大学校长张新仁等20余位专家学者出席了会议。

23日至25日,第二届全国高校辅导员职业能力大赛复赛决赛在武汉大学举行。我校辅导员吴楠一路过关斩将,获得全国一等奖。

23日上午,泰国民众学院公会主席、泰北华校联谊会主席、智民学校董事会主席陈汉展(Mr. Paniti Tungphati),民众学院主席Dr. Krissanapong Kirtikara,民众学院高级顾问Dr. Chavanee Tongroach,清迈崇华新生学校总经理谢秉德(Mr. Manop Jersrikul)一行4人到我校访问,商谈与我校合作办学相关事宜。副校长张禹东在厦门校区行政研发大楼408室会见来访客人。

24日上午,华侨大学与高雄师范大学合作协议签字仪式在高雄师范大学举行。华侨大学校长贾益民、高雄师范大学校长蔡培村分别代表双方在协议书上签字。

25日下午,华侨大学与台湾东华大学合作协议签字仪式在东华大学花莲县校区举行。华侨大学校长贾益民、东华大学校长吴茂昆分别代表双方在协议书上签字。

26日至27日,2013年"嘉庚杯、敬贤杯"海峡两岸龙舟赛在集美龙舟池举行。来自海峡两岸的78支队伍参加角逐。华文学院龙舟队在500米直道竞速赛中表现出色,勇夺教工组冠军、"嘉庚杯"总决赛第六名。

5月,"Archiprix 2013全球建筑毕业设计大奖赛"在莫斯科落幕,我校建筑学院建筑学专业2007级本科生陈永明、程彦铭、李桢完成的参赛作品《长屋公舍:都心多元居住设计》(指导老师:龙元教授)获得赛事大奖——亨特·道格拉斯奖(Hunter

Douglas Award）。

27日下午，第十一届全国人大常委会委员、全国人大内务司法委员会主任委员、全国人大常委会代表资格审查委员会主任委员黄镇东莅临我校指导工作。

5月，我校共有11个项目获得2013年度教育部人文社会科学研究一般项目立项资助，其中规划基金项目4项、青年基金项目7项，立项数位居福建省第三位。

31日上午，在2013年教育部"留动中国"在华留学生阳光运动文化之旅总决赛之民族传统体育项目单项决赛中，我校舞狮、武术节目《"年"的传说》以绝对优势获得桂冠。而在总决赛中，我校代表队获得团体总分第七名。

6月份

6月，我校美术学院艺术设计专业赴台湾中原大学交换生仝玲、罗仕婷、刘丹萍荣获中原大学"全人关怀奖"创意设计组一等奖，我校交换生龚欢获教育服务课辅组佳作奖。

6月，吴季怀副校长率领华侨大学美国教育访问团赴美，相继拜访了乔治·梅森大学、塞勒姆州立大学、德保罗大学等高校，就学生交流、合作办学、教师访学、干部研修等校际交流与合作的多项议题进行座谈与磋商，达成多项合作意向与共识，并签署两项合作协议。

6月，我校音乐舞蹈学院青年教师吕韵凭借对《美妙歌声随风荡漾》《姑娘的秋波》两首曲目的精彩演绎，获得福建省第二届"金钟花奖"声乐大赛美声组铜奖。

5日上午，国务院侨办纪检组长王杰与泉州市委书记黄少萍就如何进一步办好华侨大学进行会谈。

5日下午，泰国克里斯汀大学校长Dr. Janjira Wongkhomthong一行莅临厦门校区访问。

6月，经中日双方专家评审，国家留学基金委确定了2014年度日本政府（文部科学省）博士生奖学金留学资助名单，我校美术学院教师何韵旺顺利入选，系我校教师首次获得此项资助。

5至6日，中纪委驻国务院侨办纪检组组长、国务院侨办党组成员王杰，国务院侨办监察局局长王丽华等一行4人莅临我校，就落实中央八项规定、侨捐资金管理使用和廉政风险防控等问题展开调研。

8日上午，"宗教与中华文化软实力"高层论坛暨2013年中国宗教学会年会在我校厦门校区举行。

10日，国务院侨务办公室主任裘援平一行抵达香港，看望陈有庆、余国春、陈永棋、许荣茂等中国海外交流协会、中国侨商投资企业协会、中国华文教育基金会的香港地区主要荣职侨贤，华侨大学校长贾益民随行。

13日下午，华侨大学男子篮球队在第十五届CUBA中国大学生篮球联赛男子决赛中经过加时赛以79∶74战胜北京大学，第八次获得CUBA全国总冠军。比赛结束后，国侨办副主任马儒沛、福建省副省长李红、福建省教育厅厅长鞠维强、国务院侨办文化司向我校发来贺电，表示祝贺。

14日，印尼羽毛球超级赛进行了8强资格战。华侨大学学生李雪芮稳定发挥，晋级下一轮。

16日，土木工程学院正式聘请奥运冠军李珊珊为青年励志导师，指导学院青年学生励志教育工作。

6月，我校生物医学学院硕士研究生曾小宝在国际知名学术刊物 Org Lett 上发表了题为"钯催化吲哚与对甲基苯磺酰腙的氧化偶联反应合成N-乙烯基吲哚的研究"（Palladium-Catalyzed Oxidative Cross-Coupling of N-Tosylhydrazones with Indoles: Synthesis of N-Vinylindoles）的科研论文。

10日至14日，第四届世界大学生龙舟锦标赛在山西太原举行，我校龙舟队首次参赛即获得第四名的好成绩。

6月，2013年国家社科基金项目立项结果公布，我校立项数再创新高，共有13个项目获得立项资助，其中一般项目4项，青年项目9项，立项数位居福建省第三位。

17日晚，第十一届"6·18"中国·海峡项目成果交易会在福州海峡国际会展中心开幕。18日下午，在海洋与渔业科技成果推介会暨项目签约仪式上，我校与福建省海洋与渔业厅、中澳企业家联合会签订了《共同推进全省海洋经济发展战略合作框架协议》。

20日下午，我校聘任著名歌唱家杨洪基为音乐舞蹈学院的名誉院长、兼职教授，聘任著名歌唱家刘燕燕为音乐舞蹈学院兼职教授，国务院侨办主任裘援平、副主任马儒沛在华侨大学厦门校区会见著名歌唱家杨洪基、刘燕燕并出席聘任仪式。

6月，我校董事会陈永栽副董事长、郑年锦副董事长、姚志胜副董事长、林昌华副董事长、林广场副董事长、施良侨副董事长、林树哲副董事长、陈捷中荣誉董事、陈明金董事、柯伯诚董事等10名校董在第四届世界闽商大会上获颁"福建省华侨捐赠公益事业突出贡献奖"。

21日，国侨办主任裘援平、副主任马儒沛率国侨办文化司司长雷振刚、人事司司长许玉明，国侨办文化司副巡视员梁智卫等视察华侨大学厦门校区。华侨大学校领导以及相关职能部门负责人陪同考察并出席汇报会。

21日下午，国侨办主任裘援平在泉州迎宾馆会见泉州市委书记黄少萍，并为其颁发华侨大学第六届董事会副董事长聘书。

22日上午，国侨办主任裘援平在华侨大学会见了福建省委常委、教育工委书记陈桦。

22日上午，中国共产党华侨大学第五次代表大会在陈嘉庚纪念堂科学厅隆重开幕。国务院侨办党组书记、主任裘援平，国侨办党组成员、副主任马儒沛，福建省委常委、教育工委书记陈桦，国侨办文化司司长雷振刚、人事司司长许玉明，省委教育工委常务副书记、教育厅党组书记、厅长鞠维强，省侨办主任杨辉，泉州市委常委、宣传部部长、教育工委书记陈庆宗，国侨办文化司副巡视员梁智卫等出席会议开幕式并在主席台就座。经选举，新一届华侨大学党委常委由朱琦环、刘斌、关一凡、吴季怀、张禹东、贾益民、徐西鹏组成，关一凡任党委书记，贾益民、朱琦环任党委副书记；新一届华侨大学纪律检查委员会常务委员会由毕明强、朱琦环、钟伟丽、骆景川、黄青山五人组成，朱琦环任纪委书记，毕明强任纪委副书记。

23日下午，国侨办党组成员、副主任马儒沛在厦门校区会见刚当选的校党委新一届领导班子成员，并对学校今后工作做重要指示。

24日上午，济南市人大常委会副主任段青英率济南市侨办主任陈小莉、副主任王云国一行莅校访问。校党委书记关一凡在厦门校区会见了客人。

6月，第八届"海峡两岸职工创新成果展"颁奖仪式在福州海峡国际会展中心举行，我校参展的项目荣获四项金奖。

19日至22日，我校申报的《十五载传承"鼓"文化 聚海外侨子中华心——华侨大学15年培育二十四节令鼓校园文化品牌》项目荣获由教育部思想政治工作司主办的2012年全国高校校园文化建设优秀成果一等奖。

6月，环境友好功能材料教育部工程研究中心吴季怀课题组一研究成果《掺杂稀土氟化物用于改善染料敏化太阳能电池的光伏性能》，发表在 Nature 系列杂志 Scientific Reports 2013年第3卷上。

24日上午，由华侨大学、台湾"中研院"岭南美术馆、福建省美术家协会及泉州市美术家协会联合主办，华大美术学院及惠风堂承办，泉州市文联、石狮日报社及华大四端文物馆协办的"擎天艺术——福建·台湾水墨画"艺术展在泉州府文庙惠风堂开幕。

26日下午，应邀做客"华大讲堂"的国家发改委体改司司长孔泾源受聘华侨大学兼职教授，校长贾益民向其颁发了兼职教授聘书。

6月，福建省思想政治工作研究会公布2012年度福建省基层思想政治工作优秀论文获奖名单，我校提交的两篇文章获表彰。

27日，国家级泉州"金改区"重点项目"东南大宗商品交易中心"落户泉州鲤城区。作为该交易中心的主办单位和发起股东，我校与鲤城区政府签署了校地战略合作框架协议，举行了项目签约仪式，以及华侨大学大宗商品现货交易研究所揭牌仪式。

6月，2013年度福建省科技厅立项项目结果正式公布，我校获资助的自然科学基金,科技计划重大、重点项目共计65项。其中,福建省高校产学合作科技重大项目5项,福建省科技计划重点项目17项,福建省自然科学基金项目43项(含省杰出青年基金项目1项),总资助经费545万元,较上一年增长35.5%。

24日至26日,福建省科学技术协会召开第八次代表大会,学校副校长徐西鹏教授当选为福建省科协第八届委员会副主席。

27日下午,厦门集美区区长李辉跃一行到我校厦门校区调研征地拆迁工作,校党委书记关一凡、副校长刘斌陪同。

28日上午,华侨大学与凤凰卫视有限公司签订《海外华文教育与中华文化传播协同创新中心合作协议》,协同创新推动海外华文教育与中华文化传播。

30日,华侨大学第39个校友组织——宁德校友会在宁德宣告成立。

7月份

1日下午,华侨大学在陈嘉庚纪念堂科学厅隆重举行庆祝建党92周年暨表彰大会,表彰先进,激励士气,鼓舞干劲。

7月,2012年度中国高校校报好新闻奖评选结果揭晓,华侨大学报选送的5件作品全部获奖。

3日上午,长江大学党委副书记蒋光忠、副校长周从标率职能部门及相关院系党政负责人一行45人到访厦门校区,党委书记关一凡会见了客人。

5日下午,财政部驻福建省财政监察专员办事处监察专员温怀荣一行6人来校调研财政工作情况。

6日上午,中国科学院院士姚建年受聘华侨大学双聘院士。

7日上午,我校在陈嘉庚纪念堂科学厅召开繁荣发展哲学社会科学大会。

8日上午,美国五大湖国际集团总裁郭志新一行莅校访问。校长贾益民在厦门校区行政研发大楼22层会议室会见了客人,就在北美合作建立华侨大学办学基地一事进行磋商,最终达成华侨大学与美国五大湖国际集团、托莱多大学三方合作办学的初步意向。

7月,首期厦门市国有企业青年企业家MBA班在我校厦门校区开班。

美国当地时间7月8日上午,由国务院侨办主办,华侨大学承办,美国惠蒂尔学院、惠蒂尔中文课堂协办的"2013中华文化大乐园——美国惠蒂尔营"在加利福尼亚州洛杉矶市惠蒂尔开营。

7月,福建省教育厅"2011计划"专家组来校考察海外华文教育与中华文化传播协同创新中心。

12日上午,由泰王国上议院议长尼空率领的42人组成的庞大的泰国上议院代表团访问华侨大学。在华侨大学厦门校区郑年锦图书馆会议室,华侨大学校长贾益民与尼空议长进行了亲切友好的交流与会谈。

12日下午，中国国务院侨办主任裘援平在华侨大学会见了印度尼西亚国会议员马逊先生。

12日下午，中国国侨办主任裘援平会见了莅临华侨大学访问的泰国上议院议长尼空博士率领的泰国上议院代表团。

12日下午，学校隆重举行了第八届外国政府官员中文学习班毕业典礼。中国国务院侨办主任裘援平，泰国上议院议长尼空，印度尼西亚国会议员马逊，泰国上议院尼空夫人诺帕梦·哇耶叻帕匿，泰王国上议院议长名誉顾问帕拉儒·马哈吉咋司理，中国国侨办文化司司长雷振刚，华侨大学校长贾益民，泰国上议院上议员、国会泰中友谊组织副主席兼经贸工商委员会名誉顾问主席帕拉瑟·帕拉坤瑟萨攀，泰中文化经济协会名誉会长威七上将等出席了毕业典礼并为学员颁发结业证书。

12日，泰国上议院议长尼空博士受聘华侨大学名誉教授，成为继泰国公主诗琳通、前上议院议长素春、国会主席兼下议院议长颂萨等之后，被华侨大学聘任为名誉教授的又一位泰国政要。

7月14日至31日，华侨大学第八届外国政府官员中文学习班中华文化高端培训暨暑期社会实践活动在北京、西藏举行。

15日上午，福建省侨联党组书记、主席王亚君，副主席陈式海以及经济工作部相关负责人一行到访厦门校区，校长贾益民会见了王亚君一行。贾益民向王亚君颁授了华侨大学第六届董事会董事聘书。

16日，中国科学院院士洪茂椿受聘华侨大学双聘院士。

17日上午，福建省侨办副主任林泽春、秘书处处长兰惠木一行到访厦门校区。

18日下午，我校在陈嘉庚纪念堂科学厅召开党的群众路线教育实践活动动员大会，全面启动党的群众路线教育实践活动。

17日上午，由闽江学院副校长狄俊安、福建工程学院机械学院院长江吉彬、厦门大学科技处副处长赖日泉组成的福建省教育厅"2011计划"专家组，来校考察石材产业高端制造技术及装备协同创新中心。

20日下午，副校长吴季怀教授在厦门校区行政研发大楼408接待室会见了澳大利亚弗林德斯大学校长代表、海洋生物产品中心主任张卫教授。

7月，国家留学基金委公布了2013年国家公派留学系列项目录取结果，我校共有6名教师入选全额资助项目，为历年最高，入选人数在省内仅次于厦门大学。

23日，华侨大学校友总会五届三次常务理事扩大会议在澳门召开。

24日上午，第十二届切削与先进制造技术学术会议开幕式在厦门校区郑年锦图书馆学术报告厅举行，华侨大学副校长徐西鹏教授出席开幕式并致辞。

22日至24日，由35名在校学生组成的华侨大学2013年优秀学生访澳交流团赴澳门交流访问，拜访了澳门中国银行总部、澳门学联、澳门城市大学，并参加了澳门校友会30周年庆典。

7月26日晚，2013中华文化大乐园——美国惠蒂尔营于美国洛杉矶闭营。

20日至27日，2013年（第六届）中国大学生计算机设计大赛决赛在杭州举行，我校获二等奖3项、三等奖5项。

27日，泰国农业大学孔子学院举办2013年第二次新HSK考试，来自泰国农业大学周边的大中小学生、社会人士共计268人参加了考试。

27日至29日，第八届"海峡杯"暨第二届世界福建青年篮球赛举行，来自中国福建、菲律宾、美国和中国港澳台等地区的8支海内外球队参加了比赛，最终福建晋江SBS浔兴男子篮球队获得本次比赛冠军，香港南华体育会男子篮球队、华侨大学男子篮球队分获第二、三名。

22日至27日，第十三届全国大学生田径锦标赛在西北民族大学举行，华侨大学代表团获一银二铜。

24日至31日，第十七届全国大学生羽毛球锦标赛在湖南师范大学举行。华侨大学以6537.03的积分被列为赛会的一号种子，参加乙组（专业组）的混合团体比赛，获得第二名。

31日，音乐舞蹈学院师生前往中国人民解放军某部队进行慰问演出，为部队官兵表演了精彩的文艺节目，送上了节日的祝福。

8月份

3日下午，台湾东海大学校长汤铭哲一行12人到我校访问交流，校长贾益民在厦门校区会见来访客人。

8月，加拿大福建同乡联谊会第二届"根连福建·情系华夏"访问团到我校访问交流，副校长刘斌在厦门校区会见来访客人。

9日上午，中华人民共和国驻印度尼西亚大使刘建超在其官邸亲切会见到访印度尼西亚的华侨大学副校长吴季怀等一行。

12日，华侨大学舞龙队勇夺第六届全国大学生舞龙舞狮锦标赛舞龙（体育院校组）规定套路冠军，并获得男子团体第二名及体育道德风尚奖。

12日下午，中国华侨大学与印度尼西亚穆斯林教法理事会（简称MUI）在雅加达MUI总部大楼签署联合教育合作备忘录。

14日，贾益民校长率我校教育访问团分别拜会了泰国上议院议长尼空·瓦拉帕尼博士和国会主席兼下议院议长颂萨·革素拉暖博士。

14日上午及15日下午，访问泰国的华侨大学校长贾益民先后率团访问泰中文化经济协会和泰国国家研究院，商讨第九届外国政府官员中文学习班开学典礼及第二届中泰战略研讨会等事宜。

8月，国家外国专家局下发了《关于2013年度中央部委直属高校外国文教专家聘请计划的通知》，我校2013年度获得外国文教专家聘请经费387万元，其中"引进海外高层次文教专家重点支持计划"两项，每个项目27万元。

14日至16日，在泰国访问的贾益民校长一行拜访了曼谷吞武里大学、克里斯汀大学、清迈大学等知名高校和崇华新生华立学校，并与三所高校分别签署了合作协议。

23日上午，第三届"中国侨务论坛"在华侨大学厦门校区王源兴国际会议中心开幕。国务院侨办主任裘援平出席论坛并做了主旨讲话。福建省副省长郑晓松，厦门市委常委、副市长康涛，国侨办政策法规司副司长董传杰，华侨大学校长贾益民，福建省政府办公厅副主任陈照瑜等出席了论坛开幕式。来自国务院侨办政法司与上海、广东、福建、四川、云南等地的侨办负责人及海内外侨务人士共180余人参加侨务交流研讨会。

23日上午，在第三届"中国侨务论坛"开幕式上，包括华侨大学校长贾益民教授在内的20位专家学者受聘为国务院侨办第四届专家咨询委员会委员。国务院侨办主任裘援平为与会的咨询委员颁发聘书并合影留念。

23日，台湾海洋大学食品科学系吴彰哲教授代表该校校长张清风到我校交流访问。校长贾益民在厦门会见了来访客人，双方就学生交流互派、英文师资交流、举办两岸及国际性学术会议、海洋药物合作研发和产业化、海洋沿岸华人文化溯源研究等进行了初步探讨。

24日上午，俄罗斯国家杜马新闻局局长安德勒，俄罗斯国家杜马信息教育文化委员会主席助理米哈伊·诺维奇，凤凰卫视控股有限公司凤凰教育执行董事、总经理吴炜强，凤凰教育研究院执行院长张劲平，凤凰卫视驻俄罗斯首席记者卢宇光一行到我校访问交流。校长贾益民、副校长张禹东在厦门校区王源兴国际会议中心会见了来访客人。

25日上午，由华侨大学和台湾世界华语文教育学会共同主办，海外华文教育与中华文化传播协同创新中心、华侨大学华文学院、华侨大学华文教育研究院承办的第三届两岸华文教师论坛在我校厦门校区开幕。华侨大学副董事长马儒沛、中国海外交流协会文教部副部长汤翠英，台湾海华基金会副董事长任弘、台湾世界华语文教育学会秘书长董鹏程，华侨大学校长贾益民、党委书记关一凡等出席了开幕式。

8月，华侨大学校友会在中华人民共和国民政部正式登记成立，成为具有法人资格的全国性社团组织。

30日下午，华侨大学与马来西亚南方大学学院签订协议，合作开展研究生课程认证进修班招生。华侨大学校长贾益民、南方大学学院校长祝家华分别代表双方在协议书上签字。

8月，福建省教育厅、省财政厅、省学位委员会正式公布了2013~2015年福建省研究生教育创新基地建设项目名单，我校新增"化学工程与技术"等6个研究生教育创新基地，总数实现了翻番。

9月份

1日上午，华侨大学继续教育学院培训基地揭牌仪式在德化职校会议室举行。华侨大学副校长刘塨出席揭牌仪式并致辞。

2日上午，第九届外国政府官员中文学习班开学典礼在厦门校区行政研发大楼401室举行。国务院侨办文化司副司长汤翠英女士、泰中文化经济协会副会长威七上将、秘书长蔡百山先生，华侨大学校长贾益民教授，泰国华文教师公会主席罗宗正先生，泰王国驻厦门总领事馆总领事帕晨·彭萌昆女士，泰国皇家警察总署署长助理珊蒂·盘苏先生，泰国国家审计署副署长盆猜·咋伦帕尼昆先生等出席了开学典礼并为学员佩戴校徽。

9月，厦门市思想政治工作研究会公布了第十六届"求索杯"思想政治工作优秀论文获奖名单，我校提交的7篇文章获表彰。其中二等奖两篇，三等奖两篇，优秀奖3篇。

4日上午，副校长张禹东在泉州校区李克砌纪念楼四楼接待室会见了前来华侨大学参加中、日、韩东亚文化与民俗、宗教学术论坛的日韩学者。

4日，"东亚文化与民俗、宗教"中日韩学术论坛在我校泉州校区李克砌办公楼五楼会议室举行。本次论坛由我校社会科学研究处、哲学与社会发展学院，日本国文研究资料馆，日本综合研究大学院大学共同主办。

5日下午，由孔敬府府尹颂萨·素旺那素乍立率领的泰国东北四府政府和高校代表团一行23人莅临华侨大学交流访问。

5日，华侨大学再添名师：中国科学院院士吴硕贤受聘华侨大学双聘院士。

6日，华侨大学与泉州台商投资区在泉州台商投资区管委会办公楼签署战略合作框架协议，实现校地合作双赢。华侨大学校长贾益民、泉州台商投资区管委会主任李永远分别代表双方在协议书上签字。

7日上午，三明市清流县县委书记梁奕章、县长冯明生一行9人来校交流。校长贾益民在厦门校区行政研发大楼408室会见了来访客人。

7日下午，学校分别在泉州校区、厦门校区举行校领导与新生家长见面会。

7日，作为第九届海峡旅游博览会重要活动之一的"海峡旅游发展研讨会"宣布，包括我校在内的五所省内高校成为"闽台修学旅游基地"。

8日上午，中国侨联主席林军、副主席王永乐莅临我校厦门校区视察。厦门市侨联主席王德贤，我校党委书记关一凡，副校长徐西鹏、张禹东，集美区区长李辉跃，城市建设与经济发展研究院院长丁国炎等陪同视察。

9月，福建省教育厅公布2013年高校优秀学科带头人海外高端访问学者项目人选，我校衣长军、陈钦兰、林怀艺、吴泽福4位教授成功入选。

9日下午，为深入贯彻落实党的群众路线教育实践活动，厦门市科技局副局长康林斌、体系创新处处长陈敏伟一行来校调研并召开座谈会，了解我校科研机构及平台建设情况，听取我校对厦门市科技局工作的意见和建议。

9月，福建省公布了部分人才项目入选人员名单，我校黄辉教授获评2013年"福建省百千万人才工程"省级人选，杨宝红、兰章、骆翔宇、谢朝武、赵林海、薛秀军6位教师入选2013年度"福建省高等学校新世纪优秀人才支持计划"，陈誉、陆静、钟必能、骆耿耿、王怀谦、李宝良、邢尊明、张华8位教师入选2013年度"福建省高校杰出青年科研人才培育计划"。

11日中午，泉州市副市长、公安局局长林锐来校调研，校长贾益民、副校长吴季怀陪同视察了户籍办证大厅、校园监控中心及华大派出所。

9月，国家科学技术学术著作出版基金委员会公布2013年度国家科学技术学术著作资助项目，我校生物医学学院和分子药物教育部工程中心"许瑞安创新团队"的最新专著《腺相关病毒载体——从病毒到临床》名列其中。

9日晚，厦门市召开教师节表彰大会，我校郭子雄教授、孙向英教授、韩军副教授荣获"厦门市优秀教师"称号，陈雪琴教授荣获"厦门市优秀教育工作者"称号，吴楠荣获"厦门地区高校十佳辅导员"称号，胡璐、吴海毅、张晓岚和陈明珠荣获"厦门地区高校优秀辅导员"称号。

11日下午，华侨大学校长贾益民在"华大讲堂"现场向何祚庥院士颁授华侨大学名誉教授聘书、校徽。何祚庥院士应邀主讲"华大讲堂"第39讲，专题剖析"福建新能源问题与泉州发展战略"。

11日上午，新加坡集美学院校董会副董事长苏宁一行到我校访问。校长贾益民、副校长吴季怀在陈嘉庚纪念堂二楼接待室会见来访客人。双方就在新加坡开展合作办学项目进行探讨。

11日、12日，凤凰卫视中文台副台长、华侨大学客座教授程鹤麟分别在泉州校区陈嘉庚纪念堂四楼科学厅、厦门校区王源兴国际会议中心201室做专题演讲，畅谈"凤凰卫视，一个独特的传媒样本"。

17日上午，美国惠蒂尔学院校长Sharon Herzberger教授一行3人来校访问。校长贾益民、副校长吴季怀在陈嘉庚纪念堂二楼接待室会见了来访客人。双方就两校开展合作办学项目进行探讨。

21日，泰国农业大学孔子学院应邀在"暹罗商业银行—农业大学"（SCB-KU

Academy）学术日举办中国图书展会。

22日，中国海外交流协会第五次会员大会在北京人民大会堂举行，我校24位境外校董、校友受聘本届中国海外交流协会理事会顾问、常务理事、理事，校长贾益民应邀出席大会。

9月，中国妇女研究会公布了2013年中国妇女研究会"全面建成小康社会与性别平等"论文入选名单，我校女性研究中心提交的5篇论文入选。

23日下午，校长贾益民在厦门校区行政研发大楼四楼接待室会见了来访的台湾明新科技大学校长袁保新、两岸交流中心主任杨秋兰。双方就师资互访、合作办学等进行了探讨并达成合作意向。

25日上午，中国华侨大学与日本桐荫横滨大学合作的"东亚法律文化研究中心"在华侨大学陈嘉庚纪念堂科学厅揭牌成立。来自桐荫横滨大学、华侨大学、中国人民大学、南京师范大学、河南大学、中国社会科学院及国内司法界的20多位专家学者齐聚华侨大学，见证中心揭牌，并就"司法改革"等相关法学问题进行交流。

25日下午，香港特区政府驻福建联络处主任苏紫贤一行来校访问。

26日上午，由印度尼西亚《罗盘报》、《雅加达邮报》、VIVA新闻网，泰国《民族报》、《每日新闻报》，文莱《联合日报》，马来西亚《星洲日报》、马来西亚新闻社的8名资深编辑、记者组成的东南亚国家联合记者团访问华侨大学。

26日，全国人大常委、致公党中央副主席、教育委员会主任严以新，福建省政协副主席、致公党福建省委主委、福建省教育厅副厅长薛卫民等来校调研外国留学生教育国际化水平。

9月，第54批中国博士后基金面上资助评审结果揭晓，我校土木工程博士后科研流动站研究人员、土木学院蔡奇鹏（合作导师郭子雄教授）获博士后科学基金面上二等资助。

9月，泉州市委组织部公布了2013年泉州市优秀人才培养专项资助经费名单，我校6位教师榜上有名。

27日至29日，全国大学生城乡规划作业评选会在哈尔滨工业大学召开，我校建筑学院选送的1份城市设计作业、3份城乡规划社会调研作业获奖。

10月份

1日，由华侨大学数学学院和暨南大学共同主办的第一届"侨生数学教学论坛"在我校厦门校区开幕。

10月，国务院侨办政策法规司与上海市侨办在沪联合召开侨务公共外交专题研讨会，国务院侨办副主任何亚非出席并做主旨报告，海内外120名专家学者等相关人士与会研讨。贾益民校长率我校"侨务公共外交研究所"学术研究团队参加会议，并发表题为《对"侨务公共外交"的追问与思考——兼论侨校在侨务公共外交中的地位与作用》的报告。

8日，由我校承办、泰国农业大学孔子学院组织的泰国教育部基教委汉语教师团开班授课。此次教师团一行共有泰国教育部官员及一线汉语教师17人，他们将在我校接受为期14天的培训。培训期间，团员们不仅将学习中华语言、文化及教学法方面的课程，还将接触中华音乐、书法等传统才艺，并前往厦门当地中小学及著名景点调研参观。

9日上午，日本长崎县立大学校长太田博道一行6人访问我校，校长贾益民在厦门校区王源兴国际会议中心102会议室会见了日本客人，双方就互派交换生、互相接收实习生等进行座谈，并续签了两校友好交流协议书，进一步深化了两校的合作与交流。

10日上午，德国凯泽斯劳滕应用科技大学校长、莱法州大学联合会代理主席康拉德·沃尔夫教授，德国凯泽斯劳滕应用科技大学常务副校长鲁道夫·贝克等到我校交流访问。副校长吴季怀在厦门校区王源兴国际会议中心102室会见了来访客人。

10月，福建省第十八届运盛青年科技奖评审结果揭晓，我校机电及自动化学院黄辉教授、杨建红副教授获此殊荣。

11日晚，"2013年高雅艺术进校园——国家京剧院走进华侨大学专场"在厦门校区王源兴国际会议中心204报告厅上演。校长贾益民、党委副书记朱琦环会见了国家京剧院三团团长张建国、国家一级演员董圆圆，我国著名作曲家与音乐教育家、我校音乐舞蹈学院兼职教授郭祖荣先生一同参加了会见，并到场观看了表演。

12日至13日，2013年全国建筑教育国际学术研讨会暨全国高等学校建筑学专业院长系主任大会在湖南大学召开，副校长刘塨教授率队出席会议。大会同时举办了2013年全国高等学校建筑设计教案和教学成果评选和颁奖活动，我校建筑学院选送的3份设计作业获评优秀作业（奖项仅设优秀级别），1份设计教案被评为优秀教案。

10月，由福建省委教育工委、福建省教育厅组织的"学习宣传贯彻党的十八大精神"研究论文评选结果日前揭晓，我校选送的5篇研究论文获奖。

13日下午，校长贾益民，共青团福建省委副书记、省青联主席宿利南共同为华侨大学青年联合会揭牌，华侨大学青年联合会宣告正式成立。

13日至26日，泰国农业大学孔子学院优秀学生赴华团在我校开展了为期两周的语言文化实践活动。

17日下午，国务院侨办副主任马儒沛、文化司司长雷振刚在校长贾益民的陪同下视察了我校华文学院。

18日上午，中国工会第十六次全国代表大会在北京人民大会堂隆重开幕，党和国家领导人出席了会议，并做了重要讲话。华侨大学党委副书记、教育工会主席朱琦环当选为中国工会十六大代表。

18日上午，第二届中泰战略研讨会在华侨大学开幕。开幕式结束后，校长贾益民会见了泰国副总理兼外交部部长素拉蓬。贾益民代表学校欢迎并感谢素拉蓬出席第二届中泰战略研讨会开幕式。

18日上午，中国国务院侨办副主任马儒沛在华侨大学厦门校区会见泰国副总理兼外交部部长素拉蓬。

18日，以"中国与东盟共创和平与繁荣：中国东盟合作框架下的中泰关系"为主题的第二届中泰战略研讨会在华侨大学厦门校区开幕。中国国务院侨务办公室副主任马儒沛，泰国副总理兼外交部部长素拉蓬，泰国驻华大使伟文·丘氏君，厦门市委常委、副市长康涛，华侨大学校长贾益民，泰国国家研究院秘书长苏提蓬，泰国泰中经济文化协会副会长邓重麟，中国社会科学院亚太与全球战略研究院院长李向阳等出席了大会并在主席台就座。

18日上午，中国工程院院士任南琪、曲久辉院士应邀做客"土木讲坛系列"，莅校做题为"我国城市水污染及对策""环境科学研究中的几个问题"的学术报告。

10月，第四届中南地区高校土木工程专业"结构力学竞赛"结果揭晓，我校学生李志愿、朱侗、刘保腾获二等奖，李衡、孟玉获三等奖，我校三等奖以上获奖人数为福建省高校最多。

18日，由华侨大学承办的福建省高校研究生教育管理研究会2013年年会在龙岩古田召开。

18日，2013年中国国际大学生微电影盛典颁奖典礼在首都师范大学科德学院举行，我校两项作品分别荣获纪实类和广告宣传类三等奖。

19日，第二届中泰战略研讨会顺利闭幕。本次研讨会共收到论文55篇，共有来自中泰两国的23个大学和学术机构的92名代表参加。

19日，文化中国·2013全球华人中华才艺（龙舟）大赛龙舟文化与基地建设学术研讨会在我校厦门校区行政研发大楼会议室举行。中国大学生体育协会专职副主席王刚、华侨大学副校长吴季怀，国家体育总局专家及省内外十余所体育院校负责人、专家学者30余人与会研讨。

21日上午，由华侨大学荣誉董事陈捷中和其子华侨大学董事陈铭润捐资500万港币兴建的华侨大学陈铭润龙舟馆在厦门校区奠基。

21日上午，福建省人民政府在我校立碑表彰陈捷中先生。2000年以来，陈捷中已为华侨大学慷慨捐输逾千万元，荣膺福建省人民政府颁发的"捐赠公益事业突出贡献奖"。

22日，华侨大学华文学院（集美华侨学生补习学校）迎来六十华诞，来自全世界26个国家的1000余位海内外校友返校聚会，为母校庆生。

22日，由国务院侨务办公室、国家体育总局、中国海外交流协会、厦门市人民政府主办，华侨大学、中国龙舟协会、厦门市集美区人民政府、厦门市集美学校委员会共同承办的"文化中国·2013全球华人中华才艺（龙舟）大赛"在厦门集美学村龙舟池隆重开幕。国侨办副主任何亚非，国家体育总局原副局长、国际龙舟联合会荣誉主席张发强，国侨办宣传司司长郭锦玲，国家体育总局社会体育指导中心副主任刘北剑，厦门市委常委、副市长康涛，厦门市集美区区长李辉跃，福建省海外交流协会副会长闵蕙君，华侨大学校长贾益民等出席了大赛开幕式并为龙舟点睛。

23日，来自海内外11个国家和地区的55名学员圆满完成了为期12天的中华才艺（龙舟）培训班的全部课程和考核，顺利结业。国务院侨办副主任何亚非、宣传司司长郭锦玲，福建省海外交流协会副会长闵蕙君，华侨大学校长贾益民、党委书记关一凡出席结业仪式并为学员颁发结业证书。

23日下午，中国社会科学院社会科学文献出版社社长、中国社会学学会秘书长、华侨大学特聘教授谢寿光应邀来校做题为"人文社会科学成果价值最大化的路径"的学术报告。

23日下午，华侨大学校友魏腾雄慷慨捐资1000万元人民币在华侨大学泉州校区兴建体育馆。华侨大学校长贾益民与魏腾雄签订捐赠协议，国务院侨办副主任何亚非向魏腾雄颁发捐赠证书。

23日晚，"文化中国·2013全球华人中华才艺（龙舟）大赛"闭幕式暨颁奖晚会在华侨大学厦门校区行政研发大楼前的广场举行。文化中国华侨大学龙舟队在本次比赛中一举摘得200米和500米直道竞速赛冠军，最终荣登总成绩冠军宝座。

10月，第十三届"挑战杯"全国大学生课外学术科技作品竞赛决赛在苏州大学落下帷幕，我校获得一等奖1项、三等奖3项，并获得"校级优秀组织奖"荣誉称号。

24日上午，厦门市集美区区委书记倪超莅临我校厦门校区调研，实地察看了校区南门地块所涉及的龙舟馆、游泳馆等项目用地的拆迁推进情况。

24日上午，原南京军区前线歌舞团团长、二胡演奏家、国家一级演奏员杨积强受聘华侨大学兼职教授。

24日下午，中国社会科学院社会科学文献出版社社长、中国社会学学会秘书长、华侨大学特聘教授谢寿光做客人文与科学精神系列讲座第42讲，为师生讲授"数字时代的阅读——一个学术出版人关于传统和现代阅读的几点思考"。

10月，我校副董事长李碧葱、董事庄永兴视察厦门校区。

10月，"昆仑润滑油杯2013第四届中国大学生方程式汽车大赛"在湖北襄阳落幕。经过激烈紧张的比赛，我校承志车队获得第十二名的优秀成绩，其中燃油经济性项目成绩排名第三，并将该项季军奖杯收入囊中。

24日下午，为纪念印度尼西亚《生活报》创刊68年，《印尼〈生活报〉纪念丛书》首发研讨会在厦门举行，华侨大学和厦门大学获得首批赠书。

25日上午，第六届海峡两岸（厦门）文博会正式开馆。我校工业设计主题展亮相本次文博会的2013年"海峡两岸新一代设计展"。

26日，我校第40个校友会——河南校友会在郑州成立。校党委书记关一凡、校友总会会长李冀闽、老校长吴承业专程赴豫出席致贺，并共同为河南校友会成立揭牌。

26日至28日，由中国高等教育学会、北京大学、福建省教育厅主办，武夷学院、武夷山市政府承办的第四届海峡两岸大学校长论坛在武夷山举办。我校校长贾益民应邀参加了此次高峰论坛并做题为"东方现代大学制度构建"的报告。

26日，中国环境法高端论坛暨"环境法上的权利类型研究"学术研讨会在我校召开。

27日，"城建杯"第十届华东地区高校结构设计邀请赛在上海大学落下帷幕。我校两支参赛队分获大赛二、三等奖。

10月，中国中外关系史学会第八届会员代表大会暨"历史上中外文化的和谐与共生"学术研讨会在河北师范大学召开。会议举行了换届选举，国务院参事室特约研究员，我校华侨华人研究院名誉院长丘进教授当选新一任会长。

10月，由我校主编的华侨华人蓝皮书入选中国社会科学院"创新工程学术出版项目"。

10月，2013年全国大学生电子设计竞赛获奖名单公布，我校信息学院学生梁志龙、李穆、吴文东组成的参赛队获得全国一等奖。

31日晚上，华侨大学客座教授、凤凰卫视中文台副总编黄海波、凤凰卫视资讯台副台长阎立宏、凤凰卫视中文台副台长程鹤麟在泉州校区陈嘉庚纪念堂四楼科学厅举办讲座，与华侨大学师生畅谈"新媒体兵临城下的卫星电视"。

11月份

1日，学校分别在泉州校区、厦门校区同时举行庆祝建校53周年升国旗仪式。

1日下午，由著名医生、华侨大学董事庄善春先生捐资120万元人民币修建的华侨大学庄为炬报告厅在华侨大学泉州校区举行了落成典礼。

1日至3日，"2013中美人才培养计划"中方项目院校管理人员培训工作会议暨2013中国国际教育年会在北京召开，我校被授予"2013年度特别贡献奖"荣誉称号。

2日，2013年福建省社会科学界学术年会（分论坛）暨福建省经济学会、福建省《资本论》研究会学术年会在我校召开。

2日，华侨大学校友总会第41个校友会——天津校友会在天津宣告成立。

2日至3日，2013年福建省高校思想政治理论教学研究会年会在厦门大学召开，我校获得一等奖1项、二等奖1项、三等奖两项。

3日上午，华侨大学化工学院、生物医学学院先后与瑞典乌普萨拉大学生物教育中心在我校签署合作备忘录。

4日下午，厦门市第九次社会科学优秀成果表彰大会在厦门市人民会堂举行，我校10项成果获表彰，其中一等奖1项，二等奖3项，三等奖6项。

4日下午，台湾大同大学校长何明果一行5人到校交流访问。

5日上午，全国侨办系统第4期侨务对台工作专题研讨班在我校厦门校区王源兴国际会议中心开班。

11月，教育部科技发展中心公布2013年度高等学校博士学科点专项科研基金课题名单，我校5个项目获资助，立项总经费64万元，其中优先发展领域课题1项，博导类课题1项，新教师类课题3项。

11月，我校郭子雄教授荣获首届泉州市文创科技创新奖。

11月，中国数量经济学创始人乌家培先生将一生珍藏的4000余册图书赠予学校。

11月，第九届"中国人日语作文大赛"获奖名单在东京发布，我校获一等奖1篇、三等奖1篇及佳作奖1篇。学校因提交作文篇数名列前茅（77篇），获得园丁奖。

8日上午，泰国普吉乐善局主席、普吉泰华学校董事长邢福扬率团访问我校，校长贾益民在厦门校区会见了客人。

9日，我校工商管理学院2012级学生魏晨在福建省大学生"畅想中国梦"演讲比赛决赛中获得二等奖。

9日，第二届两岸四地现代汉语对比研究学术研讨会在泉州华侨大厦开幕。

9日，2013年"外研社杯"全国英语演讲大赛福建赛区总决赛在我校厦门校区王源兴国际会议中心举行，我校两名学生获特等奖，并将代表福建省参加全国总决赛。

11月，2013年度教育部"新世纪优秀人才支持计划"入选者名单公布，我校许培源教授入选哲学社会科学类支持计划，获得资助经费20万元。

10日上午，2013年福建省社会科学界学术年会分论坛在我校厦门校区王源兴国际会议中心召开。

11日下午，印度尼西亚伊斯兰教法理事会主席阿米丹、印度尼西亚国际日报社总裁赵金川一行到访厦门校区。

11月，国家自然科学基金委公布2013年度自然科学基金项目评审结果，我校副校长徐西鹏教授获国家自然科学基金"促进海峡两岸科技合作联合基金"重点项目资助，资助经费300万元。

11月，我校经济与金融学院数量经济学博士生张敏锋和导师李拉亚教授合作的论文《宏观审慎政策有效性研究最新进展》被《新华文摘》全文转载。

14日上午，我校与美国托莱多大学及五大湖集团在厦门校区签署合作意向书。

根据协议，三方将在合作办学、高端培训及教育、文化交流等方面展开合作。

16日上午，第三届海峡两岸高校文化与创意论坛在厦门校区开幕。来自两岸48所高校和业界的人士200余人齐聚华园，分享创意设计和中华文化传承心得体会，共同探讨两岸高校创意教育。

16日上午，第三届东亚学术交流论坛在陈嘉庚纪念堂二楼会议室举行，来自日本长崎县立大学、韩国东亚大学以及中国华侨大学的14名资深教授和青年学者在论坛上做主题发言。

11月，我校学生在第五届全国大学生数学竞赛预赛（福建赛区）上共有11人获奖，其中两人荣获一等奖。

22日上午，第一届全国村镇综合防灾与绿色建筑技术研讨会在华侨大学召开，来自中国建筑科学研究院、清华大学、同济大学、天津大学、四川大学、上海交通大学、广州大学等近60所高校和研究院的近150位专家学者与会。

22日上午，我校音乐舞蹈学院与英国伯明翰城市大学伯明翰音乐学院在厦门校区签署合作协议。

11月，我校学子在2013高教社杯全国大学生数学建模竞赛中获全国一等奖1个，全国二等奖3个。

11月，我校化工学院刘青副教授课题组主持的"黄花菜快速抗抑郁活性成分分离及作用机制研究"项目获2013年度"国家卫生计生委共建科学研究基金——福建省卫生教育联合攻关计划项目"立项资助。这是我校首次获得此类项目资助。

27日上午，由国务院侨办主办，我校承办的2013年马来西亚华文教育·教师/校长研习班在厦门校区开班。

11月，福建省教育厅公布2013年度"闽江学者奖励计划"入选名单，我校董泽教授、杨帆教授入选闽江学者特聘教授，陈焰彰教授、殷澍教授、池宏教授、黄永峰教授入选闽江学者讲座教授。

27日上午，台湾世新大学校长赖鼎铭、副校长熊杰及该校附属单位管理委员会执行长文念萱一行来校访问，并与我校签署学术交流合作协议。

27日上午，光学前沿——第五届全国信息光学与光子学学术会议在我校厦门校区开幕。

27日上午，美国关岛大学校长罗伯特·安德伍德及其夫人——前关岛教育部主管尼莉莎·安德伍德一行来校访问。

27日至30日，第七届全国大学生结构设计竞赛在湖南大学举行，我校代表队荣获全国二等奖，为福建省参赛队最好成绩。

30日，文化中国·2013年全球华人中华才艺（武术）大赛在暨南大学落幕，华侨大学代表队发挥出色，共摘得二金四银。

12月份

1日，631名在校生、僧侣等参加了由泰国农业大学孔子学院举办的2013年第3次新HSK考试，参考人数创历史新高。

12月，"百年合唱·中华梦想"第十二届中国（温州）合唱节比赛在温州落幕，我校合唱团以高分摘取合唱节比赛银奖。

1日，第十八届全国青年通信学术年会暨2013年电子信息类专业建设及人才培养研讨会在我校厦门校区召开。

12月，全国体育行业职业技能大赛在北京国家游泳中心举行，我校体育学院教师仇婷婷加入了福建省代表队，并与队友合作获得大赛游泳指导救助项目团体二等奖。

12月，2013年福建省优秀博士学位论文名单公布，我校两篇论文获评二等奖，两篇获评三等奖，生均获奖比例居于福建省前列。

5日上午，福建省第五届检察理论研究年会在我校泉州校区开幕，探讨"新形势诉讼法适用研究"。

12月，"中国高校英语写作教学协同创新联盟"在南京大学成立，我校和清华大学、北京大学、南京大学、复旦大学、中山大学等54所高校共同搭建全国英语写作教学研究的协同共享机制。

12月，我校生物医学学院崔秀灵教授团队在国际顶尖化学刊物 *Angewandte Chemie International Edition* 上发表题为"A Metal-free Multicomponent Cascade Reaction for the Regiospecific Synthesis of 1,5-Disubstituted 1,2,3-Triazoles"的研究论文。

12月，"路达杯"第七届福建省大学生机械创新竞赛作品评审结果揭晓，我校机电及自动化学院获得4个一等奖、3个二等奖、6个三等奖。

8日，我校代表队在第三届海峡两岸信息服务创新大赛暨福建省第七届计算机软件设计大赛上，摘得5个一等奖和6个三等奖，一等奖总数居福建省高校首位。

10日上午，泰国清迈大学校长尼瓦斯一行4人来校访问，校长贾益民在厦门校区行政研发大楼会见了客人。

12月，国家留学基金管理委员会公布2013年"青年骨干教师出国研修项目"录取名单，我校房怀英、黄志宏、张华、解丽娟、戴声奎、叶青、王文珊、林惠珍、庄贞静、曾阳萍10名教师入选。

12月，第九次全国归侨侨眷代表大会在北京人民大会堂举行，我校校长助理彭需出席会议并当选中国侨联第九届委员会委员，致公党华侨大学总支部主委、土木工程学院副教授吕振利和数量经济研究院教授陈燕武被授予"全国归侨侨眷先进个人"荣誉称号。

11日，印度尼西亚锡江哈山努丁大学第一副校长 Dadang Suriamiharja 一行到我校访问。

12日，福建省高校校报协会2013年学术年会在福州召开，我校共有8件作品获得表彰。

13日，2013"外研社杯"全国英语演讲大赛与全国英语写作大赛总决赛在北京落幕，我校学生王坤与董楠楠分别取得全国二等奖与三等奖的优异成绩，外国语学院两位青年教师获指导奖。

15日，华侨大学厦门法律校友会成立大会在厦门翔鹭酒店举行，其成为厦门校友会第九个专业分部。

17日下午，华侨大学2013年校长见面会在泉州校区陈嘉庚纪念堂科学厅召开。

19日，华侨大学华语与华文教育专业菲律宾研究生班在菲律宾马尼拉开班。

20日，由国务院侨办主办、华侨大学承办的2013年东南亚国家华校骨干教师交流团在华侨大学开团，共有来自印度尼西亚、马来西亚等国的30名华校教师参加。

21日上午，校长贾益民、副校长刘塨在厦门校区会见了华侨大学承露泉设计者、中国科学院院士彭一刚，东南大学建筑学院院长王建国，中国建筑工业出版社社长沈元勤，《建筑师》杂志主编黄居正等专家学者。

12月，福建省第三届大学生影像作品大赛评选结果揭晓，文学院10部作品获得大赛奖项，学校获得大赛"优秀组织奖"。

23日下午，华侨大学校长贾益民应新浪微博邀请做客"微访谈"，以"@华大贾益民"的个人微博账号向海内外网友祝贺新年，并与网友互动交流。

12月，我校12位老师入选福建省出国留学奖学金研修项目，入选人数位居福建省高校前列。

24日，我校马克思主义学院骆文伟的论文《"三支一扶"计划政策梗阻与消解——基于海西高校的实证调研》荣获福建省高等学校思想政治教育研究会2013年年会一等奖。

28日，华侨大学首个以专业为特色的校友会、华侨大学第42个校友会组织——EDP同学会成立大会在泉州万达文华酒店举行。

12月，华侨大学台湾校友会会长许思政一行7人拜访台湾海峡交流基金会，海峡交流基金会董事长林中森会见了许思政一行。

12月，我校分子药物研究院海洋生物科技研究所和分子药物教育部工程中心崔秀灵教授团队申报的项目"海洋抗乙肝病毒药物"获"厦门南方海洋研究中心"首批项目资助人民币312万元。这是我校在海洋科学研究领域作为第一申报单位获得的政府研究资助。

28日，第二届中国·张家界大学生世界遗产保护论坛"世界遗产的保护与可持续旅游开发"提案大赛落幕，我校旅游学院2012级资源环境与城乡规划管理专业学生韩燕燕、韩丹团队参选的提案《遗产地门票智能化管理》荣获三等奖。

12月，我校美术学院2011级学生高冉的作品《二十年》一举夺得靳埭强设计奖2013全球华人设计比赛最高奖项"未来设计师大奖"。

31日晚，在我校泉州校区陈嘉庚纪念堂观众厅，西班牙赫雷斯青年交响乐团用一场充满浓郁西班牙风情的视听盛宴为华园师生带来美好的新年祝福。

华侨大学年鉴 2014

附 录

华侨大学 2013 年度十大新闻

2013 年即将离去，2014 年的钟声即将敲响。岁末年初，华大新闻网与华侨大学报联合评选出华侨大学 2013 年十大新闻，依时间顺序分别如下。

一、2013 年 3 月，华侨大学推出 18 项为民办实事项目，包括实施教职工大病医疗互助项目，启用泉州校区超滤制水工艺，全面启动学生事务办事大厅等，涉及奖学金、教学设施、医疗卫生、宿舍改造、无线网络、工资待遇、餐饮等方面。目前基本按计划完成。

入选理由：学校践行党的群众路线教育实践活动的一大重大举措，也是首次明确"为民办实事"，切实解决了师生员工学习、工作、生活中的实际问题，提高了师生员工的幸福指数。

二、2013 年 5 月 28 日至 6 月 2 日，由国务院侨务办公室主办的第三期中央媒体团"走基层·侨乡行"活动走进华侨大学，来自人民日报、新华社、新华网、中央电视台等 11 家中央重量级媒体的 20 多位资深媒体人就我校华文教育、侨校人才培养体系、对外汉语教学等进行了全方位考察报道。

入选理由：华侨大学有史以来接待"级别最高、规模最大、采访时间最长"的媒体团，半个月内始发稿 50 多条，有力地宣传了华侨大学。

三、2013 年 6 月 13 日，在厦门市嘉庚体育馆，华侨大学男篮经过加时赛，以 79∶74 艰难战胜北京大学男篮，获得第十五届中国大学生篮球联赛总冠军，周鲁男荣膺总决赛最有价值球员（MVP）。

入选理由：华侨大学男篮第八次获得 CUBA 全国总冠军，历史性成就 CUBA "八冠王"。

四、2013 年 6 月 21 日至 22 日，国务院侨办主任裘援平视察华侨大学，听取学校工作汇报，实地考察泉州、厦门两区校园，称赞校园文化多元融合，鼓励学生自主创新。

入选理由：新任国务院侨办主任裘援平首次视察华侨大学，并对学校工作做出重要指示。

五、2013 年 6 月 23 日，中国共产党华侨大学第五次代表大会胜利召开，选举产生了学校新一届党委、纪委，关一凡任党委书记，朱琦环任纪委书记。

入选理由：大会选出了华侨大学新一届党委领导班子，提出了学校今后五年的主要任务。

六、2013 年 7 月 7 日，华侨大学召开繁荣发展哲学社会科学大会，颁布《华侨大学哲学社会科学繁荣计划（2012—2020）》，加快哲学社会科学发展。

入选理由：未来华大哲学社会科学发展的纲领性文件，明确了学校发展哲学社会科学的指导思想、战略目标和重点任务。

七、2013年8月23日至24日，以"加强侨务理论研究，助力实现'中国梦'"为主题的第三届"中国侨务论坛"在华侨大学举行。国务院侨办主任裘援平做论坛主旨讲话，来自海内外相关部门、高校和研究机构的专家学者等180余人参加了论坛，研讨当前和今后一段时期内侨务理论的重大课题。

入选理由："中国侨务论坛"是国务院侨办推动我国侨务理论研究的重要平台，华侨大学首次承办这一侨务理论研究方面的重量级学术活动。

八、2013年10月8日，华侨大学召开2013年国际化战略专题研讨会，提出学校国际化战略的具体思路，明确各职能部门和学院在国际化战略中的角色与任务。

入选理由：华侨大学面向海外办学的重要举措，明确了学校国际化的战略思路与阶段目标。

九、2013年10月18日至19日，由华侨大学与泰国国家研究院等联合主办的第二届中泰战略研讨会在华侨大学举行，共有来自中泰两国的23个大学和学术机构的92名代表参加，围绕两国间贸易、金融与投资，旅游与公共安全，文化艺术与教育，农业、科技、海洋与环境，中泰合作与交流等领域进行深入探讨。中国国务院侨务办公室副主任马儒沛，泰国副总理兼外交部部长素拉蓬等出席。

入选理由：华侨大学与泰国国家研究院全面合作的一项重要成果在中国大陆首次展示。首届研讨会在曼谷举行，泰王国诗琳通公主出席了开幕式。

十、2013年12月27日下午，华侨大学在厦门校区召开科技创新能力提升计划动员大会。会议透露，将于近期推出"华侨大学科技创新能力提升计划"、"科技创新团队和领军人才支持计划"及"科技创新平台建设计划"等配套措施，着力提升学校科技创新能力，增强学校核心竞争力。

入选理由：继颁布哲学社会科学繁荣计划之后，学校又出台科技创新能力提升计划，搭建科技创新能力提升系列平台，促进学校科技创新能力提升。

后　　记

《华侨大学年鉴（2014）》是《华侨大学年鉴》编辑部组织编写的第二部学校年鉴，在校内各单位的大力支持下，在充分总结和吸收《华侨大学年鉴（2013）》的经验的基础上，组织专人进行了组稿工作，经过了一年多的努力，即将问世。在这本年鉴的组稿编写过程中，各单位指定了专门的撰稿联系人，全体撰稿人和编辑部人员一起为学校年鉴的编撰工作付出了大量的辛勤劳动，在此谨致以衷心的感谢。

各单位撰稿联系人名单如下（排名不分先后）：

姚植兴（校长办公室/党委办公室）、陈闻达（董事会办公室/校友工作办公室）、刘红光（国际交流合作处/港澳台侨事务办）、陈星（发展规划处）、陈永煌（人事处）、苏菁菁（财务处）、孙小语（研究生院）、张小华（教务处）、周艺娟（华文教育处/汉语国际教育办公室）、陈竹林（学生工作处/学生工作部）、吴洋（招生处）、李鹏（科学技术研究处）、陈俊源（社会科学研究处）、黄文豪（实验室与设备管理处）、王刚（信息化建设与管理处）、李强（后勤与资产管理处）、詹志博（基建处）、陈建志（保卫处/政治保卫部）、许持（审计处）、郑婉芳（离退休工作处）、黄挺（组织部/机关党委）、朱考华（宣传部/新闻中心）、刘杰（统战部）、饶际源（纪检监察办公室）、林阳灿（教育工会）、谌祉樾（校团委）、郭寅梅（国际学院）、洪姗姗（哲学与社会科学学院）、郑颖莉（经济与金融学院）、叶腾凤（法学院）、吕毅辉（马克思主义学院/通识教育学院）、涂淑萍（文学院）、邹瑚琪（华文学院）、熊晓旭（外国语学院）、芦超（美术学院）、陈婷花（音乐舞蹈学院）、陶娟（数学科学学院）、林伯钦（机电及自动化学院）、雷水清（材料科学与工程学院）、陈久国（信息科学与工程学院）、陈娴娜（计算机科学与技术学院）、王黎（建筑学院）、高菲（土木工程学院）、林碧丹（化工学院）、徐滔（生物医学学院）、杨应强（工学院）、骆峤嵘（工商管理学院）、张少平（旅游学院/高尔夫学院）、涂艳清（公共管理学院）、魏昭平（体育学院）、叶泉鹏（泛华学院）、罗澜（继续教育学院）、赵新城（美国中文学院）、陈春诺（华侨华人研究院/国际关系研究院）、蔡晓宇（华文教育研究院）、郭桂莲（数量经济研究院）、李兵（城市建设与经济发展研究院）、林亮（厦门工程技术研究院）、王强（泉州科学技术与社会发展研究院）、黄美英（图书馆）、任智勇（档案馆）、陈志贤（学报编辑部）、陈志贤（资产经营有限公司）、郭镇建（校医院）、黄秋玉（华大附中）、叶炎珠（建筑设计院）等。公共管理学院硕士研究生汤榕彬同学、法学院硕士研究生章杰阳同学为校稿做了大量细致辛苦的工作，此外还有其他众多参与撰写和校稿等人员，恕我们无法在此一一列入，在此表示歉意。

在年鉴的编辑过程中，我们力求做到资料翔实、数据准确，专门召开了全校年鉴编撰工作会议，编辑部对文稿进行了多达5次的大修改，形成了初稿提交出版社。在这里我们要特别感谢在编辑过程中给我们莫大帮助的各位领导、同事和离退休老同志，感谢社会科学文献出版社社会政法分社王绯社长、单远举编辑等的辛勤工作和耐心指导，他们为我们年鉴的顺利出版提供了宝贵的支持。由于《华侨大学年鉴（2014）》牵涉面广、文字工作量大，加之编撰人员才疏学浅，难免有疏漏不当之处，在此谨致歉意，敬请读者不吝指正。

《华侨大学年鉴》编辑部

2015年12月

图书在版编目(CIP)数据

华侨大学年鉴.2014/《华侨大学年鉴》编辑部编.--北京：社会科学文献出版社，2016.12
ISBN 978-7-5097-9572-9

Ⅰ.①华… Ⅱ.①华… Ⅲ.①华侨大学－2014－年鉴 Ⅳ.①G649.285.73-54

中国版本图书馆CIP数据核字（2016）第193334号

华侨大学年鉴（2014）

编　　者 / 《华侨大学年鉴》编辑部

出 版 人 / 谢寿光
项目统筹 / 王　绯
责任编辑 / 樊学梅　于　跃　单远举

出　　版 / 社会科学文献出版社·社会政法分社（010）59367156
　　　　　　地址：北京市北三环中路甲29号院华龙大厦　邮编：100029
　　　　　　网址：www.ssap.com.cn
发　　行 / 市场营销中心（010）59367081　59367018
印　　装 / 三河市东方印刷有限公司
规　　格 / 开　本：787mm×1092mm 1/16
　　　　　　印　张：43.25　插页：1　字　数：859千字
版　　次 / 2016年12月第1版　2016年12月第1次印刷
书　　号 / ISBN 978-7-5097-9572-9
定　　价 / 348.00元

本书如有印装质量问题，请与读者服务中心（010-59367028）联系

▲ 版权所有　翻印必究